Berliner Weltliteraturen

Berliner Weltliteraturen

Internationale literarische Beziehungen in Ost und West
nach dem Mauerbau

Herausgegeben von
Jutta Müller-Tamm

DE GRUYTER

Gefördert durch die Deutsche Forschungsgemeinschaft (DFG) im Rahmen der Exzellenzstrategie des Bundes und der Länder innerhalb des Exzellenzclusters Temporal Communities: Doing Literature in a Global Perspective – EXC 2020 – Projekt-ID 390608380.

ISBN 978-3-11-073831-5
e-ISBN (PDF) 978-3-11-073349-5
e-ISBN (EPUB) 978-3-11-073359-4
DOI https://doi.org/10.1515/9783110738315

Dieses Werk ist lizenziert unter der Creative Commons Attribution-NonCommercial-NoDerivatives 4.0 International Lizenz. Weitere Informationen finden Sie unter http://creativecommons.org/licenses/by-nc-nd/4.0/.

Library of Congress Control Number: 2021941390

Bibliografische Information der Deutschen Nationalbibliothek
Die Deutsche Nationalbibliothek verzeichnet diese Publikation in der Deutschen Nationalbibliografie; detaillierte bibliografische Angaben sind im Internet über http://dnb.dnb.de abrufbar.

© 2021 bei den Autoren, Zusammenstellung © 2021 Jutta Müller-Tamm, publiziert von Walter de Gruyter GmbH, Berlin/Boston
Dieses Buch ist als Open-Access-Publikation verfügbar über www.degruyter.com.

Cover: © Renate von Mangoldt.
Druck und Bindung: CPI books GmbH, Leck

www.degruyter.com

Inhalt

Vorwort —— VII

Jutta Müller-Tamm
Das geteilte Berlin als Katalysator der Internationalisierung des Literaturbetriebs —— 1

Nicole Colin
Ménage à trois: Theatertransfer zwischen Paris und dem geteilten Berlin nach dem Mauerbau —— 39

Ulrike Schneider
Zweifacher Blick: Die ‚nouveaux romanciers' in Berlin (mit einem Fokus auf Michel Butor) —— 57

Susanne Klengel / Douglas Pompeu
Literarische Nord-Süd-Beziehungen im Kalten Krieg: Geselligkeit im Widerstreit bei den Lateinamerika-Kolloquien in Westberlin 1962 und 1964 —— 85

Valentina Di Rosa
„In der Situation des Radwechslers": Ingeborg Bachmanns Berliner Periode als Öffnung zu einer transnationalen Literaturpraxis —— 113

Bernadette Grubner
„In Schwingung versetzt": Das Internationale Schriftstellerkolloquium 1964 in Ostberlin —— 135

Olaf Kühl
Gombrowicz in Berlin und das DAAD-Künstlerprogramm im Ost-West-Konflikt —— 155

Ute Berns
Die englischsprachige Dramenwerkstatt im LCB 1964: Zirkulationen des Absurden —— 171

Heribert Tommek
Übersetzungsförderung und die Formierung des Autor-Übersetzer-Diskurses am LCB um 1966 —— 201

Cornelia Ortlieb
East East and West West: **Ein russisch-amerikanisch-deutsches Gespräch im Zeichen Goyas, Berlin, Januar 1967** —— 225

Miltos Pechlivanos
Der griechische Bürgerkrieg und das geteilte Berlin: „Weiße Rosen aus Athen" und *Antigone lebt* —— 253

Susi K. Frank
‚Multinationale Sowjetliteratur' und ihre Agenten auf dem Buchmarkt zwischen Ost und West: Der Fall Ajtmatov —— 285

Autor:innen — 313

Vorwort

Vor sechzig Jahren wurde in Berlin die Mauer gebaut. Sie trennte die ‚Hauptstadt der DDR' von ‚West-Berlin', dem ‚Schaufenster der freien Welt'. Mit der Teilung wurde Berlin verstärkt Frontstadt im Kampf der Systeme, der hier vor allem auch auf dem Feld der Kultur und als Wettbewerb um Internationalität ausgetragen wurde. Den Formen und Facetten dieser Konkurrenz widmen sich die Beiträge des vorliegenden Bandes.

Der Band geht zurück auf eine Ringvorlesung, die im Wintersemester 2020/21 an der Freien Universität Berlin gehalten wurde. Bis auf wenige – Corona-bedingte – Ausnahmen fanden die Vorträge im Hörsaal an der Freien Universität Berlin statt und wurden live gestreamt; die Aufzeichnungen sind unter https://www.temporal-communities.de/explore/listen-read-watch/lectures/berliner-weltliteraturen/videos-weltliteraturen/index.html abrufbar.

Ringvorlesung und Buchpublikation sind aus einem Forschungsprojekt hervorgegangen, das die Herausgeberin gemeinsam mit ihren Kolleginnen Susanne Klengel und Ulrike Schneider sowie mit Lukas Regeler als Doktoranden durchführt. Das Projekt trägt den Titel *Writing Berlin* und befasst sich im Rahmen des literaturwissenschaftlichen Exzellenzclusters 2020 *Temporal Communities: Doing Literature in a Global Perspective* mit Berlin als internationalem literarischen Ort von den 1960er Jahren bis in die Gegenwart. Für das Zustandekommen dieses Bandes gilt mein Dank zuerst allen, die in kürzester Zeit ihre Vorträge zu Aufsätzen ausgearbeitet haben. Lukas Regeler hat sich mit Umsicht und Sorgfalt um die Entstehung des Bandes verdient gemacht. Zum Gelingen der Ringvorlesung und ihrer Buchwerdung haben weiterhin Luise von Berenberg-Gossler, Anton Fery, Bernadette Grubner, Marie Millutat, Elisa Weinkötz und Luca Wirth tatkräftig beigetragen; ihnen allen sei herzlich gedankt.

Von Seiten der Clusterverwaltung danke ich Katja Heinrich, Clara Kahn und Anne Raschke. Das Archiv der Akademie der Künste in Berlin und hierbei insbesondere die stellvertretende Leiterin Sabine Wolf, das Literaturarchiv Sulzbach-Rosenberg und sein Leiter Michael Peter Hehl sowie das Bundesarchiv haben in schwierigen Zeiten und teils unter ungewöhnlichen Bedingungen die Nutzung ihrer Bestände möglich gemacht. Ein besonderer Dank geht an Renate von Mangoldt für die großzügige Überlassung des Fotos für das Cover.

Berlin, im Mai 2021
Jutta Müller-Tamm

Jutta Müller-Tamm
Das geteilte Berlin als Katalysator der Internationalisierung des Literaturbetriebs

I.

Nach dem Mauerbau war Berlin eine doppelt isolierte Metropole. Aus ostdeutscher Perspektive handelte es sich – der offiziellen Wendung zufolge – um die Befestigung der Staatsgrenze durch einen ‚antifaschistischen Schutzwall'. Für Kulturschaffende im Osten, die wie Stefan Hermlin den Mauerbau als Akt der Verteidigung rechtfertigten,[1] mochte sich die Schließung der Grenze zunächst mit der Hoffnung auf größere Freiheit im eigenen Land verbinden, weil man jetzt ‚unter sich' war und ‚alles sagen' konnte. De facto bedeutete sie aber nicht nur die Einsperrung der eigenen Bürger, sondern auch die Selbstisolation der DDR und nicht zuletzt eine kulturelle Abschottung. Eingemauert waren wiederum auch und erst recht die drei westlichen Sektoren Berlins, umschlossen durch die DDR. Für den Westteil der Stadt drohten in der Folge Abwanderung, schwindende Wirtschaftskraft, kulturelle Marginalisierung: die Bedeutungslosigkeit und Provinzialität einer insularen Stadt.

Auf beiden Seiten der Grenze brachte diese Situation ein gesteigertes Bemühen um kulturelle Geltung hervor. Ein wichtiges Mittel in diesem Bemühen war die Förderung internationaler Kontakte. Aus dieser Beobachtung ergibt sich die grundlegende These des vorliegenden Bandes, der zufolge die Mauer, so paradox dies klingen mag, als Katalysator für die Internationalisierung des Literatur- und Kulturbetriebs wirkte. Sie war ein entscheidender Akteur in jener Entwicklungsphase, in der Berlin mit Blick auf die transnationale Ausweitung des Literaturbetriebs eine Vorreiterfunktion übernahm. Zwar gab es auch schon in den 1950er Jahren internationale Aktivitäten auf Berliner Boden: So wurden beispielsweise 1951 im Westteil der Stadt die *Berliner Festwochen* gegründet, die jährlich stattfindenden internationalen Festspiele vor allem für Musik und Theater, auf die 1957 – sechs Jahre später – die Parallelgründung der *Berliner Festtage* im Ostteil der Stadt folgte. Bereits hier zeigt sich eine Konkurrenz um Weltgeltung und das Streben, sich *gegen* den anderen Teil der Stadt auf dem internationalen Parkett zu behaupten.[2] Dennoch lässt sich feststellen, dass 1961 auf beiden Seiten der Mauer eine intensivierte Phase der kulturpolitischen „Aufrüstung" begann, in deren Zentrum die gezielte Förderung internationaler literarischer und künstlerischer Kontakte stand.

---

[1] Stephan Hermlin: Offener Brief an Wolfdietrich Schnurre und Günter Grass, 17. August 1961, in: Hans Werner Richter (Hrsg.): Die Mauer oder Der 13. August, Reinbek bei Hamburg 1961, 66–68.
[2] Vgl. Kerstin Decker: Kunst ist Waffe? Die Berliner Festwochen als Spezialfall der Ostpolitik, in: Henrik Adler, Joachim Sartorius (Hrsg.): Das Buch der Berliner Festspiele, Berlin 2011, 127–139.

Die These vom geteilten Berlin als Katalysator der Internationalisierung wird aber nur dann verständlich, wenn man verfolgt, auf welche Art und Weise die Bemühungen einer Internationalisierung in Ost und West miteinander zusammenhängen und wie sie sich wechselseitig aufeinander beziehen. Auch wenn bei diesen Aktivitäten in West- und Ostberlin divergierende Absichten verfolgt, unterschiedliche Konzepte von Weltliteratur verhandelt und konkurrierende Gemeinschaften gestiftet wurden, handelt es sich doch um miteinander verknüpfte, ja oftmals voneinander abhängige Prozesse.

Dieser Grundgedanke entspricht dem Ansatz der neueren zeitgeschichtlichen und literaturhistorischen Forschung: Diese strebt auf ihren jeweiligen Feldern eine integrierte Darstellung der deutsch-deutschen Nachkriegsgeschichte an, insofern sie von Trennung und Divergenz, aber auch von Parallelität und Verflechtung im Verhältnis beider Systeme ausgeht. So hat Petra Weber jüngst in ihrer großangelegten Gesamtdarstellung der Jahre 1945 bis 1989/90 den Anspruch formuliert, „die deutsch-deutsche Geschichte als Parallel-, Kontrast-, Vergleichs-, Perzeptions- und Beziehungsgeschichte zu erzählen."[3] Für die deutsch-deutsche *Literatur*geschichte wurde ein entsprechender Ansatz auf je unterschiedliche Weise von Helmut Peitsch, Heribert Tommek u. a. stark gemacht.[4] Auch die konkreten literarischen Beziehungen zwischen Ost und West sind intensiv beforscht worden, und zwar die offiziellen wie die unterdrückten und inoffiziellen, so etwa, um nur ein Beispiel zu nennen, in dem von Roland Berbig herausgegebenen Band *Stille Post*.[5]

Der Ansatz einer Beziehungs- und Verflechtungsgeschichte liegt auch den folgenden Ausführungen zugrunde. Im Zentrum dieses Aufsatzes wie des Bandes insgesamt stehen jedoch nicht die beiden *deutschen* Literaturen und ihr Verhältnis zueinander; vielmehr interessieren hier die *nicht-deutschen* Autor:innen und die *nicht-deutschen* Literaturen in Berlin. Es geht um die wechselseitige Aktivierung und Motivierung der internationalen Bemühungen in Ost und West, um das Widerspiel in der Außenorientierung: wie man, gewissermaßen Rücken an Rücken und in permanenter Tuchfühlung, um internationale Kontakte und internationale Geltung konkurrierte. Diese merkwürdige, bisweilen paradox erscheinende Geschichte der aufeinander bezogenen Internationalisierungsbemühungen auf literarischem Gebiet – des Ineinanders von Abgrenzung, Entsprechung und Verflechtung in diesen Bestrebungen – ist noch nicht geschrieben worden, und, soweit sie sich auf Berliner Boden bewegt, ist sie der Gegenstand des vorliegenden Aufsatzes und des gesamten Bandes.

---

[3] Petra Weber: Getrennt und doch vereint. Deutsch-deutsche Geschichte 1945–1989/90, Berlin 2020, 15.
[4] Helmut Peitsch: Nachkriegsliteratur 1945–1989. Göttingen 2009; Heribert Tommek: Die Formation der Gegenwartsliteratur. Deutsche Literaturgeschichte im Lichte von Pierre Bourdieus Theorie des literarischen Feldes, in: IASL 40.1 (2015), 110–143.
[5] Roland Berbig (Hrsg.): Stille Post. Inoffizielle Schriftstellerkontakte zwischen Ost und West, Berlin 2005. Vgl. auch Julia Frohn: Literaturaustausch im geteilten Deutschland 1945–1972, Berlin 2014.

II.

Der Mauerbau bedeutete eine Zäsur auch für die Situation der Literatur und ihrer Akteure in Berlin; und er hatte Konsequenzen für die Kulturpolitik zunächst vor allem im Westen. Auf die drastische ‚Regionalisierung' Westberlins durch den Mauerbau reagierte man naheliegenderweise durch Verstärkung der Außenkontakte.

Eine erste Unternehmung in dieser Richtung war die Berlin Stiftung für Literatur und Sprache, die der Kulturkreis im Bundesverband der Deutschen Industrie im November 1961 ins Leben rief. Deren Ziel bestand darin – so kolportierte es die westdeutsche Presse –, „im heutigen Berlin führende Europäer auf einem literarischen Forum zu Gegenwartsproblemen Stellung nehmen zu lassen. Dichter, Philosophen und Kritiker von internationalem Rang sollen sich auf Einladung des Verbandes jeweils längere Zeit in Berlin aufhalten, Kontakt zur Berliner Bevölkerung finden und die geistigen Kräfte kennenlernen, von denen der Widerstandswille Berlins getragen wird. Diese Einladungen werden zum allgemeinen Verständnis des Ost-West-Problems beitragen und gleichzeitig zur wechselseitigen Beschäftigung mit der europäischen Kultur anregen."[6]

In der Tat belebte sich die literarische Szene in den folgenden Jahren. Hans Werner Richter, der Begründer und Promotor der Gruppe 47, schrieb in einem Brief vom Dezember 1961, er habe nach einem Berlinbesuch die Absicht, sich in Berlin eine Wohnung zu besorgen und zeitweise dort zu leben. Vier Monate nach dem Mauerbau bejahte er ausdrücklich die Frage, ob Berlin immer noch *die* Metropole Deutschlands sei:

> Berlin hat keine Nachfolge gefunden. Nur Berlin und seine kosmopolitisch denkende Bevölkerung besitzt die Voraussetzungen als Hauptstadt Deutschlands. Es wird niemals einen Ersatz dafür geben.
> [...] „Was kann man tun?" Mit anderen Worten, was würde eine auch nur halbwegs nationalbewußte Bevölkerung tun, um seine Hauptstadt vor dem langsamen Erstickungstod zu retten? Die Antworten sind mannigfaltig, aber fast alle kulturpolitischer Art – also alle großen Zeitungen müßten nach Berlin verlegt werden, alle Intellektuellen nach Berlin ziehen, kulturpolitische Zeitschriften müßten in Berlin erscheinen usw. Was mir als Vorschlag generell vorschwebt ist: Berlin zu einem deutschen kulturpolitischen Zentrum von internationalem Rang zu machen. Dies ist möglich, wenn man es ernsthaft will. Ein Beispiel ist Höllerer, der schon sehr viel in dieser Hinsicht unternimmt. Aber man darf dies nicht untergeordneten Beamten überlassen. Dann wird es nie etwas.[7]

---

6 Paul Florian: ‚Olympische Spiele' der Literatur. Berlin: Treffpunkt internationaler Dichter-Prominenz, in: Pforzheimer Zeitung (27.11.1961).
7 „Hans Werner Richter an Georg Ramsegger", in: Die Welt (04.12.1961), zit. nach: Jürgen Schutte, Elisabeth Unger, Irmtraud Gemballa (Hrsg.): Dichter und Richter. Die Gruppe 47 und die deutsche Nachkriegsliteratur (Katalog der Ausstellung der Akademie der Künste vom 28. Oktober bis 7. Dezember 1988), Berlin 1988, 277.

Nicht allein Hans Werner Richter und nicht nur Walter Höllerer, von dem noch die Rede sein wird, sondern auch einige Beamte kamen auf die Idee, das eingeschlossene Berlin zu einem kulturpolitischen Zentrum von internationalem Rang zu machen. Die offizielle politische Strategie bestand darin, Westberlin als Kulturstandort auszurufen: Nach dem Mauerbau wurde – so die wiederholt vorgetragene und in der Presse kolportierte Formulierung – „das Kulturzentrum Berlin" proklamiert.[8]

Ausschlaggebend für den Erfolg dieser Kulturoffensive war der Umstand, dass man US-amerikanische Geldgeber fand, denen es im Sinne einer stärkeren Westbindung zupasskam, den Berlinern unter die Arme zu greifen. Die internationalen Aktivitäten der folgenden Jahre wurden in entscheidendem Maße durch die Ford Foundation gefördert, die seinerzeit finanzkräftigste philanthropische Stiftung der Welt. Sie war 1936 vom Autohersteller Ford gegründet worden mit dem erklärten Ziel, Demokratie zu verbreiten, Armut zu reduzieren und die internationale Verständigung zu fördern. In Zeiten des Kalten Krieges verbarg sich dahinter aber durchaus eine dezidierte Ideologie, eine deutlich vertretene antikommunistische Linie. Diese politische Agenda wurde in den 1950er Jahren sehr entschieden, in den 1960er Jahren weniger aggressiv verfolgt, man wollte nun auch die kritischen Intellektuellen einbeziehen. Tatsächlich hatte allerdings der US-amerikanische Geheimdienst CIA bei der Ford Foundation die Hände im Spiel, dies kam 1967/68 ans Licht, ein veritabler Skandal, der dazu führte, dass der von der CIA und der Ford Foundation finanzierte Congress for Cultural Freedom, eine 1950 gegründete antikommunistische Organisation, seine Arbeit beenden musste.[9] Noch im Berlin der frühen 1960er Jahre jedoch trat die Ford Foundation als diejenige Instanz in Erscheinung, die ein zukunftsweisendes Kulturprogramm ermöglichen sollte. Der Senator für Wissenschaft und Kunst veröffentlichte in Form einer Pressemitteilung nachstehende Erfolgsmeldung:

> Im Zuge der nach dem 13. August 1961 eingeleiteten Bemühungen, Berlin in verstärktem Maße zu einem Zentrum der Bildung, der Wissenschaft und der Kunst auszubauen, erklärte sich 1962 die Ford Foundation bereit, für einen Zeitraum von etwa drei Jahren insgesamt etwa 8 Millionen Mark für ein besonderes Programm zur Verfügung zu stellen.[10]

Der Jahresbericht der Ford Foundation von 1963 vermerkt, was mit dieser stattlichen Summe für die Berliner Kultur initiiert wurde: ein Internationales Institut

---

8 Vgl. „Berlin wird zum Kulturzentrum", in: Berliner Morgenpost (09.01.1963); „Denn rauhes Klima prägt", in: Berliner Morgenpost (18./19.11.1964); Helmut Böttiger: Elefantenrunden. Walter Höllerer und die Erfindung des Literaturbetriebs, Berlin 2005, 174.
9 Zu den Aktivitäten der Ford Foundation vgl. Francis Stonor Saunders: Wer die Zeche zahlt ... Der CIA und die Kultur im Kalten Krieg, Berlin 1999; Volker Berghahn: Transatlantische Kulturkriege. Shepard Stone, die Ford-Stiftung und der europäische Antiamerikanismus, Stuttgart 2004.
10 Aus einer Pressemitteilung des Senators für Wissenschaft und Kunst 1963, zit. nach: Stefanie Endlich, Rainer Höynck (Hrsg.): Blickwechsel. 25 Jahre Berliner Künstlerprogramm, Berlin 1988, 26.

für Vergleichende Musikstudien, das nachmals und bis heute nach John F. Kennedy benannte Institut für Nordamerikastudien an der Freien Universität, ein *Artists in Residence*-Programm, das ab 1966 als Berliner Künstlerprogramm vom Deutschen Akademischen Auslandsdienst übernommen wurde, sowie das Literarische Colloquium Berlin.[11]

III.

Peter Nestler, erster Leiter des Berliner Künstlerprogramms nach dem in der Initialphase verantwortlichen russisch-amerikanischen Komponisten und Schriftsteller Nicolas Nabokov, betonte den herausragenden Stellenwert dieser Unternehmung innerhalb der Aktivitäten der Ford Foundation, wenn er von dem „besonders spektakulären Auftakt" des Künstlerprogramms sprach und darauf hinwies, dass es „den Initiatoren [...] innerhalb ganz kurzer Zeit [gelang], Schriftsteller und Komponisten von Weltrang nach Berlin einzuladen."[12] Dabei beruhte die Einladungspolitik zunächst vor allem auf informellen Verbindungen zu renommierten westlichen Künstlern – man folgte dem „mehr patriarchalischen Einladungsprinzip des ‚bring your famous friends'".[13] Die Internationalisierungsbemühungen richteten sich in dieser Phase entschieden auf große Namen und den repräsentativen Kulturbetrieb. Einen Coup landete die Ford Foundation, indem sie gleich zu Beginn des Programms Witold Gombrowicz nach Berlin einladen konnte. Gombrowicz, einer der wichtigsten polnischen Autoren des 20. Jahrhunderts, hatte fast 25 Jahre im argentinischen Exil verbracht und kehrte erstmalig als Gast des Künstlerprogramms wieder nach Europa zurück. Nach seinem Berliner Jahr blieb er in Europa und nahm seinen Wohnsitz in Frankreich. Mit ihm waren – in der Sparte Literatur – Ingeborg Bachmann (Österreich), Piers Paul Read (Großbritannien), Joachim Prenzlow und Klaus Roehler (Westdeutschland), im darauffolgenden Jahr 1964 W. H. Auden und Eric Bentley (USA), Elazar Koppel Benyoetz (Israel), Michel Butor (Frankreich) und Hans-Dietrich Sander (Westdeutschland)

---

[11] „A three-year program to expand the artistic, educational, and cultural resources of Berlin was inaugurated with a $2 million appropriation. [...] Initial grants included $300,000 to the Free University of Berlin for American Studies and $350,000 for an International Institute for Comparative Music Studies, where musical traditions of Asia and Africa as well as the West will be studied. A total of $590,000 was committed to enable artists, writers, educators, scientists, and composers to visit and work in Berlin for extensive periods. Included was support for a Literary Colloquium, part of whose program will be concerned with the increased use of literature on radio, television, and film." The Ford Foundation Annual Report 1963, 49. Online abgerufen am 27. März 2021 auf der Website der *Ford Foundation* unter https://www.fordfoundation.org/media/2433/1963-annual-report.pdf.
[12] Peter Nestler, Das Berliner Künstlerprogramm. Vorläufe und Anfänge, in: Blickwechsel (Anm. 10), 59–62, hier: 59.
[13] Ebd., 61.

eingeladen. Gemeinsam mit den Gästen aus den Bereichen Musik und Bildende Kunst sollten sie die Kulturszene der Stadt mit den gegenwärtigen Strömungen und Maßstäben der westlichen, internationalen Moderne bekannt machen und so – in Form einer „kulturellen Nothilfe",[14] wie es die Berliner Schriftstellerin Ingeborg Drewitz formulierte – die Standortprobleme ausgleichen sowie den Anschluss an das führende westliche Kulturleben gewährleisten.

Bis in die 1970er Jahre bestand allerdings ein Problem darin, dass das Künstlerprogramm zwar renommierte Persönlichkeiten nach Berlin holte, die Integration in die ansässige Kulturszene aber nicht wirklich gelang. Zum einen fühlten sich Westberliner Künstler:innen gegenüber der üppig finanzierten internationalen Prominenz zurückgesetzt, zum anderen aber litt die Verständigung an den Sprachbarrieren. Klaus Roehler, Mitglied der Gruppe 47, gehörte zu den wenigen deutschen bzw. deutschsprachigen Gästen in der Frühzeit des Programms. Er schildert das Beisammensein der „in Britz, in Reinickendorf oder Spandau" untergebrachten Stipendiaten, die sich „gelegentlich auf einer *sogenannten Cocktailparty*, zu der der besorgte Vertreter der Ford Foundation in Berlin bittet", treffen:

> Es fällt ihm [dem Stipendiaten, d.i. Roehler selbst] schwer, sich mit allen Stipendiaten zu verständigen. Der Schriftsteller aus Polen etwa, der in Südamerika lebt, spricht Polnisch, spricht Spanisch und dazu ein hartes, polnisch-spanisches Französisch, der Komponist aus Japan spricht fließend Japanisch, darüber wundert sich freilich niemand, und kann auf Englisch sagen „How do you do" und „Good bye", der Maler aus Italien spricht Italienisch, das ist sein gutes Recht, und die Frau des Malers übersetzt auf Wunsch ins Englische oder Deutsche, dennoch verlaufen die Gespräche mit dem Maler fast so eintönig wie Gespräche mit dem Schriftsteller aus Polen, der in Südamerika lebt, mit dem Komponisten aus Japan, denn während die Frau des Malers übersetzt, wird der Maler, weil er nicht mithören kann, was seine Frau sagt, unruhig, und deshalb gibt sie seine gewöhnlich lange Rede gekürzt weiter, faßt sich auch der Antwortende kurz, übersetzt darauf die Frau dem Mann die kurze Antwort gekürzt. So scheitern manche gerade erst hoffnungsvoll begonnenen Gespräche an der Vielzahl der bekannten Sprachen, obwohl der Stipendiat sich gerade mit dem italienischen Maler, dem japanischen Komponisten gerne unterhalten hätte; er soll ja aber, und vielleicht ist das von seinen Mäzenen vorausbedacht worden, nicht so viel reden in Berlin, er soll malen, komponieren, schreiben, muß es freilich nicht tun, doch es wird gern gesehen ..."[15]

Man sieht, wie hier Anspruch und Möglichkeit von Internationalität stark auseinanderklaffen; weder war die Zeit der allgemeinen Verkehrssprache Englisch angebrochen, noch hatten sich in Berlin – wie heutzutage – mehrsprachige künstlerische Communities oder Szenen herausgebildet. Die Vision einer „Ford Foundation

---

14 Ingeborg Drewitz: Kulturelle Nothilfe für Berlin? oder Das Berliner Künstlerprogramm (pro – contra – pro), in: Deutscher Akademischer Austauschdienst (Hrsg.): 10 Jahre Berliner Künstlerprogramm, Berlin 1975, 39–40.
15 Klaus Roehler: Beitrag für das RIAS-Abendstudio (1965), zit. nach: Blickwechsel (Anm. 10), 26.

Familie",[16] wie sie der Berliner Vertreter der Stiftung beschwor, ließ sich nicht wirklich umsetzen; und das Prinzip, „im internationalen Repräsentationswert der eingeladenen Gäste eine Qualität für den Austausch zu sehen, darauf vertrauend, daß mit der Anwesenheit von Internationalen die ‚Internationale' selbst ihren Einzug feiere",[17] hatte sich nicht bewährt. Nach anderthalb von drei Jahren Finanzierung durch die Ford Foundation fiel die Bilanz für das *Artists in Residence*-Programm in der Presse eher negativ aus: „Es fragt sich jedoch, ob es – nach den Erfahrungen, die man gemacht hat – überhaupt sinnvoll ist, ausländische Künstler mit Geld und guten Worten für ein ganzes Jahr nach Berlin zu locken. Eine Handvoll prominenter Namen – gewissermaßen als ‚Glanzlichter' aufgesetzt – macht aus einer Stadt noch kein Kulturzentrum."[18]

IV.

Wendet man sich den spezifisch auf Literatur bezogenen Aktivitäten in der Internationalisierungsgeschichte der Berliner Kulturszene zu, kommt einer der wichtigsten Akteure in diesem Feld der frühen 1960er Jahre ins Spiel: der bereits erwähnte Walter Höllerer, Literaturwissenschaftler, Zeitschriftengründer, Schriftsteller, Lyriker, Mitglied der Gruppe 47. Seit 1959 hatte er eine Professur an der Technischen Universität Berlin inne, wo er das Institut für Sprache im technischen Zeitalter gründete. Vor allem aber war er ein begnadeter Kulturvermittler und -manager, die zentrale Figur am Schnittpunkt von Universität, Kultur, Wirtschaft und Politik. Höllerer hatte entscheidenden Anteil an der Veränderung, Ausgestaltung und Internationalisierung der literarischen Verhältnisse in Westberlin. Man hat mit Blick auf Höllerer auch von der „Erfindung des Literaturbetriebs"[19] gesprochen, um damit seine Scharnierrolle in den Wandlungsprozessen des literarischen Feldes zu beschreiben, seine Kontakte zu Wirtschaft und Politik, seine Managerqualitäten und seine Beherrschung der neueren medialen Formate, also insbesondere Radio und Fernsehen.[20]

---

16 Brief von Karl Haas, Ford Foundation, an Walter Höllerer vom 8. Oktober 1963. Nachlass Walter Höllerer, Literaturarchiv Sulzbach-Rosenberg, Signatur 03WH/DJ/A/4, 32.
17 Lothar Romain: Kulturpolitische Aspekte des Berliner Künstlerprogramms, in: 10 Jahre Berliner Künstlerprogramm (Anm. 14), Berlin 1975, 17–21, hier: 20.
18 Cornelia Jacobsen: „Halbzeit bei der Ford-Stiftung. Warum viele der eingeladenen Künstler in Berlin unzufrieden sind", in: Die Zeit Nr. 40 (02.10.1964).
19 Helmut Böttiger: Elefantenrunden. Walter Höllerer und die Erfindung des Literaturbetriebs, Berlin 2005.
20 Vgl. hierzu vor allem Michael Peter Hehl: Berliner Netzwerke. Walter Höllerer, die Gruppe 47 und die Gründung des Literarischen Colloquiums Berlin, in: Achim Geisenhanslüke, Michael Peter Hehl (Hrsg.): Poetik im technischen Zeitalter. Walter Höllerer und die Entstehung des modernen Literaturbetriebs, Bielefeld 2013, 155–189.

Ein wichtiges Signal setzte Höllerer mit seiner Lesereihe ‚Literatur im technischen Zeitalter', die im Winter 1961/62 in internationaler Besetzung stattfand. Autor:innen des *Nouveau Roman* waren eingeladen, der Skandalautor Henry Miller und mit Dos Passos der wichtigste Vertreter des amerikanischen Großstadtromans: Die aktuelle internationale Moderne in unterschiedlichen Stimmen und Sprachen kam in das große Auditorium der Kongresshalle. Es war *das* Berliner Großereignis des Winters, die Kongresshalle war immer überfüllt, der Sender Freies Berlin nahm die Veranstaltungen auf und strahlte sie im Abendprogramm aus. In seiner Einführung wies Höllerer eigens auf die technischen Gerätschaften hin, denen die Vortragenden, aber auch die Zuschauer durch die Aufnahmen ausgesetzt wären:

> Die Störungen, die die Apparaturen von Rundfunk und Fernsehen notwendigerweise für Sie, die Anwesenden im Saal, mit sich bringt [sic!], werden Sie sicherlich mit Verständnis hinnehmen; wenn Sie bedenken, daß diese Apparatur es ermöglicht, denjenigen unserer bisherigen Studenten und denjenigen Mitbürgern, die wir gerne hier hätten, die gerne kämen, die aber gehindert werden zu kommen, diese Lesereihe zu übermitteln.[21]

Wenige Monate nach dem Mauerbau rief Höllerer also die mediale Möglichkeit ins Bewusstsein, die internationale Lesereihe auch nach Ostberlin auszustrahlen. Dabei gehörte es unabhängig von der deutsch-deutschen Situation und der Übertragung von Fernseh- und Radiosendungen in den Osten zu Höllerers Programm, Literatur und Massenmedien einander anzunähern: Im technischen Zeitalter gelte es, „neuartige Formen der Literatur" auszuprobieren, „die Einfluß auf die Massenmedien nehmen: Literatur, die dem Fernsehen, dem Film, den Zeitungen Auftrieb gibt".[22] Dennoch blieb das Motiv, mit Radio und Fernsehen die Mauer überwinden zu können, eine Konstante: „Television and radio are the only methods of breaking down the Wall",[23] wie Höllerer in einem Interview für die Zeitschrift *The Atlantic Monthly* formulierte.

Die Vertiefung dieser Aktivitäten und ihre Institutionalisierung in Form eines permanenten Literarischen Colloquiums wurden wiederum durch die Ford Foundation ermöglicht. Höllerer kam über einen Bekannten in Kontakt mit Shepard Stone, dem Leiter des internationalen Programms der Stiftung. Dieser Mittelsmann war Walter Hasenclever, der Schwager von Shepard Stone, der dann auch der erste Geschäftsführer des Literarischen Colloquiums werden sollte. In einem Brief an Stone vom 27. Juli 1962 entwarf Höllerer das Programm einer literarischen Institution, zu deren Finanzierung er die Ford Foundation bewegen wollte:

---

21 Einführung zur Auftaktveranstaltung, Internationale Lesereihe *Literatur im technischen Zeitalter*, (13.11.1961). Nachlass Walter Höllerer, Literaturarchiv Sulzbach-Rosenberg, Signatur 03WH/CA/3,4.
22 Walter Höllerer, Brief an Shepard Stone vom 27. Juli 1962. Nachlass Walter Höllerer, Literaturarchiv Sulzbach-Rosenberg, Signatur 03WH/DJ/A/4,7.
23 Walter Höllerer, Günter Grass, Walter Hasenclever: „Writers in Berlin. A Three-way Discussion", in: The Atlantic Monthly (Dezember 1963), 110–113, hier: 113.

> Man erwartet von Berlin, daß hier die Literatur von morgen die Fühler ausstreckt. Die Atmosphäre und die Ost-West-Lage der Stadt begünstigen das Entstehen lebhafter Diskussionen, neuartiger literarischer Versuche, international recipierter Werke [...]. Vor allem junge Literaten, deutschsprachige und ausländische, fühlen sich von Berlin angezogen. Lesungen und Aufenthalte der San-Francisco Poets, der Autoren des roman nouveau, selbst der polnischen und jugoslawischen Avantgarde in Westberlin beweisen das.
> Eine Stärkung Berlins könnte also gerade auf literarischem Gebiet erfolgreich sein. [...] Meines Erachtens sollte man Mittel zur Verfügung haben, um junge Literaten, deutsche und ausländische, nach Berlin einladen zu können. Sie sollten hier auf die Dauer von einem halben oder einem Jahr wohnen und an Colloquien teilnehmen, die für sie unter bestimmten Themenstellungen stattfinden. Daneben sollten sie aber genügend Zeit haben, mit der Stadt selbst in Kontakt zu kommen und ihre eigenen Arbeiten niederzuschreiben.[24]

Das war die Gründungsidee des Literarischen Colloquiums Berlin (LCB), des ersten Literaturhauses in Deutschland und sogar weltweit. Es ging damals – wie Höllerer deutlich macht – um die „Stärkung Berlins", Hauptargument war die Stützung der West-Enklave im Osten. Und zugleich ging es um ein bestimmtes Programm und einen bestimmten Anspruch, nämlich die Moderne nach Deutschland zu holen, die Kunst, die als demokratisch, freiheitlich, aufgeklärt, innovativ, jung empfunden wurde:

> Das Bewegende und Transitorische, in die Zukunft Hineinreichende wird in Berlin den Ausschlag für jeden einzelnen Programmpunkt geben müssen. Es muß sich nach der Einrichtung dieses literarischen Colloquiums herumsprechen, daß die jungen künstlerischen Bewegungen in Ost und in West hier in Berlin ein Forum und einen Fuchsbau haben, wie nirgend sonst in einer anderen Stadt![25]

Auffällig ist die programmatische Fortschrittsorientierung, die Zukunftsausrichtung, es geht um die *jungen* künstlerischen Bewegungen; bemerkenswert erscheint aber auch die Wendung von „Forum" und „Fuchsbau": Berlin bietet demnach eine besondere Art und ein besonderes Maß an öffentlicher Aufmerksamkeit – und zugleich soll es künstlerische Zufluchtsstätte sein. Bedeutsam ist schließlich auch die Rede von West *und* Ost. Neben der westlichen Moderne sollte avantgardistische, experimentelle Literatur aus dem Osten eingeladen werden, jene Autoren und Autorinnen, die aus der Perspektive kulturpolitischer Dogmatiker im Osten als subversiv und dissidentisch einzustufen waren. „Durch Einladungen kommen Publikum und Autoren aus aller Welt mit Berlin in Kontakt; *politische Wirkung literarischer Ereignisse!*"[26] so die programmatische Losung, der Höllerer seine Pläne unterstellte.

---

24 Walter Höllerer, Brief an Shepard Stone vom 27. Juli 1962. Nachlass Walter Höllerer, Literaturarchiv Sulzbach-Rosenberg, Signatur 03WH/DJ/A/4,7d (Hervorhebung im Text).
25 Ebd.
26 Ebd. (Hervorhebung im Text). In einem Brief an Shepard Stone vom 20. Dezember 1962, in dem Höllerer nochmals seine Pläne resümiert, betont er: „Das Programm soll in Berlin wirken und von Berlin ausstrahlen, es soll auch die Verbindung zwischen den Ländern jenseits des Eisernen Vorhangs

Wie aus dem Brief an Stone hervorgeht, nahm das Projekt seinen Ausgang bei der Idee einer *Creative Writing* Schule, auch wenn die institutionellen Planungen von Beginn an darüber hinausgingen. Höllerer dachte dabei an die produktive Begegnung jüngerer mit arrivierten Autorinnen und Autoren, die sich grenzüberschreitenden ästhetischen Erfahrungen und Experimenten öffnen wollten: Es werde sich bei dem geplanten Colloquium „ja um verschieden interessierte Gruppen handeln [...], z. T. um elementare Kurse in der ‚Schule des Schreibens', z. T. um komplizierte Kompositions-Auseinandersetzungen".[27] Im Archiv des LCB findet sich ein undatiertes, aber erkennbar sehr frühes Entwurfspapier, in dem Höllerer eine erste Kalkulation für das Colloquium festhält. Dort wird das gesamte Projekt schlicht mit „Creative Writing" betitelt; darunter werden die Bereiche aufgeführt, in denen diese Schreibwerkstatt tätig werden sollte: „Roman, Drama, Lyrik, Hörspiel, Fernsehspiel, Essay, Kritik".[28] Das programmatische Stichwort des *Creative Writing* verweist auf die USA, wo Höllerer bei seinen diversen Aufenthalten und Gastprofessuren unter anderem in Harvard und Chicago schreibdidaktische Programme kennenlernen konnte. Seit den 1920er Jahren hatte sich an amerikanischen Colleges und Universitäten *Creative Writing* als eigenes Fach zu etablieren begonnen. In Deutschland waren derartige Kurse oder Studiengänge bis dahin unbekannt,[29] und es war Höllerer, der diese Idee aus den USA nach Westberlin importierte. Offenbar war es gerade dieser Ansatz, der Shepard Stone besonders überzeugte.[30]

1963 wurde dann das LCB gegründet mit einem Standort in Charlottenburg und einem zweiten in der Villa am Wannsee, die ab 1964 als Gästehaus diente und das Colloquium in seiner heutigen Form beherbergt. Die erste *Creative*

---

herstellen, z. B. mit Polen und Jugoslawien." Nachlass Walter Höllerer, Literaturarchiv Sulzbach-Rosenberg, Signatur 03WH/DJ/A/4,12a.
27 Walter Höllerer, Brief an Shepard Stone vom 27. Juli 1962. Nachlass Walter Höllerer, Literaturarchiv Sulzbach-Rosenberg, Signatur 03WH/DJ/A/4,7d.
28 Nachlass Walter Höllerer, Literaturarchiv Sulzbach-Rosenberg, Signatur 03WH/DJ/A/2,10.
29 ‚In Deutschland unbekannt' ist allerdings nicht ganz richtig, denn in der DDR gab es bereits eine, wenn auch sehr anders gelagerte, feststehende Institution der Schreibausbildung. 1955 war in Leipzig das Institut für Literatur gegründet worden, seit 1959 firmierte es unter dem Namen Institut für Literatur „Johannes R. Becher". Es folgte dem Vorbild des 1933 in Moskau gegründeten Maxim-Gorki-Instituts und bot ein reguläres Studium der Literatur an, das neben Veranstaltungen unter anderem zu Marxismus-Leninismus, Literaturgeschichte und Ästhetik auch ein Praktikum in Produktionsbetrieben vorsah – und sogenannte ‚Schöpferische Seminare' für Prosa, Lyrik und Dramatik. Zur Geschichte des Instituts vgl. Isabelle Lehn, Sascha Macht, Katja Stopka: Schreiben lernen im Sozialismus. Das Institut für Literatur „Johannes R. Becher", Göttingen 2018.
30 Brief von Walter Hasenclever an Walter Höllerer vom 17. Mai 1962: „Unser Vorschlag ist ihm [Shepard Stone] deshalb sympathisch, weil er darin eine Möglichkeit sieht, schöpferisch weiter zu wirken und eine Möglichkeit der Unterweisung zu schaffen, die es einfach sonst in Deutschland nicht gibt. Er würde unser Projekt sozusagen als den Prototyp alles dessen ansprechen, was ihm für die Berliner kulturelle Entwicklung (soweit sie die Ford Foundation interessiert) vorschwebt." Nachlass Walter Höllerer, Literaturarchiv Sulzbach-Rosenberg, Signatur 03WH/DJ/A/5,2.

Writing-Veranstaltung fand von November 1963 bis Februar 1964 statt und widmete sich dem „Prosaschreiben". Von Mai bis September 1964 folgte das Colloquium zum „Dramenschreiben". Junge deutsche, englische und US-amerikanische Dramatiker – und eine Dramatikerin – wohnten für mehrere Monate zusammen im Haus am Wannsee. Auch und gerade im Hinblick auf die ‚Schreibschule' des Colloquiums zeigte sich also die Ambition, ein internationales Programm auf die Beine zu stellen: „Die Einladungen an die jungen Schriftsteller sollten nicht auf den deutschsprachigen Raum beschränkt bleiben",[31] hatte Höllerer bereits im Vorfeld gegenüber Stone nachdrücklich hervorgehoben. Erstaunlicherweise war dann der unter der Leitung von James Saunders stattfindende englischsprachige Dramenworkshop sogar erfolgreicher als der parallel dazu stattfindende deutschsprachige. Zumindest sah einer der Teilnehmer des deutschsprachigen Workshops dies so: Peter O. Chotjewitz veröffentlichte in der Studentenzeitschrift der FU unter dem Titel *Aus der Schule geplaudert* eine ziemlich heftige Kritik am LCB und konkret am deutschsprachigen Workshop, dessen Betreuung durch häufig wechselnde, zwar namhafte, aber nicht gerade theaterpraktisch ausgewiesene Literaten er als ungenügend empfand.[32] Auch die Sorglosigkeit im Geldausgeben wurde angeprangert, ein Punkt, der bald die Runde machen und zu ernsthaften Vorhaltungen seitens der Stiftung führen sollte, insofern das Literarische Colloquium bereits im Jahr 1964 einen Großteil des von der Ford Foundation zugesagten Geldes verausgabt hatte.[33] Vielleicht lag es an den unbestreitbaren Schwierigkeiten, ein *Creative Writing*-Programm als freies Gespräch unter Interessierten zu organisieren, vielleicht an der angespannten finanziellen Lage, die ein derart üppiges Stipendienprogramm nicht hergab, oder am Unverständnis der deutschen, auf Genieästhetik abonnierten Öffentlichkeit, die Dieter E. Zimmer in der *ZEIT* für Schäden am Renommee der frisch gegründeten Institution verantwortlich machte:[34] Das Format der Schreibwerkstätten wurde jedenfalls in der anfangs versuchten Gestalt nicht weitergeführt. Es folgten noch

---

31 Brief von Walter Höllerer an Shepard Stone vom 20. Dezember 1962. Nachlass Walter Höllerer, Literaturarchiv Sulzbach-Rosenberg, Signatur 03WH/DJ/A/4,12a.
32 Peter O. Chotjewitz: „Aus der Schule geplaudert", in: Colloquium 9/10 (1964), 20–21.
33 Vgl. den Brief von Walter Hasenclever an Walter Höllerer vom 21. November 1964. Nachlass Walter Höllerer, Literaturarchiv Sulzbach-Rosenberg, Signatur 03WH/DJ/A/11,15.
34 „Soweit man in der Öffentlichkeit überhaupt irgendwelche Vorstellungen mit dem Literarischen Colloquium verbindet, denkt man sich eine Art Schreibschule für mehr oder minder begabte Literaturanwärter: Das Image der Institution wird ganz und gar von ihrer allerersten Unternehmung bestimmt, die ein viermonatiges Seminar unter dem Titel ‚Prosaschreiben' war, zu dem im Winter 1963/64 vierzehn junge Leute, die hier und da etwas veröffentlicht hatten, eingeladen wurden. Die Idee, daß junge Autoren zu einer Art Kursus zusammenkommen, um sich von älteren Schreibaufgaben stellen zu lassen und ihre Erzeugnisse zu diskutieren, schien den Deutschen, die sich ihre Schriftsteller nur einzeln um die Inspiration ringend vorzustellen gewohnt sind, so abstrus, daß das Literarische Colloquium ein für allemal abgestempelt und seine weitere Tätigkeit verdunkelt war." Dieter E. Zimmer: „Die Literatur-Mafia von Berlin. Eine rabiate Polemik und einige nüchterne Beobachtungen", in: Die Zeit Nr. 47 (18.11.1966).

anders dimensionierte Colloquien zur Theater-, Lyrik- und Filmkritik (1965) und – bezeichnend für den betont internationalen Zuschnitt des LCB – ein Colloquium zu „Problemen der Übersetzung" (1966).

Ein Meilenstein im internationalen Einladungsprogramm Höllerers war die Veranstaltung *Modernes Theater auf kleinen Bühnen*. Für den Winter 1964/65 wurden Avantgarde-Ensembles aus Paris, Mailand, New York, London, Stockholm, Leningrad, Warschau, Belgrad, Zagreb und Mexico-City nach Berlin geholt. Auch hier wurden die Aufführungen im Fernsehen gezeigt; in diesem Fall übernahmen sie sogar alle deutschen Rundfunkanstalten, ein großer Erfolg, wie das Protokoll der Arbeitssitzung des Literarischen Colloquiums vom 26. März 1964 vermerkt: „Tatsächlich bedeuten also diese Veranstaltungen die erste große Publicity-Welle für das Literarische Colloquium, die auch nach dem Osten ausstrahlen wird."[35] Schwieriger als die Ausstrahlung *nach* Osten gestaltete sich allerdings offenbar die Einladung von Ensembles *aus* dem Osten. So scheiterte beispielsweise der Versuch, ein experimentelles Theater aus Polen nach Berlin zu holen. Höllerer wandte sich in dieser Sache an den befreundeten polnischen Theaterwissenschaftler Andrej Wirth; dieser leitete die Einladung an das polnische Kulturministerium weiter. Im Mai 1964 übermittelte er die Absage des Ministeriums und erklärte die Ergebnislosigkeit seiner Bemühungen mit Schwierigkeiten „‚geopolitischer Natur'": Der Grund liege „in der unbequemen Lage der Stadt B."[36] Während es durchaus möglich sei, Einladungen polnischer Künstler in die Bundesrepublik zu realisieren, habe die Regierung kein Interesse, „offizielle kulturelle Beziehungen mit West-Berlin"[37] einzugehen. Das „geopolitische" Problem betraf die besondere Situation Berlins als Viersektorenstadt, deren rechtlicher Status in der Luft hing. Bis zum Viermächteabkommen von 1971, das *de facto* die Anerkennung der DDR durch die Westalliierten und die Bundesrepublik bedeutete, wurde die Bindung von Westberlin an die Bundesrepublik aus Ostperspektive als Provokation wahrgenommen, und immer wieder eine entsprechend restriktive Politik von den Ländern aus dem sowjetischen Herrschaftsbereich praktiziert.

Als weiteres literarisches Großereignis Höllerers sei die berühmte Reihe *Ein Gedicht und sein Autor* erwähnt, die Höllerer im Winter 1966/67 organisierte und die jeweils zwei Vertreter der internationalen Lyrikprominenz in der Westberliner Akademie der Künste zusammenbrachte, zu Lesung, poetologischem Statement und Diskussion, eine „Weltausstellung der Lyriker"[38], wie die *ZEIT* titelte. Auch „dieses lyrische

---

35 Protokoll über die Arbeitssitzung des Literarischen Colloquiums am Donnerstag, den 26. März 1964. Nachlass Walter Höllerer, Literaturarchiv Sulzbach-Rosenberg, Signatur 03WH/DJ/A/12,8.
36 Brief von Andrej Wirth an Walter Höllerer vom 08. Mai 1964. Nachlass Walter Höllerer, Literaturarchiv Sulzbach-Rosenberg, Signatur 03WH/AA/3,17.
37 Brief von Andrej Wirth an Walter Höllerer vom 23. Mai 1964. Nachlass Walter Höllerer, Literaturarchiv Sulzbach-Rosenberg, Signatur 03WH/AA/3,17.
38 Dieter E. Zimmer: „Weltausstellung der Lyriker. Eine Veranstaltungsreihe des Literarischen Colloquiums Berlin", in: Die Zeit Nr. 6 (10.02.1967).

Marathon-Rennen von 21 Poeten an 10 Abenden"[39] war eine Fernsehveranstaltung, die im 3. Programm des SFB (Sender Freies Berlin) übertragen wurde. Eingeladen waren Gäste aus Schweden, Frankreich, Jugoslawien, Polen, Italien, USA, ČSSR, Österreich, DDR und UdSSR. Alle Eingeladenen kamen, nur einer nicht: „Günter Kunert, der am wenigsten weit entfernt – in Ostberlin – wohnende, konnte als einziger von den Eingeladenen nicht persönlich in der Akademie der Künste erscheinen",[40] wie Höllerer in seiner Einführung zum siebten Abend, an dem Miroslav Holub und Josef Hanzlik aus der ČSSR auftraten, betonte. Kunert war der Passierschein verweigert worden.

In der *Neuen Zürcher Zeitung* wurde – abseits der Ostberliner Restriktionen – das literarische Großereignis als „einleuchtendes Beispiel für die kulturelle Brückenfunktion Westberlins" angeführt. Insbesondere der russisch-amerikanische Abend mit Andrej Wosnessenskij und Lawrence Ferlinghetti wurde gerühmt:

> Ost und West am Vorlesepult, auf der Bühne in der Kunstgalerie – das sind die Ambitionen und Experimente im Berliner Kulturleben. Höllerer selber wünscht nicht nur Kontakte, Begegnungen und Festwochen; er möchte die Künstler zur Arbeit in Berlin und so zur Sesshaftigkeit animieren. Berlin als Atelier und Werkstätte, nicht nur als Schaufenster und Festsaal.[41]

V.

Über den Erfolg dieser Bemühungen konnte man natürlich streiten.

Im Dezember 1963 veröffentlichte die amerikanische Zeitschrift *The Atlantic Monthly* ein Gespräch zwischen Höllerer, Günter Grass und Walter Hasenclever über *Writers in Berlin*. In diesem Dreiergespräch gab es ein kleines Hin und Her über den kosmopolitischen Zuschnitt Berlins, d. h. Westberlins. Ähnlich wie Hans Werner Richter in dem eingangs zitierten Brief betont auch Höllerer, Berlin sei die einzige wirkliche Großstadt in Deutschland: „Berlin is probably the only city in Germany that can boast of an atmosphere which is genuinely metropolitan. The other cities are much more provincial." Dagegen äußert Grass entschiedene Zweifel: „I don't know if you can call Berlin really metropolitan. The most provincial feature in Berlin is its hectic effort during the last two years to become a metropolis. This in itself is a sure sign of provincialism." [42] Gerade die forcierten Bemühungen um Internationalisierung auf

---

39 Manuskript der Sendung „Atelier am Sonntagabend" vom 12. Februar 1967, RIAS, Hans Georg Soldat: Ein Gedicht und sein Autor. Höllerers Lyrik-Reihe des Literarischen Colloquiums. Nachlass Walter Höllerer, Literaturarchiv Sulzbach-Rosenberg, Signatur 03WH/BN/2,4 j, 6.
40 Walter Höllerer: [Einleitung zu Günter Kunert], in: ders. (Hrsg.): Ein Gedicht und sein Autor. Lyrik und Essay, München 1969, 220.
41 T. W.: „Westberlin – Bundesland und isolierte Metropole", in: Neue Zürcher Zeitung, Fernausgabe Nr. 65 (07.03.1967), 3.
42 Höllerer, Grass, Hasenclever (Anm. 23), 111.

Westberliner Seite, wie sie seit dem Mauerbau angestrengt wurden, nimmt Grass als Zeichen der Randständigkeit wahr.

Der Vorwurf des Provinzialismus Westberlins wurde unter anderen Vorzeichen auch an anderer Stelle geäußert: Im *DSF*-Journal, der Monatszeitung der Westberliner Gesellschaft für Deutsch-Sowjetische Freundschaft, wurden immer wieder Beispiele von Auftrittsverboten für Künstler aus sozialistischen Staaten angeführt. Unter der Überschrift *Bonn macht Westberlin zur Provinz* versammelte das *DSF*-Journal kritische Stimmen; Anlass war, dass es westdeutsche Behörden dem russischen Pianisten Swjatoslaw Richter untersagt hatten, in Westberlin zu spielen: Die Westberliner – so heißt es dort – „sollen in Zukunft möglichst nur noch das sehen, was von Ford oder dem Bundesverband der Industrie angeregt und finanziert wird."[43] – „Unsere Stadt wird immer mehr von der internationalen Kultur isoliert, zu der eben auch die weltbedeutenden Ereignisse der Sowjetunion und der anderen sozialistischen Länder gehören."[44] Das war in der Tat ein Hauptanliegen dieses Journals: die Gegenperspektive gerade im Hinblick auf die *internationale* Bedeutung des Westberliner Kulturlebens geltend zu machen. Im Zentrum stand die Kritik an der „Frontstadt-Politik"[45] und an dem, was ein Autor des Journals „Kulturquarantäne"[46] oder „geistige Quarantäne"[47] nannte: die Unterdrückung von künstlerischen Ereignissen oder kulturellen Veranstaltungen in Westberlin aufgrund ihrer Herkunft aus der Sowjetunion oder allgemeiner aufgrund ideologischer Vorbehalte. Es ist die Retourkutsche zum üblichen – und sehr berechtigten – Vorwurf der Zensur Richtung Osten. Das *DSF*-Journal wollte jedenfalls deutlich machen, dass auch im Westteil der Stadt *nicht* unumschränkte Freiheit und Toleranz herrschten, womit es selbstverständlich *auch*, aber nicht nur als Sprachrohr der ostdeutschen Perspektive agierte.

VI.

Wie wurden nun die Westberliner Aktivitäten tatsächlich auf der anderen Seite der Mauer wahrgenommen? Ein Beitrag vom Februar 1963 aus der Zeitschrift *Einheit* – zuständig für *Theorie und Praxis des Wissenschaftlichen Sozialismus* – mag die Ausgangslage im Osten veranschaulichen. Unter der Überschrift „Es gibt keine ideologische Koexistenz" wird betont, dass gerade die deutsch-deutsche und insbesondere

---

43 Viktor Klaus, in: DSF. Zeitung für Frieden und Völkerverständigung 3/8 (1964), 4.
44 Ralf Elias, in: DSF. Zeitung für Frieden und Völkerverständigung 3/8 (1964), 4.
45 Wladimir Iwanow: „Frontstadt oder Freie Stadt", in: DSF. Zeitung für Frieden und Völkerverständigung 1/9 (1962), 3.
46 o. A.: „Gegen Kultur-Quarantäne", in: DSF. Zeitung für Frieden und Völkerverständigung 1/2 (1962), 1.
47 Ebd.

die Berliner Situation zu maximaler kulturpolitischer Entschiedenheit und zur Abwehr „kulturimperialistischer" Tendenzen zwinge. Der Beitrag wendet sich gegen alle „Erscheinungen des Wiederauflebens formalistischer, modernistischer, abstrakter Kunstpraktiken"[48] in der DDR und fordert Parteilichkeit der Literatur mit Blick auf das sozialistische Menschenbild. Als Beispiel für eine Verwässerung des Klassenstandpunkts wird Jean-Paul Sartres Rede auf dem Weltfriedenskongress in Moskau 1962 angeführt, wo dieser die „Abrüstung der Kultur" im Sinne einer transnationalen kulturellen Einheit gefordert hatte.[49] Namen wie Peter Hacks oder Stephan Hermlin werden als Vertreter einer falschen modernistisch-formalistischen, schematischen Kunstauffassung erwähnt, weiterhin wird Peter Huchels Gestaltung der Zeitschrift *Sinn und Form* als Negativbeispiel genannt. Gegen die Berufung auf „Einzelerscheinungen im sowjetischen Kunstleben" – wie beispielsweise die Lyrik Jewgeni Jewtuschenkos oder Andrej Wossnessenskis –, wird betont, dass diese von der Parteiführung der KPdSU entschieden zurückgewiesen worden seien. Entsprechend mahnt hier der ungenannte Beiträger:

> Wir dürfen doch niemals übersehen, daß wir unsere sozialistische Nationalkultur im Angesicht eines erbittert gegen die gesetzmäßige sozialistische Entwicklung ankämpfenden imperialistischen Gegners aufbauen, der seit Jahrzehnten einen wütenden Antikommunismus verficht und heute alle Mittel der psychologischen Kriegsführung von Westdeutschland und von dem Störzentrum Westberlin aus gegen die DDR einsetzt. Gerade unsere Situation duldet kein Verwischen der ideologischen Gegensätze, keine „Aussöhnung" der sozialistischen und der bürgerlichen Ideologie. [...] Ein Vergleich mit den hauptsächlichen Erscheinungen der Kulturleistungen der kapitalistischen Kunst, ihrem Zynismus, ihrer Perversion, ihrer das Menschenbild zerstörenden Tendenz unterstreicht, wie dringend es ist, keine „Abrüstung" der sozialistischen Kunst zuzulassen.[50]

Deutlich wird das Ausmaß, in dem Literatur und Kunst für den Kalten Krieg funktionalisiert werden. Dies gilt auch und erst recht für die internationale Kulturarbeit in Ostberlin in der ersten Hälfte der 1960er Jahre, die – mal direkt, mal indirekt – auf die internationalen Aktivitäten jenseits der Mauer bezogen ist. Nach dem Mauerbau mehren sich die Zeugnisse für neu erwachte bzw. mit neuem Elan vorangetriebene Internationalisierungsabsichten und -bemühungen auch im Ostteil der Stadt.

---

48 Es gibt keine ideologische Koexistenz. [Stellungnahme der „Einheit", Heft 2 (Feb. 1963)], in: Elimar Schubbe (Hrsg.): Dokumente zur Kunst-, Literatur- und Kulturpolitik der SED, Stuttgart 1972, 822–824, hier: 822 (Dok. 259).
49 Vgl. Jean-Paul Sartre: Die Abrüstung der Kultur. Rede auf dem Weltfriedenskongreß in Moskau vom 09.–14.07.1962, in: ders.: Was kann Literatur? Interviews, Reden, Texte 1960–1976, hrsg. und mit einem Nachwort von Traugott König, Reinbek bei Hamburg 1979, 30–39. Die Rede wurde auch in der DDR veröffentlicht, in: Sinn und Form 5–6 (1962), 805–815.
50 Es gibt keine ideologische Koexistenz [Stellungnahme der „Einheit", Heft 2 (Februar 1963)], in: Elimar Schubbe (Hrsg.): Dokumente (Anm. 48), 822–824, hier: 823 (Dok. 259).

Die Internationalisierung wird dabei auch als Auseinandersetzung mit Westberlin und der bundesdeutschen Literatur dargestellt. Westberlin wird als „Pfahl im Fleische der Deutschen Demokratischen Republik"[51] und als „Frontstadt"[52] in einem mit psychologischen Mitteln und kulturellen Waffen geführten Kampf wahrgenommen. Diese „Frontstadt-Politik", so Wladimir Iwanow, Korrespondent der sowjetischen Nachrichtenagentur TASS in Westberlin, beruhe „auf der Ausnutzung Westberlins zur Wühltätigkeit gegen die DDR, in deren Zentrum es liegt."[53] Hiermit verbindet sich unmittelbar der politische Auftrag der literarischen Austauschbeziehungen nach dem Mauerbau. Ein Bericht über die Auslandsarbeit des Schriftstellerverbands der DDR im Jahr 1961 vermerkt folgendes:

> Die Hauptaufgabe unserer Delegationen, die nach dem 13. August ins Ausland fuhren, bestand darin, alle propagandistischen Möglichkeiten zu nutzen, um über das Deutschlandproblem und die Westberlin-Frage Klarheit zu schaffen.[54]
>
> Bevor unsere Delegationen ins Ausland reisen, finden ausführliche Gespräche im DSV statt, an denen auch Mitarbeiter des Ministeriums für Auswärtige Angelegenheiten und des Ministeriums für Kultur teilnehmen. Die Kollegen werden über die politische und kulturelle Situation des gastgebenden Landes informiert und und [sic!] beauftragt alle entsprechenden Möglichkeiten zu nutzen, um über das Deutschlandproblem, den baldigen Abschluß eines Friedensvertrages, die Lösung der Westberlin-Frage und die Bändigujg [sic!] des westdeutschen Militarismus zu sprechen, bzw. zu schreiben.[55]

Wendet man sich den internationalen literarischen Kontakten im Ostberlin der frühen 1960er Jahre zu, betritt man also unmittelbar die Bühne der auswärtigen Kulturpolitik. Dies hängt damit zusammen, dass Ostberlin nicht nur ein Teil von Großberlin war, sondern bekanntlich auch Hauptstadt der DDR, so dass hier zugleich der primäre Ort staatlicher Selbstdarstellung und außenkulturpolitischer Aktivitäten war. Vor allem aber hat es damit zu tun, dass in der DDR der 1950er und 1960er Jahre die auswärtige Kulturpolitik einen besonderen Stellenwert hatte, denn sie bildete bis zur offiziellen

---

[51] Berlin – Kampffeld für den Frieden. Brief von Bodo Uhse an einen sowjetischen Poeten, in: Richter (Anm. 1), 81–83, hier: 81.
[52] Hans Kochs Wortbeitrag, Das internationale Kolloquium des Deutschen Schriftstellerverbandes (DSV) „Die Existenz zweier deutscher Staaten und die Lage in der Literatur", 1.–5. Dezember 1964 in Berlin (redigierte Tonbandabschrift), in: Elke Scherstjanoi (Hrsg.): Zwei Staaten, zwei Literaturen? Das internationale Kolloquium des Schriftstellerverbandes in der DDR, Dezember 1964, München 2008, 63.
[53] Wladimir Iwanow: Frontstadt oder Freie Stadt, in: DSF. Zeitung für Frieden und Völkerverständigung, 1/9 (1962), 3.
[54] Bericht über die Auslandsarbeit im zweiten Halbjahr (1961). Archiv des Schriftstellerverbandes der DDR, Literaturarchiv der Akademie der Künste Berlin (AdK), Signatur SV 276. Im Folgenden wird auf dieses Archiv mit der Sigle AdK verwiesen.
[55] Bericht über die Auslandsarbeit seit Anfang August dieses Jahres (12. Oktober 1961). Archiv des Schriftstellerverbands der DDR, AdK, Signatur SV 276.

völkerrechtlichen Anerkennung ein wichtiges Mittel der außenpolitischen Selbstdarstellung und Durchsetzung.[56] Darüber hinaus ist die Dominanz der Sozialistischen Einheitspartei Deutschlands (SED) und die zentralistische Organisation aller gesellschaftlichen Bereiche unter Einschluss der Kultur verantwortlich dafür, dass bei den internationalen literarischen Kontakten, Austauschbeziehungen und Aktivitäten auch nicht-staatlicher Akteure das große Ganze, die Repräsentanz des Staates, die grundlegenden Ziele der außenpolitischen Selbstbehauptung und der internationalen staatlichen Anerkennung im Vordergrund standen.

Um nachvollziehen zu können, wie die außenkulturpolitischen Prozesse und im Speziellen die internationalen literarischen Kontakte abliefen, muss man sich die Zuständigkeiten für Kultur bzw. für internationale kulturelle Beziehungen im Staatsaufbau der DDR vor Augen führen. Man kann drei Ebenen unterscheiden: erstens die Parteiebene mit der SED-Führung und dem zentralen Apparat als der entscheidenden, Weisungen erteilenden Instanz der Macht, der gegenüber alle anderen berichtspflichtig waren. Involviert waren hierbei verschiedene Abteilungen des Zentralkomitees (ZK): für Kultur, für internationale Verbindungen und für Propaganda. Zweitens waren die staatlichen Organe beteiligt: das Ministerium für Auswärtige Angelegenheiten, das eine Kulturabteilung beherbergte und mitverantwortlich war für die Organisation des Kulturaustauschs mit anderen Ländern, sowie das Ministerium für Kultur, das seinerseits eine Abteilung für internationale Beziehungen hatte. Über die Aufgaben des Ministeriums für Kultur im Bereich der internationalen Beziehungen gibt die *Verordnung über das Statut des Ministeriums für Kultur* vom 21. November 1963 Auskunft: „Unterstützung aller ‚humanistischen demokratischen Kräfte in Westdeutschland'; Kulturelle Zusammenarbeit mit anderen Völkern; Stärkung des internationalen Ansehens der DDR; Vorbereitung und Verwirklichung von Kulturabkommen und Kulturarbeitsplänen; Anleitung der Arbeit in internationalen Organisationen auf kulturellem Gebiet und der Auslandsarbeit der dem Ministerium für Kultur nachgeordneten Einrichtungen."[57]

---

56 Vgl. Art. „Kulturpolitik", in: Andreas Herbst, Winfried Ranke, Jürgen Winkler: So funktionierte die DDR. Lexikon der Organisationen und Institutionen, 552–566, hier: 564, in: Enzyklopädie der DDR. Personen, Institutionen und Strukturen in Politik, Wirtschaft, Justiz, Wissenschaft und Kultur Hrsg. v. Matthias Bertram. 2. Ausg., Berlin 2000 (Digitale Bibliothek Band 32), S.851–8.880, hier: 8.876. Zu Entwicklung und Organisation der auswärtigen Kulturpolitik der DDR und ihrem Verhältnis zur BRD vgl. Olivia Griese: Auswärtige Kulturpolitik und Kalter Krieg. Die Konkurrenz von Bundesrepublik und DDR in Finnland 1949–1973, Wiesbaden 2006, bes. 34–54.

57 Gesetzblatt der Deutschen Demokratischen Republik, Teil II, Nr. 110 vom 29. Dezember 1963: Verordnung über das Statut des Ministeriums für Kultur vom 21. November 1963. Stiftung Archiv der Parteien und Massenorganisationen der DDR, Bundesarchiv (BArch), Signatur ZB 20049 a/110, zit. nach Katrin Jäcke, Johanna Marschall-Reiser: Ministerium für Kultur. Teil 4: Hauptabteilung Internationale Beziehungen/DR 1. Einleitung zum Online-Findbuch ARGUS im Bundesarchiv, Berlin 2010. Online abgerufen am 27. März 2021 auf *ARGUS im Bundesarchiv* unter http://www.argus.bstu.bundesarchiv.de/dr1_ib/index.htm?kid=66BCAF39B0B542B99223F9DC7BE9E7C2.

Neben der Partei und den Ministerien gab es drittens nicht-staatliche bzw. gesellschaftliche Organisationen wie den Kulturbund,[58] die Akademie der Künste (Ost), die Liga für Völkerfreundschaft oder den Deutschen Schriftstellerverband (DSV). Letzterer ist als Berufsverband der Autor:innen in der DDR für unseren Zusammenhang besonders wichtig; innerhalb des DSV gab es ebenfalls eine eigene Auslandsabteilung, die sich um internationale Beziehungen bemühte. Darüber hinaus beteiligte sich der DSV an internationalen Autorenverbänden: an der COMES *(Comunitá europea degli scrittori)*, einer 1958 gegründeten, linksgerichteten europäischen Schriftstellervereinigung,[59] sowie dem internationalen PEN. Auch hier, im Verhältnis der nicht-staatlichen Organisationen zu Partei und Ministerien, galt das zentralistische hierarchische Prinzip, das heißt auch der Schriftstellerverband war berichtspflichtig und den Weisungen der Partei bzw. der staatlichen Stellen unterstellt. Dennoch zeigte sich zwischen den beteiligten Organisationen und Akteuren ein Ineinander unterschiedlicher Ansätze und Interessen, so dass es durchaus zu Konflikten des DSV mit zentralen Vorgaben der Partei oder der staatlichen Stellen kam.

VII.

Die internationalen kulturellen Kontakte im Rahmen der *nicht-staatlichen* Organisationen verliefen auf unterschiedlichen Gleisen. Das wichtigste Instrument der internationalen Kulturarbeit waren die sogenannten Freundschaftsgesellschaften, die – beginnend bereits Ende der 40er Jahre – nach sowjetischem Vorbild etabliert wurden. Ab 1961 waren sie beheimatet unter dem Dach der *Liga für Völkerfreundschaft*, „deren

---

[58] Der Kulturbund war besonders eng an der SED gebunden, vgl. Brigitte Fischer: Kulturbund/DY 27, Einleitung zum Online-Findbuch ARGUS im Bundesarchiv, Berlin 2012. Online abgerufen am 27. März 2021 auf *ARGUS im Bundesarchiv* unter http://www.argus.bstu.bundesarchiv.de/dy27/index.htm?kid=020865c8-2c24-4def-bfc4-971d857c4116; vgl. Andreas Zimmer: Der Kulturbund in der SBZ und in der DDR. Eine ostdeutsche Kulturvereinigung im Wandel der Zeit zwischen 1945 und 1990, Wiesbaden 2018. Online unter: https://link.springer.com/book/10.1007/978-3-658-23553-6.

[59] Die COMES vereinte Mitglieder aus west- und osteuropäischen Ländern. In den Diskussionen des DSV spielt die COMES und die Teilnahme von Schriftstellern aus der DDR an deren Treffen durchaus eine gewisse Rolle. In einem sehr umfangreichen „Entwurf einer Konzeption der internationalen Arbeit des Schriftstellerverbandes" (wohl aus dem Jahr 1967) wird eine stärkere Berücksichtigung der COMES eingefordert: „Die Möglichkeiten, die internationalen Organisationen der Literaturschaffenden in die internationale Arbeit des DSV einzubeziehen, sind noch nicht im genügenden Maße genutzt. Die jeweils zuständigen Aktivs des DSV werden sich gemeinsam mit der Auslandskommission und der Auslandsabteilung intensiver mit unserer Arbeit in folgenden Organisationen beschäftigen: ‚Comes' / ‚Internationale Übersetzungsorganisation' / ‚Internationale Kritikerorganisation'". Entwurf einer Konzeption der internationalen Arbeit des Deutschen Schriftstellerverbandes. Archiv des Schriftstellerverbands der DDR, AdK, Signatur SV 154, Bl. 61. Vgl. auch Hans Koch: Zu einigen Fragen unserer Auslandsarbeit. in: Neue Deutsche Literatur 5 (1964), 153–163, hier: 153.

direkte Abhängigkeit vom ZK im Ausland kaum bekannt war",[60] wie Frank Trommler in seiner Studie über die deutsche auswärtige Kulturpolitik im 20. Jahrhundert betont. Eine herausgehobene Rolle spielte hierbei naheliegenderweise die Deutsch-Sowjetische Freundschaftsgesellschaft, die 1947 in Gesamtdeutschland gegründet wurde, in nahezu allen westdeutschen Bundesländern bald verboten, in der DDR aber intensiv betrieben wurde und – wie schon kurz erwähnt[61] – in Westberlin bis zum Mauerfall überlebte.[62]

Allerdings konnte es auch vermittelt über Freundschaftsgesellschaften durchaus interessante und nicht primär von außenkulturpolitischen Erwägungen getragene literarische Begegnungen geben, wie das Beispiel einer deutsch-deutsch-sowjetischen Begegnung auf Westberliner Boden zeigt:

Im April 1964 war der sowjetische Autor Konstantin Simonow als Gast der Gesellschaft für Deutsch-Sowjetische Freundschaft in Ostberlin, um Material für den dritten Teil eines Romanzyklus über den Zweiten Weltkrieg zu sammeln. Simonow war im Zweiten Weltkrieg als Kriegsberichterstatter tätig gewesen, er hatte Lobgesänge auf Stalin verfasst, aber auch sehr populäre Liebesgedichte. Als sein Hauptwerk gilt die Romantrilogie, die den Kampf der Roten Armee gegen die deutsche Wehrmacht, aber auch Fehler der sowjetischen Führung um Stalin behandelt. In Ostberlin recherchierte Simonow nicht nur für seinen Roman, er nahm auch „an einer Diskussion über seine Romane im ‚Club der Kulturschaffenden' teil, und er war einige Stunden Gast der Bitterfelder Konferenz",[63] wie im Westberliner *DSF*-Journal vermerkt wurde.

Während seines Berlin-Aufenthalts suchte Simonow das Gespräch mit Günter Grass, der als Autor der *Blechtrommel* und politisch präsenter Schriftsteller einen außerordentlichen Ruf genoss; das Gespräch wurde über die Deutsch-Sowjetische Freundschaftsgesellschaft Westberlin in die Wege geleitet.[64] Grass stellte allerdings die Bedingung, dass Uwe Johnson, der 1959 aus der DDR nach Westberlin übergesiedelt war, an dem Gespräch beteiligt werden sollte. Johnson war *persona non grata* im Osten;

---

60 Frank Trommler: Kulturmacht ohne Kompass. Deutsche auswärtige Kulturbeziehungen im 20. Jahrhundert, Köln 2013, 667.
61 Vgl. Abschnitt V.
62 Zum komplexen Ineinander sowjetisch-westlicher Freundschaftsgesellschaften über den gesamten Zeitraum des Kalten Krieges hinweg (mit Schwerpunkt auf England und Frankreich und unter Ausschluss von Westberlin) vgl. Sonja Großmann: Falsche Freunde im Kalten Krieg. Sowjetische Freundschaftsgesellschaften in Westeuropa als Instrumente und Akteure der Cultural Diplomacy, Berlin/Boston 2019.
63 Begegnung Westberliner Schriftsteller mit Konstantin Simonow, in: DSF. Zeitung für Frieden und Völkerverständigung 3/5 (1964), unpag.
64 Vgl. hierzu die Ausführungen von Klaus Völker im Interview mit Jutta Müller-Tamm und Ingo Schulze vom 24. Juni 2020, Mitschnitt einsehbar online auf der Homepage des EXC 2020 *Temporal Communites* (FU Berlin). Online abgerufen am 27. März 2021 unter https://www.temporal-communities.de/explore/listen-read-watch/lectures/berliner-weltliteraturen/videos-weltliteraturen/interview-voelker-lang/index.html.

so hatte er beispielsweise zu dem internationalen Schriftsteller-Kongress, der 1963, also im Jahr zuvor, in Leningrad stattgefunden hatte und an dem Hans Werner Richter und Hans Magnus Enzensberger von westdeutscher Seite aus teilgenommen hatten, kein Einreisevisum von den sowjetischen Behörden erhalten.[65]

Thema des Gesprächs zwischen Simonow, Grass und Johnson ist die Übersetzungs- und Publikationspraxis in der Sowjetunion. Diskutiert wird die Ablehnung von Boris Pasternaks Roman *Doktor Schiwago*, für dessen Nicht-Erscheinen in der Sowjetunion Simonow verantwortlich war; diskutiert wird weiterhin das Beispiel von Kafka, dessen Veröffentlichung oder Nicht-Veröffentlichung in den Ostblock-Staaten zu den virulentesten literaturpolitischen Fragen der früheren 1960er Jahre gehörte. Johnson und Grass monieren die „altmodischen Erzählweisen"[66] der russischen Prosaliteratur, wenden sich gegen die Doktrin des sozialistischen Realismus und gegen die Zensurpraxis in der UdSSR. Zuletzt macht Grass den mit besonderem Ernst dargelegten, aber offenkundig nicht so gemeinten Vorschlag einer Reprivatisierung der Verlage in der Sowjetunion – das heißt: *nur* der Verlage –, damit ein aus ideologischen Gründen abgelehnter Autor noch die Chance hätte, sein Werk zu publizieren.

Das Gespräch wurde für das *Spandauer Volksblatt* geführt, aber mehrfach abgedruckt, u. a. in der linksgerichteten internationalen Presse. Das *Neue Deutschland*, die Tageszeitung der SED, und das Journal der Deutsch-Sowjetischen Freundschaft Westberlin, die doch eigentlich ein großes Interesse hätte zeigen müssen, brachten hingegen nur jeweils eine kurze Meldung: wohl weil das Gespräch zu kritisch für die Sowjetunion ausfiel.[67]

Dennoch berührt dieses Gespräch einen Punkt von allgemeinerer Bedeutung, denn es ist charakteristisch für die Konjunktur des Dialogformats in dieser Zeit. Zu den früheren 1960er Jahren gehören auch die internationalen Gespräche zwischen Kulturschaffenden, die Versuche, die Mauer im Dialog zu überwinden. Die Schriftsteller-Gespräche und literarischen Ost-West-Dialoge dieser Zeit sind gewissermaßen die andere Seite der Medaille, auf deren vorderer Seite der kulturelle Kalte Krieg steht. Wo ideologische Abgrenzung und politische Selbstbehauptung mit den Mitteln der

---

[65] Zur COMES-Tagung in Leningrad 1963 vgl. Tanja Walenski: Verweigerte Entstalinisierung. Die Beziehungen des ‚Literatursystems DDR' zur Sowjetunion, 1961–1989, Frankfurt a. M. u. a. 2009, 67–75, bes. 75.

[66] „Übersetzen – und kennenlernen (Gespräch zwischen Grass – Johnson – Simonow)", in: Spandauer Volksblatt, Nr. 5449 (03.05.1964), 18. Zum Versuch, das *Spandauer Volksblatt* als überregionale Zeitung gegen die Springer-Presse zu positionieren, und zu Uwe Johnsons und Günter Grass' Unterstützung dieses Versuchs vgl. Uwe Johnson, Anna Grass, Günter Grass: Der Briefwechsel, hrsg. von Arno Barnert, Frankfurt a. M. 2007, 38–47.

[67] Le Figaro Littéraire (10.06.1964), 3; Il Giorno (18.06.1964), 9; „Gespräch in Westberlin" in: Neues Deutschland Nr. 120 (01.05.1964), 4; DSF. Zeitung für Frieden und Völkerverständigung 3/5 (1964), unpag. Eine maschinenschriftliche Abschrift des Gesprächs aus dem *Spandauer Volksblatt* findet sich im Archiv des Schriftstellerverbandes der DDR, AdK, Signatur SV 877, Bl. 192–198.

Kultur vorherrschen, werden umgekehrt die Bemühungen um Verständigung geweckt, die transnationalen Begegnungsversuche, die grenzüberschreitenden, weltenumspannenden Dialoge – *und* die Vorstellung, dass gerade Literatur und Kultur berufen seien, über die Gräben der politischen Systeme hinweg Verständigung zu erzielen. Eben dies hatte Sartre gemeint, als er 1962 gegen den „kulturellen Bellizismus", gegen die politische Mobilisierung der Kultur ihre Abrüstung und die „Vereinigung aller Kulturschaffenden" forderte.[68] Aber natürlich ließ sich auch dieses Dialogmodell wieder instrumentalisieren – denn beide Seiten stellten *sich* gern als friedliebend internationalisierend, die *andere* hingegen als propagandistisch ausgreifend dar.

VIII.

Die wichtigste nicht-staatliche Institution im Bereich der *Literatur* war der Schriftstellerverband der DDR, gegründet 1950 auf Betreiben der SED als Deutscher Schriftstellerverband (DSV). Der DSV war zwar die Berufsorganisation der Schriftsteller:innen in der DDR, handelte aber, wie alle Massenorganisationen, in Übereinstimmung mit den Vorgaben des ZK der SED und – insbesondere was die Auslandsarbeit betrifft – in enger Abstimmung mit den beiden genannten Ministerien.[69] Präsidentin war von 1952 bis 1978 Anna Seghers. Bert Brecht und Stefan Heym gehörten in den 1950er Jahren dem Vorstand an, im Lauf der Zeit wurden aber vor allem linientreue Kulturfunktionäre in den Vorstand und die Ämter des DSV gesetzt.

Das zentrale Mittel der Auslandsarbeit waren auch für den DSV sogenannte Freundschaftsverträge, also Kooperationsvereinbarungen mit den Bruderverbänden in anderen sozialistischen Ländern;[70] sie bildeten die institutionelle Basis für die internationale Arbeit. Im Jahr 1964 bestanden beispielsweise Freundschaftsabkommen zu

---

68 Sartre (Anm. 49), 36, 38.
69 Zum DSV vgl. Sabine Pamperrien: Versuch am untauglichen Objekt. Der Schriftstellerverband der DDR im Dienst der sozialistischen Ideologie, Frankfurt a. M. 2004; Thomas William Goldstein: Writing in Red. The East German Writers Union and the Role of Literary Intellectuals in the German Democratic Republic, 1971–90, Chapel Hill, N. C. 2010.
70 Später wurden auch Kooperationsvereinbarungen mit Verbänden nicht-sozialistischer Länder geschlossen. So heißt es beispielsweise in einer Auswertung des Internationalen Schriftstellertreffens in Berlin und Weimar von 1965: „Mit den offiziellen Vertretern vieler Schriftstellerorganisationen wurden Verbindungen angeknüpft. Wir nennen hier nur Griechenland, Dänemark, Zypern, Irak, Japan und eine Reihe lateinamerikanischer Länder. Es wurden Verhandlungen angebahnt, die zum Abschluß von Freundschaftsverträgen mit den entsprechenden Schriftstellerorganisationen führen sollen. Mit dem Verband Uruguays ist ein solcher Vertrag bereits unterschrieben worden. In der nächsten Zeit erwarten wir eine Delegation japanischer Schriftsteller, Schriftsteller aus der DDR werden Japan besuchen." Bericht des Sekretariats an den Vorstand. Archiv des Schriftstellerverbandes der DDR, AdK, Signatur SV 152.

den Verbänden der UdSSR, der ČSSR, den Volksrepubliken Polen, Ungarn, Rumänien und Bulgarien sowie der Sozialistischen Föderativen Republik Jugoslawien. Mit Kuba und der Mongolischen Volksrepublik war man in Verhandlungen.[71]

Derartige Verträge wurden in der Regel für eine Dauer von ein oder später zwei Jahren abgeschlossen, und dann immer wieder neu vereinbart. Dieser Rhythmus hing damit zusammen, dass es tatsächlich um konkrete Planungen ging: Es gab eine vertraglich festgelegte Aufenthaltsquote, das heißt es wurde bestimmt, wie viele Personen für welche Dauer in das jeweils andere Land reisen sollten, und welche Seite dafür die Kosten zu tragen hatte. Verschiedentlich wurde zu Beginn der 1960er Jahre die bisherige Praxis kritisiert – es handele sich um „reine Routineverträge",[72] die nicht mit der nötigen Sorgfalt realisiert worden seien, so heißt es in einem Arbeitsplan des DSV für das erste Halbjahr 1962; und zwei Jahre später betonte Hans Koch, der Erste Sekretär des DSV, es sei notwendig „den Übergang vom Touristenaustausch zu echten Arbeitsdelegationen zu sichern und internationale Kolloquien, Seminare usw. zur inhaltlichen Hauptform der Arbeit mit ausländischen Delegationen zu machen."[73]

Das Prinzip dieser Austauschbeziehungen waren also nicht Einladungen, sondern Entsendungen; das heißt: Das jeweils andere Land wählte aus, wer in die DDR reiste und ebenso umgekehrt. Es wurden Delegationen *geschickt,* nicht Einladungen ausgesprochen. Das machte den Schriftstelleraustausch zu einer heiklen diplomatischen Angelegenheit, denn man achtete in den Empfängerländern genau darauf, ob bedeutende oder weniger bedeutende Schriftsteller:innen entsandt wurden, und leitete daraus ab, welchen Stellenwert man selbst in den entsendenden Ländern hatte. Zu jung, zu unbedeutend, zu unbekannt: das kam einer Beleidigung der Zielländer gleich. In den Akten des Schriftstellerverbandes ist verschiedentlich die Rede von den Problemen, repräsentative und ausreichend geschulte Personen ins Ausland schicken zu können:

> Nach wie vor gibt es gewisse Schwierigkeiten in der Zusammenstellung unserer Delegationen, weil die befreundeten Verbände einerseits repräsentative Vertreter unserer Literatur wünschen, andererseits aber auch nicht nur ältere, sondern auch jüngere Schriftsteller immer wieder, und zum Teil sehr kurzfristig, absagen. Vielleicht läßt sich diesbezüglich die Lage bessern, wenn wir dem Vorschlag unserer sowjetischen Freunde folgen und Genre-Delegationen schicken und empfangen, die für die literarische Arbeit der betreffenden ergiebiger sind. Aber wir dürfen auch nicht vergessen, daß die Delegationsreisen nicht nur Studienzwecken dienen, sondern

---

71 Koch (Anm. 59), 155 f. Eine „Sekretariatsvorlage" der Auslandsabteilung vom 14. November 1964 enthält eine Bestandsaufnahme der Auslandsbeziehungen, gegliedert in „Sozialistisches Ausland", „Kapitalistisches Ausland, Nationalstaaten und Republik Kuba" und „Westdeutsche Arbeit" unter Verweis auch auf Westberlin. Archiv des Schriftstellerverbandes der DDR, AdK, Signatur SV 147, Bl. 1–5.
72 Entwurf: Arbeitsplan für das erste Halbjahr 1962. Archiv des Schriftstellerverbandes der DDR, AdK, Signatur SV 276.
73 Koch (Anm. 59), 155.

daß damit mehr denn je ein politischer Auftrag verbunden ist, nämlich das Ansehen der DDR allseitig zu heben.[74]

Offensichtlich war man aber mit dieser starren Praxis des internationalen Austauschs im DSV unzufrieden, wie beispielsweise ein Protokoll der Vorbereitungssitzung für das internationale Schriftstellertreffen 1965 erweist, in der Paul Wiens – seit 1961 Vorsitzender des Bezirksverbands Berlin im DSV – Unverständnis äußert über die strenge Einhaltung dieser Entsendungspolitik.[75]

IX.

Im Folgenden sollen anhand einer Episode die Problematik internationaler Einladungen *jenseits* der offiziellen Freundschaftsverträge, die Rolle einzelner Akteur:innen oder Mittler:innen darin und die unmittelbare Konkurrenz, die in den internationalen Beziehungen zwischen beiden Teilen der Stadt herrschte, erläutert werden. Das Beispiel betrifft die Einladung des sowjetischen Lyrikers Jewgeni Jewtuschenko nach Ostberlin im Jahr 1962.[76] Jewtuschenko war zu Beginn der 1960er Jahre eine Kultfigur des internationalen Literaturbetriebs und galt als der zornige junge Mann der sowjetischen Lyrik. Berühmt wurde er 1961 mit seinem Gedicht *Babi Jar*, das an den deutschen Massenmord an Kiewer Juden 1941 erinnert und antisemitische Tendenzen in der Sowjetunion thematisiert. In den frühen 1960er Jahren war er nicht nur in der UdSSR ein Star, dessen Auftritte Stadien füllten, er tourte auch sehr erfolgreich durch Europa und die Welt, immer begleitet von einer großen publizistischen Resonanz.[77]

Folgen wir der Chronologie der Ereignisse: Im Sommer 1962 soll im Berliner Verlag Volk und Welt – der DDR-Verlag für internationale Literatur – Jewgeni Jewtuschenkos Gedichtband *Mit mir ist folgendes geschehen* erscheinen.[78] Der Verlag will gemeinsam

---

[74] Bericht für die Vorstandssitzung am 20. September 1962 (Ref.: Otto Braun). Archiv des Schriftstellerverbandes der DDR, AdK, Signatur SV 129.
[75] Vgl. das Protokoll der erweiterten Vorstandssitzung im DSV vom 08. Januar 1965. „Gen. Eckert: Auf Grund der Freundschaftsverträge mit den Verbänden im sozialistischen Ausland können wir keine einzelnen Einladungen in diese Länder schicken, sondern es bestimmen die dortigen Verbände, welche Schriftsteller sie entsenden. [...] P. Wiens: Es ist unverständlich, warum die Form des Einladens unter den sozialistischen Ländern so streng gewahrt wird. Einige unserer Schriftsteller könnten doch persönliche Einladungen an Kollegen dort aussprechen." Archiv des Schriftstellerverbandes der DDR, AdK, Signatur SV 359/2, Bl. 86.
[76] Der Vorgang wurde – mit einer etwas anderen Akzentsetzung – rekonstruiert von Walenski (Anm. 65), 37–41.
[77] Vgl. „Sowjet-Poet Jewtuschenko" als Titelbild in: Der Spiegel 22 (1962).
[78] Jewgeni Jewtuschenko: Mit mir ist folgendes geschehen. Gedichte in Russisch und Deutsch. Ausgewählt, eingeleitet und aus dem Russisch übers. von Franz Leschnitzer, Berlin 1962.

mit der Erfurter Zeitung *Das Volk* eine Dichterlesung mit Jewtuschenko organisieren, beide haben keine oder jedenfalls nicht ausreichende Mittel für eine derartige Einladung; ein Brief geht an Franz Leschnitzer, Jewtuschenkos Übersetzer, mit der Bitte um Rat. Leschnitzer ruft daraufhin in Berlin beim Schriftstellerverband an und fragt nach den Möglichkeiten, Jewtuschenko einzuladen. Der Verband gibt die Auskunft, er habe keine Möglichkeit, „für den Schriftsteraustausch im Rahmen des Kulturabkommens persönliche Einladungen ergehen zu lassen und habe auch keine Mittel für irgendwelche persönliche Einladungen außerhalb des Kulturabkommens".[79] Eine derartige Einladung könne nur über das Kulturministerium erfolgen. Der Verlag Volk und Welt bringt allerdings noch die Möglichkeit ins Spiel, dass die Gesellschaft für Deutsch-Sowjetische Freundschaft oder der Berliner Magistrat im Rahmen der Berliner Festtage Jewtuschenko einladen könnte.[80]

Man sieht – das gilt natürlich auf beiden Seiten der Mauer – die Einladung internationaler Schriftsteller ist zunächst eine Sache der Finanzen, und in der DDR fehlen die Mittel. Sodann muss die Einladung in geregelte Bahnen geleitet, in institutionelle Zusammenhänge eingespeist werden: Staatliche Stellen, wie das Kulturministerium oder der Berliner Magistrat, und Massenorganisationen, wie der Schriftstellerverband oder die Deutsch-Sowjetische Freundschaft, werden aufgerufen; diese sind allerdings auch an die im Rahmen der Freundschaftsverträge und Kulturabkommen vereinbarten Austauschprogramme gebunden. Das Prinzip dieser Austauschbeziehungen sah, wie gezeigt, individuelle Einladungen nur als Ausnahme vor.[81]

---

79 Aktennotiz, Berlin, 16.07.1962. Archiv des Schriftstellerverbandes der DDR, AdK, Signatur SV 873, Bl. 176.
80 Im August ergeht nochmals die schriftliche Anfrage an die Auslandsabteilung des DSV, Mitte August die endgültige Absage unter Verweis darauf, dass man bereits Galina Nikolajewa über den Rahmen des Freundschaftsvertrags hinaus eingeladen habe und damit das Finanzvolumen erschöpft sei. In einer Aktennotiz von 14. September 1962 ist festgehalten, dass der DSV auf Anfrage des Magistrats die Auskunft gab, dass „der DSV nichts tun könnte, da wir dem Sowjetischen Verband nicht vorschreiben könnten wen sie delegieren." Archiv des Schriftstellerverbandes der DDR, AdK, Signatur SV 873/2.
81 Mit welchem diplomatischen Aufwand individuelle Einladungen des DSV verbunden sein konnten, zeigt der Vorgang um die erfolgreiche Einladung von Michail Scholochow, Verfasser des Romans *Der stillen Don*, für den er 1965, also zwei Jahre später, den Nobelpreis erhalten sollte. In einer Aktennotiz über ein Gespräch zur Vorbereitung des Freundschaftsvertrags zwischen den Schriftstellerverbänden der UdSSR und der DDR am 15. August 1963 wird zuletzt, nachdem die Fragen rund um den Austausch von Delegationen geklärt sind, in einem eigenen Punkt der Wunsch nach einer einzelnen Einladung angeführt: „Es wurde über die Möglichkeit einer Einladung von Genossen Scholochow in die DDR gesprochen. Genosse Markow sichert zu, dass der sowjetische Verband seinerseits an Genossen Scholochow herantreten wird, wenn eine Einladung über die Zentralkomitees der Parteien erfolgt." Aktennotiz über eine Zusammenkunft im Haus der Schriftsteller, Moskau, am 15. August 1963. Archiv des Schriftstellerverbandes der DDR, AdK, Signatur SV 873/2. Scholochow wird tatsächlich 1964 in der Einladungskartei des DSV geführt, er war aber zugleich Gast des Zentralkomitees der SED; sein Aufenthalt wurde mit großem Aufwand vorbereitet und war mit einem ausgefeilten Programm versehen, an dem auch der DSV massiv beteiligt war. Vgl. die umfangreiche Dokumentation im Archiv des Schriftstellerverbandes der DDR, AdK, Signatur SV 885.

Damit allerdings sind die Bemühungen um Jewtuschenko noch nicht ans Ende gekommen. Im Juli schaltet sich Stefan Heym ein und schlägt Jewtuschenko als Eröffnungsgast einer internationalen Veranstaltungsreihe vor.[82] Mitte September ruft Franz Leschnitzer erneut beim Schriftstellerverband an mit der Nachricht, dass es nun zu spät für eine Einladung sei, „da J. Jewtuschenko für zwei Monate nach Kuba fährt, anschließend Italien und Westdeutschland besucht."[83] In der Tat hielt sich Jewtuschenko zur Zeit der Kuba-Krise dort auf. Wegen der akuten Konfrontation zwischen den USA und der UdSSR kehrte er allerdings auch vorzeitig zurück – und im Bemühen, bei der Einladung des Stars die Nase vorn zu haben, melden sich wieder die Ostberliner zu Wort. In dem Telefonat mit dem Schriftstellerverband hatte Leschnitzer erwähnt, daß Jewtuschenko „aus Westdeutschland allein 12 Einladungen erhalten"[84] habe. Ostberlin will aber im Kampf der Internationalisierung nicht gegenüber dem Westen zurückstehen. Am 22. November 1962 wendet sich Otto Braun, Erster Sekretär des DSV, an Woronkow, den geschäftsführenden Sekretär des Schriftstellerverbandes der UdSSR:

> Durch Zufall haben wir erfahren, daß Jewgeni Jewtuschenko jetzt schon von Kuba nach Europa zurückkehrt. Wir möchten diese Gelegenheit benutzen, um ihn in die DDR einzuladen und ihn bitten, in Berlin – selbstverständlich nicht Westberlin, sondern in unserer Hauptstadt – eine Lesung bzw. ein Forum durchzuführen.
> Ich habe darüber schon vor längerer Zeit mit unserem Freund Konstantin Fedin korrespondiert, und er wollte mit Ihnen und Genossen Surkow darüber sprechen.
> Es liegt uns sehr viel daran, daß Jewgeni Jewtuschenko, bevor er evtl. in Westdeutschland auftritt, zuerst in unserer Deutschen Demokratischen Republik spricht. Die Gründe dafür liegen auf der Hand.[85]

Der sowjetische Starpoet soll nicht vom Westen vereinnahmt werden. Aber auch diese Bemühungen, Jewtuschenko zuerst – vor allen zwölf westdeutschen Einladungen – in Ostberlin zu haben, scheitern. Unter größter Aufmerksamkeit der Presse tourt Jewtuschenko dann im Januar 1963 durch die BRD, wo er als Idol der poststalinistischen Lyrik gefeiert wird.

---

82 Vgl. hierzu unten Abschnitt XII.
83 Archiv des Schriftstellerverbandes der DDR, AdK, Signatur SV 873, Bl. 173.
84 Ebd.
85 Archiv des Schriftstellerverbandes der DDR, AdK, Signatur SV 873.

X.

Über die vom DSV organisierten Aufenthalte ausländischer Schriftsteller und Schriftstellerinnen in der DDR informiert die Einreisekartei im Archiv des Schriftstellerverbandes.[86] Punktuelle Ausschläge im Gesamtvolumen der Einreisevorgänge hängen mit größeren Veranstaltungen zusammen, die der Schriftstellerverband organisierte, so 1964 das Internationale Kolloquium des Schriftstellerbands in Berlin, das Teilnehmer aus sechs sozialistischen Staaten zusammenführte, oder 1965 das Internationale Schriftstellertreffen in Berlin und Weimar, das Teilnehmer aus sozialistischen und nichtsozialistischen Ländern vereinte. Gerade das Kolloquium von 1964 ist ein Beispiel dafür, dass die kulturpolitischen Frontlinien in der internationalen Begegnung nicht nur gegen den Westen verliefen, sondern dass Reibungen und Verwerfungen auch innerhalb des sozialistischen Lagers stattfanden. Statt eines geschlossenen, transnationalen Eintretens für eine sozialistische Literatur unter realistischen Vorzeichen, das sich die Veranstalter von diesem Treffen versprochen hatten, wurde vielmehr die Forderung laut, moderne, avantgardistische, experimentelle Literatur auch in der DDR zuzulassen. Die ostdeutschen Schriftsteller:innen waren insbesondere bei den tschechischen, slowakischen und polnischen Kollegen als dogmatisch verschrien: „Zur Zeit ist dieser Druck aus dem sozialistischen Lager wirksamer als der des Gegners", wie es kleinlaut in dem Bericht des DSV an die Ideologische Kommission des ZK der SED heißt. Viele Mitglieder des Verbands fürchteten daher „die Isolierung von ihren ausländischen Kollegen."[87]

Wie in der Liga für Völkerfreundschaft, so nahm auch im Schriftstellerverband die Zusammenarbeit mit der Sowjetunion eine quantitativ und qualitativ herausragende Stellung ein. Selbstverständlich wird der ideologische Schulterschluss betont: „Wir [die Mitglieder des DSV] stützen uns in der internationalen Arbeit auf die vollständige Übereinstimmung und Einheit der Anschauungen der Leitung des sowjetischen Schriftstellerverbandes und unseres Verbandes."[88] Die konkrete Ausgestaltung der Aktivitäten erfolgte unter „Anleitung" durch das Ministerium für Auswärtige Angelegenheiten, das im Mai 1963 beispielsweise die Vorgabe macht, dass mit Blick auf die finanzielle Planung der Auslandsarbeit im DSV „vom gesamten Volumen

---

86 Vgl. Archiv des Schriftstellerverbandes der DDR, AdK, Signaturen SV 2831, 2837, 2838, 2839, 2848. Diese Kartei verzeichnet tatsächlich nur Einreisen in die DDR, die vom DSV veranlasst wurden, so dass bei weitem nicht alle literarischen Gäste aus dem Ausland aufgeführt sind. Konstantin Simonow zum Beispiel ist in dieser Kartei vielfach aufgeführt: 1953, 1961, 1966, 1967, 1971, 1976. Der Aufenthalt im Jahr 1964, bei dem er Grass und Johnson getroffen hat, ist allerdings nicht dabei, da er sich auf Einladung der Deutsch-Sowjetischen Freundschaftsgesellschaft in Ostberlin aufhielt.
87 Bericht des Sekretariats des Deutschen Schriftstellerverbandes an die Ideologische Kommission beim Politbüro des ZK der SED (Handschriftlich: „Entwurf 1963"). Archiv des Schriftstellerverbandes der DDR, AdK, Signatur SV 250. Vgl. Elke Scherstjanoi: Einleitung, in: dies. (Hrsg.) (Anm. 52), 7–47.
88 Koch (Anm. 59), 154.

sozialistischer Länder 35–40 Prozent für die SU vorgesehen werden müssen"; auch müsse bei allen internationalen Veranstaltungen „die Repräsentation der SU gesichert sein".[89] Nur zwei Monate später – um an diesem Beispiel auch Frequenz und Intensität der „Anleitung" durch das MfAA zu demonstrieren – lädt die Kulturabteilung des MfAA den ersten Sekretär des Verbandes und den Leiter der Pressekommission des DSV zu einer „Aussprache" ein zur „Verbesserung der Zusammenarbeit mit dem Deutschen Schriftstellerverband und zur Verstärkung der Information unserer Kulturattachés über Probleme der Literaturentwicklung in der DDR". Von Seiten des MfAA wird ein qualitativer Fortschritt in der bilateralen Zusammenarbeit gefordert: „die Jahrespläne sollen künftig gemeinsame Symposien, Seminare, Aussprachen usw. enthalten"; weiterhin soll der Verband „in der Auslandsarbeit eine gute Kaderpolitik betreiben, d. h. auf Grund politischer Überlegungen entscheiden, wer mit welchen konkreten Aufträgen ins Ausland entsandt wird und welche Schriftsteller mit den in die DDR einreisenden Gästen in Verbindung gebracht werden sollen." Angemahnt wird darüber hinaus „die exakte, regelmäßige Information unserer Kulturattachés", „gründliche Auswertung der Auslandsarbeit" und die Einschaltung der Botschaften schon „in der Vorbereitungszeit der Delegationen", um „Einfluß auf die Festlegung des Aufenthaltsprogramms und die möglichst intensive auslandspropagandistische Ausnutzung der Delegation durch den Partnerverband" zu nehmen. Im Hinblick auf die Inhalte, die an die Botschaften kommuniziert und im sozialistischen Ausland publik gemacht werden sollen, geht es *ausschließlich* um das Verhältnis der DDR-Literatur zur westdeutschen (unter Einschluss der Westberliner) Literatur.[90] – Der Effekt dieser Zusammenkunft zeigt sich wiederum bereits einen Monat später: Bei einem Treffen des DSV mit dem Schriftstellerverband der UdSSR wird – den Vorgaben des MfAA folgend – festgelegt, dass der „Inhalt der Delegationsreisen [...] ab sofort zu verändern" sei und der „Delegationsaustausch auf neue Grundlagen gestellt" werde.[91]

Das MfAA monierte im Jahr 1962 jedoch auch, dass bei der internationalen Arbeit auf dem Gebiet der Literatur sozialistische Länder zu stark gewichtet seien und nicht-sozialistische Länder mehr berücksichtigt werden müssten.[92] In Bezug auf das „kapitalistische Ausland" musste die Strategie des Schriftstellerverbands allerdings eine andere sein. Sie zielte im Wesentlichen darauf ab, über individuelle Kontakte zu linksgerichteten oder kommunistischen Schriftsteller:innen und Intellektuellen Verbindungen herzustellen und Einladungen zu realisieren, um das Bild der DDR positiv

---

89 Aktennotiz. Betr.: Anleitung im MfAA (SU) am 20. Mai 1963. Archiv des Schriftstellerverbandes der DDR, AdK, Signatur SV 877.
90 Archiv des Schriftstellerverbandes der DDR, AdK, Signatur SV 969, Bl. 28–32.
91 Aktennotiz, 20.08.1963. Archiv des Schriftstellerverbandes der DDR, AdK, Signatur SV 873/2, Bl. 67–68.
92 Vgl. die Anweisung des MfAA, der Austausch mit den sozialistischen Ländern müsse „im Verhältnis zur Zusammenarbeit mit nichtsozialistischen Ländern stehen." Lediglich die Verbindungen zur Volksrepublik Polen seien weiterhin stärker auszubauen. Bundesarchiv (BArch), Signatur DR 1/20223.

zu beeinflussen. So sollte, um ein Beispiel zu nennen, die Delegation, die zur Konferenz der COMES über Prosa 1962 in Leningrad entsandt wurde, „verpflichtet werden, für uns Verbindungen mit Schriftstellern des kapitalistischen Auslandes aufzunehmen und evtl. Einladungen auszusprechen."[93] Noch Jahre später ist ebendiese Strategie das Mittel der Wahl im Kontakt zu nicht-sozialistischen Ländern:

> Wie besonders auf dem Internationalen Schriftstellertreffen Weimar-Berlin [1965] zum Ausdruck kam, hatten eine Reihe von Verbandsmitgliedern sehr gute Verbindungen zu profilierten literarischen Persönlichkeiten in den entwickelten kapitalistischen Ländern. Die Auslandskommission und die Auslandsabteilung werden diese Verbindungen stärker als bisher in ihre Arbeit einbeziehen, um zu erreichen, daß solche Persönlichkeiten zu bestimmten Anlässen zum Besuch unserer Republik eingeladen werden. Diese Einladungen sollen dazu beitragen, neben den spezifisch literarischen Fragen das gesellschaftliche Leben unserer Republik im Ausland besser bekannt zu machen und gleichzeitig Voraussetzungen für das öffentliche Auftreten unserer Mitglieder zu schaffen.[94]

Im Hinblick auf die „entwickelten kapitalistischen Länder" sollen also vorhandene Kontakte genutzt und eher informelle Mittler eingesetzt werden, um ausländische Schriftsteller:innen mit möglichst hohem sozialen und symbolischen Kapital für die kulturpolitischen Zwecke der DDR heranzuziehen.

Insgesamt zeigt sich in den Berichten und Konzeptpapieren zur Auslandsarbeit, die der Schriftstellerverband in den 1960er Jahren auf den Weg brachte, eine gesteigerte Forderung nach Internationalisierung. Dabei werden die internationalen Aktivitäten immer wieder auch reaktiv begründet als Versuch, dem „ideologischen Unterwanderungsprozess der Bundesrepublik in den sozialistischen Ländern"[95] wirkungsvoll entgegenzutreten, und „Taktik und Strategie des Gegners, die DDR kulturpolitisch zu isolieren, zurückzuweisen".[96] In einem 1963 verfassten Bericht des Sekretariats des Deutschen Schriftstellerverbandes an die Ideologische Kommission beim Politbüro des ZK der SED wird hervorgehoben, dass es in den vergangenen Monaten gelungen sei, die Auslandsbeziehungen des DSV erheblich zu erweitern; dennoch gebe es „in der Vorbereitung und Durchführung der Auslandsarbeit außerordentliche Mängel":

> In der Auslandsarbeit ist es notwendig, die Propagierung der nationalen und internationalen Rolle unserer sozialistischen deutschen Nationalliteratur und die objektive Information über die westdeutsche Literatur in den Mittelpunkt zu rücken. Dabei ist davon auszugehen, daß diese

---

[93] Entwurf eines Arbeitsplans für das erste Halbjahr 1962. Archiv des Schriftstellerverbandes der DDR, AdK, Signatur SV 276.
[94] Entwurf einer Konzeption der internationalen Arbeit des DSV. Archiv des Schriftstellerverbandes der DDR, AdK, Signatur SV 154, Bl. 57.
[95] Entwurf einer Konzeption der internationalen Arbeit des Deutschen Schriftstellerverbandes. Archiv des Schriftstellerverbandes der DDR, AdK, Signatur SV 154, Bl. 56.
[96] Bericht des Sekretariats an den Vorstand. Archiv des Schriftstellerverbandes der DDR, AdK, Signatur SV 152.

Arbeit Bestandteil der einheitlichen Außenpolitik der DDR ist, daß sie der kulturpolitischen Zielsetzung des VI. Parteitages der SED entspricht, von der Übereinstimmung mit der Kulturpolitik der KPdSU aus.geht [sic!] und der Einheit des sozialistischen Lagers und der revolutionären Arbeiterbewegung in der ganzen Welt dient.[97]

Ebenfalls 1963 fand eine Mitgliederversammlung des DSV-Bezirksverbandes Berlin statt, die eigens dem Thema „Unsere Literatur in der internationalen Begegnung" gewidmet war. Hans Koch, 1963 auf Betreiben der Kulturabteilung des ZK zum 1. Sekretär und stellvertretenden Vorsitzenden des DSV gewählt, berichtet darüber in der Zeitschrift des Schriftstellerverbandes *NDL – Neue Deutsche Literatur* – unter dem Titel *Zu einigen Fragen unserer Auslandsarbeit*:

> Sie [die Auslandsarbeit des Schriftstellerverbandes] hat das Ziel, durch die Verstärkung der kulturellen Kontakte und Beziehungen die Wahrheit über die Deutsche Demokratische Republik zu verbreiten, der DDR und ihrer sozialistischen Literatur neue Freunde zu gewinnen und objektiv über die ideologisch-kulturellen Probleme, die sich aus dem Bestehen zweier deutscher Staaten ergeben, zu informieren. Sie ist darauf gerichtet, allen echten Leistungen der sozialistischen deutschen Nationalliteratur internationale Geltung zu verschaffen.[98]

Deutlich zeigt sich, dass die internationale Arbeit sich aus dem Impuls speist, die DDR-Literatur als eine spezifische, von der westdeutschen Literatur unterschiedene zu profilieren. Die Formel von den *zwei* deutschen Literaturen – eine verkommene westliche und eine sozialistisch-realistische, zukunftsträchtige – gehört zu den vehement vertretenden Basisannahmen des kulturpolitischen Programms der SED. Im Hinblick auf die internationale Durchsetzung dieser Position wird ein Maßnahmenkatalog entwickelt, der vor allem die verstärkte Präsenz der DDR-Literatur im Ausland bezweckt: Alle Aktivitäten sollten, so Hans Koch, dem Ziel einer „offensiveren und koordinierteren Propagierung unserer Literatur im Ausland"[99] dienen.

XI.

Die internationale Kulturpolitik der DDR war darauf angelegt, die sozialistische Literatur in die Welt zu tragen; der Vektor war nach außen gerichtet. Selbstverständlich gab es aber auch Bestrebungen und Aktivitäten zur Vermittlung der ausländischen Literatur in die DDR; und gerade der Schriftstellerverband – als Vertretung der produktiven

---

[97] Bericht des Sekretariats des Deutschen Schriftstellerverbandes an die Ideologische Kommission beim Politbüro des ZK der SED, 1963. Archiv des Schriftstellerverbandes der DDR, AdK, Signatur SV 250.
[98] Koch (Anm. 59), 154.
[99] Ebd., 160.

Künstler – beklagte immer wieder Defizite in dieser Richtung. Auch wenn das Interesse im vorliegenden Aufsatz hauptsächlich den institutionalisierten Austauschbeziehungen, den Einladungsprogrammen und der Mobilität von Personen gilt und Bereiche wie Verlagswesen, Übersetzung, Literaturwissenschaft oder Publizistik, die für die Internationalisierung selbstverständlich ebenso relevant waren, kaum berücksichtigt werden, soll daher doch ein Seitenblick auf ein Thema geworfen werden, dem der Schriftstellerverband insistierende, wenngleich erfolglose Bemühungen widmete: der Plan, eine Zeitschrift für *Weltliteratur* – so der vorgeschlagene Titel – zu gründen.

Vorauszuschicken ist, dass in der Nachkriegszeit literarische Zeitschriften als Medium des internationalen Austauschs generell eine zunehmende Rolle spielten. Ein wichtiges Beispiel bietet die seit 1954 im Hanser Verlag erscheinende Zeitschrift *Akzente*, von Walter Höllerer Jahre vor seiner Berliner Zeit zusammen mit Hans Bender gegründet. Sie vermittelte dem deutschsprachigen Publikum die neue amerikanische Literatur ebenso wie den *Nouveau Roman*, die jugoslawische Literatur der Jahrhundertmitte sowie Texte von Autoren der Gruppe 47.[100]

In der DDR kam bereits in den 1950er Jahren die Idee einer Zeitschrift für internationale Literatur auf.[101] In den Akten und Diskussionsberichten des Schriftstellerverbandes aus den 1960er Jahren kehrt insistierend die Forderung nach einem solchen literarischen Periodikum wieder. So wurde zum Beispiel 1960 im Vorstand des Schriftstellerverbandes der ausführliche Entwurf einer Zeitschrift für *Weltliteratur* vorgelegt. Vorbild der Zeitschrift war die 1955 in der SU gegründete Zeitschrift *Inostrannaja Literatura* – wörtlich übersetzt: Ausländische Literatur. Die zu gründende Zeitschrift sollte hauptsächlich Übersetzungen der Literatur sozialistischer Staaten wie auch der „fortschrittliche[n] Literatur der Länder mit anderen Gesellschaftsformen" enthalten:

> Den Hauptinhalt werden stets Übersetzungen von Prosa, Dramen, Lyrik usw. bilden. Die Auswahl muß vielfältig sein und schließlich einen guten Überblick verschaffen. Hinzu kommen Berichte über die literarische Situation in anderen Ländern, sowie kurze Übersichten über die Literaturgeschichte, besonders der jungen Nationalstaaten (Indonesien etc.). Diese Beiträge müßten im wesentlichen von unserer eigenen Literaturentwicklung ausgehen und nach Möglichkeit operativen Charakter haben.

---

100 Vgl. Michael Peter Hehl, Heribert Tommek (Hrsg.): Transnationale Akzente. Zur vermittelnden Funktion von Literatur- und Kulturzeitschriften im Europa des 20. Jahrhunderts, Berlin (im Druck).
101 Folgt man dem Beitrag des Schriftstellers Harald Hauser bei einer Diskussion der Mitgliederversammlung des Bezirksverbandes Berlin im DSV vom Dezember 1964, dann wurde bereits seit Mitte der 1950er Jahre das Projekt einer Zeitschrift mit dem Titel *Weltliteratur* diskutiert: „Da wir nicht alles drucken können, müssen wir uns überlegen, wie wir einen größeren Kreis von Menschen an diese Dinge heranführen können, wie wir sie literarisch informieren [...] und deshalb erhebe ich noch einmal – wie schon seit zehn Jahren – die Forderung nach einer Zeitschrift für Weltliteratur. [...] Warum nimmt der Verband keinen Einfluss?" Stichwortprotokoll von den Diskussionsbeiträgen auf der Mitgliederversammlung des Bezirksverbandes Berlin am 17. Dezember 1964. Archiv des Schriftstellerverbandes der DDR, AdK, Signatur SV 339, Bl. 80 f., zit. nach Pamperrien (Anm. 69), 64.

Die Zeitschrift „Weltliteratur" wäre somit ein Mittel die provinzielle Enge in unserer Literatur zu überwinden, sie in Bezug zu stellen zu den Literaturen anderer Länder, besonders der sozialistischen, und aus ihren Erfahrungen zu lernen. Sie wird die primäre Bedeutung des sozialistischen Realismus hervorheben und gelegentlich nicht zaudern, kleine anprangernde Beispiele aus der Welt der formalen Experimente zu bringen. Rezensionen, Berichte, Informationen, Gedenkartikel werden zum ständigen Inhalt gehören. Der Zeitschrift kommt eine hohe politische Verantwortung zu, es gibt keine Revue gleicher oder ähnlicher Art in deutscher Sprache. Sie muß immer interessant, unterhaltend, anregend (nicht zuletzt für unsere eigenen Schriftsteller) sein und dabei auch wissenschaftlichen Ansprüchen genügen. Für die freundschaftlichen Beziehungen der DDR zu vielen Staaten kann die Zeitschrift ein sehr wichtiges helfendes Werkzeug werden – einer der entscheidenden Gründe, das erste Heft so bald wie möglich erscheinen zu lassen.[102]

Am Ende werden Vorschläge für das Amt des Chefredakteurs gemacht: Anna Seghers hatte wohl ursprünglich – in einem Vorgängerentwurf – ihr Einverständnis erklärt; Otto Braun, kurze Zeit später Erster Sekretär des DSV, signalisierte seine Bereitschaft, während Bruno Kaiser, Bibliothekar des Instituts für Marxismus-Leninismus beim ZK der SED, bisher abgelehnt hatte. Man darf wohl davon ausgehen, dass, wäre dieser Entwurf realisiert worden, insbesondere die „kleinen anprangernden Beispiele aus der Welt der formalen Experimente" mit größtem Interesse wahrgenommen worden wären.

In den Folgejahren wiederholt sich diese Absichtserklärung mit zunehmender Dringlichkeit. Immer wieder, heißt es etwa in einem 1962 für eine Vorstandssitzung des DSV angefertigten Bericht, werde der Wunsch nach Gründung einer Zeitschrift *Weltliteratur* vorgetragen, es handele sich um eine seit Jahren schwelende Frage, aber man sei keinen Schritt weitergekommen.[103] Ein Jahr später hat sich die Situation immer noch nicht geändert:

Es fehlt eine Zeitschrift für internationale Literatur. Die Behandlung und Veröffentlichung internationaler Literatur ist z.Zt. ausschließlich eine Sache des Verlages Volk und Welt und unserer Auslandsabteilung. Das Ergebnis dieser Arbeit ist völlig unzureichend, was besonders angesichts des bevorstehenden Welttreffens nicht länger geduldet werden kann.[104]

---

102 Archiv des Schriftstellerverbandes der DDR, AdK, Signatur SV 108.
103 Bericht für die Vorstandssitzung am 20. September 1962. Archiv des Schriftstellerverbandes der DDR, AdK, Signatur SV 129, Bl 34. In den Diskussionen, die im selben Jahr in der Akademie der Künste rund um die Absetzung von Peter Huchel als Chefredakteur der Akademie-Zeitschrift *Sinn und Form* geführt wurden, wurde zugunsten von Huchels eigenwilliger Komposition der Hefte vorgebracht, die Zeitschrift fülle mit ihrem derzeitigen Inhalt eine Lücke, sie ersetze eine Zeitschrift für Weltliteratur. Vgl. Inge Jens, Ulrich Dietzel (Hrsg.): Zwischen Diskussion und Disziplin. Dokumente zur Geschichte der Akademie der Künste (Ost) 1945/50–1993, Berlin 1997, 213.
104 Bericht des Sekretariats des Deutschen Schriftstellerverbandes an die Ideologische Kommission beim Politbüro des ZK der SED – 1963. Archiv des Schriftstellerverbandes der DDR, AdK, Signatur SV 250.

Mit dem Hinweis auf Volk und Welt ist der Verlag angesprochen, der tatsächlich über Jahrzehnte in der DDR als literarisches ‚Fenster zur Welt' fungieren sollte.[105] Aus dem Schriftstellerverband kamen in der ersten Hälfte der 1960er Jahre allerdings immer wieder Versuche, eine weltoffenere Editionspolitik anzuregen. Erhellend ist in diesem Zusammenhang ein vermutlich im Dezember 1964 verfasstes Papier des DSV mit Bemerkungen „Zum Material des Ministeriums für Kultur über Probleme der gegenwärtigen Literatur- und Verlagspolitik", in dem u. a. die Vorgaben des MfK bezüglich der Veröffentlichung moderner oder avantgardistischer Literatur kritisch kommentiert wurden:

> Der Grundidee der Editionspolitik ausländischer Literatur, [...] stimmen wir vollinhaltlich zu. [...] Jedoch ist die Fragestellung in Bezug auf einige Literaturströmungen, die bisher in der DDR noch nicht vorgestellt sind [...] nicht richtig. Es geht nicht darum, bestimmte literarische Richtungen, wie die amerikanische Beat-Literatur, den nouveau roman in Frankreich oder das absurde Theater usw., weil sie modern oder im öffentlichen Gespräch sind, vorzustellen. Es kommt darauf an, Lücken in der Publikation der bürgerlichen Weltliteratur der letzten Jahrzehnte zu schließen und damit nach und nach ein vollständiges, kritisch beleuchtetes Bild ihrer Entwicklung zu geben. Es kommt darauf an, die Bekanntschaft mit wichtigen und internationalen, wirksamen Werken der bürgerlichen Weltliteratur zu vermitteln und ihre Edition oder Nichtedition nicht von der Zugehörigkeit zu einer literarischen Strömung abhängig zu machen.[106]

Der Schriftstellerverband forderte eine systematische Prüfung der „bürgerlichen Weltliteratur", um einen langfristigen Editionsplan zu erstellen. Auch wenn es einen derartigen übergreifenden Editionsplan nicht geben sollte, setzten sich doch auch in der DDR die Debatten um die Weltliteratur des 20. Jahrhunderts, um Proust, Joyce und Kafka, fort. In komplizierten, teils langwierigen und kleinteiligen Aushandlungsprozessen zwischen den beteiligten Institutionen und Akteuren – der Hauptverwaltung Verlage und Buchhandel im Ministerium für Kultur, den Verlagen, dem DSV – wurde es möglich, individuelle Autor:innen des modernistischen Kanons und der Gegenwartsliteratur aus dem nicht-sozialistischen Ausland zu publizieren.[107]

---

105 Vgl. Simone Barck, Siegfried Lokatis (Hrsg.): Fenster zur Welt. Eine Geschichte des DDR-Verlages Volk und Welt, Berlin 2003.
106 Archiv des Schriftstellerverbandes der DDR, AdK, Signatur SV 148/1.
107 Vgl. hierzu Peter Goßens, Monika Schmitz-Emans (Hrsg.): Weltliteratur in der DDR. Debatten – Rezeption – Kulturpolitik, Berlin 2015; Siegfried Lokatis: Die Hauptverwaltung Verlage und Buchhandel, in: Simone Barck, Martina Langermann, Siegfried Lokatis: „Jedes Buch ein Abenteuer". Zensur-System und literarische Öffentlichkeiten in der DDR bis Ende der sechziger Jahre, Berlin 1997, 173–226; Carsten Gansel: Kanon und Kanonisierung in der DDR. In: Literarische Kanonbildung. Text + Kritik. Sonderband, hrsg. von Heinz-Ludwig Arnold, München 2002, 233–258.

XII.

Kehren wir zurück zur Einladungspolitik und den internationalen Veranstaltungen in der DDR und betrachten einen Vorgang, der noch einmal auf andere Weise die Konkurrenz der Internationalisierung zwischen beiden Teilen der Stadt beleuchtet. Im Juli 1962 wendet sich Stefan Heym an Otto Braun, den Ersten Sekretär des Schriftstellerverbandes, um ihm eine Idee zu unterbreiten, die darauf hinausläuft, Höllerers Internationale Lesereihe, die im Winter 1961/62 Furore gemacht hatte, für Ostberlin zu adaptieren. Erkennbar zielt Heym auf die öffentliche, über die Grenzen des Landes hinausreichende Strahlkraft einer solchen Veranstaltung:

> Mein Vorschlag ist, daß die Mitglieder der COMES in der DDR diesen Herbst und Winter eine Serie großer literarischer Abende mit wichtigen ausländischen Schriftstellern durchführen, ungefähr nach dem Schema der im Vorjahr von Professor Höllerer in Westberlin veranstalteten Abende. Unsere Veranstaltungen sollten unter dem Patronat der internationalen COMES stattfinden und sich von denen Höllerers wohltuend dadurch unterscheiden, daß bei uns Ost und West vertreten sind. Ich denke dabei an Schriftsteller vom Range Graham Greenes, Moravias, Sartres, Twardowskys – um nur ein paar Namen zu nennen –, die auf diesen Veranstaltungen von den besten unserer Kollegen vorgestellt werden.[108]

Die Tendenz zur qualitativen Überhöhung und zum Superlativischen – *große* Abende, *wichtige* ausländische Schriftsteller, die *besten* Kollegen – zeigt den Anspruch, der hinter diesem Vorhaben steckt. Deutlich ist auch der Überbietungsgestus gegenüber dem Westberliner Vorbild: Heyms Veranstaltungen heben sich „wohltuend" von der aufsehenerregenden Lesereihe Höllerers ab, indem sie *Ost und West* einbeziehen; sie sollen ebenso spektakulär, nur weniger einseitig sein. Zeigt sich darin einmal mehr die innerberlinische Ost-West-Konkurrenz im Hinblick auf literarische Internationalisierung, so kann man davon ausgehen, dass sich in Heyms Hinweis auf Höllerer auch eine strategische Überlegung verbirgt: Den offiziellen Kulturfunktionären soll darüber das symbolische Kapital verdeutlicht werden, das sich – analog zu Höllerer – mit einer solchen Aktivität erwirtschaften lässt. Das Patronat der COMES verstärkt wiederum diesen Effekt, indem es der geplanten Veranstaltungsreihe internationale Wahrnehmung und eine größere Reichweite sichert.

Von der Schirmherrschaft der Schriftstellervereinigung erhofft sich Heym aber noch mehr; oder anders gesagt, ohne Beteiligung der COMES hält er seinen Plan anscheinend nicht für realisierbar: Denn er schlägt vor, dass der COMES-Rat der DDR – Kurt Stern, Paul Wiens und Heym selber – gemeinsam mit Otto Braun bei der sowjetischen Botschaft vorsprechen soll, um über den Kulturattaché die Veranstaltungsidee an die „sowjetischen COMES-Leute [...], deren Unterstützung wir für das Ganze

---

[108] Brief von Stefan Heym an Otto Braun vom 26. August 1962. Bundesarchiv (SAPMO-BArch), Signatur DY 30, IV 2/9.06/273

brauchen" heranzutragen. Wenige Tage später wendet sich Otto Braun an Siegfried Wagner, den Leiter der Kulturabteilung beim Zentralkomitee der SED, um ihm gewissermaßen offiziell von Seiten des Schriftstellerverbandes den Vorschlag einer solchen internationalen Lesereihe zu unterbreiten. Braun betont, dass Anna Seghers, die Vorsitzende des DSV, Heyms Idee unterstütze, „wobei selbstverständlich die einzuladenden Schriftsteller sorgfältig auszuwählen wären"; und er vergisst nicht zu erwähnen, dass, „wenn solchen Veranstaltungen zugestimmt wird, auch entsprechende Mittel dafür bereitgestellt werden" müssten.[109] Obwohl vom ZK Zustimmung signalisiert wird und Otto Braun den Plan an Alfred Kurella weiterleitet[110] – Kurella war allerdings *der* literaturpolitische und ideologische Scharfmacher im Politbüro des ZK der SED –, endet hier das Projekt einer Ostberliner Variante der Internationalen Lesereihe Höllerers. Die Initiative Heyms konnte sich offenbar nicht durchsetzen. Auch wenn über den weiteren Verlauf und die Gründe nichts bekannt ist, kann man festhalten, dass das primäre kulturpolitische Interesse von offizieller Seite nicht darin bestand, internationale Gegenwartsliteratur nach Ostberlin zu holen – auch und erst recht nicht einen Kommunisten wie Sartre, der „die Abrüstung der Kultur" gefordert hatte –; vielmehr sollte ja vor allem die „sozialistische deutsche Nationalliteratur" im Ausland beworben und die „Einheit des sozialistischen Lagers" gefördert werden.

XIII.

Mit Stefan Heym verbindet sich auch ein kleiner Disput, der noch einmal in anderer Weise ein Licht wirft auf das Verhältnis von West- und Ostberliner Internationalität. In dem bereits erwähnten Gespräch zwischen Günter Grass, Walter Höllerer und Walter Hasenclever über *Writers in Berlin* wurde der Umstand, dass der DDR-Autor Stefan Heym seine Werke auf Englisch schrieb, als Opposition gegen die DDR ausgelegt. Hasenclever betonte:

> Stefan Heym is a very special case. He went over to the East so that he could write in German again, after emigrating to America during the Nazi era. While he was abroad he wrote several quite successful books in English – *The Crusaders*, for example. When he arrived in East Berlin he continued to write in English because he refused to use the German language of the East zone. So his opposition takes the form of writing only in English; and then he has his books translated into German.[111]

---

109 Brief von Otto Braun, Deutscher Schriftstellerverband, an das Zentralkomitee der SED – Kulturabteilung, Genossen Siegried Wagner/Dieter Heinze vom 31. Juli 1962. Bundesarchiv (SAPMO-BArch), Signatur DY 30, IV 2/9.06/273
110 Vgl. Walenski (Anm. 65), 38.
111 Höllerer, Grass, Hasenclever (Anm. 23), 112.

Heym verwahrte sich in einem – englisch geschriebenen – Brief entschieden gegen die Unterstellung, die Wahl der Sprache in seinen Werken habe etwas mit Dissidententum zu tun und wies darauf hin, dass er sowohl auf Englisch als auch auf Deutsch publiziere. Die USA habe er nicht aufgrund eines diffusen Wunsches, wieder deutsch zu schreiben, verlassen, sondern – wie Thomas Mann, Bert Brecht und Charlie Chaplin auch – aufgrund des McCarthyismus, also der antikommunistischen Hetzjagd zu Beginn der 1950er Jahre.[112] Bezeichnend an diesem Schlagabtausch sind die wechselseitigen Zuschreibungen: Diese Form der Internationalität konnte es aus Westperspektive im Osten offenbar nicht geben; wenn ein Ostberliner Autor auf Englisch schreibt, dann erscheint das aus der Sicht der Westautoren quasi notwendig als subversives Verhalten. Ohnehin stellt sich im Verlauf des Gesprächs die Frage, wer denn als Berliner Autoren – *Writers in Berlin* – anzusprechen sei; und Höllerer und Grass geben zu verstehen, dass es, bis auf wenige – Huchel und Bobrowski werden genannt –, für sie in Ostberlin kaum erstzunehmende Schriftsteller oder Schriftstellerinnen gibt.

Den Umstand, dass die drei ohne Ostberliner Beteiligung über Berliner Autoren reden, begründen sie implizit durch ihren Hinweis auf die Schwierigkeiten des Kontakts über die Mauer hinweg. Heym hingegen, der in der Tat zeit seines Lebens ein kritisch gespanntes Verhältnis zur DDR hatte und später etliche seiner Werke nur in der BRD publizieren konnte, fühlte sich durch die etwas gönnerhaften Ausführungen[113] der drei Westberliner über Ostberliner Autoren veranlasst, die Reiseschwierigkeiten

---

112 Brief von Stefan Heym an den Herausgeber des *Atlantic Magazine* vom 22. Dezember 1963. Nachlass Walter Höllerer, Literaturarchiv Sulzbach-Rosenberg, Signatur 03WH/AA/7,15.

113 „HÖLLERER: I'd like to make a few remarks now about the East Berlin writers. The journal Sinn und Form [Meaning and Form] still exists there; it was edited until recently by Peter Huchel, but they've now got rid of him. Then there are writers like Bobrowski, who won the prize of the Group 47. We can call such literary men 'Berlin writers,' though their inclusion has become more difficult since the Wall.
GRASS: Yes, but there are also a large number of writers – serious writers, too – with whom it was impossible to discuss literary questions even before the building of the Wall, and now, of course, it's out of the question.
HÖLLERER: It's very difficult to make any generalizations about relations between writers in East and West Berlin – each individual is different. Some are genuine writers, others are Party officials. Depending on which they are, you can discuss things with them or not.
GRASS: Writers with whom you could discuss literary subjects are the very ones that you must now try to leave alone – otherwise you might get them into serious trouble; the others are to be avoided at all costs.
HASENCLEVER: Can you still see Bobrowski or the poet Christa Reinig, for example?
GRASS: They don't come to West Berlin, and we can't go over there. Christa Reinig never comes. Bobrowski finds it very difficult to get a pass.
HÖLLERER: He was here for half a day when he received the prize of the Group 47. He got a visa for that, but it was a great exception. We who have West Berlin passes can't go over to East Berlin at all."
Höllerer, Grass, Hasenclever (Anm. 23), 111.

innerhalb Berlins herunterzuspielen; er schlug eine gemeinsame Diskussion auf Westberliner Boden vor und verwettete seine nächsten westdeutschen Tantiemen darauf, die Reiseerlaubnis zu bekommen. Damit sollte er recht und zugleich nicht recht behalten: Während er beispielsweise am 5. November 1965 in Siegmunds Hof, der Studentenstadt in Westberlin, lesen konnte, scheiterte 1966 ein von denselben Veranstaltern geplantes Gespräch zwischen Heym und Grass tatsächlich am Ausreiseverbot für Stefan Heym.[114]

Zwischen diesen beiden Veranstaltungen, im Dezember 1965, fand allerdings das 11. Plenum des Zentralkomitees der SED statt, das als sogenanntes ‚Kahlschlagplenum' in die Geschichte eingegangen ist und das Ende einer liberaleren Ära der früheren 1960er Jahre markiert. Im Mittelpunkt der Anklage durch Honecker und das Politbüro standen Autoren wie Stefan Heym, Heiner Müller, Wolf Biermann, Werner Bräunig u. a., aber auch das Versagen der Kontrollgremien wurde angeprangert. Bücher wurden in der Folge verboten, Stücke, Filme, ein ganzer Jahrgang der DEFA verschwand in den Archiven.[115] Auch für den Schriftstellerverband und nicht zuletzt für dessen Auslandsabteilung hatte das Plenum, im Verein mit der Auswertung und kritischen Beurteilung des Internationalen Schriftstellertreffens von 1965, Folgen: Der Vorstand versammelte sich zur Selbstkritik, ein Teil des Vorstands trat zurück, der Sekretär der Auslandsabteilung wurde durch einen bisherigen Mitarbeiter des Ministeriums für Auswärtige Angelegenheiten ersetzt, Wolfgang Joho, Chefredakteur der Zeitschrift des Schriftstellerverbandes *NDL*, musste seinen Platz räumen.

XIV.

Literatur in Berlin nach dem Mauerbau war in der Gefahr, randständig zu werden; sie war auf beiden Seiten und aus unterschiedlichen Perspektiven dem Verdacht der Provinzialität ausgesetzt. Und sie war politisch, politischer als anderswo: nicht bzw. nicht notwendig von den Inhalten her, sondern von dem Ausmaß an kulturpolitischer Instrumentalisierung und den gewünschten oder erwarteten Effekten her. In Ostberlin wurde die Kultur ohnehin als wichtiges Instrument internationaler Durchsetzung und staatlicher Selbstbehauptung angesehen; aber auch in Westberlin wurde, mehr als je zuvor und mehr als an jedem anderen Ort der Bundesrepublik, die *politische* Bedeutung der Kultur veranschlagt und in *diesem* Sinn die Internationalisierung vorangetrieben. Dabei sind die dominanten Zielrichtungen gegenläufig: Während es in

---

114 Vgl. Helmut Peitsch: Remigration, Übersiedelung, Westarbeit, in: Ulrich von Bülow, Sabine Wolf (Hrsg.): DDR-Literatur. Eine Archivexpedition, Berlin 2014, 22–35, hier: 32 ff.; vgl. Roland Berbig: Allzeit Ostberlin im Auge (Günter Grass), in: ders. (Hrsg.): Stille Post (Anm. 5), 218–237, hier 220.
115 Vgl. Günter Agde (Hrsg.): Kahlschlag. Das 11. Plenum des ZK der SED 1965. Studien und Dokumente, 2., erw. Aufl., Berlin 2000.

Westberlin vor allem darum ging, die internationale Moderne in die Stadt zu holen und dadurch Teilhabe, Weltläufigkeit und Westbindung zu demonstrieren, zielte die Ostberliner Literaturpolitik vorrangig auf Außenwirkung und internationale Vermittlung der ‚sozialistischen deutschen Nationalliteratur'.

Diese Phase der Kulturentwicklung Berlins fällt bekanntlich in die Amtszeit von Willy Brandt als Regierendem Bürgermeister. Brandt pflegte den Kontakt gerade zur Literatur, er hielt mehrfach Treffen mit Schriftstellern ab; und die Bekanntschaft mit Günter Grass (der 1965 für ihn Wahlkampf machte)[116] und mit Walter Höllerer geht auf diese Zeit zurück. 1966, mit der Großen Koalition, wechselte Brandt in die Bundespolitik und wurde Außenminister. Kurz nach Amtsantritt hielt er eine programmatische Rede, die als Zäsur in der Geschichte der Außenkulturpolitik der BRD gilt:

> Die Auswärtige Kulturpolitik ist zu einem der drei Pfeiler moderner Außenpolitik geworden. Sie steht gleichwertig neben der Diplomatie im engeren Sinne und der Außenhandelspolitik. [...] Neben die nationale Repräsentation ist die internationale Kooperation getreten. Es ist in unserer Zeit ein Gebot der politischen Verantwortung, den Austausch zwischen Wissenschaftlern, Schriftstellern und Künstlern aller Länder zu fördern. Dieser Austausch nutzt allen, die sich an ihm beteiligen. Denn auf den Gebieten der Kultur gibt es im Grunde nur Entwicklungsländer.[117]

Auch wenn sich Brandts Statement nicht einfach auf seine Erfahrungen in Berlin zurückführen lässt: In jedem Fall kann man festhalten, dass die Berliner Situation der frühen 1960er Jahre eine weitreichende Schule war, in der eine solche Aufwertung der Außenkulturpolitik bereits praktisch realisiert und vorgeführt wurde. Das Ausmaß einer gezielten Internationalisierung – in Westberlin und auf andere Weise auch in Ostberlin – war neu; geboren aus der Konkurrenz der Systeme und befeuert durch die spezifische Situation der Stadt diesseits und jenseits der Mauer, war sie doch wegweisend für die Zukunft des Literaturbetriebs.

---

116 Vgl. Willy Brandt, Günter Grass: Der Briefwechsel, hrsg. von Martin Kölbel, Göttingen 2013.
117 Willy Brandt: Bedeutung und Aufgaben der Auswärtigen Kulturpolitik (Ausführungen von Außenminister Brandt anlässlich der Veröffentlichung des Tätigkeitsberichtes 1966 der Kulturabteilung des Auswärtigen Amtes), Bulletin der Bundesregierung Nr. 71 (05.07.1967), 613–614, hier: 613.

Nicole Colin
Ménage à trois: Theatertransfer zwischen Paris und dem geteilten Berlin nach dem Mauerbau

> Die Theatermetropole jener Jahre hieß zweifellos Berlin. Es war für mich als theaterbegeisterten jungen Mann und meine Generation ein geradezu mythischer Ort. Jahr für Jahr pilgerten wir zum *Berliner Ensemble*, später dann, in den 1970er Jahren, zur *Schaubühne* von Peter Stein.[1]

Die Äußerung des bekannten ehemaligen französischen Kulturministers Jack Lang über das deutsche Theater der 1960er und 1970er Jahre erscheint bemerkenswert, und zwar in dreifacher Hinsicht. Zum einen überrascht die beiläufige Selbstverständlichkeit, mit der Lang hier dem geteilten Berlin den Titel Theatermetropole zuerkennt. Immerhin herrschte in der wechselseitigen Wahrnehmung bis weit über das Ende des Zweiten Weltkrieges hinaus im deutsch-französischen Kulturaustausch eine klare strukturelle Asymmetrie zugunsten Frankreichs – im Bereich der bildenden Kunst ebenso wie in der Literatur und dem Theater. Die Tatsache, dass Paris weltweit als unangefochtene Hauptstadt der Kultur galt, hatte in der französischen Kulturszene eine gewisse Arroganz und Ignoranz gegenüber dem Nachbarn auf der anderen Rheinseite befördert: Die bedeutenden Maler des deutschen Expressionismus wurden beispielsweise erst in den 1960er Jahren in Frankreich entdeckt, von anderen Kunstrichtungen ganz zu schweigen.[2] Das deutsche Theater war noch in den 1930er Jahren weitgehend unbekannt oder erschien inkompatibel mit dem französischen Geschmack: So stellte die französische Erstaufführung der *Dreigroschenoper* von Bertolt Brecht 1930 am Théâtre Montparnasse in Paris für den bekannten Regisseur Gaston Baty einen der größten Reinfälle seiner Karriere dar.[3]

Darüber hinaus deutet Langs Hinweis auf das *Berliner Ensemble* indirekt aber auch darauf, dass die französische Entdeckung des deutschen Theaters keinesfalls in der Bundesrepublik, sondern in der DDR begann; westdeutsche Starregisseure – wie der erwähnte Peter Stein – gerieten erst deutlich später, in den 1970er Jahren, in den Fokus des französischen Interesses. Diese Zirkulationsbewegung von Ost nach West irritiert

---

1 Jack Lang: Vorwort, in: Nicole Colin: Deutsche Dramatik im französischen Theater. Künstlerisches Selbstverständnis im Kulturtransfer, Bielefeld 2011, 9–10, hier: 9.
2 Vgl. hierzu beispielsweise Sandra Duhem: Deutscher Expressionismus in Frankreich. Späte Anerkennung im Pariser Musée national d'art moderne 1960–1978, Berlin/München 2021.
3 Vgl. hierzu Colin, Deutsche Dramatik (Anm. 1), 136 und Agnes Hüfner: Brecht in Frankreich 1930–1963. Verbreitung, Aufnahme, Wirkung, Stuttgart 1968, 230.

Open Access. © 2021 Nicole Colin, publiziert von De Gruyter. Dieses Werk ist lizenziert unter der Creative Commons Attribution-NonCommercial-NoDerivatives 4.0 International Lizenz.
https://doi.org/10.1515/9783110733495-002

insofern, als der bevorzugte Partner Frankreichs nach dem Zweiten Weltkrieg bekanntlich die Bundesrepublik darstellte; offizielle Kulturbeziehungen zwischen der DDR und Frankreich gab es in den 1950er und 1960er Jahren nicht. Erst 1973 wurde die DDR als Staat anerkannt; das Kulturabkommen zwischen beiden Ländern trat 1981 in Kraft.[4]

Auffällig erscheint drittens aber auch Jack Langs Fokussierung auf Berlin, obwohl sich, zumindest was die Bundesrepublik anbelangt, der Theatertransfer nach 1945 (allein aufgrund des Kulturföderalismus) nie auf Westberlin konzentrierte. Wenngleich Ostberlin für die Kulturkontakte zwischen Frankreich und der DDR eine zentrale Rolle spielte, waren in Westdeutschland auch Bühnen in anderen Städten und Regionen von hoher Bedeutung für den Austausch. Ein wichtiger Grund für die Sonderstellung Berlins in der französischen Wahrnehmung scheint im *mental mapping* der Theatermacher:innen zu liegen, da im zentralistisch organisierten Frankreich das kulturelle Leben völlig selbstverständlich auf die Hauptstadt konzentriert war und ist. Auch aktuell befinden sich, trotz intensiver Bemühungen seit dem Ende der 1940er Jahre um eine kulturelle Dezentralisierung, fast alle wichtigen Verlage, Galerien, Museen, Theater, Bildungsinstitutionen etc. in Paris.[5] Insofern erscheint es nicht abwegig, die erhöhte französische Aufmerksamkeit gegenüber Berlin zunächst einmal interkulturellen Interferenzen zuzuschreiben, die letztlich auf einem falschen Analogieschluss basierten: Ausgehend von der Struktur der eigenen (zentralistischen) Kulturlandschaft blieb selbst der Blick deutschlandkundiger und kulturföderalistisch erfahrener Franzosen oft auf Berlin fixiert; Städte wie Hamburg, München, Leipzig oder Düsseldorf wurden (und werden zum Teil noch heute) hingegen als zweitrangig eingestuft.

Wenngleich die französische Sicht auf die bundesdeutsche Kulturlandschaft dergestalt durch eigene Erfahrungen eingetrübt sein mag, ist dennoch auch zu konstatieren, dass gerade in den 1960er Jahren Berlin als Schaufenster des Westens und Aushängeschild des Ostens ein Sonderstatus in der deutschen Theaterlandschaft zukam. Das lag nicht zuletzt daran, dass die neue Hauptstadt Bonn aufgrund ihres provinziellen Charakters weder eine wirkliche Konkurrenz noch Alternative darstellte, was im Osten hämisch kommentiert[6] und im Westen nicht selten be-

---

[4] Ulrich Pfeil: „Dreiecksbeziehungen sind immer schwer." Frankreich und die deutsch-deutsche Kultur-Konkurrenz im Kalten Krieg, in: Lexikon der deutsch-französischen Kulturbeziehungen, hrsg. von Nicole Colin u. a., 2. Aufl., Tübingen 2015, 62–70, hier: 66.

[5] Von den fünf am höchsten subventionierten Nationaltheatern in Frankreich befinden sich vier in Paris; 2013 wurde mit dem MUCEM *(Musée des civilisations de l'Europe et de la Méditerranée)* in Marseille das erste und bis heute einzige Nationalmuseum außerhalb der Hauptstadt eröffnet.

[6] Vgl. André Müller: Westdeutsche Theaterbilanz. Versuch einer Einschätzung, in: Theater der Zeit 9 (1959), 24–30, hier: 24: „Der Körper des westdeutschen Theaters hat kein Haupt, keine Stadt, in der das Theaterleben kulminiert. Bonn, die Hauptstadt ist tiefste Provinz. In der vergangenen Saison lag das ‚Schwarzwaldmädel' mit 42 Aufführungen weit an der Spitze [...] Stücke von Frisch, Anouilh und anderen zeitgenössischen Autoren wurden nach zwei, drei Vorführungen wieder abgesetzt."

dauert wurde,[7] da, wie es der Intendant des *Bayerischen Staatsschauspiels*, Helmut Henrichs, 1962 formuliert, dem deutschen Theater als „Welttheater" dadurch deutliche Grenzen gesetzt seien:

> Welttheater ist im allgemeinen nur in Weltstädten möglich. Solange die Theaterstadt Berlin auch als Theaterstadt intakt war, gab es auch in Deutschland Welttheater [...]. Seit dem Verlust Berlins als Theaterhauptstadt hat sich der Führungsanspruch auf mehrere Großstädte verteilt, von denen aber keine für sich alleine über den Reichtum an großen schöpferischen Regisseuren und Schauspielern verfügt, der Theater im Welt-Maßstab garantieren könnte.[8]

Mit dem Mauerbau waren die letzten Illusionen, das Theater in Berlin könne sich der Logik des Kalten Krieges widersetzen, zerstört worden.[9] Gleichzeitig rückte die geteilte Stadt in den Fokus des allgemeinen kulturellen Interesses, denn nirgends ließen sich die beiden Systeme in ihrem antagonistischen Charakter effizienter vergleichen und effektvoller gegenüberstellen als in Berlin. Das galt insbesondere für die Bühnenlandschaft, insofern das Theater als umfänglich staatlich geförderte Institution deutlich mehr Echo in der Öffentlichkeit erhielt als andere Kunstformen und auffällig häufig auch in politische Debatten einbezogen wurde. Die Presse sowohl in der Bundesrepublik als auch in der DDR verfolgte wachsam die künstlerische sowie ökonomische Entwicklung der Bühnen auf beiden Seiten des Eisernen Vorhangs und nicht zuletzt ihre Erfolge und Reinfälle im internationalen Kontext. Einen anschaulichen Eindruck von der nach dem Mauerbau herrschenden, von aggressiver Konkurrenz getragenen Stimmung im deutsch-deutschen Theaterfeld gibt ein im Dezember 1961 in der Ostberliner Zeitschrift *Theater der Zeit* erschienener Artikel von Hans-Rainer John, der „[d]iametrale Entwicklungslinien der Theaterkultur" in Ost und West feststellen will und in polemischer Weise die „Unkultur" des Westberliner Theaters anprangert, das er als „morsch und faul" bezeichnet:[10]

> Westberlin ist unattraktiv geworden für Auswärtige, die heimische Oberschicht ist zu dünn, für die Werktätigen ist dieses Theater untauglich. Auch die Mission gen Osten ist beendet; durch unsere Mauern. Das Schaufenster hat seine Funktion verloren, insulares Klima wird vorherrschen. Bonn

---

[7] Symptomatisch erscheint in diesem Kontext auch, dass erst 1987 eine Städtepartnerschaft zwischen Paris und Westberlin ins Leben gerufen wurde, vgl. Senatskanzlei Berlin: Städtepartnerschaft Paris. Online abgerufen am 10. April 2021 auf *Berlin.de* unter https://www.berlin.de/rbmskzl/politik/internationales/staedtepartnerschaften/paris/artikel.9861.php.
[8] N. N.: Ist das deutsche Theater rückständig?, in: Theater 1962. Chronik und Bilanz eines Bühnenjahres, Sonderheft von Theater heute (1962), 15–25, hier: 17.
[9] Auch das bis dahin immer noch „mögliche Engagement in Ganz-Berlin (in einem Teil der Stadt wohnen, im anderen arbeiten und die Gage prozentual in der Währung des Wohnsitzes erhalten)" fand damit sein Ende, vgl. Christa Hasche, Traute Schölling, Joachim Fiebach: Theater in der DDR. Chronik und Positionen, Berlin 1994, 42.
[10] Hans-Rainer John: Festtage und „Festwochen" Berlin 1961. Diametrale Entwicklungslinien der Theaterkultur, in: Theater der Zeit 12 (1961), 4–8, hier: 5.

kann mit Westberlin nicht mehr Politik, Westberlin mit unseren Menschen nicht mehr Geschäfte machen. Und nun zeigt sich die Perspektivlosigkeit der Frontstadt. Zeit zum Umdenken! Für eine Freie Stadt bestehen alle Chancen.[11]

Auf der Grundlage dieser (zum Teil widersprüchlichen) Beobachtungen soll im Folgenden der Frage nachgegangen werden, wie es Berlin – und zwar auf beiden Seiten der Mauer – gelingen konnte, trotz der genannten Schwierigkeiten nach dem Krieg aus französischer Perspektive zu jener von Jack Lang beschriebenen Theatermetropole zu avancieren. Nach einer einleitenden allgemeinen Beschreibung der Beziehungen zwischen Frankreich und der DDR sowie Frankreich und der Bundesrepublik werden die konkreten Theaterbeziehungen betrachtet. Dabei müssen, um die Spezifizität des triangulären Theatertransfers in den Blick zu bekommen, auch die wechselseitigen deutsch-deutschen Wahrnehmungen berücksichtigt werden. Aufgrund der verschärften Asymmetrie der Verhältnisse – so führte der Mauerbau 1961 zu einer weiteren Vertiefung der Kluft des Westens zur DDR, während sich die politischen Beziehungen zwischen der Bundesrepublik und Frankreich zunehmend stabilisierten – wird ein Fokus auf die Artikel der DDR-Journalisten gelegt. Neben Pamphleten gegen das westdeutsche Theater im Allgemeinen und die Westberliner Bühnen im Besonderen, deren künstlerischer und wirtschaftlicher Niedergang beschworen wird,[12] finden sich in *Theater der Zeit* unter dem Vorzeichen der Systemkonkurrenz regelmäßig Kommentare zum französisch-westdeutschen Theatertransfer, in denen die Untiefen dieser *ménage à trois* deutlich sichtbar werden. Neben Beiträgen, die eine tiefe Frustration über die (politisch bedingte) Benachteiligung ostdeutscher Bühnen im internationalen Austausch zum Ausdruck bringen, werden in zahlreichen Artikeln zur Veranschaulichung der eigenen Überlegenheit sowie der „Dekadenz" des kapitalistischen Theater- und Kultursystems besonders gerne Westberliner Erstaufführungen französischer Autor:innen herangezogen.[13]

---

[11] Ebd.

[12] „Das westdeutsche Theater aber ist pleite, und zwar künstlerisch viel mehr als finanziell." André Müller: Rückblick auf eine Spielzeit. Ein sachlicher Bericht in unsachlichem Ton über die Schauspielsaison 1965/66 in Westdeutschland und Westberlin, in: Theater der Zeit 16 (1966), 29–30, hier: 29; vgl. auch ders.: Weshalb sich die Vorhänge schließen. Zum Theatersterben in Westdeutschland, in: Theater der Zeit 10 (1966), 25–26.

[13] Der in Köln ansässige André Müller kann als regelmäßiger Berichterstatter für *Theater der Zeit* in diesem Sinne als ein typisch „ambivalenter Mittler" im deutsch-deutschen Kulturtransfer bezeichnet werden, der seine grundlegenden Kenntnisse vom „Anderen" (in diesem Falle die bundesrepublikanischen Theater) zu einer undifferenziert diffamierenden Darstellung nutzt und aufgrund seiner Expertenfunktion in besonders effizienter Weise zur Verfestigung stereotyper Darstellungen beiträgt, vgl. Nicole Colin, Joachim Umlauf: Im Schatten der Versöhnung. Deutsch-französische Kulturmittler im Kontext der europäischen Integration, Göttingen 2018, 174–197.

Regards croisés: Paris – Berlin im Spiegel der deutsch-deutschen Systemkonkurrenz

Die traditionell asymmetrische Struktur des kulturellen Austausches zwischen Deutschland und Frankreich wurde nach dem Zweiten Weltkrieg insofern zunächst auf Dauer gestellt, als die wichtigste kulturpolitische Aufgabe in der von Frankreich besetzten Zone zunächst in der „Umerziehung des deutschen Volkes"[14] bestand. Zentrale Instrumente dieser sogenannten *rééducation* im Rahmen der Kulturarbeit waren neben der Vermittlung von Französischkenntnissen klassische Formate der auswärtigen Kulturarbeit wie Ausstellungen, Theatervorführungen oder musikalische Tourneen.

Bemühungen von Seiten der BRD, die sich im Rahmen des Kalten Krieges nach 1949 rasch vollziehende Annäherung durch kulturellen Austausch zu unterstützen, waren gering; die ersten Goethe-Institute entstanden in Frankreich verhältnismäßig spät.[15] Stattdessen bot die Kultur vor dem Hintergrund der herrschenden Systemkonkurrenz gelegentlich sogar den Stein des Anstoßes für Konflikte. Zu erinnern ist hier beispielhaft an die sogenannte „Brentano-Affäre" aus dem Jahr 1957. So löste die Einladung des Bochumer Schauspielhauses auf das Festival *Théâtre des Nations* in Paris mit der Inszenierung der *Dreigroschenoper* Brechts von Hans Schalla einen Skandal aus. Der damalige Außenminister der Bundesrepublik, Heinrich von Brentano, versuchte durch eine Verweigerung der beantragten Subventionen (vergeblich) das Gastspiel zu verhindern. In einer anschließenden Bundestagsdebatte rechtfertigte sich Brentano mit dem Hinweis auf die angeblich „geringe Aussagekraft Brechts für die moderne deutsche Kultur" und ließ sich zudem zu der skandalösen, später viel zitierten Bemerkung hinreißen, dass „die späte Lyrik des Herrn Bert Brecht nur mit derjenigen Horst Wessels zu vergleichen ist".[16]

---

14 Corine Defrance: Von der Konfrontation zur Kooperation. Deutsch-französische Kulturbeziehungen nach 1945, in: Colin u. a. (Hrsg.), Lexikon der deutsch-französischen Kulturbeziehungen (Anm. 4), 52–61, hier: 53.
15 Zwar konnte 1956 die heute institutionell vom *Deutschen Akademischen Austauschdienst* (DAAD) betreute *Maison de l'Allemagne* in der *Cité internationale universitaire* de Paris eröffnen; das heutige *Heinrich-Heine-Haus* war zunächst jedoch mehr ein Studentenwohnheim als ein Kulturzentrum. Auf Grundlage lokaler Initiativen entstanden ebenfalls 1956 in Lille sowie 1960 in Marseille und Paris erste Kulturinstitute, die später vom Goethe-Institut übernommen wurden. In Paris begann man zunächst mit Sprachkursen, erst „1962 folgte die Programmarbeit", vgl. Eckard Michels: Goethe-Institute in Frankreich, in: Colin u. a. (Hrsg.), Lexikon der deutsch-französischen Kulturbeziehungen (Anm. 4), 274–276, hier: 275.
16 Walter Busse: „Haltet aus", in: Der Spiegel (19.12.1961); vgl. hierzu auch Marcel Reich-Ranicki: „Brentano, Brecht, Horst Wessel und Johnson. Freie Schriftsteller dürfen nicht zu Freiwild werden", in: Die Zeit 15 (1961) sowie Nicole Colin: 1959: Stunde Null der Brecht-Rezeption? Das Paradox des politischen Dichters, in: Matthias Lorenz, Maurizio Pirro (Hrsg.): Wendejahr 1959. Brüche und Kontinuitäten in der deutschsprachigen Literatur in den 1950er Jahren, Bielefeld 2011, 197–216, hier: 201.

Statt kultureller Exporte setzte man in der Bundesrepublik offiziell bevorzugt darauf, den transnationalen bzw. interkulturellen Dialog in der Zivilgesellschaft zu intensivieren, insbesondere durch Begegnungen zwischen Jugendlichen sowie durch Städtepartnerschaften. Der 1963 von Konrad Adenauer und Charles de Gaulle unterzeichnete Élysée-Vertrag stellte in diesem Zusammenhang einen (vorläufigen) symbolischen Höhepunkt der gegenseitigen Annäherung dar. Der Freundschaftsvertrag besaß indes keine kulturelle Schwerpunktsetzung; „der Begriff ‚Kultur' [wurde] im Vertragstext mit keinem Wort erwähnt". Stattdessen setzte man auf „Erziehung und Jugend".[17] In direkter Reaktion auf den Vertrag wurde im gleichen Jahr noch das Deutsch-Französische Jugendwerk gegründet, das in der Folgezeit große Erfolge verbuchen konnte: „Zwischen 1963 und 1973 trafen sich über zwei Millionen deutsche und französische Jugendliche [...]. Auch die Zahl der *jumelages* stieg nach 1963 stark an."[18] So wichtig dies für die zivilgesellschaftlichen Kontakte war, „den offiziellen Kulturbeziehungen" konnte der Vertrag jedoch „keine wirklichen Impulse geben".[19]

Die seit 1963 jährlich am 22. Januar gefeierte politische Annäherung der beiden Länder produzierte historisch betrachtet freilich einen blinden Fleck, insofern die Beziehungen zur anderen Seite des Eisernen Vorhangs aus diesem deutsch-französischen Versöhnungsprozess offiziell ausgeschlossen waren. Da die Hallstein-Doktrin eine politische Annäherung zwischen der DDR und Frankreich bis in die 1970er Jahre verhinderte, setzte die DDR, anders als die Bundesrepublik, auf die Kultur. Mit „einem enormen organisatorischen und materiellen Aufwand" versuchte man „über kulturelle Kontakte, den Weg für eine offizielle Anerkennung zu ebnen".[20] Diese Strategie wurde durch die Tatsache erleichtert, dass in Frankreich zu dieser Zeit der *Parti Communiste Français* (PCF), die Kommunistische Partei Frankreichs, politisch sehr einflussreich war und eine zentrale Rolle für die von der DDR angestrebte Kulturarbeit unter dem Radar der offiziellen staatlichen Politik übernahm: „Anders als in der Bundesrepublik besaß die kommunistische Partei in Frankreich [...] nach dem Krieg [...] einen bedeutenden Einfluss und war nicht nur in der Kommunalpolitik, sondern auch im kulturellen und universitären Milieu überaus aktiv."[21]

---

17 Defrance (Anm. 14), 56.
18 Ebd.
19 Dies mag auch der politischen Lage geschuldet sein, „waren die deutsch-französischen Beziehungen doch zwischen 1963 und der Mitte der 1970er Jahre nicht frei von Spannungen". Ebd., 56.
20 Pfeil, Dreiecksbeziehungen (Anm. 4), 66.
21 Vgl. Nicole Colin: Utopie eines *anderen* Deutschlands. Theater- und Literaturtransfer zwischen Frankreich und der DDR, in: Deutschland-Archiv (23.03.2020). Online abgerufen am 10. April 2021 auf *Bundeszentrale für politische Bildung* unter https://www.bpb.de/geschichte/zeitgeschichte/deutschlandarchiv/306702/theater-und-literaturtransfer-zwischen-frankreich-und-der-ddr. Vgl. hierzu auch Catherine Fabre-Renault: DDR-Literatur in Frankreich, in: Colin u. a. (Hrsg.), Lexikon der deutsch-französischen Kulturbeziehungen (Anm. 4), 169–171, hier: 169: „1946 waren 28,2 % der Abgeordneten Kommunisten, die Satellitenstädte der drei großen Metropolen (Paris, Lyon, Marseille) sowie mittel-

Die einflussreichste Mittlerorganisation in diesem Kontext war die Freundschaftsgesellschaft *Échanges franco-allemands, association française pour les échanges culturels avec l'Allemagne d'aujourd'hui,* kurz EFA, die 1958, also drei Jahre nach dem Inkrafttreten der Hallstein-Doktrin, in Frankreich gegründet wurde und sich rasch zum „wichtigsten Sprachrohr für die diplomatische Anerkennung der DDR in Frankreich"[22] entwickelte. Laut Ulrich Pfeil gab sich die EFA „als überparteiliche und pluralistische Gesellschaft aus, um in der französischen Gesellschaft stärkeres Gehör zu finden, tatsächlich verbarg sich jedoch hinter der zivilgesellschaftlichen Fassade eine kommunistische Vorfeldorganisation".[23] Die deutsche Partnerorganisation der EFA wurde die 1962 gegründete *Deutsch-Französische Gesellschaft der DDR* (Deufra), die sowohl als „Koordinierungsstelle als auch Kontrollinstrument für die kulturpolitischen Beziehungen der DDR nach Frankreich"[24] operierte. Die EFA wurde zwar von den Mitgliedern des *Parti Communiste Français* dominiert, erreichte durchaus aber „auch Mitglieder aus anderen politischen Milieus [...], so dass sie das ideale Sprungbrett für die DDR war, um ihre Wahrnehmung über das kommunistische Lager hinaus auszudehnen".[25] Allein im Jahr 1972 schickte die EFA „ca. 4000 Kinder und Jugendliche" – keineswegs nur aus kommunistischen Familien – „sowie 2500 Mitglieder von Delegationen auf Reisen in die DDR".[26] Wenngleich der Austausch zahlenmäßig nicht mit den vielfältigen Programmen des Deutsch-Französischen Jugendwerkes konkurrieren konnte, gelang es der DDR ausgehend von diesen Aktivitäten bereits vor ihrer offiziellen Anerkennung 1973 auf der Grundlage ihrer zivilgesellschaftlichen und kulturellen Imagepolitik „als singuläre Identität" und ein „alternative[r] deutsche[r] Staat wahrgenommen zu werden".[27] In diesem Kontext spielte bis „zum Fall der Mauer [...] die Perzeption und Rezeption der DDR-Literatur eine wichtige Rolle bei dem Bild, das sich Franzosen von [dem Land] machten".[28]

Als weitere Vermittlungsinstanzen sind die Hochschulgermanist:innen zu nennen, von denen eine ganze Reihe die DDR für das ‚bessere' Deutschland hielten und sich, wie beispielsweise der Brecht- und Marx-Übersetzer Gilbert Badia, im Rahmen der EFA aktiv engagierten.[29] Darüber hinaus besaßen Zeitschriften eine zentrale Bedeutung:

---

große Hafenstädte (wie Le Havre, Dieppe, Saint-Nazaire) wurden zudem jahrzehntelang vom sogenannten Gemeindekommunismus regiert und unterhielten zum Teil rege Beziehungen in die DDR."
22 Ulrich Pfeil: Échanges franco-allemands (EFA), in: Colin u. a. (Hrsg.), Lexikon der deutsch-französischen Kulturbeziehungen (Anm. 4), 216.
23 Ebd.
24 Ulrich Pfeil: Deutsch-Französische Gesellschaft der DDR (Deufra), in: Colin u. a. (Hrsg.), Lexikon der deutsch-französischen Kulturbeziehungen (Anm. 4), 190.
25 Pfeil, Dreiecksbeziehungen (Anm. 4), 66.
26 Fabre-Renault (Anm. 21), 170.
27 Ebd.
28 Pfeil, Dreiecksbeziehungen (Anm. 4), 66.
29 Ulrich Pfeil: Badia, Gilbert, in: Colin u. a. (Hrsg.), Lexikon der deutsch-französischen Kulturbeziehungen (Anm. 4), 115–117.

So wurde im Feuilleton der Tageszeitung *L'Humanité,* die bis 1994 als das offizielle Organ des PCF galt, gerne und ausführlich über die Theater- und Literaturszene der DDR berichtet. Auch die Literaturzeitschrift *Les lettres françaises,* die von 1953 bis 1972 von Louis Aragon geleitet wurde, vertrat einen dezidiert kommunistischen Standpunkt; gleiches gilt für *La Nouvelle Critique,* „die bereits 1956 einen ersten großen Überblick über die DDR-Literatur veröffentlichte".[30]

Exportpropaganda: Ostberlin zu Gast in Paris

Bedeutsam für den Theatertransfer zwischen Paris und Ostberlin waren zweifellos die gemeinsamen Exil- und *Resistance-*Erfahrungen. So basierte das Interesse vieler französischer Intellektueller an jenem „besseren" Deutschland unter anderem wesentlich auf der von der DDR demonstrativ in den Vordergrund gestellten antifaschistischen Haltung und es stand in der Kontinuität des deutschen Exils im Frankreich der 1930er und 1940er Jahre. Deutsche und französische Intellektuelle aus dem linken Lager knüpften schon vor sowie während des Krieges zahlreiche persönliche Kontakte, die nach 1945 weitergeführt bzw. noch intensiviert wurden. Die weitreichenden Einflüsse dieses Netzwerks lassen sich im Theaterfeld gut nachverfolgen. Auch die zentrale Figur des Bühnentransfers zwischen Frankreich und der DDR, Bertolt Brecht, hatte nach dem erwähnten Reinfall mit der französischen Erstaufführung seiner *Dreigroschenoper* im Pariser Exil unter anderem Kontakte zu dem Mitbegründer der Zeitschrift *Europe,* Pierre Abraham, geknüpft. Abraham übersetzte und veröffentlichte bereits in den 1930er Jahren Auszüge der Stücke Brechts und setzte dies nach dem Krieg unbeirrt fort. Nach einigen Inszenierungen in den späten 1940er und frühen 1950er Jahren durch Jean-Marie Serreau und Jean Vilar entfaltete das erste Gastspiel des *Berliner Ensemble* (BE) in Paris 1954 auf dem Festival *Théâtres des Nations* dann eine überaus nachhaltige Wirkung. Im intellektuellen Milieu löste die Inszenierung ein regelrechtes Erdbeben aus. Entscheidend verantwortlich für diese Euphorie waren Roland Barthes und Bernard Dort, die in der damals tonangebenden (vom französischen Brecht-Verleger Robert Voisin herausgegebenen) Theaterzeitschrift *Théâtre Populaire* von einer Theaterrevolution sprachen und in den kommenden Jahren mit ihren Artikeln für eine erfolgreiche Verbreitung des Brecht'schen Theaters in Frankreich sorgten.[31] Dank der

---

30 Colin, Utopie (Anm. 21); vgl. hierzu auch Gudrun Klatt: Vorwort, in: dies. (Hrsg.): Passagen. DDR-Literatur aus französischer Sicht. Halle/Leipzig 1988, 6 sowie Fabre-Renault (Anm. 21), 170: „An der Côte d'Azur wurde z. B. ‚Le Patriote' von Picasso mit Originalzeichnungen unterstützt. Gleiches galt für die Literaturzeitung der PCF ‚La nouvelle critique' (1948–80), insbesondere Jean Tailleur, sowie ‚Les lettres françaises' (1942–72 und wieder seit 1990), die von 1953 bis 72 von Louis Aragon geleitet wurde."
31 Vgl. Marco Consolini: Théâtre Populaire 1953–1964. Histoire d'une revue engagée, Paris 1998, 30.

beiden Redakteure wurde Brecht in kürzester Zeit zu einem der meistgespielten Dramatiker auf französischen Bühnen und man sprach von einer regelrechten Brechtomanie oder sogar einem *berlinerensemblisme*.

Bertolt Brechts großer Erfolg in Frankreich ließ sich perfekt für die außenkulturpolitischen Ziele der DDR instrumentalisieren und zeitigte positive Effekte auf seine Rezeption in Westdeutschland sowie im internationalen Kontext. Das Gastspiel des BE 1954 kann insofern als „Grundstein der – wenngleich inoffiziellen – französisch-ostdeutschen Kulturbeziehungen"[32] bezeichnet werden, die sich in den 1950er auf Basis der Kontakte zwischen dem BE und dem *Théâtre des Nations* in Paris trotz mangelnder politischer Unterstützung von offizieller Seite stark intensivierten. Der damit verbundene Propagandaeffekt blieb auch im Westen nicht unbemerkt und Johannes Jacobi vermerkte 1960 anlässlich des dritten Gastspiels des BE in Paris:

> Wie kein anderer deutschsprachiger Autor erobert sich Brecht das westliche Ausland. [...] Am größten war sein Triumph [...] jedoch jetzt in Paris. Hier durfte Helene Weigels Truppe zum dritten Male im Rahmen des „Theaters der Nationen" gastieren. Dem Berliner Ensemble wurde dabei eingeräumt, was auf dieser alljährlichen Olympiade des Theaters noch keiner eingeladenen Bühne zugestanden worden war: Es durfte zwei schon früher von ihm in Paris gezeigte Inszenierungen wiederholen. Wie fruchtbar solch systematische Propagierung sein kann, bestätigten die beiden anderen Stücke des diesjährigen Pariser Gastspiels [...]. Der Propagandafaktor ist bei der Ostberliner Brecht-Darstellung nicht zu übersehen.[33]

Wie gut vernetzt die Theaterfelder in Ostberlin und Paris über den Exportschlager Brecht waren, spiegelt sich nicht zuletzt in einer regen wechselseitigen Wahrnehmung der Theaterkritik wieder, zu der die französische Fachzeitschrift *Théâtre Populaire* maßgeblich beitrug, wie das Vorwort zur ersten Ausgabe von *Theater der Zeit* 1963 beispielhaft zeigt, in dem an prominenter Stelle stolz auf die positive Wahrnehmung von Seiten der Kollegen in Paris hingewiesen wird: „In einem längeren Beitrag versuchte die progressive französische Theaterzeitschrift ‚Théâtre populaire' kürzlich die siebzehn Jahrgänge unserer Zeitschrift einzuschätzen. Da war viel Lob für unserer Arbeit."[34]

Angesichts dieser vielversprechenden Anfänge eines fruchtbaren Austauschs trotz der offiziell schwierigen politischen Beziehungen stellte der Mauerbau 1961 eine

---

[32] Christian Wenkel: Auf der Suche nach einem anderen Deutschland. Das Verhältnis Frankreichs zur DDR im Spannungsfeld von Perzeption und Diplomatie, München 2014, 211.
[33] Johannes Jacobi: „Warum Brecht sich Paris eroberte. Bericht und Betrachtung anläßlich einer Studienreise zum französischen Theater der Nationen", in: Die Zeit 27 (01.07.1960). Wie Jacobi vermerkt, förderte der Erfolg darüber hinaus auch Brechts Ansehen in Ostberlin, wo er bekanntlich keinesfalls nur Befürworter hatte: „Der Ruhm des Ostberliner Ensembles, der auf Westreisen erworben und durch Gastspiele ständig vermehrt wird, dient diesem Staatstheater als Basis für seine künstlerische Selbstbehauptung. Es steht ja zu Hause immer wieder einmal vor der Notwendigkeit, seine vom staatsoffiziellen sozialistischen Realismus vielfach abweichende stilistische Sonderart zu verteidigen."
[34] N. N.: [Vorwort], in: Theater der Zeit 1 (1963), 3.

brutale Zäsur und einen herben Rückschlag für die französische Außenkulturpolitik der DDR dar: Hatte die Tatsache, dass ostdeutsche Bühnen 1954, 1955, 1957 und 1960 in Paris auf dem Festival *Théâtre des Nations* euphorisch gefeiert worden waren,[35] das kulturelle Ansehen der DDR auch weltweit enorm gesteigert, waren solche Gastspiele ab 1961 vorerst nicht mehr möglich; für Theatertourneen wurden, wie *Theater der Zeit* immer wieder verbittert meldete,[36] von westlicher Seite keine Visa mehr bewilligt.[37] Es sollten fünf Jahre vergehen, bevor 1966 mit dem Gastspiel des *Deutschen Theaters* mit *Der Drache* von Jewgeni Schwarz unter der Regie von Benno Besson wieder ein Ostberliner Theater in Paris zu sehen war.

Dieses Gastspiel ist insofern als interessant zu bezeichnen, als es eine Art Vorbote für einen Generations- und Paradigmenwechsel der französisch-ostdeutschen Theaterbeziehungen darstellt. Der Schweizer Regisseur Benno Besson (1922–2006) war einer der bekanntesten europäischen Theatermacher seiner Generation; seine eigene Bekanntheit hat indes seine Rolle als Mittler für die französische Brechtrezeption unterminiert[38] – zumal er sich selber nie als Brechtschüler verstanden wissen wollte.[39] Bessons Beziehungen nach Frankreich reichen in die Kriegsjahre zurück: Schon 1942 wurde er mit seiner Compagnie von Jean-Marie und Geneviève Serreau[40] in die sogenannte Freie Zone zu einem Gastspiel eingeladen.[41] Während seines Studiums lernte er im *Züricher Schauspielhaus* dann die Stücke Brechts kennen, 1947 traf er ihn dort auch persönlich und ging mit ihm nach Ostberlin ans *Berliner Ensemble*. Neben seinen Regiearbeiten kümmerte er sich dort, unter anderem gemeinsam mit

---

35 Neben dem BE in den Jahren 1954, 1955 und 1960 wurde 1957 die *Komische Oper Berlin* mit einer Inszenierung von Walter Felsenstein eingeladen, vgl. Wenkel (Anm. 32), 184–189.
36 Vgl. beispielsweise das Editorial von *Theater der Zeit* im November 1964, in dem davon berichtet wird, dass der Intendantin des *Theaters der Freundschaft,* Ilse Roderberg, „durch die Einmischung des alliierten Reisebüros in Westberlin" eine Teilnahme an verschiedenen internationalen Theaterkongressen in London und Venedig „unmöglich gemacht" worden sei, vgl. N. N.: [Vorwort], Theater der Zeit 22 (1964).
37 1963 war eine Teilnahme am *Théâtre des Nations* aufgrund der Einreiseverbote unmöglich. Zum zehnjährigen Bestehen des Festivals berichtet *Theater der Zeit:* „Es ist heute keine Frage mehr, ein DDR-Ensemble einzuladen. Die Leitung erwägt nicht einmal mehr einen solchen Vorschlag, denn sie weiß, daß Einreisevisa für DDR-Künstler nicht zu erhalten sind". Pierre Lacreux: 10 Jahre Theater der Nationen, in: Theater der Zeit 6 (1963), 7.
38 Eine genauere Analyse dieser Rolle würde den Rahmen des Beitrags sprengen und wird an anderer Stelle erfolgen. Eine erste Sichtung des Bertolt-Brecht-Archivs in Berlin zu diesem Zwecke erfolgte im Rahmen eines Forschungsaufenthaltes im Juli 2020 als Gastwissenschaftlerin am Exzellenzcluster EXC 2020 *Temporal Communities* (Research Area 4: *Literary Currencies*) der Freien Universität Berlin.
39 Vgl. Patricia Pasic: Besson, Benno, in: Colin u. a. (Hrsg.), Lexikon der deutsch-französischen Kulturbeziehungen (Anm. 4), 131–132 sowie Thomas Irmer, Matthias Schmidt: Die Bühnenrepublik. Theater in der DDR, hrsg. von Wolfgang Bergmann, Berlin 2003, 37–55.
40 Ebd., 37.
41 Colin, Deutsche Dramatik (Anm. 1), 203, 228.

Elisabeth Hauptmann, sehr intensiv um die Kontakte des BE nach Frankreich.[42] Da sich nach dem Tod von Brecht seine Position am Berliner Ensemble jedoch merklich verschlechterte, wechselte Besson zu Beginn der 1960er Jahre als Regisseur ans *Deutsche Theater* unter der Leitung von Wolfgang Langhoff.[43]

Das Gastspiel des *Deutschen Theaters* in Paris war ein voller Erfolg,[44] der das Theater in Ostberlin als Hauptstadt der DDR nach einer längeren Pause erneut positiv in die Schlagzeilen der französischen Presse brachte. Hatte Besson – zum Bedauern Brechts – auf der Pressekonferenz anlässlich des ersten Gastspiel des BE 1954 in Paris noch völlig im Schatten des Meisters gestanden,[45] avancierte er 1966 nun selbst zum Star.[46] Der hierin bereits angekündigte Generationswechsel im Theatertransfer zwischen Paris und Ostberlin vollzog sich tatsächlich dann in den 1970er Jahren und korrelierte mit der nachlassenden Begeisterung für das *Berliner Ensemble*, das man als zunehmend dogmatisch und verstaubt wahrnahm.[47] Zwar wurde Helene Weigel noch einmal 1971 mit dem BE nach Frankreich eingeladen und bei ihrem letzten Bühnenauftritt vor ihrem Tod in der Titelrolle der brechtschen *Mutter* (nach Maxim Gorki) euphorisch gefeiert, größere Aufmerksamkeit erhielten aber zwei Mitarbeiter Bessons an der Ostberliner *Volksbühne*, die dieser seit 1969 leitete: Manfred Karge und Matthias Langhoff. Ausgehend von dem Erfolg ihrer Inszenierung des *Brotladens* von Bertolt Brecht sollte sich das Interesse in Frankreich in den kommenden Jahren zunehmend auf die Arbeit der Volksbühne fokussieren. Ab Mitte der 1970er Jahre verlegte Besson – ebenso wie Karge und Langhoff – seinen Lebensmittelpunkt schließlich ganz nach Frankreich; alle drei beeinflussten dort dann auch entscheidend die französische Rezeption von Heiner Müller.[48]

Als Zwischenfazit lässt sich festhalten, dass dem Theater in der Entwicklung der kulturellen sowie politischen Beziehungen zwischen Frankreich und der DDR eine entscheidende Funktion zukam. Ausgehend vom überwältigenden Erfolg Brechts im Paris der 1950er Jahre, dem eine starke Fokussierung auf das *Berliner Ensemble* folgte, ist ab Mitte der 1960er Jahre eine Diversifizierung zu beobachten: Auch andere Theater wie das *Deutsche Theater* oder die *Volksbühne* wurden nun wahrgenommen. Abgesehen

---

42 Vgl. Bertolt-Brecht-Archiv, Akademie der Künste Berlin, Signatur 698: Korrespondenz Frankreich, A bis E.
43 Vgl. Irmer, Schmidt (Anm. 39), 45.
44 Wenkel (Anm. 32), 245–249.
45 Bertolt-Brecht-Archiv, Akademie der Künste Berlin, Signatur 734/50: In einem Brief vom 15.07.1954 entschuldigt sich Bertolt Brecht bei Besson, ihn bei der Pressebesprechung in Paris nicht vorgestellt zu haben und schlägt vor, einen kleinen Artikel über seine Inszenierung zu schreiben.
46 Nach einer Pressekonferenz, auf der er eingehend zu den Arbeitsweisen des DDR-Theaters befragt wurde, erhielt er 1967, vermittelt durch die EFA, eine Einladung zu einem Vortrag an die Sorbonne, vgl. Wenkel (Anm. 32), 227.
47 Colin, Deutsche Dramatik (Anm. 1), 465.
48 Ebd., 553.

von Bertolt Brecht und später Heiner Müller blieb die Rezeption anderer Dramatiker aus der DDR in Frankreich jedoch ebenso marginal, wie umgekehrt die Unterstützung der DDR von Importen französischer Dramatik, wobei für Letzteres verschiedene Gründe ausschlaggebend waren. Wie im Folgenden zu zeigen sein wird, wurde die Rezeption des in den 1950er und 1960er Jahren in Paris gefeierten absurden Theaters sowie den existenzialistischen Stücken Jean-Paul Sartres zwar vor allem durch ideologische Vorbehalte beeinträchtigt bzw. verhindert; vor dem Hintergrund der chronischen Devisenknappheit existierten aber auch finanzielle Hürden,[49] die dem Wunsch, zeitgenössische Stücke aus dem Ausland zu spielen, zuweilen im Weg standen.[50]

Im Kreuzfeuer der Kritik: „Das große Welttheater Berlin"

In Westberlin verlief die Entwicklung des deutsch-französischen Theatertransfers gänzlich anders, man könnte fast sagen diametral entgegengesetzt: Anstatt wie in der DDR auf den Export von Theaterstücken und -aufführungen zu setzen, stand hier – in Anknüpfung an die Vorkriegstraditionen – der Import französischer Dramatik im Vordergrund. Bedeutsam erschien im Vergleich zum Brecht-Monopol im Theatertransfer zwischen Frankreich und der DDR die große Diversität an französischen Autoren, die auf westdeutschen Bühnen gespielt wurden: Neben Klassikern wie Molière und Marivaux sowie Autoren des Unterhaltungstheaters wie der bekannte Pariser Boulevardautor Jean Anouilh, der bis in die 1970er Jahre der meistgespielte französische Autor der Nachkriegszeit in der Bundesrepublik war,[51] wurden vor allem Jean-Paul Sartre, Eugène Ionesco, Samuel Beckett, Jean Genet sowie Jean Giraudoux inszeniert.

---

49 Die Devisenknappheit hatte unter anderem negative Auswirkungen auf die DDR-Hochschulromanistik, welche „Reisen und zusätzlich die Bibliotheksausstattungen empfindlich" einschränkte, vgl. Wolfgang Klein: Romanistik in der DDR, in: Colin, Umlauf (Anm. 13), 401–403, hier: 402.
50 Dies unterstreicht ein Artikel in *Theater der Zeit:* „Obwohl wichtige Werke Lorcas, Millers oder Dürrenmatts durch Boykottmaßnahmen westdeutscher Verlage für uns nicht zugänglich und unsere Valutamittel begrenzt sind, zeigt die Ankündigung von über 20 Autoren das Streben unserer Theater nach humanistischer Weltoffenheit." Der Artikel übt aber auch Selbstkritik angesichts der Zögerlichkeit bzw. Unsicherheit der Spielplangestalter an ostdeutschen Bühnen und bedauert Versäumnisse im Blick auf „fortschrittliche" französische Dramatiker: „Wenn neue realistische Stückeschreiber wie die Franzosen Planchon und Gatti [...] zuerst in den westdeutschen Spielplänen auftauchen, sind [...] Bühnenvertrieb und Theater nicht auf dem laufenden." Manfred Nossig: Spielpläne in Ost und West, in: Theater der Zeit 10 (1962), 28–31, hier: 29.
51 „In 18 Jahren wurden 13131 Aufführungen von seinen Stücken verzeichnet. Ab 1968 ließ das Interesse jedoch deutlich nach." Colin, Deutsche Dramatik (Anm. 1), 178.

Dass es sich bei der Rezeption französischer Dramatiker in der Bundesrepublik um eine Dreiecksgeschichte mit entsprechenden Wechselwirkungen handelt, belegt auf anschauliche Weise das Beispiel von Jean-Paul Sartre, der es in der Gesamtstatistik des westdeutschen Bühnenvereins der Jahre 1947 bis 1975 hinter Molière (5. Platz) und Anouilh (8. Platz) auf den 13. Platz der meistgespielten Autoren schaffte. Sartres Stück *Die Fliegen*, das schon 1948 am Westberliner Hebbel-Theater aufgeführt wurde, erhielt in der DDR herbe Verrisse: Der bekannte Theaterkritiker Fritz Erpenbeck, der bereits „Sartres Philosophie Tendenzen zum Faschismus unterstellt" hatte, bezeichnete das Stück als „dekadent";[52] „Wolfgang Langhoff, damaliger Intendant des Deutschen Theaters [...], ließ wissen, das Stück wirke auf ihn, als erhalte er zum Trinken einen Becher voll Eiter".[53] Die rigorose Ablehnung korrespondierte mit den damals im PCF-nahen Intellektuellenmilieu in Frankreich kursierenden Meinungen über Sartre und sein nicht immer kritikloses Verhältnis zum Marxismus bzw. zur Kommunistischen Partei.[54] Entsprechend fanden auch *Die schmutzigen Hände* in der DDR zunächst keinen Gefallen. Im Juli 1948 wurde in *Theater der Zeit* die Übersetzung eines Artikels des französischen Autors Pol Gaillard über neuere Inszenierungen in Paris veröffentlicht, der unter anderem einen Verriss der französischen Uraufführung des Stückes enthielt. Das Stück, so Gaillard, gebe

> ein verblüffendes Bild der kommunistischen Partei, so wie es sich Reaktionäre vorzustellen belieben, das heißt als eine Bande von Fanatikern, die ihre Zeit damit verbringen auf ein Augenzwinkern von Moskau die Richtung zu wechseln und sich mit Bombenwürfen, Gift und Revolvern zu beschäftigen. [...] Dazu kommen die üblichen Sartreschen Zoten, die ehebrecherischen Szenen und die verschiedenen existentialistischen Ergüsse.[55]

Doch die Zeiten änderten sich und mit ihnen die Einstellung gegenüber Sartre: Mit dem Tauwetter nach dem Tode Stalins stieg das Interesse an dem existentialistischen Erfolgsautor auch bei den offiziellen DDR-Instanzen. 1956 wurde *Nekrassow* an der Ostberliner *Volksbühne* mit großem Erfolg aufgeführt und die meisten vorher stark kritisierten Werke fanden nach und nach in den 1960er Jahren ihren Weg auf die DDR-Bühnen,[56] wenngleich die Vorbehalte nicht prinzipiell ausgeräumt waren, wie ein Artikel zur deutschen Erstaufführung der *Eingeschlossenen von Altona* aus dem Jahr 1960 von André Müller beispielhaft belegt.[57]

---

52 Rolf Schneider: „Tendenzen zum Faschismus. In der frühen DDR galt Jean-Paul Sartre als Feind und Argument im Klassenkampf", in: DIE WELT (27.05.2005).
53 Ebd.
54 Unter anderem Sartres Essay *Der Existenzialismus ist ein Humanismus* von 1946 hatte in diesem Zusammenhang heftige Kritik provoziert.
55 Pol Gaillard: Aus dem Pariser Theaterleben, in: Theater der Zeit 7 (1948), 24–26, hier: 24.
56 Peter Morten: „Sartres *Nekrassow*. Zwei Theaterabende in der Ostberliner Volksbühne", in: Die Zeit (08.11.1956).
57 Vgl. André Müller: Cui bono? Die Eingeschlossenen von Jean-Paul Sartre in Essen, in: Theater der Zeit 7 (1960), 67–70.

Rigoroser und nachhaltiger als die Kritik an den Bühnenstücken Sartres war jedoch die Ablehnung des in Westdeutschland bejubelten absurden Theaters. Die Abneigung der DDR-Theaterkritiker:innen und -macher:innen deckte sich durchaus mit den Vorbehalten der französischen Brechtianern aus dem Umfeld der Zeitschrift *Théâtre Populaire*, welche „die Avantgardebühnen *rive gauche* als ‚bürgerlich'" ablehnten:

> Diese disqualifizieren sich in den Augen der Redakteure weniger ästhetisch oder ökonomisch als vielmehr politisch. An erster Stelle sind hier Samuel Beckett sowie Ionesco zu nennen. Ihre Texte [...] erscheinen allein schon aufgrund der Negativität ihrer Sprachkritik, Sprachzerstörung bzw. Sprachlosigkeit – verstanden als Ausweis eines radikalen Pessimismus bzw. Nihilismus – indiskutabel.[58]

Die erste DDR-Inszenierung von Samuel Becketts *Warten auf Godot* fand entsprechend erst in der Spielzeit 1987/88 am *Staatsschauspiel Dresden* statt. In der Bundesrepublik war Beckett hingegen seit den 1950er Jahren einer der beliebtesten Dramatiker aus Frankreich.[59] Neben Albert Bessler, dem Chefdramaturgen der *Staatlichen Schauspielbühnen Berlin*, der *Warten auf Godot* bereits früh zu den *Berliner Festwochen* einlud, war dies vor allem dem Intendanten des Theaters zu verdanken:

> Boleslaw Barlog [...] war [...] nach der deutschen Premiere von „Warten auf Godot" im Schlosspark-Theater (8.9.1953) von der Beckettschen Ästhetik begeistert und sicherte für das Schiller-Theater die Rechte der deutschen Uraufführungen der Stücke „Das letzte Band" (28.9.1959) und „Glückliche Tage" (30.9.1961). Becketts erste direkte Teilnahme erfolgte im Februar 1965, als er dem Probenverlauf der neuen Produktion von „Warten auf Godot" (Premiere am 25.2.1965) unter der Leitung von Deryk Mendel beiwohnte.[60]

Am 26. September 1967 wagte Beckett, den Barlog als „‚Hausheilige[n]' des Schiller-Theaters" zu bezeichnen pflegte,[61] dann seine erste eigene Inszenierung in der Werkstatt des *Schillertheaters* in Berlin;[62] sechs weitere seiner Stücke folgten in den Jahren bis 1978.

Neben Beckett waren selbstverständlich auch andere französische Autoren des absurden Theaters in Berlin vertreten, wenngleich hier keine mit Beckett vergleichbare Zusammenarbeit mit einem bestimmten Theater oder Regisseur festzustellen ist. Besondere Erwähnung verdient in diesem Kontext, um den Kreis zu schließen, allerdings

---

[58] Colin, Deutsche Dramatik (Anm. 1), 250.
[59] Becketts besondere Beziehung zu der Theaterszene in der BRD im Allgemeinen und Westberlin im Besonderen hat unter anderem Marie-Christine Gay ausführlich dargestellt, vgl. Marie-Christine Gay: Le théâtre „de l'absurde" en RFA. Les œuvres d'Adamov, Beckett, Genet et Ionesco outre-Rhin, Berlin 2018.
[60] Marie-Christine Gay: Beckett, in: Colin u. a. (Hrsg.), Lexikon der deutsch-französischen Kulturbeziehungen (Anm. 4), 123–125, hier: 124.
[61] Ebd.
[62] Vgl. Johannes Jacobi: „Beckett in Berlin", in: Die Zeit 40 (1967).

die Uraufführung der *Wände* von Jean Genet, die (ungewöhnlicher Weise fünf Jahre vor der ersten Inszenierung in Paris) am 19. Mai 1961 im *Schloßpark-Theater* unter der Regie von Hans Lietzau stattfand.⁶³ Während die französische Erstaufführung 1966 in Paris zu einem politischen Theaterskandal von zuvor unbekannter Heftigkeit ausufern sollte, der den Kulturstaatsminister André Malraux zu einer legendären Rede vor der *Assemblée Nationale* zwang,⁶⁴ verlief die Uraufführung des Stückes in Berlin zunächst bemerkenswert friedlich und fand überraschend großen Beifall beim bürgerlichen Publikum sowie bei der Kritik. Das mag unter anderem daran liegen, dass das Stück über den Algerienkrieg, dessen obszöne Passagen ohnehin weitgehenden Streichungen zum Opfer gefallen waren,⁶⁵ in Berlin, das gerade direkt auf einen der Höhepunkte des Kalten Krieges zusteuerte, eher einen Ablenkungseffekt erzeugte, fühlte man sich in Deutschland doch von den Entkolonialisierungsprozessen in Afrika und Asien in den 1950er und frühen 1960er Jahren kaum betroffen. Auf der Anklagebank saßen hier endlich einmal nicht die Deutschen, sondern die (West-)Alliierten – die Franzosen, die Engländer und die Niederländer –, die sich für einen schmutzigen und menschenverachtenden Krieg zu verantworten hatten. Insofern kann dem Stück, das für viele Zuschauer und Kritiker aufgrund fehlender Kontextualisierung in vielerlei Hinsicht rätselhaft blieb, sogar eine regelrechte Entlastungsfunktion zugeschrieben werden.⁶⁶

Während anlässlich der Uraufführung dergestalt positive Reaktionen überwogen, sollte das Stück bei seiner Wiederaufnahme im Oktober 1961 allerdings doch noch für politische Misstöne in den deutsch-französischen Beziehungen sorgen. Dabei ist der Konflikt, so suggeriert es jedenfalls ein Artikel von Rudolf Walter Leonhardt in der *ZEIT*, zumindest indirekt auf die angespannte Atmosphäre, die in Berlin nach dem Mauerbau herrschte, zurückzuführen.⁶⁷ So hatte sich Boleslaw Barlog als Intendant des *Schloßpark-Theaters*, nachdem Berlin mit der Mauer „sehr gegen seinen Willen, um eine Sehenswürdigkeit bereichert worden" war, laut Leonhardt, schon

> überzeugen lassen müssen, daß die Aufführung eines kommunistischen Thesenstückes wie der Geschichte vom Herrn Puntila und seinem Knecht Matti nach dem 13. August Mobiliar und

---

63 Vgl. hierzu Nicole Colin: Französisches Theater in Deutschland, in: Colin u. a. (Anm 4), 253–257, hier: 255, sowie dies.: Taktische Kürzungen. Jean Genets „Paravents" auf deutschen Bühnen, in: Oliver Lubrich, Matthias Lorenz (Hrsg.): Jean Genet und Deutschland, Gifkendorf 2014, 259–276.
64 Vgl. André Malraux: En réponse à divers orateurs critiquant la création, à l'Odéon – Théâtre de France, des „Paravents" de Jean Genet. Intervention à l'Assemblée nationale, 27 octobre 1966. Online abgerufen am 10. April 2021 auf *Assemblée nationale* unter www.assemblee-nationale.fr/histoire/7ek.asp.
65 Von 210 Seiten Text bleiben – wie der *Spiegel* berichtet – bei der Uraufführung nur rund 130 übrig. Vor allem wurde „aus Gründen des Takts" gekürzt. Dies betrifft vor allem „einige Bordellszenen" sowie „allzu blutrünstige oder obszöne Passagen". N. N.: „Tote überall", in: Der Spiegel 23 (30.05.1961), 69–70, hier: 69.
66 Vgl. Colin, Taktische Kürzungen (Anm. 63).
67 Rudolf Walter Leonhardt: „Das große Welttheater Berlin. Ein Zeitstück in zehn Glossen", in: Die Zeit 42 (13.10.1961).

Fensterscheiben des Schiller-Theaters in überflüssiger Weise hätte gefährden können. Also nicht dieser Brecht, nicht jetzt, nicht in Berlin.[68]

Als Barlog dann auch noch von der französischen Botschaft in Westberlin aufgefordert wurde, die Wiederaufnahme der *Wände* vom Spielplan zu nehmen,[69] widersetzte er sich dem politischen Druck und weigerte sich, ein zweites Mal in nur wenigen Wochen, Selbstzensur zu üben: „Barlog [blieb] hart: Wenn ein Intendant (oder ein Schriftsteller oder ein Verleger oder ein Chefredakteur) erst einmal anfangen will, es jedem recht zu machen und Proteste zu scheuen, dann hört alles auf."[70]

Anzumerken ist, dass der offen ausgetragene (politische) Streit zwischen Barlog und der französischen Botschaft keinesfalls auf eine Krise in den westdeutsch-französischen Kulturbeziehungen deutet, sondern im Gegenteil belegt, dass hier bereits auf Augenhöhe diskutiert wurde und dass der Theatertransfer auf Grundlage des Autorenimports französischer Dramatik ein sicheres Fundament besaß. Im Blick auf die *ménage à trois* löste die enge Verbindung, die in den Spielplänen der Westberliner Theater und Festivals deutlich sichtbar zu Tage trat, in der DDR gerade nach dem Mauerfall keine Begeisterung aus, sondern erzeugte vielmehr bittere Ressentiments. Dies zeigt sich beispielhaft in dem schon eingangs zitierten Artikel von Hans-Rainer John über die *Berliner Festtage* und *Festwochen,* der sich explizit gerade gegen verschiedene Inszenierungen französischer Autor:innen richtet. John beginnt seine polemische Kritik mit der Aufführung des Stückes *Ein Schloss in Schweden* an der *Komödie am Kurfürstendamm,* der „Boulevard-Bestseller der westlichen Welt", geschrieben von der „mit bewunderter Anrüchigkeit umgebene[n] Françoise Sagan", das als „zynisches, ekelhaftes Stück" und Sinnbild eines Theaters „als unmoralische Anstalt" bezeichnet wird.[71] Als zweites Beispiel zur Illustration der (angeblich) desaströsen Theaterentwicklungen in der BRD wird die Inszenierung von *Glückliche Tage* des „absurden Mülleimer-Poeten" Samuel Beckett, dem „Haupt der westlichen Avantgarde", im *Schiller-Theater* angeführt. Die französischen Stücke des absurden Theaters eignen sich augenscheinlich ganz besonders gut als Beleg für die Überlegenheit des sozialistischen Systems gegenüber der Dekadenz der westlichen Welt, die hier, Johns Meinung nach, in ein „Theater ohne Idee, ohne Perspektive" mündet. „Mülltonne, Klosett, Endspiel" – so das Fazit:[72] „Unterhaltungstheater von frivoler Amoralität auf der einen Seite, dekadente Absurditäten auf der anderen."[73]

---

68 Ebd.
69 Ebd., vgl. auch Johannes Jacobi: „Die Dunkelmänner hinter den Intendanten. Das Kesseltreiben in Berlin gegen *Die Teufel* von Whiting ist kein Einzelfall", in: Die Zeit (06.04.1962).
70 Leonhardt (Anm. 67).
71 John (Anm. 10), 5.
72 Ebd., 4.
73 Ebd.

Fazit

Wie gezeigt werden konnte, wurde der intensive deutsch-deutsch-französische Theatertransfer in den 1960er Jahren in beiden Teilen Deutschlands und Frankreich stark beeinflusst sowohl durch eine Politisierung der Kulturbeziehungen als auch eine Kulturalisierung der Politik – zwei Prozesse, die sich wechselseitig stark beeinflusst haben, aber immer vor dem Hintergrund der jeweiligen geopolitischen Entwicklungen zu beurteilen sind.

Dabei verlief die literarische Zirkulation auf beiden Seiten des Eisernen Vorhangs durchaus in unterschiedliche Richtungen. So war man in Ostberlin seit den 1950er Jahren – nicht zuletzt vor dem Hintergrund der Hallstein-Doktrin – darauf konzentriert, ausgehend von den Erfolgen Bertolt Brechts in Paris sowie den bereits seit der Kriegs- und Vorkriegszeit existierenden intensiven Kontakten zur französischen Intellektuellenszene, den Export auszuweiten. Nach einer Konzentration des Interesses auf das *Berliner Ensemble* ist nach dem Mauerbau ab Mitte der 1960er Jahre dann eine Ausdifferenzierung der Kontakte des Berliner Theaterfeldes nach Paris zu konstatieren, wobei der Exportaspekt beherrschend bleibt; hinsichtlich des Imports französischer Kultur gab es hingegen deutliche Hindernisse, um nicht zu sagen Blockaden: So setzte ein wirklicher Austausch erst langsam nach der Unterzeichnung eines Kulturabkommen zwischen beiden Ländern im Jahr 1981 ein. 1983 wurde das *Kulturzentrum der DDR* (KUZ) in Paris eröffnet, 1984 folgte die Gründung des französischen Kulturinstituts in Ost-Berlin, welche die DDR jahrelang unterbunden hatte, „weil sie den Einfluss westlichen Gedankengutes auf ihre Bevölkerung fürchtete".[74]

Setzte die DDR ganz auf Export, dominierte bis zum Ende der 1960er Jahre im Westen der Import französischer Dramatik – das Interesse am bundesdeutschen Theatergeschehen blieb zugleich in Frankreich – im Vergleich zur DDR – bis auf wenige Ausnahmen eher marginal. Auch die Westberliner Theater, allen voran das *Schiller-Theater*, interessierten sich mehr für den Import als für Gastspiele und glänzten mit Erst- und sogar Uraufführungen der wichtigsten französischen Avantgarde-Autoren der Epoche wie Jean-Paul Sartre, Samuel Beckett oder Jean Genet, die ihrerseits in der DDR als politisch verdächtig bzw. schlicht dekadent galten und künstlerisch weitgehend ignoriert wurden, da sich ihre Werke nicht mit den Prinzipien des Sozialistischen Realismus in Einklang bringen ließen.

Die Intensität der wechselseitigen deutsch-deutschen Observation der jeweiligen Kontakte mit dem französischen Nachbarn, die hier nur anhand einiger Beispiele veranschaulicht werden konnte, belegt indirekt die politische Bedeutung des triangulären kulturellen Austausches im Theaterfeld. Wie deutlich wurde, handelt es sich

---

[74] Ulrich Pfeil: Centre culturel français (Berlin/DDR), in: Colin u. a. (Hrsg.), Lexikon der deutsch-französischen Kulturbeziehungen (Anm. 4), 154–155, hier: 154.

tatsächlich um ein Dreiecksverhältnis, dessen deutlichste Eigenschaft in einem von Systemkonkurrenz geprägten Dialog liegt, das aber auch von Asymmetrie bestimmt wurde: Während das, was im Westen gefeiert wurde, im Osten nicht selten Ablehnung auslöste, sind solche Reaktionen im Westen umgekehrt selten zu beobachten – was nicht zuletzt den soliden Beziehungen zwischen Frankreich und der Bundesrepublik geschuldet sein mochte.

Wenngleich der Mauerbau für den Theatertransfer zwischen der DDR und Frankreich eine wirkliche, wenngleich vorübergehende Zäsur darstellte, lässt sich insgesamt aber feststellen, dass die unerfreulichen Spannungen und Konflikte zwischen beiden deutschen Staaten im Dreiecksverhältnis mit Frankreich oft überaus fruchtbare und stimulierende Wirkungen zeitigten und der Ost-West-Konflikt in diesem Sinne letztlich als eine wichtige Grundlage für die Entwicklungen der heutigen Welttheatermetropole Berlin bezeichnet werden kann.

Ulrike Schneider
Zweifacher Blick: Die ‚nouveaux romanciers' in Berlin (mit einem Fokus auf Michel Butor)

Ein Blick auf „Berliner Weltliteraturen" und die internationalen literarischen Beziehungen in den 1960er Jahren kommt ohne einen Beitrag zum Nouveau Roman nicht aus, bildete diese Tendenz des französischen Romans doch seit Ende der 50er Jahre gewissermaßen die ‚Speerspitze' einer Erneuerung des europäischen Romans und wird gern – auch wenn sich die Protagonisten dieser Tendenz teils dagegen wehrten – als ‚Avantgarde' bezeichnet, am Übergang von der klassischen Moderne zur Postmoderne. Das Etikett „Nouveau Roman" geht zurück auf eine Kritik des Journalisten Émile Henriot, der damit im Jahre 1957 in einer Rezension zu Alain Robbe-Grillets Roman *La Jalousie* und Nathalie Sarrautes *Tropismes* beide Werke zunächst abwertend beurteilte;[1] in der Folge wurde dieser zunächst also – wie so oft im Falle von Bezeichnungen neuer Ausprägungen in Kunst und Literatur – pejorative Ausdruck aufgegriffen als Bezeichnung nicht nur einer Tendenz, sondern einer Gruppe von Autor:innen, unabhängig von deren Bewertung. Die Zuordnung von Autor:innen zu den *nouveaux romanciers* variiert und ist bis heute teils umstritten. Zum engen Kreis gehörten aber von Beginn an Alain Robbe-Grillet, Michel Butor, Nathalie Sarraute und Claude Simon, die alle in den 1960er Jahren auch nach Berlin kamen. Ebenfalls von Beginn an haben alle Autor:innen immer wieder betont, dass sie keine ‚Schule', keine ‚Bewegung' bildeten, und das literarische Schaffen aller Autor:innen, die man gemeinhin mit dem Nouveau Roman verbindet, ist in der Tat außerordentlich heterogen.

Bei allen Unterschieden in Zielsetzung und Verfahren waren sich die Autor:innen doch einig in ihrer anti-traditionalistischen Wendung, die sich ebenso gegen das für nunmehr überholt erachtete realistische Erzählen des 19. Jahrhunderts wie gegen das Konzept einer *littérature engagée* wandte, das in Frankreich prominent mit dem Namen Jean-Paul Sartre verbunden war. Sie suchten nach radikal neuen, der veränderten Wirklichkeitserfahrung und genauer dem gestörten Verhältnis zwischen Mensch und Welt angemessenen Erzählformen – und gingen dabei dann im Einzelnen freilich recht unterschiedliche Wege. Verdächtig erschien ihnen allen die literarische Tradition, insoweit sie – mit den Worten Alain Robbe-Grillets – für die „sakrosankten Regeln des Wahrscheinlichen, der kausalen Chronologie, der einzig möglichen Bedeutung und der Widerspruchslosigkeit" stand.[2] Kritisiert wurden an einer solchen illusionistischen

---

[1] Émile Henriot: „Le nouveau roman", in: Le Monde (22.05.1957).

[2] „[...] les règles sacro-saintes du vraisemblable, de la chronologie causale, du sens unique et de la non-contradiction". Alain Robbe-Grillet: Le droit au jeu et à la volupté (1974), in: ders.: Le voyageur.

Open Access. © 2021 Ulrike Schneider, publiziert von De Gruyter. Dieses Werk ist lizenziert unter der Creative Commons Attribution-NonCommercial-NoDerivatives 4.0 International Lizenz.
https://doi.org/10.1515/9783110733495-003

Romantradition vor allem die Konzeption der Figuren als in sich stimmige, psychologisch motivierte, feste Größen sowie der Entwurf einer stabilen, kohärenten und ebenso eindeutig wie vollständig dechiffrierbaren Welt. Eine weitere Gemeinsamkeit ist in einer extremen Reduzierung der narrativen Vermittlungsinstanz zu sehen, was auch mit dem Stichwort der ‚Entpersönlichung' *(impersonnalité)* verbunden wurde. War das Erzählen ‚pour faire croire' suspekt geworden, so ging damit in der ersten Phase – der Phase des sogenannten ‚klassischen' Nouveau Roman – allerdings noch keine grundsätzliche Absage an Plotstrukturen oder jegliche mimetische Qualität einher.[3]

So wenig wie es beim Nouveau Roman um eine ‚Gruppe' oder eine klar umrissene ‚Bewegung' ging, so wenig gab es auch ein gemeinsames Manifest. Stattdessen entwickelten die *nouveaux romanciers* jeweils ihre Überlegungen über eine von ihnen allen für notwendig erachtete Erneuerung des Romans in theoretischen Essays, die nicht nur einzeln erschienen, sondern auch in diversen wirkmächtigen Sammlungen zusammengestellt wurden, darunter vor allem Nathalie Sarrautes Essayband *L'ère du soupçon. Essais sur le roman* (1956), Michel Butors *Essais sur le roman,* zusammengestellt in den Bänden *Répertoires I* und *II* (1960/1964), sowie Alain Robbe-Grillets Band *Pour un nouveau roman* (1963). In diesen Essays wurde, mit je eigener Stoßrichtung, ebenso die jeweilige Poetik entfaltet wie auch eine teils differenzierte Auseinandersetzung mit der literarischen Tradition sowie eine Distanzierung gegenüber der etablierten Literaturkritik in Frankreich vorgenommen.

Was im Rückblick wie ein geballter Aufbruch in eine neue Ära des Romanschreibens wirkt, ist nicht zuletzt aber auch das Ergebnis einer verlegerischen Strategie, konkret von Jérôme Lindon, dem langjährigen Verleger der Éditions de Minuit. Die Éditions de Minuit, 1941 unter deutscher Besatzung gegründet, waren in den 1950er Jahren noch ein kleiner Verlag, dessen erster verlegerischer Coup die Publikation von Samuel Beckett (ab 1951) darstellte.[4] Lindon gelang es, unter dem Dach seines Verlags die genannten und weitere *nouveaux romanciers* zu vereinen, was auch zu der Bezeichnung

---

Textes, causeries et entretiens (1947–2001), ausgewählt und präsentiert von Olivier Corpet, unter Mitarbeit von Emmanuelle Lambert, Paris 2001, 137–147, hier: 147. Übersetzungen ins Deutsche stammen, so nicht anders angegeben, von der Verfasserin.

3 Dies geschah erst in den späteren 60er und 70er Jahren, in der Phase des sogenannten Nouveau nouveau roman. – Zur Geschichte des Nouveau Roman siehe Roger-Michel Allemand (Hrsg.): Le „Nouveau roman" en questions, 5 Bde., Paris 1992–2005. – Zu den bis Anfang der 60er Jahre veröffentlichten Texten gehörten maßgeblich folgende: Nathalie Sarraute: *Martereau* (1953), *Portrait d'un inconnu* (1956), *Tropismes* (1957; Erstveröffentlichung bereits 1939), *Le Planétarium* (1959), *Les Fruits d'or* (1963); Alain Robbe-Grillet: *Les gommes* (1953), *Le voyeur* (1955), *La jalousie* (1957), *Dans le labyrinthe* (1959); Michel Butor: *Passages de Milan* (1954), *L'emploi du temps* (1956), *La modification* (1957), *Degrés* (1960); Claude Simon: *Le Tricheur* (1946), *La Corde raide* (1947), *Le Vent* (1957), *L'Herbe* (1958), *La route des Flandres* (1960), *Le Palace* (1962).

4 Zur Geschichte des Verlags siehe Anne Simonin: Les Éditions de Minuit. 1942–1955. Le devoir d'insoumission, Paris 1994.

"école de Minuit" führte. Alain Robbe-Grillets Romane wurden von Beginn an bei Minuit publiziert, wo er auch als Cheflektor arbeitete und maßgeblichen Anteil an der Verlagsstrategie hatte; andere Autor:innen hatten bereits vorher Romane veröffentlicht, deren Rechte Lindon anderen Verlagen abkaufte, um sie in seinem Verlag neu aufzulegen.[5] Der Nouveau Roman ist mithin aufs Engste mit den Éditions de Minuit verbunden, wo er bis heute eine starke Referenz bildet und wo weitere Generationen von Autor:innen sich im Anschluss an ihn etablierten. Die Bindung an das Verlagshaus suggerierte zugleich eine größere Homogenität, bis hin zur Gruppenbildung, als tatsächlich gegeben war. Und die Vermutung liegt nahe, dass diese Verlagsstrategie das ihre dazu beitrug, den Nouveau Roman zu einem Exportschlager außerhalb Frankreichs werden zu lassen.

Der Nouveau Roman in West und Ost

‚Außerhalb Frankreichs' – das ist das Stichwort für den Wechsel der Blickrichtung nach Deutschland, hier genauer nach West- und Ostberlin. Wie kam der Nouveau Roman nach Deutschland, wie wurde er Ende der 50er/Anfang der 60er Jahre in West und Ost rezipiert?

go West

Im Westen setzte die Rezeption des Nouveau Roman schon sehr früh und relativ massiv ein. Eine entscheidende Rolle bei seiner Vermittlung spielte die von Walter Höllerer und Hans Bender 1953 gegründete Zeitschrift für Literatur *Akzente*. Ab 1956 publizierte Höllerer dort überwiegend theoretische Essays der *nouveaux romanciers,* allen voran von Alain Robbe-Grillet, dem damit im (west-)deutschen Sprachraum fast mehr noch als in Frankreich die führende Position zugestanden bzw. zugewiesen wurde. 1956 ist in der Tat bemerkenswert früh, wurde doch auch in Frankreich der Nouveau Roman im Grunde erst ab 1957 einem größeren Publikum bekannt. Dieses Jahr 1957 markiert eine klare Zäsur in der Verbreitung und Anerkennung der Autor:innen: Binnen Jahresfrist erscheinen *La Jalousie* von Alain Robbe-Grillet, *Le vent* von Claude Simon, *Tropismes* von Nathalie Sarraute (in Neuausgabe) sowie *La Modification* von Michel Butor, für den er den Prix Renaudot, einen der wichtigsten Literaturpreise Frankreichs, erhält – eine Anerkennung, die die Verkaufszahlen ansteigen ließ und auch den anderen Autor:innen und ihren Werken verstärkte Aufmerksamkeit bescherte. Dass Höllerer bereits

---

5 Zur speziellen Rolle von Robbe-Grillet bei der Etablierung des Nouveau Roman, in seiner Funktion als Lektor und späterer *conseiller littéraire* bei Minuit, vgl. Roger-Michel Allemand: Robbe-Grillet à Minuit. Editoring et lancement du Nouveau Roman (1955–1963), in: Travaux de Littérature 15 (2002), 319–348.

1956 Essays der *nouveaux romanciers* druckt, ist also beachtlich und geht zurück auf deutsch-französische Schriftstellertreffen in den 50er Jahren, im Umfeld der Zeitschrift *Documents. Revue mensuelle des questions allemandes*. Entscheidend für die Publikationen in *Akzente* war ein Treffen 1956 in Vézelay, zu dem Thema „Dichtung und Realismus. Der Schriftsteller vor der Realität"; Beiträge dieses Treffens sind im *Akzente*-Heft von 1956 dokumentiert. Offenbar aufgrund reger Nachfrage wurden in folgende Jahrgänge der Zeitschrift weitere Texte der französischen Autor:innen aufgenommen, u. a. mit einem Sonderheft 1958.[6] Die Zeitschrift *Akzente* trug allerdings nicht nur maßgeblich zur frühen Wahrnehmung des Nouveau Roman in Deutschland bei, sie steuerte auch dessen Rezeptionsweise, durch den Abdruck vorwiegend theoretischer Texte, bisweilen aber auch durch kürzende Eingriffe. Besonders auffällig ist dies etwa im Falle des Essays *Bemerkungen über einige Wesenszüge des herkömmlichen Romans* von Alain Robbe-Grillet.[7] Hierbei handelt es sich um eine gekürzte Fassung des wohl wirkmächtigsten theoretischen Beitrags Robbe-Grillets, der unter dem Titel *Sur quelques notions périmées* erstmals 1957 erschienen war.[8] Der für die *Akzente* vorgenommenen Kürzung um mehrere Seiten fiel sowohl ein – für die Situierung im französischen Kontext maßgeblicher – Passus gegen die etablierte Literaturkritik zum Opfer wie auch der gesamte Abschnitt zum Konzept des ‚Engagement'. Wie sich in den Diskussionen in West und Ost gerade um die proklamierte Absage an ‚Engagement' durch die *nouveaux romanciers* zeigen sollte, bedeutete diese Kürzung zugleich eine argumentative Verkürzung, die nicht ohne Folgen blieb.

Legten die *Akzente* also den Fokus auf *theoretische* Texte, so waren aber auch schon früh die Voraussetzungen für eine Wahrnehmung der Roman*praxis* gegeben. Bereits ab etwa Mitte der 50er Jahre erscheinen in westdeutschen Verlagen ‚neue Romane' von Robbe-Grillet, Sarraute, Butor und bald auch von Simon, überwiegend in Übertragungen von Elmar Tophoven und Helmut Scheffel. All dies erregt die Aufmerksamkeit nicht nur des Feuilletons und der Literaturkritik, sondern auch der

---

6 Siehe *Akzente*: Heft 4/Jg. 3 (1956): Alain Robbe-Grillet: Für einen Realismus des Hierseins (Ü: Marie-Simone Morel und Heide Asendorf); Heft 1/Jg. 5 (1958): Nathalie Sarraute: Das Zeitalter des Mißtrauens (Ü: Helmut Scheffel); Alain Robbe-Grillet: Bemerkungen über einige Wesenszüge des herkömmlichen Romans (Ü: Marie-Simone Morel); Heft 2/Jg. 7 (1960): Alain Robbe-Grillet, Natur, Humanismus, Tragödie (Ü: Elmar Tophoven); Heft 2/Jg. 9 (1962): Alain Robbe-Grillet, „Nouveau Roman" – Neuer Roman, Neuer Mensch (Ü: Werner Spies); Heft 6/Jg. 10 (1963): Michel Butor, Individuum und Gruppe im Roman (Ü: Helmut Scheffel); Heft 5/Jg. 11 (1964): Michel Butor, Die Vorhalle von San Marco (Ü: Helmut Scheffel).
7 Abgedruckt als erster Text unter der Rubrik „Der ‚Held' des Romans und die Erzählform", in: Akzente 5 (1958), 25–33. Es folgte darauf der Essay von Nathalie Sarraute: „Das Zeitalter des Misstrauens" [„L'ère du soupçon", 1950], ebd., 33–44.
8 Wiederaufnahme in Alain Robbe-Grillet: Pour un nouveau roman, Paris 1963, 25–44. Deutsche Übersetzung: Alain Robbe-Grillet: Argumente für einen neuen Roman. Essays, München 1965.

Literaturwissenschaft, die ab Anfang der 60er Jahre diverse Publikationen zum Nouveau Roman vorlegte.⁹

Ein weitaus größeres Gewicht als die zumeist differenziert argumentierenden wissenschaftlichen Analysen hatten in der literarischen Öffentlichkeit Ende der 50er/Anfang der 60er Jahre freilich Äußerungen namhafter Schriftsteller und Literaturkritiker zu dieser neuen Romantendenz aus Frankreich. Uwe Neumann hat in einem ebenso umfassenden wie erhellenden Beitrag die Rezeptionsbedingungen für den Nouveau Roman in der deutschsprachigen Literatur und speziell die Resonanz, die er bei deutschsprachigen Schriftsteller:innen und Kritiker:innen erfuhr, aufgearbeitet.¹⁰ Er verortet die teils heftige Kritik und Ablehnung, wie sie aus Äußerungen etwa von Günter Grass, Heinrich Böll, Siegfried Lenz oder Max Frisch deutlich werden, vor dem Hintergrund einer grundlegend anderen Romankonzeption, die in Deutschland ausgangs der 50er und zu Beginn der 60er Jahre vorherrschend war und die auch historisch begründet ist. Die verbreitete Ablehnung des Nouveau Roman war, so wird deutlich, zunächst einmal eine der theoretischen Konzepte sowie der generellen ‚Theorielastigkeit' der Romane resp. ihrer selbstreflexiven Strukturen. Die polemischen Einwürfe bezogen sich also maßgeblich bereits auf Prämissen schriftstellerischer Tätigkeit. Wenn etwa Heinrich Böll, wie Neumann referiert, als Hauptkritikpunkte am Nouveau Roman „ein Übermaß an Theorie und de[n] Verzicht auf schriftstellerisches Engagement"¹¹ ausmachte, so wird deutlich, dass hier das Ethos des Schriftstellers auf dem Spiel steht. Hier prallen ganz offensichtlich sowohl unterschiedliche historische Erfahrungen und die daraus jeweils für das eigene Schreiben gezogenen Konsequenzen als auch demgemäß je andere Situierungen der Schriftsteller:innen im jeweiligen

---

9 Zu den ersten monographischen Publikationen zum Nouveau Roman gehörten Gerda Zeltner-Neukomm: Das Wagnis des französischen Gegenwartsromans. Die neue Welterfahrung in der Literatur, Reinbek 1960; Gerd Krause: Tendenzen im französischen Romanschaffen des zwanzigsten Jahrhunderts. Nouveau Roman – Traditioneller Roman, Frankfurt a. M./Berlin/Bonn 1962; Gerda Zeltner-Neukomm: Die eigenmächtige Sprache. Zur Poetik des Nouveau Roman, Olten/Freiburg 1965.
10 Uwe Neumann: Robbe-Grillet und der ‚Nouveau Roman' im Spiegel der Kritik deutschsprachiger Schriftsteller, in: Robbe-Grillet zwischen Moderne und Postmoderne, hrsg. von Karl Alfred Blüher, Tübingen 1992, 101–138. Neumann geht in seiner sehr differenzierten Studie weit über die 60er Jahre hinaus und zeichnet mithin den Wandel in der Wahrnehmung und Relevanz des Nouveau Roman in West und Ost nach. Zu den frühen Jahren siehe bereits Roderick H. Watt: Andersch, Böll, Lenz and Schnurre on the Nouveau Roman, in: New German Studies 9 (1981), 123–143, der auf der Basis begrenzteren Materials ebenfalls bilanziert, die Reaktionen der im Titel seines Beitrags genannten Schriftsteller auf den Nouveau Roman „reflect a historically conditioned syndrome characteristic of their particular generation of German writers" (ebd., 123). Siehe ferner Solange Arber: Le Nouveau Roman, pierre de touche de la modernité littéraire, in: Germanica 59 (2016), 19–32; Arber nimmt den Transfer des Nouveau Roman nach West- und Ostdeutschland in den Blick und untersucht mit Gewinn die Interaktion dreier literarischer Felder.
11 Neumann (Anm. 10), 103.

gesellschaftlichen Gefüge aufeinander.¹² Aus dieser, sehr plausiblen, Perspektive wird, anders gewendet, wiederum umso deutlicher, dass die Ablehnung, die der Nouveau Roman z. T. zunächst in Deutschland erfuhr, auch eine Ablehnung *qua* Verkürzung war, dass nämlich eine genauere Auseinandersetzung sowohl mit dem Entstehungs- und Rezeptionskontext in Frankreich als auch mit der Komplexität der theoretischen Konzepte kaum erfolgte. Ausdruck dessen waren, wie Neumann umfassend belegt, klischeehafte „Simplifizierungen"¹³ in Äußerungen über den Nouveau Roman, aber auch die offensichtliche Konzentration auf Robbe-Grillet, dem die Rolle einer Gallionsfigur zuerkannt wurde – die jener freilich auch gern, polemisch, ausfüllte. Zu den Kritiken, am meisten Beachtung fanden, gehört jene von Marcel Reich-Ranicki, der anlässlich von dessen Auftritt beim Schriftstellerkongress 1963 in Leningrad sich, wenngleich in unnachahmlich polemischer Zuspitzung, merklich an ihm abarbeitet, und zwar, trotz weiterer Interventionen in Leningrad durch Sarraute und Butor, an ihm allein. Wenn Reich-Ranicki resümiert, Robbe-Grillet habe „nichts zu sagen", und deshalb seien „seine Bücher steril und im Grunde meist langweilig", dann ist offensichtlich, dass er die leiseren Töne anderer *nouveaux romanciers* gar nicht erst hörte; zugleich muss eben dieses Diktum als ‚Beleg' für sein generelles Urteil herhalten, der Nouveau Roman sei nicht mehr „als eine kurze und enge Sackgasse, in der sich leider einige französische Schriftsteller verirrt" hätten.¹⁴

go East

Solange Arber hebt in einem Beitrag zu Geschichte und Bedingungen des Transfers des Nouveau Roman nach West- und Ostdeutschland hervor, in die DDR sei der Nouveau Roman primär über andere Ostblockstaaten gelangt, wobei vor allem die Internationalen Schriftstellerkongresse in Leningrad (1963) und Budapest (1964) eine wichtige Rolle spielten, zu denen die prominentesten Vertreter:innen des Nouveau Roman eingeladen waren; allerdings, so muss man wohl hinzufügen, führte der Weg von dort aus zunächst kaum weiter.¹⁵ So fand der Nouveau Roman in den 60er Jahren

---

12 Neumann zieht diesbezüglich das Fazit „einer [weitgehend] kompletten Ablehnung des *Nouveau Roman*" durch die prominentesten deutschen Schriftsteller der Zeit, „[e]iner Ablehnung, die, wird sie mit dem unbestreitbaren Argument fehlenden sozialkritischen Engagements begründet, aus der spezifischen Situation der deutschen Literatur nach 1945 erklärbar wird". Ebd., 115.
13 Ebd., 119. Neumanns Analysen lassen ihn noch weit zugespitzter vom „Klischee- und Schablonenarsenal" in „eigentlich berufenem Schriftstellermund" sprechen (ebd., 118), und man kann ihm darin nur zustimmen. Ganz ähnlich spricht schon Watt davon, die Ablehnungen basierten „on popular misconceptions of Robbe-Grillet's theories rather than on a close reading of them". Watt (Anm. 10), 132.
14 Marcel Reich-Ranicki: „Die Verfolgung der Schriftsteller durch Robbe-Grillet", in: Die Zeit (29.11.1963).
15 Vgl. Arber (Anm. 10), 22 f.

in Ostberlin nur wenig Resonanz. Zu verzeichnen ist allerdings, dass der Verlag Volk und Welt 1966 Nathalie Sarrautes Roman *Die goldenen Früchte,* in der Übersetzung von Elmar Tophoven, herausbrachte, und im Aufbau-Verlag erschienen zwei Romane von Michel Butor, *Der Zeitplan* (1966, mit einem umfassenden Essay von Manfred Naumann) und *Paris-Rom oder Die Modification* (1967), beide in der Übersetzung von Helmut Scheffel.[16] Bemerkenswert ist ferner, dass die Zeitschrift *Sinn und Form*, die – nicht zuletzt aufgrund ihrer begrenzten Auflage – geringerer staatlicher Kontrolle als andere Publikationsorgane ausgesetzt war, eine gewisse Vermittlerrolle übernahm, allerdings ebenfalls erst ab Mitte der 60er Jahre. Insbesondere von Michel Butor erscheinen dort einige Texte, aber auch kritische Beiträge anderer Provenienz zum Nouveau Roman.[17] Der Tenor der, eher raren, Besprechungen ähnelt sich im Grundsatz: Zwar werden einzelne durchaus positiv beurteilte Impulse des Nouveau Roman herausgestellt, insofern er etwa „den entfremdeten Menschen in den Mittelpunkt" stelle, zugleich aber wird den Autor:innen attestiert, sie hätten „nicht weiter gedacht", böten keine Lösungen an, ja, seien Teil einer westlichen „Protest-Literatur", „die zwar oft genug eine Alternative zu der Ordnung fordert, der sie selbst entwachsen [sei], die aber selbst eine solche Alternative nicht oder nur selten zu bieten" habe.[18] Aus dialektischer Perspektive wird dem Nouveau Roman mithin günstigstenfalls attestiert, er bleibe auf halbem Wege stehen; anderswo heißt es gar, er befinde sich „auf ausweglosen Pfaden"[19] – hier hallt das Bild der ‚Sackgasse' klar nach, treffen sich im Urteil letztlich west- und ostdeutsche Kritik. – Größere Verbreitung und Aufmerksamkeit erfuhr der Nouveau Roman in der DDR, nach einer Phase strikterer Regulierung ab Mitte der 60er Jahre, erst mit den 80er Jahren, und dies ist vor allem mit den Namen

---

16 Aufschlussreich ist eine Besprechung dieser Neuerscheinungen von 1966 unter der Überschrift „Weltoffenes Angebot. Ausländische Literatur in den Verlagen der DDR" in: Neues Deutschland (08.09.1966); darin heißt es u. a.: „Gewiß hat der ‚Nouveau Roman' mit seinen speziellen Erzähltechniken einen großen Einfluß auf die Schriftsteller vieler Länder ausgeübt. Nicht zu übersehen ist aber auch, daß seine Geburtshelfer mehr und mehr modernistischen Experimenten nachhingen. Zwei Bücher sind als Rückschau auf diese Entwicklung der fünfziger Jahre interessant, aber ein drittes und viertes?" Der Nouveau Roman wird hier mithin bereits archiviert, seine Entwicklung als abgeschlossen präsentiert.
17 Michel Butor: Aus der Budapester Pen-Diskussion über Tradition und Moderne, in: Sinn und Form 5 (1965), 783 f.; Die Modifikation, in: Sinn und Form 1 (1966), 134–159; Roman und Poesie, in: Sinn und Form 1 (1966), 203–222; Der Roman als Suche, in: Sinn und Form 6 (1967), 1314–1319. Ernst Fischer: Entfremdung, Dekadenz, Realismus, in: Sinn und Form 5/6 (1962), 816–854. Manfred Naumann: „Literarischer Held und ‚nouveau roman'", in: Sinn und Form 1 (1966), 160–186. Claude Prévost: Aktuelle Probleme des Romans. Versuch einer vorläufigen Bilanz, in: Sinn und Form. Sonderheft 2 (1966), 1449–1476.
18 Heinz Plavius: Nachwort zu Nathalie Sarraute: Die goldenen Früchte, übers. von Elmar Tophoven, Berlin 1966, 189–204, hier: 191.
19 „Der roman nouveau setzt keinen neuen Anfang. Französische ‚Avantgardisten' auf ausweglosen Pfaden", in: Neue Zeit (14.12.1963).

von Brigitte Burmeister, Carola Gerlach und Brigitte Sändig verbunden, die als Lektorinnen, aber auch als Literaturwissenschaftlerinnen – sowie, im Falle von Brigitte Burmeister, als Autorinnen – tätig waren.[20]

Im Folgenden seien drei Faktoren resp. Akteure beispielhaft herausgegriffen und näher betrachtet, denen je eigene Relevanz im Transferprozess des Nouveau Roman nach Deutschland (und *retour*) zukommt: ein Konzept – ein Veranstaltungsformat – ein Protagonist.

Ein Konzept: „Engagement"

In den vorliegenden Beiträgen zur Rezeption des Nouveau Roman in West- und Ostdeutschland wird einhellig auf Überschneidungen zwischen den kritischen Diskursen auf beiden Seiten aufmerksam gemacht. Einen besonderen ‚Knackpunkt' der Debatten macht dabei zweifellos die Frage des Engagements aus.[21] Die Absage an (die Verpflichtung zum) Engagement seitens der *nouveaux romanciers* wird zum zentralen Stein des Anstoßes, und in der Kritik daran treffen sich gegensätzliche ideologische Positionen: auf der einen Seite die marxistische Literaturkritik und Vertreter eines sozialistischen Realismus in der Literatur, für die – auf eine zugespitzte Formel gebracht – Realismus eine „antifaschistische Kampftradition" war;[22] auf der anderen Seite eine bürgerliche Literaturkritik, die von der Literatur eine ethische Grundierung und humanistische Position einforderte, sowie renommierte deutschsprachige Schriftsteller, zu deren Selbstverständnis eine Form des ‚Engagiertseins' und eine transparente gesellschaftspolitische Relevanz ihrer Werke gehörten. Die Reizformel der Negierung von Engagement löst oft einen reflexhaften Kurzschluss aus, in dem sie mit Formalismus und einem radikalen Anti-Humanismus gleichgesetzt wird. Signifikant ist im Rückblick auch, dass das Zurücktreten der *Erzählinstanz* im Nouveau Roman bereits als Verweigerung von Engagement seitens der *Autor:innen* bzw. auch umgekehrt als deren Resultat verstanden wurde.[23]

---

[20] Siehe hierzu genauer Arber (Anm. 10), 22–25. In diesem Kontext besonders einschlägig: Brigitte Burmeister: Streit um den Nouveau Roman. Eine andere Literatur und ihre Leser, Berlin: Akademie-Verlag 1983. Siehe auch den Roman von Brigitte Burmeister: Anders oder Vom Aufenthalt in der Fremde, Berlin: Verlag der Nation 1987/München: Luchterhand 1988, dem immer wieder eine ‚Nähe' zum Nouveau Roman bescheinigt wurde.

[21] Arber macht als drei Knackpunkte („points d'achoppement") den Bezug zur Wirklichkeit (zu dem auch die Engagement-Frage gehört), den Bezug zum Leser und den Bezug zum Humanismus aus. Vgl. Arber (Anm. 10), 27.

[22] So heißt es in einer Besprechung zum Schriftstellerkongress 1963 in Leningrad und Moskau; die Zuspitzung mag zusätzlich dem Publikationsorgan geschuldet gewesen sein. Hans Koch: „Literatur und friedliche Koexistenz", in: Neues Deutschland (23.08.1963).

[23] In diese Richtung deutet eine ganze Reihe bei Watt, Neumann und Arber (alle Anm. 10) angeführter

Die Diskussionen hierzu sind umfassend aufgearbeitet. Festzuhalten ist, dass die kritischen, oftmals auch zugespitzt polemischen Reaktionen beider ideologischen Lager eine Verengung des Konzepts ‚Engagement' erkennen lassen, unter Missachtung nicht nur der französischen Traditionslinie eines Autonomiekonzepts seit Mitte des 19. Jahrhunderts, sondern auch der Effekte einer grundlegenden Infragestellung von Wirklichkeitswahrnehmung und Lesegewohnheiten, die den Nouveau Roman autorenübergreifend charakterisierte.

Dass die Immunisierung gegenüber einem (Selbst-)Anspruch auf konkretes, manifestes Engagement in der Literatur keinesfalls einen Rückzug in den berühmten Elfenbeinturm bedeuten muss, macht ein Blick auf die Éditions de Minuit, den französischen Verlag des Nouveau Roman, deutlich. Es geht dabei um ein Engagement als Verlagsstrategie, das auch als Komplement zum literarischen Programm zu begreifen ist und einen blinden Fleck in den literarischen Debatten der ausgehenden 50er und beginnenden 60er Jahre, aber auch in der Erforschung des Transfers des Nouveau Roman nach Deutschland darstellt.

Das ‚Phänomen Nouveau Roman' ist, wie die Historikerin Anne Simonin nachdrücklich herausgearbeitet hat, auch ein ‚Phänomen Minuit' und als solches kaum losgelöst vom Engagement des Verlags im zeitgleich stattfindenden Algerienkrieg (1954–1962) zu betrachten.[24] Es war maßgeblich Jérôme Lindon, der Verleger des Nouveau Roman, der Berichte über Folter durch Angehörige der französischen Armee publizierte und damit die französische Öffentlichkeit, in der die kriegerischen Auseinandersetzungen weitgehend tabuisiert waren, teils allererst und nachdrücklich mit den Verbrechen im Namen Frankreichs konfrontierte.[25] 1958 – also nur ein Jahr nach dem für den Nouveau Roman so wichtigen und erfolgreichen Jahr 1957 – veröffentlichte Lindon den, in der Folge beschlagnahmten, Text *La Question* (dt. *Die Folter*) von Henri Alleg, einem kommunistischen Journalisten und Kämpfer für die algerische Unabhängigkeit. In diesem Text berichtet Alleg, wie er nach seiner Verhaftung in Algerien durch Franzosen gefoltert wurde. *La Question* wurde sehr schnell schon in eine Reihe mit Voltaires *Traité sur la tolérance* und Zolas *J'accuse* gestellt. Die Veröffentlichung des Textes durch Jérôme Lindon – der später betonte, er habe aus moralischer Verantwortung gegenüber Frankreich heraus gehandelt, nicht aber um für eine Seite Position zu beziehen – stellte eine Zäsur dar, auf die eine Reihe weiterer Publikationen von Dokumenten aus erster Hand über Folter und von anderen Texten zum Algerienkrieg folgte.

Äußerungen. Vgl. nur beispielhaft Bölls Ineinssetzen eines „Dogma[s] des Nicht-Engagiertseins" mit der „Konsequenz des völlig entpersonalisierten Romans"; zit. nach Neumann (Anm. 10), 103.

24 Vgl. hierzu genauer Anne Simonin: La littérature saisie par l'histoire. Nouveau Roman et guerre d'Algérie aux Éditions de Minuit, in: Actes de la recherche en sciences sociales 111–112 (1996), 59–75.
25 Vgl. Anne Simonin: Le droit de désobéissance. Les Éditions de Minuit en guerre d'Algérie, Paris 2012, sowie genereller, mit Bezug auch auf die Rolle weiterer Verlage, Nils Andersson: Les résistances à la guerre d'Algérie, in: Savoir/Agir 21 (2012), 97–105.

Warum verdient dies hier Erwähnung? Wie Anne Simonin anhand ihrer Studien zum Verlagsarchiv plausibel machen konnte, liefen Nouveau Roman und engagierte, dokumentarische Literatur in den Éditions de Minuit nicht schlicht parallel; die enge Verflechtung beider Bereiche – „littérature littérale" resp. Nouveau Roman und „littérature engagée" resp. nicht-fiktionale, dokumentarische Literatur – war vielmehr Programm und zeitigte Wechselwirkungen. Gerade weil es Verlagsstrategie gewesen sei, politische Subversion und romaneske Revolution miteinander zu verflechten, so Simonin, seien die Éditions de Minuit in den späten 50er und beginnenden 60er Jahren ‚Avantgarde' gewesen. Dabei partizipierten die Autor:innen des Nouveau Roman nicht nur indirekt über ihr Verlagshaus an dem politischen Engagement, und sie taten dies ebenso wenig ausschließlich über eigene Interventionen, wie etwa die Unterzeichnung des Manifests der 121.[26] Als Autor:innen bei Minuit situierte sich ihr eigenes Schreiben vielmehr innerhalb einer Konstellation, die sich, so Simonin, als geeignet erwies, das von Sartre verfochtene Konzept einer engagierten Literatur abzulösen.[27]

Eben diese Konstellation bildet im Grunde einen spezifischen, äußerst komplexen Faktor innerhalb der Diskussionen um Engagement, der zeitgenössisch im Zuge des Transfers des Nouveau Roman nach Deutschland freilich ausgeblendet blieb. Und dies, obgleich der Text *La Question* von Alleg (zu dem Sartre ein Vorwort verfasst hatte) bereits 1958, also im Jahr seines Erscheinens bei den Éditions de Minuit, in deutscher Übersetzung vom Verlag Kurt Desch im Westen und dem Aufbau-Verlag im Osten veröffentlicht wurde.[28]

---

[26] Das Manifest, das am 6. September 1960 mit dem Titel „Déclaration sur le droit à l'insoumission dans la guerre d'Algérie" („Deklaration über das Recht zur Dienstpflichtverweigerung im Algerienkrieg") in der Zeitschrift *Vérité-Liberté* erschien, wurde zunächst von 121 Intellektuellen, Schriftsteller:innen und anderen mehr unterzeichnet und machte auf Widerstand gegen den Algerienkrieg in Frankreich aufmerksam. Zu den Unterzeichner:innen gehörten auch Michel Butor, Marguerite Duras, Jérôme Lindon, Alain Robbe-Grillet, Nathalie Sarraute und Claude Simon. Butor hat sich in einem Essay zu seiner Entscheidung, das Manifest zu unterzeichnen, geäußert und dabei die Dringlichkeit des Anliegens betont. Vgl. Michel Butor: Sur la déclaration dite ‚des 121', in: ders.: Répertoires II, Paris 1964, 124–126. Vgl. ferner die Dokumentation in François Maspéro (Hrsg.): Le Droit à l'insoumission. „Le dossier des 121", Paris 1961.
[27] Siehe Simonin, La littérature saisie par l'histoire (Anm. 24), 61.
[28] Henri Alleg: Die Folter. Mit Geleitwort von Jean-Paul Sartre und Eugen Kogon, München/Wien/Basel 1958; Henri Alleg: Die Folter. Aus dem Französischen von Albert Feith, hrsg. vom Verband der Deutschen Presse, Berlin 1958.

Ein Veranstaltungsformat: Die internationale Lesereihe „Literatur im technischen Zeitalter"

Angesichts der Debatten um den Nouveau Roman war es naheliegend, die *nouveaux romanciers* auch nach Berlin einzuladen, und tatsächlich kamen sie nicht nur zahlreich, sondern auch mehrfach, ab Anfang der 1960er Jahre, in die Kongresshalle, ins Literarische Colloquium, in die Akademie der Künste – mit einem ordentlichen Modernisierungs- und Innovationsschub im Gepäck.

Unter der Vielzahl unterschiedlicher Veranstaltungsformate, die den „Berliner Weltliteraturen" in den 60er Jahren eine Bühne bereiteten, ragt ohne Zweifel die von Walter Höllerer organisierte Lesereihe „Literatur im technischen Zeitalter" besonders heraus, die erstmals im Winter 1959/60 stattfand, damals noch ausschließlich deutschsprachig besetzt. Im Herbst/Winter 1961/62 wurde die Lesereihe ‚international' und vom Hörsaal 3010 der Technischen Universität Berlin in die Kongresshalle im Tiergarten verlegt sowie vom Sender Freies Berlin im Fernsehen gesendet (Abb. 1).[29]

Unter den eingeladenen Autor:innen kamen fünf aus Frankreich: Arthur Adamov, Nathalie Sarraute, Alain Robbe-Grillet, Michel Butor und Eugène Ionesco. Sie alle standen für eine Erneuerung der Sprache, in Roman und Drama, und konkret für die, erfolgreiche, Suche nach neuen, der veränderten Wirklichkeit der 1950er und 60er Jahre angepassten Darstellungs- und Erzählverfahren.

Das Veranstaltungsformat folgte einer weitgehend einheitlichen, zeitlich klar durchgetakteten Choreografie mit den Komponenten ‚Einführung – Gespräch – Lesung': Auf eine knappe Vorstellung des Gastes durch Walter Höllerer folgte ein gemeinsames Gespräch mit den Autor:innen, i. d. R. mit drei bis vier Fragen zu poetologischen Konzepten, Motiven oder auch zu einem möglichen Technikbezug in ihrem Schreiben; am meisten Zeit nahmen die Lesungen aus bereits publizierten, teils aber auch aus noch unveröffentlichten Werken ein, im Original und/oder Übersetzung, die von einem Schauspieler vorgetragen wurde; mit anwesend waren zudem zumeist die jeweiligen Übersetzer:innen der Texte. Die Lesungen fanden im Großen Saal der Kongresshalle statt, der Platz für 1 500 Zuhörer:innen bot und, wie in allen Rezensionen immer wieder vermerkt wurde, notorisch voll besetzt war, so dass teils auch nach draußen übertragen wurde; mit der Fernsehübertragung wurde noch ein weit größerer Rezipient:innenkreis erreicht.

---

[29] Siehe hierzu ausführlicher: Die Sensation der Saison. Die Lesereihen im Hörsaal 3010 und in der Kongresshalle, in: Helmut Böttiger: Elefantenrunden. Walter Höllerer und die Erfindung des Literaturbetriebs, Berlin 2005, 123–141.

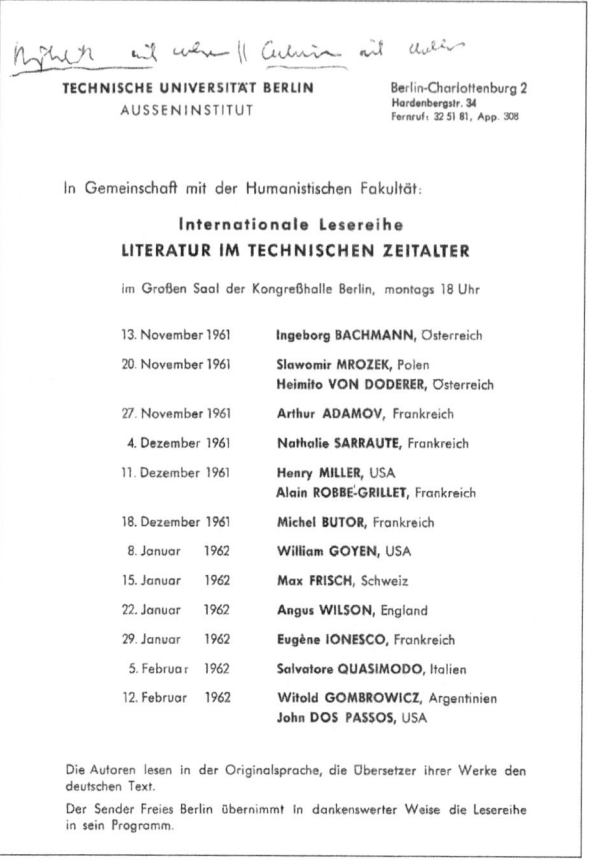

Abb. 1 aus: Helmut Böttiger: Elefantenrunden. Walter Höllerer und die Erfindung des Literaturbetriebs, Berlin 2005, 131.

In der Einführung zur Lesung von Nathalie Sarraute, die als erste Vertreterin des Nouveau Roman am 4. Dezember 1961 auftrat, resümiert Höllerer die Eigenheiten der drei geladenen *nouveaux romanciers* wie folgt:

> Nathalie Sarraute konzentriert sich auf subtile innere Bewegungen, die allem äußeren Geschehen innewohnen. Robbe-Grillet verfolgt eine Taktik vor allem des [ä]ußeren, wahrnehmbaren Details. Michel Butor verwendet seine Sorgfalt auf die Konstruktion eines Zeit- und Raumgerüstes, eines Gesamtplans. Gemeinsam ist ihnen, daß sie versuchen, das neue Weltbild in der Prosa mit neuen Mitteln zu zeigen und zwar mit kritischen Mitteln.[30]

---

[30] Nachlass Walter Höllerer, Literaturarchiv Sulzbach-Rosenberg, Signatur 03WH/DA/4,1.

In wenigen Sätzen benennt Höllerer Charakteristika aller drei Autor:innen, und in diesen deutet sich im Grunde bereits die Vielfalt und Heterogenität dessen an, was unter dem Label ‚Nouveau Roman' gern eher undifferenziert zusammengefasst wurde (hier mit Allusionen etwa auf Sarrautes Versuche, vorsprachliche Bewusstseinsvorgänge zu erfassen; auf Robbe-Grillets detaillierte Oberflächen- und Gegenstandsbeschreibungen; auf das komplexe Raum- und Zeitgerüst in Butors Romanen); ebenso sticht die affirmative Formulierung „mit kritischen Mitteln" ins Auge. Umso interessanter ist ein Blick auf die überleitenden Sätze Höllerers, mit denen er seine Einführung zur Lesung des US-amerikanischen Schriftstellers William Goyen begann, der, nach einer Weihnachtspause, in der Lesereihe auf Sarraute, Robbe-Grillet und Butor folgte:

> Meine Damen und Herren,
> das letzte Jahr brachte uns in dieser Lesereihe „Literatur im technischen Zeitalter" am Schluß eine geschlossene Kette von Autoren des französischen Neuen Romans, des roman nouveaus [sic]. Es konnte beinahe der Anschein entstehen, als sei diese mikroskopierende Schreibweise der Franzosen der einzige Ausweg, in der gegenwärtigen Situation Prosa zu schreiben. Es ist deshalb, glaube ich, an der Zeit, daß wir uns ein Gegengift gegen den Roman nouveau beschreiben lassen, ein Gegengift aus einer anderen Welt, nicht aus dem theoriegeladenen Paris [...].[31]

Rhetorik der Überleitung und eine *captatio benevolentiae* im Sinne des nunmehr geladenen Gastes, mag man sagen. Und doch scheint hier noch etwas anderes mitzuschwingen, eine Wertung („Gegengift"), die sich als solche decken würde mit der Resonanz, die der Nouveau Roman in Deutschland eben auch hervorrief – allem Modernisierungsstreben zum Trotz.

Die ebenso beliebten wie erfolgreichen Veranstaltungen dieser Lesereihe, die in der Tat einen damals einzigartigen Einblick in aktuelle Tendenzen der internationalen Literatur boten, begleiteten ein paar Nebengeräusche ganz anderer Art, die in einem seltsam anmutenden Kontrast zur präsentierten Moderne und dem von ihr erhofften Innovationsschub standen. Ich meine damit konkret zum einen die rekurrente Thematisierung der Nationalität und biographischen Herkunft der Vortragenden und zum anderen die Art und Weise der Berichterstattung über ihre jeweilige Performanz. Beides zieht sich derart auffällig durch die Präsentationen Höllerers wie auch durch die Besprechungen der Lesungen in den Feuilletons der Tageszeitungen, dass sie im Kontext der Diskussionen um Modernisierung und Internationalisierung, welche alle Veranstaltungsformate – mehr oder weniger – programmatisch grundieren, nicht ausgeblendet bleiben können.

So mag, zumal aus historischer Distanz, irritieren, wie Walter Höllerer seine Gäste aus Frankreich vorstellte:[32] Arthur Adamov spreche zwar Französisch, der Herkunft nach sei er aber doch „in erster Linie Armenier"; Nathalie Sarraute spreche ebenfalls

---

31 Nachlass Walter Höllerer, Literaturarchiv Sulzbach-Rosenberg, Signatur 03WH/DA/4,4.
32 Ich fasse hier aus seinen entsprechenden Einführungen zu den Lesungen zusammen (siehe Nachlass Walter Höllerer, Literaturarchiv Sulzbach-Rosenberg, Signatur 03WH/DA/4).

Französisch, stamme aber „aus einer Gegend 300 km nordöstlich von Moskau" und aus einer „jüdisch-russischen Familie"; Alain Robbe-Grillet hingegen sei „diesmal nun wirklich ein Franzose", man sehe es auch, er stamme „weder aus dem Kaukasus noch halbwegs aus Sibirien", sondern sei „unleugbar" ein Bretone; und Michel Butor sei ebenfalls „kein naturalisierter, sondern ein gebürtiger Franzose".

Sicherlich dienten diese Charakterisierungen dazu, die Internationalität der Lesereihe zusätzlich zu unterstreichen, im Wunsch, deren Wahrnehmung noch zu forcieren; die Leistung Höllerers als Initiator und Organisator der Reihe ist ebenso bemerkenswert wie sein Stolz darauf nachvollziehbar ist. Und ebenso ist zuzugestehen, dass die Biographie von Autor:innen durchaus eine relevante Größe darstellen kann. Und doch irritiert das Insistieren darauf ebenso wie die konkrete Wortwahl. Bemerkenswert ist aber vor allem, dass das Feuilleton diese Äußerungen wiederholt im Sinne einer Essentialisierung aufgriff und daraus teils simple Nationalstereotype ableitete. Wenn etwa Nathalie Sarraute als „verjüngter weiblicher Marc Chagall" bezeichnet wird, und der Rezensent einen Vergleich mit der (im Original in Anführungszeichen) „‚deutschen' Frau", Ingeborg Bachmann, anregt, ihn dann aber fallen lässt, da „zwischen diesen beiden modernen Frauentypen" wohl kaum „irgendwelche Beziehungen" auszumachen wären,[33] dann hält man den Atem an, und dies nicht nur wegen einer allfälligen herablassenden Art gegenüber den Autorinnen.

Es lohnte in dieser Hinsicht eine genauere Analyse der Berichterstattung rund um dieses kulturelle Großereignis im Berlin zu Beginn der 60er Jahre: auf der einen Seite überfüllte Hörsäle (die ebenfalls in nahezu jeder Besprechung Erwähnung finden) und durch die Fernsehübertragungen ein noch deutlich weiterer Radius der Lesungen; auf der anderen Seite eine teils reaktionär anmutende Rezensionspraxis, die gern mal den Erkenntniszugewinn in der Sache negiert und sich umso stärker den Personen und ihrem Auftreten widmet – und in ihren jeweiligen Zuschreibungen viel über ihren eigenen ideologischen Standpunkt zu Beginn der 60er Jahre verrät. Es sind dies nur Nebengeräusche auf der Bühne der „Berliner Weltliteraturen", zuweilen aber doch bis hin zu einem störenden Rauschen, das als solches gerade auch als Indiz dafür gelten kann, wie dringlich es eines Programms zur Internationalisierung und Modernisierung bedurft haben mag.

Ein Protagonist: Michel Butor

Als Michel Butor als einer der ersten *Artists in residence* 1964 für ein Jahr nach Berlin kommt, ist er dort kein Unbekannter mehr. Einige seiner bis dahin erschienenen Romane waren, wie erwähnt, bereits ins Deutsche übersetzt und in West und Ost

---

[33] Joachim Günther: „Die Mikro-Epik der Nathalie Sarraute. Frankreichs ‚Roman nouveau' in der Lesereihe ‚Literatur im technischen Zeitalter'", in: Der Tagesspiegel (06.12.1961).

erschienen, und auch persönlich war er schon in verschiedenen Veranstaltungsformaten in West-Berlin aufgetreten. Besondere mediale Aufmerksamkeit aber wurde ihm durch seinen Auftritt in eben jener Internationalen Lesereihe „Literatur im technischen Zeitalter" des Wintersemesters 1961/62 zuteil. Als letzter aus der Gruppe der *nouveaux romanciers* bestritt er am 18. Dezember 1961 eine Lesung, in der er, neben der Lektüre von Auszügen aus seinem Roman *L'emploi du temps*, dt. *Der Zeitplan*, sowie seines Librettos *Votre Faust*, im Gespräch mit Walter Höllerer einige zentrale Elemente seines Schreibens erläuterte.

Im *Tagesspiegel* erschien dazu eine Kritik unter der Überschrift „Rhetoriker unter den Vertretern des neuen Romans", in der zunächst, einmal mehr, auf seine Herkunft und ‚das Französische' an Butor abgehoben wurde und dabei deutlich nationalphysiognomische Züge bemüht wurden. Der Rezensent hielt Höllerers, oben bereits zitierten, einführenden Hinweis, Butor sei „wie Robbe-Grillet [der in der Woche zuvor gelesen hatte] kein naturalisierter, sondern ein gebürtiger Franzose",[34] für „überflüssig", und zwar

> aus dem einfachen Grunde [...], weil der junge dunkelhaarige Gymnasiallehrer mit den beim Lesen ständig niedergeschlagenen, von ungewöhnlich starken Wimpern noch ein zweites Mal zugedeckten Augen zwar nicht so zwingend französisch und nur französisch aussah wie sein Vorgänger Robbe-Grillet, aber in seinen Extempores eine so einmalige, geradezu klassisch-gallische Beredsamkeit in langen Wortkaskaden mit reichlichem Minen- und Gestenspiel entfaltete, wie dies eben nur ein Erzfranzose vermag.[35]

Der „junge Gymnasiallehrer" Butor war Ende 1961 immerhin schon 35 Jahre alt und damit zwar immer noch, wie Höllerer in seiner Einführung hervorhob, „der jüngste", aber auch „der erfolgreichste Autor des Roman nouveau". Bis 1961 waren bereits vier Romane von ihm erschienen und teils mit wichtigen Literaturpreisen bedacht (*Passage de Milan*, 1954; *L'emploi du temps*, 1956/Prix Fénéon, 1957; *La Modification*, 1957/Prix Renaudot, 1957; *Degrés*, 1960); zwei davon waren schon ins Deutsche übersetzt worden (*Der Zeitplan* und *Paris-Rom oder die Modifikation*) und wurden in West und Ost vertrieben. Zu Beginn der 1960er Jahre hatte sich Butor jedoch bereits mehr und mehr anderen literarischen Formen zugewandt, und entsprechend stellte Walter Höllerer ihn als einen Autor

---

[34] Nachlass Walter Höllerer, Literaturarchiv Sulzbach-Rosenberg, Signatur 03WH/DA/4,3.
[35] Joachim Günther: „Rhetoriker unter den Vertretern des neuen Romans. Michel Butor las in der Kongreßhalle", in: Der Tagesspiegel (20.12.1961). Günther zitiert in seinem Artikel Höllerer falsch mit den Worten, „Butor [sei] wie Robbe-Grillet ein *reiner*, nicht naturalisierter Franzose"; Höllerer hatte „gebürtig", nicht „rein" gesagt. Angesichts wiederholter Formulierungen Günthers, die nationalphysiognomische Stereotype aufrufen (vgl. auch oben, zu Anm. 33), sei hier verwiesen auf einen Beitrag von Erwin Rotermund: Denkarbeit und physiognomische Erkenntnis. Zu Joachim Günthers Publizistik im ‚Dritten Reich', in: Zeitschrift für Germanistik. Neue Folge 9 (1999), 329–343. Die journalistische Tätigkeit nach dem Krieg wird dort allerdings nicht erörtert, und sie lässt die Thematik nochmals in einem anderen Licht erscheinen.

vor, der in seinen jüngeren Werken „die Grenzen von der Literatur zur Musik und zum Bild" zum Thema gemacht und zunehmend überschritten habe. Ausdruck davon sind u. a. Butors ab 1948 entstandene und unter dem Titel *Répertoires* später in fünf Bänden (1960–1982) zusammengefasste Essays zu Literatur, Malerei und Musik.

Auch die im Kontext seines Berlin-Aufenthalts entstandenen Werke sind Resultat dieses medienübergreifenden literarischen Schaffens von Michel Butor.[36] Und wenn im November 1964 ein Artikel in der *Morgenpost* das Programm der *Ford Foundation* auf den Nenner brachte: „Eine künstlerische Blutzufuhr sollte einerseits der isolierten Stadt wohltun, und das harte, besondere Klima Berlins andererseits die Anreisenden inspirieren",[37] dann mag das für Butor in besonderer Weise zugetroffen haben. Er kam mit seiner Frau und seinen drei kleinen Kindern nach Berlin, wo die Familie ein geräumiges Haus im Südwesten der Stadt bezog, wodurch sich der Aufenthalt insgesamt offenbar derart angenehm gestaltete, dass die *Morgenpost* in dem zitierten Artikel im Rahmen einer durchaus durchwachsenen Bilanzierung des noch jungen Künstler-Programms unter dessen ‚Aktivposten' auch folgende Meldung verzeichnen konnte: „[...] geradezu Horror vor dem Abschied von Berlin zeigte Michel Butor. Er wohnte mit seiner Familie in einer Villa in Schlachtensee so ideal, daß er nicht mehr in seine enge Dreizimmerwohnung in Paris zurückkehren mochte. Frau Butor: ‚Ich kann das meinen Kindern nicht mehr zumuten. Berlin hat uns dazu verleitet, vor den Toren von Paris ein kleines Haus zu kaufen ...'"[38]

Dass diese positive Bilanz der Familie zu Beginn durchaus nicht absehbar war, hat Butor wiederholt betont. In einem Beitrag von 1993 hebt er rückblickend hervor, er sei zwar, nicht zuletzt aus ökonomischen Gründen, dankbar für die Einladung der *Ford Foundation* gewesen, habe jedoch zunächst auch Bedenken gehabt, nach Berlin zu gehen, das „wie ein alter Baumstamm gespalten" gewesen sei: Seine Erfahrungen der Kriegs- und Besatzungszeit hätten ihn Berlin als „eine Art schwarzer Stern" („une sorte d'étoile noire") sehen lassen, er habe befürchtet, ein Trümmerfeld vorzufinden, zu frieren und insbesondere (die verbreitete) Sorge gehabt, sich auf einer Insel eingesperrt zu fühlen, von Mauern und Stacheldraht umgeben und „unter Aufsicht von Militär, Polizei und Zoll diverser pedantischer Nationen".[39] Diese Vorbehalte hätten

---

36 „Regard double" und „Dans les flammes". Vgl. hierzu sowie insgesamt zum Berlin-Aufenthalt Michel Butor: Curriculum vitae. Entretiens avec André Clavel, Paris 1996, 152–161.
37 „Denn rauhes Klima prägt", in: Berliner Morgenpost (18./19.11.1964). – Die Metapher der Blutzufuhr gebraucht auch Peter Nestler, der erste Leiter des Künstler-Programms: In seinem „Rückblick auf 10 Jahre Berliner Künstlerprogramm" spricht er von „eine[r] bewährte[n] Berliner Tradition der artifiziellen geistigen Blutzufuhr von außen". In: 10 Jahre Berliner Künstlerprogramm, hrsg. vom Deutschen Akademischen Austauschdienst, Berlin 1975, 10.
38 „Denn rauhes Klima prägt", in: Berliner Morgenpost (18./19.11.1964).
39 „Surtout je redoutais de me sentir enfermé dans une île, entourée non de vagues mais de murailles et de barbelés, gardée par des militaires, policiers et douaniers de diverses nations sourcilleuses." Michel Butor: Berlin 64, in: Berlin. Anthologie littéraire, hrsg. von Ingrid Ernst, Paris 1993, 7–12, hier: 7 f.

sich, so Butor, angesichts der komfortablen Wohnsituation in ruhiger Lage „mitten im Herzen eines zerklüfteten Planeten" („au cœur d'une planète déchiquetée") schnell zerschlagen, und die Grenze habe ausreichend entfernt gelegen, dass man sie im Alltag nicht bemerkt habe. Die Tatsache, dass Butor für ein ganzes Jahr und noch dazu mit seiner Familie nach Berlin kam, hat aber, laut eigenem Bekunden, auch sein Erleben in der Stadt maßgeblich geprägt. Während er bei seinem ersten Aufenthalt wenige Jahre zuvor (Ende 1961) bemüht gewesen sei, möglichst schnell möglichst viel aufzunehmen und sich vor allem am kulturellen Leben der Stadt orientiert hatte, ließ ihm das ganze Jahr mehr Zeit für langsame Erkundungen und brachte ihn die Familie dazu, ganz andere Orte, wie den Zoo oder Geschäfte, kennenzulernen. Gleichwohl erlebte Butor Berlin auch als geteilte Stadt, mit Trümmern und brachliegendem Gelände, dominiert durch die erst wenige Jahre zuvor errichtete Mauer. Er bewegte sich zwischen West- und Ostteil der Stadt und erfuhr nach eigener Aussage den Kontrast zwischen beiden Teilen, auch physisch, sehr stark.

Das Thema ‚Stadt' nimmt in Butors Schreiben von Beginn an eine herausgehobene Stellung ein. Davon zeugen auch seine Romane, in denen der Stadt eine zentrale Position weit jenseits eines bloßen Dekors zukommt. Auf Höllerers, im Gespräch mit Butor bei dessen Lesung in der Kongresshalle im Dezember 1961 formulierte, Frage, was „das Aufgreifen des Stadtmotivs für [seine] Schreibweise" bedeute, antwortete Butor, eine Stadt stelle „einen kulturellen Gegenstand" dar, einen „Gegenstand der Zivilisation, viel wichtiger als ein Einzelmensch":

> Die Stadt ist das deutliche Beispiel einer [überindividuellen] Struktur, ein Objekt, von Menschen gemacht, aber was noch wichtiger ist, ein Objekt, in dem die Einzelmenschen ein Detail sind. So z. B. lebe ich in einer Stadt und bin ein kleines Detail der Stadt Paris. Jedes Werk, das ich schreibe in Paris, wird innerhalb der Stadt Paris, dieses sehr umfassenden Objekts hergestellt, welches nicht nur ein materielles Objekt ist, sondern auch ein Moment der universellen Geschichte.[40]

Butor führt, implizit auf seine theoretischen Schriften Bezug nehmend, im Gespräch mit Höllerer weiter aus, seine Romane wie allgemein sein schriftstellerisches Schaffen seien Ausdruck einer Suche, seien selbst ein Suchen, ein Forschen, das die Erzählweise präge und gestalte, woran auch die selbstreflexiven Strukturen seiner Texte Anteil hätten, im Sinne eines steten Hinterfragens seiner Wahrnehmungsweisen und seiner eigenen Tätigkeit. Hieran knüpft er während seines Berlin-Aufenthalts ein paar Jahre später in gewisser Weise direkt an. In einem Vortrag, den er im Februar 1964 in der Akademie der Künste hält, skizziert er sein ‚Berlin-Projekt': Er wolle die Stadt einem Studium unterziehen, für das ihm nun mehr Zeit bleibe, um präzisere „Instrumente der Wahrnehmung, des Maßnehmens" einzusetzen. Zu seinen ersten diesbezüglichen Erkenntnissen zählt jene, dass Berlin eine ganz eigene Physiognomie habe, an der, neben der besonderen politischen Konstellation, gerade auch das zerklüftete System

---

40 Nachlass Walter Höllerer, Literaturarchiv Sulzbach-Rosenberg, Signatur 03WH/DA/4,3.

innerstädtischer Verkehrsverbindungen in West und Ost Anteil habe. Noch weitreichender aber ist seine Erkenntnis, Berlin selbst sei „ein außerordentlich sensibles Wahrnehmungsinstrument": Die Lage der Stadt mache aus ihr eine Art Horchposten, vergleichbar mit einer Membran, die im Innern einer außerordentlich sensiblen Grenze gespannt sei, was aus ihr eine Art Mikrophon mache, eine Art Gehörtrommel, die noch die geringsten und entferntesten Erschütterungen mit größter Finesse und Deutlichkeit verzeichne.[41]

Diese Ausführungen lassen sich wie ein vorweggenommener Kommentar zu einem Buchprojekt verstehen, das Butor in seinem Berliner Jahr gemeinsam mit dem Fotografen Bernard Larsson realisiert hat und in dem sich seine Berlin-Erfahrungen in besonderer Weise verdichten (Abb. 2):

Abb. 2: Cover der Ausgabe von 1964

---

[41] „[...] je constate que la ville de Berlin elle-même est un instrument de perception extraordinairement sensible. Sa situation en fait une sorte de poste d'écoute passionant et sa structure même, le fait qu'il soit comme une sorte de membrane tendue à l'intérieur d'une frontière extraordinairement sensible, en fait une sorte de microphone, en fait une sorte de tambour à l'intérieur duquel les moindres vibrations – on peut dire les plus lointaines vibrations – vont s'inscrire en tremblements d'une finesse et d'une clarté remarquable." Michel Butor: Conférence à Berlin (Berliner Akademie) le 26 Février 1964, abgedruckt in: Échanges. Artistes français à Berlin 1964–1984, hrsg. vom Berliner Künstlerprogramm des DAAD und dem Goethe-Institut Paris, Berlin 1984, 16–17, hier: 17.

Dieses Buch vereint 251 – „politische", wie der Titel herausstellt – Fotos des schwedischen Fotografen Bernard Larsson und einen, von Helmut Scheffel ins Deutsche übertragenen, Text von Michel Butor. 1939 in Hamburg geboren, zog der Fotograf Larsson – nach Stationen in Schweden, München und Paris – 1961 nach dem Mauerbau nach Berlin, wo er, im Besitz eines schwedischen Passes, zwischen West- und Ostberlin hin und her pendeln konnte und zum Chronisten des Alltags in der geteilten Stadt wurde.[42] Sein Fotobuch *Die ganze Stadt Berlin* wird ebenso als Beispiel klassischer *street photography* wie als historisches Dokument bewertet, und als solches positioniert es sich bereits mit seinem Titel auch als politisches Statement, gegen die Teilung der Stadt, für ein *ganzes* Berlin.[43]

Begleitet werden die Fotos von einem Text von Michel Butor, der sich seinerseits frei zwischen dem West- und Ostteil der Stadt bewegen konnte. Er trägt den Titel „Zweifacher Blick" (im Original „Regard double") und wurde, laut Aussage Butors, konkret als „Illustration" der Fotos von Larsson konzipiert, fand jedoch auch einzeln Verbreitung. In der Wochenzeitung *Die Zeit* wurde er 1964 bereits vorabgedruckt; dort wurde er begleitet von einem knappen Kommentar, der auf die zu Beginn der 60er Jahre wiederholt am Programm der *Ford Foundation* geäußerte Kritik reagierte, die Gäste fänden zu wenig Kontakt in der Stadt und keinen Zugang zum Berliner Kulturleben: „Einer der ersten ‚artists in residence', die dank der Ford-Stiftung ein Jahr in Berlin verbringen konnten, war der französische Schriftsteller Michel Butor. Der folgende Text zeigt, daß bei ihm von ‚Beziehungslosigkeit' nicht die Rede sein kann, daß er im Gegenteil seinen Aufenthalt zu nutzen wußte."[44] Das Fotobuch *Die ganze Stadt Berlin* wurde noch in demselben Jahr vom Nannen-Verlag in Hamburg in der Reihe *Die Zeit BÜCHER* verlegt. Ein Jahr später, 1965, wurde Butors Text aufgenommen in den Band *Ford Foundation. Berlin Confrontation*, in dem diverse *Artists in Residence* vorgestellt wurden.[45] Dort erschien er in den drei Sprachen Deutsch, Englisch und Französisch, ohne Hinweis auf die Fotografien, die er ursprünglich begleitete. 1969 fand der Text im französischen Original in etwas veränderter Form schließlich Eingang in Butors Band *Illustrations II*.[46]

---

42 Von 1966–68 arbeitete Larsson als Photojournalist beim Stern und dokumentierte u. a. die APO und die 68er Unruhen rund um den Schah-Besuch in Berlin.
43 Bernard Larsson: Die ganze Stadt Berlin. Politische Fotos. Text von Michel Butor, Hamburg 1964.
44 Die Zeit Nr. 40 (1964).
45 Michel Butor: Zweifacher Blick/Double Gaze/Regard double, in: Ford Foundation. Berlin Confrontation, Berlin 1965, 3–13. Begleitet wird der Text dort bezeichnender Weise von Fotos (von Max Jacoby), die Butor beim Spaziergang mit seiner Familie zeigen. Herausgegeben wurde der Band vom Presse- und Informationsamt des Landes Berlin.
46 Zur variierten Wiederaufnahme seiner beiden Berlin-Texte, „Regard double" und „Dans les flammes", in den zweiten Band der *Illustrations* vgl. Butors Aussagen in seinen Interviews mit André Clavel (Anm. 36), 155, sowie in seinem Beitrag „Comment se sont écrits certains de mes livres", in: Nouveau Roman; hier, aujourd'hui, Bd. 2, Pratiques, hrsg. von Jean Ricardou und Françoise van Rossum-Guyon, Paris 1972, 243–254. – Vgl. hierzu ferner Hannah Steurer: ‚Tableaux de Berlin'. Französische Blicke auf Berlin vom 19. bis zum 21. Jahrhundert (erscheint 2021 bei Winter in Heidelberg; der Text lag mir noch nicht vor).

Mir geht es im Folgenden primär um den Text als Bestandteil des Fotobuchs, und ich werde mich deshalb weitgehend auf die deutsche Übertragung durch Helmut Scheffel beziehen, mit punktuellem Einbezug des französischen Originaltextes. Aufschlussreich ist der Aufbau des Buches, der in gewisser Hinsicht einer gesonderten Rezeption von Butors Text Vorschub geleistet haben mag. Die Titelseite legt eine Zentralstellung der Fotografien nahe: Bernard Larsson erscheint als Verfasser, der Text von Butor ist als den Fotos in der Gewichtung untergeordnet ausgewiesen. Das Buch beginnt allerdings mit Butors Text „Zweifacher Blick", einem Prosagedicht, das knapp elf Druckseiten umfasst. Darauf folgt ein Zitat von Goethe, aus einem Brief von 1827, in Versform gesetzt: „Da sich gar manches unserer Erfahrungen / nicht rund aussprechen, und direkt mitteilen läßt, / so habe ich seit langem das Mittel gewählt, / durch einander gegenübergestellte und sich gleichsam / ineinander abspiegelnde Gebilde den geheimeren Sinn / dem Aufmerkenden zu offenbaren."[47] Dieses Zitat fungiert als Scharnier zwischen Prosagedicht und Fotos, durch seine Platzierung im Buch, aber auch im Diktum „einander gegenübergestellter und sich gleichsam ineinander abspiegelnder Gebilde", das hier klar auf die beiden Medien, Text und Fotografie, zu beziehen ist und näherhin auf ihre Komplementarität im Sinne wechselseitiger Erhellung. Es folgt der Bildteil, gegliedert in neun Sektionen, mit den Überschriften „Ausgangspunkte einer Reise", „Die Mauer", „Erster Mai", „Alltag", „Kleider", „Unterbrechungen des Alltags", „Schatten der Vergangenheit", „Die Privilegierten" und „Der große Verkauf". Relevant sind diese Paratexte zum einen, insofern in ihnen eine Unterscheidung zwischen West und Ost gerade *nicht* manifest wird, sie also programmatisch „die ganze Stadt" in den Blick nehmen, und zum andern, insofern Butors Text, wie wir noch sehen werden, konkret auf sie Bezug nimmt, thematisch, aber auch bis in die Wortwahl hinein. Bezeichnend ist ferner, dass die Angaben zu den Fotos, zu den abgebildeten Orten bzw. Szenen und vereinzelten bekannten Personen, unter der jeweiligen Sektionsüberschrift platziert sind, nicht aber direkt unter jedem einzelnen Foto. Dies führt dazu, dass man beim linearen Durchblättern des Bandes zuweilen nicht (mehr) weiß und nicht entscheiden kann, ob ein jeweiliges Foto im West- oder Ostteil gemacht wurde, die Teilung der Stadt mithin aus dem Blick gerät, Berlin *als Ganzes* erfahrbar wird.

Der Titel von Butors Prosagedicht, „Zweifacher Blick" / „Regard double", erlaubt mehrere Deutungen: Er lässt sich auf den Blick auf die geteilte Stadt beziehen, aber ebenso auf die Koppelung von Text und Fotografie, auf die Effekte des Wechselspiels beider Komponenten, im Sinne des Goethe-Zitats; und er evoziert zudem ganz generell zwei unterschiedliche Wahrnehmungsperspektiven, die zudem „nicht aus Berlin" stammen – und eben solche Nicht-Berliner adressiert auch Butors Text. Zu Beginn hebt eine Stimme an, die sich werbend an ein Publikum wendet und dieses zu einer Erkundungsreise nach Berlin einlädt: „Sie, der Sie nicht aus Berlin sind, besuchen Sie Berlin, denn Berlin ist diese Reise wert" / „Vous qui n'êtes pas de Berlin, venez à Berlin, car Berlin vaut bien

---

47 Brief vom 27. September an Karl Jakob Ludwig Iken, siehe Larsson (Anm. 43), 18.

le voyage".⁴⁸ Mit dieser Adressierung setzt der Text ein, der aus einem einzigen langen Satz besteht, mit gliedernder Interpunktion und rhythmisiert durch Absatzschaltungen, die Sequenzen ganz unterschiedlicher Länge trennen. Die Situation der Teilung wird gleich zu Beginn über die unterschiedliche Mobilität der Bewohner:innen der Stadt thematisch, wenn es nach der einleitenden Werbung, nach Berlin zu kommen, heißt:

> Sie können dort Leute sehen, die nach Berlin kommen, weil sie von seinen Denkmälern angelockt werden, seinen Denkmälern aus anderen Zeiten, zerstört von unserer Zeit, emporragend aus dem Eisengewirr unserer Zeit,
> Leute, die sich von einem Berlin ins andere begeben⁴⁹
> (denn Berlin ist schließlich eine ganze Stadt),⁵⁰
> in Touristenbussen, in Militärfahrzeugen oder zivilen Personenwagen, die über die gerillten Betonfahrbahnen mit den großen trägen Pfützen rollen, in denen sich Pfosten, Mauern und Palisaden spiegeln, der milchige Himmel und Autos, deren Räder jene bespritzen, die sich zu Fuß, die Hände in den Taschen vergraben, oder mit Gepäck beladen, das lange kontrolliert werden wird, etwas besorgt dieser Schranke nähern, die sich soeben für einen andern gehoben und sich schon wieder geschlossen hat, die für sie sich abermals heben und nach ihrem Hindurchgehen mit einem dumpfen metallischen Schlag wieder schließen wird;
> sowie jene, die nicht hinübergehen können, die sich dieser Grenze am Ende der Straße nähern, Felswand, die plötzlich eines Nachts in ihrer Straße emporgewachsen ist, jene, die seit Jahren ihren Augen nicht trauen, nun langsamer gehen und stehenbleiben;
> und jene, die sich daran gewöhnt, die das Berlin von früher nie gekannt haben, weder das der tollen Jahre noch das der kranken, entsetzlichen Jahre und nicht einmal das Jahr des Hungers,⁵¹ jene, für die diese Straße niemals weiter geführt hat, die niemals gesehen haben, was sich auf der anderen Seite befindet, die natürlich auch an diese andere Seite denken, von ihr träumen, doch wie von einer anderen Welt, für die die Welt an dieser Mauer aufhört und die, wenn sie sich diesem Teil der Welt nähern, in ihrer Muße ihre Kurven ausgezeichnet zu nehmen verstehen, in ihren Träumen von Geschwindigkeiten, von Reisen und Überschreitungen von Grenzen, denen der Raum auf der anderen Seite plötzlich undurchdringlich erscheint, als wären dieses milchige Blau, diese oberen Teile der wahrzunehmenden Bilder auf Eisen gemalt;
> sowie die Berliner von früher, die seit Jahren, vielleicht seit dem Krieg, nicht mehr in ihre Stadt zurückgekehrt sind und nun die Orte ihrer vergangenen Freuden wiederzuerkennen suchen, ihrer Freuden als Kinder, als Verliebte, die durch Zaunlücken forschend von Gestrüpp überwucherte Gärten betrachten, verfallene Terrassen, geborstene Schalen, mit Laubschlamm gefüllte Becken, zerbröckelnde Balustraden, die auf verlassene Straßen führen, über die leise hin und wieder ein schwarzes suchendes Auto rollt, die steinerne Gärtnerin von einst, die mit ihren riesigen Augen auf die Verwüstung blickt;⁵²

---

48 Michel Butor: Zweifacher Blick, in: Larsson: Die ganze Stadt Berlin (Anm. 43), 7–17, hier: 7.
49 „les gens qui passent d'un Berlin à l'autre". Butor, Regard double (Anm. 45), 3.
50 „(car Berlin c'est au moins toute une ville)". Ebd.
51 Im französischen Originaltext steht hier der Plural, „ni celui des années affamées", es geht um die Nachkriegsjahre. Ebd., 4.
52 Butor, Zweifacher Blick (Anm. 48), 7 f.

Diese atemlose Prosa entfaltet einen Sog: Ein endloser, beschwörender Satz, der nur in Absatzschaltungen sinnhaft zum Halten kommt, zieht die Reisenden resp. Lesenden hinein in diese Stadt, voll von unterschiedlichsten Sinneseindrücken und Gegebenheiten, voller Geschichten und Geschichte und doch unmittelbar im gegenwärtigen Alltag erfasst. In diesen ersten Absätzen vermittelt sich die Teilung der Stadt in der Schilderung der beschwerlichen, eingeschränkten, gar verwehrten Mobilität innerhalb Berlins. Vier verschiedene Bevölkerungsgruppen werden aufgerufen: „Leute, die sich von einem Berlin ins andere begeben" und dabei den Schikanen an der Grenze ausgesetzt sind; „jene, die nicht hinübergehen können" und deren Weg an der Grenze endet; „jene, die sich daran gewöhnt, die das Berlin von früher nie gekannt haben" und denen der Traum von der anderen Seite bleibt; und schließlich „die Berliner von früher", die, in die Stadt zurückgekehrt, sich auf der Suche nach ihren Erinnerungen mit Spuren von Zerstörung und Verfall konfrontiert sehen. Den Isotopien der *Begrenzung* – gebildet aus *Pfosten, Mauern, Palisaden, Schranken, Grenze, Eisen* – und des *Verfalls* (*überwuchert, verfallen, geborsten, zerbröckelnd, verlassen*) ist eine Vorstellung von *Dynamik*, evoziert durch diverse Transportmittel und Bewegungsweisen, entgegengesetzt, die selbst in der Negation noch aufscheint und sich deckt mit allgemeinen „Träumen von Geschwindigkeiten, von Reisen und Überschreitungen von Grenzen". Auch darin ist Berlin *eine ganze Stadt,* und diese, den Titel des Bandes aufgreifende, iterative Affirmation zieht sich in ihrem beschwörenden Charakter leitmotivisch durch den gesamten Text, teils in Klammern gesetzt, gleich einer sich immer wieder zu Wort meldenden, kommentierenden Stimme aus dem Off.

Auf diese einleitenden längeren Passagen folgen zumeist knappe Absätze, die in unterschiedlicher Weise auf die Fotografien des Bandes Bezug nehmen und dabei detailliert das Dargebotene ausloten und darüber hinausgehen. Butor hat angemerkt, er habe seinen Text ausgehend von den Fotos konzipiert, und tatsächlich sind diverse Referenzen klar erkennbar: So strukturieren (unmarkierte) Zitate der Sektionstitel den Fortgang des Textes (über die Lexeme *Mauer, erster Mai, das alltägliche Leben, Umhüllungen, Vergnügungen, Schatten, Privilegierter*), werden Allusionen auf konkrete Fotos manifest sowie wiederholt detaillierte Schilderungen dessen, was auf einzelnen Fotos zu sehen ist.[53] Die intermediale Bezugnahme ist mithin offensichtlich, wenngleich in der Lektüre im Grunde erst retrospektiv zu etablieren: Insofern Butors Text dem Bildteil vorausgeht, werden die Bezüge erst *ex post*, nach dem Betrachten der Fotos ersichtlich; die Fotos verweisen ihrerseits zurück, ohne jedoch auch nur ansatzweise den Status bloßer Illustrationen zum Text zu erhalten. Text und Fotos sind wechselseitig aufeinander bezogen, ergänzen und spiegeln einander – ein „zweifacher Blick", je eigenständig, medienspezifisch.

---

53 Im Einzelfall wird indirekt auch die altermediale Perspektive manifest, so etwa hinsichtlich eines Fotos, auf dem drei Passanten und ein Soldat zu sehen sind: Butors Text spricht vom Blick des Soldaten auf die drei Männer (vgl. Butor, Zweifacher Blick [Anm. 48], 9), dabei ist der Blick des Soldaten auf dem Foto eindeutig zur Kamera hin ausgerichtet, er beobachtet mithin den Fotografen bei dessen Arbeit, nicht aber die vorbeigehenden Männer (vgl. Larsson (Anm. 43), 32 f.).

Auffallend ist auch die ambige Referenz deiktischer Elemente im Text: Der, vor allem im französischen Text, vielfache Einsatz von Demonstrativpronomen etwa mag als Verweis auf die folgenden Fotos beziehbar sein; er fügt sich aber auch in die Fiktion einer Reise, simuliert hier unmittelbares Erleben. Im Einsatz der Deixis fallen zudem Sprechersubjekt und Wahrnehmungssubjekt zusammen: Wir befinden uns mitten in Berlin, und es ist oftmals nicht auszumachen, in welchem Teil der Stadt, die auch hierin *als ganze* präsentiert wird.

Das schier endlose Satzgefüge mit seinem vorwärtsdrängenden Sprachgestus häufender Reihungen ist in der weiteren Folge immer wieder durchsetzt mit Haltepunkten. Besonders signifikant ist diesbezüglich das Motiv der Posten, *les sentinelles*. Im Bildteil findet sich eine Reihe von Fotos, die Wachposten abbilden, drei davon seien hier herausgegriffen (Abb. 3–5).

Butors Text nimmt auf diese Fotos in einer längeren Sequenz teils eindeutig Bezug:

[...] um über die Mauer zu sehen, *[afin der regarder par dessus le mur]*
über die Betonsteine, die spanischen Reiter, den Stacheldraht, die Pfähle, die Palisaden, über Posten, die sich ausruhen,
Posten, die ihre Schirmmütze schräg tragen,
Posten, die die Hände übereinanderlegen,
Posten, die Sonnenbrillen tragen,
Posten, die sich auf die Schranke lehnen,
Posten, die unruhig werden,
Posten, die lächeln,
Posten im Regen auf den Friedhöfen,
Posten, die auf Wachtürmen sitzen und stundenlang die Rückseite eines Hauses betrachten, die die Ziegelsteine dieser ersten zerfallenen Mauer vor jener noch stehenden zweiten riesigen Mauer zählen, tausende von alten, unregelmäßigen Ziegelsteinen, die sich verzählen, mit dem Zählen von vorn anfangen, beim geringsten Geräusch auffahren, die Hand plötzlich um die Waffe klammern, einen ängstlichen und drohenden Blick nach links und nach rechts werfen, sich wieder beruhigen, wenn alles wieder ruhig ist, die sich erneut den vielen Ziegelsteinen gegenübersehen, sich eine Linie aussuchen, sie betrachten: ein ziemlich schwarzer, ein mehr rötlicher, dieser mehr lila, ein dunklerer, ein noch dunklerer, ein ganz schwarzer,
Posten, die scherzen,
Posten, die sich unterhalten,
Posten, die mit langen, dünnen Fingern über die Schranke streichen, deren Farbe abblättert,
Posten, die posieren,
Posten auf einer alten Mauer, die mit Zinnen versehen ist, damit sie alt erscheint, die heute schon alt ist, eingefügt in die Mauer, ihre schräg gestellten Deckziegel, die schußbereiten Waffen gleichen,
Posten, die mit Scheinwerfern spielen, die großen Augen gleichen,
die Augen,
die Gesichter, die rings um die Augen verkniffen sind, um weiter sehen zu können, noch etwas weiter über die Mauer hinaus, *[encore un peu plus loin au-delà de ce mur]*
denn Berlin ist schließlich eine ganze Stadt,[54]

---

[54] Butor, Zweifacher Blick (Anm. 48), 10 f.

3

4

5

Abb. 3–5 aus: Bernard Larsson: Die ganze Stadt Berlin. Politische Fotos. Text von Michel Butor, Hamburg 1964, 49, 37 (Ausschnitt), 53.

An exponierter Stelle jeweils zu Zeilenbeginn und in anaphorischer Reihung ‚stehen' die Posten, *les sentinelles*, und setzen derart rhythmische Haltepunkte, die sie als Grenzsoldaten zugleich versinnbildlichen. Jede neue Zeilensequenz bildet eine Nominalphrase mit Relativsatz, der zumeist die fotografisch festgehaltenen Situationen verbalisiert resp. ausdeutet und dabei gerade alltägliche Gesten und menschliche Regungen festhält, die im klaren Kontrast zum Dienst der Posten erscheinen. Vertikal aus der Syntagmatik des Textes herausgehoben, scheinen die Nominalphrasen derart für ein System ‚Wache zu stehen'. Die, in ihrer Detailliertheit beinahe zärtlich-träumerisch anmutende, Sequenz zum Ziegelsteinzählen (siehe Abb. 5) stellt zudem in der Engführung von Langeweile, Unsicherheit und Absurdität eine Miniatur dar, die ihrerseits die vertikale Reihung unterbricht, zumindest verlangsamt und ins Horizontale ausdehnt. Gerahmt wird diese Sequenz bezeichnender Weise von dem Blick über die Posten und die Mauer hinaus, denn, wie erneut betont ist, „Berlin ist schließlich eine ganze Stadt".

Ganz analog ist der Kontrast zwischen der iterativen Evokation der Mauer und weiterer Schließanlagen einerseits und der Blicke über die Mauer andererseits gestaltet, in Butors Text ebenso wie auf Larssons Fotos (Abb. 6–8).

So wie die immer wieder beschwörend evozierten Blicke die Mauer zu überwinden suchen, so unterminiert Butors Prosagedicht als solches die Teilung, ohne sie zu negieren, darin in gewisser Weise analog zur Spree, die auch überquert sein will und doch durch *ganz* Berlin fließt („die Spree auf einer eisernen Brücke überquerend, die Spree wieder in umgekehrter Richtung überquerend / (überall die Spree, die Havel, die Seen) / die Spree widerhallen lassend vor dem Phantom des häßlichen massigen Doms").[55] Butors Text erfasst das Detail im Ganzen ebenso wie im Detail das Ganze, zuweilen konzise-verknappt, zuweilen dehnend oder auch drängend den Dynamiken der Stadt folgend, sie aufgreifend und fortführend, um das Grundmotiv des Textes kreisend,

> denn es ist schließlich ein ganzes Leben, eine ganze Stadt,
> das alltägliche Leben, das wieder einsetzt mit seinen stets schwarzen Taxis, seinen ein- und zweistöckigen, stets cremefarbenen Autobussen, seinen Straßenbahnen, seinen Touristenbussen, seinen Zügen, seiner S-Bahn, seiner U-Bahn, seinen Lastwagen, seinen Lastkähnen,
> den Modellen vom Wiederaufbau, den Sandhaufen auf den Straßen, den Haufen von alten und neuen Ziegelsteinen, von Natursteinen, von Eisen, von Kränen, den Grasbüscheln auf den Fahrbahnen, auf den Bürgersteigen, in den verlassenen Villen, in den Ritzen der überfüllten Häuserblocks,
> den neuen, schon gealterten Stadtvierteln, den alten Vierteln, die modernisiert werden, mit ihren alten oder neuen oder noch unvollendeten Kirchen,[56]
> [...]
> das Leben in den Ruinen,
> das Leben in diesem Museum von Ruinen,
> und die Ruinenstücke in den in Ruinen liegenden Museen;[57]

---

55 Ebd., 12.
56 Ebd., 12 f.
57 Ebd., 14.

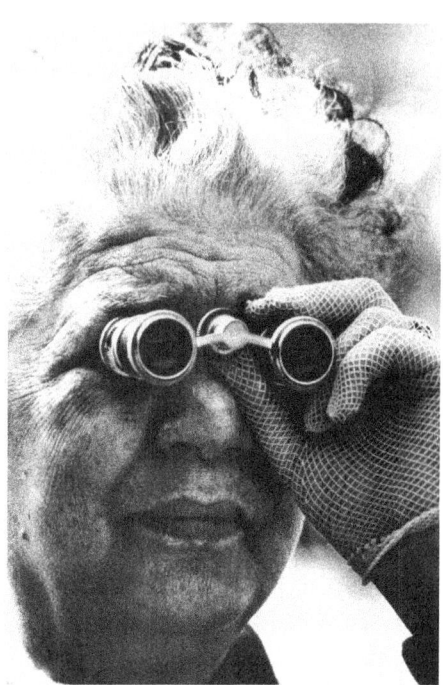

6

7

8

Abb. 6–8 aus: Bernard Larsson: Die ganze Stadt Berlin. Politische Fotos. Text von Michel Butor, Hamburg 1964, 38, 39, 43.

Berlin erscheint als Kuriosum, als Großstadt in Bewegung, aber auch als Brennglas hier verdichteter Geschichte und Gegenwart. Spuren der Zerstörung und des Wiederaufbaus sind allgegenwärtig. Butors *alter ego* taucht ein in die Stadt, inventarisiert sie in minutiösen Detailaufzeichnungen, geht in ihr auf und wahrt doch eine Distanz. In Orientierung an Larssons Fotos, aber auch assoziativ vorgehend, werden die „tausend Risse dieses Gewebes" verzeichnet, als das sich Berlin, *ganz* Berlin hier zeigt. Es erweist sich derart aber auch als „ein Horchposten, eine Versuchsbank für alle anderen Städte",[58] oder – und darin kommt der Text in einer letztlich selbstreflexiven Volte zum Halten, zum Ende – als „Schwelle, Schaufenster, Laboratorium, wohin man von fernher kommt, um auszustellen, darzulegen, Klänge zu probieren, Bilder, Wörter, Objekte und Ideen".[59]

So wie die Fotos von Larsson nicht nur eine sensible Bestandsaufnahme Berlins mit einem besonderen Sinn für Details bieten, sondern darin die *ganze* Stadt erfahrbar machen und gerade in der Vielfalt und Verflechtung dessen, was sie zeigen, ihre *Einheit* feiern, so lotet auch Butors virtuose Miniatur Berlin aus, in seiner Eigenart und zugleich paradigmatisch für die ‚Stadt' als Laboratorium. Butor ist ein Passant und zugleich ein *passeur*, als Berlin-Reisender *in residence:* Er vollzieht eine Bewegung des Streifens durch die *ganze* Stadt, in West & Ost, auf der Suche nach Spuren des Alltags, in Gegenwart und Geschichte, wobei das Geschilderte häufig über Partizipialkonstruktionen zugleich wie aus dem linearen Zeitverlauf herausgehoben erscheint, sich Zeitschichten überlagern. Dabei lässt etwa der oben zitierte Passus zu den sich häufenden Ruinen durchaus einen ironisch-distanzierten Blick auf den Umgang mit der Geschichte in Berlin erkennen („das Leben in den Ruinen, / das Leben in diesem Museum von Ruinen, / und die Ruinenstücke in den in Ruinen liegenden Museen;").

Im Laboratorium ‚Stadt' spürt und erprobt Butor „Klänge [...], Bilder, Wörter, Objekte und Ideen", wie es ganz am Ende des Textes heißt.[60] In der französischen Originalfassung schließt der Text mit einem anderen, weiteren Wort, das in der deutschen Übertragung fehlt: „inscriptions", „Inschriften" („éprouver les sons, les images, les mots, les objets, les idées et les inscriptions").[61] Mit diesem Wort wird mithin am Ausgang des Textes dessen Medialität betont, in möglicher Abgrenzung gegenüber dem Medium der Fotografie.[62] Im Zusammenspiel mit Larssons Fotos wird Butors Interesse an den verschiedenen Künsten, sein eigenes medienübergreifendes Schaffen, sein Inventarisieren städtischer Räume und städtischen Lebens als ein

---

58 Ebd., 16.
59 Ebd., 17.
60 Ebd.
61 Butor, Regard double (Anm. 45), 13.
62 Aber auch in signifikanter Differenz gegenüber dem Titel des Bandes, in den Butor seinen Text später integriert: „Illustrations" (siehe oben, Anm. 46).

Versuch, sie im Schreiben zu verstehen, manifest – mithin einiges von dem, was schon seine Romane kennzeichnete und was sein Werk auch nach den 60er Jahren prägen wird. Zugleich kommen hier West und Ost zusammen: ein politisches Statement, mehr noch aber ein ästhetisches Statement – und gerade darin nicht zuletzt *eine* Spielart von Engagement, die den *nouveaux romanciers* so wichtig war: die Leser:innen mitzunehmen auf eine Erkundungsreise und ihnen eine Veränderung ihrer Sichtweise zuzumuten.

Susanne Klengel / Douglas Pompeu

Literarische Nord-Süd-Beziehungen im Kalten Krieg: Geselligkeit im Widerstreit bei den Lateinamerika-Kolloquien in Westberlin 1962 und 1964

I. Geselligkeit und Kontroverse im Schatten der Mauer

„[W]ir haben sehr lange zu Abend gegessen, es war ein sehr langes *diner*, ein sehr langes *souper* [...]", so die kurzen privaten Worte, die ohne Wissen der beiden Tagungsteilnehmer versehentlich mitgeschnitten und archiviert wurden.[1] Die eindrucksvolle Dauer des Gastmahls, an dem lateinamerikanische und deutsche Schriftsteller:innen anlässlich eines Symposiums im Jahre 1964 in Berlin teilnahmen, wird durch die dreimalige Wiederholung besonders betont. Man vermutet einen langen Abend der Freundlichkeiten, des hoffentlich guten Weins und Essens, der gepflegten Unterhaltung auf Spanisch und Deutsch oder in Übersetzung, geprägt von wechselseitigem Interesse nicht nur zwischen Deutschen und Lateinamerikanern, sondern auch unter den lateinamerikanischen Gästen selbst, die einander bei dieser Tagung teilweise zum ersten Mal begegneten.

Neben der alten Tradition des kulinarisch-intellektuellen *Symposions* sei hier auch an die *convivialité* im Sinne des französischen Gastronomen und Philosophen Brillat-Savarin (1825) erinnert als „Freude des Beisammenseins, der guten und freundschaftlichen Kommunikation im Rahmen einer Tischgesellschaft", so Adloff in seiner Einleitung zur deutschen Ausgabe des vieldiskutierten *Manifeste du Convivialisme* (2011): „Konvivialität beschreibt den freundlichen Umgang, den Menschen untereinander pflegen können, sowie ein freiheitliches Verhältnis, das sie zu den ‚Dingen' (seien es Gegenstände, Infrastrukturen, Institutionen oder Techniken) haben können".[2]

Beiläufig und selbstverständlich wird diese Kunst des Miteinander gerade bei Tagungen und Kongressen gepflegt, wo verschiedene Persönlichkeiten zusammenkommen

---

[1] Vgl. Tonaufnahme „Kolloquium ‚Der Schriftsteller im Wandel unserer Welt', Sept. 1964; 89'42 / 80'05 Deutsche Welle" (aufbewahrt im Ibero-Amerikanischen Institut SPK, Berlin).
[2] Frank Adloff: „Es gibt schon ein richtiges Leben im falschen." Konvivialismus – zum Hintergrund einer Debatte, in: Les convivialistes. Das konvivialistische Manifest. Für eine neue Kunst des Zusammenlebens, hrsg. von Frank Adloff und Claus Leggewie, übers. von Eva Moldenhauer, Bielefeld 2014, 7–31, hier: 12. Die hier zitierte Bedeutung entspricht allerdings nur einem von mehreren Bedeutungssträngen, aus denen sich das heutige Konzept des *Convivialisme* speist.

und sich in einem sozialen Rahmen auf gemeinsame Inhalte, Instrumente des Austauschs und Techniken einigen. Sie ist umso vielschichtiger, je unterschiedlicher die Akteure und ihre Umstände sind: Oft bedarf es besonderer Kommunikationsstrategien, zum Beispiel der Verdolmetschung in verschiedene Sprachen, sowie einer kompetenten und taktvollen Moderation und eines integrierenden Rahmenprogramms. Auch letzteres hat eine lange Tradition, die weit in die Anfänge wissenschaftlicher Kongresse im 19. Jahrhundert zurückreicht: „Je weiter die Reise, je internationaler das Publikum, desto mehr sieht sich der Veranstalter bewogen, den gesellschaftlichen Rahmen eindrucksvoll, unterhaltsam und spektakulär zu gestalten."[3] Schon bei frühen internationalen Kongressen im Berlin des 19. Jahrhunderts sah das gesellige Rahmenprogramm nicht nur Empfänge und Oper, sondern auch Besuche in Instituten und Ausflüge aller Art vor.

Obgleich an dieser Stelle keine weiteren Überlegungen über das komplexe Phänomen der Sozialität bei Tagungen angestellt werden können, sei auf die aktuellen Debatten zur Konvivialität hingewiesen, weil diese das soziale Miteinander nicht nur im normativen Sinne eines stets „guten" Miteinander begreifen (im Tagungskontext würde man vielleicht an einen durchweg *gelingenden* Austausch denken), sondern insbesondere auch Momente von Reibung und Konflikt, Differenz und Asymmetrie reflektieren.[4] Im Falle der beiden Lateinamerika-Kolloquien der frühen 1960er Jahre – der ersten ihrer Art in Westdeutschland (und im Grunde in beiden Teilen Deutschlands)[5] – kam es tatsächlich mehrmals zu Spannungen jenseits üblicher Kontroversen im Rahmen öffentlicher Debatten, weil sich spezifische Momente der Fremdheit und vielleicht sogar der Befremdung einstellten. Diese hatten nicht nur mit Unwissenheit, sondern auch mit dem Geist der 1960er Jahre zu tun: etwa mit einem unzureichenden Verständnis von „historischer Entwicklung" bzw. „nachholender Moderne" im vermeintlichen Gefälle von Nord nach Süd, mit einer unterschiedlichen Auffassung von Tradition und Fortschritt, mit dem Ost-West-Konflikt, dem Kalten Krieg und auch mit einer belasteten deutschen Vergangenheit (letzteres vor allem beim zweiten Kolloquium 1964). Mit Édouard Glissant könnte man vielleicht sagen, dass die Tagungsveranstalter beide Male – überzeugt und selbstverständlich – den Maßstab eines „transparenten" Austauschs anlegten, sich jedoch bald mit der „Opazität" im Sinne von vielfach differenten Welten ihrer lateinamerikanischen Gäste, aber auch der deutschen

---

3 Vgl. Susanne Klengel: Was Wissenschaft gesellig macht. Notizen zu frühen internationalen Kongressen in Berlin, in: Tilmann Buddensieg, Kurt Düwell, Klaus-Jürgen Sembach (Hrsg.): Wissenschaften in Berlin, Bd. 3: Gedanken, Berlin 1987, 33–36, hier: 35.
4 Vgl. Sergio Costa: The neglected nexus between Conviviality and Inequality, in: Novos Estudos 113 (2019), 15–32.
5 In der DDR fanden in den 1960er Jahren keine ausschließlich deutsch-lateinamerikanischen Schriftstellertreffen statt, jedoch waren lateinamerikanische Autoren zu den Internationalen Schriftstellertreffen eingeladen, z. B. im Jahre 1965, an dem u. a. Miguel Ángel Asturias und Pablo Neruda teilnahmen. Vgl. Deutscher Schriftstellerverband (Hrsg.): Internationales Schriftstellertreffen Berlin und Weimar. 14.–22. Mai 1965. Protokoll. Berlin/Weimar 1965.

Teilnehmer konfrontiert sahen.[6] Es ist daher nicht verwunderlich, dass die Kolloquien teilweise als misslungen bezeichnet wurden und vielleicht aus diesen Gründen weder in die Geschichte der deutsch-lateinamerikanischen bzw. lateinamerikanisch-europäischen Beziehungen eingingen, noch als Ereignisse im historischen Kontext des sogenannten *Booms* der lateinamerikanischen Literatur wahrgenommen wurden. Aus heutiger Perspektive erscheint es indes vielversprechend, genau jene Dialoge mit ihren Fissuren und Brüchen zu beleuchten, denn sie sind Teil eines doppelten Bedürfnisses nach internationaler Anerkennung und Vernetzung: So wie die lange marginalisierte lateinamerikanische Literatur in den 1960er Jahren zunehmend in den Horizont weltweiter Aufmerksamkeit rückte, so bemühte sich auch das durch den Kalten Krieg marginalisierte Berlin – West wie Ost in Konkurrenz zueinander – um internationale Sichtbarkeit und Anerkennung als Ort der künstlerischen und intellektuellen Kreativität. Vor diesem Hintergrund sollen Motive und Verlauf der beiden Kolloquien unter Berücksichtigung der kulturellen, politischen und nicht zuletzt geographischen Kontexte dargestellt werden; außerdem wird die zeitgenössische Rezeptionssituation der lateinamerikanischen Literatur im geteilten Deutschlands beleuchtet.

Kurz nach dem Mauerbau folgten viele illustre Schriftsteller[7] aus Lateinamerika der Einladung zu den literarischen Kolloquien, die 1962 und 1964 in Westberlin stattfanden. Die meisten von ihnen kamen zum ersten Mal nach Berlin und nach Deutschland, und viele von ihnen kannten einander noch nicht persönlich.

Berlin stand als „Frontstadt des Kalten Krieges" noch ganz unter dem Eindruck der abrupten Teilung im August 1961. Die lateinamerikanischen Gäste fanden sich in den eingeschlossenen Westsektoren voller Kriegsspuren wieder, an einem politischen Brennpunkt zwischen den Supermächten, der gleichzeitig Ort des raschen Wiederaufbaus und des sichtbaren Modernisierungswillens war. Einen visuellen Eindruck vermitteln zwei Fotografien aus dem Berlin-Band von Peter Cürlis und Ralf Opprower (1962), dem die Zeitschrift *Humboldt*, die sich ab 1960 dem Kulturaustausch mit Lateinamerika verschrieb und später vom Goethe-Institut herausgegeben wurde, mehrmals Abbildungen entnahm (Abb. 1).

Cürlis dokumentierte die Stadt des Wiederaufbaus nicht nur in Fotos, sondern auch in zahlreichen Dokumentarfilmen. Der Koautor Opprower, Publizist und Drehbuchautor, steuerte zu den Fotografien des Bandes, die fast alle zu Beginn der 1960er Jahre entstanden waren, Berlin-Zitate aus verschiedenen Jahrhunderten bei. Die klug komponierte Doppelseite fällt nicht nur aus inhaltlichen und ästhetisch-formalen Gründen auf, sie hat im Kontext unserer Ausführungen auch einen emblematischen Charakter: Der Betrachter wähnt sich zwei Mäulern gegenüber – mit chaotischem Zahnbestand links und mit kleinen, blitzenden Zähnchen rechts. Grinsen diese Mäuler oder zeigen

---

6 Vgl. Édouard Glissant: Poétique de la relation, Paris 1990, 125–134.
7 Unter den lateinamerikanischen Gästen befand sich im Jahre 1962 mit Rosario Castellanos in der Tat nur eine Schriftstellerin. 1964 nahm nach den vorliegenden Informationen keine Schriftstellerin teil.

Abb. 1: Peter Cürlis, Rolf Opprower: Berlin. Urteil und Vorurteil. 103 Fotos zu 103 Meinungen. Osnabrück 1962, o. S.

sie drohend ihre Zähne? Links spiegelt sich in einer Wasserlache die Kriegsruine des Anhalter Bahnhofs, rechts die extravagante Architektur der Kongresshalle *by night* in einem Wasserbecken. Sie war 1957 im Rahmen der Internationalen Bauausstellung fertiggestellt worden und galt als Symbol der geteilten Stadt, Sinnbild der Freiheit und der deutsch-amerikanischen Freundschaft. Die beiden Fotos stehen für die stadträumliche Atmosphäre im Westteil Berlins zu Beginn der 1960er Jahre. Tatsächlich fand das Kolloquium 1964 teilweise in den Räumen der futuristischen Kongresshalle statt.

Die hier skizzierte Spaltung der Welt zwischen Vergangenheit und Zukunft, Ost und West, Sozialismus und westlichem Liberalismus oder Kapitalismus prägte beide Kolloquien. Es fehlten z. B. unter den möglichen Teilnehmern einige, die man bewusst übergangen hatte, und andere, die der Einladung nicht gefolgt waren, wie an späterer Stelle genauer ausgeführt wird. Auch wenn die Tagungen nicht als politische Ereignisse geplant waren, erwiesen sie sich doch als prestigereiche Foren für höchst kontroverse politische und kulturpolitische Stellungnahmen von überaus prominenten Persönlichkeiten, die sich sonst vielleicht nicht begegnet wären.

II. 1962 – Die Aufgaben des Schriftstellers in der Welt: Zwischen Übersetzungsfragen und Politik

Die erste Tagung fand unter dem Titel *Erstes Kolloquium lateinamerikanischer und deutscher Schriftsteller* vom 16. bis 23. September 1962 in den Räumen des Ibero-Amerikanischen Instituts statt, das damals noch seinen Sitz in der Siemens-Villa im Stadtteil

Lankwitz hatte. Das Jahr 1962 war ein *annus mirabilis* in der Geschichte der lateinamerikanischen Literatur. Mehrere länderübergreifende Ereignisse hatten auf dem Kontinent stattgefunden:[8]

Im Januar 1962 trafen sich Intellektuelle und Schriftsteller:innen zu einem Kongress im chilenischen Concepción, und es ist anzunehmen, dass die Organisatoren der Berliner Tagung darüber informiert waren.[9] Diesem internationalen Treffen, organisiert als facettenreiches Kulturereignis vom Dichter und Universitätsdozenten Gonzalo Rojas, waren bereits zwei nationale und ein internationales Treffen vorausgegangen.[10] In ihrer Biographie des Dichters berichtet die franko-mexikanische Literaturwissenschaftlerin Fabienne Bradu detailliert über die hochpolitische Atmosphäre des chilenischen Kongresses angesichts des Kalten Kriegs und der verschärften Kubakrise infolge des amerikanischen Invasionsversuchs an der Playa Girón (bzw. Schweinebucht) im April 1961.[11] Der Einladung nach Chile waren viele renommierte Schriftsteller:innen gefolgt.

Im November 1962 wurde in Buenos Aires die Zeitschrift *Primera Plana* gegründet, die sich einem innovativen Journalismus verschrieb und einer breiten qualitätvollen Kulturberichterstattung Raum gab. Damit wurde sie zu einer wichtigen Plattform für den Aufstieg des „neuen lateinamerikanischen Romans".

1962 erschienen auch die ersten epochalen Werke dieses neuen Genres, nämlich *El siglo de las luces* von Alejo Carpentier (dt. *Explosion in der Kathedrale*), *Historias de cronopios y de famas* von Julio Cortázar (dt. *Geschichten der Cronopien und Famen*), *La muerte de Artemio Cruz* von Carlos Fuentes (dt. *Der Tod des Artemio Cruz*), *La ciudad y los perros* von Mario Vargas Llosa (dt. *Die Stadt und die Hunde*), *La mala hora* (dt. *Die böse Stunde*) und *Los funerales de la Mama Grande* (dt. *Das Leichenbegängnis der Großen Mama*) von Gabriel García Márquez sowie *Aura* von Carlos Fuentes. Diese künftigen Stars des *Booms* waren allerdings noch nicht im Fokus der Berliner Tagungsorganisation.

Die Organisatoren des Berliner Schriftstellertreffens 1962 waren Albert Theile, der zwei Jahre zuvor die Zeitschrift *Humboldt* gegründet hatte, und der Verleger des Übersee-Verlags Eduard Hoffmann. Theile, geboren 1904, hatte als kunsthistorisch

---

[8] Vgl. zu den folgenden Daten auch den Artikel von Winston Manrique Sabogal: „1962, el año prodigioso", in: El País, (11.11.2012).

[9] Zu Albert Theile, dem Hauptorganisator, vgl. Fußnote 12.

[10] Gonzalo Rojas: Chile y América en los Encuentros de Escritores, in: René Cánovas u. a. (Hrsg.): Diez Conferencias, Concepción 1963, 313–344.

[11] Vgl. Fabienne Bradu: El volcán y el sosiego. Una biografía de Gonzalo Rojas, Ciudad de México 2016, 184–195. Bei dem Treffen 1962 waren Pablo Neruda, Mario Benedetti, Carlos Fuentes und Alejo Carpentier neben vielen anderen nationalen und internationalen Teilnehmer:innen anwesend. Zu einer heftigen Debatte mit politischen Auswirkungen führte z. B. der Vortrag des US-amerikanischen Historikers Frank Tannenbaum über einen „wünschenswerten" Föderalismus beider Amerikas. Fuentes zieh ihn der Überheblichkeit und kritisierte, es könne keinen Föderalismus zwischen „Herren" und „Sklaven" geben (vgl. ebd., 187–188).

und literarisch interessierter Publizist bereits in der Weimarer Republik eine Zeitschrift herausgegeben.[12] 1933 verließ er das nationalsozialistische Deutschland und gelangte auf Umwegen 1940 nach Chile, wo er die Exil-Zeitschrift *Deutsche Blätter* zusammen mit Udo Rusker gründete und von 1943 bis 1946 herausgab. In dieser Zeitschrift wurden neben deutschen Autoren wie Thomas Mann auch erste Übersetzungen von Jorge Luis Borges, Gabriela Mistral oder Pablo Neruda veröffentlicht. Nach seiner Rückkehr nach Europa widmete Albert Theile sich der Förderung der kulturellen Beziehungen zwischen Europa und Lateinamerika und insbesondere der Vermittlung lateinamerikanischer Literatur in den deutschsprachigen Raum.

Die Zeitschrift *Humboldt* fungierte in Zusammenarbeit mit dem Übersee-Verlag und dem Ibero-Amerikanischen Institut als Gastgeberin des Treffens. Eingeladen waren unter anderen der Literaturwissenschaftler Enrique Anderson Imbert aus Argentinien/USA, Héctor Álvarez Murena als Vertreter des bekannten argentinischen Verlags Sur, der brasilianische Schriftsteller und Diplomat João Guimarães Rosa, der Dichter und Schriftsteller León de Greiff, Mitglied der kolumbianischen Botschaft in Stockholm, die mexikanische Schriftstellerin Rosario Castellanos und ihr Landsmann Juan Rulfo, der Peruaner José María Arguedas und Juan Liscano aus Venezuela. Außerdem nahmen deutsche Schriftstellerinnen und Schriftsteller mit Bezug nach Lateinamerika teil, wie Ingrid Bachér und Hans Magnus Enzensberger sowie die Übersetzer:innen Edith Aron, Anneliese Botond, Fernando Camacho, außerdem mehrere Verlagsvertreter:innen, etwa von Suhrkamp, Fischer, Insel, Hanser und Claasen. Hinzu kamen Literaturwissenschaftler und Literaturvermittler wie Walter Höllerer, Hispanisten wie Gustav Siebenmann und Hans Hinterhäuser, sowie der Argentinier Ernesto Garzón Valdés und der Kolumbianer Gerardo Gutiérrez Girardot, beide engagierte Vermittler zwischen Lateinamerika und Deutschland, die später eine akademische Karriere in Deutschland verfolgten.

Tagungs- und Begleitprogramm waren generös geplant. Die Tagung umfasste dreieinhalb Kolloquiumstage, hinzu kamen als Rahmenprogramm Empfänge, Konzerte, Theater- und Museumsbesuche sowie Ausflüge, etwa zum Humboldt-Schloss in Tegel. An die Berliner Tagungswoche schloss sich eine weitere Reise-Woche an, die die lateinamerikanischen Gäste zur Frankfurter Buchmesse und dann nach Süddeutschland führte.

Der Ablauf und die Dynamik der Berliner Tagung gehen aus einem umfänglichen Verlaufsprotokoll auf Spanisch und Portugiesisch hervor, das die Zeitschrift *Humboldt*

---

12 Vgl. in jüngerer Zeit zu Theiles Biographie und zu den *Deutschen Blättern* die Beiträge von Jorge Locane: Albert Theile, mediador pionero. Los exiliados alemanes en América Latina y la publicación de literatura latinoamericana en el mundo germanohablante en el período de la posguerra, in: Revista Chilena de Literatura 100 (2019), 279–389. Sowie Horst Nitschack: Las *Deutsche Blätter (Hojas Alemanas)* en Chile (1943–1946). Una revista alemana del exilio en los márgenes de la historia literaria, in: Revista Chilena de Literatura 77 (2010), 1–9.

in einer Sonderausgabe wenige Monate später veröffentlichte.[13] Bei der Lektüre überrascht, dass unter dem Titel: „Sinn und Grenzen der Übersetzung – Die Verbreitung des literarischen Werks in der heutigen Welt" zunächst zwei ganze Tage Übersetzungsfragen gewidmet wurden, während nur ein Tag für den Austausch über die primär literarische Tätigkeit vorgesehen war. Walter Benjamins Aufsatz *Die Aufgabe des Übersetzers* bildete die Diskussionsgrundlage, die den lateinamerikanischen Gästen in einer spanischen und portugiesischen Fassung zur Verfügung stand. An dieser Stelle können nicht alle Punkte der von Walter Höllerer und Erwin Walter Palm geleiteten Debatte nachgezeichnet werden. Doch gewinnt man anhand des Protokolls den Eindruck einer sehr ernsthaften Diskussion, deren Thema die Moderatoren umfassend ausleuchten wollten. Sie drehte sich lange um den Mythos Babel, das Konzept der Universalsprache, Benjamins Messianismus und um das Übersetzen als abstraktes Problem und als kommunikativer Akt, welcher sich stets an ein Publikum richtet. Angesichts der Komplexität des Benjamin'schen Aufsatzes ahnt man, wie sich die Debatte verzweigte, nicht zuletzt, weil auch alle Beiträge übersetzt werden mussten und dadurch eine gewisse Asymmetrie und *décalage* des Verstehens entstand. Dies wurde durch die allzu aktiven Moderatoren verstärkt – bis einer der Gäste den Verzicht auf „präsidiale Dialoge" anmahnte. Im Protokoll sind aufschlussreiche Reflexionen zu Übersetzungsfragen zu lesen: So machte sich João Guimarães Rosa, der innovative Sprachschöpfer und Verfasser des Romans *Grande Sertão: Veredas* (1956), für ein *verfremdendes* Übersetzungskonzept stark. Seine Überlegungen erinnern an Schleiermachers Übersetzungstheorie; nachdrücklich zeigt er sich interessiert an Benjamins Konzept der Universalsprache bzw. der „reinen Sprache", das sich mit dem Übersetzungsgeschehen verknüpft. Der Protokollant hält fest:

> In Anbetracht des Genius der eigenen Sprache beim Zusammentreffen mit jener, aus der er übersetzt, sieht sich der Übersetzer vor der Alternative, entweder den Originaltext zu *domestizieren* oder aber die eigene Sprache für dessen bereichernde Wirkung zu öffnen und sie auf diese Weise zu modifizieren und neu zu beleben.
> So hatte auch ich [d. i. Guimarães Rosa] Benjamins geniale Idee deutlich empfunden und den Wert einer Super-Sprache [vermutlich: „reine Sprache"] als ein Leitprinzip erkannt, das den Übersetzer orientieren und ihn zur verlorenen Einheit zurückführen sollte.[14]

---

[13] Vgl. Humboldt (1963): Erstes Kolloquium ibero-amerikanischer und deutscher Schriftsteller. Berlin 1962, Hamburg 1963. Es handelt sich um eine Sonderausgabe mit einer Vielzahl von zur Tagung gehörigen Dokumenten. Das Protokoll umfasst die Seiten 4–45.
Sämtliche Übersetzungen der spanisch- und portugiesisch-sprachigen Dokumente in diesem Artikel stammen von Susanne Klengel.
[14] „Perante o gênio da sua própria língua e, o embate da língua de que se traduz, ao tradutor seria colocada a alternativa de *domesticar* o original, ou então de abrir a sua própria língua a êsse impacto enriquecedor, modificando-a e revitalizando-a. [...] [Eu] Tinha assim sentido com grande acuidade a idéia genial de Benjamin, e aperceberá-se do valor duma super-língua como princípio norteador que deveria guiar o tradutor, reconduzindo-o à unidade perdida." Ebd., 12.

Ein weiteres Beispiel betrifft den peruanischen Autor José Maria Arguedas, der aufgrund seiner zweisprachigen Bildungsgeschichte im Umfeld indigener Gemeinschaften über profunde Kenntnisse der Kulturen des Andenraums verfügte. Die autochthonen Kulturen spielen in seinen Werken eine zentrale Rolle. Seine Äußerungen im Kolloquium wirken faszinierend und exotisch zugleich. Er erläuterte seine Übersetzungserfahrungen im Falle eines zeitgenössischen Gedichts auf Quechua, welche ihn zu einer akribischen und erfolglosen Suche nach einem bestimmten Wort veranlasst hatten, weil er dessen komplexen Sinn nicht vollständig verstand. Schließlich suchte er Hilfe beim Dichter selbst, der ihn in jenes Konzept der andinen Lebenswelt einführte und dadurch die angemessene Übertragung ins Spanische ermöglichte. Auf diesen konkreten und zugleich sehr fremd anmutenden Beitrag gingen jedoch weder die Moderatoren noch die Zuhörer:innen ein.[15]

Angesichts des höchst komplexen Übersetzungsthemas ist die Geduld der Tagungsteilnehmer:innen erstaunlich. Am zweiten Tag ging man von der theoretischen Reflexion zu praktischen Fragen des Übersetzens über. Irgendwann allerdings warf ein Gast ein, man möge bedenken, dass die versammelten Schriftsteller vielleicht nicht *alle* gleichermaßen an Fragen des Übersetzens interessiert seien. Nicht zuletzt Enzensberger äußerte sich ungeduldig. Bedenkt man, dass alle Äußerungen verdolmetscht wurden – und zwar von einer *einzigen* Person in alle drei Sprachen, wie aus der Danksagung hervorgeht! –, dann kann man die Anzeichen von Ermüdung nachvollziehen. Dennoch bleibt festzuhalten, dass in übersetzungswissenschaftlicher Hinsicht interessante Äußerungen fielen, wie die beiden Beispiele zweifellos zeigen.

Die Schriftsteller und Schriftstellerinnen schienen indes erleichtert, als sie am dritten Kolloquiumstag über ein anderes Thema sprechen durften, auch wenn sich der Titel ebenfalls an Benjamins Aufsatz anlehnte: „Die Aufgabe des Schriftstellers im Wandel unserer Zeit – Der Schriftsteller als Interpret der heutigen Gesellschaft". In der spanischen Version des Titels sticht der Begriff „interprete" (Interpret und Dolmetscher) hervor und stellt noch deutlicher den Bezug zum ersten Teil der Tagung her.[16]

Diese Runde wurde rasch politisch, was angesichts der weltpolitischen Situation und der exponierten Geographie des Tagungsortes kaum überrascht. Man befand sich im geteilten Berlin an einem Brennpunkt zwischen Ost und West. Der Kalte Krieg hatte auch bei der Einladungspolitik Spuren hinterlassen: So galt der Kommunist Pablo Neruda politisch als nicht tragbar, und ebenso schien eine Einladung an den renommierten kubanischen Schriftsteller und Diplomaten Alejo Carpentier sowie an andere Kubaner problematisch.[17] Umgekehrt nahmen der in den USA beheimatete

---

[15] Vgl. ebd., 23.
[16] Wie Benjamins Aufsatz in den ersten beiden Tagen wurde am dritten Tag Friedrich Dürrenmatts Theaterstück *Die Physiker* als Ausgangsimpuls zugrunde gelegt. Die Teilnehmer:innen konnten die Proben zu Dürrenmatts Stück im Schillertheater besuchen, außerdem lagen Textauszüge in Übersetzung vor.
[17] Das Tabu, Neruda einzuladen, sprach Walter Boehlich, der im Suhrkamp Verlag Neruda verlegte,

argentinische Literaturwissenschaftler Enrique Anderson-Imbert und andere in den USA wohnhafte Personen teil. Allen lateinamerikanischen Gästen war bewusst, dass in Lateinamerika mehrere harte Diktaturen existierten, etwa das Strössner-Regime in Paraguay oder das Somoza-Regime in Nicaragua, über die im Kolloquium jedoch kaum gesprochen wurde – im Gegensatz zur Situation in Kuba, welche im Hintergrund die politischen und literarischen Auseinandersetzungen prägte. Die seit dem 17. April 1961 schwelende Kuba-Krise sollte sich kurz nach dem Kolloquium im Oktober 1962 dramatisch zuspitzen. Erst durch den jeweiligen Raketenabzug in der Türkei und auf Kuba wurde schließlich eine politische Entspannung erreicht.

Mit Blick auf Kuba herrschten bei den Anwesenden höchst unterschiedliche Meinungen. So entwickelten sich intensive Diskussionen über die Frage, wie sehr ein Schriftsteller Partei ergreifen und sich engagieren solle oder ob politisches Engagement Verrat an der Literatur sei. Ob man zum Engagement moralisch verpflichtet sei oder ob beide Positionen vereinbar seien ... Viele Antworten waren möglich und wurden vorgetragen, abhängig nicht zuletzt von den jeweiligen Biographien und Lebenswelten der Akteure. Bisweilen kam es zu dramatischen Zuspitzungen: Ein chilenischer Teilnehmer, Alberto Baeza Flores, warnte vor einer „Mauer", die sich immer klarer in der „Familie" der lateinamerikanischen Intellektuellen abzeichnete, und warf einigen *abwesenden* Schriftstellern Intoleranz vor, weil sie sich der Diskussion verweigerten: „Diese Familie ist tatsächlich ziemlich gespalten, bis zu dem Grad, dass einige der lateinamerikanischen Schriftsteller, obwohl sie eingeladen wurden, nicht hier sind – dies möglicherweise aus Gründen der Intoleranz." Und weiter fragt er sich: „Wie können wir Intellektuelle als eine vermittelnde Kraft etwas zwischen den beiden großen Blöcken bewirken?"[18] Moderater beschreibt Juan Liscano die Situation des Intellektuellen – im Protokoll wird er auf folgende Weise indirekt zitiert:

---

gegenüber Hans Bayer (Bundespresseamt und Organisator des zweiten Treffens 1964) offen an, vgl. Walter Boehlich: Brief an Hans Bayer vom 18. August 1964. In: Siegfried Unseld Archiv: Suhrkamp/03_ Lektorate, Deutsches Literaturarchiv, Marbach am Neckar. Bayer ging darauf nicht ein und vertrat damit die unausgesprochene, von einflussreichen Institutionen wie dem *Congress of Cultural Freedom* (CCF) vorgegebene Richtlinie, nach der Neruda als Feind der westlichen Demokratie zu betrachten sei. Die Anti-Neruda-Politik des CCF wurde in Chile in den 1950er Jahren gestartet und ging so weit, dass man eine Kampagne zur Verhinderung der Vergabe des Literaturnobelpreises im Jahre 1964 an Neruda organisierte und gleichzeitig versuchte, Jorge Luis Borges, seinerseits Mitglied der Argentinischen Sektion des CCF, als Kandidat zu lancieren. Vgl. hierzu Patrick Iber: Neither Peace nor Freedom. The Cultural Cold War in Latin America, Cambridge, Mass. 2015, 111 und 191–192; sowie Frances Stonor Saunders: The Cultural Cold War. The CIA and the World of Arts and Letters, New York 2000, 219–220. Die diplomatische Zurückhaltung in Bezug auf den Kubaner Alejo Carpentier geht aus der Korrespondenz mit Anneliese Botond (Insel-Verlag) hervor, vgl. Anneliese Botond: Brief an Hans Bayer. 10. August 1964. In: Siegfried Unseld Archiv: Insel-Verlag/Allgemeine Korrespondenz, Deutsches Literaturarchiv, Marbach am Neckar.

18 „[E]n realidad, esta familia está bastante dividida, a tal punto que una parte de los escritores latinoamericanos, a pesar de haber sido invitados, no están aquí, tal vez por una cuestión de intole-

> Die Aufgabe, die dem spanisch-amerikanischen Intellektuellen zukomme, sei nun mal, keine Mauern zu errichten, sondern sie niederzureißen, gegen ideologische Intoleranz zu kämpfen und zu zeigen, dass es dauerhafte menschliche Werte gebe, die über den Ideologien stehen. Der letzte Weltkrieg, der bereits als ideologischer Krieg erkennbar sei, habe gezeigt, zu welchen Extremen der Geschichtskult, d. h. die Entscheidung für eine Ideologie führen könne.[19]

Héctor Murena erinnert sodann an den furchtlosen Sokrates, der keinen Kompromiss mit der Gesellschaft und ihren falschen Göttern einging. Ebenso wenig gibt es für Juan Liscano den Rückzug in den Elfenbeinturm, da sich der Schriftsteller grundsätzlich an ein Publikum richte. Dagegen wirft der Literaturwissenschaftler Anderson-Imbert namentlich dem abwesenden Neruda Intoleranz vor, weil dieser einzig eine politisch engagierte Haltung dulde.[20] Die Debatte erhitzt sich, als man sich gegenseitig der ideologischen Blindheit bezichtigt, wenn Atombomben der einen Supermacht verurteilt, die der anderen aber übersehen würden. Immer wieder geht es um die Vereinbarkeit von politischer Parteinahme und literarischer Kreativität beziehungsweise um die moralische Pflicht zum Engagement oder die Ablehnung ideologischer Haltungen. Schließlich fällt aber auch der versöhnliche Hinweis, dass man letztlich vor allem eine konsequent kritische Haltung vom Schriftsteller verlangen müsse.

Eine entschiedene Position vertritt Arguedas, der eine Verankerung des Schriftstellers in seinen nationalen und lokalen Lebenswelten und Erfahrungen postuliert; konkret meint er die indigenen Gemeinschaften Perus, aus deren Schicksal er nachdrücklich das Gebot des schriftstellerischen Engagements ableitet:

> In den Nationen, die vom Inkareich und von Spanien abstammen, gibt es soziale Probleme, denen sich Schriftsteller, die sich des Wertes menschlichen Wesens bewusst sind, notwendig verpflichtet fühlen müssen. [...] In Peru wird zum Beispiel immer noch darüber diskutiert, ob der Indio eine Seele habe, ob er ein Mensch sei oder nicht. [...] In einem solchen Land haben die Schriftsteller zwei wesentliche Pflichten: Sie müssen anklagen und aufdecken.[21]

---

rancia. [...] Hasta dónde podemos actuar los intelectuales como fuerza mediadora entre los dos grandes bloques?", Zs. Humboldt (Anm. 13), 38. An dieser Stelle wird auf Jorge Amado und Miguel Ángel Asturias angespielt, die beide eingeladen worden waren.

19 „El papel que pudiera corresponder al intelectual hispanoamericano seria precisamente, no el de levantar muros, sino el de derribarlos, de combatir las intolerancias ideológicas, demostrando que existen valores humanos permanentes que están por encima de las ideologías. La última guerra mundial, que ya aparece como una guerra ideológica, muestra hasta qué extremos puede conducir el culto de la historia, esa decisión de integrarse a una ideología y no de influir en la manera de pensar del hombre." Ebd., 35.

20 Ebd., 40.

21 „En las naciones descendientes del imperio incaico y de España existen problemas sociales, frente a los cuales el escritor consciente del valor del ser humano, ha de sentirse forzosamente comprometido. [...] En el Perú, por ejemplo, se discute aún acerca de si el indio tiene o no alma, si es o no un ser humano. [...] En un país así, los escritores tienen dos deberes esenciales: denunciar y revelar." Ebd., 36.

Doch erneut wird seine andine, insgesamt wohl „exotisch" anmutende Position von den Moderatoren kaum aufgegriffen; allein der Schweizer Hispanist Gustav Siebenmann geht kurz darauf ein.

Trotz der heftigen Debatten einigt man sich am Ende des Kolloquiums darauf, dass die Organisatoren einen Geist der Toleranz ermöglicht hätten, der sich in der Vielzahl der Meinungen und in der Fruchtbarkeit der Debatten geäußert habe.

Später allerdings wird das Kolloquium von verschiedenen Seiten kritisch beurteilt und sogar als gescheitert bezeichnet. So klingen etwa in Juan Rulfos Brief vom 6. November 1962 an seine Übersetzerin Mariana Frenk-Westheim auch die hierarchischen und letztlich epistemischen Machtverhältnisse während der Tagung an:

> Marianita, Du hast vermutlich schon erfahren, dass unsere Reise nach Deutschland ein totaler Fehlschlag war. [...] Figuren wie ich, Mejía Sánchez oder Murena, wir sind ja reines Kroppzeug angesichts dieser wohlsituierten Geistesgrößen, die alles und jedes wissen. Allerdings haben sie uns sehr aufmerksam und liebenswürdig behandelt. Zum Glück traf ich eine Freundin: Ida Aaron [Edith Aron], die Übersetzerin von Julio Cortázars Werken, mit der ich mich zusammentat, um Berlin und seine Umgebung kennenzulernen. Nicht dass ich mich über meine Kollegen beklagen würde, doch sie haben bei diesem famosen Kolloquium einige Dummheiten gesagt, und ich, der ich sehr introvertiert bin, habe mich nicht getraut, das Wort zu ergreifen. Berlin ist eine schöne Stadt, sehr licht, und obwohl es wegen der zerstörten Häuser noch viele Brachen gibt, sind die Menschen sehr freundlich und sehr fröhlich. Es gibt sehr gute Theater und Kinos; wir haben einen Zirkus namens Sarrasani besucht, eine der besten Vorstellungen, die ich je gesehen habe.[22]

Auch andere Personen erinnern das Kolloquium als nicht gelungen. Der Vertreter des Suhrkamp Verlags Walter Boehlich zum Beispiel warnt Hans Bayer, den Organisator des nächsten Treffens im Jahre 1964, nachdrücklich vor einer zweiten Tagung, da *keine* Kommunikation zwischen Lateinamerikanern und Deutschen entstanden sei (vgl. hierzu Punkt III in diesem Artikel). Schon rein sprachlich habe man sich trotz der Verdolmetschung nicht verstanden. Aus heutiger Sicht würde man vielleicht sagen, dass die Veranstalter mit ihrer Erwartungshaltung und den strikten Textvorlagen einerseits ein zu enges Korsett vorgegeben und andererseits die Moderatoren ihre Kompetenzen deutlich überschritten haben. Die Übersetzerin Anneliese Botond erinnert die Tagung

---

[22] „Marianita, ya has de saber que nuestro viaje a Alemania fue todo un fracaso. [...] [D]e Latinoamérica fue la pura broza, tipos como yo y Mejía Sánchez o Murena que no valíamos nada frente a cerebros que estaban bien colocados y se las sabían todas de todas. En fin, por otra parte, nos trataron con muchas atenciones y fueron muy amables. Me encontré por fortuna a una amiga: Ida Aaron, traductora de las obras de Julio Cortázar con la cual hice pareja y nos dedicamos a conocer Berlín y sus alrededores. No es que me queje de mis compañeros, pero ellos se concretaron a decir estupideces en el famoso coloquio y yo como soy muy inhibido no me atreví a tomar la palabra. Berlín es una ciudad hermosa y muy clara, aunque tiene grandes claros todavía por las casas destruidas, con todo, la gente es muy amable y muy alegre. Hay muy buenos teatros y cines; fuimos a un circo llamado Sarrasani, uno de los mejores espectáculos que he visto en mi vida", in: Samuel Gordon: Cartas de Juan Rulfo a Mariana Frenk-Westheim, in: Literatura mexicana 13/2 (2002), 255–268, hier: 266.

in ihrer Dankesrede anlässlich der Verleihung des Johann-Heinrich-Voss-Übersetzerpreises im Jahre 1984 wie folgt:

> Ich erinnere mich an ein Kolloquium ibero-amerikanischer und deutscher Schriftsteller, das Albert Theile 1962 in Berlin organisiert hatte. Es war bescheiden im Vergleich zu dem Lateinamerika-Festival, das zwanzig Jahre später ebenfalls in Berlin stattfand, und es war vielleicht nicht allzu ergiebig. Aber es war die erste Gelegenheit überhaupt, lateinamerikanische Autoren in Deutschland zu sehen und zu hören. Das Gespräch entwickelte sich damals eher mühsam um Walter Benjamins Essay über die Aufgaben des Übersetzers und Dürrenmatts Physiker, zwei deutsche Texte, als Gesprächsgrundlage gedacht, die offensichtlich weit ablagen von den spezifischen Problemen der lateinamerikanischen Gäste.[23]

Bei Botond klingt aber auch die Relevanz dieses Ereignisses an. Es fand, wie eingangs gesagt, zu Beginn des sogenannten *Booms* der lateinamerikanischen Literatur statt. Viele der Autoren und Autorinnen konnten sich hier erstmals persönlich austauschen, wie ein Zitat von Rosario Castellanos belegt: „So hatte ich die Gelegenheit, Persönlichkeiten, die ich vorher nur aus der Ferne bewundert hatte, kennenzulernen und mit ihnen über Themen unseres Berufs zu diskutieren".[24] Im Gefolge der Tagung intensivierten sich auch die Übersetzungsaktivitäten westdeutscher Verlage, z. B. erhielt José María Arguedas kurze Zeit später Übersetzungs-Angebote von zwei Verlagen, Luchterhand und Kiepenheuer & Witsch.[25]

Diese und andere Dynamiken am Rande der Tagung, wie zum Beispiel die informellen Gespräche oder auch die Begegnungen mit der Stadt selbst bei den gemeinsamen Exkursionen und individuellen Ausflügen, sind nicht zu unterschätzen. Von den Berlin-Ausflügen sind sogar literarische Spuren überliefert. In der *Humboldt*-Sonderausgabe finden sich neben dem Tagungsprotokoll mehrere Essays und Gedichte der deutschen und lateinamerikanischen Teilnehmer:innen. Einige davon beziehen sich auf Erlebnisse im Berliner Stadtraum. Im Folgenden wird anhand von zwei Gedichten die Konfrontation mit der Mauer aufgegriffen – wohl wissend, dass die

---

[23] Anneliese Botond: Literarisches Neuland (Dankrede anlässlich des Johann-Heinrich-Voß-Preises 1984). Online abgerufen am 22. März 2021 auf *Deutsche Akademie für Sprache und Dichtung* unter https://www.deutscheakademie.de/de/auszeichnungen/johann-heinrich-voss-preis/anneliese-botond/dankrede.

[24] Rosario Castellanos: Rosario memorable, México, D. F. 2012, 181. Auch der Schweizer Hispanist Gustav Siebenmann hebt in seinen Memoiren die Bedeutsamkeit der Begegnung hervor: „[...] so kam ich in Kontakt mit mir sehr bedeutsamen Autoren" und er nennt Rulfo, Arguedas, Escobar und Liscano. „Für mich war die Begegnung mit Albert Theile und besonders diese Berliner Reise ein weiterer Impuls hin zur Lateinamerikanistik." Gustav Siebenmann: Romania – Hispania – América. Fragmente einer Autobiografie, Berlin/Zürich 2011, 102.

[25] Vgl. hierzu auch den Zeitungsartikel der Arguedas-Forscherin Carmen María Pinilla: „*Los rios profundos* en alemán", in: El Dominical (Lima) (26.07.2009). Online abgerufen am 22. März 2021 unter https://www.romanistik.uni-bonn.de/bonner-romanistik/personal/schmidt/hispanistik_comercio.pdf.

Berlinerfahrung der Gäste sich nicht allein darauf beschränkte. Gleichwohl bestätigt sich hier, dass der im Kolloquium mehrfach geäußerte Hinweis auf „Mauern" – konkrete und ideologische – doch deutlich von der Erfahrung vor Ort geprägt war.

Alejandro Carrión: *Die Mauer*

Hier plötzlich hört das Leben auf.
Blicke, Grüße, das Wehen der Seufzer
werden von Kugeln niedergestreckt.
Schluchzen, Sehnsucht, innehaltende Liebe
werden von Kugeln niedergestreckt.
Hier kein Durchgang!
Hier ist die Mauer!
Das ist das Ende einer Welt und der Beginn einer anderen.
Sie haben einen Abgrund gegraben, weiter als das Leben,
tiefer als der Tod.
Bandagen aus hartem Stein lassen die Häuser erblinden.
Bandagen aus spitzen Stacheln verwunden die Herzen.
Hier ist die Mauer,
weitgestreckt, kurvenreich, eine durstige Schlange
die die Stadt der äußersten Grenze teilt.
[...][26]

Alberto Baeza Flores: *Prometeo Alemania. El tiempo del muro*

[...]
Ich betrachtete die Mauer wie die kalte Front einer Lawine von versteinerten Blinden,
jedes vermauerte Fenster war eine Stimme, ein abgeschnittener Vorwurf,
jede Mauer verbarg eine andere Mauer, als ob das Leben der letzte Hof eines dunklen Gefängnisses wäre.
Der Staub der Jahrhunderte hatte sich in empörtes Schweigen verwandelt
und über dem von Hass geschundenem Terrain haben sie einen Drahtverhau aus Augen gebaut.
[...][27]

---

[26] „Aquí, de pronto, se detiene la vida. / Las miradas, los saludos, el vuelo de los suspiros, / son derribados a balazos. / Los sollozos, el anhelar del alma, el amor contenido / son derribados a balazos. / ¡Por aquí no se pasa! / ¡Aquí está el muro! / Este es el fin de un mundo y el comienzo de otro. / Han cavado un abismo más ancho que la vida, / más hondo que la muerte. / Vendas de dura piedra enceguecen las casas. / Vendas de arduas espinas llaguan los corazones. / Aquí está el muro, / extendido, sinuoso, sierpe sedienta / dividiendo la ciudad del extremo límite. [...]" Alejandro Carrión: El muro, in: Zs. Humboldt (Anm. 13), 102.

[27] „[...] Contemplé el muro como una frente fría de un alud de petrificados ciegos, / cada ventana tapiada era una voz decapitada en su reproche, / cada muro escondía otro muro, como si la vida fuera el patio final de una prisión oscura. / El polvo de los siglos se había convertido en indignado silencio / y sobre aquel espacio martirizado en odios habían levantado una alambrada de ojos [...]." Alberto Baeza Flores: Prometeo Alemania. El tiempo del muro. In: Ebd., 98.

III. Zur zeitgenössischen Rezeption der lateinamerikanischen Literatur in beiden Teilen Deutschlands

An dieser Stelle sei ein Blick auf die Verlagslandschaft und die damalige Präsenz der lateinamerikanischen Literatur im Westen und Osten Deutschlands geworfen, um die verlegerische und buchhändlerische Relevanz der beiden Tagungen besser einzuschätzen. Für beide Kolloquien versuchten die Organisatoren, die prominentesten westdeutschen Verlage als Unterstützer zu gewinnen. Beim ersten Treffen im Jahre 1962 waren, wie bereits erwähnt, mehrere Verlagsvertreter:innen anwesend, darunter von Fischer, Hanser und Claasen. Ebenso nahm Hans Magnus Enzensberger teil, der dem Suhrkamp Verlag nicht nur aufgrund seiner Anthologie *Museum der Modernen Poesie* (1960), sondern auch durch die Konzipierung und Gründung der *edition suhrkamp* verbunden war und gleichzeitig als einer der wichtigsten Vermittler und Berater in Sachen lateinamerikanischer Literatur fungierte; außerdem Walter Boehlich, damals Chef-Lektor im Suhrkamp Verlag, und Anneliese Botond, Lektorin und Übersetzerin beim Insel Verlag. Die Teilnahme dieser Personen im Jahre 1962 und die Reaktionen der Lektor:innen und Verleger auf die neuerlichen Einladungen zum Kolloquium im Jahre 1964 belegen deutlich das Interesse und die damalige Rolle der bundesrepublikanischen Verlage bei der Vermittlung der Literaturen Lateinamerikas, schon Jahre *bevor* die programmatische Rezeption durch Suhrkamp in den 1970er Jahren einsetzen sollte.[28]

Wenn man die Publikationszahlen lateinamerikanischer Titel in beiden Teilen Deutschlands bis in die 1970er Jahre vergleicht, stellt man fest, dass sich eine konsequente und nachhaltige Rezeption zuerst im literarischen Feld der DDR etablierte und nicht in der Bundesrepublik. Den Untersuchungen des Romanisten Hans-Otto Dill zufolge erschienen von 1945 bis 1971 allein bei Volk und Welt 52 Titel im Vergleich zu 45 Titeln bei den führenden westlichen Verlagen insgesamt (Hanser 17, Rowohlt 15, Erdmann 13) im gleichen Zeitraum.[29] Das Interesse und die größere Aktivität im östlichen Deutschland waren auch unabhängig vom Einfluss des *Booms* der 1960er Jahre und seiner Nachfolger, die in Barcelona ihr verlegerisches Zentrum hatten. Erste Veröffentlichungen lateinamerikanischer Titel in der DDR verdankten sich den Empfehlungen und Übersetzungen von Schriftsteller:innen, die ab den 1930er Jahren im

---

[28] Zur programmatischen Rezeption durch den Suhrkamp Verlag in den 1970er Jahren vgl. Douglas Pompeu: Uma ilha brasileira no campo literário alemão. Dinâmicas de circulação literária pela editora Suhrkamp e a recepção da literatura do Brasil (1970–1990), (erscheint 2021 in der Reihe *Biblioteca Luso-Brasileira* des Ibero-Amerikanischen Instituts).
[29] Hans-Otto Dill: Die lateinamerikanische Literatur in Deutschland. Bausteine zur Geschichte ihrer Rezeption, Frankfurt a. M. [u. a.] 2009, 43.

lateinamerikanischen Exil gelebt und später die Rückkehr in die DDR gewählt hatten (im Unterschied zu dem hier bereits erwähnten Albert Theile, der in die Schweiz ging und von dort aus seine Vermittlungstätigkeit begann). Nach Dill ist der Unterschied zwischen beiden deutschen Staaten sogar erheblich: Von den 1950er bis zu den 1970er Jahren sei die lateinamerikanische Literatur in der DDR deutlich konstanter, intensiver und thematisch breiter, ja sogar mit einer höheren literarischen Qualität veröffentlicht worden als zur selben Zeit in der BRD. Dort nämlich hätten die freien Kräfte des Verlagsmarktes die Rezeption bestimmt: Man präsentierte die lateinamerikanische Literatur vornehmlich als etwas Exotisches und dadurch verblieb sie an den Rändern der europäischen Literaturen.[30] Eine noch zu erstellende Analyse ostdeutscher Verlagsarchive (etwa des Archivs von Volk und Welt in der Akademie der Künste Berlin) könnte Dills Argumentation aber möglicherweise in Teilen widerlegen, weil auch ostdeutsche Verlage trotz Steuerungs- und Zensurmaßnahmen oder ideologischer Vorgaben bisweilen durchaus nach der Logik des Marktes agieren mussten. Nicht wenige Lizenzen wurden zwischen west- und ostdeutschen Verlagen ausgehandelt, wie z. B. das Siegfried Unseld Archiv oder das Archiv des Rowohlt Verlags bezeugen. Trotzdem ist Dills Argument zutreffend. Verglichen mit den DDR-Verlagen, die seit den 1950er Jahren auf die Vermittlungsarbeit der aus dem lateinamerikanischen Exil zurückgekehrten Intellektuellen zählen konnten, verfügten die westdeutschen Verlage über keine richtige Struktur für die Rezeption der Literaturen aus Lateinamerika. Der Pioniergeist von Verlagen wie Aufbau / Rütten & Loening oder Volk und Welt, die seit den 1960er Jahren über eine Redaktion für lateinamerikanische Literatur verfügten, findet kein Pendant in den Verlagen der Bundesrepublik, wo erste Werke aus Lateinamerika, etwa Jorge Amado, aus dem Französischen oder Englischen übersetzt wurden, weil es an ausgebildeten Lektor:innen und geeigneten Übersetzer:innen aus dem Spanischen und Portugiesischen mangelte. Doch trotz dieser Einschränkungen und Unzulänglichkeiten gab es westdeutsche Verlage und Vermittler, die sich um die Herausgabe von Literatur des Subkontinents besonders bemühten. Neben Rowohlt, Hanser und Erdmann sind die Verlage Claassen, Piper, Hanser und Kiepenheuer & Witsch zu nennen, die in den 1960er Jahren Jorge Luis Borges, Alejo Carpentier, Juan Rulfo, Pablo Neruda, Gabriel García Márquez und João Guimarães Rosa verlegten; außerdem gab es engagierte Vermittler wie Hans Magnus Enzensberger, Curt Meyer-Clason oder eben Albert Theile, den Organisator der Tagung von 1962.

Bemerkenswert ist auch der Unterschied zwischen den in der DDR und den in der BRD publizierenden Autoren. Jorge Amados Werk zum Beispiel war in der DDR ein Bestseller mit einer Auflage von über 100 000 Exemplaren. Die Lyrik Pablo Nerudas wiederum zirkulierte zwischen beiden deutschen Staaten und sorgte für Kontroversen: Sie wurde zunächst in der DDR und ab den 1960er Jahren in der BRD veröffentlicht, allerdings stets mit dem Stempel des Kommunismus versehen, unter den sein Werk

---

30 Vgl. ebd., 46.

von Beginn an subsumiert wurde.[31] Beide Autoren wurden auch in Westdeutschland ab den 1970er Jahren mit Nachdruck lanciert.

Jorge Amado und Miguel Ángel Asturias, dessen Werk gleichfalls in beiden deutschen Staaten veröffentlicht wurde, belegen beispielhaft die Vorliebe ostdeutscher Verlage für Narrationen mit einem klaren gesellschaftspolitischen Engagement – im Gegensatz zur Vorliebe der West-Verlage für den magischen Realismus im Falle von Asturias oder für den unterhaltsamen Roman im Falle von Amado. Eindeutiger war die Rezeption von Jorge Luis Borges in beiden deutschen Staaten.[32] Aufgrund seines kultivierten Universalismus und seiner ausgeprägten Kenntnis der europäischen Geistesgeschichte wurde er von den westdeutschen Verlegern relativ schnell ins Programm genommen. Schon in den 1950er Jahren stritten sich mehrere Unternehmen um sein Werk, während Borges von den DDR-Verlegern, die sich in Debatten über den Formalismus der (dekadenten) West-Kunst ergingen, wegen seines Rufs als Geistesaristokrat oder gar als Reaktionär – ein Eindruck, der sich bei der Lektüre seines Werkes auch kaum verflüchtigte – bald abgelehnt wurde. Die deutschsprachige Borges-Rezeption begann mit den ersten Übersetzungen in den *Deutschen Blättern* im Jahre 1944 durch Paul Zech, Exilant in Argentinien; sie setzte sich 1955 in der BRD mit der Veröffentlichung seiner Kurzgeschichten und Gedichte in Anthologien fort und mündete ab dem Ende der 1950er Jahre in westdeutsche Buchausgaben. Im Jahre 1958 schrieb Enzensberger an Siegfried Unseld seine ausdrückliche Empfehlung, Borges' *Ficciones* (1944) in der Bibliothek Suhrkamp zu veröffentlichen. Unseld jedoch reagierte nicht schnell genug, prüfte monatelang[33] und verlor schließlich die Rechte an den Carl Hanser Verlag, der 1959 den ersten Borges-Band veröffentlichte (und in den 1970er Jahren zusammen mit Insel und Fischer praktisch alle Werke von Borges publizierte[34]). Weitere verlegerische Bestrebungen findet man beim Luchterhand-Verlag, der sowohl Asturias verlegte als auch Julio Cortázar, der im folgenden Jahrzehnt ebenfalls ein großer Name im Suhrkamp-Programm werden sollte.

Vor diesem Hintergrund erscheint die skeptische Reaktion des Suhrkamp-Lektors Walter Boehlich angesichts des geplanten Schriftstellertreffens 1964 bemerkenswert. Er hatte von Hans Bayer, damals Vertreter des Presse- und Informationsamts der Bundesregierung in Bonn, im Sommer 1964 die Einladung zum Kolloquium erhalten, die an prominente Verlage der BRD, die sich der Verbreitung lateinamerikanischer Literatur annahmen, ergangen war.[35] Bayer erläutert die Veranstaltung als Teil der

---

31 Vgl. ebd., 51.
32 Vgl. ebd., 68.
33 Vgl. Pompeu (Anm. 28).
34 Vgl. zur Borges-Rezeption in beiden Teilen Deutschlands auch Dietrich Briesemeister: Borges en Alemania, in: Horst W. Drescher (Hrsg.): Transfer. Übersetzen – Dolmetschen – Interkulturalität, Frankfurt a. M. 1997, 575–584, hier: 576–577 und 582.
35 Dies geht aus dem allgemein formulierten Einladungsbrief an Walter Boehlich, Suhrkamp vom 31. Juli 1964 hervor. Siegfried Unseld Archiv: Suhrkamp/03_Lektorate, Deutsches Literaturarchiv, Marbach am Neckar.

„lateinamerikanischen Kulturwoche" (vgl. auch Punkt IV dieses Artikels), er nennt das Thema des Kolloquiums und die 14 eingeladenen Autor:innen aus Lateinamerika. Die Verlage werden außerdem um Vorschläge für die Einladung deutscher Autor:innen gebeten sowie um Textausschnitte aus geeigneten lateinamerikanischen Werken für die Rezitationsabende und um Exemplare übersetzter Titel für eine Buchausstellung. Das Einladungsschreiben ist nicht nur wegen des operativen Verhältnisses zwischen der Kulturpolitik des Auswärtigen Amts und den bundesrepublikanischen Verlagen aufschlussreich, sondern auch, weil es erstaunlich früh die Idee einer *programmatischen* Rezeption lateinamerikanischer Literaturen ins Spiel bringt, die zum damaligen Zeitpunkt Suhrkamp und anderen westdeutschen Verlagen noch fernlag. Suhrkamp verlegte lediglich César Vallejo und Pablo Neruda und vertrat somit keinen der Autoren auf Bayers Liste. Doch zeigt sich gleichsam schon Boehlichs scharfer Blick für eine breitere Rezeption lateinamerikanischer Werke und für die Relevanz einschlägiger Vermittler. Aus diesem Grund schlägt er trotz aller Skepsis vor, Curt Meyer-Clason und den brasilianischen Dichter Carlos Drummond de Andrade einzuladen, dessen Übersetzung bei Suhrkamp in Vorbereitung war – eine Anregung, die Hans Bayer aufgreift.

Gleichwohl sind Boehlichs Zweifel am Erfolg eines zweiten Kolloquiums nicht unbegründet. Er weiß um die völlig unzureichende Kenntnis der lateinamerikanischen Literaturen in der BRD. In seinem Brief vom 18. August 1964 an Bayer merkt er an, dass die beim ersten Treffen 1962 anwesenden deutschen Autor:innen sich wohl kaum des großen Renommees der südamerikanischen Autor:innen bewusst gewesen seien. Ihnen sei lediglich Borges bekannt gewesen, abgesehen von Cortázar, der zwar noch nicht auf Deutsch vorlag, jedoch über den französischen *nouveau roman* Eingang in literarisch interessierte Kreise gefunden hatte. Beide Autoren wurden nun zum Treffen 1964 eingeladen.

Anneliese Botond, Lektorin des Insel-Verlags, welcher bereits Titel von vier lateinamerikanischen Autor:innen publiziert hatte, reagierte ihrerseits sehr aufgeschlossen auf die Anfrage des Presse- und Informationsamtes. Sie versprach nicht nur Buchexemplare von Romulo Gallegos, Rosario Castellanos, Jorge Luis Borges und Miguel Ángel Asturias zur Verfügung zu stellen, sondern empfahl auch nachdrücklich die Einladung Alejo Carpentiers, den sie als den vermutlich bedeutendsten lateinamerikanischen Autor neben Jorge Luis Borges hervorhob.[36] Hans Bayer indes rechtfertigte den Verzicht auf eine Einladung des kubanischen Autors mit diplomatischen Bedenken, obgleich Carpentier mit Juan Rulfo zu jenen Autoren gehörte, die schon relativ früh auf Deutsch vorlagen. *Die Flucht nach Manoa* (*Los pasos perdidos*, 1953) war 1958 im Piper Verlag erschienen und *Das Reich von dieser Welt* (*El reino de este mundo*, 1949) wurde 1964, im Jahr des zweiten Kolloquiums, vom Insel Verlag publiziert. Doch war die westdeutsche Rezeption von Carpentiers Werken in den

---

[36] Anneliese Botond: Brief an Hans Bayer vom 10. August 1964, in: Siegfried Unseld Archiv: Insel-Verlag/Allgemeine Korrespondenz, Deutsches Literaturarchiv, Marbach am Neckar.

1960er Jahren vergleichsweise zurückhaltend. Dill zufolge lag dies an einer missverständlichen Zuordnung Carpentiers zum magischen Realismus, ausgelöst durch die Publikation von *Das Reich von dieser Welt*, die letztlich zur Enttäuschung der Lesererwartungen führte.[37]

Nicht weniger symptomatisch für die damalige Situation sind auch Boehlichs und Botonds Vorschläge zur Einladung deutscher Autoren und Vermittler. Während Boehlich fünf Autoren (Hans Erich Nossak, Uwe Johnson, Martin Walser, Karl Krolow und Hans Magnus Enzensberger) nennt, schlägt Botond Peter Szondi und Thomas Bernhard vor. Diese höchst interessanten Vorschläge scheint Bayer jedoch durch seinen Gegenvorschlag zu ignorieren, Rudolf Hagelstange einzuladen. Von allen Genannten sagt schließlich nur Enzensberger zu; seine Teilnahme erscheint aus verlagspolitischer Perspektive zunächst strategisch, da er seit 1963 neben seiner Tätigkeit als Vermittler der lateinamerikanischen Literaturen auch bei der Gründung der Reihe *edition suhrkamp* mitwirkte. Diese Reihe diente in den 1960er Jahren als eine erste Plattform nicht nur für die Publikation von lateinamerikanischer Literatur, sondern insbesondere auch von innovativen sozialwissenschaftlichen Theorien des Kontinents.[38] Außer Enzensberger nahm der von Boehlich vorgeschlagene Übersetzer Curt Meyer-Clason am Kolloquium teil. Für ihn war es eine gute Gelegenheit der Wiederbegegnung mit João Guimarães Rosa, dessen Meisterwerk *Grande Sertão: Veredas* gerade bei Kiepenheuer & Witsch in Übersetzung erschienen war[39] und Meyer-Clason die Anerkennung als bedeutendster Vermittler lateinamerikanischer Literatur einbrachte.[40]

---

37 Vgl. Dill (Anm. 29), 70.
38 Vgl. zu den sozialwissenschaftlichen Arbeiten aus Lateinamerika Clara Ruvituso: Southern Theories in Northern Circulation. Analyzing the Translation of Latin American Dependency Theories into German, in: Tapuya. Latin American Science, Technology and Society 3/1 (2020), 92–106.
39 Schon 1962 wurde die deutschsprachige Öffentlichkeit im Rahmen von Walter Höllerers TV-Serie *Berlin stellt vor* auf den Roman *Grande Sertão: Veredas* aufmerksam gemacht. Guimarães Rosa gibt darin insbesondere über den „faustischen Pakt" als zentrales Motiv seines Textes Auskunft. Zur Einsicht in eine offenbar gekürzte Fassung der Sendung vgl. Guimarães Rosa – Entrevista RARA em Berlim 1962. Online abgerufen am 14. März 2021 auf *YouTube* unter https://www.youtube.com/watch?v=FZQac7eWY8U.
40 In diesen Korrespondenzen und Vorschlägen wird ersichtlich, dass viele der Beteiligten trotz aller Skepsis bereits das Potenzial einer ausbaufähigen Rezeption lateinamerikanischer Literatur ahnten. Rückblickend sprach Curt Meyer-Clason, der ab dem zweiten Kolloquium und vor allem nach der Gründung eines Lateinamerika-Referats (1974) mit Suhrkamp zusammenarbeitete, den beiden Kolloquien eine katalysatorische Wirkung zu, die einer breiteren Rezeption in Westdeutschland den Weg öffnete. Vgl. Curt Meyer-Clason: Möglichkeiten und Grenzen der Vermittlung lateinamerikanischer Kultur in Deutschland, in: Zeitschrift für Kulturaustausch 24/4 (1974), 101–103.

IV. 1964 – Zwischen Tradition und Wandel: Kontroverse Vielfalt

Das zweite Kolloquium, das unter dem Titel *Die Stellung des Schriftstellers im Wandel unserer Welt* am 29. und 30. September 1964 stattfand, bewegte sich zunächst in einem inhaltlich ähnlichen Kraftfeld wie die Debatten des dritten Tags im Jahre 1962. Auf politischer Ebene hatte im März 1964 der Militärputsch in Brasilien die politische Situation in Lateinamerika verschärft. Vor diesem angespannten weltpolitischen Hintergrund wurden von den Veranstaltern zu Beginn Fragen vorgegeben, um den Beitrag der Schriftsteller in dieser sich politisch, ideologisch und sozial rasch verändernden Welt zu erkunden. An späterer Stelle wird auf Details der Debatten eingegangen.

Wie der Germanist Paweł Zajas in seinem instruktiven Beitrag über *Literatur und auswärtige Kulturpolitik* zeigt, stand der Ausbau der kulturpolitischen Beziehungen zu Lateinamerika in jenen Jahren deutlich auf der politischen Agenda der Bundesrepublik.[41] Das zweite Schriftstellertreffen wurde daher aus Mitteln des Presse- und Informationsamts der Bundesregierung finanziert und vom Ibero-Amerikanischen Institut und der Vereinigung der Deutschen Schriftstellerverbände koorganisiert. Der äußere Anlass ist deshalb nur auf den ersten Blick überraschend: Das Treffen fand als Teil des kulturellen Rahmenprogramms der handels- und wirtschaftspolitischen Sonderschau *Partner des Fortschritts – Lateinamerika* statt, die anlässlich der Deutschen Industrieausstellung vom 19. September bis 4. Oktober 1964 auf dem Messegelände am Funkturm veranstaltet wurde. Parallel zu dieser Handels- und Wirtschaftsmesse wurde die *Lateinamerikanische Kulturwoche* organisiert, die mehrere Konzerte, ein Folklore-Programm sowie zwei poetische Rezitationsabende und das Schriftstellertreffen umfasste.

Die beiden Kolloquiumstage wurden von Rezitationsabenden am 28. September und 1. Oktober gerahmt. Die meisten Veranstaltungen fanden in der modernen Kongresshalle im Tiergarten statt. Die größte Sensation war sicherlich, dass der in Deutschland schon berühmte Jorge Luis Borges zusammen mit María Esther Vázquez, seiner Privatsekretärin und Vertrauten, allen anders lautenden Prophezeiungen zum Trotz tatsächlich angereist war.[42] Borges war somit eindeutig der Star der Tagung, doch

---

[41] Paweł Zajas: Literatur und auswärtige Kulturpolitik. Thesen zu einem Spannungsverhältnis, in: Internationales Archiv für Sozialgeschichte der deutschen Literatur (IASL) 44/1 (2019), 66–99.

[42] Vor allem Walter Boehlich (Suhrkamp Verlag) war lange fest von Borges' Absage überzeugt, wie aus der erwähnten Korrespondenz mit Hans Bayer hervorgeht. Vgl. z. B. den Brief an Hans Bayer vom 18. August 1964, Siegfried Unseld Archiv: Suhrkamp/03_Lektorate, Deutsches Literaturarchiv, Marbach am Neckar. Borges indes war sogar schon *vor* dem Lateinamerika-Kolloquium angereist, um an dem von den Berliner Festwochen in Zusammenarbeit mit dem antikommunistischen Congress for Cultural Freedom (CCF) veranstalteten *Internationalen Dichtertreffen* teilzunehmen, das einen Afrika-Schwerpunkt hatte (23.9.–27.9.1964). Gemeinsam mit Walter Höllerer und Pierre Emmanuel,

Abb. 2: Sonderschau „Partner des Fortschritts – Lateinamerika". Kulturprogramm. Quelle: Staatliches Institut für Musikforschung SPK, http://digital.sim.spk-berlin.de/viewer/image/775084921-45/31/#1422450873375.

---

damals Präsident des Kongresses für Kulturelle Freiheit, bestritt er, wie ein Foto anlässlich des Berichts der Westberliner Tageszeitung *Der Abend* belegt, das Abschlusspanel. Vgl. „Afrika sprach mit. Rückblick auf das große Dichtertreffen", in: Der Abend (28.09.1964). Hierzu auch María Eugenia Mudrovcic: Borges y el Congreso por la Libertad de la Cultura, in: Variaciones Borges 36 (2013), 77–99, hier: 92–93. Die Verfasserin bezieht sich allerdings nur auf die Veranstaltung der *Berliner Festwochen*, offenbar war ihr das Lateinamerika-Kolloquium als zweite Veranstaltung nicht bewusst. Zur Subventionierung der *Festwochen*-Veranstaltung durch den CCF und insbesondere der Einladung von Günter Grass, Langston Hughes, Stephen Spender, Herbert Read, Roger Caillois, Pierre Emmanuel, Derek Walcott, Jorge Luis Borges, Wole Soyinka unter anderen, vgl. Saunders (Anm. 17), 220. Da die Berliner Regierung unter Willy Brandt im Jahre 1962 mit dem russsisch-amerikanischen Komponisten Nicolas Nabokov einen dem CCF nahestehenden Berater für Internationale Kulturbeziehungen und Organisator von Kulturereignissen verpflichtet hatte (vgl. ebd.), ist es wahrscheinlich, dass das zweite Lateinamerika-Kolloquium ebenfalls im atmosphärischen Umfeld dieses kulturpolitischen Diskurses

gab es neben ihm zahlreiche weitere außerordentlich prominente Gäste: Erneut dabei war João Guimarães Rosa, außerdem der Guatemalteke Miguel Ángel Asturias und der im Exil lebende Paraguayer Augusto Roa Bastos. Hinzu kamen weitere bekannte lateinamerikanische Persönlichkeiten: Der kolumbianische Gelehrte und Diplomat Germán Arciniégas, die Peruaner Ciro Alegría und Julio Ramón Ribeyro, außerdem der argentinische Schriftsteller und Publizist Eduardo Mallea. Eingeladen waren eigentlich auch Julio Cortázar, Jorge Amado, Rómulo Gallegos, Juan José Arreola und andere, die letztlich nicht nach Berlin kamen. All diese Namen bezeugen den Willen der Veranstalter, tatsächlich die bekanntesten zeitgenössischen Schriftsteller Lateinamerikas in Berlin zu versammeln. Wie schon erwähnt, hätte man laut der Korrespondenz des Vertreters des Bundespresseamtes gerne Alejo Carpentier eingeladen, doch scheute man aus politischen Gründen vor einer offiziellen Einladung des Kubaners zurück. Gleichzeitig wünschte man sich seine Einladung über einen Verlag, die jedoch nicht zustande kam. Allein Pablo Neruda blieb wie im Jahre 1962 aus politischen Gründen ausgeschlossen, man sah in ihm den Kommunisten und ehemaligen Stalinisten. Aus Deutschland nahmen einmal mehr Hans Magnus Enzensberger, Rolf Schroers und Günter Weissenborn teil, außerdem Günter Grass. Darüber hinaus waren erneut die beiden bewährten, in Deutschland ansässigen Kulturvermittler Rafael Gutiérrez-Girardot und Ernesto Garzón Valdés tätig, sowie der Romanist Hans Hinterhäuser und der Politikwissenschaftler und spätere Mitbegründer des Lateinamerika-Instituts der Freien Universität Wolfgang Hirsch-Weber. Im Publikum saß bei der dritten und letzten Diskussionsrunde auch Oskar Maria Graf, der zu jenem Zeitpunkt auf Europareise war. Wesentliche, wenngleich unvollständige Informationen über die Zusammensetzung der Teilnehmer:innen und die verhandelten Themen können aus einer etwa 160 Minuten umfassenden Audioaufzeichnung der *Deutschen Welle* erschlossen werden, die im Ibero-Amerikanischen Institut aufbewahrt wird.[43] Die Veranstaltung war offenbar ein

---

stattfand, zumal viele Teilnehmer (neben Borges z. B. Héctor Murena und Germán Arciniégas) dem CCF nahestanden. Als Tatsache muss allerdings festgehalten werden, dass der CCF ab dem Ende der 1950er Jahre versuchte, Polarisierungen abzubauen und auch kritische linke Intellektuelle einzubeziehen, sofern diese nicht offen kommunistisch waren. Der Fall des international renommierten Poeten Pablo Neruda wurde schließlich zum Grenzfall: Z. B. wurde er unter der Ägide des bekannten uruguayischen Literaturwissenschaftlers Emir Rodríguez Monegal in der Zeitschrift *Mundo Nuevo* veröffentlicht, die 1966 in Paris gegründet und ebenfalls vom CCF subventioniert wurde. Vgl. María Eugenia Mudrovcic: *Mundo Nuevo. Cultura y Guerra Fría en la década del 60*, Rosario 1997. Als eine kritische literatur- und kulturwissenschaftliche Gesamteinschätzung der Epoche des Kalten Kriegs mit Blick auf die lateinamerikanischen Schriftsteller:innen und Intellektuellen, vgl. Jean Franco: *The Decline and Fall of the Lettered City. Latin America in the Cold War*, Cambridge, Mass. 2002.
Wir können an dieser Stelle nicht belegen, sondern nur vermuten, dass auch das erste Lateinamerika-Kolloquium 1962 eine Nähe zum CCF aufwies.

43 „Kolloquium ,Der Schriftsteller im Wandel unserer Welt'" (Anm. 1). Leider war bislang die Suche nach dem Tagungsprogramm erfolglos. Die folgenden Ausführungen beruhen im Wesentlichen auf den genannten Audiomitschnitten der Tagung.

großer öffentlicher Erfolg: Die *Frankfurter Allgemeine Zeitung* sprach in einer kurzen Rezension vom 2. Oktober 1964 von einem „beachtlichen Publikumsandrang".[44]

Inhaltlich ging es im Kolloquium zunächst um folgende Fragen: ob man vom Schreibtisch aus die sich wandelnde Welt beeinflussen und eine Änderung zum Besseren erreichen könne; wie sich das Verhältnis zwischen Tradition und Fortschritt in Europa und Lateinamerika gestalte; was die Tendenz zu supranationalen Verflechtungen für die Besonderheiten der Nationalkulturen bedeute und schließlich, wie sich das Verhältnis zu den USA aus lateinamerikanischer Sicht auswirke und was man in Europa davon halte.

Sehr rasch gelangte man über diese Fragen ähnlich wie in der Abschlussrunde von 1962 zur Diskussion über Freiheit und Engagement: ob man sich mit seinen Werken engagieren und Partei ergreifen müsse oder ob umgekehrt das Gegenteil richtig sei, damit die Kunst nicht ihrer Freiheit beraubt werde. Wie tiefgehend ein solches Engagement gegebenenfalls zu sein habe und für wen Literatur überhaupt produziert werde, wurde ebenfalls erörtert. Die Stellungnahmen waren ernst und lebhaft: Zu Beginn (und später ein weiteres Mal) setzte sich Borges für die Freiheit der Kunst ein und wies auf das „wesentliche Geheimnis des ästhetischen Handelns" hin, das nicht mit politischem Handeln vermischt werden dürfe. Er fand prominente Nachredner, die ihm auf unterschiedliche Weise ein notwendiges Engagement entgegenhielten: Julio Ramón Ribeyro mit Verweis auf Brecht, Ciro Alegría mit dem Vorschlag, das Politische breit zu fassen, und Miguel Ángel Asturias mit ausführlichen Bemerkungen über die moralische Pflicht zum Engagement angesichts der lateinamerikanischen Realität. Viele Gäste waren sich über die zentrale öffentliche Funktion von Intellektuellen in Lateinamerika einig. Günter Grass zeigte sich überrascht und bewunderte den Elan der Lateinamerikaner, da man in Deutschland nach dem Nationalsozialismus ein gespaltenes Verhältnis zum politischen „Engagement" habe – ein Wort, das „nur leise ausgesprochen" werde. Er selbst lehne indes jedes „Schriftstellergeschwätz" ab, das sich gegen die Politik sperre – umgekehrt könne aber nur das ästhetisch Geglückte die Welt verändern. Diplomatisch erinnerte Germán Arciniégas weit ausholend an Alexander von Humboldt, der durch seine Person wegweisend für amerikanische Gelehrsamkeit gewesen sei. Die lateinamerikanischen Intellektuellen sollten sich für Amerika als Projekt engagieren, sie müssten dieses Projekt erfinden, „damit sie nicht selbst [durch andere] erfunden würden". Rolf Schroers dankt Arciniégas beeindruckt: Die ethisch-moralische Kraft des literarischen Handwerks fehle derzeit der Literatur in Deutschland. Interessiert bittet der brasilianische Autor und Komponist Ruy Barata, der nach dem Militärputsch vorübergehend in Haft war, im Namen der lateinamerikanischen Kollegen um Auskunft über die aktuelle Situation der deutschen Kolleg:innen, gerade angesichts der Erfahrung des Nationalsozialismus. Ihm antworten die Autoren Weissenborn, Schroers, Grass:[45] Alle Autoren hatten

---

44 „Literatur und Folklore", in: Frankfurter Allgemeine Zeitung (02.10.1964), 32.
45 Aus den Audiomitschnitten geht nicht hervor, ob Enzensberger sich an der Debatte beteiligte.

ihre Jugend im Nationalsozialismus verbracht (nach Grass „zu jung, um schuldig zu sei, aber alt genug, um den Krieg und die erste Zeit nach dem Krieg bei vollem Verstand und wach zu erleben"). Für alle sei der Nationalsozialismus ein tiefer Einschnitt gewesen, der die Notwendigkeit des Neuanfangs nach 1945 erforderte. Die Generationenfrage sei nicht einfach zu beantworten, das Verhältnis der jungen Generation zur anwesenden Autorengeneration sei interessiert, aber auch schwierig (so wie auch das Verhältnis *dieser* Generation zur vorhergehenden Generation schwierig gewesen sei); man suche den Kontakt und man solle aus den Erfahrungen lernen, statt den ersten Stein zu werfen, so schließt Grass seine langen Ausführungen über die Gruppe 47.

Erneut geht es im Anschluss um die Funktion der Intellektuellen. Die Debatten kreisen um unterschiedliche Auffassungen über die historische Entwicklung der europäischen und der lateinamerikanischen Gesellschaften: Von den europäischen Tagungsteilnehmern wird eine „nachholende Moderne" postuliert, von lateinamerikanischer Seite hingegen nachdrücklich auf eine tiefe europäische Unwissenheit in Bezug auf Lateinamerika verwiesen. Insbesondere Miguel Ángel Asturias zeigt sich als energischer Wortführer. Seit der Unabhängigkeit, so legt Asturias seinen europäischen Kollegen dar, seien lateinamerikanische Gelehrte und Schriftsteller stets aktive Teilnehmer des öffentlichen Diskurses gewesen.[46]

Die dritte Diskussionsrunde schließlich war dem Thema *Tradition und Gegenwart in der lateinamerikanischen und in der deutschen Literatur* gewidmet und führte zu intensiven Debatten. Erstaunlicherweise wurde diese Auseinandersetzung in einer Rezension der *Frankfurter Allgemeinen Zeitung* als „Literatur und Folklore"[47] missverstanden, tatsächlich ging es aber weniger um die lateinamerikanische Populärkultur, sondern vielmehr um Erbe und Gegenwart der indigenen Kulturen. Engagiert äußerte sich zunächst Asturias mit einem ausführlichen historischen Stegreifreferat, dem man den Unmut über die europäische Unwissenheit anmerkt: Der Schriftsteller in einer sich wandelnden Welt müsse auch den kulturellen Beitrag der großen autochthonen Kulturen als immense Bereicherung anerkennen und sich für diese einsetzen. Arciniégas seinerseits wendet die (sehr europäische) Frage nach der *europäischen* Orientierung Lateinamerikas im 19. Jahrhundert um und thematisiert, dass die neuzeitliche Geistesgeschichte Europas kaum ohne Amerika denkbar sei: „el ingrediente americano" sei omnipräsent, nicht zuletzt in den humanistischen Debatten über die Menschenwürde. Er postuliert die „natürliche Disposition" Lateinamerikas für einen Blick auf die *ganze* Welt; selbstverständlich kenne man den deutschen Autor Günter Grass in sehr guten spanischen Übersetzungen. Arciniégas lässt die Frage offen, wie sich eine ähnliche

---

[46] Asturias' engagierte Ausführungen passen gut zu der einschlägigen intellektuellengeschichtlichen Studie *La ciudad letrada* von Ángel Rama (Hanover N. J. 1983) über die lateinamerikanische „gelehrte Stadt".
[47] „Literatur und Folklore" (Anm. 44).

Frage umgekehrt beantworten ließe. Er mahnt ein Gespräch auf Augenhöhe an, um sich gemeinsam über die Sorgen der Welt zu verständigen.

Schließlich kommt es noch zu einer Auseinandersetzung über das Konzept des „guten Wilden", welches Ciro Alegría als gänzlich unangemessen, ja schädlich für den Diskurs über die indigenen Kulturen Amerikas brandmarkt: Der Topos vom *salvajismo* sei ein Irrtum und zeuge von Arroganz; all dies habe mit der amerikanischen Alterität bzw. Differenz nichts zu tun. Die indigenen Kulturen zeichneten sich vielmehr durch ihren erstaunlichen Widerstand, durch Resilienz gegen ihre Zerstörung aus. Hans Hinterhäuser, Romanist und Moderator der Veranstaltung, hält dieser Rede entgegen, dass der europäische Topos des Guten Wilden als Metapher zu verstehen und im 18. Jahrhundert sogar gegen den Kolonialismus mobilisiert worden sei ... Leider bricht der Audiomitschnitt an dieser Stelle ab. Der genannten *FAZ*-Rezension kann man noch entnehmen, dass sich zu diesem Thema auch der exilierte bayrische Regionalschriftsteller Oskar María Graf äußerte: Er sei „absolut für den Dialekt in der literarischen Sprache und für ihre Belebung durch Milieu und Eigenart der Volksgruppen, meinte Graf und bekannte sich zur „engagierten" Literatur. Auch solle der Schriftsteller sich für die Verwirklichung der im eigenen Werk postulierten Ideen und Ziele einsetzen".[48]

Insgesamt ist die Besinnung darauf, *welch unterschiedliche* Personen und Positionen im Berlin des Jahres 1964 an einen Konferenztisch ins gemeinsame Gespräch gebracht wurden, höchst aufschlussreich. Als Hauptprotagonisten sind auf der einen Seite Borges und Guimarães Rosa zu nennen, die beide ihrer tiefen Überzeugung Ausdruck verleihen, dass künstlerisches Schaffen und politisches Engagement zwei gänzlich verschiedene Tätigkeiten und Dimensionen im menschlichen Leben darstellten. Eine Vermischung von beidem gehe ihrer Ansicht nach auf Kosten der ästhetischen Freiheit und Qualität. Auf der anderen Seite steht – rhetorisch höchst eindrucksvoll – als Hauptexponent der spätere Nobelpreisträger Miguel Ángel Asturias, der 1965 auch als Gast am Internationalen Schriftstellertreffen in Berlin und Weimar teilnehmen sollte. Hinter ihm reihen sich in unterschiedlicher Ausprägung weitere lateinamerikanische Autoren ein, die von der Notwendigkeit des politisch-sozialen Engagements der Intellektuellen und Schriftsteller überzeugt sind. Andere, wie Arciniégas, vertreten eher eine kulturpolitische Position des „(Latein)Amerikanismus".

Zwei kurze Filminterviews mit Asturias und Borges belegen diese Positionen. Der Film mit Asturias vermittelt vorab einen Eindruck von der Atmosphäre im vollbesetzten Tagungsraum. Respektvoll fragt der Interviewer den guatemaltekischen Schriftsteller nach der aktuellen Relevanz der lateinamerikanischen Literatur und ihrer Botschaft für die Völker Europas. Mit gewohntem Elan antwortet Asturias:

---

48 Ebd.

Wie schon im Kolloquium erläutert, hat die lateinamerikanische Literatur den ausschließlichen Charakter der Bezeugung, der Auseinandersetzung und des Kampfes. Es ist eine Literatur, die *mit* den Menschen gemacht wird, *inmitten* der Menschen gemacht wird, eine Literatur, die auf der Straße gemacht wird, in den Bergwerken, auf den Ölfeldern, auf den Bananenplantagen. Es ist also eine Literatur, die direkt auf das Leben antwortet und genau aus diesen Gründen in allen Ländern der Welt ein riesiges Interesse erweckt. In Europa wird diese Literatur in alle europäischen Sprachen übersetzt: ins Englische, Französische, Italienische und Deutsche. Dieses Phänomen erklärt sich auch dadurch, dass in allen diesen Romanen der Mensch in Verbindung mit der Natur gesehen wird, mit dieser großen amerikanischen Natur, die immer noch überwältigt, die heutzutage aber nichts Exotisches mehr bedeutet wie seinerzeit in Romanen im Stil von Chateaubriands *Les Natchez*.[49]

Das Interview mit Borges bezieht sich auf einen anderen Zusammenhang, nämlich die Lesung am Vorabend des Kolloquiums, bei der auch Texte von Borges von den Schauspieler:innen Edith Schneider und Peter Mosbacher zu Gehör gebracht worden waren (offenbar ein Ausschnitt aus *El Aleph* und aus einem Gedicht). Der Interviewer fragt, wie Borges, der Deutsch versteht und spricht, die Lesung seiner Texte gefallen habe. Borges antwortet mit feinem Humor:

Einen ausgezeichneten Eindruck. Einen ganz ausgezeichneten Eindruck, weil mir die Erzählung und das Gedicht sehr gefallen haben. Das passiert nicht, wenn ich die Texte im Original lese, mit diesen bin ich ziemlich unzufrieden. Ich halte sie für sehr gelungen und sehr viel besser in der deutschen Version, auch aufgrund der hervorragenden Darbietung durch die Schauspieler.

„Aber war die Interpretation auch exakt?", fragt der Interviewer etwas ungläubig. „Nein", sagt Borges, „exakt war sie nicht, ... sie war *viel* besser."[50]

Borges sorgte überdies für eine Überraschung, als er am Ende der Lesung ein Gedicht auswendig vortrug.[51] Es handelt sich um das bis dahin wenig bekannte Sonett *Spinoza*, das in der Literaturzeitschrift *Davar*, herausgegeben von der Sociedad Hebráica Argentina, zu Beginn des Jahres 1964 erstmals erschienen war. Am 31. Oktober 1964 wurde es in der *Frankfurter Allgemeinen Zeitung* auf Spanisch und in zwei Übersetzungsfassungen von Curt Meyer-Clason veröffentlicht. Die erste Übersetzung ist eine Interlinearübersetzung, die zweite ein Versuch, der Form des Sonetts auch im Deutschen gerecht zu werden. Diese Fassung lautet:

---

49 DiFilm: Entrevista al escritor Miguel Ángel Asturias 1964. Online abgerufen am 14. März 2021 auf *YouTube* unter https://www.youtube.com/watch?v=h2tBL2B3f1s. An dieser Stelle sei angemerkt, dass anlässlich der lateinamerikanischen Kulturwoche mit weiteren Kolloquiumsteilnehmern und Künstler:innen Kurzinterviews durchgeführt wurden, die heute als Dokumente der Firma *DiFilm*, Argentinien im Netz auffindbar sind, darunter mit João Guimarães Rosa, Augusto Roa Bastos und Eduardo Mallea.
50 DiFilm: Entrevista al escritor Jorge Luis Borges 1964. Online abgerufen am 14. März 2021 auf *YouTube* unter https://www.youtube.com/watch?v=YRgpU59kEaO.
51 DiFilm: Jorge Luis Borges „Spinoza, el pulidor de la razón" 1964. Online abgerufen am 14. März 2021 auf *YouTube* unter https://www.youtube.com/watch?v=5g7A93JlgBU.

Der Jude mit den durchscheinenden Händen
Im fahlen Halblicht schleift er die Kristalle,
der Abend sinkt, angstvolle kalte Halle.
(Wie gleich die Abende am Abend enden!)

Hände und Horizont aus Hyazinthen,
die im Bereich des Ghettos langsam bleichen,
sie können kaum den stillen Mann erreichen,
der träumt von ätherklaren Labyrinthen.

Ihn trübt kein Ruhm, der Widerschein der Träume
Gebannt im Traume andrer Spiegelräume,
noch Liebe junger Mädchen aus der Ferne.

Von Mythen und Metaphern ganz befreit,
harten Kristall er schleift: Unendlichkeit
Atlas des Schöpfers aller seiner Sterne.[52]

Die Forschung hat sich viel mit Borges' Verhältnis zu Spinoza befasst, denn Borges suchte immer wieder die Auseinandersetzung mit dem Denken des Philosophen. Neben dem oben genannten und einem zweiten Gedicht mit dem Titel *Baruch Spinoza* (1976) sei hier auch ein Vortrag erwähnt, den Borges an der Escuela Freudiana de Buenos Aires im Januar 1981 hielt.[53] Auffällig ist in diesen Ausführungen, dass Borges mehrmals seine eigenen Erkenntnisgrenzen thematisiert – es handelt sich dabei meist um Spinozas Gottesbegriff, den Borges immer wieder umkreist. Borges, so heißt es, rezitierte sein Sonett von 1964 häufig aus dem Kopf. Es mag ein Zufall sein und erscheint dennoch aufschlussreich, dass auf diese Weise der jüdische Philosoph (und Häretiker) Spinoza zu einer diskreten Hauptfigur des Berliner Kolloquiums gemacht wurde. In seinem Gedicht betont Borges Spinozas Rückzug in die Einsamkeit seines Handwerks als Glasschleifer und Brillenmacher und – in die Einsamkeit seines Denkens. In den 1960er Jahren verstand man das Sonett offenbar autobiographisch, wie aus dem Vorspann eines Interviews von Horst Bienek mit Borges hervorgeht, das im Jahre 1965 in der Zeitschrift *Humboldt* erschien.[54] Bienek befragte den argentinischen Autor auch ausführlich über sein Verhältnis zur deutschen Kultur, Sprache und Literatur. Borges' Antworten reichen vom Faszinosum seines frühen autodidaktischen Studiums der deutschen Sprache, über Lieblingslektüren bis hin zur Erläuterung seiner spektakulären und beunruhigenden Erzählung *Deutsches Requiem*, die er (in Reaktion auf die Nürnberger Prozesse) aus der Perspektive eines NS-Täters verfasst hatte.

---

52 „Sonett über Spinoza. Von Luis Borges [!] / C. Meyer-Clason", in: Frankfurter Allgemeine Zeitung (31.10.1964).
53 Jorge Luis Borges: Baruch Spinoza (16 de enero de 1981), in: Borges en la Escuela Freudiana de Buenos Aires. Buenos Aires 1993, 57–103.
54 Horst Bienek: Coloquio con Jorge Luis Borges, in: Humboldt 24 (1965), 45, 48, 50.

V. Schlussbemerkungen

Die Berliner Lateinamerika-Kolloquien, deren Inhalte und Debatten in entlegenen und wenig beachteten Dokumenten, etwa der *Humboldt*-Sondernummer oder in archivierten Tonaufnahmen, überliefert sind und im Übrigen lediglich hie und da in autobiographischen Bemerkungen oder Korrespondenzen der Teilnehmer:innen anklingen, erweisen sich als hochinteressante Zeitzeugnisse im Kontext einer sich internationalisierenden lateinamerikanischen Literatur noch vor der Entstehung des *Booms*. Aus heutiger Perspektive erscheinen besonders jene Debatten aufschlussreich, in denen das deutsche (bzw. europäische) Verständnis von „historischer Entwicklung" kritisiert wird oder in denen es um die Frage des Engagements geht; letzteres wird nicht nur auf lateinamerikanischer Seite höchst unterschiedlich debattiert, sondern führt auch auf deutscher Seite zu aufschlussreichen Stellungnahmen vor dem historischen Hintergrund des Nationalsozialismus. Verschiedene Überlegungen zum Übersetzen erwecken Aufmerksamkeit ebenso wie die höchst engagierte Debatte über das Verhältnis der zeitgenössischen Literatur zur Tradition, die sich im Falle Lateinamerikas rasch auf das Erbe der indigenen Kulturen konzentriert. Sehr unterschiedliche Vorstellungen und interkulturelle Missverständnisse führen hier zu einer besonders lebhaften Debatte.

Umgekehrt sind beide Symposien auch bedeutsam in der Geschichte der literarischen Internationalisierung Westberlins in der Nachkriegszeit und nach dem Mauerbau. Jorge Locane zitiert in seinem Artikel eine wichtige Bemerkung von Albert Theile, dem Organisator des Kolloquiums 1962. Dieser schreibt im Rückblick:

> Diese Woche des Miteinander *[convivencia]* ermöglichte es unseren lateinamerikanischen Gästen, dieses Deutschland näher kennenzulernen, das nun, aus der Asche erstanden und offenen Geistes für alle Arten des Fortschritts, des Austauschs und der Freundschaft, die kühnsten intellektuellen Initiativen unserer Zeit fördert, ohne die Schätze der Philosophie, der Wissenschaft und Kunst beiseite zu lassen.[55]

Doch ganz gewiss war auch das Schicksal der gewaltsam geteilten Stadt Anlass dafür, dass so viele prominente Autor:innen die langwierige Anreise nach Westberlin auf sich nahmen. Der Kalte Krieg, den die „Frontstadt" so drastisch verkörperte, aber auch die Kuba-Krise war in den Debatten der Schriftsteller:innen stets präsent, wenn sie über Engagement, Toleranz, Ideologie und Freiheit oder über die Möglichkeiten einer Vermittlerrolle der Intellektuellen und der Literatur diskutierten. Hier prallten mehrmals entgegengesetzte Positionen aufeinander. Manche der Autor:innen hielten ihre politisch gefärbten Berlin-Erfahrungen auch in Form von Gedichten fest oder berichteten darüber in ihrer Korrespondenz. Umgekehrt ist für die deutsche Literaturgeschichtsschreibung interessant, wie die Schriftsteller Grass, Weissenborn und Schroers im

---

[55] Zs. Humboldt (Anm. 13), 4; vgl. auch Locane (Anm. 12), 385.

Jahre 1964 den lateinamerikanischen Kollegen die Situation der zeitgenössischen westdeutschen Literatur und die schwierige Frage des Engagements vor dem Hintergrund der nationalsozialistischen Vergangenheit zu erläutern suchten. Jorge Luis Borges schließlich, so könnte man sagen, rundete den Kreis dieser bemerkenswerten „Geselligkeit im Widerstreit" überraschend mit seinem Sonett *Spinoza* ab, das er in der Berliner Kongresshalle auswendig rezitierte – als poetische Hommage an den jüdischen Philosophen.

Die beiden historisch kaum wahrgenommenen Lateinamerika-Kolloquien kennzeichnen sich – so kann man schließen – durch ein Übermaß an höchst diversen Erwartungen, die nicht alle erfüllt wurden. Sie standen für die Internationalisierungspolitik der Bundesrepublik und Westberlins, konnten sich aber nicht nachhaltig ins öffentliche und fachliche Gedächtnis einschreiben. Ebenso entzogen sie sich durch ihre enorme Meinungsvielfalt einer möglichen Vereinnahmung durch bestimmte politische Diskurse und damit auch einer politischen Instrumentalisierung. Sie ermöglichten umgekehrt die Vernetzung höchst unterschiedlicher Persönlichkeiten aus Lateinamerika und in manchen Fällen auch den Beginn eines persönlichen Austauschs zwischen deutschen und lateinamerikanischen Schriftsteller:innen. Das wechselseitige Interesse wurde zwar teilweise durch massive interkulturelle Missverständnisse und komplexe Übersetzungsverhältnisse behindert, jedoch beherrschte die intellektuelle Neugierde zweifellos beide Treffen. Dem Literaturstandort Westberlin gaben beide Lateinamerika-Kolloquien auf unterschiedliche Weise neue internationale Impulse, auch wenn diese nur in Spuren überliefert sind und der weiteren historischen Bewertung harren. Noch heute, so bleibt festzuhalten, erstaunt die außergewöhnliche heterogene Prominenz der Tagungsgäste und der bewegten Debatten.

Valentina Di Rosa
„In der Situation des Radwechslers": Ingeborg Bachmanns Berliner Periode als Öffnung zu einer transnationalen Literaturpraxis

> Und der verändern wollende Dichter,
> wieviel steht ihm frei und wieviel nicht?[1]

Einleitung: Unterwegs zu einer transnationalen ‚Repräsentanz'

Versucht man Ingeborg Bachmanns Positionierung auf der geopolitischen Landkarte des geteilten Europas der frühen 1960er Jahre nachzuzeichnen, so ergeben sich gleich drei Trajekte und ein Ausgangspunkt. Als solcher gilt die Stadt Berlin, genauer gesagt: die spezielle Enklave West-Berlin, wo sich die Dichterin vom Frühjahr 1963 bis Ende 1965 zunächst als Stipendiatin der Ford Foundation aufhält. Es sind insgesamt fast drei Jahre, die im unmittelbaren Zeichen des Mauerbaus und der konsequenten Zuspitzung des Ost-West-Konflikts stehen und die auch für Bachmanns literaturpolitische Praxis nicht ohne Folgen bleiben:

> Daß Dichten außerhalb der geschichtlichen Situation stattfindet, wird wohl heute niemand mehr glauben – daß es auch nur einen Dichter gibt, dessen Ausgangsposition nicht von den Zeitgegebenheiten bestimmt wird. Gelingen kann ihm, im glücklichsten Fall, zweierlei: zu repräsentieren, seine Zeit zu repräsentieren und etwas zu repräsentieren, für das die Zeit noch nicht gekommen ist. (KS, 266–267)

Hatten bereits die *Frankfurter Vorlesungen* (1959/60) ihr Verständnis von Zeitgenossenschaft nachdrücklich pointiert, so betrachtet nun Bachmann die Eskalation der

---

[1] Ingeborg Bachmann: Frankfurter Vorlesungen. Probleme zeitgenössischer Dichtung, in: dies.: Werke, hrsg. von Christine Koschel und Inge von Weidenbaum, 4 Bde., München/Zürich 1978, Bd. 4, 182–271, hier: 197. (Im Folgenden werden Zitate aus dieser Edition mit der Sigle W sowie mit Band- und Seitenangabe direkt im Text nachgewiesen). Vgl. auch dies.: Kritische Schriften, hrsg. von Monika Albrecht und Dirk Göttsche, München/Zürich 2005, 268. (Im Folgenden werden Zitate aus dieser Edition mit der Sigle KS sowie mit Seitenangabe direkt im Text nachgewiesen).

Open Access. © 2021 Valentina Di Rosa, publiziert von De Gruyter. Dieses Werk ist lizenziert unter der Creative Commons Attribution-NonCommercial-NoDerivatives 4.0 International Lizenz.
https://doi.org/10.1515/9783110733495-005

Berlin-Krise als Movens zu einer gebotenen „Radikalisierung"[2] ihrer öffentlichen Stimme – und zwar eben in zweierlei Hinsicht: Auf der einen Seite drängt die tagespolitische Aktualität zu einer schonungslosen Diagnose des „Virus Europa" (KS, 392); auf der anderen gewinnt die Projektion auf einen ästhetisch-politischen Horizont der Transnationalität bzw. Transkulturalität als Kontrapunkt zur Spaltung des Kontinents einen eigenen, zunehmend gewichtigen Raum.

So führt das erste Trajekt im April 1963 in Zusammenhang mit dem Plan einer neu zu gründenden *Revue Internationale* nach Paris. Hervorgegangen war die Initiative zwei Jahre zuvor aus einem heterogenen Ensemble von Intellektuellen aus Frankreich, Deutschland und Italien, mit dem Ziel, im Spannungsfeld des Kalten Krieges einen neuen, länderübergreifenden Handlungsraum für die Literatur als Medium der Zeitkritik zu schaffen.

Im Nachhinein wird sich das Pariser Redaktionstreffen freilich als Auftakt zu einer endgültigen Auflösung der Gruppe erweisen. Als Kompromisslösung wird im März 1964 unter dem Titel *Gulliver* eine einzige sogenannte ‚Nullnummer' der geplanten Zeitschrift in Italien gedruckt, die relativ schnell als Bestätigung eines kollektiven Scheiterns ad acta gelegt werden wird. Davon, dass sich Bachmann zumal in der programmatischen Vorbereitungsphase an der vorderen Front engagiert, zeugt nicht zuletzt die Publikation ihres *Diario in pubblico*[3] – ein bis dato relativ wenig beachteter Essay, in dem sie zwischen Analyse und Vision eine entmystifizierende Lektüre der herrschenden Propaganda-Diskurse im geteilten Europa der Zeit artikuliert und zugleich eine eigene Bilanz über das pionierhafte Experiment jenes transnationalen Gegenentwurfs zieht.

Das zweite Trajekt führt Bachmann im Oktober 1964 nach Darmstadt anlässlich der Entgegennahme des Georg-Büchner-Preises. Aus der extraterritorialen Perspektive West-Berlins gestaltet sich eine solche Reise nicht nur wegen der ideologischen Distanz von den restaurativen Tendenzen der Bundesrepublik der Adenauerära als eine Reise nachgerade in die Fremde.

In diesem Sinn bietet sich in ihren Augen der fest ritualisierte Akt der Dankesrede als passende Gelegenheit, das institutionelle Auditorium mit einer frontalen Abrechnung mit der tabuisierten „Beschädigung" Berlins (TKA I, 190) zu konfrontieren, die hier als „Konsequenz auf die Konsequenz" (ebd.) in enger Verkettung mit der unverarbeiteten Nazivergangenheit offen thematisiert wird. Indem sie sich in der Rolle eines außenstehenden „Ortsfremde[n]" (TKA I, 232) programmatisch zu erkennen gibt,

---

[2] Ingeborg Bachmann: „Todesarten"-Projekt. Kritische Ausgabe, hrsg. von Monika Albrecht und Dirk Göttsche unter Leitung von Robert Pichl, 5 Bde., München/Zürich 1995, Bd. 1, 232 (Im Folgenden werden Zitate aus dieser Edition mit der Sigle TKA sowie mit Band- und Seitenangabe direkt im Text nachgewiesen).

[3] Ingeborg Bachmann: Diario in pubblico, in: Gulliver / il menabò. Una rivista internazionale 7 (1964), 262–274 (für die deutsche Originalfassung vgl. KS, 378–395).

fokussiert die Dichterin mit entsprechend unbequemem Gestus die Mauerstadt als einen Ort für „Zufälle" beziehungsweise als neuralgischen Schauplatz einer kollektiven Verdrängung, um dann im Hier und Jetzt ihrer Ansprache gleichsam eine Wiederkehr des Verdrängten literarisch zu inszenieren. Leitendes Credo: „Die Wahrheit ist dem Menschen zumutbar". (KS, 246–248)

Das dritte Trajekt bezieht sich auf die Reise, die Bachmann zwischen Januar und März 1964 jenseits des Eisernen Vorhangs nach Prag unternimmt – eine ‚Winterreise' in die ehemalige Tschechoslowakische Sozialistische Republik, wo sich ein neues Klima der ideologischen Lockerung als Auftakt zum kurzen ‚Frühling' der politischen Reformen bereits ankündigte und die Stadt Prag als solche nach Meinung vieler internationaler Beobachter noch einen der hoffnungsträchtigen Orte Europas repräsentierte.

Diese Reise führt Bachmann zugleich in eine verlorene Welt von affektiven Erinnerungsspuren und literarischen Resonanzen, die in direkter Relation mit der Entstehung eines ihrer berühmtesten Gedichte steht: *Böhmen liegt am Meer*. Seit Shakespeares *Winter's Tale* wandert bekanntlich das prominente Phantasiebild als mächtige Suggestion im kulturellen Gedächtnisarchiv Europas und Bachmann nimmt es hier gerne als Motiv auf, um eine eigene, subjektiv gefärbte und zugleich politisch konnotierte mitteleuropäische Kartographie zu entwerfen.

Ist die Rede in Darmstadt gleichsam als ‚Export' einer unheimlichen Berlin-Dystopie nach Westdeutschland intendiert, so entfaltet das Böhmen-Gedicht die Implikationen einer umgekehrten Denkbewegung, nämlich die versöhnende Imagination eines poetisch-politischen Territoriums, wo ein friedliches, austauschorientiertes Miteinander von Sprachen, Kulturen, Identitäten in utopischer Gestalt Konturen gewinnt.

Hier wird bereits eine gedankliche Nähe zum Programm der *Revue* erkennbar, wobei der transnationale Charakter des Zeitschriftenprojekts an sich einen besonders aufschlussreichen Zusammenhang darstellt, um Bachmanns Engagement der Berliner Jahre näher zu beleuchten. Ein roter Faden durchzieht nämlich die drei nur scheinbar disparaten Interventionsfelder. Ein ‚Tagebuch', eine Rede, ein Gedicht: In allen drei Fällen meldet sich Bachmann als österreichische Staatsbürgerin und zugleich deutschsprachige Autorin an der Schnittstelle zwischen nationalen und transnationalen Diskursordnungen zu Wort, indem sie die weltpolitische Konstellation ihrer Gegenwart direkt adressiert und dabei eng korrelierte literaturpolitische beziehungsweise literaturästhetische Kategorien ansetzt: Berlin und Europa, Deutschland und Mitteleuropa sowie, obzwar zwischen den Zeilen, Österreich.

„Verlaufen auf diesem Planeten":
Zu Gast in der geteilten Stadt

Als gebürtige Kärntnerin wohnt Bachmann zum Zeitpunkt des Berliner Stipendiums nach mehreren Reisen und provisorischen Aufenthalten – u. a. in Wien, Paris, München, New York, Neapel, Ischia – zwischen Rom und Zürich.[4]

Öfters im Lauf der darauffolgenden Jahre wird sie ein solches „Vagabunden"-Dasein oder gar „Doppelleben"[5] als literarisch bedingte Strategie thematisieren, die es ihr ermögliche, den nötigen Abstand von ihrem Herkunftsland zu wahren. Denn mit Österreich, zumal mit der Hauptstadt Wien, unterhalte sie von Jugend auf ein höchst ambivalentes Verhältnis. Sie nennt es symbolisch „Exil" (W I, 153), gelegentlich „Haßliebe" (GuI, 106), wodurch ein subtil verwobenes Geflecht von literarischen Motiven und Phantasmen mobilisiert wird. Dazu gehören nicht nur die traumatischen Erfahrungen des Nationalsozialismus und des Krieges, sondern auch die aktualitätsbezogenen Reflexe einer solch rezenten Vergangenheit: die Last der Schuldfrage, die kollektiven Tabuisierungs- und Verdrängungsmechanismen, das Bewusstsein über die latente Kontinuität des Faschismus in der Gegenwart der Nachkriegszeit.

Bekanntlich repräsentiert für Bachmann der Einmarsch der Hitlertruppen in Klagenfurt eine markante biographische Zäsur,[6] die sie, wie die meisten Literaten der ‚Auschwitz-Generation', als moralisch verpflichtenden Ausgangspunkt ihrer Autorschaft versteht – darin liegt die Matrix einiger ihrer prägnantesten Gedichtzeilen, die im restaurativen Klima der 1950er Jahre widerhallen: „Der Krieg wird nicht mehr erklärt, / sondern fortgesetzt [...]"; „Sieben Jahre später, / in einem Totenhaus, / trinken die Henker von gestern / den goldenen Becher aus". (W I, 44 und 46)

Mittlerweile, im Alter von 37 Jahren, ist Bachmann als erste Stipendiatin der Ford Stiftung eine durchaus renommierte, mehrfach preisgekrönte Autorin, die bereits fast am Höhepunkt ihrer literarischen Karriere angelangt ist. Ihrer steigenden Reputation entspricht eine steigende Popularität im Medienpanorama, die sich spätestens, seit ihr im Sommer 1954 das Titelbild des *Spiegel* gewidmet wurde, weit über die Kreise des Literaturbetriebs erstreckt.

---

4 „Verlaufen auf diesem Planeten" in: Ingeborg Bachmann: „Ich weiß keine bessere Welt". Unveröffentlichte Gedichte, hrsg. von Isolde Moser, Heinz Bachmann, Christian Moser, München/Zürich 2000, 131.

5 Ingeborg Bachmann: Wir müssen wahre Sätze finden. Gespräche und Interviews, hrsg. von Christine Koschel und Inge von Weidenbaum, München 1983, hier: 39 und 65. (Im Folgenden werden Zitate aus dieser Edition mit der Sigle GuI sowie mit Seitenangabe direkt im Text nachgewiesen).

6 Zur literarischen (Re-)Konstruktion dieser „Urszene" vgl. u. a. Sigrid Weigel: Ingeborg Bachmann. Hinterlassenschaften unter Wahrung des Briefgeheimnisses, Wien 1999, 317; Monika Albrecht: Nationalsozialismus, in: Monika Albrecht, Dirk Göttsche (Hrsg.): Bachmann-Handbuch. Leben – Werk – Wirkung, Stuttgart, Weimar 2020, 269–278.

Das Porträt der „deutschen" Dichterin als junge Frau in Rom ist ein vielzitiertes zeittypisches Dokument, das sich unter anderem als Beitrag zur Aufwertung des geistigen Klimas der BRD nach 1945 liest. Es ist in diesem Kontext, dass das existentialistisch anmutende, berühmt-berüchtigte Bild des „möblierte[n] Mädchen[s]" geprägt wird – allerdings nicht ohne männliches Pendant, denn im Sinne der distinktiven „Unbehaustheit" einer ganzen Generation von „arme[n]" Poet:innen „in der Dachkammer" ist noch parallel die Rede, obgleich in subordinierter Stellung, vom Dichterkollegen (und "unbeamtete[n] Universitäts-Dozent") Walter Höllerer, der ein ebenso „ruhearmes Untermieter-Dasein" führe.[7]

Was abseits solch geradezu karikaturistischer Skizzierungen Bachmann und Höllerer seit ihrer ersten Begegnung bei der Gruppe 47 tatsächlich mit einander verbindet, ist neben der römischen Familiarität eine freundliche, in siezender Form gehaltene Briefkorrespondenz, in der neben spielerischen Anreden und augenzwinkernden Bemerkungen (nicht zuletzt zu den Bedingungen für „behauste Lyrik"[8]) ästhetische Affinitäten und gemeinsame Projekte besprochen werden.

Was seine eigene Karriere und seinen Wohnsitz anbelangt, wird Höllerer 1959 nach einer akademischen Assistenz in Frankfurt am Main als Germanistikprofessor an die Technische Universität Berlin berufen und sich von da an – dank seiner versierten Rollenpluralität als Lyriker, Akademiker, Zeitschriftgründer bzw. -herausgeber – als einer der wichtigsten Akteure des Berliner Literaturlebens behaupten, der das kulturelle Klima der Stadt sowie der BRD entscheidend und langfristig mitprägen sollte.

Bachmann ist in diesem Rahmen eine wichtige wahlverwandte Komplizin der ersten Stunde. Noch vor der Einführung des Förderprogramms *Artists in Residence* der Ford-Stiftung lädt Höllerer sie nach Berlin zu zwei der programmatischen Veranstaltungen ein, mit denen er auf eine grundsätzliche Transformation der Literaturpraxis abzielt.

Die erste Edition der Lesereihe *Literatur im technischen Zeitalter*, an die er die Gründung sowohl der Zeitschrift *Sprache im technischen Zeitalter* als auch des gleichnamigen Instituts anknüpft, findet im Januar 1960 als offenes Event in den Gebäuden der Technischen Universität statt und wird zu einem sensationellen Erfolg, zu dem die Präsenz von Bachmann als Ko-Protagonistin des Eröffnungsabends zusammen mit

---

[7] Vgl. Klaus Wagner: Stenogramm der Zeit. Gedichte aus dem deutschen Ghetto, in: Der Spiegel 34 (August 1954), 26–29, hier: 28. Vgl. dazu u. a. Ulrike Draesner: Möblierte Mädchen, in: Reinhard Baumgart, Thomas Tebbe (Hrsg.): Einsam sind alle Brücken. Autoren schreiben über Ingeborg Bachmann, München 2001, 124–137; Wilhelm Hemecker, Manfred Mittermayer (Hrsg.): Mythos Bachmann. Zwischen Inszenierung und Selbstinszenierung, Wien 2011.

[8] Helmut Böttiger: Elefantenrunden. Walter Höllerer und die Erfindung des Literaturbetriebs. Unter Mitarbeit von Lutz Dittrich. Berlin 2005, 57. Siehe auch: Achim Geisenhanslüke, Michael Peter Hehl: Poetik im technischen Zeitalter. Walter Höllerer und die Entstehung des Literaturbetriebs, Bielefeld 2013.

dem Schweizer Schriftsteller Max Frisch aktiv beiträgt.[9] Ähnliches gilt für die zweite Edition, die ab November 1961 zu einer internationalen Erweiterung des Konzepts führt und diesmal durch einen Soloauftritt von Bachmann in der Kongresshalle inauguriert wird – aufgrund ihrer offiziellen Staatsangehörigkeit gilt sie in diesem Rahmen als Stimme aus dem Ausland, so wissen mittlerweile auch die Journalist:innen sie mit differenzierender Apostrophe als „jugendliche First Lady der deutschsprachigen Dichtung" zu feiern.[10]

Betrachtet Höllerer sein experimentelles Programm als Chance „einiges neu zu sehen, einiges zu verändern – "[11], so bleiben die Formel der direkten Interaktion mit Autor:innen sowie der Anspruch auf eine Erweiterung des sozialen Wirkungsradius der Künste bestimmende Qualitäten seiner kulturellen Regie, die auch in der parallelen Gründung des Literarischen Colloquiums Berlin ihre wirksame Anwendung finden. Im Dialog mit dem „Mann mit den Millionen"[12] alias Shepard Stone, Direktor der Abteilung für internationale Angelegenheiten der Ford Foundation, weiß Höllerer die amerikanischen Geldquellen für die eigenen Pläne fruchtbar zu machen – er ist vermutlich auch mehr oder minder direkt beteiligt an der Auswahl von wenigstens einigen der Kandidat:innen des Programms *Artists in Residence*.[13]

Während sein optimistischer Unternehmungsgeist auf den kulturellen Nachholbedarf der Westberliner setzt, sorgt allerdings insbesondere die düstere Stimmung der ersten Mauerjahre für ein eher negatives Feedback seitens der meisten Neuankömmlinge.[14] Bachmanns Fall als erste Stipendiatin der Reihe ist jedoch anders: Zugleich „dankbar und undankbar" wegen des „kleinen Geldregens" (KS, 481), ist sie sich von Beginn an ihrer besonderen Situation bewusst, spielt doch bei ihr die österreichische Provenienz im Sinne der belastenden Erinnerung an die verwandte Geschichte eine maßgebliche Rolle.

Bereits bei ihrem ersten Aufenthalt im Herbst 1961 war nicht von ungefähr unter dem Stichwort *Sterben für Berlin* die bedrückende Atmosphäre der Stadt zum Inspirationsstoff eines unvollendeten Prosaentwurfs geworden. Verweist der Arbeitstitel der Erzählung auf die Aktualität eines *Spiegel*-Artikels, in dem die

---

9 Böttiger (Anm. 8), 125 ff.
10 Ebd., 128.
11 Ebd., 132.
12 Ebd., 168.
13 Inwiefern Höllerer bei der Einladung Bachmanns mitgewirkt haben mag, ist nicht ganz eindeutig zu eruieren. Zur transatlantischen Kulturpolitik der USA mit Schwerpunkt Deutschland vgl. u. a. Jan Bürger: The Kissinger Boys. Von der Harvard Summer School zur Suhrkamp Culture. In: Zeitschrift für Ideengeschichte XI/4 (2017), 5–18. Siehe auch: Ingeborg Bachmann, Hans Magnus Enzensberger: „schreib alles was wahr ist auf". Der Briefwechsel, hrsg. von Hubert Lengauer, München/Berlin/Zürich 2018, 294.
14 Vgl. Cornelia Jacobsen: „Halbzeit bei der Ford-Stiftung. Warum viele der eingeladenen Künstler in Berlin unzufrieden sind", in: Die Zeit 40 (02.10.1964).

"Wahrscheinlichkeit eines Heißen Krieges" aus der Sicht der amerikanischen Soldaten „für den Ernstfall"[15] geschildert wird, so transformiert Bachmann hier die militärische Valenz des Todesbildes in eine Anspielung auf das psychosomatische Syndrom ihres Protagonisten, eines Fremden auf Berufsreise, der direkt bei der Landung am Flughafen Tempelhof „Anzeichen von Verwüstung, von Unglücklichsein" (TKA I, 77) spürt. Die gerade erst gebaute Mauer wirkt sich als subkutane Verhaltensstörung aus, so dass der Mann nicht einmal in der Lage ist, aus dem Fenster zu schauen und überhaupt etwas zu sehen: „c'est toujours la brume" – einziger Ausweg, der ihn mangels praktikabler Alternativen als utopische Rettungsphantasie zu trösten scheint: „eine Megatonne Zärtlichkeit über der Stadt auszulösen". (TKA I, 75)

„Europäisch denken?": Konzeption und Programmatik einer „non-*revue*"

Als Bachmann im April 1963 zusammen mit dem Schriftstellerkollegen Uwe Johnson und dem Suhrkamp-Lektor Walter Boehlich nach Paris fährt, ist das europäische Projekt der *Revue internationale* bereits in eine kritische Phase geraten. Die spielerische Inversion „non-*revue*"[16] stammt in diesem Zusammenhang vom italienischen Schriftsteller Francesco Leonetti, einem der drei Mitglieder des trilateralen Redaktionskollegiums, als kritische Bilanzierung der sich lange hinziehenden Phase der Entwürfe und programmatischen Thesen, die sich ab einem bestimmten Punkt in einer selbstreferentiell unproduktiven Dynamik – Denken anstatt Handeln – verfahren haben, wodurch das konkrete Ziel der Zeitschriftengründung verfehlt worden sei.[17]

Etliche Archivdokumente, die im Lauf der letzten zwei Jahrzehnte erschlossen wurden, gewähren inzwischen Einblick in die Stationen dieser noch relativ wenig erforschten Unternehmung und liefern eine interessante Vorlage für eine retrospektive Anerkennung ihres pionierhaften transnationalen Charakters.[18]

---

15 Stewart Alsop: „Sterben für Berlin. Die Frontstadt-Planer des Weißen Hauses", in: Der Spiegel 47 (1961), 73–79, hier: 73.
16 KS, 388 und Francesco Leonetti: Brief an Elio Vittorini vom 12.11.1963, zit. nach: Maria Temperini (Hrsg.): Gulliver. Carte Vittorini in Europa nel Sessanta (1961–1967), Milano/Lecce 2000, 127–130, hier: 130; sowie ders.: Una rivista internazionale. Osservazioni, in: Gulliver / il menabò (Anm. 3), IX–XVI.
17 Ebd.
18 Neben den Primärquellen, (die unter dem Titel *Dossier de la Revue internationale* in: Lignes 3 (1990), hrsg. von Michel Surya, 159–301, zu lesen sind), siehe insbesondere: Anna Panicali (Hrsg.): *Gulliver*. Progetto di una rivista internazionale, Milano 2003; Henning Marmulla: Internationalisierung der Intellektuellen? Möglichkeiten und Grenzen einer „commonauté internationale" nach dem Algerienkrieg, in: Ingrid Gilcher-Holtey (Hrsg.): Zwischen den Fronten. Positionskämpfe europäischer Intellektueller im 20. Jahrhundert, Berlin 2006, 179–200; Roman Schmidt: Die unmögliche

Faszinierend wirkt bis heute nicht nur das eklektische Gruppenbild der illustren Protagonist:innen,[19] sondern auch der ursprünglich durchaus konstruktive, undogmatische Elan aller Beteiligten: eine allgemeine Unzufriedenheit mit dem Status Quo, ein marxistisch geschulter Blick auf die globalen Auswirkungen der Dekolonialisierung und Entstalinisierung im Spannungsfeld des Kalten Kriegs, ein intuitives Bewusstsein über Ansprüche und Widersprüche ihres literaturkritischen Vorhabens und dennoch eine kollektive Bereitschaft, intellektuelle Energien in die gemeinsame Sache zu investieren – Maurice Blanchot, dem sich der erste programmatische Schritt verdankt, hatte von vornherein den intrinsischen Fluchtpunkt des Wagnisses signalisiert: „et, ci c'est une utopie, accepter d'échouer utopiquement".[20]

Als Initialzündung gilt 1960 die Solidaritätsaktion um das sogenannte *Manifest der 121* beziehungsweise die *Déclaration sur le droit à l'insoumission dans la guerre d'Algerie*, welche als politische Unterstützung des algerischen Volks in seinem Unabhängigkeitskrieg gegen Frankreich eine breite Resonanz auf europäischem Boden auslöst. Es ist der Geist dieses kollektiven Aktionismus, in dem Blanchot das entsprechend günstige Terrain für die Gründung eines neuen Organons jenseits der konsolidierten Formel der *littérature engagé* erblickt. Was ihm als Erbe der surrealistischen Avantgarde und Anhänger der romantischen Tradition vorschwebt, ist die experimentelle Suche nach neuen Ausdrucks- und Kommunikationsmodalitäten über die Nationalgrenzen hinaus, wobei zwei komplementäre Prioritäten im Mittelpunkt seines Programms stehen – zum einen die Betrachtung der Aktualität („le cours des choses", „die Chronik der Zeit");

Gemeinschaft. Maurice Blanchot, die Gruppe der rue Saint-Benoît und die Idee einer internationalen Zeitschrift, Berlin 2009; Silvia Cavalli: An International „Non-*revue*". Cultural Conflict and the Failure of *Gulliver* (1964), in: Journal of European Periodical Studies 3/1 (2018), 67–80; Christian Luckscheiter: Das transnationale Zeitschriftenprojekt *Gulliver* – und sein Scheitern an nationalen Akzenten, in: Michael Peter Hehl, Heribert Tommek (Hrsg.): Transnationale Akzente. Zur vermittelnden Funktion von Literatur- und Kulturzeitschriften im Europa des 20. Jahrhunderts, Berlin u. a. 2021.

19 Zur Redaktion zählen 1963 nach Angabe von Leonetti (in alphabetischer Ordnung) Robert Antelme, Ingeborg Bachmann, Maurice Blanchot, Michel Butor, Italo Calvino, Louis-René des Forêts, Hans Magnus Enzensberger, Günter Grass, Helmut Heißenbüttel, Uwe Johnson, Michel Leiris, Francesco Leonetti, Dionys Mascolo, Alberto Moravia, Maurice Nadeau, Pier Paolo Pasolini, Geneviève Serreau, Elio Vittorini, Martin Walser. Vgl. Francesco Leonetti: *Gulliver*, una rivista internazionale non compiuta nell'inizio degli anni '60, in: Che fare 8/9 (1971), 327–329. Siehe auch: Schmidt (Anm. 18), 75, der insgesamt 22 Autorennamen auflistet. An der programmatischen Phase beteiligt sich auch der polnische Philosoph Leszek Kolakowski. Der Plan Blanchots ist allerdings von vornherein, weitere Mitarbeiter:innen sowohl aus den osteuropäischen Ländern als auch aus dem anglo-amerikanischen und spanischsprechenden Bereich zu gewinnen. Vgl. Maurice Blanchot: Textes préparatoires, lignes, définitions de la *Revue internationale* in: Lignes (Anm. 18), 179–191, hier: 186.

20 „und falls es sich um eine Utopie handelt, müssen wir hinnehmen, auf utopische Weise zu scheitern". (Übersetzung von V.D.R.) Vgl. Blanchot, Textes préparatoires, in: Lignes (Anm. 18), 179–191, hier: 180.

zum anderen die literarische Praxis („l'écriture, „die Schreibweise") in ihrer doppelten Funktion als sprachästhetisches und sprachkritisches Verfahren.[21]

Die Präsenz von Autoren wie Michel Butor, Dyonis Mascolo und Robert Antelme an Blanchots Seite zeugt von der Nachbarschaft seiner ideologischen Orientierung einerseits mit den antizipierend dekonstruktiven Tendenzen des *nouveau roman*, andererseits mit dem heterodoxen Spektrum der antifaschistischen Militanz im Zweiten Weltkrieg, und im Besonderen mit der sogenannten Gruppe der Rue de Saint Benoît, (die Pariser Adresse von Marguerite Duras), die sich in den selben Jahren als Synonym für eine künstlerische Enklave am Rande der kommunistischen Parteizugehörigkeit konsolidiert hatte.[22]

Eine der ersten Brücken wird dank der persönlichen Freundschaft zwischen Blanchot und Elio Vittorini nach Italien geschlagen. Als Hauptrepräsentant der italienischen Gruppe kommt Vittorini selber aus der Erfahrung des Widerstands gegen den Nazifaschismus und spielt in der kulturellen Landschaft in den 1950er und frühen 1960er Jahre nicht nur dank diesem symbolischen Kapital eine entscheidende Rolle, sowohl als Autor einer innovativen Literatur jenseits des vorherrschenden neorealistischen Kanons wie auch als einflussreicher Verlagsredakteur und Zeitschriftenherausgeber.

Sein Memorandum zur Realisierung der *Revue* erweist eine bedeutsame Kontinuität mit dem Programm, das er zusammen mit Italo Calvino als Mitherausgeber der Zeitschrift *il menabò* (1959–1967) erarbeitet hatte, und sorgt im Dialog mit den französischen und deutschsprachigen Kolleg:innen für eine dezidierte Akzentuierung der sozialkritischen Aspekte des gemeinsamen Vorhabens. Sein Schwerpunkt liegt dabei auf der angestrebten Neubestimmung von Funktion und Rolle des Intellektuellen in den neokapitalistischen Gesellschaften der Nachkriegszeit. Angesichts der tiefgreifenden, durch das Wirtschaftswunder bedingten sozio-anthropologischen Transformationen erweist sich das Medium Literatur in seinen Augen als einzig kreativer Gegenentwurf zur Standardisierung der Sprache, die mit der durch den Wohlstand bedingten Standardisierung der Denk- und Lebensmodelle einhergehe: „Par rapport aux divers langages culturels, du langage politique au langage mathématique, le langage littéraire a du reste l'avantage d'être le seul global. Tous les autres langages culturels sont séparatises. Le littéraire seul est unitaire".[23]

In einer zunächst durchaus kompatiblen Nähe zu Blanchot und Vittorini steht auch Enzensbergers Anspruch auf eine Neudefinition der Kulturkritik im Rahmen des Strukturwandels der damit verknüpften Medien- und Konsumkultur. Sein Plädoyer

---

21 Ebd.
22 Vgl. im besonderen Schmidt (Anm. 18), 40 ff.
23 „Im Vergleich zu anderen Sprachmedien – wie jene der Politik oder der Mathematik – hat das literarische Sprachmedium als einziges den Vorteil, global zu sein. Alle anderen kulturellen Sprachmedien sind sezessionistisch. Das literarische ist das einzige einheitliche Sprachmedium". (Übersetzung von V.D.R.) Vgl. Elio Vittorini: Contribution à un projet de préface pur une revue internationale, in: Lignes (Anm. 18), 204–208, hier: 207–208.

für das agile Kommunikationsformat der „recension" liest sich in direkter Relation mit den parallel erarbeiteten Thesen zu den vorherrschenden Mechanismen der Bewusstseinsindustrie[24]:

> es besteht kein grund, die politik den leitartikeln, die reportage den reportern, jedes gebiet den zuständigen fachleuten zu überlassen ... fiction und non-fiction sollen ebenbürtig nebeneinandertreten, ein neues gedicht neben die analyse eines neuen automodells, ein essay über arzneimittelwerbung neben ein hörspiel ... wie gemeinhin nur romane, so sollen hier häuser, sechstagerennen, supermärkte, industriekonzerne, käsesorten, professoren, fernsehstars, kurz es soll realität rezensiert werden.[25]

Bestimmend für die Konnotation der spezifischen Identitätsmerkmale der deutschen Gruppe, in deren Namen Enzensberger spricht, ist dabei das Generationenporträt, das er durch einen lakonischen Verweis auf den gemeinsamen ästhetischen und zugleich politischen Erfahrungshintergrund einprägsam skizziert: die langfristige Hypothek der deutschen Geschichte, die befürchtete Isolation in einer provinziellen Enge und – als symbolisches Memento – die spektrale Topographie der ehemaligen Hauptstadt mit dem Niemandsland ihrer leeren Mitte: „la Place de Potsdam".[26]

So markiert spätestens ab August 1961 das Ereignis des Mauerbaus als akute Dramatisierung der europäischen Krisenlage eine Wende in der internen Diskussion des trilateralen Redaktionskomitees. Im Sinne der anvisierten ‚Chronik der Zeit' avanciert die Stadt Berlin nicht nur in den Augen Blanchots zum konkreten Ort des historischen Präsens, in dem sachliche und metaphorische Implikationen, Diskurs und Metadiskurs faktisch in eins zu fallen scheinen.

Inwieweit jedoch die Fragmentierung der Welt zu einer konsequenten Fragmentierung der Schreibweise führen soll, wird relativ schnell zur kontroversen Materie von ideologischen Auseinandersetzungen, in denen insbesondere die Divergenzen zwischen der deutschen und der französischen Gruppe zum Ausdruck kommen.[27]

---

[24] Hans Magnus Enzensberger: Gulliver (1961–1963), in: ders.: Meine Lieblings-Flops, gefolgt von einem Ideen-Magazin, Berlin 2011, 120–127, hier: 120. Hier zitiert Enzensberger das deutsche Originaldokument aus seinem Archiv. (Vgl. ders.: Possibilité et nécessité d'une nouvelle revue, in: Lignes [Anm. 18], 192–195, sowie ders: Einzelheiten I. Bewußtseins-Industrie, Frankfurt a. M. 1962.)
[25] Enzensberger, Gulliver (Anm. 24), 124–126.
[26] Enzensberger, Possibilité et nécessité, in: Lignes (Anm. 18), 192.
[27] Die intensivste Vorbereitungsphase liegt zwischen Ende 1961 und Ende 1962. Ab 1962 leisten die drei Autoren Francesco Leonetti, Uwe Johnson, Louis René de Forêst im Hinblick auf die Publikation der ersten Nummer die gesamte Koordinationsarbeit. So kündigen im Sommer 1962 sowohl *The Observer* in England als auch *Der Spiegel* in Deutschland die baldige Erscheinung einer neuen Europa-Zeitschrift an, und zwar als gemeinsame Initiative von drei Verlagen: in Deutschland Suhrkamp, in Frankreich Gallimard, in Italien Einaudi, die jeweils drei verschiedene Editionen in den drei Sprachen garantieren sollen. Nach einer eher schwierigen Verhandlungsphase, in der sich die Positionen definitiv auseinander zu entwickeln scheinen – nicht zuletzt wegen des Rücktritts von Gallimard, der durch den Verlag Julliard ersetzt wird – bahnt sich mit dem Jahreswechsel 1962/1963 eine neue kons-

Davon, dass tendenziell grundverschiedene, mitunter gar unversöhnliche Ideen- und Stiltraditionen unter dem selben Dach zu koexistieren versuchen, zeugt der geradezu diffizile Gestaltungsprozess der ersten Nummer – und dies nicht nur im Hinblick auf die zusammenzustellenden Inhalte, sondern auch mit Bezug auf die Titelsuche; so soll nach Meinung der trilateralen Gruppe erst recht der Zeitschriftenname eine „transnationale" semantische Wirkung zu erzeugen wissen.[28]

Während die französischen Vorschläge (darunter ‚Discourses', ‚L'autre revue') auf die Priorität des methodischen Ansatzes anspielen, kommen als Alternativoptionen von deutscher Seite eher „allgemein bedeutende" Ortsnamen (darunter ‚Potsdamer Platz', ‚Provinz', ‚Guernica'), die zwischen den Zeilen den Fokus auf die Implikationen der deutschen Gegenwart und Geschichte umlenken. Die Italiener, die sich in dem sich allmählich zuspitzenden deutsch-französischen Disput in einer Zwischenposition sehen, neigen eher zu einer schlichten Zahlenangabe („I 60"), die sich sowohl als Definition des laufenden Jahrzehnts, als auch als Rückbesinnung auf das lateinische *sexaginta* – im übertragenen Sinn ein Wort für ‚Pluralität' – deuten lassen könne. Zum Schluss einigt man sich, wenn auch nicht mit einheitlichem Enthusiasmus – Bachmann etwa findet die Lösung „fatal" –, auf die durch Günter Grass suggerierte Chiffre *Gulliver*, welche die sachliche Disproportion „zwischen intellektueller Arbeit und bürgerlicher Macht" (Leonetti) veranschaulichen soll.[29]

---

truktive Phase an. Es ist in diesem Zusammenhang, dass die zwei Treffen – das erste im Januar 1963 in Zürich, das zweite im April 1963 in Paris – geplant werden. Vgl. hierzu insbesondere Anna Panicali: Cronaca attraverso le lettere (1960–1966), in dies.: *Gulliver* (Anm. 18), 17–55 sowie Uwe Johnson, Siegfried Unseld: Der Briefwechsel, hrsg. von Eberhard Fahlke und Raimund Fellinger, Frankfurt a. M. 1199, 1094–1136.

28 Zur terminologischen Differenz zwischen den beiden Kategorien „international"/„transnational" vgl. insbesondere Schmidt (Anm. 18), 72 ff. Als „Verhandlungssprache" der Redaktionsgruppe gilt Französisch, insofern die programmatischen Thesen zur *Revue* auf Französisch zirkulieren. Uwe Johnson verwendet gelegentlich (vermutlich als deutsche Übertragung des französischen Adjektivs „supernational") den Terminus „übernational". Vgl. Johnson, Unseld (Anm. 27), 1127.

29 Vgl. Eberhard Fahlke: Ein namenloses Projekt mit vielen Namen, in ders.: „Un vocabolo tedesco". Uwe Johnsons deutscher Beitrag zum Projekt einer europäischen Zeitschrift, in: Sprache im technischen Zeitalter 114 (1990), 108–115, hier: 108–111; Francesco Leonetti: Una rivista internazionale, in: Gulliver/il menabò, [Anm. 4], XVI und ders.: Appunti di lavoro di Vittorini nella preparazione redazionale della rivista *Gulliver* (1961–1963), in: Il Ponte XXIX/ 7–8 (1973), 1172–1178, hier: 1174; Alexander Karasek: *Mein Gulliver*. Zu einem Gedichtentwurf von Günter Grass, in: Sinn und Form 3 (2007), 393–397. Grass selbst verfasst ein einschlägiges programmatisches Gedicht *Mein Gulliver*, in dem die satirische Ader Swifts ihm dazu dient, durch eine paradoxe Rollen- und Sinnumkehr dem „Zwergenstolz" Ausdruck zu verleihen und dabei am Beispiel des Wortes „Schustertunke" die prinzipielle Unübersetzbarkeit der Dialekte zu versinnbildlichen (ebd., 394–395). In der Tat, wie Karasek anmerkt, fehlt in der italienischen Übertragung des Gedichts die entsprechende Strophe – „Lost in translation" (ebd. 395; vgl. Leonetti: Una rivista internazionale, in: Gulliver/il menabò [Anm. 3], XVI].

In der Redaktionskonferenz von Paris meint Johnson, entsprechend der zunehmenden Uneinigkeiten eine generelle „Glaubensschwäche hinsichtlich der Lebensfähigkeit" des Projekts zu registrieren.[30]

Zur Debatte steht die Auswahl der Beiträge für das erste *Gulliver*-Heft, mit einem besonderen Bezugnahme auf die „Fragmentideologie" Blanchots sowie der anderen französischen Texte, denen zumal nach der Lesart der deutschen Gruppe ein spekulativer und insofern allzu elitärer Hermetismus vorgeworfen wird. Entlang solch konfliktueller Argumente entfaltet sich eine zwei Tage lange Diskussion, die sowohl im minutiösen Protokoll Johnsons ihren Niederschlag findet, („Viel Wortwechsel wurde hervorgerufen durch Missverständnis der Worte INDIREKT, ABSTRAKTION [...].")[31] als auch in den knappen Notizen Bachmanns: „Sehr unglücklich, daß derartige Diskussion möglich. Indirekt, direkt, abstrakt, konkret. Ebenso gegenseitige Versicherungen, daß man Zeit investiert und Mühe, unter Erwachsenen nicht anders möglich. Tragischer échec". (KS, 397)[32]

Die endgültige Montage des Hefts, das von Vittorini und Calvino in der von ihnen herausgegebenen Zeitschrift *il menabò* als „Känguru-Nummer"[33] aufgenommen wird, bietet eine anthologische Synthese der zeit- und sprachkritischen Philosophie/n der trilateralen Gruppe, welche in dieser geradezu einmaligen Publikationsform ein sehr interessantes Kapitel der Kulturgeschichte der frühen 1960er Jahre darstellen.

Das Spektrum der Themenkomplexe und Fragehorizonte erweist sich als äußerst disparat, allerdings deswegen nicht weniger denkwürdig: So reicht die Spannbreite (um nur ein paar Beispiele zu erwähnen) von der sowjetischen Eroberung des Weltalls (Maurice Blanchot) bis zur Urbanisierung der ruralen Gesellschaften Italiens (Giorgio Bocca), von der Stellung Oedipus' zwischen Sophokles und Freud (Roland Barthes) bis zu den dialektalen Verhältnissen in den Vororten Roms (Pier Paolo Pasolini), von der Dialektik des Verrats im Kontext von Politik und Verbrechen (Hans Magnus Enzensberger) bis zum ästhetischen Wert der Ruinen (Jean Starobinski), von den Literaturprogrammen im Fernsehen (Louis-René des Forêts) bis zur lähmenden Wirkung des Wohlstands auf den sozialen Antagonismus (Italo Calvino).

---

30 Spätestens ab Dezember 1962 macht Johnson in seinen Berichten kein Hehl aus seinem Misstrauen gegenüber den französischen Kollegen. Vgl. Johnson, Unseld (Anm. 27), 1114 ff.

31 Ebd., 1123–1135, hier: 1125.

32 Es ist dies auch der Punkt, an dem Enzensberger aussteigt. Das Projekt rubriziert er in seiner Autobiographie unter dem Stichwort „versuch einer antizipation *à presque tout prix*", das im Sinne eines produktiven Frusts als wichtige Zwischenstation auf dem Weg zur Gründung der eigenen Zeitschrift *Kursbuch* hervorgehoben wird. Vgl. Hans Magnus Enzensberger: Gulliver (Anm. 24), 120–127, hier: 125. Die Kooperation mit den italienischen Kolleg:innen wird er allerdings nicht aufgeben: 1966 wird er unter dem Titel *Letteratura come storiografia* [Literatur als Geschichtsschreibung] eine monographische Nummer der Zeitschrift *il menabò* in der Rolle des Gastredakteurs herausgeben und darin eine Anthologie der neuesten deutschen Literatur vorstellen.

33 Elio Vittorini: Letteratura arte società. Articoli e interventi 1938–1965, hrsg. von Raffaella Rodondi, Torino 2008, 1034–1036, hier: 1035.

Eine zentrale Sektion des Hefts bildet darüber hinaus der neuralgische Berlin-Komplex, dem zwei Beiträge – von Maurice Blanchot und Uwe Johnson – gewidmet sind, die trotz der ideologischen Inkompatibilitäten der beiden Autoren eine indirekte Analogie aufweisen, insofern sie sich beide mit dem literaturästhetischen Konsequenzen der Mauer als materielle und symbolische Zäsur beschäftigen. Sieht Blanchot in der Teilung der Stadt ein „metaphysisches Problem", das den „Namen Berlin" in eine Art sprachliche Leerstelle verwandelt habe, so kreist Johnsons Text um die „sprachliche Spaltung", die sich durch die Anomalie der deutschen Zweistaatlichkeit ergeben habe und die durch die befremdliche Aporie des politisch-administrativen Terminus „GESAMTDEUTSCH" nicht vorzutäuschen sei.[34]

Eingerahmt sind die Beiträge des *Gulliver*-Hefts durch ein Vorwort von Vittorini und ein Nachwort von Leonetti, die als Rekapitulation und Bilanzierung der Kurzgeschichte der „non-*revue*" gedacht sind, wobei beide redaktionelle Kommentare nicht so sehr das Scheitern betonen, als vielmehr die nicht erschöpften Potentialitäten des ursprünglichen Vorhabens.

Vittorinis Worten zufolge besteht der größte Verdienst der Unternehmung als „Metazeitschrift der Zukunft" in der offenen Risikobereitschaft abseits der „beruhigenden Gewissheit der Affinitäten", während Leonettis Lektüre trotz der Konstatierung kulturgeschichtlicher Differenzen auf die Existenz von Elementen einer „intersubjektiven Übereinstimmung" innerhalb der trilateralen Autorenkonstellation hinweist – und zwar ungeachtet der jeweiligen nationalen Zugehörigkeiten.[35]

Nicht nur weiß eine solch (selbst-)kritisch-konstruktive Perspektivierung dem ursprünglich genuin transnationalen Elan des Projekts Rechnung zu tragen, sie macht auch – über die Bilanz des Scheiterns hinaus – den Blick frei für die Erkundung textueller Verwandtschaften jenseits der zwischenpersönlichen Konflikte und Idiosynkrasien. In Bachmanns Fall als österreichische Dichterin in ihrer ohnehin ‚transversalen' Position ermöglicht dieser Ansatz, bedeutsame Berührungspunkte ihrer *Gulliver*-Reflexionen sowohl mit Blanchots Utopismus – nicht von ungefähr sind sie beide Bewunderer des Dichters René Char[36] – als auch mit einigen der literatur- und sprachkritischen Thesen der italienischen Gesprächspartner zuerkennen.

---

34 In seinem Beitrag nimmt Blanchot expliziten Bezug auf Johnsons Romane als Beispiele einer Annäherung an die „Einzigartigkeit" von Berlin. Vgl. Maurice Blanchot: Il nome Berlino, in: Gulliver/il menabò (Anm. 3), 121–125; für die französische Originalfassung, (die lange als verschollen galt), vgl. ders.: Le nom de Berlin, in: Lignes 3/3 (2003), 129–141; Uwe Johnson: Un vocabolo tedesco, in: Gulliver/il menabò (Anm. 3), 111–121.; für die deutsche Originalfassung vgl. ders.: Gesamtdeutsch, provinziell, in: Sprache im technischen Zeitalter 114 (1990), 116–122; sowie Eberhard Fahlke: „Un vocabolo tedesco". Uwe Johnsons deutscher Beitrag zum Projekt einer europäischen Zeitschrift, ebd., 108–115.
35 Elio Vittorini: [editorische Notiz ohne Seitenangaben], in: Gulliver/il menabò (Anm. 3); Francesco Leonetti: ebd., XXVI.
36 Die Frankfurter Vorlesungen münden bekanntlich in der programmatischen Zitatparaphrase aus Chars: „Auf den Zusammenbruch aller Beweise antwortet der Dichter mit einer Salve Zukunft".

Zwischen „Dialekt und Dialektik":
Zeitkritik als Sprachkritik

In der italienischen Fassung verweist der Titel von Bachmanns eigenem *Gulliver*-Beitrag auf eine intertextuelle Adaption: *Diario in pubblico* ist wörtliches Zitat der 1957 erschienenen Essaysammlung von Vittorini, die sich im Zeichen einer programmatischen Diskontinuität als frei assoziierende Gratwanderung zwischen privaten und öffentlichen Angelegenheiten, objektivierenden Analysen und subjektiven Akzentsetzungen charakterisiert.[37]

Im Hinblick auf den Entstehungszusammenhang des Texts repräsentiert der Assoziationstransfer von Vittorinis Vorlage eine kongeniale Nebenspur hinsichtlich des offenen Umgangs mit den formalen Konventionen des Tagebuchs als literarischer Gattung, die Bachmanns Geste durchaus entspricht, verzichtet sie hier in der Rekonstruktion des kollektiven Zeitschriftenprojekts auf die Prärogativen des Ichs als erste Person. „Europäischsein", „sich europäisch fühlen" und „europäisch denken" gelten hierbei als leitmotivische Stichworte, die leicht variiert – mal mit einem problematisierenden Fragezeichen versehen, mal mit affirmativem Gestus behauptet – den ganzen Aufsatz durchziehen, und zwar insbesondere da, wo es Bachmann darum geht, die grundlegenden Fundamente ihrer Ästhetik nachdrücklich zu betonen: „Denken, gewiß, auch historisch denken und vor allem utopisch denken". (KS, 388)[38]

Inhaltlich fungiert indes der Rückgriff auf Brechts Chiffre des Radwechsels als poetologischer Kompass im Sinne eines selbstreflexiven Gestus, der mit einer kritischen Selbstverortung in der historisch-politischen Situation der Gegenwart einhergeht. Was Brechts ‚Chronik der Zeit' anbelangt, so inszeniert er die Position seines lyrischen Ichs in einem nur scheinbar statischen Abseits, wobei der lakonisch gehaltene Ton der symmetrischen Aussagen („Ich bin nicht gern, wo ich herkomme / ich bin nicht gern, wo ich hinfahre") eine eigentümliche Spannung – zwischen Denken und Handeln, Vergangenheit und Gegenwart, Herkunft und Ziel – zu erzeugen vermag, während das offene Fragezeichen für eine produktive Öffnung des Finalen sorgt: „Warum sehe ich den Radwechsel / mit Ungeduld?"[39]

(KS, 349) Seinerseits rezensiert Blanchot zwei Gedichtsammlungen René Chars (*Poème pulvérisé* und *La parole en archipel*) für das *Gulliver*-Heft. Vgl. Maurice Blanchot: La parola in arcipelago, in: Gulliver/il menabò (Anm. 3) 156–159.

37 Auf Vittorinis *Diario in pubblico* als Modell einer „neuen Literatur", das sich dank seiner formalen Diskontinuität als instruktiver Referenzpunkt für das literaturästhetische Programm der Zeitschrift eigne, hatte bereits Leonetti verwiesen. Zit. nach: Anna Panicali, Cronaca attraverso le lettere, in: *Gulliver* (Anm. 18), 17–55, hier: 31.

38 Hier (KS, 388) auch die Wendung „Dialekt und Dialektik" aus der Zwischenüberschrift.

39 Bertolt Brecht: Buckower Elegien. Mit Kommentaren von Jan Knopf, Frankfurt a. M. 1986, 9. Ein utopischer Wesenszug sei Brechts Lyrik eigen: In diesem Sinn charakterisiert Bachmann dessen Werk

In der Logik des Bachmann'schen Essays eignet sich diese Situation des Radwechsels – vor allem der Akzent auf die latente Energie der Ungeduld – dazu, den Engpass des Kalten Kriegs zwanzig Jahre nach Ende des Zweiten Weltkriegs zu veranschaulichen, um die eigene kritisch-konstruktive Vorstellung von Transnationalität als Kategorie des Friedens darin zu verankern. Negation und Affirmation, Zeitkritik und Sprachkritik gehen hierbei Hand in Hand.

Hinsichtlich der *pars destruens* ihrer Argumente macht Bachmann die Kritik der bestehenden Nachkriegsordnung an den mystifizierenden Parolen der Propagandadiskurse nach 1945 fest: Davon speise sich ein falsches Selbstverständnis von Europa beziehungsweise des geteilten Europas, das hier durch Verweis auf ein entsprechendes Repertoire von leeren ‚Worten und Werten' Schritt für Schritt systematisch dekonstruiert wird.

Einerseits handelte es sich um selbstgefällige Attitüden der humanistischen Tradition des Bildungsbürgertums („‚Weltoffenheit'", „museale Ergriffenheit" „frohe[r] Fortschrittsglauben" KS, 387), die stigmatisiert werden, insofern sie den Weg in die Barbarei nicht haben verhindern können, andererseits um instrumentalisierte Begriffe der politisch-ökonomischen Agenda („Verbrüderungsgefühle", „Versöhnung", „Verständigung" KS, 384), die im Zeichen eines rein „pragmatische[n] Flachsinn[s]" (KS 393) lediglich zur Konstruktion und Erhaltung eines (hier höhnisch diskreditierten) „Supermarkt[es] Europa" (KS, 387) dienen, als wäre überhaupt Europa „zu einem Gegenstand geworden, dem sich nur mehr Experten nähern dürften" (KS, 392).[40]

Bleibt Bachmanns Blick hauptsächlich auf die „Krankheit Westeuropas" (KS, 393) konzentriert, so umfasst ihre kritische Perspektive zugleich die gesamte Lage des gespaltenen Kontinents mitten in der nicht nur ideologischen Konfrontation des Kalten Kriegs: ein „Vorposten Teileuropa gegen einen Vorposten Teileuropa, von dem sich der eine dem anderen scharfsinnig plausibel machen muß als geharnischter Vertreter von Frieden und Freiheit". (KS, 394)

Die *pars construens* involviert als Gegenentwurf die Vorstellung einer transnationalen Gemeinschaft, die Bachmann mit einem konkreten Bezug auf die trilaterale

---

als „katastrophische[n], zerrissene[n], grandiose[n] Rettungsversuch" (KS, 460) und den Dichter selbst als Verbündeten im „tausendjährigen Versuch gegen die schlechte Sprache". „Der Radwechsel" sollte auch der ursprüngliche Titel ihres Essays sein. Vgl. dazu auch Enzensbergers Bemerkungen zum Text, den er wegen exzessiver Länge und mangelnder Stringenz „brauchbar aber nicht ideal" findet. Vgl. Bachmann/Enzensberger (Anm. 13), S. 295.

40 Die als „Entwürfe zur politischen Sprachkritik" rubrizierten Nachlassnotizen erweisen in manchen Punkten direkte Verknüpfungen mit den „Tagebuchs"-Bemerkungen zur „schlechten Sprache". Nach Angaben der Herausgeber:innen sind die Entwürfe auf die Zeit zwischen Ende der 1950er und Anfang der 1960er zu datieren (vgl. KS 374–377 u. 747–748), was die Vermutung nahe legt, sie seien (wenigstens zum Teil) in Zusammenhang mit dem *Gulliver*-Essays entstanden. Dies gilt im Besonderen für den Entwurf „Sprache der Politik und der Medien", wo u. a. die Rede vom großen „Lauf der Dinge" (also vom *cours des choses*, KS, 376) ist.

Autorengruppe verbindet und die sie an der differenzbewussten Vielfalt der individuellen Mundarten exemplifiziert – eine Position, die an sich nicht verwunderlich ist, bedenkt man, dass das Abenteuer der *Revue* sich nicht zuletzt als „Abenteuer mit der Sprache" mit ungewissem Ausgang (KS, 388) charakterisiert.[41]

Die explizite Verteidigung der „Provinz" und ihrer Korrelate – „Gegend" „Eigenart" „Dialekt" „Redensarten" (KS, 382–383) – als Orte des Authentischen hat in dieser Hinsicht nichts Provinzielles an sich, sondern legitimiert sich als Opposition gegen die unheilige Allianz von Politik, Technik und Wirtschaft, der eine degradierende Verdinglichung der Sprache zum „Fertigprodukt ‚Sprache'" beziehungsweise „Wunschprodukt ‚Sprache'" (KS, 388) entspricht. Gemeint ist der rein funktionale Wesenszug des „Esperanto", das hier als Paradigma einer befremdlichen Tilgung der kulturellen Differenzen und singulären Identitäten anvisiert wird.

Dabei paart sich die spezifisch österreichische Genealogie der Sprachskepsis, aus der sich Bachmanns Standpunkt speist, mit dem dezidierten Bekenntnis zu einer literarischen Sprachutopie, die einige Affinitäten mit den Positionen der italienischen Gruppe (insbesondere mit Pasolini und Calvino) aufweist und in die der Essay dann mündet.[42] Hier profiliert sich die elliptische Hinwendung zum Postulat der Unübersetzbarkeit als ein Akt der Resilienz gegen die artifizielle Nivellierung der Sprache bzw. gegen die gedanken- und reibungslose Austauschbarkeit von Kulturen, Idiomen, Identitäten, die gleichbedeutend ist mit dem Verzicht auf die dialogische Kategorie der „Aufmerksamkeit" (KS, 386) – und damit auf die Mühe der Suche nach Worten, worin der Sinn der Literatur (und hier nicht zuletzt des Dialekts als Figur einer poetischen Weltsprache) doch intrinsisch besteht.

> Dann soll es, in unsrem Beruf, ruhig einmal Mühe kosten, für ein Adjektiv tagelang ein entsprechendes Adjektiv zu suchen in der anderen Sprache. Und dann wird auch nichts verloren sein, wenn einmal für ein Wort kein entsprechendes Wort gefunden wird. Wenn das Vertrauen nur da ist in den Dialekt, in das, was übersetzbar an ihm ist, in das, was unübersetzbar bleibt. (KS, 395)

---

[41] Unter dem Titel *Cours des Choses/Sur la traduction* widmet Blanchot einen ganzen Absatz seiner programmatischen Thesen zum Thema Übersetzung, indem er zum einen das Problem der „langue dialectale" stellt, zum anderen eine philosophische Typisierung des Übersetzers als „home nostalgique" andeutet. Vgl. Blanchot: Textes préparatoires, in: Lignes (wie Anm. 18), 179–191, hier: 187. Ein Ort des Authentischen ist die Provinz – bei allen anderen ästhetischen und literaturpolitischen Unterschieden – auch für Grass (vgl. Anm. 29).

[42] Freilich stehen Calvino und Pasolini innerhalb der italienischen Literatur für zwei jeweils sehr differenzierte Standpunkte. So auch im Falle der Debatte über die Transformationen der italienischen Sprache („italiano tecnologico" und/oder „antilingua") im Zuge der beschleunigten Industrialisierung des Landes der 1950er und 1960er Jahre. Reflexe dieser Debatte sind unter anderem sowohl im *Gulliver*-Heft als auch in der Zeitschrift *il menabò* dokumentiert und sind insofern als indirekte Referenzpunkte auch für Bachmanns Positionen zu betrachten. Vgl. dazu Italo Calvino: L'antilingua, in: ders.: Una pietra sopra. Discorsi di letteratura e società, Torino 1980, 122–126; Pier Paolo Pasolini: Diario linguistico, in: ders: Empirismo eretico, Milano 1972, 36–48.

„[...] historisch denken und vor allem utopisch denken": Berlin – Prag, hin und zurück

Repräsentiert der Berlin-Komplex den neuralgischen Kern der Europa-Reflexionen der *Gulliver*-Gruppe, so dürfte es kaum verwundern, dass Bachmann ihn zum Stoff ihrer Dankesrede zum Georg-Büchner-Preis macht.[43] Allerdings treten zu dieser zugleich ästhetischen und politischen Entscheidung noch weitere Faktoren hinzu, unter denen sicherlich der besondere Standpunkt der Dichterin im West-Berlin des Jahres 1964 eine erstrangige Motivation darstellt. „Richtig" scheint nämlich der Dichterin die Anknüpfung an ihre direkte Erfahrung, mit anderen Worten

> in Deutschland über Berlin zu sprechen, nachdem ich dort eineinhalb Jahre verbracht habe, an einem gestörten Ort, in einer Verstörung, die von diesen Störungen einiges aufzunehmen fähig war. (GuI, 49)[44]

Das im Nachlass erhaltene Palimpsest der verschiedenen Überarbeitungsstufen der Rede mit den verschiedenen progressiven Streichungen, Ergänzungen, wiederholten Korrekturgängen und Kurswechseln zeugt von einer langwierigen Entstehung sowohl des literarischen Texts als auch der nicht weniger durchdachten poetologischen Einführung. Im Hinblick auf die Situation ihrer Ansprache im Akademiesaal geht es Bachmann eindeutig darum, die eigene Sprechposition klar zu fixieren, um dann ebenso unmissverständlich die eigene Rolle als Außenstehende und insofern als Beobachterin fremder Zustände zu profilieren.

Zu dieser programmatischen Haltung gehört weiterhin die erkennbare Intention, eine „deutsche" Rede zu halten, die als solche definiert und gedeutet werden muss. Stark und unmittelbar soll folglich der Bezug auf die konkrete Wirklichkeit wirken, um bezüglich des Ausnahmezustands der Stadt Berlin Auswege ins Abstrakte, sei es auch nur als Alibi der Imagination, zu verhindern. (TKA I, 228–232) „Ihre Mauer ist eine Mauer von Kafka, sie ist rascher ein Symbol, ein Mythos, als eine Realität aus Beton und Stacheldraht" (KS, 378), notiert Bachmann etwa bereits in Zusammenhang mit dem *Gulliver*-Tagebuch.

Die Chiffren „Krankheit" und „Tod", die bereits im ursprünglichem Prosa-Entwurf *Sterben für Berlin* eine zentrale Rolle spielen, werden hier wieder aufgegriffen

---

43 „[...] historisch denken und vor allem utopisch denken" (KS, 388).
44 Auf werkgeschichtlicher Ebene ist auf die Berliner Zeit auch die Entstehungsphase des Todesarten-Projekts zu datieren. Vgl. dazu insbesondere Else Schlinsog: Berliner Zufälle. Ingeborg Bachmanns Todesarten-Projekt, Würzburg 2005. Trotz der erklärten Aversion gegen klischeehafte Verallgemeinerungen (KS, 399) sind Bachmanns rekurrierende feindliche Bemerkungen über „die Deutschen", die als solche – mitunter als implizite symbolische Gesprächspartner („Ihr geliebten verdammten Deutschen" KS, 379) – in ihren Berliner Notizen immer wieder vorkommen, kaum zu übersehen.

und politisch weiter transformiert. Gleichzeitig wird der von der Akademie nahelegte Rückbezug auf Büchners Werk im Sinne einer Reverenz zum kongenialen Anlass, die Erwartungen des Auditoriums grundsätzlich zu subvertieren und an die schizophrene Krankheit Lenz' – der bekannte Protagonist der gleichnamigen Novelle – als tragendes Motiv des Prosaentwurfs anzuknüpfen.

Aus dieser Prämisse ergibt sich ein intertextueller Kurzschluss – nämlich die Korrelation zwischen dem Riss in der Seele von Lenz, der durch Büchners medizinischen Terminus „Zufälle" evoziert wird, und der gespaltenen Mauerstadt – eine signifikante Engführung, die den Weg bahnt, um die Psychopathologie des Berliner Alltags in den Mittelpunkt der „Darstellung" zu rücken.

> Wovon reden? Von etwas Naheliegendem am besten. [...] Es wird von einer Gegend hier die Rede sein, umständehalber, von einer Stadt, da mehr sich nicht anbietet, einer die sich auf „Teilung" hinausreden möchte. Teilung: das ist ein anderes Wort, es nimmt vieles ab, das Denken nicht zuletzt. Es hört sich an nach Operation; postoperative Schmerzen nicht ausgeschlossen, letaler Ausgang selten. Es muß also, wenn es um Zufälle geht, etwas weit zurückliegen, intermittieren, konsequent aber wiederkommen mit neuen Zufällen. (TKA I, 228–231)[45]

Es ist also nicht nur die latente Geste der Empörung, die Bachmann ihren Zuhörern zumutet, sondern auch der formale Radikalismus des Prosaduktus, in dem Kriegsmanöver, verstörte Gegenwart und verbrecherische Vergangenheit in eins fallen und durch das strukturierende Prinzip des Fragments ineinanderfließen – eine singuläre ‚Chronik der Zeit', die sich neben den beiden anderen von Blanchot und Johnson durch eine dezidierte Hinwendung zum konkreten Geschehen bewusst positioniert.

> So still ist es geworden und Nacht. Seit damals war niemand mehr auf der Straße. Versandet und verwachsen sind die alten Villen, sinken immer tiefer ein in den Gärten. Am Knie der Königsallee fallen, jetzt ganz gedämpft, die Schüsse auf Rathenau. In Plötzensee wird gehenkt. In der Telefonzelle rollen die Pfenningsstücke – alle umsonst eingeworfen – unten wieder heraus. Es kommt keine Verbindung zustande. (TKA I, 218–219)

---

45 Von der schockartigen Wirkung der Rede in Darmstadt zeugen etliche Quellen. Vgl. etwa die Korrespondenz des Akademiepräsidenten Hans W. Eppelsheimer, zit. in: Sigrid Weigel: Ingeborg Bachmann. Hinterlassenschaft unter Wahrung des Briefgeheimnisses, Wien 1999, 376. Ähnliches berichtet Klaus Wagenbach über eine Lesung Bachmanns vor dem Westberliner Publikum, vgl: Klaus Wagenbach (Hrsg.): Nachwort zu Ingeborg Bachmann, in: Ingeborg Bachmann: Ein Ort für Zufälle, hrsg. von Klaus Wagenbach, mit Zeichnungen von Günter Grass, Berlin 1994. Siehe auch Anna M. Parkinson: Taking Breath. The Ethical Stakes of Affect in Ingeborg Bachmanns *Ein Ort für Zufälle*, in: Caitríona Leahy, Bernadette Cronin (Hrsg.): Re-Acting to Ingeborg Bachmann. New Essays and Perfomances, Würzburg 2006, 65–75.

Die endgültige Textpartitur, die in Darmstadt vorgelesen wird, besteht aus insgesamt 21 Ausschnitten,⁴⁶ die sich als rhapsodische Sequenz von scheinbar willkürlich aneinandergereihten Momentaufnahmen artikulieren. Dabei suggerieren Verfahren der Verdichtung und der Verschlüsselung nicht weniger als das grammatische undifferenzierte Subjekt ‚es', das durch den Text gespenstisch geistert, einen mäandernden bewussten-unbewussten Assoziationsfluss, in dem sich alles wie in einer fatalen Verkettung als selbstverschuldete „Konsequenz auf die Konsequenz" (TKA I, 190) erweist.⁴⁷ Auf diese Weise funktioniert das intermittierende Prosaarrangement als textuelle Simulation der Aufzeichnung eines Krankheitsverlaufs, wobei die Schreibweise sowohl die akuten Phasen als auch die illusorischen Beruhigungsmomente nachbildet. Insofern suggeriert die fast identische Bildfolge des ersten und letzten Textausschnitts eine verhängnisvolle Wiederholung des Gleichen in der klaustrophobischen Enge einer zirkulären Struktur.

Während Berlin eine finstere Chiffre der „zerstörten Vernunft" Europas (KS, 395) repräsentiert, gestaltet sich die zwischen historischer Realität und poetischer Phantasie schwebende Landschaft Böhmens kontrapunktisch als Ort einer belebend grenzüberschreitenden Zirkulation von „Worten und Werten" (KS, 378), Sprachen und Menschen.⁴⁸ Markiert die Reise nach Prag die Erfahrung einer imaginierten Heimkehr im Zeichen eines als transnational konturierten Kulturraums, so ist es interessant zu konstatieren, dass das Gedicht *Böhmen liegt am Meer* nach Bachmanns Vorstellung für die Zeitschrift *Gulliver* vorgesehen war,⁴⁹ wo es ohne weiteres einen entsprechend konnotiertes Bedeutungsgefüge gefunden hätte.

---

46 In der Druckfassung, die 1965 mit Zeichnungen von Günter Grass beim Berliner Wagenbach-Verlag erscheint, sind es 26. Zu den Ergänzungen vgl. Christian Däufel: Ingeborg Bachmanns Ein Ort für Zufälle. Ein interpretierender Kommentar, Berlin/Boston 2013, 104 ff.
47 Zum Echo der Aktualität, die Bachmann mit der visionären Bildsprache ihrer Rede verknüpft, vgl. insbesondere Jost Schneider: Historischer Kontext und politische Implikationen der Büchnerpreisrede Ingeborg Bachmanns, in: Monika Albrecht, Dirk Göttsche (Hrsg.): „Über die Zeit schreiben." Zwei Literatur- und kulturwissenschaftliche Essays zum Werk Ingeborg Bachmanns, Würzburg 2000, 127–141.
48 In den Paralipomena zur „deutschen Rede" verweist Bachmann auf die Kluft zwischen Berlin und dem Stichwort „Herkunft": „Etwas Land, etwas anders als hier, Tal, Stadt, Seen, österreichisch, windisch, verklemmt zwischen drei Länder, Italien, Kroatien, Ungarn, Böhmen". (TKA I, 178) Zur Konstellation der böhmischen Reise, vgl. insbesondere Hans Höller, Arturo Larcati: Ingeborg Bachmanns Winterreise. Die Geschichte von *Böhmen liegt am Meer*, München/Berlin/Zürich 2016.
49 Vgl. den Brief an Hans Paeschke vom 23.01.1966 zit. in: Daniel Graf: Wiederkehr und Antithese. Zyklische Komposition in der Lyrik Ingeborg Bachmanns, Heidelberg 2011, 160–161. Bekanntlich wurde das Gedicht erst im November 1968 als Teil des kleinen Zyklus *Vier Gedichte* (zusammen mit *Enigma, Prag Jänner 1964, Keine Delikatessen*) in der Zeitschrift *Kursbuch* gedruckt, nachdem im August die Hoffnungen des Prager Frühlings durch den Einmarsch der sowjetischen Panzer zerschlagen worden waren.

Hinsichtlich der kompositorischen Strategie wird die Architektur der Verse durch das strukturierende zentrale Motiv des „Angrenzens" orchestriert, das nicht nur eine eigene semantische Valenz besitzt, sondern auch als formalästhetisches Gesetz die Logik der Lyrik bestimmt.

> Sind hierorts Häuser grün, tret ich noch in ein Haus.
> Sind hier die Brücken heil, geh ich auf gutem Grund.
> Ist Liebesmüh in alle Zeit verloren, verlier ich sie hier gern.
>
> Bin ich's nicht, ist es einer, der ist so gut wie ich.
>
> Grenzt hier ein Wort an mich, so laß ich's grenzen.
> Liegt Böhmen noch am Meer, glaub ich den Meeren wieder.
> Und glaub ich noch ans Meer, so hoffe ich auf Land.
>
> Bin ich's, so ists ein jeder, der ist soviel wie ich.
> Ich will nichts mehr für mich. Ich will zugrunde gehn.
>
> Zugrund – das heißt zum Meer, dort find ich Böhmen wieder.
> Zugrund gerichtet, wach ich ruhig auf.
> Von Grund auf weiß ich jetzt, und ich bin unverloren. (W I, 167)

Die lyrische Plausibilität von *Böhmen am Meer* geht hier Hand in Hand mit der heilenden Rückprojektion auf die Dimension einer vertrauten Zugehörigkeit, wobei die Konstellation der Meer-Grenze mit einem animierenden Moment der Destabilisierung im Zeichen von Durchlässigkeit und Hybridisierung assoziiert wird. So kann auch die Figur des Schiffbruchs zu einer produktiven Chance verwandelt werden – dafür steht die poetische Intuition des „unverloren" –, in der Gefahr und Rettung in eins fallen.

> Kommt her, ihr Böhmen alle, Seefahrer, Hafenhuren und Schiffe
> unverankert. Wollt ihr nicht böhmisch sein, Illyrer, Veroneser,
> und Venezianer alle. [...]
>
> [...]
>
> Ich grenz noch an ein Wort und an ein andres Land,
> ich grenz, wie wenig auch, an alles immer mehr,
>
> ein Böhme, ein Vagant, der nichts hat, den nichts hält,
> begabt nur noch, vom Meer, das strittig ist, Land meiner Wahl zu sehen. (W I, 167–168)

Ferner wirkt sich das Motiv des „Angrenzens" in der Struktur der Konditionalsätze aus, die durch die Inversion der Verben indirekt vermittelt und zugleich verkürzt werden, wobei die Apostrophen und Vokalelisionen die Funktion von evozierenden Signalen der dialektalen Färbung der Austriazismen übernehmen.

Mit seinem magisch beschwörenden Resonanzraum vermag das Denkbild Böhmen das Sediment einer Ursprache zu chiffrieren, in dem konvergierende Sinnkonstellationen mitschwingen – zum einen ein heimatliches Alphabet der Seele, zum anderen die verborgenen Spuren einer imaginiert polyphonen Herkunfts- und Sprachlandschaft, die sich simultan als Natur- und Geschichtsraum behauptet und sich mit dem positiv besetzten Paradigma „Haus Österreich" (GuI, 78) identifiziert.[50]

Als mitteleuropäischer Kosmos der kulturellen und transnationalen Diversitäten vermag es noch in dieser Hinsicht, zumal vor dem Hintergrund der zeitkritischen Utopie von *Gulliver*, ein eigenes subversives Potential zu beanspruchen, insofern es sich als poetisch-politische Aussage gegen die Spaltung Europas richtet.[51]

Zwei Jahre vor dem Mauerfall wird Enzensberger seine Hommage an die Dichterin Bachmann mit einer gezielten Referenz an *Böhmen liegt am Meer* verbinden, das Gedicht, das sie selbst bekanntlich für ihr bestes hielt.[52] Enzensbergers ‚futuristischer' Fiktion zufolge kommt im Jahre 2006 ein amerikanischer Journalist nach Europa – die Mauer ist zwar gefallen, der Lauf der Dinge ist aber trotzdem nicht so erfreulich. In Prag, letzte Station vor der Abreise, kommt der Amerikaner in Dialog mit einem jungen Taxifahrer, der ihm als enthusiastischer Literaturstudent jene grenzüberschreitende lyrische Phantasie – Böhmen am Meer – empfiehlt. Auf die verdutzte Reaktion des fremden Besuchers sorgt die ironische Replik des jungen Einheimischen für eine weitere allusive Akzentsetzung: „und sollten Sie nicht alles verstanden haben, machen Sie sich nichts daraus [...] das liegt nicht an Ihnen [...] es liegt ganz einfach an Europa".[53]

---

50 Ingeborg Bachmann: Ein Tag wird kommen. Gespräche in Rom. Ein Porträt von Gerda Haller. Mit einem Nachwort von Hans Höller, Salzburg/Wien, 61–82, hier: 80 f. Zur politisch-utopischen Motivkonstellation Österreich/Böhmen vgl. u. a. Jürgen Wertheimer: Ingeborg Bachmanns skeptischer Blick auf Europa, in: ders. (Hrsg.): Suchbild Europa. Künstlerische Konzepte der Moderne, Amsterdam/Atlanta, GA 1995, 38–45; Christine Ivanovic: Böhmen als Heterotopie, in: Mathias Meyer (Hrsg.): Werke von Ingeborg Bachmann. Interpretationen, Stuttgart 2002, 109–121; Judith Kasper: Boemia. Ingeborg Bachmann, in: dies.: Trauma e nostalgia. Per una lettura del concetto di *Heimat*, Genova 2009, 153–175; Katya Krylova: Österreichthematik, in: Albrecht, Göttsche (Anm. 6), 289–294 sowie Dirk Weissmann: Mehrsprachigkeit, in: ebd., 404–408.
51 Zur kulturgeschichtlichen Konnotation von den beiden Termini „Mitteleuropa"/ „Zentraleuropa" vgl. inbesondere: Moritz Czázy: Das Gedächtnis Zentraleuropas. Kulturelle und literarische Projektionen auf eine Region, Köln/Weimar/Wien 2019; Yvonne Zivkovic: Ingeborg Bachmann and Peter Handke. The Austrian Periphery and Mitteleuropa, in: dies.: The Literary Politics of Mitteleuropa. Reconfiguring Spatial Memory in Austrian and Yugoslav Literature after 1945, Rochester, NY 2021, 81–162.
52 Bachmann (Anm. 50), 80 f.
53 Hans Magnus Enzensberger: Böhmen am Meer. Ein Hörspiel aus dem Jahr 2006, in: ders.: Der fliegende Robert. Gedichte, Szenen, Essays, Frankfurt a. M. 1989, 126–170, hier: 170.

Bernadette Grubner
„In Schwingung versetzt":
Das Internationale Schriftsteller-
kolloquium 1964 in Ostberlin

Am 3. Dezember 1964 erschien in der konservativen Tageszeitung *Die Welt* aus dem Hause Springer in der Rubrik *Berlin* ein kleiner Artikel mit dem Titel „Frei von Ideologie und Dogma".[1] Es handelte sich um einen Bericht über eine Lesung im Westberliner Studentenheim Siegmunds Hof, die am 1. Dezember stattgefunden hatte. Die Gäste waren die beiden tschechoslowakischen Schriftsteller Ludvík Kundera und Eduard Petiška, die aus neuen Werken lasen, sowie der Übersetzer und Drehbuchautor Juraj Spitzer, der als Literaturhistoriker zitiert wird. Der Ton des Artikels in der *Welt* ist überaus wohlwollend. Das Gespräch sei „freimütig und ungezwungen" verlaufen, eine so „unbeschwerte und unproblematische Diskussion hatte man in Siegmunds Hof noch nicht erlebt."

Was aus heutiger Sicht wie eine freundliche Randnotiz aus dem Kulturleben klingt, war im damaligen Kontext ein kleinformatiger kulturpolitischer Angriff. Denn der Redaktion der *Welt* ging es nicht um die publizistische Förderung sozialistischer Autoren – nicht umsonst setzte sie das Adjektiv „sozialistisch" in distanzierende Anführungsstriche; vielmehr wies sie die Gäste zwischen den Zeilen als Oppositionelle aus, deren persönliches „Trauma" nach der Zeit der deutschen Besatzung der Stalinismus gewesen sei. Erst seit 1956 – dem Jahr, in dem Nikita Chruschtschow mit seiner Rede auf dem XX. Parteitag der KPdSU den Prozess der Entstalinisierung einläutete – könnten die beiden Schriftsteller mit eigenen Werken hervortreten.

Die Bezeichnungen „unideologisch" und „undogmatisch" positionierten die tschechoslowakischen Autoren deutlich als Kritiker der regierenden Staatsparteien, denen selbst dogmatische Verhärtung nachgesagt wurde. Nicht zuletzt in der Tschechoslowakei, in der zu dieser Zeit Bewegung und Debatte in die kulturellen Auseinandersetzungen kam, war Dogmatismus das Schlagwort, mit dem sich eine an der literarischen Moderne orientierte Gruppe von Intellektuellen gegen die Überreste der stalinistischen Ära wandte. Für die DDR kann man hier prominent auch an das ebenfalls 1964 bei Rowohlt erschienene Buch *Dialektik ohne Dogma?* des Chemikers Robert Havemann denken.[2]

---

[1] N. N.: „Frei von Ideologie und Dogma. Tschechoslowakische Autoren in Siegmunds Hof: Lesung und Gespräch", in: Die Welt (03.12.1964), 8.
[2] „Dogmatismus" war auch im Kontext von SED-internen Kämpfen ein geflügelter Begriff. So führte die SED-Führung selbst ab 1961 einen „Kampf gegen Dogmatismus und Sektierertum" in den eigenen Reihen. Vgl. Andreas Malycha, Peter Jochen Winters: Geschichte der SED. Von der Gründung bis zur Linkspartei, Bonn 2009, 167.

∂ Open Access. © 2021 Bernadette Grubner, publiziert von De Gruyter. Dieses Werk ist lizenziert unter der Creative Commons Attribution-NonCommercial-NoDerivatives 4.0 International Lizenz.
https://doi.org/10.1515/9783110733495-006

Ob der *Berlin*-Redaktion der *Welt* allerdings bewusst war, wie sehr ihr kleiner Lesungsbericht die Ostberliner Kulturfunktionäre vor den Kopf stoßen würde, lässt sich heute nicht mehr rekonstruieren. Denn diese erfuhren erst aus eben diesem Zeitungsartikel, dass Kundera, Petiška und Spitzer am Abend des 1. Dezember die deutsch-deutsche Grenze passiert hatten. Eigentlich waren sie nämlich Teilnehmer eines internationalen Kolloquiums, das vom 1. bis 5. Dezember 1964 im Haus des Lehrers am Alexanderplatz stattfand und zu dem der Ostberliner Schriftstellerverband Delegationen der ‚sozialistischen Bruderstaaten' eingeladen hatte. Der Ausflug der kompletten ČSSR-Delegation nach Westberlin war mit den deutschen GenossInnen nicht abgesprochen worden.

Das Kolloquium versammelte Schriftsteller fast aller sozialistischer Bruderstaaten – mit Ausnahme Bulgariens –, also aus der UdSSR, der Tschechoslowakei, Polen, Ungarn, Rumänien sowie einen Delegierten aus Jugoslawien. Das Thema lautete: „Die Existenz zweier deutscher Staaten und die Lage der Literatur". Das klingt nicht nur heute sehr allgemein. Auch für die ausländischen Teilnehmer war vielfach unklar, worum genau es eigentlich gehen sollte. Blicken wir in die von Elke Scherstjanoi besorgte Edition der Tonbandabschriften,[3] so fällt auf, dass sie die Gelegenheit beim Schopf packten, um Themen zur Sprache zu bringen, die ihnen auf den Nägeln brannten. Sie adressierten Probleme der unbehinderten Meinungsäußerung, der (Un-)Möglichkeit von Kritik an Staat und Partei und der Editions- und Zensurpolitik. Damit setzten sie Konflikte auf die Tagungsordnung, die schon länger schwelten, und brachten Unruhe in die Diskussionszusammenhänge der deutschen KollegInnen. Was folgte, war eine ungewöhnlich offene Aussprache, die von vielen DiskutantInnen als befreiend und konstruktiv empfunden wurde. Entsprechend äußerte Hermann Kant am letzten Tag der Versammlung, das Kolloquium habe die Anwesenden „in Schwingung [...] versetzt" (ZSZL, 151), und der Vorsitzende des Berliner Schriftstellerverbands Paul Wiens drängte auf eine baldige Mitgliederversammlung des Verbands, um den Geist der offenen Aussprache weiterzutragen.[4]

Seitens der Ideologischen Kommission des Politbüros und des Ministeriums für Staatssicherheit waren die Schwingungen hingegen weniger positiv. So war zum einen die Kontrolle über die Teilnehmer verloren gegangen, wie sich nicht nur am Ausflug der tschechischen Delegation nach Westberlin zeigte, sondern auch daran, dass am vierten Kolloquiumstag unangekündigt Stefan Heym ans Rednerpult trat, der nicht einmal als Zuhörer eingeladen gewesen war. Zum anderen herrschte Unzufriedenheit mit der Reaktion der deutschen SchriftstellerInnen auf die von den ausländischen Gästen geäußerte Kritik an der literatur- und kulturpolitischen Linie in der DDR. Im Januar 1965 folgte daher im *Neuen Deutschland* eine harsche Kritik an den AutorInnen,

---

[3] Elke Scherstjanoi (Hrsg.): Zwei Staaten, zwei Literaturen? Das internationale Kolloquium des Schriftstellerverbandes in der DDR, Dezember 1964. Eine Dokumentation, München 2008. Im Folgenden werden Zitate aus dieser Edition mit der Sigle ZSZL im Fließtext nachgewiesen.
[4] So die Paraphrase Scherstjanois, vgl. Elke Scherstjanoi: Einleitung, ZSZL, 7–43, hier: 38.

die am Kolloquium teilgenommen hatten.⁵ Mit Ausnahme von vier ausgewählten Beiträgen, die in der Verbandszeitschrift *neue deutsche literatur* veröffentlicht wurden, verschwand das Protokoll der fünftägigen Veranstaltung rasch im Archiv.

Als Ort eines internationalen Literaturkontakts ist dieses Kolloquium deshalb besonders spannend, weil die durch die tschechoslowakischen und polnischen Teilnehmer provozierten Positionsnahmen und Widersprüche ein erhellendes Licht auf zeithistorische Konfliktlinien werfen, die nicht nur zwischen Partei und AutorInnen, sondern auch zwischen den SchriftstellerInnen verliefen – von denen nicht wenige ja selbst kulturpolitische Funktionen innehatten. Diesen Zusammenhängen wird im Folgenden nachgespürt. Um die beim Kolloquium verhandelten Konflikte nachvollziehbar zu machen, wird zunächst die Kulturpolitik der DDR der frühen 60er Jahre, speziell mit Blick auf das Verhältnis zur BRD und zu den sozialistischen Bruderstaaten, skizziert. Anschließend werden drei Themen herausgegriffen, an denen sich während des Kolloquiums die Debatten entzündeten, nämlich erstens der Umgang mit zeitgenössischen SchriftstellerInnen, also die Veröffentlichungs- und Zensurpraxis, zweitens die Verlags- und Editionspolitik in Bezug auf verschiedene literarische Traditionen und drittens das Verhältnis zu SchriftstellerInnen der BRD, speziell solchen, denen man eine progressive, antifaschistische Haltung zusprach.

Konfrontationen und Schulterschlüsse: DDR-Kulturpolitik der frühen 60er Jahre

Die offizielle Kulturpolitik der DDR – also die Förderung bestimmter AutorInnen und die Stillstellung anderer, die Entscheidung für die Publikation gewisser Texte zulasten anderer, aber auch die Einladungspolitik in Bezug auf ausländische SchriftstellerInnen – stand zu jeder Zeit in engem Zusammenhang mit der jeweils vorherrschenden politischen Großwetterlage. Für die thematische Ausrichtung und den Verlauf des 64er-Kolloquiums waren besonders zwei Konstellationen relevant: das Verhältnis der DDR einerseits zur BRD, andererseits zur UdSSR und den Ostblock-Staaten.

Seit den 50er Jahren war es Ulbrichts erklärtes Ziel, dass die BRD und die DDR sich mittelfristig zu einer Konföderation zusammenschließen sollten.⁶ Für diesen Plan war

---

5 Vgl. Dokument 9, ZSZL, 179–183.
6 Ulbricht war mit einem entsprechenden Vorschlag 1957 an die Öffentlichkeit getreten und behauptete 1958 sogar, darüber bereits mit einem Mitglied der Bonner Regierung in Kontakt zu stehen – was von der Regierung Adenauer umgehend dementiert wurde. Vgl. Hanns Jürgen Küsters: Wiedervereinigung durch Konföderation? Die informellen Unterredungen zwischen Bundesminister Fritz Schäffer, NVA-General Vincenz Müller und Sowjetbotschafter Georgij Maksimowitsch Puschkin 1955/56, in: Vierteljahrshefte für Zeitgeschichte 40/1 (1992), 107–153, hier: 107–109. Online abgerufen am 24. März 2021 unter https://www.ifz-muenchen.de/heftarchiv/1992_1_6_kuesters.pdf.

es wesentlich, die DDR-Gesellschaft und ihre Institutionen, aber auch ihre Wirtschaft, auf solide Füße zu stellen, damit sie in einem konföderativen Zusammenschluss stabil bestehen und bestimmte Forderungen durchsetzen könnte. Konkret ging es hier zum Beispiel um den Austritt der BRD aus der NATO sowie die Aussetzung der allgemeinen Wehrpflicht.[7] Dies floss maßgeblich in die Kulturpolitik ein, die seit den 50er Jahren zur Herausbildung einer „sozialistischen Nationalkultur" aufforderte. Gemeint war damit die Beförderung *einer* deutschen Kulturnation unter sozialistischen Vorzeichen.[8] Daraus ergab sich eine komplexe Ausrichtung der kulturpolitischen Linie: Erstens war es wichtig zu betonen und herauszustellen, dass mit dem Kampf der ökonomischen und politischen Systeme auch ein ideologischer Kampf einherging, der nicht zuletzt in der Literatur ausgetragen wurde. Zweitens ging es darum, die gemeinsame Grundlage – Sprache, Geschichte, Tradition – aufzurufen, die die DDR-Literatur als legitime Erbin der als fortschrittlich angesehenen historischen Epochen der deutschen Kultur auswies. Und drittens galt es, mit solchen SchriftstellerInnen der BRD Bündnisse einzugehen, deren politische Ziele und literarische Werke dem Sozialismus förderlich oder zumindest mit ihm vereinbar waren.

Vor diesem Hintergrund ist der Titel des Kolloquiums, „Die Existenz zweier deutscher Staaten und die Lage der Literatur", zu interpretieren. Er griff ein zentrales Problem der zeitgenössischen Kulturpolitik auf, das einerseits DDR- bzw. deutschlandspezifisch war, andererseits aber auch allgemeinere Geltung beanspruchen konnte. Denn das Verhältnis zwischen westlicher und sozialistischer Literatur und die Frage der ‚Nachfolge' im Anschluss an literarische Traditionen war für eine sozialistische Literaturtheorie und -politik insgesamt von Relevanz. Was hatten nun aber die sozialistischen Bruderstaaten damit zu tun?

Auch darüber gibt ein Blick auf Ulbrichts Außenpolitik Aufschluss. Diese war seit der Staatsgründung 1949 von dem Bemühen getragen, für die DDR die internationale völker- und staatsrechtliche Anerkennung zu erwirken, die von der BRD unter Androhung diplomatischer Sanktionen blockiert wurde („Hallstein-Doktrin"). Als im Oktober 1963 Ludwig Erhard die Nachfolge Adenauers als Bundeskanzler antrat, erhoffte sich Ulbricht eine Änderung der politischen Linie zu Gunsten der DDR. Der neue Kanzler erfüllte diese Hoffnungen allerdings nicht: Anstatt der DDR etwa durch die Anerkennung der Oder-Neiße-Grenze entgegenzukommen, verfolgte die Bonner Regierung einen Kurs der kulturellen und wirtschaftlichen Annäherung an Warschau und Prag – kurz, sie trachtete danach, die sozialistischen Bruderländer gegeneinander auszuspielen. Ulbricht suchte daraufhin den Schulterschluss mit der UdSSR und den Staaten des Warschauer Vertrages, fand aber auch hier keine uneingeschränkte

---

[7] Vgl. ebd., 108 f.
[8] Vgl. Johannes R. Becher: Vom Aufbau einer sozialistischen Kultur (1952), in: ders.: Gesammelte Werke, hrsg. vom Johannes-R.-Becher-Archiv der Akademie der Künste der Deutschen Demokratischen Republik, Berlin/Weimar 1981, Bd. 18, 104–108.

Unterstützung: Die Sowjetunion wollte die leichte Entspannung im Verhältnis zu den USA nicht gefährden.[9] Zu dem Zeitpunkt, als das Kolloquium des Schriftstellerverbands stattfand, also im Dezember 1964, befand sich die Sowjetunion aber selbst in einer Umbruchsphase: Im Oktober war Chruschtschow all seiner Ämter enthoben und von Leonid Breschnew abgelöst worden.

In diesem Zusammenhang lässt sich das Schriftstellerkolloquium von 1964 als Appell auffassen, der an die sozialistischen Bruderstaaten erging: Sie mögen sich vor dem Hintergrund der besonderen geopolitischen Situation der DDR mit dieser solidarisch zeigen bzw. fester verbünden. Diese Absicht lag auch seiner Themenstellung zugrunde. So ist es zu verstehen, wenn Hans Koch zu Beginn seines Eröffnungsreferats vom 1. Dezember 1964 die ausländischen Teilnehmer um eine Beurteilung der literarischen Leistungen der DDR vor dem Hintergrund der speziellen Situation zweier deutscher Staaten bittet. (Vgl. ZSZL, 60–73)

Nun gab es aber im Kontakt zwischen DDR-SchriftstellerInnen bzw. -Funktionären und den AutorInnen insbesondere der Tschechoslowakei eine Vorgeschichte, deren Kenntnis verständlich macht, warum der Verlauf der Diskussion dann eine ganz andere als die vorgesehene Richtung nahm. Die kulturpolitischen Beziehungen zwischen der DDR und der ČSSR waren im Verlauf des Jahres 1963 problematisch geworden. Mit Alexander Abusch (bis 1961 Minister für Kultur, danach Stellvertreter des Vorsitzenden des Ministerrats der DDR) und Alfred Kurella (bis 1963 Leiter der Kulturkommission beim Politbüro und danach Mitglied der Ideologischen Kommission) hatten zwei hochrangige Kulturfunktionäre interne und öffentliche Angriffe und Polemiken gegen die verstärkte positive Rezeption von Autoren des ‚Modernismus' lanciert.[10] Ihr Angriffspunkt war die Auseinandersetzung mit dem Werk Kafkas, ausgehend von einer inzwischen legendär gewordenen Konferenz im Mai 1963 im tschechischen Liblice. Sie wird heute bisweilen als eine Art Startschuss für Bewegungen angesehen, die auf kulturelle und politische Liberalisierung drängten und den sogenannten ‚Prager Frühling' einläuteten.[11] In der Tat war bereits zu diesem frühen Zeitpunkt für die Forderungen nach kultureller Liberalisierung und der Möglichkeit kritischer Meinungsäußerung die Frühlingsmetapher gebräuchlich.[12] Für die tschechoslowakischen Schriftsteller

---

9 Vgl. Scherstjanoi: ZSZL, 12.
10 Vgl. ebd., 13 f.
11 Vgl. Jürgen Danyel: „Kafka und der Prager Frühling. Die Konferenz in Liblice 1963 und ihre Folgen", in: Zeitgeschichte-online (August 2018). Online abgerufen am 24. März 2021 unter https://zeitgeschichte-online.de/themen/kafka-und-der-prager-fruehling.
12 Vgl. Ernst Fischers Bericht über die Konferenz, die unter der Überschrift „Erste Schwalben eines neuen Frühlings" im *Tagebuch* erschien und den Klaus Hermsdorf in seinen Erinnerungen kommentiert: Klaus Hermsdorf: Kafka in der DDR. Erinnerungen eines Beteiligten, Berlin 2006, 164 f. Der Begriff „Prager Frühling" wurde wohl im Zusammenhang mit der Kafka-Konferenz in Liblice von Roger Garaudy geprägt, vgl. Roger Garaudy: „Kafka et le printemps de Prague", in: Les Lettres françaises (11.06.1963), 9 f.

war Kafka nicht nur eine zentrale literarische Referenz, sondern die Chiffre eines politischen Kampfes in Auseinandersetzung mit dem Erbe des Stalinismus. Kafka wurde zum exemplarischen Dichter der Entfremdung, wobei die kritische Crux dieser Bezugnahme darin bestand, dass dies auch im realen Sozialismus, im Nachklang der repressiven stalinistischen Politik, von höchster Relevanz sei. Mit dieser Auffassung wussten die AutorInnen der ČSSR sich im Einklang mit den kommunistischen Intellektuellen westlicher Länder, insbesondere denen Frankreichs – Jean-Paul Sartre und Roger Garaudy – sowie Österreichs (Ernst Fischer).[13]

Seitens der SED-Kulturfunktionäre wurde die Etablierung Prags als Zentrum eines neuen Marxismus zunehmend verdächtig, da sie ihn für revisionistisch hielten. Infolge der Kafka-Konferenz in Liblice trat Alfred Kurella mit einem am 4. August 1963 im *Sonntag* publizierten Artikel gegen diese literaturpolitische Linie auf und provozierte den publizistischen Widerstand der KonferenzteilnehmerInnen.[14] In der ČSSR sah man sich durch Kurella in inakzeptabler Weise belehrt: Eine literaturpolitische Diskussion auf Augenhöhe sei kaum möglich, wenn sich einer der Streitenden – gemeint war Kurella – verhalte, als sei er im Besitz der ganzen Wahrheit, der gegenüber jede abweichende Position revisionistisch und sektiererisch sei.[15] Kurzum, es gab – in den Worten Ernst Fischers – einen „Kampf um Kafka",[16] bei dem es rasch zur Lagerbildung kam, wobei manche DDR-Schriftsteller und -Intellektuelle, die nach einer ausgewogeneren und literarisch fundierteren Auseinandersetzung suchten, zwischen die Räder gerieten. Dies ist etwa an den Erinnerungen Klaus Hermsdorfs und Werner Mittenzweis gut erkennbar.[17]

Vor diesem Hintergrund nimmt es nicht wunder, dass die Schriftsteller der sozialistischen Bruderländer kein Interesse daran hatten, die nationalstaatlichen Interessen der DDR kulturpolitisch zu stützen. Sie kamen von vornherein mit ganz anderen Anliegen im Gepäck, nämlich der Forderung nach der Möglichkeit freier Meinungsäußerung und politischer Kritik sowie der Fortsetzung der Debatte über das kulturelle Erbe, insbesondere das der literarischen Moderne.

---

13 Vgl. z. B. folgende Passage aus dem Redebeitrag Ernst Fischers: „Kafka ist ein Dichter, der uns alle angeht. Die Entfremdung des Menschen, die er mit maximaler Intensität dargestellt hat, erreicht in der kapitalistischen Welt ein schauerliches Ausmaß. Sie ist aber auch in der sozialistischen Welt keineswegs überwunden. Sie Schritt für Schritt zu überwinden, im Kampfe gegen Dogmatismus und Bürokratismus, für sozialistische Demokratie, Initiative und Verantwortung, ist ein langwieriger Prozeß und eine große Aufgabe. Die Lektüre von Werken wie ‚Der Prozeß' und ‚Das Schloß' ist geeignet, zur Lösung dieser Aufgabe beizutragen ..." Ernst Fischer: Kampf um Kafka, in: ders.: Zeitgeist und Literatur. Gebundenheit und Freiheit der Kunst, Wien 1964, 77 f., hier: 77.
14 Vgl. Alfred Kurella: „Der Frühling, die Schwalben und Franz Kafka. Bemerkungen zu einem literaturwissenschaftlichen Kolloquium", in: Sonntag (04.08.1963), 10–12.
15 So paraphrasiert Klaus Hermsdorf die auf Tschechisch publizierte Replik Jiří Hájeks auf Kurella. Vgl. Hermsdorf (Anm. 12), 175 f.
16 So der Titel seines Textes zur Auseinandersetzung (siehe Anm. 13).
17 Vgl. Hermsdorf (Anm. 12) sowie Werner Mittenzwei: Zur Kafka-Konferenz 1963, in: Günter Agde (Hrsg.): Kahlschlag. Das 11. Plenum des ZK der SED 1965, Berlin 1991, 84–92.

Kalter Krieg auf dem Gebiet der Kultur: Literatur- und Zensurpolitik

Das internationale Kolloquium begann am 1. Dezember 1964 mit einem Eklat, den der bereits erwähnte tschechoslowakische Dichter Ludvík Kundera provozierte. Denn anstatt die von Hans Koch im Eröffnungsreferat sehr allgemein formulierten Thesen zur Literatur unter den Bedingungen der deutsch-deutschen Teilung aufzugreifen, verlangte Kundera in Form von vier „scharfe[n] Fragen" eine Erklärung für den Umgang mit seinem Freund Peter Huchel, der zwei Jahre zuvor von dem Posten des Chefredakteurs der Akademiezeitschrift *Sinn und Form* verdrängt worden war. Mit der ersten Frage unterstellte er, dass sich die Zeitschrift seit Huchels Absetzung nicht grundsätzlich verändert habe (dafür sei das Niveau niedriger geworden). Die zweite thematisierte die Verleihung des Westberliner Fontane-Preises an Huchel, verbunden mit der Behauptung, dass die Verleihung dieser Auszeichnung, die zeitgleich auch Hochhuth, Hindemith und Kortner erhalten hatten, in der DDR „verschleiert" worden sei. Die dritte Frage bezog sich auf das Huchel auferlegte Reiseverbot, das ihm verunmögliche, etwa zur Tagung der *Gruppe 47* nach Schweden zu fahren. Und schließlich fragte Kundera, warum Dichter wie Günter Kunert oder Reiner Kunze in der DDR „im Hintergrund" gehalten würden. (ZSZL, 77)[18] Mit dieser Wortmeldung, ja eigentlich Themenänderung, setzte Kundera einen Akzent, der den weiteren Ablauf des Kolloquiums deutlich beeinflussen sollte und es zu einem – wenngleich verschwiegenen – Skandal machte. Denn mit seinen kritischen Fragen zur Causa Huchel stocherte Kundera in einen Konflikt, mit dem die Akademie der Künste seit einigen Jahren befasst war und der im Grunde erst mit der Ausreise Huchels aus der DDR im Jahr 1971 beendet war.

Zwei Aspekte sind hier bemerkenswert. Zum einen setzte Kundera das Anliegen der tschechoslowakischen Intellektuellen, wie es sich auf der Kafka-Konferenz artikuliert hatte, auf die Tagesordnung. Wie Juraj Spitzer am dritten Kolloquiumstag, um Nachsicht für den Freund und Kollegen bittend, erklärte, habe Kundera „seine Fragen [...] aus der Besorgnis heraus [gestellt], ob nicht hier so etwas Ähnliches stattfindet, womit wir bei uns [in der ČSSR, BG] schwer gekämpft haben, das wir [jetzt mit Anstrengung] überwinden." (ZSZL, 107) Zum anderen – und das ist auf den ersten Blick weniger ersichtlich – hat Kunderas Parteinahme für Huchel eben doch etwas mit dem

---

18 Das Tonband, auf dem Kunderas Redebeitrag festgehalten ist, deckt sich weitgehend mit der von Scherstjanoi edierten Abschrift. Eine kleine Ergänzung betrifft die Nennung Hindemiths (die bei Scherstjanoi fehlt). Vgl. Archiv des Schriftstellerverbandes der DDR, Literaturarchiv der Akademie der Künste [AdK], AVM Tonbänder, Signatur AVM-31_10739.

Thema der Konferenz, der Existenz zweier deutscher Staaten, zu tun. Um dies nachvollziehen zu können, muss der ‚Fall Peter Huchel' näher betrachtet werden.[19]

Der Lyriker Peter Huchel hatte die Chefredaktion der Zeitschrift *Sinn und Form*, die 1948/49 gegründet worden war, von ihrem Beginn bis zum Ende des Jahres 1962 inne. Dann wurde er von seinem Posten abgesetzt. Vorausgegangen war dem ein längerer Konflikt, in dem Huchel dazu gedrängt worden war, die Zeitschrift an der SED-Kulturpolitik auszurichten, sich in der Textauswahl mit anderen Akademie-Mitgliedern abzusprechen und ein zusätzliches Redaktionsmitglied sozusagen als Kontrollinstanz an seiner Seite zu akzeptieren.

Die Zeitschrift *Sinn und Form* hatte in der publizistischen Landschaft der DDR eine Sonderstellung. Sie war kein Forum ideologischer oder kulturpolitischer Grabenkämpfe, sondern verfolgte eine gesamtdeutsche, integrative Perspektive.[20] Peter Huchel konnte sie in den 50er Jahren als anspruchsvolle Literaturzeitschrift etablieren, in der neben Bertolt Brecht, Ernst Bloch, Hanns Eisler und Anna Seghers auch Thomas Mann, Alfred Döblin, Hans Henny Jahnn, Louis Aragon und Pablo Neruda publizierten, um nur einige der Bekanntesten zu nennen. Sie wurde auch im Westen geschätzt und viel gelesen.[21] Diese Ausrichtung war zunächst geplant und gewollt. Nach dem Zweiten Weltkrieg und im Kontext des Aufbaus des Sozialismus lautete die nach innen wie außen gerichtete Botschaft, dass die DDR legitimer Nachfolger des progressiven, anti- oder präfaschistischen Deutschland sei. In der DDR entstehe und bündle sich das Beste der deutschen Kultur und Literatur – so kann man dieses Selbstverständnis zusammenfassen. *Sinn und Form* entstand also im Geiste der Volksfrontpolitik, die auch dem Sozialistischen Realismus auf Kosten der proletarisch-revolutionären Literatur zum Aufstieg verhalf. Mit der Herausbildung und Verschärfung der internationalen Blockbildung im Verlauf der 50er Jahre änderte sich freilich die kulturpolitische Ausrichtung. Entsprechend war die von Huchel vertreten Linie bereits in diesen Jahren nicht mehr unumstritten. Wiederholt standen Formalismus-Vorwürfe im Raum und Huchel sollte bereits 1953 – nach dem Abdruck eines Auszugs aus Eislers *Doktor Faustus* und Brechts Verteidigung des Bildhauers Ernst Barlach – zum ersten Mal abgelöst werden. Geschützt wurde er von Bertolt Brecht und Arnold Zweig, und – in gewissem Maße – auch von Johannes R. Becher. Diese sprachen sich dafür aus, der auf Wiederaufrüstung und der Verbindung mit den Westmächten ausgerichteten Politik Adenauers kein ebenso aggressives, sich nach Westen abgrenzendes Programm entgegenzusetzen, sondern sich kulturell weiterhin im Sinne eines sozial gerechten,

---

[19] Ich greife hierzu auf zwei Dokumentationen zurück: Der Fall von Peter Huchel und „Sinn und Form". Deutsche Akademie der Künste. Protokolle, Briefe, Akten, in: Sinn und Form 44 (1992), 739–822 sowie Ulrich Dietzel, Stiftung Archiv der Akademie der Künste (Hrsg.): Zwischen Diskussion und Disziplin. Dokumente zur Geschichte der Akademie der Künste (Ost). 1945–1993, Berlin 1997, 212–235.
[20] Vgl. Stephen Parker: Peter Huchel und „Sinn und Form". Die Ostberliner Akademie der Künste und das Problem der einheitlichen deutschen Kultur, in: Sinn und Form 44 (1992), 724–738, hier: 726.
[21] Vgl. ebd., 733.

geeinigten Deutschlands zu engagieren.²² Auf den ersten Blick scheint dies Ulbrichts oben skizzierter Deutschlandpolitik zumindest nicht zu widersprechen. Doch ihre Ausrichtung war zu diesem Zeitpunkt anders. Ulbricht ging es vor allem darum, die kulturellen Leistungen der DDR hervorzuheben und deren eigenes, sozialistisches Profil zu stärken. Entsprechend erging seitens der Kulturfunktionäre die Weisung, *Sinn und Form* auf die repräsentative Darstellung der in der DDR erzeugten Kunst und Literatur zu verpflichten. In der Akademie wurde daher bereits seit 1960 diskutiert, ob und wie man aus *Sinn und Form* tatsächlich eine Akademiezeitschrift machen könnte, also ein Organ, das den Aktivitäten aller ihrer Sektionen gerecht würde.²³ Das freilich hätte sie von Grund auf verändert. Als deklarierte Literaturzeitschrift hatte sich das Blatt wenig mit Musik und Theater und so gut wie gar nicht mit Bildender Kunst befasst – zumindest nicht mit der im eigenen Haus vertretenen. Mit einer Änderung der Blattlinie in diesem Sinne war Peter Huchel nicht einverstanden. Vergeblich wurde – in der ironischen Formulierung des Akademiepräsidenten Willi Bredel – „versucht, ihm klarzumachen, daß wir unter den heutigen Verhältnissen und auf der Grundlage der Beschlüsse des Ministerrates verpflichtet sind, eine Zeitschrift herauszugeben, die bei der Entwicklung der sozialistischen Nationalkultur helfen soll, und nicht nur eine Zeitschrift, die von Intellektuellen in Westdeutschland gern gelesen wird."²⁴ Doch dieser Veränderung wollte Huchel nicht zustimmen. Er schied, auch unter Verweis auf seinen schlechten Gesundheitszustand, Ende 1962 aus der Redaktion von *Sinn und Form* aus.²⁵

Was übrigens die Blattlinie betrifft, die Kundera ansprach, so muss noch ergänzt werden, dass Huchels Nachfolger Bodo Uhse am 2. Juli 1963 – also sechs Monate nach Antritt der Stelle als Chefredakteur – verstarb. Im November 1963 wurde

---

22 Vgl. ebd., 728–730.
23 Vgl. Der Fall von Peter Huchel (Anm. 19), 739–745 u. 752–757.
24 Aus dem Protokoll der Präsidiumssitzung vom 19. September 1962 (Auszug), in: ebd., 775–780, hier: 776.
25 Vgl. das Protokoll der Aussprache, in: ebd., 770 f., hier: 770. Auch in den letzten von ihm verantworteten Nummern von *Sinn und Form* löckte Huchel freilich wider den Stachel. Kulturminister Hans Bentzien schrieb persönlich an den nunmehrigen Präsidenten der Akademie, Willi Bredel, die Nummer 3 der Zeitschrift enthalte „eine Häufung von Skepsis, Negation und sogenannter gesamtdeutscher Kulturpolitik" und verwies dabei speziell auf Beiträge von Günter Kunert, Peter Hacks und Olga Bergholz. Hans Bentzien an Willi Bredel, in: ebd., 772 f., hier: 772. Und auch die letzte (Doppel-) Nummer 5/6, die im Dezember 1962 erschien, wurde als Provokation gelesen. Vgl. Protokoll über die Aussprache beim Stellvertreter des Vorsitzenden des Ministerrates Alexander Abusch mit dem Präsidium am 9. Januar 1963 (Auszug), in: ebd., 785–788, hier: 786. Dass die Angriffe auf Huchel Ende der 50er Jahre immer heftiger wurden, hatte auch damit zu tun, dass seine Förderer starben oder an Einfluss verloren. Stephen Parker schreibt: „Mit Brechts Tod, dem Schwinden von Bechers Autorität, der Marginalisierung Zweigs und der Vernichtung der ‚Revisionisten' konnten Abusch, Gotsche, Hager und Kurella ihre Positionen festigen. In der Akademie, wo bis dahin die Nicht-Dogmatiker am Ruder waren, hatten fortan sie das Sagen." Parker (Anm. 20), 735.

Wilhelm Girnus auf Vorschlag der Ideologischen Kommission zum neuen Cheflektor ernannt.[26]

Kunderas zweite Frage erlaubt es, seinen Redebeitrag präziser im Konfliktfeld des Kalten Krieges und des angespannten Verhältnisses zwischen BRD und DDR zu situieren: „Warum verschleiert man die Tatsache, dass der Preis, den Peter Huchel bekommen hat, der Fontane-Preis ist, und dass parallel mit ihm [die] andere[n] Preise Hochhuth, Hindemith und Kortner bekommen haben?"[27] Der Fontane-Preis war der Große Berliner Kunstpreis in der Sparte Literatur, vergeben von der Westberliner Akademie der Künste. Peter Huchel erhielt ihn im Jahr 1963; parallel wurden Rolf Hochhuth sowie Paul Hindemith und Fritz Kortner in den Sparten Musik bzw. Darstellende Kunst ausgezeichnet.[28] Wenn Kundera sie extra erwähnt, so um die Größe der Auszeichnung zu betonen und diese gewissermaßen politisch zu validieren: Hindemith und Kortner waren Künstler internationalen Ranges, die während des Nationalsozialismus als Juden verfolgt wurden und emigrieren mussten. Das pazifistische Engagement des Regisseurs und Schauspielers Fritz Kortner brachte ihm während des sich zuspitzenden Kalten Krieges zumal in Westberlin heftige Anfeindungen ein. Hochhuth wiederum war im Jahr 1963 mit seinem Skandal-Stück *Der Stellvertreter* hervorgetreten, das die Mitschuld des Vatikans am Holocaust thematisiert und weltweit für Aufruhr sorgte.

Wenn Kundera davon spricht, dass die Preisverleihung an Huchel „verschleiert" worden sei, so will er damit vermutlich ausdrücken, dass es sich nicht um irgendeinen marginalen Preis handelte, sondern dass sich Huchel in Gesellschaft höchst bedeutender, antifaschistischer Preisträger befand. Denn davon, dass die Auszeichnung in der DDR nicht wahrgenommen und diskutiert worden wäre, kann keine Rede sein. Im Gegenteil: Dass Huchel den Preis verliehen bekam und annahm, führte nachgerade zu einem Tumult und verschärfte den Bruch zwischen Huchel und den Kulturfunktionären nachhaltig.[29] Warum?

Der Fontane-Preis war mitnichten eine neutrale, rein kulturelle Auszeichnung. Die jeweils zuständige Jury wurde nicht etwa unabhängig von der Akademie besetzt, sondern vom Westberliner Senat berufen.[30] Die Auswahl der PreisträgerInnen war ein Politikum, das immer wieder zu Protesten und Konflikten Anlass gab. Auch die Wahl Peter Huchels war – unabhängig von der literarischen Dignität seines lyrischen Werks, an der kein Zweifel besteht – fraglos politisch motiviert und stellt eine Reaktion auf die Angriffe,

---

26 Vgl. Aus dem Protokoll der Präsidiumssitzung. 6. November 1963, in: Dietzel (Anm. 19), 228 f.
27 Archiv des Schriftstellerverbandes der DDR, Literaturarchiv der Akademie der Künste [AdK], AVM Tonbänder, Signatur AVM-31_10739. Vgl. ZSZL, 77.
28 Eine Liste aller PreisträgerInnen kann auf der Website der Akademie der Künste eingesehen werden. Online abgerufen am 24. März 2021 unter https://www.adk.de/de/akademie/preise-stiftungen/Kunstpreis.htm.
29 Vgl. z. B. Aus der Rede Kurt Hagers auf der Delegiertenkonferenz des Deutschen Schriftstellerverbandes am 28. Mai 1963, in: Der Fall von Peter Huchel (Anm. 19), 795–798.
30 Vgl. Der Fischer Weltalmanach (1961), 301.

die er als Redakteur von *Sinn und Form* erfuhr, und seine Absetzung dar. Man muss sich hierfür vergegenwärtigen, dass der ganze ‚Fall Huchel' von der Westpresse kommentierend begleitet worden war. *Spiegel, Süddeutsche Zeitung, Die Welt, Die Zeit* und andere Zeitungen berichteten im Verlauf des Jahres 1962, dass die Zeitschrift *Sinn und Form* aufgrund politischer Gängelung vor dem Aus stehe.[31] Stephan Hermlin stellte bei der Präsidiumssitzung der Akademie der Künste (Ost) im September 1962 fest, *Sinn und Form* sei „das hervorragendste Objekt des ‚kalten Krieges' auf dem Gebiet der Kultur".[32]

Dass die Preisverleihung an Huchel eine politische Dimension hatte, wurde seitens des Westberliner Senats auch gar nicht abgestritten. Kultursenator Arndt pries Huchel als Dichter der Freiheit in einem Land der Unfreiheit, und bezog sich damit deutlich auf die Affäre um *Sinn und Form*.[33] Huchels Annahme des Preises stellte in der DDR daher einen politischen Affront dar, der ihn auch die Sympathien zahlreicher AutorInnen kostete.[34] Dass Huchel die kulturpolitische Frontstellung zwischen West und Ost wiederholt in seinem Sinne instrumentalisierte (bzw. sich instrumentalisieren ließ), war wohl auch ein Grund für die Einschränkung seiner Reisemöglichkeiten nach 1960, auf die Kundera mit seiner dritten Frage anspielte.[35]

Schließlich stellte Kunert eine abschließende Frage mit Sprengkraft: „Warum hält man sozusagen im Hintergrund solche Dichter wie Günter Kunert, Reiner Kunze?"[36] Beide Genannten hatten einen engen Bezug zu Huchel. Kunert veröffentlichte zwischen 1950 und 1960 seine Gedichte regelmäßig zuerst in *Sinn und Form*, Kunze debütierte dort 1961.[37] Und beide hatten in der Tat Schwierigkeiten mit der Publikation ihrer Gedichte. Bei Kunert gab es seit dem Jahr 1962 ein Tauziehen zwischen dem Autor, dem Aufbau-Verlag und der Ideologischen Kommission um die Publikation einzelner Gedichte in einem Lyrikband.[38]

---

31 Vgl. Aus dem Protokoll der Präsidiumssitzung vom 19.9.1962 (Auszug), in: Der Fall von Peter Huchel (Anm. 19), 775–780, hier: 776, sowie ferner Willi Bredel: Presseerklärung zu *Sinn und Form*, in: Dietzel (Anm. 19), Fußnote 77, 679 f.
32 Aus dem Protokoll der Präsidiumssitzung vom 19.9.1962 (Anm. 31), 777.
33 So paraphrasiert von Alfred Kurella, Aus dem Stenografischen Protokoll der Plenartagung. 30. Mai 1963, in: Dietzel (Anm. 19), 221–225, hier: 222.
34 Kurella versuchte Huchel im April 1963 noch persönlich davon zu überzeugen, den Preis abzulehnen und sich öffentlich dazu zu positionieren. Vgl. ebd., 221 f. Vgl. auch Kurellas Darstellung des Falls Peter Huchel auf seiner Rede beim Internationalen Schriftstellerkolloquium 1964, ZSZL, 146–149.
35 Huchels Verhältnis zur *Gruppe 47* wäre allerdings ein eigenes Thema, das den Rahmen dieses Beitrags sprengen würde. Für einen ersten Einblick vgl. Manfred Jäger: Die Gruppe 47 und die DDR (06.06.2007). Online abgerufen am 24. März 2021 unter https://www.bpb.de/apuz/30419/die-gruppe-47-und-die-ddr?p=all.
36 Archiv des Schriftstellerverbandes der DDR, Literaturarchiv der Akademie der Künste [AdK], AVM Tonbänder, Signatur AVM-31_10739. Vgl. ZSZL, 77.
37 Vgl. Parker (Anm. 20), 737.
38 Vgl. Simone Barck, Martina Langermann, Siegfried Lokatis: Jedes Buch ein Abenteuer. Zensur-System und literarische Öffentlichkeit in der DDR bis Ende der sechziger Jahre, Berlin 1997, 200–203.

Kundera schleuste mit seiner Rede also das konfliktbehaftete Thema des Umgangs mit staats- oder sozialismuskritischen SchriftstellerInnen in die auf Schulterschluss und Solidarisierung angelegte Veranstaltung ein. Im Kontext der Forderungen nach Liberalisierung in Prag stellte er damit letztlich in den Raum, dass es in der DDR nicht anders als in der Tschechoslowakei darum gehen müsse, repressive Überreste der stalinistischen Ära zu beseitigen.

Damit war ein Fass geöffnet, das sich während des fünftägigen Kolloquiums nicht mehr schließen sollte. Einige Teilnehmer – zum Beispiel Jurij Brězan oder der polnische Teilnehmer Egon Naganowski – stimmten Kundera grundsätzlich zu, wobei speziell Brězan Kunderas Kritik etwas entschärfte. (Vgl. ZSZL, 110–113 bzw. 139–141) Stefan Heyms unangekündigte Rede am 4. Dezember skandalisierte ebenfalls Publikationseinschränkungen und -behinderungen: nicht zuletzt die seines Romans über den 17. Juni 1953 *Der Tag X*, der erst 1974 im westdeutschen Bertelsmann-Verlag unter dem Titel *5 Tage im Juni* erscheinen sollte. Und Heym stellte die bei Kundera nur im Subtext mitgeführte Verbindung zwischen einer repressiven Kulturpolitik und dem Stalinismus her, indem er schilderte, wie nachhaltig die Ära Stalins den Sozialismus präge und behindere. Der Schlüssel zur Lösung dieses Problem könnten allein „furchtlose Diskussionen" sein, „ohne Tabus", sowie das „Bezweifeln auch des scheinbar Selbstverständlichen", aber auch die „Befreiung der Kunst und Literatur von den sterilen Schablonen, in welche man sie in der Stalin-Zeit einzwängte." (ZSZL, 124)[39]

Die Frage der literarischen Ahnherren: Erbedebatte und Editionspolitik

Verglichen mit den Konflikten, die in den 60er Jahren in der Tschechoslowakei und Polen ausgetragen wurden, kann man die politisch-ästhetischen Auseinandersetzungen in der DDR wohl als gemäßigt bezeichnen. Wenngleich es – wie man gerade am Fall Peter Huchel oder den anderen genannten Dichtern sehen kann – ernsthafte zensurpolitische Auseinandersetzungen und daraus folgende Zerwürfnisse gab, in denen sich die Polarisierung zwischen bestimmten SchriftstellerInnen und den Funktionären bereits abzeichnete, gab es doch eine erkennbare Durchspracheebene, eine Grundlage, auf der man sich verständigen konnte.

Das zeigt sich auch in der Diskussion über den Umgang mit unterschiedlichen literarischen Traditionen während unseres Kolloquiums. Eingebracht wurde es durch

---

[39] Auf der anderen Seite sahen sich Alfred Kurella und Klaus Gysi, damals Leiter des Aufbau-Verlags, zu einer Verteidigung oder Zurechtrückung veranlasst, speziell mit Blick auf die kritischen Fragen zu Peter Huchel, aber auch zu allgemeinen Problemen der Kulturpolitik aus der Sicht der Funktionäre. Vgl. ZSZL, 146–149 bzw. 125–134.

die polnischen Teilnehmer, in seiner politischen Dimension weiter verstärkt von der tschechoslowakischen Delegation. Die deutschen TeilnehmerInnen stiegen darauf nur teilweise ein – ihre Positionierungen waren zumeist viel weniger konfrontativ.

Angestoßen wurde die Debatte durch den ersten Redner nach Kochs Eingangsreferat, den Übersetzer Egon Naganowski. Dieser mahnte an, dass „eine gewisse Tradition der modernen deutschen klassischen Literatur" – und der internationalen modernen Literatur – in der DDR nicht wirken habe können und „abgeschnitten" worden sei, nämlich Joyce, Proust und Kafka als „Ahnherren des modernen Romans" sowie Musil, Broch, Rilke und andere. (ZSZL, 74) Sein Aufhänger für diese Diagnose des „Abgeschnittenseins" war die Verfügbarkeit der genannten Autoren. Naganowski beanstandete, dass durch die restriktive Verlags- und Herausgabepolitik in der DDR die produktive Auseinandersetzung mit den Autoren der klassischen Moderne behindert werde – und das, so der Anknüpfungspunkt an das Thema des Kolloquiums, sei der eigentliche Grund für die divergenten Entwicklungen, die die Literatur der BRD und die Literatur der DDR nehmen würden. Naganowski brachte das Thema also als eine ästhetische Ergänzung zu Kochs in erster Linie politischen Erwägungen ein.

Damit stach er freilich in ein Wespennest größerer Dimensionen. Gerade der Umgang mit den Autoren der Moderne hatte seit den frühen 50er Jahren in der DDR immer wieder zu Auseinandersetzungen und Querelen geführt. Besonders wechselvoll – und von der Forschung gut dokumentiert – ist auch hier die Herausgabe der Werke Kafkas.[40] So wurde nicht zuletzt auf der bereits erwähnten Kafka-Konferenz in Liblice hörbar moniert, dass es in der DDR keine Kafka-Ausgabe gebe. Und auch zum Zeitpunkt des Kolloquiums im Dezember 1964 war Kafka in der DDR noch nicht erschienen – erst im Herbst des Folgejahres kam ein Band mit Erzählungen sowie mit den Romanen *Der Prozess* und *Das Schloss* in einer Auflage von 5 000 Exemplaren heraus.[41] Wie bereits erwähnt, wurde Kafka in den 60er Jahren in den sozialistischen Staaten zum Schibboleth anti-stalinistischer, auf Liberalisierung und Meinungsfreiheit drängender Gruppen von Intellektuellen und Kunstschaffenden. Auch in der DDR stand er in diesem Geruch. So wurde die genannte Kafka-Ausgabe, die schon seit den 50er Jahren in Planung war, nach der Verhaftung Walter Jankas 1956 prompt auf Eis gelegt.[42]

---

40 Vgl. Martina Langermann: „Faust oder Gregor Samsa?". Kulturelle Tradierung im Zeichen der Sieger, in: Birgit Dahlke, Martina Langermann, Thomas Taterka (Hrsg.): LiteraturGesellschaft DDR. Kanonkämpfe und ihre Geschichte(n), Stuttgart/Weimar 2000, 173–213. Vgl. auch Hermsdorf (Anm. 12), 134–144.
41 Franz Kafka: Erzählungen. Der Prozess. Das Schloss, Berlin 1965. Die Ausgabe erschien bei Rütten & Loening.
42 Vgl. Langermann (Anm. 40), 178. Auch bei diesem Thema ist es übrigens wichtig, sich die Rolle des Westens, insbesondere der Presse der Bundesrepublik, zu vergegenwärtigen, die literaturpolitische Auseinandersetzungen, sofern sie ruchbar wurden, geschickt auszuschlachten und zu befeuern verstand. Vgl. ebd., 173 f.

Wie ging es nun aber nach Naganowksis Aufschlag beim Kolloquium des Schriftstellerverbands weiter? Naganowski hatte das angemahnte Problem der Verlagspraxis dezidiert als ästhetisches eingeführt – wobei allen Anwesenden die politische Relevanz und Sprengkraft bewusst gewesen sein dürfte. Der Chefredakteur der Zeitschrift *neue deutsche literatur*, Walter Joho, der als erstes darauf reagierte, stieg auf die Provokation jedenfalls nicht ein. Er erklärte, die ältere Generation der DDR-AutorInnen hätten Joyce, Proust, Musil, Kafka sehr wohl gelesen, würden aber aus guten Gründen nicht auf ihnen aufbauen. Sie hätten sich andere Ahnherren aus der Reihe der großen Realisten ausgesucht, und er nennt hier insbesondere die russischen: Tolstoi, Gorki und Leonow. Er sei ausdrücklich dafür, dass die AutorInnen der klassischen Moderne in der DDR gedruckt werden, erwarte sich aber keine besonders große Befruchtung für die DDR-Literatur. Die bereits übergebührlich angeschwollenen Erwartungen würden nach der Lektüre ziemlich sicher enttäuscht. (ZSZL, 82 f.) Joho entschärfte also die politische Frontstellung zwischen liberaler oder oppositioneller Kafka-Befürwortung und dogmatischer Kafka-Gegnerschaft durch den Hinweis, dass die Marginalisierung Kafkas als Ahnherr nicht auf seine Unterdrückung durch die Behörden zurückzuführen sei, sondern auf die freie Wahl zumal der älteren Generation von DDR-AutorInnen – eine Wahl, deren Grundlage der Schriftsteller Günther Cwojdrak am 3. Dezember erläuterte: In den Werken von Joyce, Proust und Kafka komme eine bestimmte Haltung zur Welt zum Ausdruck, die aus sozialistischer Perspektive problematisch sei: Die Welt werde als nicht durchschaubar und nicht veränderbar dargestellt, die Autoren nähmen ein passives Verhältnis zur Wirklichkeit ein. (ZSZL, 102) Deutlich sind hier die Anklänge an den Realismusbegriff Georg Lukács' zu erkennen, wie er ihn im Kontext des Expressionismus- oder Realismusstreits der 30er Jahre ausformulierte. Hier wird der literarischen Tradition des Realismus die Darstellung einer in ihren Zusammenhängen verstandenen Welt zugesprochen, während die Avantgarden eine zerrissene, brüchige und verworrene Welt künstlerisch zur Darstellung brächten. Wenn der polnische Kulturredakteur und Kritiker Hieronim Michalski in seinem darauf folgenden Wortbeitrag einen zu engen, an Lukács orientierten Realismusbegriff moniert, wird diese Anleihe explizit. (ZSZL, 105)

Damit waren die Reizworte gefallen, die die ästhetische Diskussion auf die politische zurückführen, die sie im marxistischen Kontext ja stets war. Juraj Špitzer – einer der oben erwähnten Ausflügler nach Westberlin – griff den Ball auf und plädierte dafür, sich den als dekadent verschrienen Avantgarden nicht zu verschließen. Diese Öffnungsbewegung brachte er selbst in Zusammenhang mit den zu führenden politischen Dialogen und sprach sich für ästhetische Weltoffenheit aus, für die freie Konfrontation anstelle von Abkapselung und Zensur. Er stellte die Auseinandersetzung mit den Ahnherren – insbesondere denen der klassischen Moderne – dezidiert in den Kontext politischer Konfrontation, allerdings über einen geschickten rhetorischen Umweg: Die Notwendigkeit, die talentierten Schriftsteller vor den Einflüssen der Reaktion zu bewahren, gebiete die Auseinandersetzung mit den Werken der klassischen Moderne. Er unterwanderte also die Grenzziehung zwischen Kafka-Befürwortung und

-Gegnerschaft im sozialistischen Lager und wies auf die Pflicht der SozialistInnen hin, den Dialog mit politisch schwankenden AutorInnen zu führen, statt sie als politische GegnerInnen zu konfrontieren. Dass er selbst der ‚modernistischen' Linie – anders als etwa Joho – einen relevanten ästhetischen Reiz zusprach, wird in seinem Redebeitrag freilich ebenfalls erkennbar, nämlich in seiner Warnung, man dürfe die eigene „künstlerische Nichtanziehungskraft [nicht] durch eine politische Orientierung [...] verteidigen."[43]

Die Gegenposition zu Špitzer nahm Klaus Gysi ein, der darauf hinwies, dass die Erbefrage eine politische Ost-West-Signatur habe. Die westdeutsche Forderung der Integration der Moderne sei immer auch ein Versuch, die literarische Tradition zu diskreditieren, auf der das antifaschistische Selbstverständnis der DDR beruhe. Bezogen auf Špitzers Position, die für Dialog und Vermittlung plädiert, spitzte Gysi den politischen Konflikt im Kontext von Blockbildung und Kaltem Krieg zu. (ZSZL, 125–134, hier: 127 f.) Nimmt man beide Redner beim Wort, so handelt es sich hier nicht zuletzt auch um einen strategiepolitischen Dissens. Gysi – und mit ihm übrigens auch Alfred Kurella, der am letzten Tag sprach – ging durchaus zutreffend davon aus, dass es auch in Fragen der Kunst und Kultur einen ‚Kalten Krieg' gebe, in dem es weniger um Überzeugungsarbeit, als vielmehr um Über- oder Unterlegenheit gehe. Špitzer suchte diese machtpolitische Opposition hingegen aufzulösen und plädierte für ein starkes Bündnis progressiver Kräfte über die Systemgrenzen hinweg.

Christa Wolf führte diese Debatte in ihrem Redebeitrag vom 4. Dezember in ein ruhigeres Gewässer, indem sie die Frage der literarischen Tradition hinter die „eigentliche Quelle einer jeden Literatur" zurückstellte, nämlich den „Lebensstoff, die Problematik des Landes und der Zeit, aus der heraus und für die sie schreibt." (ZSZL, 137) Diese Umlenkung von den Ahnherren hin zur gesellschaftlichen Realität der Gegenwart wurde zwar am Tag darauf durch Stephan Hermlin pariert – er machte geltend, dass uns das Leben selbst nur in „präformierten künstlerischen Bildern und Gestaltungen" erreiche (ZSZL, 144) –, aber Wolf konnte die sich konturierenden Widersprüche in den Positionsnahmen dennoch weitgehend entschärfen. Die DDR-AutorInnen enthielten sich einer politischen Polarisierung, wie sie etwa auf der Konferenz von Liblice stattgefunden hatte.

---

43 Archiv des Schriftstellerverbandes der DDR, Literaturarchiv der Akademie der Künste [AdK], AVM Tonbänder, Signatur AVM-31_10748. Vgl. ZSZL, 106–110, hier: 110.

(K)Ein antifaschistischer Schutzwall zwischen den Literaturen: Das Verhältnis zur BRD

Es gibt eine innere Verbindung zwischen der Frage des Umgangs mit der literarischen Tradition der ästhetischen Moderne in der DDR und einem weiteren Thema, das auf der Konferenz diskutiert wurde und das nun abschließend beleuchtet wird: dem Verhältnis zur Bundesrepublik bzw. den dort lebenden und wirkenden SchriftstellerInnen. Die Verbindung wird etwa im Redebetrag Jurij Brězans vom 3. Dezember 1964 deutlich. Brězan ging von der Unüberschaubarkeit moderner Lebensverhältnisse infolge der technischen Revolutionierung der Arbeitswelt und der Ausdifferenzierung der modernen Gesellschaft aus. Dies sei für viele Menschen unerklärbar und ängstigend – nicht aber für MarxistInnen, die wüssten, dass die Welt veränderbar sei (und die Veränderungen also auf menschliches Handeln zurückgeführt werden könnten). „Und nun scheint mir," so Brězan weiter, „dass viele der westdeutschen Schriftsteller, von denen hier öfter die Rede war, auch wenn sie manchmal ahnen, dass diese Welt veränderbar ist, es nicht wahrhaben wollen und dass sie diese Welt nicht grundsätzlich verändern wollen." Damit aber sei eine große Gefahr verbunden – nämlich die, dass die Welt tatsächlich undurchschaubar werde und sich der Kontrolle der Menschen entziehe. „Nicht mit allen Kräften zu versuchen, die Welt und ihre Dinge, ihre Triebkräfte, die Gesellschaft und ihre Gesetze erkennbar, durchschaubar und veränderbar zu machen, heißt letzten Endes, Deutschland Strauß zu überlassen." (ZSZL, 112)

Brězan formuliert hier eindrücklich eine Position, die in der DDR über weite Strecken als gemeinsame Basis der DDR-SchriftstellerInnen auf der einen und der Kulturfunktionäre auf der anderen Seite gelten kann: nämlich die Auffassung, dass in der Verarbeitung von Wirklichkeit im Kunstwerk eine Haltung zur Welt zum Ausdruck komme, die zwangsläufig eine politische Signatur habe. Damit ist auch der feste Kern der im Grunde nie unterbrochenen Debatte über den Realismus in der DDR bezeichnet. Wie an Brězans Redebeitrag deutlich wird, wurde entlang dieser Linie nicht allein die literarische Tradition beurteilt, sondern auch die literarische Gegenwart. Diese Auseinandersetzung mit der Verarbeitung der Wirklichkeit im Text ist das ästhetische Korrelat der rein politischen Beurteilung der AutorInnen Westdeutschlands, wie sie Hans Koch in seinem Eingangsreferat vorgenommen hatte: Hier wurden als potenzielle Bundesgenossen unter anderem Günter Grass und Rolf Hochhuth genannt, die die Aufarbeitung des Nationalsozialismus in der Bundesrepublik anmahnten und sich kritisch zu ihrer Remilitarisierung äußerten. Zugleich handele es sich dabei aber auch um erklärte Antikommunisten. (ZSZL, 67 f.) Differenziert aufgegriffen wurde das am zweiten Kolloquiumstag vom damaligen Leiter des Literaturinstituts Johannes R. Becher, Max Walter Schulz. (Vgl. ZSZL, 95–99)

Im Protokoll des Kolloquiums ist gut zu erkennen, dass diese Auffassung ebenso wie die Bewertungskriterien dafür, was progressive Literatur ist, zumindest von den deutschen TeilnehmerInnen im Wesentlichen geteilt wurden. Dass es für eine literarische Bündnispolitik mit westdeutschen AutorInnen relevant war, wes Geistes Kind diese jeweils waren, und dass sich in literarischen Darstellungen der Welt politische Haltungen ausdrückten, wurde von keinem der Anwesenden grundsätzlich in Frage gestellt. Dennoch gab es auch in Bezug auf die Frage nach Bündnissen mit westdeutschen AutorInnen Debatten auf dem Kolloquium. Das zeigt etwa der Redebeitrag von Paul Wiens vom 1. Dezember 1964, in dem der Vorsitzende des Berliner Schriftstellerverbands auf das Eröffnungsreferat Hans Kochs reagierte und eine Spezifik des literarischen Feldes gegenüber anderen gesellschaftlichen Bereichen behauptete: „Dort, wo sich die Literaturgesellschaft trifft, nämlich die Schriftsteller untereinander und die Leser mit ihren Schriftstellern und die Schriftsteller mit ihren Lesern, dort kann man nicht, wie zum Beispiel in der Geografie, einen antifaschistischen Schutzwall aufrichten." Für eine „echte Bündnispolitik" arbeite man in der DDR „zu genau, zu penibel, zu pedantisch und mit zu vielen Rückhalten." Und er fährt fort:

> Und wenn es eine wirkliche Auseinandersetzung geben soll auf literarischem Gebiet, dann muss sie sich in der Welt der Literatur in ganz Deutschland, in beiden deutschen Staaten so abspielen, dass die beiden Literaturgesellschaften, das heißt, auch die Leser, daran teilnehmen können. Und das haben wir bisher versäumt von uns aus.[44]

Wiens argumentierte für eine relative Eigenständigkeit des ästhetischen Bereichs und sprach sich gegen die Aufrichtung eines „antifaschistischen Schutzwalls" zwischen den Literaturen aus. Sein Plädoyer ging auf Offenheit, auf eine „wirkliche Auseinandersetzung [...] auf literarischem Gebiet", die in der DDR durch Zögern und Verhindern boykottiert oder zumindest nicht genug vorangetrieben werde.

Die Literaturbeziehungen zwischen Ost- und Westdeutschland waren in der Tat kompliziert und wechselvoll – und es spielten hier auch durchaus mehr Faktoren eine Rolle als bloß der politische Wille, den Wiens hier in erster Linie anspricht. Als Beispiel sei hier auf die erste Anthologie mit Texten westdeutscher AutorInnen verwiesen, die 1964 nach mehrjährigem Tauziehen im Verlag Volk & Welt erschien.[45] Die Editionsgeschichte dieses Bandes, die der Herausgeber Werner Liersch festgehalten hat,[46] wirft ein Schlaglicht auf die Problemlagen, die in Bezug auf die Literaturvermittlung bestanden: Liersch berichtet von dem Besuch eines NVA-Offiziers im Juli 1961, der nach Kontakten zu westdeutschen Schriftstellern und familiären Beziehungen nach Westberlin fragte. Der Zusammenhang mit der in Planung befindlichen Anthologie westdeutscher Autoren war Liersch zu diesem Zeitpunkt selbst nicht klar. Nachdem

---

44 Archiv des Schriftstellerverbandes der DDR, Literaturarchiv der Akademie der Künste [AdK], AVM Tonbänder, Signatur AVM-31_10739. Vgl., mit minimalen Abweichungen, ZSZL, 76 f.
45 Werner Liersch (Hrsg.): Erkundungen. 19 westdeutsche Erzähler, Berlin 1964.
46 Vgl. Werner Liersch: Erkundungen der *Erkundungen* – Westdeutsche Literatur 1964, in: Simone Barck, Siegfried Lokatis (Hrsg.): Fenster zur Welt. Eine Geschichte des DDR-Verlages Volk & Welt, Berlin 2003, 215–219.

im August 1961 die Grenze zu Westdeutschland geschlossen worden war, wurde das begonnene Anthologie-Projekt vorübergehend stillgestellt. Allerdings nicht aufgrund von Zensurvorgängen, sondern weil die westdeutschen Verlage ihre Einverständniserklärungen zum Abdruck widerrufen hatten. Nachdem dies geklärt werden konnte, schieden sich die Geister an der Frage, ob eine Erzählung von Alfred Andersch aufgenommen werden sollte, der in der DDR als Renegat galt. Liersch macht auch plastisch, wie viele Stimmen gehört werden mussten und wie unterschiedlich die Vorstellungen in Bezug auf die Textauswahl waren. Ausschlaggebend für die Herausgabe der endlich fertigen Anthologie – ohne Alfred Andersch – war letztlich ein Gutachten Hermann Kants.

Betrachtet man die Debatten über das Verhältnis zu westdeutschen AutorInnen auf dem Kolloquium, so ist das Bild ähnlich wie in Bezug auf den Umgang mit literarischen Traditionen. So gibt es zum einen allgemeine Plädoyers wie das von Lew Ginsberg, der ‚breite' geistige Grenzen und lebendige Literaturkontakte einforderte, (ZSZL, 78) und zum anderen prononciert politische, die auch hier auf die Bedingungen der Systemkonfrontation auf dem Gebiet der Kultur hin- (Gysi) bzw. diese zurückwiesen (Hermlin), (ZSZL, 130 bzw. 142 f.). Darüber hinaus wurden auch politisch-ästhetische Güte-Kriterien diskutiert, die eng mit Fragen der marxistischen Literaturtheorie verknüpft waren. Das ist etwa im oben zitierten Beitrag Brězans erkennbar. Wirklich vermitteln ließen sich die vorgebrachten Argumente nicht. Eher deuteten sich hier bereits die Frontstellungen an, die sich in den 70er und 80er Jahren zwischen bestimmten Gruppen von AutorInnen und Intellektuellen und den Kulturfunktionären verfestigten.

Ausblick

Wenngleich die Spuren des Kolloquiums schnell in den Archiven verschwanden, zeitigte es doch erkennbare Folgen. Anders als von Paul Wiens gewünscht, fanden auf absehbare Zeit keine vergleichbar offenen literaturbezogenen Diskussionen mehr statt – schon gar nicht mit internationaler Beteiligung. Für die kulturpolitischen Schaltstellen war klar, dass künftige Veranstaltungen viel engmaschiger geplant und sorgfältiger vorbereitet werden mussten, insbesondere das für den Sommer 1965 anberaumte Internationale Schriftstellertreffen in Berlin und Weimar. Dieses wurde nicht nur bis ins Detail geplant, was die Zusammensetzung, die Textauswahl und die erwünschten und zu vermeidenden Begegnungen betraf. Auch wurde das Treffen inhaltlich unter expliziter Bezugnahme auf Debatten und Positionierungen, die sich beim 64er-Kolloquium gezeigt hatten, vorbereitet – um eine Wiederholung zu verhindern. So findet sich im Nachlass des Schriftstellerverbands im Archiv der Akademie der Künste ein Entwurf mit strategischen Überlegungen, wie mit dem Vorwurf der verhinderten Rezeption der Moderne umgegangen werden sollte: nämlich durch den Hinweis auf den breiten Strom realistischer Traditionen in den sozialistischen

Ländern, dem gegenüber die Betonung der Tradition der klassischen Moderne eine unzuverlässige Verengung darstelle.[47] Es ging also im Nachklang des 64er-Kolloquiums vor allem um die Frage, wie die von Hermann Kant so positiv hervorgehobenen „Schwingungen" in ihrer Frequenz und Amplitude einer effektiveren Kontrolle unterworfen werden könnten.

In gewissem Maße zeichnete sich das auch schon während des Kolloquiums ab, und man kann es mit Bezug auf eben dieses Titelzitat erkennbar machen. Dafür sei es hier abschließend im Kontext zitiert. Es stammt aus Hermann Kants Fazit des fünftägigen Kolloquiums:

> Vor einiger Zeit habe ich im Eingang zu einem westdeutschen Warenhaus einen Automaten gesehen. Ich hielt ihn zuerst für eine Personenwaage, wo man sein Gewicht feststellen kann. Bei näherem Hinsehen erwies sich dieser Apparat jedoch als ein sogenannter Vibrator. Auf einem Schild stand zu lesen, gegen Einwurf von 10 Pfennigen könne man sich auf diesem Apparat durchschütteln lassen. Und der Zweck des ganzen Mechanismus wurde mit einem Slogan ausgedrückt: Gesund durch Vibration. Ich habe einmal in unserem schlauen Rechtschreibebuch, im Duden, nachgesehen und, was ich ahnte, stellte sich dann auch schnell heraus: Es gibt drei mögliche Übersetzungen von Vibration. Von Schwingung ist da die Rede, von Beben und von Erschütterung. Nur der Klarheit wegen möchte ich sagen, also ich bin nicht erbebt auf dieser Konferenz, ich war auch nicht erschüttert. Aber in Schwingung, ja, in Schwingung, glaube ich, hat nicht nur mich, sondern uns alle wohl dieses Kolloquium versetzt. (ZSZL, 150 f.)

Doch gesundet ein Feld, das von so verschiedenen gesellschaftlichen Kräften und politischen Positionen durchzogen ist, tatsächlich durch Vibration? Dass es daran Zweifel geben kann, zumal aus Funktionärssicht, artikuliert in Reaktion auf Kant Klaus Gysi, der das Bild der Vibrationsmaschine aufgreift und in einen anderen Rahmen setzt:

> Diese Vibrationsmaschine, Hermann, die steht im Allgemeinen in Warenhäusern und dient dazu, wenn man einen Groschen 'rein steckt, damit man wieder frische Füße kriegt und weiter durchgehen kann. Das heißt also, man kann nicht auf dieser Vibrationsmaschine leben, sie dient dem Frischmachen, und dann bleibt aber natürlich die Frage übrig: Wohin geht man mit den frischen Füßen? Die Richtung, in die man dann geht, das ist doch eigentlich der Gegenstand der Aussprache. (ZSZL, 155)

Frischgerüttelte Füße geben keinen Weg vor. Und was Mitte der 60er Jahre in Ostberlin literarisch gangbar war, wurde selbstredend weiterhin im Einklang mit der allgemeinen Kulturpolitik entschieden.

---

47 Vgl. Archiv der Akademie der Künste [AdK], Deutscher Schriftstellerverband, Berlin, Signatur SV 359, Bd. 1, Bl. 128 f.

Olaf Kühl
Gombrowicz in Berlin und das DAAD-Künstlerprogramm im Ost-West-Konflikt

Es ist immer aufregend, wenn mehrere, auf den ersten Blick unabhängig voneinander verlaufende Lebens- und Handlungslinien sich irgendwann annähern, begegnen und überschneiden oder gar miteinander verknäulen. Eine Verstrickung dieser Art kennzeichnet die folgende Geschichte. Ich nenne sie ganz bewusst und unwissenschaftlich eine ‚Geschichte' und will zunächst ihre handelnden Personen vorstellen.

Bei einem Menschen scheint es noch am ehesten unproblematisch, wenn man ihn sein Leben lang mit ein- und demselben Namen bezeichnet. Dabei zerfällt jeder sowohl diachronisch (Körper und Charakter wandeln sich im Laufe der Zeit), als auch synchronisch (Ich, Es, Über-Ich sind nur die bekanntesten Instanzen) in mehrere Unter-Akteure. Gehen wir dennoch der Einfachheit halber davon aus, dass der Name Witold Gombrowicz eine einheitliche handelnde Person bezeichne. Unter diesem Namen firmiert einer der ganz Großen der polnischen Literatur des 20. Jahrhunderts.

Gombrowicz wurde am 4. August 1904 auf dem Gut Małoszyce geboren, in einem Teil Polens, der damals zum Russischen Reich gehörte – womit schon zwei weitere Akteure der Geschichte genannt wären: Polen und Russland. Gombrowiczs Vater Jan Onufry war Sohn eines liberalen Adligen aus Litauen, der wegen Anstiftung zum Aufstand von 1863 mehrere Jahre in Gefängnis und Exil verbracht hatte, um sich nach der Begnadigung in Polen niederzulassen. Als Gombrowicz zehn Jahre alt war, verlief durch Małoszyce die deutsch-russische Front. Nach dem Ersten Weltkrieg wird Polen unabhängig, es wird überhaupt in seiner staatlichen Form wiedergeboren – nach 123 Jahren der Teilung durch Preußen, Russland und Österreich. In diesem jungen Staat – man nennt ihn auch das „Zwischenkriegspolen" oder die „II. Republik" – wird Gombrowicz als Schriftsteller bekannt – zunächst mit den *Memoiren aus der Epoche des Reifens* (1933), 1937 dann mit dem Roman *Ferdydurke*. 1939 lädt man ihn zur Jungfernfahrt des Transatlantik-Dampfers *Chrobry* ein. In Buenos Aires geht er für wenige Tage an Land.

Am 1. September überfällt das Deutsche Reich – ein vierter Akteur – Polen; am 17. September marschiert nach vorheriger Absprache die Sowjetarmee von Osten in Polen ein. Außenminister Molotov ist zufrieden mit der Zerschlagung dieser – wie er es nennt – „Missgeburt (уродливое детище) des Versailler Vertrags"[1]. Polen wird erneut besetzt, verliert die Unabhängigkeit und wird für sechs Jahre Schauplatz unvorstellbarer, von Deutschen verursachter Leiden; der Holocaust, die Vernichtungslager gehören dazu.

---

[1] Vjačeslav Molotov am 31. Oktober 1939 vor dem Obersten Sowjet, online abgerufen am 18. April 2021 unter http://doc20vek.ru/node/1397.

Open Access. © 2021 Olaf Kühl, publiziert von De Gruyter. Dieses Werk ist lizenziert unter der Creative Commons Attribution-NonCommercial-NoDerivatives 4.0 International Lizenz.
https://doi.org/10.1515/9783110733495-007

Von Rechts wegen müsste Witold Gombrowicz sich jetzt beim polnischen Konsulat in Buenos Aires als Freiwilliger zum Wehrdienst melden. Das tut er nicht. Er taucht ab in etwas, was er selbst die „Dunkelheit" Argentiniens nennt, und bleibt 23 Jahre lang in diesem Land, bis 1963. „Ich weiß nicht, ob ich mich klar genug ausdrücke," schreibt er im *Tagebuch*, „wenn ich sage, daß ich von Anfang an verliebt war in die Katastrophe, die ich haßte, die doch auch mich ruinierte – meine Natur hieß mich sie begrüßen als eine Gelegenheit, mich mit dem Niederen in Dunkelheit zu verbinden."[2] Schon in diesem einen Satz offenbart sich die Spaltung der Person, hier in das „Ich" und „die Natur" desjenigen, der spricht.

Die ersten acht Jahre sind geprägt von tiefster Armut, aber auch erotischer Befreiung. Gombrowicz löst sich aus den gesellschaftlichen Zwängen, denen er in Polen unterworfen war, sucht sich Partner – junge Männer, Matrosen – im Hafenviertel von Retiro. So mittellos ist er, dass er manchmal fremde Trauerfeiern besucht, um etwas vom Leichenschmaus abzubekommen. 1947 nimmt er eine Stelle als Sekretär bei der Banco Polaco an. Er hasst diese Arbeit, auch wenn er einige Jahre unter dem wohlwollenden Blick des Direktors während der Arbeitszeit schreiben kann. 1950 beginnt die Zusammenarbeit mit der von Jerzy Giedroyc herausgegebenen Exilzeitschrift *Kultura* in Maisons-Laffitte bei Paris.

1952 bringt der Verlag Kultura Institut Littérraire *Trans-Atlantik* und *Die Trauung* in einem Band heraus. Besonders *Trans-Atlantik* bringt dem Autor Anfeindungen in der Emigration ein. Ein einschneidendes Datum ist das Jahr 1953, in dem Kultura mit dem Abdruck des Tagebuchs beginnt, der bis zum Tod des Autors fortgesetzt wird. 1955 – wir nähern uns der Neuzeit – kündigt Gombrowicz bei der Polnischen Bank. Abgesehen von einem kleinen Stipendium von „Free Europe" hat er keine Einnahmen.

Zwei weitere Akteure sind die Vereinigten Staaten von Amerika und Polen. Dank dem gewaltigen militärischen Einsatz der USA in Europa und ihrer Materialunterstützung für die Rote Armee wird Nazideutschland besiegt. Polen wird befreit von deutscher Besatzung, aber nur, um unter eine neue Herrschaft zu geraten – die sowjetische. Gombrowicz formuliert das in den Gesprächen mit Dominique de Roux so: „Die Beendigung des Krieges brachte den Polen keine Befreiung – dort, in diesem so traurigen mittelöstlichen Europa geschah sie als ein Austausch von einer Nacht in eine andere, ein Austausch der Schergen Hitlers gegen die Schergen Stalins."[3] Mancher Sowjetgeneral, so er denn die Stalinschen Säuberungen überlebt hatte, wird diese Eroberung als späte Rache für das sogenannte „Wunder an der Weichsel" betrachtet haben. In dieser Schlacht konnte Józef Piłsudski 1920 in fast aussichtsloser Lage den Ansturm von Budjonnyjs Reiterarmee zurückschlagen. Isaak Babels schildert diese Kämpfe mit all ihren – von beiden Seiten verübten – Grausamkeiten in

---

2 Witold Gombrowicz: Tagebuch, übers. von Olaf Kühl, München/Wien 1988, 217.
3 Witold Gombrowicz: Eine Art Testament. Gespräche und Aufsätze, übers. von Rolf Fieguth, München/Wien 1996, 91.

seinem großartigen Roman *Die Reiterarmee*. Babel selbst fällt 1940 Stalins Schergen zum Opfer.

Der Akteur Deutschland wird ebenfalls befreit – und ist nach 1945 politisch und geografisch gespalten. Immerhin, anders als von Churchill und dem US-Finanzminister Morgenthau beabsichtigt, wird das Land nicht zum Kartoffelacker gemacht und parzelliert. Amerika hilft sogar tatkräftig beim Wiederaufbau. Die Ostzone gerät ebenso wie Polen in eine neue Art von Unfreiheit. Berlin-West, wie der offizielle Sprachgebrauch es zu nennen gebot, wird eine Insel, nach östlicher Auffassung eine eigenständige politische Einheit. Am 13. August 1961 zertrennt die Mauer die Stadt in zwei Hälften.

Akteur Polen

In Polen – ohnehin einer der widerborstigsten und innerlich unabhängigsten Staaten des sogenannten Ostblocks – kommt es 1957 zu einem politischen Tauwetter. Jetzt durfte Gombrowicz gedruckt werden, mit Ausnahme des *Tagebuchs* (bis 1989 werden aus diesem *Tagebuch* drei, vier Sätze, die Sowjetunion betreffend, zensiert). *Yvonne* wird in Krakau uraufgeführt; alle Ausgaben sind rasch vergriffen. Doch dieser Frühling währt nur kurz.

Auch im Westen wird Gombrowicz bekannter. Die Zeitschrift *Preuves* in Paris bringt erste Übersetzungen seiner Werke. Maurice Nadeau veröffentlicht *Ferdydurke* – später die weiteren Romane und Stücke, auch das *Tagebuch*.

Gombrowiczs wachsende Prominenz ist der Grund, dass sein Name fällt, als die amerikanische Ford Foundation auf die Idee kommt, die geistige Ausstrahlungskraft Berlins durch Gastaufenthalte bekannter ausländischer Schriftsteller und Künstler zu erhöhen (*Artists-in Residence*-Programm). Wojciech Karpiński beschreibt, wie es zur Wahl Gombrowiczs kam:

> Als der Senat von Berlin-West und die Ford Foundation auf die Idee kamen, eine Gruppe hervorragender Künstler in die Stadt einzuladen, wandte man sich an den Komponisten Nicolas Nabokov, graue Eminenz des Congress of Cultural Freedom, und bat ihn um eine Kandidatenliste. Nabokov beriet sich mit Konstanty Jeleński [genannt „Kot"] in Paris. Der schrieb ihm Namen wie Borges, Beckett, Butor auf, und irgendwo in der Mitte brachte er Gombrowicz unter. „Ach, ihr Polen, Polen", soll Nabokov geseufzt haben, „ihr seid doch immer gleich, immer wollt ihr einen von euch unterbringen. Wer ist das denn, dieser Herr Gombrowich?"[4]

---

[4] Jerzy Giedroyc: Witold Gombrowicz. Listy [Briefe] 1950–1969, Warschau 1993, 347; Zitate in der Übersetzung von Olaf Kühl. „O okolicznościach przyznania Gombrowiczowi stypendium Fundacji Forda pisze Wojciech Karpiński: 'Gdy senat Berlina Zachodniego i Fundacja Forda postanowiły zaprosić grono znakomitych twórców do tego miasta, zwrócono się do Nicolasa Nabokova, kompozytora, szarej eminencji Kongresu Wolności Kultury, o zaproponowanie listy kandydatów. Nabokov poszedł poradzić się Kota [Konstanty Jeleński]. Ten wypisał nazwiska takie jak Borges, Becket, Butor i gdzieś tam, w środku, nie na pierwszych miejscach, umieścił Gombrowicza. „Ach, Polacy, Polacy, westchnął

Als Shepard Stone, Direktor der Abteilung Internationale Angelegenheiten der Ford Foundation, ebenfalls Einwände vorbrachte, erinnerte Nabokov ihn daran, dass man „nicht unbedingt ‚berühmte' alte Männer nach Berlin holen müsse, sondern frische Luft, *freshtalent*, junge Menschen und Ideen?" Er wischte auch ähnliche Bedenken von Moritz von Bomhard, dem Vertreter der Ford Foundation in Westberlin, beiseite: „Wenn Sie mir sagen, die Berliner hätten von jemandem noch nie gehört, heißt das gar nichts. Wir dürfen nicht vergessen, dass die Berliner provinziell sind."[5]

So kam es, dass Ingeborg Bachmann und Witold Gombrowicz als erste literarische Stipendiaten des Ford Programms nach Berlin reisten.

Welche Erschütterungen Gombrowiczs Aufenthalt hervorrufen würde, konnten die Beteiligten nicht ahnen. Als diese sich abzeichneten, schrieb Gombrowiczs Pariser Verleger Jerzy Giedroyc an seinen Autor: „Leider sind die Amerikaner sich nicht im Klaren darüber, dass man die Polen zwar überall als drittrangiges Element behandeln mag, aber am deutschen ebenso wie am russischen Abschnitt spielen wir die Hauptrolle. Ob wir wollen oder nicht."[6]

Auch der Akteur Ford Foundation ist nicht monolithisch. Wenige Jahre später – 1966 – enthüllt die *New York Times* – ein Hoch auf die freie Presse! –, dass die Stiftung ebenso wie der Congress of Cultural Freedom vom US-Geheimdienst CIA finanziert wurde. Sie ist Bestandteil einer Strategie, die die CIA schon kurz nach dem Krieg mit der Gründung der Zeitschrift *Der Monat* in Deutschland verfolgte. International renommierte Autoren wie Arthur Koestler, George Orwell und Hannah Arendt konnten dafür gewonnen werden. Später veröffentlichte auch Gombrowicz Auszüge aus seinem *Tagebuch*. Die Enthüllung des CIA-Hintergrundes verursachte einige Diskussion, es war jedoch schon länger ein offenes Geheimnis, dass die USA hinter dem *Monat* standen. Jerzy Giedroyc sensibilisiert seinen Autor dafür in einem Brief vom 11. Juni 1963: „Es lohnt sich, im ‚Monat' zu publizieren, denn sie zahlen sehr gut. Denk aber immer daran, dass das keine deutsche, sondern eine amerikanische Zeitschrift ist, und die Deutschen spüren das sehr wohl".[7]

Nabokov, zawsze tacy sami, zawsze chcecie wepchnąć jednego ze swoich. Kto to jest ten pan Gombrowich?'" Uśmiech Kota: Zeszyty Literackie 21 (1988), 66.

5 „Nabokov reminded Stone, ‚to bring to Berlin not necessarily ‚famous' old men, but fresh blood, freshtalent, young people and ideas?' He brushed aside similar concerns expressed by Bomhard. ‚When you tell me that (345) the Berliners never heard of somebody, this does not mean anything. We should not forget that Berliners are provincial.'" Vincent Giroud: Nicolas Nabokov. A Life in Freedom and Music (März 2015), 3/30. Online abgerufen am 15. Januar 2021 auf *Oxford Scholarship Online* unter https://oxford.universitypressscholarship.com/view/10.1093/acprof:oso/9780199399895.001.0001/acprof-9780199399895-chapter-17?print.

6 „Niestety Amerykanie nie zdają sobie sprawy, że Polaków można wszędzie traktować jako element trzeciorzędny, ale na odcinku zarówno niemieckim jak rosyjskim my mamy rolę pierwszoplanową. Czy chcemy, czy nie chcemy.", Giedroyc (Anm. 4), 384.

7 „W ‚Monat' warto drukować, bo bardzo dobrze płacą. Pamiętaj jednak, że nie jest to pismo niemieckie, a amerykańskie, i to Niemcy dobrze czują", ebd., 355.

Gombrowicz nimmt die Einladung zu einer einjährigen Residenz in Berlin dankend an und ist höchst erfreut, vor allen Dingen aus finanziellen Gründen. Zwar ist er inzwischen prominenter, seine materielle Lage ist aber immer noch prekär. Das Angebot von 1 250 US-Dollar im Monat erscheint ihm äußerst attraktiv (nach seiner eigenen Berechnung waren das damals 5 000 DM[8]). „Am 18. Brief der Ford Foundation, sie laden ein, mindestens 15 taus. Dollar!!!", rechnet er sich die Jahressumme im intimen Tagebuch *Kronos* aus.[9] Zweifel, welche Währung gemeint sei, trüben das Glück nur kurz: „Wenn das Stipendium in Dollar ist (dieser Typ schreibt $, woher soll ich das wissen, der argentinische Peso ist auch $, alles kann $ sein)".[10] Dann die Erleichterung: „Die Zweifel, ob Dollar und ob für ein Jahr oder ein halbes, verfliegen".[11] Bald darauf folgt neuer Ärger: „Grauenhaft, wie sich herausstellt, werde ich auf meine 1 250 Dollar monatlich bestimmt eine irre Steuer zahlen müssen, vielleicht sogar bis 50 % …"[12] Gombrowicz will, dass die Ford Foundation deshalb beim Berliner Senat, der wiederum in Bonn interveniert. Das Ergebnis ist mir nicht bekannt. Nach Jahrzehnten der Armut ist verständlich, dass alle Gedanken Gombrowiczs um das Geld kreisen. Zugleich sieht er die Europareise als Gelegenheit, die argentinische Epoche mit Würde abzuschließen. Eine lange private Beziehung war zuvor zu Ende gegangen, er suchte einen guten Absprung. Sicher ist eines: Gombrowicz war nicht vorrangig mit dem Ziel nach Berlin gekommen, um der Frontstadt und dem westlichen Freiheitsideal zu neuem Glanz zu verhelfen – dabei lässt sich kein entschiedenerer Verfechter der Freiheit denken als dieser polnische Autor. Angepasst hat er sich nie. Nach 1945 war er unerbittlicher Kritiker der kommunistischen Knebelung des Geisteslebens in Polen und der feigen Anpassung vieler dortiger Intellektueller. Hier duldete er keine Kompromisse:

> Zugestandene Freiheit, Erlaubnis zu relativer Freiheit – was ist das? Nicht Fisch, noch Fleisch. Für die Authentizität des polnischen Lebens ist das schlimmer als Knebel hundertprozentig, unverhohlen. Das ist Metökendasein, unrein, schwach, halbtot, nie zu vollem Ausdruck gelangt …[13]

---

8 Barbara Witek-Swinarska: „Über die Distanz oder Gespräch mit dem Meister", in: Akzente 3 (Juni 2004), 218; Deutsche Übersetzung von Olaf Kühl nach dem Original in Życie Literackie 38 (1963), nach Varia, Bd. XIV, 145–150.
9 Witold Gombrowicz: Kronos. Intimes Tagebuch, aus dem Polnischen und mit einem Nachwort von Olaf Kühl, München 2015, 204–205.
10 „Jeśli stypendium w dolarach (ten facet pisze $, skąd mogę wiedzieć, pez arg. też jest $, wszystko może być $", Giedroyc (Anm. 4), 347.
11 Gombrowicz: Kronos (Anm. 9), 205.
12 „Okropne, gdyż, jak się okazuje, od moich 1250 dolarów miesięcznie będę musiał wybulić pewnie olbrzymi podatek, kto wie, czy nie sięgający 50 %. Ford Fund. zwróciła się do Senatu o zmniejszenie przynajmniej tego podatku, a Senat ma się zwrócić do Bonn. Jestem tym zupełnie ZDRUZGOTANY.", Giedroyc (Anm. 4), 361.
13 Gombrowicz: Tagebuch (Anm. 2), 331.

Gedenktafel

Es gibt in dem Berlin betreffenden Teil des *Tagebuchs*, den sogenannten *Berliner Notizen*, einige wenige Stellen, an denen Gombrowicz den Systemkonflikt und die Ost-West-Konfrontation zur Sprache bringt. Eine dieser Passagen ist von so poetischer Bildhaftigkeit, dass sie demnächst eine Gedenktafel zieren soll, die die polnische Regierung an dem Hochhaus in der Bartningallee 11/13 im Berliner Hansaviertel anbringen will.[14] Aus dem zweithöchsten Stock dieses Hauses hatte Gombrowicz damals freien Blick nach Osten, bis hin zum Brandenburger Tor, über die Bäume des Tiergartens, die damals noch etwas niedriger waren als heute. Auf alten Fotos sieht man, dass der Park im Krieg zu Brennholzzwecken völlig abgeholzt worden war. Gombrowicz beschreibt das so:

> Ausblick aus meinen Fenstern im fünfzehnten Stock:
> die fahlen Teiche des weitläufigen, eingeschläferten Parks, gleich dahinter, einen Kilometer entfernt, der Kurfürstendamm, der Zoo, das eigentliche Zentrum Westberlins, von amerikanischem Profil, pulsierend, gleißend, blinkend, Neonreklamen gehen an und aus, die Alleen von Autos beschwärmt, am Horizont der elektrische Feuerschein.
> Aus dem anderen riesengroßen Fenster: Dämmer und Geheimnis, riesiges Schweigen, hinter der Mauer hat sich Ostberlin breitgemacht mit langen, traurig beleuchteten Straßen. Schornsteine, Türme, die im frühen Frost des Winters verschwimmen ...
> Während Westberlin gleißend helle Verblendung ist, die sich blindlings zur Regellosigkeit ordnet, hat sich auf der anderen Seite, dort wo Nacht und Weite, Erde, Winter und Dunkelheit sind, die IDEE breitgemacht, verbissen, schweigend. Streng. Das reizt. Seltsam, schmerzlich vielleicht, dass der GEIST dort ist, nicht hier ...[15]

„Gleißend helle Verblendung, die sich blindlings zur Regellosigkeit ordnet" – mit diesen Worten beschreibt Gombrowicz, was im Wettkampf der Ideologien als „westliche Freiheit" bezeichnet wurde. Andererseits signalisiert das erotisch aufgeladene Schlüsselwort „Dunkelheit", dass ihn die Gegenseite doch womöglich mehr interessiert und anzieht. Elogen auf die westliche Freiheit sucht man bei Gombrowicz jedenfalls vergeblich. Vielleicht ist sie ihm zu selbstverständlich, vielleicht nimmt er sie als gegeben. Als Giedroyc ihm vorschlägt, nach dem Stipendium in die USA zu gehen, protestiert er: „Ich bin doch nicht verrückt geworden, nach Kanada oder in die USA zu fahren, das hätte noch gefehlt! Auf meine alten Tage werde ich mich in Argentinien niederlassen."[16]

---

14 Mitteilung des polnischen Ministeriums für Kultur und Nationales Erbe an den Verfasser, 29.06.2020.
15 Witold Gombrowicz: Berliner Notizen, Berlin 2013, 124–125.
16 „Nie oszalałem, aby do Kanady czy USA jechać, jeszcze by tego brakowało! Na stare lata w Argentynie osiądę", Giedroyc (Anm. 4), 379.

Verdrängte Vergangenheit

Mehr als der Freiheitsbegriff treibt Gombrowicz in seinen *Berliner Notizen* die Frage um, was die Deutschen seien, was Deutschsein ausmache. Er zählt Stichworte auf wie „Artigkeit", „Korrektheit", „Moral", „Gutmütigkeit", „Ruhe", „Freundlichkeit".[17] Aber all das nur als Folie, um die Abgründe unter dieser „idyllischen" Oberfläche zu beschreiben. Da ist nämlich einerseits eine Art von Extremismus, ein existentieller Wagemut, mit dem die Deutschen mit der Wirklichkeit umgehen und aus dem Nichts heraus Wirklichkeit erschaffen:

> [...] wie oft haben die Deutschen die Welt schon wie mit dem Sturmbock gerammt, um an dieses Geheimnis zu gelangen. [...] Das Bedrückende am Umgang mit ihnen ist das Bewußtsein, dass hier ernst gemacht wird: Hier war ein Volk, das keineswegs sekundär ist, sondern in der ersten Reihe marschiert, sich also eigentlich blindlings vorwärtsbewegt, nicht nachahmend, sondern schaffend, jungfräulich, weil es sich vorwagt auf jungfräuliches Gebiet.[18]

Nicht „nachahmend", sondern „schaffend" zu sein – dieses Kompliment wird dem Deutschen, anders als die Bescheinigung der oben aufgezählten Sekundärtugenden, sehr wohl geschmeichelt haben. Dabei überhört man womöglich den Subtext; denn mit dem „Sturmbock" hat Gombrowicz ja zweifellos auch die deutschen Untaten im Weltkrieg gemeint. Gombrowicz' Gespür sagte ihm,

> „dass die Wirklichkeit in Berlin nicht gerade sehr festgestellt und geklärt ist ... Gewiß, an der Oberfläche ist, wie gesagt, alles ungewöhnlich solide ... aber da gibt es Keller, und in diesen Kellern gerät ihnen die Wirklichkeit wie ein Versuchskaninchen in die Hände, wie Gummi, das man formt".[19]

Die Ausstrahlung der Vergangenheit wird vom modernen Deutschland, dem demokratischen Wohlstandsstaat, verdrängt. Deutschland zerfällt für Gombrowicz „in zwei Bedeutungen, zwei Wirklichkeiten",[20] „Handkoffer, Necessaires, elektrischen Rasierapparate [...] Luxus", „kleinbürgerliche Ruhe" – „das ist nur Fassade ...". Gombrowicz vermutet, „dass gerade dann auf ihren Bergen, in ihren Wüsten Spannungen aufkommen, Lawinen geboren werden und in Wehen, mühevoll, kreißend und drängend, unter dem Tosen sämtlicher Getriebe ein neuer Schritt getan wird – ins UNBEKANNTE."[21]

---

17 Gombrowicz: Berliner Notizen (Anm. 15), 82–83.
18 Ebd., 92.
19 Ebd., 106.
20 Ebd., 94.
21 Ebd., 95.

Die Rezensenten der *Berliner Notizen* lesen das damals mit Interesse. „Lemuren der Vergangenheit" beschwöre Gombrowicz, so formulierte Karl Korn in einer Besprechung von 1965, „er spürt die herumgeisternde Vergangenheit auf, [...] das Unheimliche, Mörderische unter der zu korrekten Oberfläche", „Blut, Tod und Gewalt – unter einer durchlässigen Fassade werden sie aufgespürt von einer überwachen Phantasie, die sich ihre Effekte organisiert."[22]

Die Jugend von heute wehre sich gegen die Verführung dieser anstößigen, unkorrekten Leidenschaften, behauptet Gombrowicz weiter. Er beschreibt das am Beispiel eines jungen Studenten, der nicht gern per Anhalter fährt, weil die alten Männer am Steuer dann immer mit ihren Kriegserinnerungen anfangen (damals noch häufiger als heute). In Wirklichkeit, diagnostiziert Gombrowicz, beneide dieser Student den Alten um seine *„andere, mit dem Tod verbrüderte, wunderschön leichenhafte, poetisch leichenhafte Jugend"*. Das sei eine „Sehnsucht, zu der er sich um keinen Preis bekennen wird." „Berlin ist auch eine Sache der Ex-Poesie, die giftig ist wie ein junger Leichnam",[23] schreibt Gombrowicz.

Nicht zufällig exemplifiziert Gombrowicz die unterdrückte Sehnsucht am Beispiel eines jungen Mannes. Der Schritt von der allgemeinen Metapher – verdrängte Vergangenheit – zur unterdrückten erotischen Leidenschaft ist hier ebenso deutlich wie in seinen Musikkritiken im *Tagebuch*: „dieser Student empfindet bisweilen einen dumpfen und wütenden Ekel", so als leiste er sich mit der Kinokarte etwas wie käufliche Befriedigung, einen Besuch im Bordell, während er in Wirklichkeit „zittert", – und jetzt kommt die typisch Gombrowicz'sche Syntax: „ahnend um die Möglichkeit seines Mundes von Kälte, Angst oder Hunger verzerrt, vielleicht abtransportiert in einem Zug, und er – der Narziss – spürt auf den Lippen den Kuss seines anderen, fernen Soldatenmundes".[24]

Auf Gombrowiczs Abenteuer mit jungen Männern in Berlin will ich hier nicht näher eingehen. Wer sich dafür interessiert, sei auf die deutschen Ausgaben von *Kronos*, seinem sogenannten *intimen Tagebuch*, und den *Berliner Notizen* verwiesen. Für unseren Zusammenhang scheint wichtig, dass Gombrowicz die eigenen Phantasien und Sehnsüchte auf die Stadt projiziert – und beide passen sehr gut zusammen: „Diese Stadt", schreibt er, „ist mir in gewisser Hinsicht so ähnlich, dass ich selbst nicht mehr weiß, wo ich aufhöre und sie anfängt."[25]

In der Tat waren Gombrowiczs erotische Kontakte häufiger und intensiver als der vom Residenz-Programm angestrebte, intensive Austausch mit den Intellektuellen der Stadt. Grund dafür war, außer Gombrowiczs schwer erträglicher näselnder Arroganz,

---

22 Karl Korn: „Ein Patagonier in Berlin. Witold Gombrowicz' Bericht über ein merkwürdiges Jahr als Gast in Deutschland", in: Frankfurter Allgemeine Zeitung (04.12.1965).
23 Gombrowicz: Berliner Notizen (Anm. 15), 120.
24 Ebd., 121.
25 Ebd., 107.

vor allem seine mangelnde Sprachkenntnis. Den von ihm initiierten Literatenrunden im Café Zuntz am Kurfürstendamm war keine lange Dauer beschieden.

„Von der ersten Begegnung an war das Problem, dass wir zu einem Dialog miteinander unfähig waren",[26] sagt Günter Grass im Gespräch mit der Witwe Rita Gombrowicz. Grass' Probleme, dass etwa *Katz und Maus* auf die Liste der jugendgefährdenden Schriften geraten war: „All das war ihm völlig gleichgültig". Mit „jungen Leuten" habe er sich viel besser verstanden als mit den Literaten. Umgekehrt lässt Gombrowicz in seinem „intimen Tagebuch" *Kronos* ab und zu durchblicken, was er von seinen offiziellen Berliner Gesprächspartnern hielt: „Empfang bei Günter Grass. Langweilig".[27] Auch Uwe Johnsons Erlebnisse mit der DDR hätten für Gombrowicz interessant sein können. Doch nein. Keine Fragen. Stattdessen *small talk* über „unsere üblichen Themen, das heißt Pfeifen, Knöpfe und Jackenaufschläge".[28] Von den Etablierten versteht er sich am besten mit Ingeborg Bachmann, die ihm anrührende Erinnerungen gewidmet hat: „Wer aber war dieser Mann wirklich," fragt Bachmann. „Ich glaube, er war einer der einsamsten Menschen, die ich getroffen habe, er war vollkommen von allem verlassen, von Polen, von Argentinien, von Berlin, und seine Art, zu sprechen und diskutieren zu wollen, hat alle Berliner abgeschreckt."[29] Die zu seltene, lebendige Kommunikation mit Berliner Geistesvertretern war übrigens nicht nur für Gombrowicz ein Problem. Spätere Evaluierungen des DAAD-Programms werden bemängeln, dass dies allgemein ein Schwachpunkt des Programms war. Manche sahen die Ursache auch bei den deutschen Institutionen. Der Komponist Roger Sessions vermutete einen „gewissen Grad von Feindseligkeit gegenüber dem Projekt an sich bei Leuten, die mit ihrer eigenen *Routine* beschäftigt sind und sich (zum Teil ganz unverhohlen) gegen den amerikanischen Versuch aussprechen, ‚Kultur nach Berlin zu bringen'".[30] Der Kritiker Heinz Ohff warf der Hochschule der Künste vor, sich jahrelang geweigert zu haben, Stipendiaten in ihre Studienveranstaltungen einzuladen.[31] Der Komponist Elliott Carter, Gast im Jahre 1964, hielt das Ford/DAAD-Programm für ein „wichtiges, neues und aufregendes Experiment", es mangele ihm jedoch an „intelligenter Führung" auf deutscher Seite

---

26 Rita Gombrowicz: Gombrowicz w Europie. 1963–1969, Krakau 1993, 176–177.
27 Gombrowicz: Kronos (Anm. 9), 289.
28 Gombrowicz: Tagebuch (Anm. 2), 884.
29 Ingeborg Bachmann, in: Witold Gombrowicz. Der Apostel der Unreife oder das Lachen der Philosophie. Hrsg. von Hans Jürgen Balmes. München/Wien 1988. [Wiederabdruck aus: Ingeborg Bachmann: Gesammelte Werke, Band 4, hrsg. von Christine Koschel, Inge von Weidenbaum und Clemens Münster. München 1978, 328].
30 „Sessions detected even a certain amount of hostility toward the project itself, from people who are busy with their own *routine* and who resent (even openly) what they call America's effort to ‚bring culture to Berlin'", zitiert nach Giroud (Anm. 5), 4/30.
31 Heinz Ohff: „Kunst von oben her. Erfahrungen mit dem Künstlerprogramm des Deutschen Akademischen Austauschdienstes in Berlin", in: Kunstforum (1973). Online abgerufen am 30. Januar 2021 unter https://www.kunstforum.de/artikel/kunst-von-oben-her/.

und die Teilnehmer wären „zwar in komfortabler Wohnsituation und gut bezahlt, aber völlig sich selbst überlassen, ohne Verbindung mit den Berliner Kulturaktivitäten".[32]

Die Medien, zumindest das deutsche Feuilleton, interessierten sich allerdings sehr wohl für seine Eindrücke von Berlin. Zwar klagte sein deutscher Verleger Günther Neske über niedrige Verkaufszahlen, jedoch scheint die Rezeption der ersten Übersetzungen von Walter Tiel (*Ferdydurke*, 1960, *Tagebuch 1953–1956*, 1961, *Pornografie*, Oktober 1963) lebhafter und frischer gewesen zu sein als die Aufnahme der weitaus besseren, von Rolf Fieguth besorgten Neuausgabe im Carl Hanser Verlag in den 1980er Jahren.

Pole oder Kosmopolit?

Der Gast der Ford Foundation wird nicht immer und vor allem als Pole wahrgenommen. Der *Spiegel* nennt ihn einen „Kosmo-Polen";[33] Jürgen Lütge in der *Frankfurter Rundschau* spricht von dem „sensible[n] Pole[n] aus der Pampa".[34] Und Karl Korn erkennt einen „Patagonier in Berlin". Gombrowicz selbst bezeichnet sich als „Halb-Argentinier".[35]

Das alles sieht ein nicht ganz freier Akteur, nämlich das unter sowjetischer Herrschaft stehende Polen, völlig anders. Anstatt stolz darauf zu sein, dass einer der Seinen bedeutend und interessant genug ist, von einer amerikanischen Stiftung nach Berlin eingeladen zu werden, baut sich in Polen eine Welle von Kritik und Diffamierung auf. Jüngere Aktenfunde beweisen, dass diese Welle zentral – von keiner geringeren Instanz als dem Zentralkomitee der Polnischen Vereinigten Arbeiterpartei – gesteuert war.

In der Polemik kreuzen und verstärken sich zwei *ideologische* Linien: erstens die Kritik am kapitalistischen Westen, zweitens die antideutschen Stimmungen in Polen, die um das Schlagwort des „Revisionismus" kreisten (weil Westdeutschland die Ostgrenzen nicht offiziell anerkannte).

Auch vielen etablierten, Gombrowicz vormals wohlgesonnenen polnischen Autoren wie Maria Dąbrowska oder Jarosław Iwaszkiewicz, war es ein Dorn im Auge, dass ein Pole diese Einladung nach Berlin-West angenommen hatte. Als Gustaw Herling-Grudziński die Dąbrowska daran erinnert, dass sie doch selbst Gast des

---

[32] „As Carter pointed out in his report statement, it was ‚an important, new, and exciting experiment in city planningwith a cultural goal,' but it lacked an ‚intelligent direction' on the German side, and the participantsfound themselves ‚living in agreeable surroundings, paid, and left alone, entirely unconnected with the activities of Berlin's cultural life'", zitiert nach Giroud (Anm. 5), 4/30.
[33] N. N.: „Dieses Glitzerding", in: *Der Spiegel* 19/46 (10.11.1965).
[34] Jürgen Lütge: „Ein Pole in Berlin. Witold Gombrowicz' Notizen", in: Frankfurter Rundschau 47 (25.02.1966), 5.
[35] Vorwort zur deutschen Erstausgabe der „Berliner Notizen", Pfullingen 1965, 6.

Schriftstellerverbandes der DDR gewesen sei, erwidert diese: Das sei etwas anderes. Und auf seine Frage: „Wollen Sie sagen, dass es einen grundsätzlichen menschlichen Unterschied zwischen den Deutschen aus dem Osten und denen aus dem Westen gebe?", antwortete Dąbrowska: „Es gibt Dinge, die ihr Emigranten nicht versteht."[36] Jerzy Giedroyc musste seinen Autor für solche Stimmungen erst sensibilisieren: „Die antideutsche Hysterie ist bei unseren Landsleuten tief verwurzelt",[37] „diesem Aspekt schenken Ausländer wie der Kongreß der Kultur oder die Ford Stiftung nicht genügend Aufmerksamkeit".[38]

Agentin Barbara Witek-Swinarska

Der Konflikt kam offen zum Ausbruch, als eine weitere Akteurin auf den Plan trat: Barbara Witek-Swinarska. Die Dame legte Wert auf die Schreibweise ohne Akzent, denn Swinarska mit palatalisiertem „S" klingt nach „świnia" – Schwein – und Gombrowicz kürzte sie bald ganz gezielt nur noch als solche („Świn") ab. Die Ehefrau des Regisseurs Konrad Swinarski erlebt Gombrowicz zunächst bei einer Lesung im Studentenheim Eichkamp: „Die Freiheit des Wortes in Polen bedroht", habe er dort gezetert: „Eiserner Vorhang für das westliche Denken", „Das Regime fürchtet die Wahrheit". „Im Saal herrscht mildes Whiskynippen", ironisiert Witek-Swinarska. *Kommunisten sind ernst und stur"*, höre ich neben mir, „deshalb wollen sie diesen fröhlichen Autor nicht drucken".[39]

Später trifft sie Gombrowicz in einem Café. Der gibt sich hochnäsig und arrogant. Irgendwann sagt er: „Die Deutschen sind ein zutiefst moralisches Volk. Im Privatleben, in der Arbeit, in den zwischenmenschlichen Beziehungen". „Ich habe für die Deutschen als Volk eine große Hochachtung".

Und Swinarska lässt sich provozieren:

„Ihr Wissen von den Deutschen ist unvollständig."
„Sie meinen die Besatzungszeit."
„Ja".
„Da ist Ihr Wissen unvollständig. Ein Mensch, der leidet, hat keinen objektiven Blick, ihm fehlt die entsprechende Distanz."
„Und zu Recht. Es gibt keine Distanz zu 5 Millionen Getöteten".

---

36 Klementyna Suchanow: Gombrowicz. Ja, geniusz, Bd. II, Wołowiec 2017, 318.
37 „Histeria antyniemiecka siedzi szalenie głęboko w rodakach", Giedroyc (Anm. 4), 382.
38 „[...] tego aspektu nie doceniają cudzoziemcy jak Kongres Kultury czy Fundacja Forda", ebd.
39 Witek-Swinarska (Anm. 8), 217. (Man muss wissen, dass das kurze Tauwetter von 1957 längst vorbei ist und wieder Publikationsverbot für Gombrowicz besteht.)

„Ihr gebt immer so unbescheiden mit dieser Zahl an. Offensichtlich habt ihr zum Thema Besatzung nichts anderes zu sagen. Die Deutschen haben gemordet, weil ihre Moral es ihnen befahl. Das ist tragisch." Und weiter:
„Die Polen sind verstockte Nationalisten von Geburt und aus Überzeugung. [...] Nur bei euch redet man ständig von den Grausamkeiten, die im Krieg passiert sind. [...] Ihr betrachtet die Frage des Krieges ausschließlich aus eurer Hinterhofperspektive. Ihr könnt das nicht erfassen. Distanz. Distanz. Das fehlt euch."
Am Ende: „Ihr seid nicht fähig zu denken. Nach zwanzig Jahren in eurem System seid ihr überhaupt unfähig zu denken ..."[40]

Gombrowicz hat gegen diese Darstellung und die Quasi-Zitate vehement protestiert. „Auf genau die gleiche Art sind diverse mittelmäßige Figuren im Hitlerdeutschland z. B. mit Thomas Mann umgegangen," schreibt er in einem Text für die *Kultura,* „Da gibt es nicht den geringsten Unterschied. Besudeln, Affären anzetteln und sich der Macht andienen!"[41]

Doch für jeden, der das *Tagebuch* kennt, scheinen die Zitate nicht völlig aus der Luft gegriffen zu sein. Zieht man den von der Dame bis zur Weißglut gereizten Ton und die gesteigerte Arroganz des Autors ab, so erkennt man viele vertraute Thesen. Nur ein Beispiel:

> Peinlich der Kontrast zwischen dem Berg blutigen Fleisches und dem banalen Kommentar dazu, der trotz aller Ausrufezeichen nichts anderes sagt als die pia desideria, die schon in den Worten des Hl. Vaters enthalten sind: nicht böse sei der Mensch, sondern gut. Proust hat in seinem Gebäck, seinem Dienstmädchen und seinen Grafen mehr entdeckt als sie in den jahrelang rauchenden Krematorien. So wundert es nicht, daß dieser beißende Rauch ihnen schließlich als Weihrauch für die neue Diktatur diente, sie beweihräucherten damit ihre Befreiung im neuen, stalinistischen Regime (und vergaßen den Rauch von Kolyma).[42]

Mit der Veröffentlichung der Swinarska gewann die polnische Pressekampagne gegen Gombrowicz erst so richtig an Fahrt. Giedroyc informiert damals seinen Autor:

> Und jetzt bringt die Życie Literackie in Krakau [Nr. 38 vom 22. September], einen Interview-Artikel einer gewissen B. Witek-Swinarska mit dir udT. *Über die Distanz, oder Gespräch mit dem Meister.* Auch hier, außer dass man dich zum Vorkriegs-Gerümpel rechnet, wird das Moment deiner angeblichen Deutschfreundlichkeit ins Feld gebracht. Unzweifelhaft drücken sie das Pedal, das ihrer Meinung nach in Polen am besten funktioniert, wo die antideutsche Besessenheit, sorgfältig kultiviert, blüht und gedeiht.[43]

---

40 Ebd., 219–220.
41 „Akurat tak samo rozmaite miernoty poczynały sobie np. z Tomaszem Mannem w hitlerowskich Niemczech. Najmniejsze różnicy. Szkalować, rozrabiać i wysługiwać się władzy!" Giedroyc (Anm. 4), 377.
42 Gombrowicz: Tagebuch (Anm. 2), 348–349.
43 „A teraz w ‚Zyciu Literackim' w Krakowie nr. 38 z 22 września jest artykuł-wywiad z Tobą niejakiej B. Witek-Swinarskiej pt. *O dystansie, czyli rozmowa z mistrzem.* Też poza zaklasyfikowaniem Cię

Konfrontation der Dienste

Interessant ist nun – oder mit Gombrowicz zu reden: „wie irrsinnig trügerisch ist doch das Leben"[44] – dass Barbara Witek-Swinarska keineswegs die unabhängige Journalistin war, als die sie sich ausgab. Sie war vom polnischen Geheimdienst als IM angeworben worden, Pseudonym „Krystyna". Ihr erstes Zielobjekt war Thomas Harlan gewesen, der Sohn von Veit Harlan, dem Regisseur des nationalsozialistischen Propagandafilms *Jud Süss* (einige Szenen waren im Warschauer Ghetto gedreht worden). Der Sohn Thomas recherchierte damals nach Beweisen für deutsche Kriegsverbrechen in Polen. Sein darauf aufbauendes Stück *Ich selbst und kein Engel – Dramatische Chronik aus dem Warschauer Ghetto* wurde 1958 von Carl Schell und Swinarskas Ehemann, dem Regisseur Konrad Swinarski, in Berlin-West inszeniert.

Swinarska soll sich von Anfang an als „sehr bereitwillige Mitarbeiterin" gezeigt haben.[45] In dem Bericht ihres Führungsoffiziers Major Kudaś wird ein Brief Swinarskas an ihren Ehemann mit einem kritischen Kommentar zu Harlan erwähnt, in dem Swinarska „einen uneingeschränkt patriotischen Standpunkt" einnehme. Am 29. April 1963 berichtete sie auf vierundzwanzig Seiten über Thomas Harlan. Dessen im Verlag Książka i Wiedza geplantes Buch *Das IV. Reich* mit weiterem Material über Verbrechen gegen Juden erschien dann doch nicht, weil es – so Harlan laut Swinarski selbst – „die Leidensgeschichte des gesamten polnischen Volkes" nicht ausreichend berücksichtigt habe. Außerdem war er wahrscheinlich auf unerwünschte Informationen gestoßen, die hochstehende Personen der Volksrepublik betrafen, u. a. den 1. Sekretär der PVP, Władysław Gomułka.

Zurück in Polen, erstattet Swinarska auch ihrem Führungsoffizier Bericht. In den Akten heißt es: „Gombrowicz rief zur ideologischen Schwächung der vom letzten Plenum des ZK verabschiedeten Kulturoffensive auf und dazu, westliche Autoren nach Polen einzuschmuggeln und zu interpretieren". Die 1.200 US-Dollar, die er monatlich bekomme, seien als Bezahlung für eine „größere Abhandlung zum Thema Berliner Grenzmauer" für „bestimmte politische Kreise des Westens" gedacht.[46] Der Bericht wurde am 21. August 1963 verfasst und trägt die Weisung „für das ZK". Man darf also davon ausgehen, dass womöglich Gomułka selbst, mindestens aber der Leiter der

---

do przedwojennych rupieci jest wygrywany moment Twojej rzekomej filoniemieckości. Niewątpliwie naciskają pedał, który ich zdaniem najbardziej gra w Polsce, gdzie obsesja antyniemiecka kwitnie, starannie kultywowana" Giedroyc (Anm. 4), 375.
44 Witold Gombrowicz: Ferdydurke, übers. von Walter Tiel, München 1983, 226.
45 Suchanow (Anm. 36), 300–301. Ein Archivdokument vom 20. April 1963 weist die Unterschrift von Major Jerzy Kudaś, Absolvent der KGB-Hochschule in Moskau, auf, ebd., 300.
46 Ebd., 304.

Kulturabteilung des ZK, Wincenty Kraśka, ihn gesehen haben. Dies ist ein Indiz dafür, wie hoch angesiedelt das Thema Gombrowicz in Polen war.[47]

Swinarska ließ sich anschließend zur weiteren Bespitzelung polnischer Literaten benutzen. Ihren eigenen Ehemann beschreibt sie als „whiskytrinkenden Feigling" und deutet an, er habe sein Ford-Stipendium für die USA „zionistischen Kreisen" zu verdanken.[48] Wenn man ihn nur hart genug anpacke, werde er alles ausspucken.

Zwischenresümee

An dieser Stelle lohnt es sich, einmal innezuhalten, um das Knäuel von Akteuren und aufeinander und gegeneinander wirkenden Kraftlinien auf sich wirken zu lassen. Ohne dass er alle Hintergründe gekannt hätte, beschlich Gombrowicz in Berlin genau dieser Eindruck: „Seit ich Argentinien verlassen hatte", schrieb er in den *Berliner Notizen*, „hatte ich den Faden verloren – und hier, in Berlin, kreuzen sich zu viele Fäden".[49]

Witold Gombrowicz selbst hätte seine Freude an diesem Ost-West-Duell gehabt, bei dem er selbst wie eine Schachfigur auf dem Brett stand. Im Leben und in der Literatur hat er solche Zweikämpfe – etwa Dispute im Kaffeehaus – nur zu gern zelebriert. Man denke an das Duell zwischen Synthetiker und Analytiker in *Ferdydurke* (Kapitel „Philidor mit Kind durchsetzt"). Nur war Gombrowicz viel zu sehr mit seinen eigenen Sorgen beschäftigt – Asthma und Herzprobleme brachten ihn schließlich in die Hygiea-Klinik in Schöneberg, er kränkelte bis zur Abreise.

Und stimmt der Vergleich mit der Schachfigur überhaupt? Die Forschung widerspricht heute mehrheitlich der Ansicht, dass die ohne ihr Wissen für die verdeckte Aktion der CIA engagierten Intellektuellen sich tatsächlich „wie Schachfiguren in einem groß angelegten Turnier nach Belieben hin und her"[50] schieben ließen, wie es die britische Historikerin Francis Stonor Saunders formulierte. Kein renommierter Autor des Formats von Arthur Koestler u. a. hätte sich eine solche Handsteuerung gefallen lassen. Insofern muss man der CIA eine intelligente Einflusspolitik bescheinigen. Sie gab zwar das Geld, ließ den Autoren und Intellektuellen aber meist freie Hand.

---

47 Diese Archivfunde referiere ich nach der Gombrowicz-Biografie von Klementyna Suchanow, die vor drei Jahren erschienen ist, siehe Anm. 36.
48 Ebd., 313.
49 Gombrowicz: Berliner Notizen (Anm. 15), 84.
50 Frances Stonor Saunders: Wer die Zeche zahlt ... Der CIA und die Kultur im Kalten Krieg, aus dem Englischen von Markus P. Schupfner, Berlin 2001, 15; vgl. Joachim Gmehling: Kritik des Nationalsozialismus und des Sowjetkommunismus in der Zeitschrift *Der Monat*. Dissertationsschrift, Hamburg 2010, 34. Abgerufen am 15. Januar 2021 unter https://ediss.sub.uni-hamburg.de/bitstream/ediss/4118/1/Dissertation.pdf.

Die grundsätzliche weltanschauliche Übereinstimmung wurde vorausgesetzt. Das amerikanische Vorgehen war *Soft power* im besten Sinne des Wortes.

Aus gröberem Holz geschnitzt waren die polnischen Manöver in diesem „Informationskrieg", wie man es heute nennen würde. Mindestens eine informelle Mitarbeiterin des Geheimdienstes war auf Gombrowicz angesetzt, auch wenn es keine Belege dafür gibt, dass Swinarska speziell zu diesem Zweck nach Berlin gereist wäre.

Diejenigen polnischen Literaten, die gegen Gombrowicz schrieben, waren außer von den erwähnten Ressentiments oft von ganz banaler Eifersucht und Kollegenneid getrieben. Als Pierre Rawicz in *Le Monde* über Gombrowicz schrieb, rief ihn – so berichtet Giedroyc – Jan Kott an und kritisierte ihn tobend dafür, dass er ausgerechnet Gombrowicz hervorhob: „‚Polen wird dir das nicht vergessen'. Wortwörtlich so. Diese Leute sind völlig verrückt geworden. Sie sind Lappen und willenlose Werkzeuge eines unintelligenten Regimes (sie zeigen nicht einmal einen Hauch von dem Mut, den gegenwärtig sowjetische Schriftsteller in einer viel bedrohlicheren Situation zeigen)".[51]

Parallelen zur heutigen Zeit

Das aus den ersten Residenzen der Ford Foundation hervorgegangene DAAD-Künstlerprogramm existiert bis heute. Berlin profitiert nach wie vor von ihm, auch wenn es längst nicht mehr die gefährdete Frontstadt ist, die auf kulturelle Unterstützung angewiesen wäre (auf finanzielle allerdings noch immer). Die Stadt ist heute attraktiv genug, um von sich aus junge Kreative aus aller Welt anzuziehen.

Vergleicht man die heutige Situation mit der damaligen, dann drängt sich dennoch eine Beobachtung auf. Bestimmte Konstellationen – Konfrontationsmuster – funktionieren offenbar weiter, auch wenn ihr Inhalt ausgetauscht wird. Nicht mehr die Ideologie des Kommunismus ist der Treibstoff, der die antiwestliche und europakritische Haltung mancher Regierungen in Mittel- und Osteuropa befeuert. Vielmehr sind es jetzt kulturideologische Phantome wie die Gefährdung der traditionellen Familie, der traditionellen Werte, es ist der Kampf gegen Genderpolitik und gleichgeschlechtliche Ehe; der Widerstand gegen ein vermeintlich diktatorisches Brüssel und eine ominöse (jüdische) Weltregierung um George Soros. Was war diese Episode im Einflusskampf der Großen für Gombrowicz? Für ihn war Berlin ein wichtiger Punkt im Leben, ein Wendepunkt im Sinne des Wortes. In den Gräsern des Tiergartens meinte er Polen zu riechen, er kam seiner Heimat so nah wie nie seit 1939 – und enteilte dann doch zurück

---

51 „Mianowicie po ukazaniu się artykułu Rawicza w Le Monde zatelefonował do niego *Jan Kott* z furią bardzo go atakując, że właśnie o Tobie pisał. ‚Polska Ci tego nie zapomni'. Dosłownie. Ci ludzie zupełnie zwariowali. Stali się szmatami i bezwolnymi narzędziami nieinteligentnego reżymu (nie potrafią wykazać cieni tej odwagi, co obecnie pisarze sowieccy w o ile groźniejsze sytuacji) ... " Giedroyc (Anm. 4), 350–351.

in Richtung Paris, Royaumont, wo er seine spätere Ehefrau Rita Labrosse kennenlernte, dann nach Vence an der französische Mittelmeerküste, wo er 1969 starb.

Resümee

Abschließend stellt sich die Frage, ob das Unternehmen Gombrowicz ein Erfolg gewesen ist – aus der Sicht der Ford Foundation, der Sicht des freien Westens. Diese Frage kann man, wie ich meine, bejahen.

Und der Erfolg manifestiert sich paradoxerweise gerade darin, dass manche Zielvorgaben der Stiftung verfehlt wurden. Gombrowicz ging auch in Berlin weiterhin den eigenen Obsessionen nach und ließ sich nicht in Denkschablonen der ideologischen Auseinandersetzung zwischen Ost und West pressen. Er interessierte sich mehr für die nachschwelende Anziehungskraft des Nationalsozialismus als für die wunderbare neue Freiheit im Wohlstand, mehr für das Verdrängte als für die glänzende Oberfläche. Im Rückblick von 58 Jahren ist ihm darin eine ungeahnte Aktualität zu bescheinigen. Wenn es das Ziel war, Geist in die Stadt zu bringen und gelebte Freiheit, unabhängiges Denken als Impfstoff gegen totalitäre Ideologien einzusetzen, dann ist dieses Ziel gelungen.

„Wir müssen jene Portion Freiheit, Mut und Rücksichtslosigkeit, ja ich würde sogar sagen – Verantwortungslosigkeit aufbringen, ohne die schöpferische Tätigkeit unmöglich ist" schreibt Gombrowicz im *Tagebuch*.[52] Dieser Maxime ist er sein ganzes Leben und auch in Berlin gefolgt und hat damit die Intentionen des Künstlerprogramms, wenn auch auf originelle Weise, gerechtfertigt.

---

52 Gombrowicz: Tagebuch (Anm. 2), 72.

Ute Berns
Die englischsprachige Dramenwerkstatt im LCB 1964: Zirkulationen des Absurden

I.

In den Jahren nach dem Mauerbau wurden in der geteilten Stadt Berlin internationale literarische Beziehungen zu Autoren und Autorinnen im englischsprachigen Raum geknüpft. Der folgende Beitrag gilt diesen Initiativen im Bereich des Theaters. Dreh- und Angelpunkt ist dabei ein höchst bemerkenswertes und scharfumrissenes historisches Ereignis, das näher beleuchtet werden soll: Die englischsprachige Dramenwerkstatt im *Literarischen Colloquium Berlin* 1964. Dank einer Initiative des damals erst kürzlich gegründeten Literarischen Colloquiums wurden im Sommer 1964 junge, talentierte Dramatiker aus Großbritannien und den USA – James Saunders, Tom Stoppard, Derek Marlowe, Peter Bergman, Piers Paul Read und Tom P. Cullinan – in einer mehrmonatigen Schreibwerkstatt in Berlin (West) zusammengeführt und zum Dialog mit einer gleichzeitig tagenden deutschsprachigen Dramenwerkstatt angeregt. Doch damit nicht genug: die englischsprachige Werkstatt fand ihren Abschluss in einem ebenfalls englischsprachigen Theaterabend am Kurfürstendamm, bei dem eine für diesen Zweck aus London eingeladene Schauspieltruppe szenisches Material aus den Werkstattmonaten zur Aufführung brachte.[1]

Zunächst sollen die wichtigsten Akteure benannt, die finanziellen Voraussetzungen aufgezeigt, die kulturpolitischen Zielsetzungen dargestellt und auch die Zufälle erwähnt werden, die diesem Ereignis seine Gestalt verliehen. Anschließend soll die Dramenwerkstatt des LCB genauer betrachtet und im kritischen Diskurs der frühen 1960er Jahre über das Theater situiert werden. Die Bezeichnung ‚Theater des Absurden' hat in diesem kritischen Diskurs ihren Ort und soll zur Rede von einer Theatermoderne nach dem Zweiten Weltkrieg ins Verhältnis gesetzt werden. Der Begriff des Theaters des Absurden kann so dazu dienen, die Ausrichtung der Dramenwerkstatt insbesondere im Hinblick auf den britischen Raum genauer zu verorten. Dadurch lässt sich die Einladungspolitik des LCB historisieren und etwas genauer konturieren. Hingewiesen werden soll zunächst auf zweierlei. Zum einen handelte es sich bei der Dramenwerkstatt im LCB nicht einfach um eine (west)deutsche Einladung, die Begegnungen und Austausch mit der anglophonen Welt herbeiführte, sondern um eine Initiative, die ihrerseits bereits durch diese anglophone Welt mitbestimmt wurde.

---

1 Vgl. Anonym: Dramenschreiben, in: Walter Höllerer u. a. (Hrsg.): Autoren im Haus. Zwanzig Jahre Literarisches Colloquium Berlin, Berlin 1982, 47–50, hier: 47.

∂ Open Access. © 2021 Ute Berns, publiziert von De Gruyter. [CC BY-NC-ND] Dieses Werk ist lizenziert unter der Creative Commons Attribution-NonCommercial-NonDerivatives 4.0 International Lizenz.
https://doi.org/10.1515/9783110733495-008

Zum zweiten, so werde ich argumentieren, ging es nicht darum, die Vielfalt der anglo-amerikanischen Theatermoderne einzufangen, sondern darum, mit dem Theater des Absurden ein spezifisches Segment dieses Theaterschaffens nach Berlin (West) zu holen. Im zweiten Teil des Aufsatzes werde ich mich den Werken und späteren Lebenswegen der eingeladenen Autoren zuwenden und dabei auch den Transformationen und Zirkulationen des Absurden nachspüren.

Wenden wir uns also zunächst den Rahmenbedingungen, Akteuren und Interessen zu, die das Ereignis prägen sollten. Wie Jutta Müller-Tamm in ihrem Beitrag dargelegt hat, war das institutionell unabhängige Literarische Colloquium Berlin wesentlich von dem Germanistikprofessor Walter Höllerer konzipiert worden, der das kulturelle Leben Berlins (West) für die zeitgenössische (internationale) Moderne öffnen wollte. Höllerer trug sein Konzept an den Direktor der amerikanischen Ford Foundation, Shepard Stone, heran, der sich hochinteressiert zeigte. Der Anglist Walter Hasenclever, bis dahin eng mit der Ford Foundation verbunden, wurde erster Direktor des LCB. Und der neu gegründeten Einrichtung wurde eine substanzielle finanzielle Förderung für die ersten drei Jahre zugesagt. Die Stiftung gehörte zum kulturpolitischen Netzwerk des *Congress for Cultural Freedom*, das strukturell eng mit der CIA verknüpft und dem Kampf gegen den Antiamerikanismus verpflichtet war. Dieses Netzwerk hatte sich vom grobschlächtigen Antikommunismus der 1950er Jahre abgewandt und war interessiert daran, auf linksliberale Strömungen zuzugehen; insbesondere „antitotalitäre Linksintellektuelle" sollten für „liberale und proamerikanische Positionen gewonnen werden".[2]

Eine zentrale Strategie dieser Annäherung, die in unterschiedlichen Projekten der Ford Foundation vorangetrieben wurde, bestand seit den 1950er Jahren im subventionierten Export modernistischer amerikanischer Kunst und Literatur. Oder allgemeiner und in den Worten Greg Barnhisels formuliert, „modernism itself became a weapon in what has become known as the Cultural Cold War".[3] Für diesen in vieler Hinsicht redefinierten Modernismus prägt Barnhisel den Begriff „*Cold War modernism*".[4] Sowohl mit Blick auf linke Intellektuelle in Europa, die ihre Verachtung für eine für schal und kommerziell befundene ‚Coca-Cola-Kultur' kundtaten, als auch mit Blick auf die Sowjetunion wurde eine Kunst profiliert, die sich nicht so sehr durch ihren Gegenstand, sondern ihren Stil auszeichnete. Die oft kollektivistischen oder utopischen Horizonte der Ursprünge dieser Kunst wurden abgeschattet und ihre bürgerlich-individualistischen Seiten betont. Auf diese Weise wurde, Barnhisel zufolge, eine

---

[2] Michael Peter Hehl: Berliner Netzwerke. Walter Höllerer, die Gruppe 47 und die Gründung des Literarischen Colloquiums Berlin, in: Achim Geisenhanslüke, Michael Peter Hehl (Hrsg.): Poetik im Technischen Zeitalter. Walter Höllerer und die Entstehung des modernen Literaturbetriebs, Bielefeld 2013, 155–189, hier: 164–165.
[3] Greg Barnhisel: Cold War Modernists. Art, Literature, and American Cultural Diplomacy, New York 2015, 2.
[4] Ebd., 1–24.

potenziell avantgardistische, oppositionelle Bewegung transformiert in einen Stil, dessen Herausforderungen zum Ausweis der Freiheit der Künstler:innen dienten, einen Stil, der selbst von den Institutionen, die Zielscheibe der Bewegung gewesen waren, risikolos affirmiert werden konnte. Seine vermeintlichen Zumutungen gerieten zum Emblem der Toleranz des Systems, in dem er existieren konnte. Ob und inwieweit diese auf Europa ausgerichtete kulturpolitische Strategie, die sich in den 1960er Jahren allmählich neu orientierte, aufging oder vielmehr, je nach Projekt und Kontext, eine Fülle von Widersprüchen generierte, ist eine ganz andere Frage, die ich hier nicht vertiefen kann.

Mit Blick auf das LCB liegt auf der Hand, dass nicht nur die geopolitische Lage und die Nähe zur linksliberalen Gruppe 47, vermittelt über Höllerer und Hans Werner Richter, die Attraktivität für die Ford Foundation ausmachten, sondern auch seine kulturpolitische Orientierung, die durch Höllerers „emphatisches Bekenntnis zur literarischen Moderne" inspiriert war.[5] Wir sollten daher festhalten: die anglophone Welt in Gestalt einer spezifisch ausgerichteten US-amerikanischen Kulturpolitik und Finanzhilfe bildete bereits einen zentralen Faktor für das Zustandekommen dieser Einladung in den anglophonen Raum. Damit ist keineswegs gesagt, dass die Konzeption des *Cold War modernism,* wie sie von den USA nach dem Zweiten Weltkrieg kulturpolitisch in Dienst genommen wurde, und Höllerers Verständnis der zeitgenössischen internationalen Moderne identisch wären, im Gegenteil. Vielmehr fällt auf, dass die Ford Foundation bei einem früheren Projekt Höllerers, einer internationalen Lesereihe, genau zwei Autoren von der Liste der Einzuladenden genommen hatte: Ezra Pound und Pablo Neruda.[6] In beiden Fällen handelte es sich um Autoren, deren Werk schwer von den Bewegungen zu trennen war, denen sie sich verschrieben hatten – Pound dem Faschismus und Neruda dem Kommunismus. Rein formal oder stilistisch orientierte Diskussionen hätten hier selbst zum Eklat geführt.

Damit ist erst recht nicht gesagt – das sei hier unterstrichen –, dass diese Einladung des LCB zu einer englischsprachigen Dramenwerkstatt nicht in jeder Hinsicht ein Glücksfall war. Nach dem kulturellen Kahlschlag durch die Nationalsozialisten erhielt Berlin (West) die Möglichkeit, in einen fruchtbaren Austausch mit einer Gruppe begabter junger Künstler zu treten, die ihre Ideen und Arbeitsformen in die Stadt brachten. Und für die Künstler selbst bedeutete diese Einladung Zeit und Unterstützung, Wertschätzung und Inspiration. Sie gab ihnen die Möglichkeit, eigene Projekte und Ideen – im Austausch mit andern – auszuprobieren und weiterzuentwickeln.

---

5 Hehl (Anm. 2), 164; 168; 178–184.
6 Siehe Klaus Völker: Gruppenbild mit Keller. Literaturszene Berlin 1959–1965, in: Andreas Degen (Hrsg.): Szenen Berliner Literatur 1955–1965, Berlin 2011, 16–24, hier: 22.

II.

Die Dramenwerkstatt fand von Mai bis September 1964 in der frisch renovierten Villa des LCB am Wannsee statt. Hasenclever, der einen Leiter für die Veranstaltung zu gewinnen suchte, umreißt das Projekt zunächst in allgemeinen Zügen und wendet sich dann der Ausstattung zu:

> ‚Literarisches Colloquium Berlin' is intended to be an academy for creative writing. In a building right on the shore of the Wannsee which was donated to us by Berlin's administration, we plan to house, feed, instruct, and inspire [...] young people of proven literary promise and ability, and hope that they can be made to profit from the instruction as well as the atmosphere of the place. [...] We shall have to [sic!] our disposal a primitive experimental stage and (we hope) a mobile television studio for tryouts on the spot. We may be able to get the help of some young actors if and when we should need their help.[7]

Das Gesamtformat realisiert wichtige von Höllerer für das LCB formulierte Grundideen: Das Projekt bringt erfahrenere und weniger erfahrene Autoren zusammen (die potenziellen Leiter sollen nicht nur leidenschaftliche Lehrer sein, sondern auch erfolgreiche Stücke geschrieben haben) und der Sprung vom Text in andere Medien und Künste wird im Verweis auf Probebühne und TV-Aufnahme von Anfang an mitgedacht.[8]

Was die Zusammensetzung der Dramenwerkstatt angeht, so liegen zum konkreten Auswahlprozess lediglich Anhaltspunkte vor. Im Vorfeld kontaktierte Hasenclever Charles Marowitz und bat um die Empfehlung von jungen, vielversprechenden Autor:innen für ein internationales Colloquium.[9] Marowitz war Amerikaner, aber seit 1956 höchst einflussreich in London tätig – als Dramatiker, Regisseur und Kritiker. Er war zudem Mitbegründer der einschlägigen Londoner Theaterzeitschrift *Encore* mit weitreichenden Beziehungen in die Theaterszene und weitem, transatlantischem Horizont. Ich weiß weder, ob Hasenclever Hinweise aus weiteren Quellen einholte, noch kenne ich die Liste von Marowitz' Empfehlungen, aus denen das LCB auswählte. Dem Archiv des LCB ist jedoch zu entnehmen, dass Einladungen für die potenzielle Leitung der Schreibwerkstatt an Harold Pinter und Edward Albee ergangen waren, aber nicht zum Erfolg geführt hatten. Der spätere Nobelpreisträger Pinter war seit der Uraufführung der *Birthday Party* 1956 zu einer absolut zentralen Figur der britischen

---

[7] Brief von Walter Hasenclever an Edward Albee, 23. Dez. 1963, LCB Archiv. Dem Leiter des Workshops wird im selben Brief neben Kost und Logis eine monatliche Vergütung von 2500 DM in Aussicht gestellt. Allerdings behält sich das LCB dabei auch „a right to exploit the literature written at our place or in the immediate consequence of our gatherings" vor; den Autoren werden zwanzig Prozent der Tantiemen in Aussicht gestellt. Ich bedanke mich bei Jutta Müller-Tamm, die mich an den Funden ihrer Archivarbeit hat teilhaben lassen.
[8] Vgl. ebd., zu Höllerers Grundideen für das LCB s. Hehl (Anm. 2), 167.
[9] Vgl. Hermione Lee: Tom Stoppard. A Life, London 2020, 108.

Theaterszene avanciert. Der spätere Pulitzer-Preisträger Edward Albee, der 1958 mit *Zoo Story* bekannt wurde, hatte eine ähnlich bedeutende Stellung in der amerikanischen Szene inne; zudem waren Albees ersten beiden Dramen in Berlin uraufgeführt worden, die *Zoo Story* im Doppel mit der deutschen Erstaufführung von Becketts *Krapp's Last Tape* am *Schillertheater*.[10]

Für die Leitungsposition gewonnen wurde der Dramatiker James Saunders. Seit der Produktion seines Stücks *Cinderella* (1949) waren bereits ein knappes Dutzend weitere, darunter zahlreiche experimentelle Einakter in und außerhalb von London zur Aufführung gekommen, und 1962 hatte *Next Time I'll Sing to You* den Weg nach New York gefunden. Martin Esslin hatte das Stück in der Zeitschrift *Theater heute* als „ein existentialistisches Problemstück mit einem an Beckett und Pirandello geschulten Stil" bezeichnet und Saunders zum „vorgeschobensten Vortrupp der Avantgarde" gezählt.[11] Mehrere seiner Stücke wurden in der Übersetzung von Hilde Spiel in Deutschland aufgeführt und vom Rowohlt Verlag herausgebracht.

Als englischsprachige Teilnehmende wurden zwei Autoren aus den USA und drei aus Großbritannien in Berlin versammelt. Im Programm für den die Dramenwerkstatt abschließenden Theaterabend wurden sie dem Publikum in den folgenden Zweizeilern vorgestellt:

> *Piers Paul Read:* Born in in 1941, lives in Yorkshire, educated at Cambridge. He has been two years in Berlin, where he wrote his first novel. Tonight's play is one of a series of experimental pieces.
> *Derek Marlowe:* Born in London, 1938, writes mainly for the theatre. His first play, produced at the *Royal Court Theatre,* London, won the Foyle Award for the best new play of 1961.
> *Peter Bergman:* 1939, born in Cleveland, Ohio; graduate of Yale University, has had a number of musicals produced. He is presently working on a movie script.
> *Tom Stoppard:* Born in 1937. Lives in London. A radio and television writer, with a play in the current season at the Thalia Theater, Hamburg. He is working on a full-length play of which tonight's is a part.
> *Tom Cullinan:* Lives in Cleveland, Ohio, works in educational Television. A Ford Foundation Playwright in 1961, he has had several plays produced at American regional theatres. He has just completed his first novel.[12]

Für die jungen Künstler war die Einladung – in den Worten Stoppards – „an extraordinary perk", ein außerordentlicher Bonus.[13] Als jemand, der bei seinem ersten Besuch

---

10 Vgl. Barbara Lee Horn: Edward Albee. A Research and Production Sourcebook, Westport 2003, 78.
11 Martin Esslin: Wohin geht das englische Theater, in: Theater heute 4 (August 1963) 27–33, hier: 30; zitiert nach Eckhard Auberlen: Die Nutzung des dramatischen Mediums in James Saunders' *Next Time I'll Sing to You*, in: Germanisch-Romanische Monatsschrift 30 (1980), 191–210, hier: 191.
12 Programmheft des LCB zur Aufführung „Colloquialisms" durch das *Questors Theatre* im Forum-Theater Berlin am 4. und 5. September 1964; LCB Archiv.
13 Tom Stoppard: Foreword, in: Derek Marlowe: A Dandy in Aspic, London 2015, o. pag.; oder unter ders.: „Before We Were Famous: Tom Stoppard describes sharing a bedsit in Sixties London with Derek Marlowe" (2015), in: The Spectator. Australia (20.05.2015). Online abgerufen am 30. April 2021 unter

in New York gerade noch bei Freunden auf dem Boden geschlafen hatte, schrieb er seinen Eltern aus Berlin: „I have fallen on my aristocratic feet [...]. I am better off here with someone to clean up after me, feed me 4 times a day ... and let me sit in the sun in the garden reading".[14] Bei Hermione Lee, Stoppards Biographin, lesen wir, die Schriftsteller:innen der Gruppe 47 seien „sehr avantgardistisch" gewesen und hätten kaum Kontakt mit den „Angelsachsen" gehabt.[15] Die deutschsprachige Dramenwerkstatt, bestehend aus Peter Schneider, Richard Blank, Alf Poss und Peter O. Chotjewitz arbeitete und diskutierte mit Heiner Kipphardt, Gert Hofmann, Peter Rühmkorf und Gerhard Rühm.[16] (Für den geringen Austausch zwischen den beiden Gruppen könnten auch sprachliche Barrieren eine Rolle gespielt haben.) Die Beziehung der englischsprachigen Gruppe zu ihrem künstlerischen Mentor, James Saunders, war dagegen intensiv und prägend. Vielleicht sogar zu intensiv: Stoppard zufolge hatte Saunders – in den Augen Hasenclevers „ein sehr vorsichtiger, ganz verhaltener Leiter" – die Tendenz, die in Arbeit befindlichen Stücke so zu behandeln, als schriebe er sie alle selbst.[17]

Das englischsprachige szenische Material, das in den Sommermonaten 1964 in Berlin entstand und aufgeführt wurde, ist leider nicht mehr auffindbar. Es gibt jedoch aussagekräftige Anhaltspunkte für die Ausrichtung der Dramenwerkstatt, denn im LCB Archiv erhalten ist eine Bücherliste, die James Saunders vorab an Hasenclever mit der Bitte geschickt hatte, die genannten Werke als Lektürestoff für die Teilnehmer zugänglich zu machen. Es handelte sich um Stücke oder Stücksammlungen der Zeitgenossen Samuel Beckett, Arthur Kopit, Fernando Arabal, Jean Genet, Arthur Adamov sowie des großen Vorläufers der europäischen Theater-Avantgarde, Alfred Jarry. Versammelt wurde hier vor allem eine nicht-englischsprachige europäische Theatermoderne nach dem Zweiten Weltkrieg in englischer Übersetzung. Der Amerikaner Kopit hatte im Jahr zuvor mit seinem ersten, vielbeachteten Stück *Oh Dad, Poor Dad, Mamma's Hung You in the Closet and I'm Feelin' so Sad* seine Zugehörigkeit zur Theater-Avantgarde unter Beweis gestellt.

Die Lektüreliste für die Dramenwerkstatt nannte Autoren, die sich vom sogenannten *well-made play* lossagten und mit realistischen Darstellungskonventionen brachen. Sie stellten die Sprache bzw. den Dialog als das zentrale, verlässlich bedeutungstragende Bühnenelement in Frage. Sie bezogen sich zurück auf Strömungen wie den Surrealismus und Dadaismus sowie Artaud, sprich Referenzpunkte, die bereits

---

https://www.spectator.com.au/2015/05/before-we-were-famous-tom-stoppard-describes-sharing-a-bedsit-in-sixties-london-with-derek-marlowe/.
14 Lee (Anm. 9), 109.
15 Vgl. ebd., 110.
16 Vgl. Anonym: Dramenschreiben (Anm. 1), 47.
17 Hasenclever: Rosenkrantz und Güldenstern, geboren in Berlin …, in: Programmheft zur deutschen Erstaufführung von *Rosenkrantz und Güldenstern sind tot*, Schiller-Theater, Heft 189, Berlin 1967/68; Lee (Anm. 9), 110.

die Theater-Avantgarde Anfang des Jahrhunderts inspiriert hatten – sei es in deren Experimenten mit dem poetischen oder Versdrama, mit mythisch-rituellen Formen oder Annäherungen an außereuropäische Traditionen. Auch die Traditionen des epischen Theaters wären hier zu nennen. Zugleich gewannen bei den zeitgenössischen, von Saunders empfohlenen Dramatikern Bezüge auf populäre Genres wie die Farce, *music hall* oder Revue-Traditionen ebenso an Bedeutung wie die Öffnung für andere Medien und Künste. Es mag erstaunen, dass auf Saunders' Leseliste der anglo-amerikanische Beitrag bis auf die Neuentdeckung Kopits nicht aufgeführt wird. Letzteres ließe sich jedoch damit erklären, dass die einschlägigen Texte Harold Pinters, Edward Albees oder des hier ebenfalls fehlenden Franzosen Ionescos als bekannt vorausgesetzt wurden. Zu nennen sind in diesem Kontext schließlich auch Saunders eigene Dramen, von denen der 1959 uraufgeführte Einakter *Alas, Poor Fred: A Duologue in the Style of Ionesco* das Vorbild sogar im Titel trägt.

Saunders Lektüreliste ruft jedoch auch in Erinnerung, dass die damalige Diskussion dieser vielfältigen, lebendigen Traditionen der Theatermoderne durch ein spezifisches Paradigma besonders geprägt wurde. Zusätzlich zu den Stücken und Stücksammlungen listete Saunders nämlich Martin Esslins Monographie *The Theatre of the Absurd* von 1961 (deutsche Übersetzung 1965) auf. Sie hat den damaligen Theaterdiskurs im anglophonen Raum in kaum zu überschätzender Weise geprägt und dominiert – John Calder bezeichnete sie später als „den wichtigsten Text zum Theater in den 1960er Jahren".[18] Tatsächlich wurde die Rede vom „Theater des Absurden" so einflussreich, dass man glauben könnte, damit werde das gesamte moderne Nachkriegsdrama beschrieben. Doch das wäre vorschnell.

Esslin hatte die Entwicklungen im Drama der späten 1950er und frühen 1960er Jahre auf außerordentlich einflussreiche Weise historisch und philosophisch interpretiert. Dabei hatte er einen Nexus zwischen der historischen Erschütterung aller Ideologeme in der Nachkriegssituation, der philosophischen Strömung des Existenzialismus und formalen, häufig antirationalistisch inspirierten Charakteristika der Theatermoderne postuliert. Den Begriff des Absurden definiert Esslin mit Ionesco wie folgt: „Absurd is that which is devoid of purpose... Cut off from his religious, metaphysical, and transcendental roots, man is lost".[19] Er weist darauf hin, dass die grundlegende Absurdität menschlicher Existenz auch den Kern der französischen Existenzphilosophie Sartres und Camus' bilde. Deren rational argumentierende Texte und stringent aufgebaute Theaterstücke erfassten das Absurde jedoch, Esslin zufolge, auf philosophische

---

18 John Calder: „Martin Esslin. Illuminating Writer und Radio Drama Producer", in: Guardian (27.02.2002). Online abgerufen am 30. April 2021 unter https://www.theguardian.com/news/2002/feb/27/guardianobituaries.booksobituaries.
19 Eugene Ionesco: Dans les armes de la ville, in: Cahiers de la Companie Madeleine Renaud – Jean Louis Barrault 20 (October 1957), 2–5, hier: 2–3, zit. in: Martin Esslin: Theatre of the Absurd, London 2001, 23.

Weise. Das Theater des Absurden dagegen „goes a step further in trying to achieve a unity between its basic assumptions and the *form* in which these are expressed" (Hervorhebung U. B.).[20] Oder, wie er griffig formuliert: „The Theatre of the Absurd has renounced arguing *about* the absurdity of the human condition; it merely *presents* it".[21] Auf diese Weise verknüpfte Esslin ein breites Formenspektrum der zeitgenössischen Theatermoderne fest mit einer weltanschaulichen, existenzphilosophischen Perspektive. Dabei stellte er als wichtigstes Merkmal die „radical devaluation of language" heraus und reihte das Theater des Absurden zugleich in jene „anti-literary movements" ein, die er auch in der abstrakten Malerei und dem *noveau roman* wiedererkannte.[22] Sofern im Absurden Theater überhaupt etwas zur Darstellung käme, so der Autor, seien es die Konfrontation mit dem Verlust aller Gewissheiten und die Parodie eines Lebens und Theaters in *bad faith*.[23] Saunders, als Leiter der Dramenwerkstatt, beließ es nicht beim Hinweis auf die Lektüre von Esslins Monographe: Esslin selbst wurde eingeladen und war für einige Tage zu Gast bei den jungen Dramatikern im LCB.[24]

Viele Dramatiker sahen sich durch Esslins Begrifflichkeit inspiriert, manche sahen ihr Werk eher kolonisiert. Wichtiger als diese Einzelstimmen erscheint jedoch, wie der Begriff des Theaters des Absurden in der Theaterlandschaft sowie dem zeitgenössischen Theaterdiskurs situiert wurde; auch aus diesem Grund soll er hier nicht durch die Rede von der Spät- oder Postmoderne, bzw. dem Postdramatischen ersetzt werden. Die folgenden Ausführungen beziehen sich vornehmlich auf Großbritannien.

III.

Anders als die heterogene Theaterlandschaft Berlins, die durch die politische Zweiteilung der Stadt noch einmal rigoros überformt wurde, stellte sich die britische Metropole, was das Theaterleben in den frühen 1960er Jahren anging, als dreigeteilt dar. Da waren zum ersten die kommerziellen West-End-Theater in den Händen weniger Großunternehmer, die sich mit ihren leichten Komödien, Kriminalstücken und Klassikerinszenierungen mit Starbesetzungen zunehmend in der Konkurrenz zum Fernsehen wiederfanden. Zweitens zu nennen sind das 1963 gegründete *National Theatre* (zunächst im *Old Vic Theatre*) sowie die für unseren Zusammenhang wichtigere, junge *English Stage Company,* die in Chelsea ins *Royal Court Theatre* eingezogen war. Sie stand unter der Leitung von George Devine, widmete sich dem neuen zeitgenössischen Drama und kam zunehmend in den Genuss steigender Zuwendungen des *Arts Council*.

---

20 Ebd., 24.
21 Ebd., 25.
22 Ebd., 26.
23 Vgl. ebd., 400–401.
24 Vgl. Anonym: Dramenschreiben (Anm. 1).

Und drittens ist neben den kommerziell orientierten Theatern im Londoner West End und dem *Royal Court* in Chelsea der von Joan Littlewood und Ian McGoll gegründete *Theatre Workshop*, seit 1953 beheimatet im *Theatre Royal Stratford East*, im Osten der städtischen Theaterlandschaft einzutragen.

Der kommerziellen Orientierung der West-End-Theater und dem Starkult um einzelne Schauspieler:innen setzte die *English Stage Company* von Anfang an ihr Konzept eines ‚Writers' Theatre' entgegen, das einzelne Dramatiker:innen und ihr Schreiben auch über Fehlschläge hinweg förderte. Zeitgenössische nicht-britische Autor:innen nahmen ebenfalls einen festen Platz in den Spielplänen ein. Das Theater des Absurden wurde weitgehend mit der Experimentierfreude und der Offenheit für neue Texte am *Royal Court Theatre* assoziiert, auch wenn Uraufführungen oft auf kleineren Bühnen stattfanden. Zu unterstreichen ist aber, dass das Theater des Absurden keineswegs die einzige vom *Royal Court* geförderte Spielart der zeitgenössischen Theatermoderne war.[25]

Zum besseren Verständnis sei kurz in Erinnerung gerufen: Mitte der 1950er Jahre verdankte sich der Anbruch der britischen Theatermoderne der Nachkriegszeit einigen eng beieinander liegenden Ereignissen. Dabei handelte es sich um die englische Erstaufführung von Samuel Becketts *Waiting for Godot* (1955) – das Modell des Absurden Theaters schlechthin – und die Uraufführung von Harold Pinters *Birthday Party* (1958), die schnell als britische Spielart des Absurden rezipiert wurde. Zum zweiten zu nennen ist die Premiere von John Osborne's *Look Back in Anger* (1956) am *Royal Court Theatre*, die eine Sensation auslöste und, medienvermittelt, die Generation der ‚Angry Young Men' ausrief. Wenig später wurde dieser heterosexuell und maskulin konturierte Zorn durch Sheilagh Delaneys *A Taste of Honey*, produziert unter Leitung von Joan Littlewood, politisch und formal herausgefordert. Dieser sozialrealistische Aspekt der Modernisierung erinnert daran, dass auf den britischen Inseln auch die Theatermoderne um 1900 stark durch Bernhard Shaw bestimmt und so durch realistische Darstellungsformen mitgeprägt wurde.[26] Und schließlich muss das Gastspiel von Brechts *Berliner Ensemble* im Jahr 1956 als weichenstellendes Bühnenereignis genannt werden. Die Aufführung des *Berliner Ensembles*, die zwei Wochen nach Brechts Tod stattfand, wurde von den meisten Zuschauern zwar sprachlich nicht verstanden, erwies sich in

---

25 Zur Entwicklung des britischen Nachkriegstheaters siehe Baz Kershaw (Hrsg.): The Cambridge History of British Theatre. Bd. 3: Since 1895, Cambridge 2004, 291–411; David Ian Rabey: English Drama Since 1940, London 2003; Dominic Shellard: British Theatre Since the War, New Haven 1999 sowie David Pattie: Modern British Playwriting. The 1950s, London 2012; Steve Nicholson: Modern British Playwriting. The 1960s, London 2012. Vgl. auch Philip Roberts: The Royal Court Theatre and the Modern Stage, Cambridge 1999; im Jahr 1958 wurde dort die erste „Writers' Group" ins Leben gerufen: 63.
26 Siehe Christopher Innes: Modern British Drama 1890–1990, Cambridge 1992, 15–55.

der Folge aber als bahnbrechend sowohl für die britische Brechtrezeption als auch für die Bühnensprache des britischen Theaters in dieser zweiten Theatermoderne.[27]

Das *Royal Court* versuchte, diese zeitgleiche Vielstimmigkeit abzubilden und George Devine formulierte explizit: „So I took a kind of dialectic and educative attitude towards the thing. From the audience's point of view it is not so easy because ... one minute it is Beckett, the next minute it is Osborne, the next Arden, then Jellicoe, then Brecht ...".[28] Mit anderen Worten: Das Theater des Absurden steht hier neben den neuen Stimmen der Arbeiterklasse (Osborne, Wesker, Delaney), neben dem situationistischen, surrealen Feminismus von Ann Jellicoe, neben Stücken von John Arden, die sich sowohl auf das Theater der Grausamkeit als auch auf das epische Theater bezogen, und schließlich dem epischen Theater Brechts und seinen Nachfolger:innen. *Das Royal Court Theatre* stand für die *Diversität* der britischen Theatermoderne.

In der Wahrnehmung des *Theatre Workshop* im Osten der Stadt galt jedoch das *Royal Court Theatre* bereits als Teil des Establishments, das sich an einer wachsenden Mittelschicht orientierte. Beim *Theatre Workshop* bezog man sich auf „Brecht, Stanislavsky, Meyerhold (a name more or less unknown on the British stage at the time), Jaques Dalcroze's Eurhythmics, Laban's movement work, *commedia dell' arte*, Piscator, Eisenstein, Vakthangov und Toller".[29] Von der Verehrung des Dramatikers wollte man hier nichts wissen; vielmehr stand der Gedanke des Theater*kollektivs* im Vordergrund. Es wurde improvisiert und Skripte, denen ohne diese kollektive künstlerische Arbeit kein Erfolg beschieden gewesen wäre, wurden radikal umgeschrieben, wenn sie der Gruppe interessant schienen. Dabei sind Meilensteine der Theatermoderne entstanden, von Shelagh Delaney's schon erwähntem Stück *A Taste of Honey* (die Industrielandschaft der Schwarz-Weiß-Verfilmung durch Tony Richardson ging ein in die *New Wave* des britischen Kinos) über Dramen des Iren Brendan Behan bis hin zur Revue, 1963, *Oh What a Lovely War* (später kongenial verfilmt von Richard Attenborough). Dieses kollaborative und ensemble-orientierte, avancierte politische Theater lag jedoch nicht im Trend einer Zeit, die den Autor verehrte. McGoll und Littlewoods *Theatre Workshop* wurde vom *Arts Council* vergleichsweise sträflich vernachlässigt. Nichtsdestotrotz wurden die im *Theatre Workshop* kultivierten Produktionsformen ebenso wie dessen herausragende kulturelle Diversität zu einem bedeutenden Bezugspunkt für die Entwicklungen des britischen Dramas der 1970er Jahre.[30]

Die Position des Theaters des Absurden in dieser Landschaft wurde immer wieder neu kalibriert. Ende der 1950er Jahre forderte einer der wichtigsten und scharfzüngigsten Londoner Kritiker, Kenneth Tynan, in einer sich über Wochen hinziehenden

---

27 Siehe auch Pattie (Anm. 25) bes. 27–73 und Angaben unter Anm. 20.
28 Roberts (Anm. 25), 56–57.
29 Pattie (Anm. 25), 65.
30 Rabey (Anm. 25), 40–42; Pattie (Anm. 25), 64–68; Derek Paget: Case Study. Theatre Workshop's *O What a Lovely War*, in: Kershaw (Anm. 25), 397–411.

Kontroverse Eugene Ionesco heraus, indem er ihn öffentlich als „founder and headmaster of ‚l'école du strip-tease intellectuel, moral et social'" bezeichnete. Tynan warf ihm und den Dramatikern des Absurden, deren Leistungen er zunächst mit großer Bewunderung anerkannt hatte, öffentlich vor, sie seien an sozialen Belangen der Menschheit uninteressiert, zutiefst unpolitisch und letztlich reaktionär. Ionesco nahm den Handschuh auf, verwies auf die künstlerische Aufgabe eine unaussprechbare Realität darzustellen und verwahrte sich gegen linken Konformismus.[31] Derartige Grenzziehungen wurden nicht erst von der späteren Literatur- und Theaterwissenschaft in Frage gestellt, sondern auf andere Weise bereits durch Martin Esslin. Er wies darauf hin, dass das Absurde Theater in Osteuropa, unter dem Radar der Zensur in Polen und der Tschechoslowakei, sehr wohl als widerständiges politisches gelesen wurde und hob die politische Dimension des Absurden in den Dramen von Sławomir Mrożek, Tadeusz Różewicz und Václav Havel hervor.[32]

Als sich das LCB Anfang der 1960er Jahre auf die Suche für seine Dramenwerkstatt begab, wurden die Grenzen zwischen den drei gerade beschriebenen Londoner Theaterstätten zunehmend durchlässiger. Erfolgreiche Produktionen des *Royal Court* und selbst des *Theatre Workshop* wanderten ins *West-End*. In diesem Sinne bezeichnet Derek Paget die Übernahme von *Oh What A Lovely War* des *Theatre Workshop* in das *Wyndham Theatre* des West End im Jahr 1963 als Meilenstein im britischen Theater. Nachdem in der Zwischenkriegszeit eine offen politische, europäische Theatertradition von einer zutiefst konservativen britischen Kultur konsequent auf Abstand gehalten worden sei, lasse sich nun konstatieren, „a theatrical methodology that had been thirty years in the making had finally arrived in the cultural mainstream".[33] Nicht nur Inszenierungen begannen zu zirkulieren, auch Autoren wechselten vom *Theatre Workshop* im Osten der Stadt an das *Royal Court Theatre* im Westen und ganze Produktionen reisten über den Atlantik. Die Stücke selbst fanden ebenfalls zu neuen Mischungen der Ausdrucksformen, denn die verstärkte Politisierung der Theaterlandschaft in der zweiten Hälfte der 1960er Jahre deutete sich bereits an. Den im Umfeld der Berliner Dramenwerkstatt entstandenen Texten ist dies, wie gleich zu zeigen sein wird, durchaus anzumerken.

Dennoch kann gerade die schematisierte Darstellung den Blick auf die englischsprachige Dramenwerkstatt am Wannsee schärfen. Festzuhalten wäre zunächst: im LCB stand das Theater nicht, wie etwa im *Theatre Workshop*, als Ensemble und Künstler-Kollektiv vor Augen. Die Zusammenführung von Dramatikern, offenbar der LCB Werkstatt ‚Prosaschreiben' nachempfunden,[34] erinnert eher an die autorzentrierten *writers groups* des *Royal Court Theatre*. Die programmatische Pluralität des *Royal*

---

31 Dominic Shellard: Kenneth Tynan. A Life, Yale 2003, 223–224.
32 Esslin (Anm. 19), 316–326.
33 Paget (Anm. 30), 397.
34 Johanna Bohley: „Prosaschreiben". Eine neoavantgardistische Berliner Schreibwerkstatt und ihre Rezeption, in: Degen (Anm. 6), 107–117.

Court Repertoires wurde allerdings nicht erkennbar angestrebt. Vielmehr verkürzte das Paradigma des Theaters des Absurden die anglophone Theatermoderne in zweierlei Hinsicht. Der jenseits des Kanals unternommene, sozialrealistische Versuch, mit den Stücken von Osborne, Wesker und Delaney Stimmen der Arbeiterklasse Gehör zu verschaffen (und dabei dramaturgisch und institutionell neue Wege zu gehen), wurde ebenso wenig sichtbar wie die zeitgleich stattfindende, anglophone Aneignung des epischen Theaters oder Präsenz einer osteuropäisch bzw. russisch inspirierten Theatermoderne im *Theatre Workshop*.

Das Konkurrenzverhältnis zwischen West- und Ostberlin wurde damit vertieft. Der Fokus auf das Theater des Absurden am LCB stellte jene Strömungen in den Vordergrund, die im Ostteil der Stadt verdrängt und zensiert wurden. In der DDR wurde erst in den 1980er Jahren der Kampf um die Verlegung von Becketts Texten ernsthaft geführt, von Aufführungen ganz zu schweigen.[35] Komplementär scheint die Ausrichtung der Westberliner Dramenwerkstatt das anglophone an Brecht orientierte Theater auszusparen. Damit affirmierte sie zugleich die paradoxen innerdeutschen Verhältnisse. Denn die Dramenwerkstatt befand sich in der BRD, was den jenseits der Mauer in Ostberlin tätigen Dramatiker anging, in bester Gesellschaft – „Bertolt Brecht [...], der einzige deutsche Autor von Weltgeltung dieser Zeit, wird als Kommunist von den westdeutschen Bühnen bis in die 60er Jahre boykottiert".[36]

Die Aufführung der Ergebnisse der Dramenwerkstatt in Berlin (West) war ein durchaus beachtetes Ereignis und großer Erfolg. Vermittelt durch Saunders kamen fünf Schauspieler der *Questors,* einer 1929 gegründeten Amateurtheatergruppe mit festem Spielort, die es heute noch gibt, ins LCB.[37] Der Werkstatt-Charakter blieb maßgebend: Die Autoren waren aufgefordert, Texte auszusuchen, deren Verkörperung auf der Bühne ihren Arbeitsprozess unterstützen würde. Die englischsprachige Aufführung fand im *Forum-Theater* am Kurfürstendamm statt. Der Abend erhielt den Titel „Colloquialisms" – Redensarten. Neben den Kurzdarstellungen der Autoren zeigt das Programm, dass alle bis auf Saunders einen Text zur Aufführung brachten:

> Read „Scenes from the Class War"
> Marlowe „How Disaster Struck the Harvest"
> Bergman „The Difference"
> Stoppard „Guildenstern & Rosencrantz"
> Cullinan „The Sentinel"
> Saundersmarlowestoppardreadbergmancullinan „Consequences"[38]

---

35 Jochanan Trilse-Finkelstein: Beckett in der DDR, in: Barbara Korte u. a. (Hrsg.): Britische Literatur in der DDR, Würzburg 2008, 101–107.
36 Wolfgang Beutin u. a. (Hrsg): Deutsche Literaturgeschichte. Von den Anfängen bis zur Gegenwart, Stuttgart 2001, 604.
37 Vgl. die Homepage der *Questors,* online abgerufen am 30. April 2021 unter http://www.questors.org.uk/page.aspx?page=551.
38 Vgl. Programmheft des LCB zur Aufführung *Colloquialisms* (Anm. 12).

Der Name des Autors der letzten Szene verweist auf eine gemeinsame Autorschaft, vielleicht sogar einen gemeinsamen Schreibprozess. Stoppard übernahm als einziger selbst die Regie.

In den Annalen des LCB wird festgehalten, dass die Berliner Presse regen Anteil nahm. Ein Rezensent (J. H.) in der Zeitung *Die Welt* stellt fest, hier sei doch weit mehr geboten worden, als eine „blasse Theaterübung" und hebt die „scharf geschnittenen Dialoge" hervor.[39] Marianne Uchtmann im *Spandauer Volksblatt* lobt die Originalität der „Bühnenexperimente", in denen die Dramatiker den „theatralischen Nerv der Gegenwart piesacken" und „in den Lücken des *epischen*, des *absurden* und des *Psycho-Theaters* stochern"; „frisch-freche Einakter" seien dabei herausgekommen.[40] Dieser Kommentar ist insofern interessant, als diese Rezensentin klarerweise ein breiteres Spektrum an Darstellungsformen wahrnimmt. Selbst in der *Times* findet das *Literarische Colloquium* Erwähnung. Dort schreibt Charles Marowitz, „one of the biggest boosts to English creative writing is now administered in a German city and financed by American capital".[41] Der Text erwähnt nicht nur Martin Esslin, sondern auch Günther Grass (die *Blechtrommel* war bereits übersetzt) und Peter Weiss als Beiträger zu den Werkstatt-Gesprächen. (Weiss' Stück *Marat/Sade* war im selben Jahr an den faszinierten Peter Brooks gegangen, der es später mit der *Royal Shakespeare Company* fulminant inszenierte und für eine Verfilmung adaptierte.)

Die Beiträger zur Dramenwerkstatt und ihr weiteres Schaffen sollen nun genauer vorgestellt werden. Drei von ihnen, Peter Bergman, James Saunders und Tom Stoppard, haben ihre Namen weiterhin mit dem Theater verbunden. Ihnen werde ich mich zuerst zuwenden. Anschließend werde ich Derek Marlowe, Piers Paul Read und Peter Cullinan vorstellen. Die drei Briten – Stoppard, Marlowe und Read – blieben ihr Leben lang befreundet. Aber für die Darstellung dieser sechs Einzelbiographien hilft dies kaum weiter. Verfolgt werden hier vielmehr Spuren der LCB-Werkstatt – Weiterführungen oder Transformationen des dort verhandelten Absurden Theaters in späteren Texten bzw. deren Rezeption, sowie das Aufblitzen der Stadt Berlin und ihrer politischen Herausforderungen in Folgetexten. Die Erfahrung der Stadt hatte eine eigene Intensität. So erwähnt Lee, dass Stoppard nicht an einer von Berlin aus organisierten Fahrt nach Prag teilnahm. Das British Council hatte mitgeteilt, es könne sein, dass man ihn, dessen Eltern aus der Tschechoslowakei geflohen waren, beim Grenzübertritt für drei Jahre in die tschechische Armee einziehe. Lee fährt fort:

> [They] were alert to the atmosphere of Berlin. The Wall had only recently been built; people trying to get across from East Berlin were frequently shot at or killed. They saw Russian soldiers, young kids, in West Berlin, and went through all the red tape of going through Checkpoint Charlie when they visited East Berlin. They were aware of the military police, of ‚people being spied on'. They

---

39 J. H.: „Rezension zu *Colloquialisms*", in: Die Welt (07.09.1964).
40 Marianne Uchtmann: „Rezension zu *Colloquialisms*", in: Spandauer Volksblatt (06.09.1964).
41 [Charles Marowitz]: „Helping Playwrites Get Ideas", in: The Times (11.09.1964), 16.

had to carry proof of identity. Le Carré's *The Spy Who Came In from the Cold* had come out the year before.[42]

Ich werde auch mit Blick auf die Stadt versuchen, motivische Verbindungen zwischen einzelnen Werken aufzugreifen und kontrastiv zu erhellen und sich wandelnde kritische Perspektiven auf die Biographien anzudeuten. Das Ergebnis bleibt mindestens so kontingent wie die ursprüngliche Einladung just dieser Autoren ins LCB.

IV.

Peter Paul Bergman arbeitete nach seinem Aufenthalt in der Dramenwerkstatt in Berlin beim Satireprogramm *Not so much a programme, more a way of life* der BBC in London. Die Spekulation, dass die Werkstatt des LCB als Sprungbrett dorthin diente, liegt insofern nahe, als Martin Esslin, der die jungen Talente am Wannsee ausführlich kennenlernte, damals noch keine Professur an der Stanford University, sondern die Leitung der Abteilung „Radio Drama" bei der BBC innehatte. Nach seiner Rückkehr in die USA initiierte Bergman dort die Radio Talkshow *Radio Free Oz* beim KPFK, einem zuhörerfinanzierten Radiosender im Norden Hollywoods, der den Süden Kaliforniens bespielte. Jeder, der in der Welt der Kultur wichtig war und in Los Angeles verweilte, wurde als Gast eingeladen, von Rockband-Größen bis zu Andy Warhol. Beim Sender KPFK traf Bergman auf Phil Austin, David Ossman und später Phil Proctor, mit denen er das *Firesign Theatre* gründete. Die Mitglieder der Gruppe traten regelmäßig in Bergmans Radiosendung auf, wo sie improvisierend über die Stränge schlugen und in fiktiven Rollen dem Publikum nicht selten als „echte Gäste" präsentiert wurden. Das *Firesign Theatre* nennt die britische surrealistische *Goon Show* – „that madness and the ability to go anywhere and do anything and yet sustain those funny characters" – als wichtigen Einfluss auf ihren eigenen Stil in den 1960er Jahren.[43] Die *Goon Show* bestand aus Spike Milligan, Peter Sellers und Harry Secombe; Bergman und Spike Milligan hatten sich in London kennengelernt. Der erfolgreiche Auftritt des *Firesign Theatre* während eines „Love-in" vor 40 000 Menschen 1967 in Los Angeles – Bergman hatte den Begriff „Love-in" in seiner Sendung geprägt und zu dem Ereignis eingeladen – führte die Gruppe zu einem größeren Radiosender und dem ersten Plattenvertrag mit *Columbia Records*, dem viele weitere folgen sollten.[44]

---

42 Lee (Anm. 9), 110–111.
43 Philipp Austin, Peter Bergman u. a.: Under the Influence of the Goons, in: Firezine 1/4 (1997/98). Online abgerufen am 30. April 2021 unter http://www.firezine.net/issue4/fz4_13.htm.
44 Vgl. den vorzüglich recherchierten Wikipedia Artikel „Firesign Theatre", online abgerufen am 30. April 2021 unter https://en.wikipedia.org/wiki/The_Firesign_Theatre.

Der Titel des ersten Albums lautete *Waiting for the Electrician or Someone Like Him* und spielt auf den Titel *Waiting for Godot* an, der ebenfalls auf eine Figur unklarer Identität verweist. Es heißt, er sei ursprünglich für ein Filmskript vorgesehen gewesen, das Bergman 1965 nicht mehr weiterverfolgt habe, und es liegt nahe, dass es das Filmskript war, an dem er, laut eingangs zitierter LCB-Programmnotiz, 1964 am Wannsee gearbeitet hatte. Die so betitelte längere Szene wird durch eine kafkaeske und zugleich surrealistisch aus dem Ruder laufende Grenzkontrolle eröffnet, bei der Fotos aus Pässen gerissen, „Zonen" verhandelt, Geldsummen in einer nicht vorhandenen Währung verlangt und drei türkische Vokabeln gelernt werden; es wird russisch gesprochen, die Figur P., die inzwischen als Gefangener erscheint, findet sich im Berliner Eispalast, auch Winterpalast genannt, wieder, wo die eislaufenden „Gnockwurst Brothers! Hans and Yoni!" sich erst schlagen, dann beschießen und schließlich einen Luft- und Bombenkrieg entfesseln. Zusammen mit anderen internationalen Gefangenen entkommt P. knapp den Lynchversuchen der Massen, und als ihm schließlich, nackt im rasenden Taxi sitzend, der Durchbruch durch die Grenzschranken gelingt, wird ihm eröffnet, er habe nun die Seite im Buch umgeschlagen und es gebe die nächsten Vokabeln zu lernen.[45] Die anarchische, inter- und metatextuelle Komik, die allein das Skript versprüht, lässt sich nur schwer vermitteln. Doch die Grundsituation an der Grenze, Berlin-Bezüge sowie deutsche Eigennamen und verballhornte Wörter machen die Szene nicht zuletzt als kreative künstlerische Transformation von in Berlin gewonnen Eindrücken lesbar. Eine Rezension in der Zeitschrift *Rolling Stone* bezeichnete das *Firesign Theatre* als

> the funniest team in America today, combining elements of W C Fields, James Joyce, Lord Buckley, contemporary television and Thirties radio, scrambling it all up in a collective consciousness that defies description, and then spewing it out in a free-form half-hour epic presentation of sheer insanity ... Their timing is dynamite, their dialog kaleidoscopic, and their satire is, so to speak, acidic. *Waiting for the Electrician* ... a masterpiece of paranoia.[46]

Zur Frage, warum sich dieses begnadete Team ausgerechnet das Radio bzw. die Schallplatte als Medium ausgesucht hatte, führt Peter Savatte aus, „they found the arena of the recorded arts to offer the most freedom of creative control without censorship, since the public is quite free to purchase records at will for private listening at home".[47] Das *Firesign Theatre* revolutionierte nicht nur das Spektrum der Klang- und Geräuscherzeugung für dieses Medium in den USA, sondern rief auch als Sprachkunst

---

45 Philip Austin, Peter Bergman u. a.: Waiting for the Electrician or Someone Like Him, in: dies.: The Firesign Big Book of Plays, San Francisco 1973, 25–34, hier: 24–29.
46 Dave Marsh, Greil Marcus: Art. „The Firesign Theatre", in: Dave Marsh, John Swenson (Hrsg.): The New Rolling Stone Record Guide, New York 1983, 175–176.
47 Peter Savatte: A Straight, Forward Look at the Firesign Theatre, in: Austin, Bergman u. a., The Firesign Big Book of Plays (Anm. 45), 13–14, hier: 13.

Bewunderung hervor. Die Texte fanden den Weg in Seminare zur zeitgenössischen amerikanischen Literatur oder inspirierten neue Kursbezeichnungen wie „Electronic Subcultures".[48] Der ursprüngliche Improvisationsstil wich immer präziseren Skripten und Soundeffekten, die jedoch weiterhin aus einer kollektiven Schreibwerkstatt hervorgingen. (Sie ruft den Autoren-Sammelnamen auf dem LCB-Programm in Erinnerung.) Unter dem Titel „Who Is Us Anyway" beschreibt Philipp Austin den Schreibprozess als radikal gemeinschaftlichen Schreibkampf: „Every word goes through four heads for approval [...]. Grown men leave the room when we fight with each other. [...]. Therefore there are considerable areas of chance in our work since no overall motive is possible".[49] Unter dem Motto „Chance becomes the motive", erscheint dieser Produktionsprozess als ein eigener Generator des Absurden.[50]

Nach diesem Album verlieren sich die Spuren der LCB Werkstatt, und seien sie noch so spekulativ, im Schaffen Bergmans. Aber das *Firesign Theatre* erlebte eine steile Karriere mit Live-Performances an Universitäten, Auftritten im Radio oder Fernsehen und vor allem durch die Produktion zahlreicher weiterer Platten und CDs mit Titeln wie *How Can You Be in Two Places at Once When Your're Not Anywhere at All* (1969), *Don't Crush that Dwarf, Hand Me the Pliers* (1970) oder *Everything You Know is Wrong* (1974). Die 1970er Jahre zeigten die Gruppe auf dem Höhepunkt ihres Ruhms, sie zerfiel insgesamt zweimal, und Bergman trat in anderen Besetzungen auf, aber das *Firesign Theatre* fand wieder zusammen – bis zum Jahr 2012, in dem Peter Bergman starb. Auch heute gibt es noch eine lebendige Fangemeinde und im Netz viel zu hören. Im Jahr 2012 machten zwei der früheren Mitglieder noch einmal unveröffentlichtes Material zugänglich, für das die Website mit den folgenden, auch hier interessanten Worten wirbt:

> The iconic comic voices of the counter-culture generation, Firesign chronicled pop, politics, media and technology in a tense one listener called „the Future Inevitable". The Firesign Theatre has been compared to Kurt Vonnegut, Ken Kesey and Bob Dylan in their original use of language and to the surrealists in their psychedelic story-telling methods, including the time-and-space altering concept of „channel-switching". The original albums, intricately produced in multi-track recording, were designed for multiple listenings and meanings – an Audio Theater of the Absurd.[51]

Medienwechsel, die in der Dramenwerkstatt des LCB am Wannsee bereits mitgedacht wurden, haben sich im Schaffen Bergmans und des *Firesign Theatre* in den USA immer wieder und auf unterschiedliche Weise vollzogen und schließlich ein „Audio Theatre of the Absurd" für eine ganze Generation geprägt.

---

48 Ebd., 13–14.
49 Austin, Bergman u. a., The Firesign Book of Plays (Anm. 45), 16.
50 Ebd.
51 Homepage des *Firesign Theatre*, online abgerufen am 30. April 2021 unter http://www.firesigntheatre.com.

James Saunders, der Leiter der Dramenwerkstatt, erlebte seinen Durchbruch, wie eingangs dargestellt, mit *Next Time I'll Sing to You* im englischsprachigen Raum in dem Jahr, bevor er nach Berlin eingeladen wurde. Das Stück fokussiert das Leben eines Eremiten, (einer historischen Figur namens Jimmy Mason), der jedoch nie auftritt. In einem Stück-im-Stück versuchen Schauspieler:innen zu ergründen, warum sich der Eremit in die Einsamkeit zurückgezogen hat. Die Spielebenen werden durchbrochen, die Frage, was über einen anderen gewusst wird, oder überhaupt gewusst werden kann, rückt in den Vordergrund. Auch das Publikum wird einbezogen in ein ebenso absurd-komisches wie philosophisches Metatheater, in dem schließlich die Einsamkeit jeder Existenz aufscheint.[52] Das Stück etablierte Saunders auf beiden Seiten des Atlantiks als einschlägigen Vertreter des Theaters des Absurden.

Saunders hatte bis dahin vor allem Einakter geschrieben und für deren Produktion in Großbritannien spielte das Amateurtheater der *Questors* eine wichtige Rolle. Nach *Next Time I'll Sing to You* folgten einige Erfolge auf größeren Bühnen, darunter *A Scent of Flowers* und *Neighbours*. Ende der 1960er Jahre entstanden stärker sozialkritische Dramen (z. B. *The Borage Pigeon Affair*, 1970), die deutlich weniger Anklang fanden. Mit *Bodies* (1977), einem Stück über zwei Ehepaare, das mit Edward Albees *Wer hat Angst vor Virginia Woolf* verglichen wurde, kehrte Saunders stilistisch und thematisch zu seiner früheren Schaffensphase zurück; als „intellectual and dramatic nourishment" wurde das Stück auch in New York gut aufgenommen.[53] Danach entstand eine enge Verbindung zum *Orange Tree Theatre* in Richmond, einer freien Bühne, die weitere von Saunders ca. 35 Stücken uraufführte. Erfolgreiche Bühnenadaptionen wie *The Travails of Sancho Panza* für das *National Theatre*, *Hans Kohlhaas* für das *Greenwich Theatre* oder *Redevelopment* (Adaption einer Vorlage von Václav Havel) für das *Richmond Theatre* kamen hinzu; auch für Rundfunk und Fernsehen entstanden Texte und Drehbücher.

Aus dem *wissenschaftlichen* Diskurs ist Saunders inzwischen fast herausgefallen. David Pattie notiert in der Studie *Modern British Playwriting: the 1950s*, dass zu Beginn der zweiten britischen Theatermoderne deutlich mehr talentierte Dramatiker tätig waren, als die Theater zu der Zeit integrieren konnten, zumal die späteren zahlreichen Touring Companies und geförderten Arts Centres noch nicht gegründet waren: „*None of the dramatists of the late 1950s* – Bernard Kops, David Cregan, James Saunders, Keith Johnstone, Christopher Logue, Barry Reckford, et al. managed to sustain a long career, partly because the infrastructure couldn't support them".[54] Dies ist der einzige Satz, der zu Saunders fällt, und in Steve Nicholsons Folgeband, *Modern British*

---
52 Vgl. Edward Auberlein: Die Nutzung des dramatischen Mediums in James Saunders' *Next Time I'll Sing to You*, in: Germanisch-Romanische Monatsschrift 30 (1980), 191–210.
53 Mel Gussov: „Stage. James Saunders's *Bodies* at the Long Wharf", in: The New York Times (05.04.1981).
54 Pattie (Anm. 25), 73.

Playwriting: The 1960s taucht sein Name überhaupt nicht mehr auf. Wenn man die einschlägige englischsprachige Bibliographie der *Modern Language Association* konsultiert, fällt weiterhin auf, dass die Aufsätze, die sich ausschließlich Saunders' Stücken widmen, alle von deutschen Wissenschaftler:innen stammen.

Dies ist kein Zufall. Die deutsche Erstaufführung von *Next Time I'll Sing to You – Ein Eremit wird entdeckt* – fand 1963 im Berliner *Schillertheater* statt und wurde in den nächsten zwölf Jahren 44 Mal auf deutschen Bühnen inszeniert, so häufig wie kein anderes von Saunders' Stücken.[55] Auch *A Scent of Flowers – Ein Duft von Blumen* – war höchst erfolgreich. Schauplatz ist die kirchliche Beerdigung eines jungen Mädchens, das Selbstmord begangen hat. In das Ritual mischen sich Erinnerungen der Toten und ihre fiktiven Dialoge mit den Anwesenden. Es entsteht ein komplexes *memory play*, das auch Raum für soziale Kritik eröffnet. Das Drama wurde im *Schlosspark-Theater* in Berlin erstaufgeführt und „zu einem der Erfolgsstücke der Theatersaison 64/65" mit weiteren 31 Aufführungen.[56] Zugleich wurde das Stück Gegenstand einer hochkarätige Kritiker-Kontroverse. Ernst Wendt hatte es in *Theater heute* unter dem Titel „Die Moderne und die Ersatz-Moderne" verrissen, weil es „Jux und Philosophiererei modisch durcheinanderschüttelt".[57] Darauf folgte in einem späteren Heft Joachim Kaisers Artikel „Eine Lanze für Saunders' Kitsch", in dem es heißt: „Die Gebrochenheit der Form und Darbietung trumpft ja gar nicht avantgardistisch auf [...] der formale Pfiff, die surreale Undeutlichkeit, sind eine Art Glasur, durch welche ein für sich genommen allzu direkter Gegenstand ästhetisch haltbar gemacht wird".[58]

Nach den Erfolgen dieser beiden abendfüllenden Dramen wurde auch eine Reihe von Einaktern in Deutschland gespielt – vier davon mit Erstaufführungen am Deutschen Schauspielhaus Hamburg und weiteren Inszenierungen an über zwanzig Bühnen. Selbst eine Uraufführung *(Opus)* fand in Hamburg statt, und die Bühnenbearbeitungen von klassischen und zeitgenössischen Texten fanden ebenfalls großen Anklang. Zudem sind sieben deutsche Fernsehproduktionen entstanden, bei denen es sich nicht um Synchronfassungen britischer Sendungen handelt, sondern um Produktionen mit deutschen Regisseur:innen und Schauspieler:innen.

Ein bemerkenswerter Fund bei der Re-Lektüre von Saunders Stücken ist aus heutiger Perspektive ausgerechnet der Einakter *Neighbours* aus dem Jahr 1964, der mit großer Wahrscheinlichkeit in der Dramenwerkstatt des LCB entstanden ist. Das Stück behandelt die Beziehung von einer weißen Frau und einem schwarzen Mann, die

---

[55] Hanspeter Dörfel: James Saunders. A Scent of Flowers, in: Klaus-Dieter Fehlse, Nobert H. Platz (Hrsg.): Das zeitgenössische englische Drama. Einführung, Interpretation, Dokumentation, Frankfurt 1975, 199–217, hier: 199.
[56] Ebd., 200.
[57] Ernst Wendt: Die Moderne und die Ersatz-Moderne, in: Theater heute 4 (April 1965), 14–17, hier: 16, zitiert nach Auberlein (Anm. 52), 191.
[58] Joachim Kaiser: Eine Lanze für Saunders' Kitsch, in: Theater heute 8 (1965), 43–46, hier: 44, zitiert nach Dörfel (Anm. 55), 213.

sich als Nachbarn kennenlernen. Von Anfang an verhindert die einbrechende Metakommunikation, dass die Alltagsituation „Besuch eines Nachbarn", hier eines schwarzen Mannes bei einer weißen Frau, Alltäglichkeit aufkommen lässt: „Man: There aren't any rules, you see. Not for me. I mean, I have to play it by ear, you understand me? / Woman: Play what? / Man: Me. The way I act. There aren't any rules, you see. [...] Woman: I am not sure I know what we're talking about any more".[59] Im weiteren Verlauf werden Sprachspiele zu Machtspielen, die rassistische und genderspezifische Wahrnehmungsstrukturen offenlegen. Dabei wird die vermeintlich liberale Toleranz der weißen Frau Stück für Stück abgetragen. Zugleich tritt der systemische Charakter der Verstrickungen beider Figuren in ihre Vorannahmen hervor, so dass Selbst- und Fremdbestimmung im Sprechhandeln ununterscheidbar werden. Der Einakter wurde noch 1964 von den *Questors* und 1965 am *Deutschen Schauspielhaus* in Hamburg aufgeführt.

Für den deutschsprachigen Raum – einige von Saunders Stücken wurden in ca. ein Dutzend Sprachen übersetzt – ist jedenfalls Hans-Peter Dörfels Bilanz zuzustimmen, der 1975 angesichts von 200 Saunders-Premieren an deutschen Bühnen schreibt: „Saunders wurde dem deutschen Theaterpublikum bekannter als dem britischen oder gar dem amerikanischen, bei dem seine Stücke insgesamt wenig Widerhall gefunden haben".[60] Über die Gründe kann nur spekuliert werden. Zum einen wäre zu vermuten, dass es in Großbritannien, verglichen mit der deutschen Theaterlandschaft, sehr viel weniger Möglichkeiten gab, kommerziell riskante Stücke aufwendig und professionell zu produzieren, da die öffentlichen Subventionsstrukturen zu diesem Zeitpunkt ungleich schwächer ausgeprägt waren. Zum zweiten wäre denkbar, dass experimentelle, mit dem Theater des Absurden assoziierte modernistische Formen für das Selbstverständnis der deutschen Theaterschaffenden und ihr Publikum, die den Anschluss an eine europäische Theatermoderne suchten, bedeutsamer war als in Großbritannien. Diese Formen wurden dort unter anderem in einen Modernisierungsschub inkludiert, der ebenso wie zum Beginn des Jahrhunderts auch realistischen Formen und seit neuerem dem epischen Theater hohe Bedeutung beimaß.

Der dritte Autor, der mit dem Theater verbunden blieb, ist Tom Stoppard. Er wurde einer der erfolgreichsten britischen Dramatiker der Nachkriegszeit und dieser Erfolg ist untrennbar mit seinem Aufenthalt am Literarischen Colloquium Berlin verbunden. Seine frühe Biographie enthält unglaubliche Wendungen, die ich nur andeuten kann. Der Autor wurde in Zlín, in der Tschechoslowakei als Tomas Sträussler geboren. Die Familie konnte kurz vor dem Zweiten Weltkrieg nach Indonesien entkommen, und die Mutter und die Kinder wurden von dort nach Indien evakuiert. Der Vater und Arzt, Eugen Sträussler, schloss sich in Indonesien dem internationalen Freiwilligencorps der Britischen Streitkräfte an und kam bei der Invasion der Japaner ums Leben.

---

59 James Saunders: Neighbours and Other Plays, London 1968, 11–12.
60 Dörfel (Anm. 55), 200.

Im indischen Darjeeling ging Tomas Sträussler zur Schule. Seine Mutter heiratete den britischen Major Kenneth Stoppard und die Familie wurde schließlich in Bristol ansässig. Die Mutter teilte den Kindern nicht mit, dass sie und ihr Mann jüdischer Abstammung waren und der größte Teil ihrer Verwandtschaft von den Deutschen ermordet worden war. Durch die Kontaktaufnahme eines bis dahin unbekannten Verwandten nach dem Mauerfall wurde Stoppard über diesen Teil der Vergangenheit seiner Eltern aufgeklärt.[61]

Stoppard arbeitete nach der Schule als Journalist in Bristol und wechselte dann als Theaterkritiker für die Zeitschrift *Scene* nach London. Dort rezensierte er mehr als hundert Premieren von Shakespeare bis Beckett und schrieb gleichzeitig Radio- und Fernsehstücke. Sein in der LCB-Programmnotiz erwähntes Drama am Hamburger *Thalia Theater* 1964 war bereits 1963 als Fernsehspiel *A Walk on Water* gesendet worden, aber die Hamburger Produktion war die erste professionelle Bühneninszenierung eines seiner Stücke. Es lief vier Jahre später in London unter dem neuen Titel *Enter a Free Man* und die Euphorie der Kritik hielt sich in Grenzen. Tom Stoppards eigentliche Visitenkarte als Dramatiker entstand erst im Rahmen der Dramenwerkstatt. Der Titel seiner am Kurfürstendamm aufgeführten Szene, „Guildenstern and Rosencrantz", verweist bereits auf das Stück, das ihm zu Weltruhm verhelfen sollte. Die Shakespeare-Persiflage (Skriptumfang ca. zwölf Seiten) zeigt einen fiktiven Dialog zweier Nebenfiguren aus Shakespeares *Hamlet*, Rosencrantz und Guildenstern, auf der Überfahrt nach England. Sie begleiten Prinz Hamlet, der von seinem Vater geschickt wird, und tragen einen Brief des Königs von Dänemark an King Lear, den König von England bei sich. Nach der Berliner Aufführung der Szene schrieb Stoppard den Text um. Er verlegte den Haupthandlungsort an den Hof in Elsinor und strich die Figur des King Lear. Nur Fragmente des Shakespearetextes wurden im Blankvers übernommen. Der Dialog von Rosencrantz und Guildenstern erscheint jetzt in Prosa.[62] So wird Shakespeares *Hamlet* neu erzählt und kommentiert aus der Perspektive seiner beiden Jugendfreunde, die niemand im Stück, sie selbst eingeschlossen, auseinanderhalten kann. Unübersehbare Bezugspunkte für deren Sprachspiele, Sinnfragen und schiere Komik sind die Figuren Vladimir und Estragon aus Becketts *Waiting For Godot*.

Eine studentische Produktion dieser Fassung beim Theaterfestival in Edinburgh wurde von der Kritik gepriesen, Kenneth Tynan, zu dem Zeitpunkt künstlerischer Leiter des *National Theatre*, forderte das Manuskript an, und im Jahr 1967 wurde der erst 29-jährige Thomas Stoppard zum jüngsten am renommierten *National Theatre* aufgeführten Dramatiker.[63] Harold Hobson nannte die Premiere in der *Sunday Times* „the

---

[61] Siehe Lee (Anm. 9).
[62] Zur Genese des Stücks vgl. ebd., 109 und 111–113.
[63] Paul Delany: „They Both Add up to Me". The Logic of Tom Stoppard's Dialogic Comedy, in: Mary Luckhurst (Hrsg.): A Companion to Modern British And Irish Drama. 1800–2005, Oxford 2006, 279–288, hier: 279.

most important event in the British professional theatre of the last nine years" – das heißt seit der Premiere von Harold Pinters *The Birthday Party*.⁶⁴ Die Produktion ging an den Broadway und ein bis dahin unbekannter Autor gewann den *Evening Standard Award* in London und den *Tony Award* für das beste Stück in New York. Zu diesem Zeitpunkt konnte Stoppard auf die ihn überall begleitende Frage der Kritiker „What is it about?" bereits mit einem entspannten Wortspiel antworten „It is about to make me very rich".⁶⁵ Das *Questors Theatre* feierte das zehnjährige Bestehen seiner neuen Spielstätte im Jahr 1974 mit einer Inszenierung von *Rosencrantz and Guildenstern are Dead*, bei der an die Berliner Aufführung des ersten Textentwurfs erinnert wird. Das Stück kehrte in London zuletzt 2017 unter der Regie von David Levenaux auf seine erste große Bühne im *Old Vic Theatre* zurück, diesmal mit Joshua McGuire und Daniel Radcliffe als Rosencrantz und Guildenstern. Im Jahr 1990 kam es zum Medienwechsel: Der Autor schrieb selbst das Drehbuch und übernahm zum ersten Mal eine Filmregie. In den Hauptrollen zu sehen sind Tim Roth, Richard Dreyfuss und Gary Oldman. Der Film gewann, damals eine Überraschung, den Goldenen Löwen beim Festival in Venedig. Kritiker:innen würdigen sein Spiel mit dem *auteur* und die selbstreflexive Appropriation des Mediums „Theater" im Film.⁶⁶

Joseph Duncan weist darauf hin, dass Stoppard zwar die Charakterisierung seiner Figuren an die Protagonisten in *Waiting for Godot* anlehne, sie sich jedoch in einer anderen Ausgangslage befänden. So warteten Stoppards Figuren nicht auf eine Botschaft: sie haben bereits einen Ruf erhalten, den Ruf an den Hof.⁶⁷ Dort müssen sie sich nicht nur die Zeit vertreiben, sondern auch fragen, was genau der Fall ist, was um sie herum in großem Tempo geschieht und was von ihnen verlangt wird. Auf Guildensterns Frage, „who decides?" antwortet der Schauspieler „(switching off his smile): *Decides? It is written*".⁶⁸ Diese Problematisierung von Freiheit und Handlungsmacht verleihen den Dialogen dieses Metatheaters ihre Spitze. Daran schließt sich auch die Frage an, wie es um die Verantwortung von Rosencrantz und Guildenstern steht, die sowohl bei Shakespeare als auch bei Stoppard dem König als Spione dienen. Stoppard verschärft diese Situation dadurch, dass seine Protagonisten auf dem Schiff den ihnen mitgegebenen

---

64 Rezension von Harold Hobson in: Sunday Times (16.04.1967), 47, zitiert nach Delaney (Anm. 63).
65 Stephen Schiff: „Full Stoppard, in: Vanity Fair 52/5" (1989), zitiert nach Neil Sammells: The Early Stage Plays, in: Katherine E. Kelly (Hrsg.): The Cambridge Companion to Tom Stoppard, Cambridge 2002, 104–119, hier: 104.
66 Siehe Elizabeth Rivlin: „A Tom Stoppard Film". Agency and Adaptation in *Rosencrantz and Guildenstern Are Dead*, in: Barton Palmer, William R. Bray (Hrsg.): Modern British Drama on Screen, Cambridge 2013, 236–257; Lia M. Hotchkiss: The Cinematic Appropriation of Theatre. Introjection and Incorporation in *Rosencrantz and Guildenstern are Dead*, in: Quarterly Review of Film and Video 17/2 (2000), 161–186.
67 Joseph E. Duncan: Godot Comes. Rosenkrantz and Guildenstern Are Dead, in: Ariel 12/4 (1981), 57–70, hier: 59–60.
68 Tom Stoppard: Rosencrantz and Guildenstern Are Dead, London 1984, 60.

versiegelten Brief an den König von England aufbrechen und von diesem Zeitpunkt an wissen, dass sie Hamlets Todesurteil bei sich tragen.

Anders als die meisten von Saunders' hochexperimentellen Einaktern wendet sich *Rosencrantz and Guildenstern* an ein belesenes und unterhaltungsorientiertes West-End Publikum, das seinen Shakespeare ebenso kennt wie den modernen Klassiker Beckett. In der Shakespeare-Adaption wird dieses Publikum in ein hochvergnügliches Spiel von Wiedererkennung und Variation gelockt, immer neu überrascht und an die Grenzen des Genres und des Mediums geführt. Zunächst sah die Kritik hierin vor allem das Theater des Absurden und eine Spielart des Existentialismus, später eine spielerische Postmoderne. Zur Situierung des Textes in der zeitgenössischen Theaterlandschaft heißt es bei John Bull: „That Stoppard should draw from an historically classic text and ally it with a play already established as a classic of the contemporary avantgarde is a perfect example of the way in which the mainstream reconfigures itself in order to survive".[69]

Nachfolgende Dramen Stoppards rücken das philosophisch-dialektische Spiel noch stärker in den Vordergrund, doch die Brechung erfolgt dabei nicht länger durch Beckett'sche Formen, sondern vor allem mit Hilfe der Farce. Häufig stehen Figuren im Zentrum, die auf einem Außenseiterposten kämpfen, wie etwa der Philosophieprofessor in *Jumpers* (1972), der religiösen Glauben und Grundwerte gegen die Akrobatik der ihn längst überholenden Logischen Positivisten verteidigt und mit einem früheren Musicalstar verheiratet ist. Das Stück *Travesties* (1973) führt insofern zurück zu den Quellen des Absurden, als es den Dadaisten Tristan Tzara, den Modernisten James Joyce, und den Revolutionär Lenin, die tatsächlich 1917 zeitgleich in Zürich verweilten, aufeinandertreffen lässt. In späteren Dramen wie *Hapgood* (1988) oder *Arcadia* (1993) werden Metaphysik, Mathematik und Quantenphysik thematisch.

Zur Blütezeit des linksgerichteten und im Kontext des Vietnamkrieges anti-amerikanischen politischen Dramas in Großbritannien wandte sich Stoppard in eine andere Richtung und schrieb Stücke über Dissidenten und Menschenrechtsverletzungen im Ostblock, knüpfte Kontakte und unternahm Reisen dorthin. *Every Good Boy Deserves Favour* (1977) galt dem Psychoterror gegen Dissidenten in einem sowjetischen Irrenhaus; die Musik dazu schrieb André Previn und es kam zu einer Aufführung mit vollem Symphonieorchester in der *Royal Festival Hall*. In *Professional Foul* geht es um einen Cambridge Professor, der angesichts der Situation eines Dissidenten in Prag vor Grundsatzentscheidungen gestellt wird. Die Konstellation, in der sich das Individuum gegen Mehrheitsüberzeugungen stellt, ist aus früheren Stücken bekannt, mit dem Unterschied, dass dieses Individuum – seine Rechte und Redefreiheit – nun hinter dem Eisernen Vorhang ausgemacht wird. Stoppard übersetzte und adaptierte Stücke osteuropäischer Dramatiker und es entstand eine Freundschaft mit Václav Havel, der

---

[69] John Bull: The Establishment of Mainstream Theatre. 1946–1979, in: Kershaw (Anm. 25), 326–348, hier: 339.

zu der Zeit inhaftiert war. Seiner Biographin zufolge spielte Stoppard mit dem Gedanken einer „autobiography in a parallel world", in der seine jüdischen Eltern mit den Kindern nach dem Krieg in das kommunistische Prag zurückkehrten.[70] Die neunstündige und mit Auszeichnungen überschüttete Trilogie *The Coast of Utopia* aus dem Jahr 2002 schließlich widmet sich dem Gedankengut der russischen Revolution, weitgehend anhand von exilierten Figuren. Ein komplexer, figurenreicher Plot verbindet in nicht-linearer Gestaltung Elemente des *history play, play of ideas* und *memory play* mit sparsam eingewebten, surrealen Momenten. Wiederum wird eine humanistische Position stark gemacht, welche die Rechte des Individuums gegen alle kollektivistischen Anmaßungen in Schutz nimmt.

Nach dem Geschmack mancher Kritiker fällt in Stoppards Dramen die Gegenüberstellung von Individuum und Kollektiv häufig etwas zu einfach aus. Mit Bezug auf E. P. Thompson spricht Neill Sammells von „Cold War Calvinism" – dabei erscheine die Prämisse des Kalten Krieges unhintergehbar, woraus stark reduzierte Binaritäten von „gut" und „böse", „den Verdammten" und „den Geretteten" entstünden. Auch die sozialkritische Radikalität des von Stoppard bewunderten und immer wieder aufgerufenen Sprachvirtuosen Oscar Wilde wird ihm abgesprochen.[71] Stoppards früherer Freund und Mentor, James Saunders, sieht biographische Gründe für dessen Zurückhaltung und Dankbarkeit gegenüber Großbritannien und kommentiert: „Probably the most damaging thing that could be said about him is that he's made no enemies".[72]

Im Januar des Jahres 2020 wurde Stoppards Stück *Leopoldstadt* uraufgeführt, das der 82-Jährige sein vermutlich letztes nennt. Darin widmet er sich der Geschichte des jüdischen Viertels in Wien von 1899 bis zum Holocaust. Sprachliches Spiel und formale Virtuosität sind völlig zurückgedrängt. Im Zentrum steht ein Porträt jüdischen Lebens in der Geschichte einer weitverzweigten jüdischen Familie, die detailreich, fast linear und über mehrere Generationen hinweg erzählt wird. *Leopoldstadt* gilt den Kritiker:innen als Stoppards persönlichstes Werk. Wie Ben Brantley in der *New York Times* bemerkt, kreist es um die Fragen „Do you remember? Don't you remember? Can't you remember? Why can't you remember?", die sich von den Figuren ablösen, an die Zuschauer und letztlich die Welt richten.[73]

---

[70] Lee (Anm. 9), 13.
[71] Sammells (Anm. 65), 117–118.
[72] Ebd.
[73] Ben Brantley: Review. „In ‚Leopoldstadt', Tom Stoppard Reckons With His Jewish Roots", in: The New York Times (12.02.2020). Online abgerufen am 30. April 2021 unter https://www.nytimes.com/2020/02/12/theater/leopoldstadt-review-tom-stoppard.html.

V.

Die folgenden drei Teilnehmer an der Dramenwerkstatt des LCB haben sich ihren Namen vornehmlich als Romanautoren gemacht, daher werde ich mich hier kürzer fassen. Der Londoner Derek Marlowe schrieb vor seinem Berlinaufenthalt zwei Bühnenadaptionen (nach Vorlagen von Maxim Gorki und Leonid Andreyev; eine wird in der LCB-Programmnotiz erwähnt) und zwei Theaterstücke, einschließlich des in Berlin aufgeführten.[74] Im Anschluss an die Dramenwerkstatt im LCB zogen Stoppard, Marlowe und Read gemeinsam in eine Wohnung in London. Stoppard erinnert sich: „It was *Dandy in Aspic*, written in four weeks in a flat he shared with me and Piers Paul Read just off the Vauxhall Bridge in 1965 that changed Derek's Life." Als der Freund vom Plan eines Spionage-Romans erzählt habe, seien sie skeptisch gewesen – war Le Carrés Meisterwerk nicht veröffentlicht und dieser Zug längst abgefahren? Stoppard führt weiter aus: „But [...] when Derek told me the basic premise for his novel (a spy with two identities who is ordered to kill his other self) I thought: now, that is an absolutely brilliant idea". Der angesehene Gollancz-Verlag akzeptierte das Script, Marlowe verkaufte die Filmrechte – und war der erste der drei, dem nicht nur Anerkennung, sondern auch ökonomischer Erfolg zuteil wurde.[75]

Die erste Hälfte von *Dandy in Aspic* spielt in Großbritannien, die zweite in Berlin, und der Protagonist, Eberlin, trägt die deutsche Stadt von Anfang an im Namen. Der Doppelagent arbeitet als Attentäter für den KGB und ist zunächst nur als Schreibtischpersonal beim MI5 beschäftigt. Er wird von den Briten beauftragt, einen russischen Attentäter, der den britischen Geheimdienst behindert, aufzuspüren und unschädlich zu machen. Der Protagonist hat im Laufe seiner Karriere seine politischen Überzeugungen verloren und die amoralischen Methoden der beiden Geheimdienste unterscheiden sich im Roman kaum. Geblieben sind bestenfalls prekäre persönliche Loyalitäten, aber selbst die lassen sich nicht einlösen, sondern führen unbeabsichtigt zur Gefährdung derer, die man schützen will. Eberlins nostalgischer Wunsch, sich in Russland auf dem Land zur Ruhe zu setzen, bleibt reine Phantasie. In eleganten Beschreibungen verdichtet sich die Atmosphäre in den Berlin-Szenen, deren Wahrnehmung zugleich die Figur charakterisiert – „West Berlin jarred his sense of finesse, and to him, ironically, the only aesthetic construction since the war was the beige ribbon of the Wall".[76] Aber auch absurd getarnte Panzer im Grunewald, das ausführlich beschriebene Berliner Nachtleben oder ein Autorennen auf der Avus tragen zu den Berlin-Eindrücken bei. Das Scheitern von Eberlins Versuch, gegen den Willen seiner russischen Vorgesetzten in den Ostteil der Stadt zurückzukehren, wird insbesondere in der Verfilmung von 1966

---

[74] Eine Werk-Dokumentation findet sich in: Anonym: Derek Marlowe, in: Jay P. Pederson u. a. (Hrsg.): St. James Guide to Crime and Mystery Writers, Detroit 1996, 691–692.
[75] Stoppard (Anm. 13).
[76] Derek Marlowe: A Dandy in Aspic, London 2015, 109.

an der Mauer und hochdramatisch in Szene gesetzt – unter der Regie von Anthony Mann und mit Laurence Harvey, Tom Courtenay sowie Mia Farrow in den Hauptrollen.

Während Stoppard die Rolle von Rosencrantz und Guildenstern als Spione bzw. Verräter und die Frage nach ihren Handlungsoptionen auf dem Schiff akzentuiert, wiewohl diese Optionen metadramatisch, qua Shakespeare-Vorlage, negiert werden, steht Marlows Held sein rasant abnehmender Handlungsspielraum zwischen zwei Geheimdiensten klar und konkret vor Augen. Dem distanzierten Erzählton und der Sicht des Protagonisten auf eine absurde Welt kann dies jedoch bis zum Schluss nichts anhaben, im Gegenteil. Als die Ereignisse eskalieren, konstatiert Eberlein lakonisch „Then it happened, like an absurd farce".[77] Über den *Dandy in Aspic* hinaus habe ich keine Spuren des LCB oder des Ortes Berlin entdecken können. Bis auf eine Biographie und eine größere Zahl von Drehbüchern bleiben die meisten von Marlowes weiteren Publikationen dem Genre des Kriminal- und Spionageromans treu.

Piers Paul Read ist Sohn des Dichters und Kunstkritikers Sir Herbert Read und der Musikerin Margaret Read, die deutsche Vorfahren hatte und zum Katholizismus konvertiert war. Read wurde in von Benediktinermönchen geleiteten Internaten erzogen, hatte in Cambridge Geschichte studiert und machte Karriere als Romanschriftsteller und Sachbuchautor. Der Einakter, der im Kontext des LCB aufgeführt wurde, blieb sein einziges Bühnenstück, doch es folgten einige Drehbücher für britische Fernsehsender. Ein in unserem Zusammenhang interessantes Fundstück gibt es allerdings auch in Deutschland. Read war Ko-Autor des von SFB und ARD produzierten Fernsehspiels *Verbrechen mit Vorbedacht*, das 1967 zur besten Sendezeit ausgestrahlt wurde.[78] Es adaptiert eine Vorlage des polnischen Autors Witold Gombrowicz, seit 1939 in Argentinien lebend, den Esslin zu den Vorläufern des Theaters des Absurden zählt.[79] Lilienthal und Read verfassten ein Drehbuch, in dem Konventionen des Fernseh-Krimis zerspielt werden. Diese Zirkulation des Absurden ins Fernsehen schlug Wellen. In *Bild und Funk* war zu lesen: „Alle Register des absurden Theaters und des surrealistischen Films wurden gezogen. Regisseur und Drehbuchautor waren offenbar mit Eifer bestrebt, die keineswegs realistische Vorlage so ‚aufzuarbeiten', dass sie für die Mehrzahl der Zuschauer völlig ungenießbar wurde". In der *Hörzu* findet sich dagegen zum selben Ereignis folgender Leserbrief: „Die ausgezeichnete Arbeit Peter Lilienthals zeigt, was der deutsche Film leisten kann. An Bunuels Meisterwerk „Viridiana" erinnernd, ist der schwierige Erzähler Gombrowicz kongenial ins Bild gesetzt worden". Vor diesem Hintergrund erscheint schließlich der Leitartikel dieser

---

[77] Ebd., 242.
[78] Er wird selten mitgenannt, doch zur Mitarbeit am Drehbuch vgl. International Movie Database, online abgerufen am 30. April 2021 unter https://www.imdb.com/title/tt0062435/fullcredits?ref_=tt_ov_wr#writers/ und die Angaben auf Reads Website, online abgerufen am 30. April 2021 unter http://www.pierspaulread.co.uk/other.htm#plays.
[79] Esslin (Anm. 19), 393–395.

Hörzu-Ausgabe besonders aufschlussreich: „Ist es nicht paradox, dass einerseits vom ‚lang entbehrten großen Fernsehspiel' die Rede ist, wenn andererseits neun von zehn Zuschauern von seinem Genuss ausgeschlossen sind? Wird da nicht das *publizistische Grundprinzip des Fernsehens* missachtet?" (Hervorhebung U. B.). Die Kontroverse zeigt, dass sich diese mit dem Theater des Absurden assoziierte internationale Produktion kaum in den Fernseh-Mainstream einfügen ließ. Während das Theater des Absurden auf den Bühnen zu diesem Zeitpunkt bereits auf eine etablierte Erwartungshaltung traf, trieb die Ästhetik dieses Fernsehspiels das noch junge Medium des deutschen Fernsehens in die Sinnfrage.[80]

Read lebte vor der Dramenwerkstatt, dies geht aus der erwähnten Programmnotiz hervor, bereits seit zwei Jahren in Berlin und hatte dort seinen ersten Roman geschrieben – *Game in Heaven with Tussy Marx* (1966). Drei Figuren – der zeitgenössische ironische britische Erzähler, die jüngste, sozialrevolutionäre Tochter von Karl Marx und eine Herzogin schauen vom Himmel herab und diskutieren über eine Welt, in der orientierungslose Menschen nach Sinn und einer Leitfigur rufen. Diesem formal avantgardistischen, fast handlungslosen Roman folgte dann derjenige, dem Reads Berlinaufenthalt eingeschrieben ist wie keinem zweitem – *The Junkers* (1968). Er spielt im Berlin Anfang der 1960er Jahre – in den Cafés, am Schlachtensee, an der Mauer – mit kurzen Aufenthalten in Ostberlin, wo die Hauptfiguren unter anderem Brechts *Dreigroschenoper* anschauen. Der namenlose Protagonist, ein junger Diplomat, ist politischer Berater des Kommandeurs der britischen Besatzungsmacht. Er ist stolz auf seinen britischen Sinn für „fair play", zugleich selbstbezogen genussorientiert, und verliebt sich in eine Frau namens Suzi Strepper. Er wird beauftragt, die politische Vergangenheit Karl von Rummelsbergs, eines Junkers aus Pommern, heute Polen, zu recherchieren. Von Rummelsberg hatte sich der SS angeschlossen, lebte inzwischen wieder in Berlin und nahm Einfluss auf die Vertriebenen-Verbände. Ebenfalls ins Blickfeld rücken dessen Brüder, von denen der hedonistische Helmut im Krieg im diplomatischen Dienst in Japan das Weite gesucht hatte, während der andere, Edward, aus christlicher Überzeugung Kommunist geworden war und russische Truppen gegen die Deutschen geführt hatte. Wie sich allmählich herausstellt, ist auch die Geschichte Suzis, der Geliebten des Erzählers, mit der der Brüder von Rummelsberg verbunden. Der Roman wechselt zwischen dem heterodiegetisch erzählten, faktenreichen Genre des diplomatischen Dossiers und der autodiegetischen Perspektive eines unzuverlässigen Erzählers.[81] Dessen Beziehung zu Suzi führt dazu, dass er seinen Vorgesetzten sowie dem im letzten Teil des Romans ausführlich portraitierten Shepard Stone Teile

---

[80] Kritiken zitiert nach: Anonym: Verbrechen mit Vorbedacht, online abgerufen am 30. April 2021 auf *Die Krimihomepage* unter http://krimiserien.heimat.eu/fernsehspiele/1967-verbrechenmitvorbedacht.htm.

[81] Vgl. Teresa Bela: Narrative Technique in the Early Novels of Piers Paul Read, in: British and American Studies 14 (2008), 161–170, hier: 162–163.

seiner Recherchen verheimlicht. So fragt sich schließlich auch dieser Protagonist, auf wessen Seite er steht – „was I a traitor?"[82] Die Kritik lobte diese ersten beiden Romane hoch und bedachte *The Junkers* mit dem *Sir Geoffrey Faber Memorial Prize*.

Während der Ausdruck „Verräter" für Marlowes Doppelagenten, dem seine ideologische Festigung längst abhandengekommen ist, gleichsam zur Berufsbezeichnung gehört, bindet Read ihn zurück in ein zutiefst moralisches Universum. Auch wenn Gut und Böse historisch eng miteinander verwoben sind und sich Figuren in Schuld verstricken, die das Gute wollen – der christliche Idealismus Edwards versieht den Roman mit einem unüberhörbaren Grundton. Im Folgeroman *The Monk* gewinnt diese religiöse Orientierung in der Figur eines überzeugten Christen Gestalt. Mit ihrer Hilfe werden in der permissiven Gesellschaft der *Swinging Sixties* die Reformversuche der katholischen Kirche nach dem Zweiten Vatikanischen Konzil kritisch ausgeleuchtet. Die christliche Orientierung bleibt bestimmend für das weitere Werk und geht einher mit zunehmend konventionellen Erzählformen. Neben Gesellschaftsromanen wie *The Professor's Daughter*, *The Married Man* und *The Misogynist* – das Ironiepotenzial des letzten Titels gilt als strittig – folgten historische Romane mit Schauplätzen in Frankreich, Polen, Russland, den Vereinigten Staaten, Italien und nach der Wende ein zweites Mal Berlin (*A Patriot in Berlin*, 1995).

Im Jahr 2015 nannte der konservative *National Review* Paul Read „one of the great writers of our time", im selben Atemzug mit Alexander Solschenizyn und Saul Bellow. Der Rezensent lobt seine Romane dafür, dass sie den „distractions and dissipations of contemporary consciouness" eine „centripetal moral imagination" entgegensetzten, die sich auf ein klassisches, judäisch-christliches Fundament stütze.[83] Andere Kritiker äußern sich ungleich verhaltener, was die Bedeutung und Reichweite seiner 17 Romane angeht, die meist unter dem Stichwort „English Catholic Novel" rubriziert werden.[84] Einem breiteren Publikum bekannt ist Read im Biographie-, Geschichts- und Sachbuchbereich – *Alive: The Story of the Andes Survivors* über einen Flugzeugabsturz 1974 und *Ablaze: The Story of Chernobyl* waren internationale Bestseller. Drei seiner Romane und die Reportage *Alive* wurden verfilmt.

Das spätere Werk des Amerikaners Thomas Cullinan aus Cleveland, mit irischkatholischem Hintergrund, lässt sich zwar ebenfalls mit der Berliner Dramenwerkstatt in Verbindung bringen, aber die Spur verliert sich rasch. Dessen ungeachtet könnte der Autor auch in Deutschland dem einen oder der anderen bekannt sein. Cullinan verfasste eine Reihe von Theaterstücken, die in seiner Heimatstadt Cleveland aufgeführt

---

[82] Piers Paul Read: The Junkers, Aylesbury 1975, 215.
[83] Michael D. Aeschliman: „Reading Piers Paul Read", in: National Review (12.12.2015). Online abgerufen am 30. April 2021 unter https://www.nationalreview.com/2015/12/piers-paul-read-moral-imagination/.
[84] Vgl. Marian E. Crowe: Aiming at Heaven, Getting the Earth. The English Catholic Novel Today, Plymouth 2007, 285–380.

wurden, wobei *Mrs Lincoln* (1968), das einer wahren Begebenheit im Leben von Mrs Lincoln gilt, auch auf anderen Bühnen nachgespielt wurde. Er schrieb wöchentliche Wissenschaftssendungen für die Reihe *Breakthrough* eines lokalen Fernsehsenders und ist vor allem für seine Romane bekannt.[85] Zu ihnen zählen *The Beguiled* (1966), *The Besieged* (1970) und *The Eighth Sacrament* (1977). Sie spielen in den USA, zwei davon im amerikanischen Bürgerkrieg, zum Teil an historischen Schauplätzen. Sie fallen in das Genre des Southern Gothic, des Schauerromans mit Südstaaten-Flair, und sind mit Elementen des religiös überformten Psychothrillers versetzt.

Wenn wir uns auf die Programmnotiz des LCB verlassen, dann ist es höchstwahrscheinlich Cullinans erster und mit Abstand erfolgreichster Roman, *Beguiled*, der in Berlin entstand. In *Beguiled* findet die Schülerin eines Mädcheninternats im ländlichen Mississippi während des Bürgerkriegs einen verwundeten Soldaten im Wald. Er wird im Internat gepflegt, die sexualisierten Beziehungen zu einzelnen Frauen differenzieren sich aus, doch diese wenden sich schließlich gegen ihn und töten ihn. Die psychologisch dichte Romanvorlage lebt von der Multiperspektivität der Narration. Zu Don Siegels Verfilmung von 1971, die um Clint Eastwood in der Rolle des Soldaten kreist, schrieb Vincent Canby in der *New York Times,* wer nicht schon Fan dieses Regisseurs sei, für den sei der Film ein „sensationalist, misogynistic nightmare".[86] Im Jahr 2017 wurde Cullinans Roman ein zweites Mal verfilmt, diesmal in der Regie von Sophia Coppola, mit Nicole Kidman und Colin Farrell in den Hauptrollen. Das Remake nimmt die Perspektive der Frauen ein. Der Film feierte beim Festival in Cannes Premiere und Coppola erhielt dort den Preis für die beste Regie – es war das zweite Mal überhaupt, dass diese Auszeichnung an eine Frau vergeben wurde.

Die englischsprachige Dramenwerkstatt im *Literarischen Colloquium* 1964 in Berlin (West) war durch ihren geographischen und historischen Ort in besonderem Maße ausgezeichnet. Die Zumutung der geteilten Stadt Berlin, in der jeder Aufenthalt einer un/freiwilligen weltanschaulichen Positionierung auf dieser oder jener Seite der Mauer gleichzukommen schien, und die ästhetisch-philosophischen Positionen des Theaters des Absurden, das sich jeder Form der umstandslosen Selbstpositionierung widersetzte, erzeugten ein produktives Spannungsfeld. Das Theater des Absurden hat sich daran, wie auch andernorts, weiter ausdifferenziert, wobei die von Esslin vorgenommene enge Verknüpfung zwischen postdramatischen Formen und Existenzphilosophie allmählich die Plausibilität verliert, die sie vielleicht einmal hatte, während sich die Auseinandersetzungen der späteren 1960er Jahre bereits erahnen lassen.

Schaut man vom Filmpreis für Sophia Coppola zurück, so schärft dies den Blick dafür, dass ausschließlich junge Männer ins LCB geladen wurden. Auch die Schranken

---

[85] Vgl. Dennis Dooley: „Thomas P. Cullinan, Novelist and Playwright, 1919–1995". Online abgerufen am 30. April 2021 unter http://clevelandartsprize.org/awardees/thomas_cullinan.html.
[86] Vincent Canby: „Clint Eastwood Is Star Of Siegel's *The Beguiled*", in: The New York Times (01.04.1971).

zwischen Schwarzen und Weißen, die das Nachbarschaftsverhältnis in Saunders' *Neighbours* durchziehen, setzten sich in den Kulturinstitutionen fort. Dessen ungeachtet hat diese kreative Dramenwerkstatt große und gefeierte, ebenso wie weniger beachtete, aber nicht weniger interessante Spuren hinterlassen und Energien freigesetzt, die zirkulier(t)en – im Theater-Ereignis „Colloquialisms" in der Stadt Berlin, als Inspiration im Leben und Werk der eingeladenen Künstler und in den unterschiedlichsten Medien, vom Theater, Film und Fernsehen, über Schallplatten und Rundfunk bis hin zum Roman – in Literaturen der Welt.

Heribert Tommek
Übersetzungsförderung und die Formierung des Autor-Übersetzer-Diskurses am LCB um 1966

Für die Untersuchung von Internationalisierungsprozessen und ihren Konkurrenzverhältnissen bietet das Feld der Übersetzungen einen besonderen Fokus.[1] Um das historische Kräftespiel der Internationalisierung in der prismatischen Brechung der Übersetzung aufzuzeigen, soll im Folgenden erstens die Entwicklung der Übersetzungsförderung skizziert und zweitens der Formierung eines Diskurses der Autorschaft von Übersetzern[2] nachgegangen werden. Im Mittelpunkt des Beitrags steht dann eine Fallstudie zu einer Veranstaltung, die 1966 am Literarischen Colloquium Berlin (LCB) stattfand und zum ersten Mal Fragen einer Übersetzungspoetik in das Zentrum der Diskussion rückte. Aus diesem Westberliner Übersetzerkolloquium lassen sich – so die These – allgemeine Rückschlüsse auf die Besonderheiten der internationalen literarischen Beziehungen in Ost und West nach dem Mauerbau und damit verbundene Transformationen des Autor- und Literaturbegriffs ziehen.

I. Die großen Tendenzen des Übersetzungsmarktes, eine kleine Chronik der Übersetzungsförderung im Allgemeinen und am LCB im Besonderen

Die großen Tendenzen des Übersetzungsmarktes

Sieht man von den zwei Weltkriegen ab, haben sich die internationalen kulturellen Austauschprozesse und damit auch die Übersetzungstransfers im 20. Jahrhundert stark dynamisiert. Bei dieser Entwicklung von der Internationalisierung zur Globalisierung lassen sich mit Gisèle Sapiro[3] drei Phasen unterscheiden: Die erste Phase vom Ende

---

[1] Der folgende Beitrag ist die Vorstudie eines DFG-Forschungsprojektes zum Thema „Geopolitik literarischen Übersetzens. Das Literarische Colloquium Berlin und die Übersetzungsströme in Europa", das ich in Assoziation mit dem Exzellenzcluster „Temporal Communities. Doing Literature in a Global Perspective" an der Freien Universität Berlin verfolge.
[2] Hier und im Folgenden sind mit dem generischen Maskulinum alle Geschlechter gemeint.
[3] Gisèle Sapiro: Les grandes tendances du marché de la traduction, in: Bernard Banoun, Isabelle Poulin, Yves Chevrel (Hrsg.): Histoire des traductions en langue française. XXe siècle, Paris 2019, 55–146.

Open Access. © 2021 Heribert Tommek, publiziert von De Gruyter. Dieses Werk ist lizenziert unter der Creative Commons Attribution-NonCommercial-NoDerivatives 4.0 International Lizenz.
https://doi.org/10.1515/9783110733495-009

des Ersten bis zum Ende des Zweiten Weltkriegs ist von einer inner-europäischen Internationalisierung geprägt. Sie führte zur Konstruktion nationaler Identitäten und zum Völkerbund. Die amerikanische Literatur erfuhr seit den 1930er Jahren eine zunehmende Anerkennung in Europa. Die zweite Phase erstreckt sich auf den Zeitraum von 1945 bis Ende der 1970er Jahre. Sie ist von einer zunehmenden Durchsetzung der amerikanischen Kultur-Hegemonie geprägt, aber auch von einer Diversifikation der kulturellen Austauschprozesse sowie von einer Öffnung für nicht-europäische Kulturen. In dieser Phase formierte sich ein weltweiter Markt kultureller Güter, wie ihn insbesondere das Allgemeine Zoll- und Handelsabkommen GATT regelte. Die dritte Phase schließlich, die um 1980 einsetzte und bis heute andauert, ist von der sogenannten „Globalisierung" gekennzeichnet – ein freilich problematisches Schlagwort, das die freie Zirkulation der Güter suggeriert, während auch beim kulturellen Austausch auf dem weltweiten Markt tatsächlich große Ungleichheiten herrschen. Dies gilt gleichermaßen für den Welt-Markt der literarischen Übersetzungen. Im Rahmen der GATT-Abkommen regelte die sogenannte „Uruguay"-Runde von 1986 den globalen Handel mit Dienstleistungen, der auch die immateriellen Güter, insbesondere die kulturellen Produkte, umfasst. Diese Regelungen des Welthandels kultureller Güter lösten große Widerstände aus, angeführt vor allem von Frankreich, das für den Grundsatz der „kulturellen Ausnahme" im globalen Handel eintrat.[4] Auf Initiative der UNESCO entwickelte sich hieraus der Leitwert der *kulturellen Diversität*, dem seither eine wichtige Bedeutung in der nationalen und internationalen Kulturpolitik zukommt. Denn *kulturelle Diversität* entsteht in der Regel nicht über den ökonomischen Markt, sondern durch kulturpolitische Förderung. Entsprechend sind auch die Austauschprozesse literarischer Übersetzungen, die einen wichtigen Beitrag zur kulturellen Diversität leisten, im Unterschied zur Genre- und Bestsellerliteratur weniger von ökonomischen als von kulturellen und politischen Einflüssen geprägt.

Kleine Chronik der Übersetzungsförderung Westen/BRD/Westberlin

Die kulturpolitische Bedeutung der Übersetzungsförderung wurde durch das Programm der UNESCO zur Förderung von literarischen Austauschbeziehungen grundgelegt. Nach den traumatischen Erfahrungen der Kriegsverbrechen und des radikalen Zivilisationsbruches stand in der Nachkriegszeit die Übersetzungsförderung ganz im Zeichen der Völkerverständigung, des Humanismus und des kulturellen Wiederaufbaus durch Bücher.[5] Auf der Grundlage des UNESCO-Programms wurde 1953 die „Fédé-

---

4 Vgl. Bernard Gournay: Exception culturelle et mondialisation, Paris 2002.
5 Vgl. Christina Lembrecht: Bücher für alle. Die UNESCO und die weltweite Förderung des Buches 1946–1982, Berlin/Boston 2013, bes. Kap. 2.1, 63–74: „Mobilisierung von Büchern für den kulturellen Wiederaufbau nach dem Zweiten Weltkrieg."

ration Internationale des Traducteurs" (FIT) in Paris von Pierre-François Caillé in konsultativen Beziehungen zur UNESCO gegründet. Die Gründungsmitglieder waren die Übersetzerverbände von Dänemark, Frankreich, Italien, Norwegen, der Türkei und der BRD. Der westdeutsche Verband deutschsprachiger Übersetzer (VdÜ) gründete sich ein Jahr später, 1954, als Berufsverband. Die FIT ist bis heute der weltweite Dachverband von mehr als 100 nationalen Übersetzer- und Dolmetscherverbänden mit über 80 000 Übersetzern in 55 Ländern.[6] Er setzt sich für die Verbesserung der Arbeitsbedingungen seiner Mitglieder, für die Wahrung ihrer Rechte, die Förderung einer professionellen Arbeitsweise und Ausbildung sowie für die Meinungsfreiheit in allen Ländern ein. Der erste Weltkongress fand 1954 in Paris statt. Weitere folgten in Rom (1956), Bonn-Bad Godesberg (1959), Dubrovnik/Jugoslawien (1963), Lahti/Finnland (1966) und Stuttgart (1970). Die 1963 in Dubrovnik verabschiedete Charta der Übersetzer formulierte erstmals allgemeine Richtlinien und Empfehlungen im Bereich der Verpflichtungen und Rechte von Übersetzern.[7] Die Übersetzung selbst wurde als intellektuelle Schöpfung anerkannt. Daraus folgte die für die berufliche Absicherung wichtige Feststellung, dass dem Übersetzer das Urheberrecht für seinen Übersetzungstext und folglich die gleichen Rechte wie dem Autor des Originaltextes zukommen.[8] Zugleich war die Übersetzung aber weiterhin von der Lizenzvergabe, d. h. vom Urheberrecht des Autors abhängig. Das Eintreten für das Urheberrecht der Übersetzer war für die FIT besonders in den 1950er bis 70er Jahren ein Schwerpunktthema.

Die systematische Übersetzungsförderung von staatlicher Seite begann in der BRD erst in den 1970er Jahren. Erste Stipendien für Übersetzer gab es in Baden-Württemberg, später auch in einzelnen anderen Bundesländern. Ein wichtiges Datum für die Internationalisierung der Übersetzungsförderung war die Errichtung des Europäischen Übersetzer-Kollegiums (EÜK) 1978 in Straelen (NRW). Durch diese Institutsgründung, die auf Initiative des in Straelen geborenen Beckett-Übersetzers Elmar Tophoven und Klaus Birkenhauers, des damaligen Vorsitzenden des VdÜ, erfolgte, bekam die private Übersetzungsförderung in der BRD eine kulturpolitische Relevanz.[9]

---

6 Vgl. die Selbstdarstellung auf https://www.fit-ift.org/about/. Online abgerufen am 2. März 2021.
7 Die Charta ist in fünf Abschnitte eingeteilt, die sich mit folgenden Punkten beschäftigen: 1. Allgemeine Verpflichtungen des Übersetzers, 2. Rechte des Übersetzers, 3. wirtschaftliche und soziale Stellung des Übersetzers, 4. Berufsverbände und -organisationen, 5. nationale Verbände und FIT, vgl. https://www.fit-ift.org/translators-charter/. Online abgerufen am 2. März 2021.
8 „The translator is therefore the holder of copyright in his/her translation and consequently has the same privileges as the author of the original work." Ebd., 2. Sektion: „Rights of the translator", Punkt 15.
9 Vgl. die Selbstdarstellung des EÜK auf https://www.euk-straelen.de/deutsch/das-kollegium/entstehung. Online abgerufen am 2. März 2021; vgl. auch Dietger Pforte: Die Übersetzungsförderung durch die Kultusministerien der Länder in der Bundesrepublik Deutschland unter besonderer Berücksichtigung Berlins, in: Friedrich Dieckmann (Hrsg.): Die Geltung der Literatur. Ansichten und Erörterungen, Berlin 1999, 253–256, hier: 254.

In Berlin setzte die Übersetzungsförderung durch den Senat erst ab 1988/89 im Zuge der „Kulturhauptstadt Europas" und dank einer Initiative der Sparte Übersetzer im Verband deutscher Schriftsteller, vor allem der Übersetzerin Karin Graf, ein.[10] Das LCB entwickelte sich in diesem Zusammenhang zu einem zentralen Ort der Übersetzerförderung. Gut zwanzig Jahre nach dem ersten Übersetzer-Kolloquium griff man hier ab 1988 diesen Strang auf, z. B. mit einem Übersetzerkolloquium kleinerer europäischer Literaturen[11] oder mit einem von Karin Graf 1989 organisierten Werkstattgespräch zum Thema „Moden des Übersetzens. Warum wurde was wann und wie übersetzt?" Mit finanzieller Unterstützung des Landes Berlin wurden dann regelmäßige Werkstätten für Übersetzer aus dem gesamten Bundesgebiet im LCB eingerichtet.[12] Nach der Wende richtete sich der Blick besonders auf den Übersetzungstransfer mit der Literatur Mittel- und Osteuropas, der ab 1993 mit Geldern des Auswärtigen Amts in einem gesonderten Programm gefördert wurde. Auch der Austausch mit Übersetzern hat sich stark internationalisiert. So fand 1991 eine erste „Europäische Übersetzerkonferenz" statt.[13] Zwei weitere Konferenzen Mitte der 1990er Jahre waren von besonderer Bedeutung, da von hier aus, insbesondere von Rosemarie Tietze, die Initiative für eine qualitätsorientierte und überregional wirksame kulturpolitische Übersetzerförderung ausging. Das von ihr und Burkhart Kroeber formulierte „Memorandum"[14] bildete die Grundlage für den im September 1997 gegründeten „Deutschen Übersetzerfonds" mit Sitz im LCB. Diese bundesweit tätige Institution, die die Übersetzer mit Stipendien und Fortbildungsprogrammen unterstützt, ist Ausdruck der auf Langfristigkeit angelegten, kulturpolitischen Bedeutung der Übersetzungsförderung in der BRD.[15] Heutzutage gibt es – darauf kann an dieser Stelle nur hingewiesen werden – ein national und international weit verzweigtes Netzwerk zur Förderung von Übersetzern und Übersetzungen, in welches das LCB als wichtiger Knotenpunkt eingebunden ist.

---

10 Ebd.
11 Dokumentiert in: Lutz Zimmermann (Hrsg.): Europäische Anthologie. Neue Literatur aus Litauen, Albanien, Island und Finnland, Berlin 1988.
12 Vgl. Pforte (Anm. 9), 255.
13 Die zweite Europäische Übersetzerkonferenz am LCB fand im Mai 1994 statt. Sie ist dokumentiert in: Sprache im technischen Zeitalter 130 (Juni 1994).
14 Rosemarie Tietze, Burkhart Kroeber: Neue Wege der Übersetzungsförderung. Memorandum, in: Imre Török (Hrsg.): VS-Handbuch. Ein Ratgeber für Autorinnen und Autoren. Übersetzerinnen und Übersetzer, Göttingen 1999, 318–321.
15 Vgl. hierzu grundlegend: Slávka Rude-Porubská: Förderung literarischer Übersetzung in Deutschland. Akteure – Instrumente – Tendenzen, Wiesbaden 2014.

Osten/DDR/Ost-Berlin

Wie waren nun die Bedingungen im Osten? Aufgrund der engen Verknüpfung mit dem Staat und seinen kulturpolitischen Regulierungen kam der Förderung von Übersetzungen in den sozialistischen Ländern schon früh eine zentrale Bedeutung zu. In der vom Kalten Krieg geprägten ‚Geopolitik' literarischer Übersetzungen lassen sich in den Ostblockstaaten nach Iona Popa[16] drei Phasen unterscheiden: 1. die Nachkriegsphase von 1947 bis 1955, in der die Übersetzung als ein direkter Vektor des kulturellen Kalten Krieges fungierte, 2. eine Phase der Öffnung und der Subversion von 1956 bis 1967, in der die Grenzen des literarischen Transfers zwischen Ost und West neu definiert wurden, schließlich die 3. Phase vom Prager Frühling 1968 bis zum Mauerfall 1989, in der sich die Anerkennung des nicht autorisierten, inoffiziellen Literaturtransfers gegenüber den staatlichen Legitimationsinstanzen zunehmend durchsetzte. Die Unterscheidung zweier Räume – dem der autorisierten und dem der nicht autorisierten Literaturproduktion –, ihre zunehmende Überlagerung und Interaktion als Dynamik, die neue Zwischenformen schuf, stellt m. E. einen produktiven Ansatz für eine beziehungsgeschichtliche Perspektivierung der Literaturgeschichte dar,[17] so auch für das translatorische Feld in den kommunistischen Ländern.

Anfänglich war das Bewusstsein für die kulturpolitische Bedeutung der literarischen Übersetzung im Osten gegenüber dem Westen insofern weiter ausgeprägt, als sie in einer internationalistischen Ideologie der Gemeinschaft sozialistischer Nationalliteraturen verankert war. Allgemein wurde die Geopolitik literarischer Übersetzungen durch ideologische Affinitäten und dem Willen zur Internationalisierung insbesondere zwischen „befreundeten sozialistischen Brudernationen" befördert oder umgekehrt aufgrund von ideologischen Gräben eingeschränkt.[18] Dabei übten politische Krisen wie der Ungarn-Aufstand oder der Prager Frühling einen besonderen Einfluss aus.[19]

Die Verschiebung des Verhältnisses zwischen dem Raum der autorisierten und dem der nicht autorisierten Übersetzungen und die damit verbundene Loslösung von staatlicher Kontrolle nahmen in den 1960er Jahren – trotz oder wegen des Mauerbaus in Berlin – eine neue Dynamik an. Diese Dynamik partizipierte allgemein an der Intensivierung der internationalen Zirkulation von Büchern, an der ‚Entdeckung' von östlichen Autoren im Westen und an neuen Gewichtungen der Literatursprachen, wie sie

---

16 Iona Popa: „Géopolitique" des traductions, in: Banoun, Poulin, Chevrel (Hrsg.): Histoire des traductions (Anm. 3), 147–158.
17 Vgl. hierzu Heribert Tommek: Der lange Weg in die Gegenwartsliteratur. Studien zur Geschichte des literarischen Feldes in Deutschland von 1960 bis 2000, Berlin/Boston 2015, 142.
18 Vgl. Popa (Anm. 16), 147.
19 Ebd., 148. Popa geht davon aus, dass der Anteil der autorisierten, d. h. staatlich legitimierten Übersetzungen fast drei Viertel aller Übersetzungen zwischen 1956 und 1967 innerhalb der kommunistischen Länder und auch im Ost-West-Transfer ausmachte, ebd., 152.

sich nicht zuletzt in den quantitativen Übersetzungsströmen niederschlugen. So nahmen zum Beispiel Übersetzungen polnischer Literatur ins Deutsche in der ‚Tauwetterphase' der 1950er Jahre zu. In der BRD entdeckte man die polnische Gegenwartslyrik, nicht zuletzt dank des Übersetzers Karl Dedecius, worauf noch einzugehen sein wird.

Durch die mit dem jeweiligen politischen ‚Tauwetter' einhergehende Erweiterung des Raumes autorisierter literarischer Transfers wurden bestimmte Autoren, Genres oder ästhetische Muster zugänglich, die bislang unbekannt waren, verfemt worden waren oder als ‚illegal' galten. Damit diversifizierte sich auch der Raum der Möglichkeiten für Übersetzungen, die vor allem, aber nicht nur, dissidentische Autoren betrafen.[20] Die Übersetzung ihrer Texte im westlichen Ausland konnte das staatliche Verlags- und Publikationsmonopol brechen und eine internationale ästhetische Nobilitierung der Autoren befördern. Das Verhältnis zwischen dem offiziellen, autorisierten Raum der Übersetzungen und dem der nicht autorisierten Übersetzungen in Samisdat-Zeitschriften bis hin zu Anthologie- und Buchpublikationen bei renommierten West-Verlagen war in den 1960er Jahren von einer gewissen Elastizität und Durchlässigkeit geprägt. Politische Einflüsse des Kalten Krieges spielten eine grundlegende Rolle[21] – aber auch grenzüberschreitende, literaturspezifische Dynamiken, die mit der Weiterführung einer internationalen Moderne zusammenhängen, wie noch zu zeigen sein wird.

Aber wie sahen nun die Förderung und Institutionalisierung literarischer Übersetzungen konkret in der DDR aus?[22] Auch hier war die Überzeugung grundlegend, dass Übersetzungen einen wichtigen Bestandteil der sowjetischen Nationalliteraturen bildeten. Die UdSSR war insofern ein Vorbild, als sie aus einer Vielzahl von Nationalstaaten bestand und hier Übersetzungen aus allen nationalen Sprachen in die Zentralsprache des Russischen praktiziert wurden. Bereits Anfang der 1950er Jahre wurde in der DDR über den Wert und die Rolle des sozialistischen Übersetzers diskutiert.[23] In einem Brief an das Zentralkomitee vom 20. Juni 1952 beschrieb Kurt Hager, der in den folgenden Jahren zum maßgeblichen Kulturfunktionär der DDR aufstieg, den mangelhaften Status Quo der Übersetzung. Mit Blick auf das sowjetische Vorbild machte er Vorschläge zur Verbesserung des Übersetzer-Berufsstandes.[24] Nach 1952 wurden dann

---

20 Vgl. ebd., 153 f.
21 Vgl. ebd., 156.
22 Vgl. zum Folgenden: Werner Creutziger: Die Zunft und der Staat – Literaturübersetzer in der DDR, in: Walter Lenschen (Hrsg.): Literatur übersetzen in der DDR / Traduction littéraire en RDA. Bern u. a. 1998, 13–38; Gabriele Thomson-Wohlgemuth: A Socialist Approach to Translation. A Way Forward?, in: Meta 49,3 (2004), 498–510.
23 Vgl. ebd., 500. Das Bestreben, die Übersetzungstätigkeit in der DDR nach sowjetischem Vorbild zu reformieren, drückt sich zum Beispiel in einem Brief des Übersetzers und Sekretärs des zentralen Schriftstellerverbandes der DDR, Werner Baum, vom 1. Februar 1951 an die Berliner Zeitung aus, vgl. Archiv der Akademie der Künste [AdK], Sign. SV 257; zit. n. Thomson-Wohlgemuth (Anm. 22).
24 Bundesarchiv, Sign. DR1/1886; zit. n. Thomson-Wohlgemuth (Anm. 22), 500.

Maßnahmen zur Neuorganisation der Übersetzungsproduktion unter dem Leitkonzept „Zentrale Kontrolle – dezentrale Arbeit" getroffen.[25] Bald darauf kamen Pläne zur Schaffung einer zentralen Behörde auf, die den Übersetzungsprozess koordinieren und lenken sollte.[26]

Die Übersetzer in der DDR waren in einer Sektion des Deutschen Schriftstellerverbandes organisiert. Deren erste Sitzung fand am 10. April 1953 statt.[27] Der Schriftstellerverband repräsentierte und organisierte nicht nur den Berufsstand, sondern bildete zugleich eine zentrale Plattform, über die man Lesungen, Konferenzen und Diskussionen über spezifische Übersetzungsthemen organisieren konnte. Eine erste Übersetzertagung des Schriftstellerverbands fand am 12.–13. Oktober 1954 statt.[28] Auf ihr waren u. a. Alfred Kurella,[29] Gustav Just[30] und weitere Schriftsteller und Übersetzer anwesend.[31] Die Übersetzung wurde zu einem integralen Bestandteil der Literatur erklärt und als eigenständige literarische Schöpfung anerkannt. Zugleich wurde die kollektive Einbindung der Übersetzer in den Schriftstellerverband und ihre enge Kooperation mit den Verlegern und Lektoren betont. Gegenüber dem Westen sollte die Entlastung von Marktzwängen und berufsständischer Interessenvertretung eine qualitativ hochwertige Übersetzungstätigkeit ermöglichen.[32]

---

25 Ebd., zit. n. Thomson Wohlgemuth (Anm. 22), 503.
26 Die beim Ministerium für Volksbildung angesiedelte „Zentralstelle für wissenschaftliche Literatur" (seit 1957 „Institut für Dokumentation"), hatte die Aufgabe, alle geplanten und realisierten Übersetzungen (sowohl technische als auch literarische) zu dokumentieren.
27 AdK, Sign. SV 257; Bundesarchiv DR1/1908; DR1/1886; vgl. Thomson-Wohlgemuth (Anm. 22), 504.
28 AdK, SV 332; dokumentiert in: Deutscher Schriftstellerverband (Hrsg.): Von der Verantwortung des Übersetzers. Diskussionsmaterial zur Vorbereitung des IV. Schriftstellerkongresses. Heft 4. Beiträge von Alfred Kurella, Otto Braun und Alfred Balte, Berlin 1955.
29 Alfred Kurella (1895–1975): Schriftsteller, Übersetzer und hoher Kulturfunktionär der SED (u. a. 1955–1957: Direktor des Instituts für Literatur in Leipzig, 1957–1963: Leiter der Kulturkommission des Politbüros des Zentralkomitees der SED, ab 1963: Mitglied der Ideologischen Kommission des ZKs der SED).
30 Gustav Just (1921–2011): u. a. 1954 Sektorenleitung für Kunst und Literatur im ZK der SED; März 1954–Januar 1955: 1. Sekretär des Vorstands des Deutschen Schriftstellerverbands, 1955–1957: stellvertretender Chefredakteur der Zeitung *Sonntag*, Verurteilung zu vier Jahren Zuchthaus Bautzen, 1960–1986: freischaffender literarischer Übersetzer aus dem Tschechischen und Slowakischen.
31 Unter anderem Otto Braun, Alfred Balte und Tilly Bergner. Otto Braun (1900–1974) war von 1939 bis 1941 als Redakteur und Übersetzer für den Verlag für fremdsprachige Literatur in Moskau tätig. Bis 1946 war er Mitglied des Nationalkomitees *Freies Deutschland*. Danach war er als Übersetzer und seit 1951 als freier Schriftsteller in Moskau und Krasnogorsk tätig. 1954 kehrte er in die DDR zurück und trat der SED bei. 1961 bis 1963 war er Sekretär des Deutschen Schriftstellerverbandes, vgl. Art. „Otto Braun" in: Wer war wer in der DDR? Ein Lexikon ostdeutscher Biographien, Berlin 2010. Online abgerufen am 2. März 2021 unter https://www.bundesstiftung-aufarbeitung.de/de/recherche/kataloge-datenbanken/biographische-datenbanken/otto-braun.
32 AdK, Sign. SV 332.

Vor dem Hintergrund der kulturpolitischen Bedeutung, die der literarischen Übersetzung in der DDR beigemessen wurde, konnte die zeitweilig aufkommende Forderung nach einem aktiven, sozialistisch gesinnten Verhältnis des Übersetzers zum Text eine abweichende Entwicklung nehmen. Nach Werner Creutziger – Vorsitzender der Übersetzer-Sektion in den späten 1980er Jahren – spielten bei den literarischen Übersetzungen Aspekte des Stils und der Form eines Werkes eine ebenso wichtige Rolle wie sein Inhalt.[33] Daher sei es letztlich unmöglich gewesen, allgemeine Übersetzungsnormen in der DDR vorzugeben.[34] Den Unterschied zwischen Übersetzer und Autor sah man darin, dass ersterer letzterem sowohl unter- als auch überlegen war: unterlegen, da Übersetzer dem Originaltext verpflichtet waren; überlegen, da sie nicht nur in eine fremde Kultur eintauchen, sondern auch mit vielen Büchern und Stilen umzugehen wissen mussten. Kollektive Übersetzungsprojekte waren in der DDR üblicher als in der BRD. Dass ein Übersetzer das Werk nur *eines* Autors übersetzen sollte, war ein von Peter Suhrkamp formuliertes Ideal,[35] also eher ein westliches. Diese Orientierung an der Übersetzung des Gesamtwerkes *eines* Autors durch *einen* Übersetzer hängt offenbar mit einem Autorschafts-, Werk- und Stil-Ideal zusammen, das durch Einheit, Kohärenz und Besitz geprägt ist, wie Foucault in „Was ist ein Autor?" gezeigt hat.[36]

II. Die Formierung eines Autor-Übersetzer-Diskurses in den 1960er Jahren

Vorgeschichte: Der internationale Übersetzer-Kongress in Hamburg (5. bis 8. April 1965)

Bevor das Kolloquium zu den *Problemen der Übersetzung* am LCB und die Formierung eines Autor-Übersetzer-Diskurses thematisiert wird, soll kurz – als eine Art Vorgeschichte – auf den *Internationalen Übersetzer-Kongreß* in Hamburg, eingegangen werden, der vom 5. bis 8. April 1965 stattfand.[37]

---

33 Vgl. Thomson-Wohlgemuth (Anm. 22), 502, und z. B. die Aufsätze von Werner Creutziger, in: ders.: In Dichters Lande gehen. Übersetzen als Schreibkunst, Halle/Leipzig 1985.
34 Vgl. Creutziger (Anm. 22), 30–31.
35 Vgl. Karl Dedecius: Das frag-würdige Geschäft des Übersetzens, in: Sprache im technischen Zeitalter 21 (1967), 26–44, hier: 29; auch in: ders.: Vom Übersetzen. Theorie und Praxis. Frankfurt a. M. 1986, 30.
36 Michel Foucault: Was ist ein Autor?, in: Fotis Jannidis, Gerhard Lauer, Matías Martínez, Simone Winko (Hrsg.): Texte zur Theorie der Autorschaft, Stuttgart 2000, 198–229.
37 Dokumentiert in: Rolf Italiaander (Hrsg.): Übersetzen. Vorträge und Beiträge vom Internationalen Kongress literarischer Übersetzer in Hamburg 1965, Frankfurt a. M. 1965.

Organisiert wurde der Kongress gemeinsam vom VDÜ, der FIT, der Vereinigung der deutschen Schriftstellerverbände, dem PEN-Club sowie der UNESCO. Die Schirmherrschaft hatte die Freie Akademie der Künste in Hamburg übernommen. Bemerkenswert war nicht nur die Teilnahme von ausschließlich literarischen Übersetzern aus über zwanzig Ländern, sondern auch die von Verlegern, Verlagslektoren und Literaturkritikern.[38] Zwar waren die berufsständischen Interessen weiterhin von großer Bedeutung, doch das Besondere an dem Kongress war, dass er erstmals die Problematik literarischer Übersetzungen in einer den gesamten Literaturbetrieb umfassenden Weise thematisierte.

Die politischen Kontexte des Kalten Krieges machten sich durch die Abwesenheit von Teilnehmern aus den sozialistischen Ostblock-Ländern unmittelbar bemerkbar.[39] Auf dem Kongress sprachen verschiedene Ehrengäste und Festredner, unter ihnen war Roger Caillot, der als Direktor der Abteilung Literatur die UNESCO vertrat. Bemerkenswert ist, dass in seiner Rede schon Vorformen eines Begriffs kultureller Diversität und das Eintreten für die Entdeckung nicht-europäischer Literatursprachen anklingen.[40] Allgemein waren aber die Vorträge und Diskussionen auf dem Hamburger Kongress noch deutlich von dem für die Nachkriegszeit charakteristischen humanistischen Auftrag der Völkerverständigung durch Übersetzung geprägt. Zugleich ging es um berufsständische Forderungen nach besserer Entlohnung und Anerkennung der Profession. Schließlich aber – und dies ist der relevante Kontext für das nachfolgende LCB-Kolloquium – rückte auch der ästhetische und poetologische Stellenwert literarischer Übersetzungen für eine Weltliteratur zunehmend ins Bewusstsein.[41] Man begann, die aktive Rolle der Übersetzer bei der Schaffung literarischer Stile zu thematisieren. So fragte der Literaturkritiker Marcel Reich-Ranicki in seinem Beitrag

---

38 Vgl. ebd., 7.
39 Im Anhang der Dokumentation findet sich eine Darlegung der Gründe, warum die eingeladenen Autoren und Übersetzer aus der Sowjetunion nicht kommen konnten: Ihnen wurden kurzfristig Einreisevisa verweigert. In einer Stellungnahme beklagten die Organisatoren die offenbar politisch motivierte mangelnde Unterstützung der Ostabteilung des Innenministeriums der BRD, vgl. ebd, 185–187.
40 „En principe, le destinataire [der Übersetzungen], c'est le public lettré d'un univers qui parle plusieurs centaines de langues, c'est-à-dire qui use de plusieurs centaines de ‚chiffres' disparates. En outre, ces chiffres, ces codes, ces répertoires de signes dépendent chacun d'une longue histoire ; ils se sont développés dans des géographies différentes, au contact de flores, de faunes et de techniques dissemblables, ils expriment des cultures hétérogènes et des mœurs contradictoires. [...] Si l'on essayait de constituer un atlas des traductions, où une carte correspondrait à chaque pays ou au moins à chaque langue, et si l'on colorait plus ou moins chacune d'elles, suivant que les ouvrages qui y sont nés ou qui y paraissent sont traduit ou non dans les autres aires linguistiques, on serait surpris du nombre de taches blanches ou à peine teintées qui signaleraient sur cette carte de la culture mondiale les littératures inconnues ou presque." Roger Caillois: Sur la mappemonde des traductions des terres inexplorées, in: ebd., 19–22, hier: 20–21.
41 Vgl. die Vorträge von Hans Erich Nossack: „Übersetzen und übersetzt werden" und Richard Friedenthal: „Übersetzte Werke repräsentieren die Weltliteratur." Ebd., 9–18, 23–26.

nach der Verantwortung der Hemingway-Übersetzerin für die wirkmächtige Rezeption des Autors im deutschsprachigen Raum.[42] Das sich hier äußernde Bewusstsein für die stilbildende Funktion und (sekundäre) Autorschaft von Übersetzern wird auch für die weitere Entwicklung und Vernetzung des literarischen Übersetzers in das sich verbreiternde Feld der Literaturproduktion prägend sein.

Enzensberger, Höllerer und die poetische Weltsprache

Organisiert wurde das erste Übersetzer-Kolloquium am LCB von Walter Hasenclever, dem ersten Programmdirektor. In der NS-Zeit nach Amerika emigriert, stand Hasenclever für eine enge Verbindung zu den USA. Sein Schwager war Shepard Stone von der Ford-Foundation, die bekanntlich die Gründungsjahre des LCB finanziell förderte.[43] Aus dem von Hasenclever verfassten Einladungsschreiben geht nun hervor, dass das Kolloquium darauf abzielte, anhand konkreter Beispiele die verschiedenen Formen der Übersetzung lyrischer Werke zu untersuchen.[44] Aus den Dokumenten geht auch hervor, dass das Kolloquium der Vorbereitung einer anderen Veranstaltung diente, nämlich der internationalen Lesereihe *Ein Gedicht und sein Autor,* die im Winter 1966/67 stattfand und – ähnlich wie die internationale Veranstaltungsreihe *Literatur im technischen Zeitalter* ein paar Jahre zuvor (Winter 1961/62) – zu einem literarischen Großereignis in Westberlin wurde.

Bei der Suche nach geeigneten Teilnehmern am Übersetzer-Kolloquium wurde auch Hans Magnus Enzensberger gefragt. Dieser wiederum riet, sich an Walter Boehlich zu wenden, Cheflektor beim Suhrkamp Verlag, der bereits Enzensbergers *Museum der modernen Poesie* (1960) betreut hatte und selbst Übersetzer aus dem Französischen, Spanischen und Dänischen war. So schließt sich ein Kreis, denn Enzensberger hatte sich seinerzeit wiederum an Höllerer gewandt mit der Bitte um Autoren-Tipps für sein *Museum*. Das zweisprachige *Museum* hatte offenbar eine gewisse Vorbildfunktion

---

42 „Hemingway hat auf eine Generation deutscher Schriftsteller einen stilbildenden Einfluss ausgeübt. Wer hat ihn in Wirklichkeit ausgeübt – Hemingway oder seine deutsche Übersetzerin Annemarie Horschitz-Horst?" Marcel Reich-Ranicki: Verräter, Brückenbauer, Waisenkinder, in: ebd., 69–73, hier: 72.
43 Aus dem Amerikanischen hatte Hasenclever von Saul Bellow den Roman *Herzog* übersetzt, der 1965/66 zeitweilig den ersten Platz der *Spiegel*-Bestsellerliste belegte.
44 Einladung „zu einem Colloquium, das sich mit Fragen und Problemen der Übersetzung beschäftigen soll. [...] Es geht uns bei diesem Colloquium vor allem darum, verschiedene Formen der Übersetzung *lyrischer Werke* zu untersuchen und eventuell verschiedene Fassungen miteinander zu vergleichen. Wir wollen jedem Teilnehmer den Vorsitz einer Zusammenkunft einräumen, damit er anhand eines von ihm hergestellten Beispiels seine Auffassung von der Herstellung einer dichterischen Übersetzung erläutert. Wir wollen außerdem von jedem Sprachgebiet mindestens zwei Vertreter haben, damit sich eine gute Diskussion entwickeln kann." Walter Hasenclever an H. C. Artmann, 7. April 1966, in: Literaturarchiv Sulzbach-Rosenberg [LSR], Bestand: LCB-Archiv, Abteilung AB: Übersetzungsprojekte: Nr. 41: Übersetzertagung 1966 [= 1. bis 10. Juni 1966]. Hervorhebung im Original.

sowohl für die Übersetzer-Tagung als auch für die Lesungsreihe. Dies betrifft nicht nur die Suche nach geeigneten Übersetzern, sondern auch die literarische Programmatik. Denn das erste Übersetzer-Kolloquium am LCB war nicht nur durch Fragen sprachlich-handwerklicher Art, sondern vor allem durch das übergeordnete Bestreben geprägt, an der von Höllerer, Enzensberger und anderen verfolgten Modernisierung der Literatur durch Internationalisierung anzuknüpfen. Der dabei verwendete Begriff einer modernen ‚poetischen Weltsprache' sei nun kurz erläutert.

Im „Nachwort" zum *Museum* hatte Enzensberger programmatisch von einer „*Weltsprache der modernen Poesie*" gesprochen.[45] Die im *Museum* versammelten Dichter verbinde das Einverständnis, dass die Aufhebung der nationalen Grenzen der Dichtung dem Begriff der Weltliteratur zu einer „Leuchtkraft" verholfen habe, an die in anderen Zeiten nicht zu denken gewesen sei.[46] Dass bei der Entstehung einer „poetischen Weltsprache" der Übersetzung eine zentrale Bedeutung zukommt, ist Enzensberger bewusst. Dabei ist er offen gegenüber den verschiedenen Auffassungen vom Übersetzen: von der wörtlichen Interlinear-Version bis zur freien Paraphrase, jedoch dürfe die Übersetzung das Gedicht nicht „erdrosseln":

> Was nicht selber Poesie ist, kann nicht Übersetzung von Poesie sein. Der sie unternimmt, muß verfügen nicht nur über die Sprache, aus der, sondern auch über die Sprache, in die er übersetzen will. Die Verspätung, mit der Poesie zumeist über die Sprachgrenzen tritt, erklärt sich daraus, daß diese Sprache oft noch gar nicht zur Verfügung steht. Sie muß erst geschaffen werden. Es ist kein Wunder, daß sich in vielen Fällen die Dichter selbst dieser Aufgabe annehmen. An den Vorarbeiten für dieses Museum haben fast alle bedeutenden poetischen Begabungen, die es zur Stunde in Deutschland gibt, freundlich teilgenommen: Ingeborg Bachmann, Paul Celan, Erich Fried, Helmut Heißenbüttel, Stephan Hermlin, Marie Luise Kaschnitz, Karl Krolow und Nelly Sachs sind hier dankbar zu nennen.[47]

Hier kommt eine wichtige Begründung des sich neu formierenden Autor-Übersetzer-Diskurses zur Sprache: Es ist die *Verspätung* der deutschen Lyrik-Sprache im internationalen Vergleich der Moderne, die ihn generiert. Wie bereits um 1800 und umso mehr jetzt in den 1960er Jahren – nach der Verfemung modernistischer Dichtung im Nationalsozialismus, aber auch auf dem sogenannten Formalismus-Plenum in der DDR[48] – dient die Übersetzung der historisch gewordenen Moderne

---

[45] Museum der modernen Poesie, eingerichtet von Hans Magnus Enzensberger [1960]. 2 Bde., Frankfurt a. M. 1980, hier: Bd. 2, 773. Hervorhebung im Original.
[46] „Der Prozeß der modernen Poesie führt [...] zur Entstehung einer poetischen Weltsprache. [...] Die lingua franca, die durch dieses Buch belegt werden soll, hat ihre Größe gerade darin, daß sie sich dem Ausdruck des Besonderen nicht verschließt; daß sie vielmehr das Besondere aus der Bindung an die nationalen Literaturen befreit." Ebd.
[47] Ebd., 781.
[48] Vgl. Günter Erbe: Die verfemte Moderne. Die Auseinandersetzung mit dem „Modernismus" in Kulturpolitik, Literaturwissenschaft und Literatur in der DDR, Opladen 1993.

einer Beschleunigung der ‚verspäteten' ästhetischen Zeit im deutschen Sprachraum. Bemerkenswert sind hierbei zwei weitere Aspekte: zum einen der Hinweis von Enzensberger, der Übersetzer müsse nicht nur über die Ausgangs-, sondern auch über die Zielsprache verfügen, was bereits auf eine gewisse literarische ‚Verfügungsfreiheit' verweist. Zum anderen ist bemerkenswert, dass – ein Jahr vor dem Mauerbau – für Enzensberger wie selbstverständlich auch die *Nachdichter* aus der DDR zur Schaffung einer deutschen poetischen „Weltsprache" dazugehören: genannt werden Autoren wie Erich Arendt, Peter Hacks oder Stephan Hermlin, die nicht zuletzt in der 1967 im Verlag Volk & Welt konzipierten *Weißen Reihe* die „Klassiker der Moderne" übersetzten.[49]

Viele Übersetzer im *Museum* waren etablierte Autoren – die Aufwertung des Übersetzers erfolgte hier also vor allem über den *Autor* als nachdichtender Übersetzer und weniger über den professionellen, dem Autor dienenden *Übersetzer*. Obwohl unter den akademischen oder hauptberuflichen Übersetzern bereits viele namhaft waren, werden sie im Anhang des *Museums* nur kollektiv und nur vermittelt im Zusammenhang mit den Titelangaben der Gedichte in Klammern genannt. Einige Namen werden auch wieder im Kontext des LCB-Kolloquiums auftauchen, wie z. B. Karl Dedecius, Kurt Heinrich Hansen, Gerd Henniger, Max Hölzer, Friedhelm Kemp oder Georg Rudolf Lind.[50]

Höllerer und Enzensberger kamen darin überein, Modernisierung und Internationalisierung als Prozess einer sich wechselseitig entfaltenden poetischen Weltsprache zu verstehen. Für Enzensberger handelte es sich aber um eine abgeschlossene, historisch gewordene Moderne, deren ins Leben hineinwirkende „Energie" sich im technischen Zeitalter der Bewusstseins-Industrie verbraucht habe.[51] Dagegen ging es Höllerer darum, die Formen einer Weiterführung der Moderne in der zeitgenössischen Gegenwart zu sondieren. Zieht man das Nachwort zu *Ein Gedicht und sein Autor* hinzu, hatte Höllerer eine neue, internationale Lyrik-Moderne im Auge. Deren Sprache zielte in die dingliche und zeichenhafte Horizontale der Alltagswelt und verband „Alltagssprache" mit einer technischen „Sprache des Kalküls" zu einer neuen Literatursprache.[52] Die präsentierten „Autor-Poetiken" eines literatursprachlichen Realismus waren einerseits vom Kalten Krieg geprägt, denn die von Höllerer verfolgte neue Weltpoesie stand im deutlichen Gegensatz zur Doktrin des Sozialistischen Realismus. Zugleich suchte

---

49 Z. B. Stephan Hermlin: Nachdichtungen, Berlin 1957; zur internationalen Lyrik-Reihe *Weiße Reihe* vgl. Hannes Würtz: Bibliothek der Weltlyrik. Zum 100. Band der *Weißen Reihe,* in: Simone Barck, Siegfried Lokatis (Hrsg.): Fenster zur Welt. Eine Geschichte des DDR-Verlages Volk & Welt, Berlin 2003, 234–236, und Adolf Endler: Lyrik international. Die *Weiße Reihe*, in: Ebd., 237–242.
50 Vgl. Enzensberger: Museum (Anm. 45), 792, 794–847.
51 Vgl. im Nachwort den Abschnitt: „Vergangenheit der Moderne", ebd., 765.
52 Walter Höllerer: Der Autor, die Sprache des Alltags und die Sprache des Kalküls, in: Ein Gedicht und sein Autor. Lyrik und Essay. Herausgegeben und mit Einleitungen versehen von Walter Höllerer, Berlin 1967, 503–507. Auch als Taschenbuch-Ausgabe: München 1969, 317–322.

Höllerer nach neuen, grenzüberschreitenden künstlerischen Allianzen in Ost und West jenseits der ideologischen Oppositionen des Kalten Krieges, wie vor allem der gemeinsame Auftritt von Lawrence Ferlinghetti (USA) und Andrej Wosnessenskij (UdSSR) eindrucksvoll belegt.[53] An der Entwicklung der neuen poetischen Weltsprache, die in der Perspektive Höllerers Alltags- und Technik-Sprache vereinen sollte, hatten auch die Übersetzer und ihr wachsender Anspruch auf Autorschaft Anteil.

Das LCB-Kolloquium: „Probleme der Übersetzung" (1966)

Unter den Übersetzern des LCB-Kolloquiums wie auch der Anthologie *Ein Gedicht und sein Autor* waren bereits namhafte oder zukünftig wichtige Übersetzerpersönlichkeiten, wie François Bondy, Übersetzer aus dem Französischen und Herausgeber der Zeitschrift *Preuves*,[54] Peter Urban, zeitweise Lektor im Suhrkamp Verlag, Übersetzer aus dem Russischen und anderen slawischen Sprachen, oder Karl Dedecius, auf den weiter unten noch näher einzugehen sein wird.

An dieser Stelle soll kein biographischer, sondern ein übersetzungssoziologischer Blick auf das Kolloquium erfolgen. Schaut man auf die Verteilung der Literatursprachen, repräsentiert durch die Teilnehmer des Kolloquiums, so ergibt sich folgendes Bild:

1. Italienisch: Arianna Giacchi (Frankfurt), Johannes Schneider (Wien), Gerald Bisinger (Berlin), Alice Vollenweider (Zürich) [4]
2. Englisch: Maria Bosse-Sporleder (Berlin), Kurt Heinrich Hansen (Hamburg), Klaus Reichert (FaM) [3]
3. Französisch: Friedhelm Kemp (München), Gert Henniger (auch Englisch), Max Hölzer [3]
4. Tschechisch: Paul Kuntorad (Wien), Ehrenfried Pospisil (Hannover) [2]
5. Polnisch/Russisch: Karl Dedecius (Frankfurt), Oskar Jan Tauschinski, (Wien) [2]
6. Spanisch: H. C. Artmann (Berlin) [1]
7. Serbokroatisch: Peter Urban (Würzburg) [1]
8. Türkisch/Ungarisch: Barbara Frischmuth (Wien) [1]

---

53 Siehe hierzu den Beitrag von Cornelia Ortlieb im vorliegenden Band.
54 „Bondys große Zeit begann mit der Gründung der Zeitschrift *Preuves* in Paris, die er von 1951 bis 1969 leitete. Diese Pariser Redaktion war bald einer der wichtigsten Treffpunkte für europäische Intellektuelle. Ost und West begegneten sich dort, Exilliteraten, Dissidenten und Verfolgte der unterschiedlichsten Länder und Kontinente. Bondy wurde zu einem der großen Vermittler zwischen Sprachen und Kulturen." Iso Carmatin: „Die Spannweite des Geistes", in: Neue Zürcher Zeitung (28.05.2003). Die Zeitschrift *Preuves*, die zeitweilig von der antikommunistischen Kulturorganisation *Congress for Cultural Freedom* finanziert wurde, hatte aber auch eine kulturideologische Funktion im Ost-West-Konflikt.

Man sieht hier, dass – im Unterschied zu den Entwicklungen auf dem allgemeinen Übersetzungsmarkt – noch keine Dominanz des Englischen herrschte, sondern eine gewisse Gleichberechtigung der westlichen Literatursprachen Englisch, Französisch und Italienisch,[55] die jeweils von drei bzw. vier Übersetzern vertreten waren. Nach den in Westeuropa zentralen Literatursprachen waren auch semi-periphere und periphere Sprachen aus Ost- und Südosteuropa vertreten.[56] Neben Dedecius standen hier für vor allem die Übersetzer Kuntorad, Tauschinski und Frischmuth[57] aus Wien – eine Stadt, die, wie auch später Berlin, ein wichtiger Umschlagplatz für den literarischen Transfer der südosteuropäischen Literaturen in den Westen war.

Kommen wir nun zu den übersetzungspoetologischen Positionen. In der *Zeitschrift Sprache im technischen Zeitalter* von 1967, Heft 21, ist ein Teil der Diskussionsbeiträge der Veranstaltung als Essays dokumentiert und aus dieser Dokumentation lassen sich symptomatische poetologische Gewichtungen im Gefüge der Übersetzersprachen ausmachen. Mit einem Essay sind folgende Übersetzer vertreten: Klaus Reichert, Kurt Heinrich Hansen, Maria Bosse-Sporleder, Oskar Jan Tauschinski, Karl Dedecius, Friedhelm Kemp, Max Hölzer und Barbara Frischmuth. Reichert, Hansen, Bosse-Sporleder, Kemp und Hölzer sind Übersetzer aus westlichen Sprachen, genauer: aus dem Anglo-Amerikanischen[58] und aus dem Französischen. Dagegen standen Tauschinski und Dedecius für die osteuropäischen Literatursprachen. Frischmuth nahm mit ihrem Beitrag zu Übersetzungen aus dem Türkischen und Ungarischen eher eine periphere und stark philologisch argumentierende Position ein. Es fällt auf, dass sie und Bosse-Sporleder, die allerdings in ihrem Beitrag keine explizite eigene Position formulierte,[59] die einzigen Frauen unter den publizierten übersetzungspoetologischen Stimmen waren. Diese Unterrepräsentation in der Theorie steht im Gegensatz zum Anteil der Frauen an der Praxis der Übersetzung und des Dolmetschens.

Vor allem zwei Beiträge fanden in der nachfolgenden Rezeption Beachtung: der von Friedhelm Kemp und der von Klaus Reichert,[60] also von Übersetzern aus zwei

---

55 Italienische Lyrik war auffälliger Weise weder in der gedruckten Dokumentation des Übersetzer-Kolloquiums noch in der Anthologie *Ein Gedicht und sein Autor* vertreten.
56 Bemerkenswert ist, dass kein Übersetzer eingeladen war, der hauptsächlich aus dem Russischen übersetzt. In einem Brief an Peter Urban vom 19. April 1966 bringt Hasenclever zum Ausdruck, dass man am LCB für die Veranstaltung eher an serbischer Lyrik der Nachkriegszeit als an russischer interessiert sei, LSR (Anm. 44).
57 Barbara Frischmuth gehörte bereits zum Umfeld der Grazer Gruppe. Sie brach 1966 ihr Studium u. a. der Turkulogie in Wien ab, um fortan als freie Autorin und Übersetzerin zu arbeiten.
58 Hier gab es eine direkte Verbindung zu der von Höllerer und Gregory Corso 1961 herausgegebenen Anthologie *Junge amerikanische Lyrik*, in der Bosse-Sporleder bereits große Teile und Reichert sowie Höllerer einzelne der Gedichte der Autoren der ‚Beat-Generation' übersetzt hatten.
59 Ihr Beitrag besteht aus einer Zusammenstellung von Stimmen im Kolloquium. Später wurde Bosse-Sporleder Dozentin für Kreatives Schreiben.
60 Vgl. Rosemarie Tietze: Vor uns die Sintflut? Wie das Literarische Colloquium in den 60ern das Übersetzen entdeckte, in: SpritZ, 206 (Mai 2013), 153–157.

literarischen Weltsprachen: des Französischen als eine der traditionell zentralen Literatursprachen, die aber in den 1960er Jahren den Niedergang ihrer jahrhundertelangen Hegemonie erfuhr, und des Anglo-Amerikanischen als eine Sprache, deren neue Hegemonie auf dem globalen Übersetzungsmarkt sich in den 1960er Jahren endgültig durchsetzte.

Beginnen wir mit der Position des Übersetzers aus dem Französischen:[61] Friedhelm Kemp, der ein bereits angesehener Baudelaire-Übersetzer und zugleich Verlagslektor im Münchner Kösel-Verlag war, interessierte sich für das „Problem von Treue" und „Freiheit" beim Übersetzen von Gedichten. Er thematisiert dieses Problem u. a. anhand seiner Übersetzung einiger Gedichte von Yves Bonnefoy[62] – Übersetzungen eines Autors, der selbst sehr viel Lyrik übersetzte und sich intensiv mit der Poetik des Übersetzens und deren Bedeutung für sein eigenes Werk auseinandersetzte.[63] Kemp wendet sich gegen die *treue* (interlineare) Übersetzung und tritt dagegen für eine *freie* Übersetzung ein, die ihre Berechtigung aus ihrer Geltung als Kunstgebilde erhalte. Der Essay mündet in die Forderung, Übersetzungen nicht mehr als größtmögliche Annäherung an das „Original", sondern endlich als eine eigene „Gattung" zu verstehen. Deren „Treue zum Original" brauche nicht mehr „durch eine sklavische Übernahme der äußeren Gestalt (Metrum, Reim, Strophe)" bewiesen zu werden, sondern durch einen variablen Abstand, je nach „Übersetzbarkeit eines Textes".[64] Dass die Übersetzung den sprachlichen Abstand und einen „Verweisungscharakter" zum Ausdruck bringe, mache gerade ihre „dichterische Qualität" aus.[65]

Kemps Forderung nach Anerkennung der Übersetzung als eine eigene Gattung steht in einer Kontinuität zum abendländischen Werk-Begriff im Allgemeinen und zur französischen „Nachdichtung" im Besonderen. Sie reiht sich in die prestigeträchtige Traditionslinie des *poète-traducteur* der Modernisierer ein, die sich bis auf die *Querelle des Anciens et des Modernes* zurückverfolgen lässt. In ihr spiegelt sich das Selbstbewusstsein einer über Jahrhunderte dominanten Literatursprache, die in Form der *Belles Infidèles*, der ‚untreuen', schöpferischen Übersetzung auf eine frei-verfügende, ethnozentrische, um nicht zu sagen *kulturkolonialistische* Übersetzertradition zurückgreifen konnte.[66] Ein Strang dieser Tradition führte über die modernistisch-avantgardistische Nachdichtung, die im Literaturbetrieb der 1960er Jahre auf die neue, einerseits vom Aufstieg des Anglo-Amerikanischen, andererseits vom

---

61 Friedhelm Kemp: Das Übersetzen als literarische Gattung, in: SpritZ 21 (1967), 45–58.
62 Vgl. seinen Brief an Hasenclever vom 27.5.1966. LSR (Anm. 44).
63 Vgl. Yves Chevrel, Bernard Banoun, Christine Lombez: Poesie, in: Banoun, Poulin, Chevrel (Hrsg.) (Anm. 3), 598–604 („Le poète-traducteur", „Le traducteur-auteur"), hier: 599, 603.
64 Kemp (Anm. 61), 46, 45.
65 Ebd., 58.
66 Vgl. Pascale Casanova: La langue mondiale. Traduction et domination, Paris 2015, 77–93.

Diversifizierungsprozess geprägte Herausforderung reagierte, indem sie dem „poète-traducteur" den professionellen „traducteur-auteur" zur Seite stellte.[67]

Für einen neuen, westlich geprägten Autorschafts-Diskurs qua Übersetzung tritt auch der zweite, translationspoetologisch herausstechende Essay von Klaus Reichert ein.[68] Der Übersetzer und zugleich Suhrkamp-Lektor in Frankfurt bezieht sich auf Charles Olson, der mit dem Langgedicht *Death of Europe / Der Tod Europas* bereits in der Höllerer/Corso-Anthologie von 1961 vertreten war und für die Weiterentwicklung der lyrischen Moderne im Sinne von Höllerers *Thesen zum langen Gedicht*[69] eine wichtige Rolle spielte. Der Essay gipfelt in der Forderung, „endlich im Deutschen Umgangssprache *literaturfähig* zu machen."[70] Die Aneignung der Umgangssprache sollte dabei nicht naturalistisch durch „Einsprengsel im Dialog" oder „Milieuvokabular" erfolgen,[71] sondern nach dem Vorbild Olsons und seiner Poetik des „projektiven Verses". Diese zielte auf eine Dichtkunst, die auf Mündlichkeit, Körper und Atem aufbaut. Dabei gehe es – wie Reichert mit Blick auf seine Übersetzung Olsons betont – um eine Zeilen-Poetik, die sich nach der rhythmischen Ordnung des Gesprochenen und nach dem „Atemausstoß" ausrichte.[72] Schließlich rückt Reichert Olsons Poetik des projektiven Verses in die Nähe des Epischen, denn die sachlich-realistische Umgangssprache sei die eines erzählenden Ichs, gar die des Autors Olson selbst.[73] Angedeutet ist hier nicht nur ein möglicher Übergang vom „langen Gedicht" zur modernen epischen Prosa, sondern auch eine gewisse Nähe zu einer Poetik der Mündlichkeit als sekundäre Oralität, die von Körperlichkeit, Rhythmus und Performanz lebt. Sie stellte die Übersetzung vor neue Herausforderungen, erhob sie aber zugleich zu einer eigenen Sprachperformanz-Kunst und Autor-Poetik.

Analog zu Höllerers Poetik einer Weltpoesie ging es also in den Essays der Übersetzer – insbesondere derjenigen aus den westlichen Literatursprachen – um die translationspoetologische Entwicklung einer neuen modernen Literatursprache, die den separierten Bereich der Hochkultur verlässt und sich zunehmend ‚horizontales' Material, also realistische Umgangssprache und Alltagskultur, als offene, rhythmisierte Kunstform aneignet. Hierzu gab die amerikanische Lyrik der Beat-Generation gleichsam den neuen ästhetischen Takt vor. Die Aneignung einer die neuen Realitäten erfassenden Alltagssprache zum Zwecke der Ausbildung einer neuen *Literatur*sprache erfolgte über die Auseinandersetzung mit der für Enzensberger zum Museum

---

67 Vgl. Chevrel, Banoun, Lombez (Anm. 63).
68 Klaus Reichert: Zur Technik des Übersetzens amerikanischer Gedichte, in: SpritZ 21 (1967), 3–16.
69 Walter Höllerer: Thesen zum langen Gedicht, in: Akzente 12/2 (1965), 128–130.
70 Reichert (Anm. 68), 3 (Hervorhebung H. T.).
71 Ebd.
72 Ebd., 8.
73 „Die Sprache der *Kingfishers* ist die Umgangssprache. Durchgängig. Als Haltung des Ichs (zunächst eines Er, der mit diesem verschmilzt), das – ja was? – das ‚erzählt'. Dieses Ich ist nicht mehr ein schlechthin ‚lyrisches', keine persona, es ist [...] Olson selber, der erzählt." Ebd.

gewordenen und für Höllerer weiterhin gültigen poetischen Moderne Europas, nicht zuletzt Frankreichs. Exemplarisch stehen hierfür in *Ein Gedicht und sein Autor* nicht nur Yves Bonnefoy, sondern auch Francis Ponge und seine poetologische *Parteinahme für die Dinge*, wie sein bekanntester Gedichtband wörtlich übersetzt auf Deutsch hieß (*Le parti pris des choses*, 1942). In Höllerers Konzept einer weltliterarischen Poesie zeichnet sich offenbar eine historische Kompromissstellung oder ein Kreuzungspunkt zwischen einer alten, absteigenden und einer neuen, aufsteigenden zentralen Literatursprache, Französisch und Amerikanisch, ab. Mit seinen *Thesen zum langen Gedicht* verfolgte Höllerer bekanntlich die Abwendung vom hermetischen Gedicht und die Hinwendung zum Langgedicht, das die neuen Alltagsrealitäten erfasst, dies aber mit einer modernen, literatursprachlichen Stoßrichtung. Damit scheint er die weltliterarisch absteigende europäische Moderne mit der weltliterarisch aufsteigenden US-amerikanischen „Postmoderne" im Zeichen einer weitergeführten Weltpoesie der Moderne versöhnen zu wollen.

Wo blieb aber die Ost-West-Spannung? War sie in Höllerers Poetik einer weitergeführten Weltpoesie der Moderne und im LCB-Übersetzerkolloquium gar nicht anwesend? Ich denke doch, nur war sie poetologisch vermittelt.

Eine symptomatische übersetzungspoetologische Auseinandersetzung

Zunächst gilt es nochmals festzuhalten, dass Höllerers Poetik eine Gegenposition zur offiziellen Poetik des Sozialistischen Realismus darstellte. Aber auch auf der Ebene des Übersetzer-Diskurses zeigte sich die Ost-West-Polarität in prismatisch vermittelter Form. Zum einen nahmen an dem LCB-Kolloquium keine Vertreter aus der DDR teil, was vermutlich weniger auf ideologische Gründe als auf realpolitische Hindernisse zurückzuführen ist. Zum anderen kam es im Verlauf des LCB-Kolloquiums zu einer harschen Polemik von Max Hölzer gegen Karl Dedecius[74] – eine Polemik, die letzteren schwer traf.[75] Was war passiert und wer war eigentlich Hölzer?

Max Hölzer – 1915 in Graz geboren, 1984 in Paris gestorben – orientierte sich stark am französischen Surrealismus, den er Anfang der fünfziger Jahre in die deutschsprachige Literatur zu vermitteln suchte. In den von ihm mitherausgegebenen

---

74 Tietze: Sintflut (Anm. 60), 155.
75 Wie sich dem Briefwechsel zwischen Hasenclever und Dedecius im Nachgang der Veranstaltung entnehmen lässt, hatte Dedecius die Kritik von Hölzer hart getroffen. In einem Brief vom 14.6.1966 tröstete Hasenclever Dedecius, dass Herr Hölzer „kein glücklicher Mensch" sei und auch „kein leichtes Leben" habe, dass aber die anderen Teilnehmer Dedecius' Beitrag sehr geschätzt hätten, „weil er eine ganz neue Richtung in unsere Diskussion eingeführt hat." Walter Hasenclever an Karl Dedecius, 14.6.1966, LSR (Anm. 44).

Surrealistischen Publikationen (1950)[76] finden sich neben französischen Surrealisten auch Texte von Paul Celan sowie Lyrik und lyrische Prosa von Hölzer selbst, wie z. B. eine Ode an Breton. Zwischen 1951 und 1954 übersetzte er Gedichte von André Breton, Georges Bataille, Julien Gracq und Pierre Reverdy. Viele von ihnen sind in der von ihm herausgegebenen Anthologie *Im Labyrinth* von 1959 versammelt,[77] auf die auch Enzensberger für sein *Museum* zurückgriff. In seinen eigenen Gedichten nach 1960 wandte sich Hölzer dann vom Surrealismus ab. Es folgte eine Hinwendung zum stark verschlüsselten „transzendentalen Gedicht". Sein Schreiben wies zunehmend eine hermetische Sprache auf.[78]

In seinem LCB-Beitrag „Zur Übersetzung von Gedichten"[79] legte Hölzer nun seine eigene übersetzungspoetologische ‚Konversion' dar: vom Glauben an „eine wörtliche und die grammatikalische Struktur getreu wiedergebende Übersetzung" hin zum Plädoyer für eine schöpferische Übersetzung, die durch genaue Interpretation und Intuition den poetischen Gedanken als „Substanzmöglichkeit" erfasse.[80] Diese Neuausrichtung von einer ‚materiellen' Übersetzung hin zu einer freien Nachdichtung, die sich „im Deutschen einer am weitesten vom Original abweichenden Form" erschafft,[81] mündet in eine direkte Polemik gegen Dedecius:

> Es gibt zwei Arten von Übersetzungen, die sich am weitesten vom Gedicht entfernen: jene, die sich bei dichterischem Unvermögen dichterisch geben, und die ‚Prosaübersetzung', die nicht bei der […] Interlinearversion stehenbleibt. Beide leisten, meine ich, einem grundsätzlichen Mißverständnis Vorschub: die eine als Irreführung des unkritischen Lesers (der Übersetzer als untaugliches Medium); die andere, indem sie den poetischen Gedanken auf eine nicht dichterische Weise zu vermitteln vorgibt und dem, der das Gedicht in der Originalsprache nicht nachempfinden kann, die Kenntnis des ‚Inhalts' vortäuscht (objektive Untauglichkeit). Es gibt genug Beispiele für das subjektive Versagen. Meiner Meinung nach gehören hieher [sic!] (ich begründete das auf der Tagung) die Übersetzungen von Karl Dedecius.[82]

Um die Kritik an Dedecius besser einordnen zu können, muss auch die zweite Kritik angeführt werden, die sich an Georg Rudolf Lind richtete. Dessen Pessoa-Übersetzung kritisierte Hölzer wegen ihrer vermeintlich „falschen Poetisierung".[83] Dagegen führte Hölzer eine kaum bekannte, aber aus seiner Sicht vorbildliche Übertragung

---

76 Ein zweites Heft (1952) wurde gedruckt, aber nicht ausgeliefert, vgl. die Kurzvita von Max Hölzer im Literaturarchiv der Österreichischen Staatsbibliothek; am 2. März 2021 online abgerufen unter https://www.onb.ac.at/bibliothek/sammlungen/literatur/bestaende/personen/hoelzer-max-1915-1984/.
77 Max Hölzer (Hrsg.): Im Labyrinth. Französische Lyrik nach dem Symbolismus, München 1959.
78 Vgl. Kurzvita: Max Hölzer (Anm. 76).
79 Max Hölzer: Zur Übersetzung von Gedichten, in: SpritZ 21 (1967), 59–64.
80 Ebd., 59, 61.
81 Ebd., 62.
82 Ebd.
83 Ebd.

von sieben Gedichten Pessoas durch Paul Celan an, die in der *Neuen Rundschau* von 1956 erschienen war.[84] Offenbar geht es Hölzer um die Inanspruchnahme von Celans Übersetzungen in den späten 1950er Jahren[85] für seine eigene Positionierung im Übersetzungsdiskurs, die sich letztlich wiederum gegen Dedecius als Übersetzer von Sergej Essenin wendet, wie aus folgendem Zitat hervorgeht:

> Gerade weil sich Celan für und in seinen Übersetzungen eine eigene Sprache geschaffen hat, ist es möglich, daß selbst der Leser, der das Russische nicht kennt, durch seine Jessenin- und Mandelstamm-Übertragungen [sic!] zum poetischen Gedanken dieser Gedichte vordringt. Die Bedeutung solcher Übersetzungen konnte – und könnte – gerade in der schöpferischen Abweichung für die Entwicklung der Literatur größer sein, als die der Originale in fremder Sprache.[86]

In Hölzers Polemik gegen Dedecius zeigt sich ein symptomatischer Konflikt: Die „schöpferische Abweichung" vom Original verleiht dem Übersetzer den Status eines schöpferischen Autors einer sogar das Original potenziell überflügelnden poetischen Übersetzung bzw. Nachdichtung, wie sie insbesondere für eine westliche Avantgarde- oder Moderne-Tradition steht. Hier übersetzte sich der Begriff der kulturellen ‚Freiheit', der für den Westen die zentrale Legitimation im Kalten Krieg darstellte, in den Übersetzer-Diskurs der *Belles Infidèles:* der kulturell sich überlegen fühlenden, schönen, *untreuen Nachdichtung.* Leider ist Hölzers mündlicher Vortrag im LCB-Kolloquium nicht im Detail dokumentiert und auch die Kritik im schriftlichen Beitrag scheint zweideutig zu sein, wenn man sie sich nochmals genauer ansieht: Einerseits wird Dedecius' Übersetzungen „subjektives Versagen" vorgehalten. Andererseits scheint diese Kritik eher auf Linds Pessoa-Übersetzung als „falsche[] Poetisierung" zuzutreffen, während Dedecius offenbar eher der ‚Prosaübersetzung' zugeordnet wird, „die nicht bei der [...] Interlinearversion stehenbleibt", sondern mehr beansprucht, „indem sie den poetischen Gedanken auf eine nicht dichterische Weise zu vermitteln vorgibt [... und] die Kenntnis des ‚Inhalts' vortäuscht."[87] In dem vom Kalten Krieg prismatisch gebrochenen Diskursfeld der Übersetzungspoetik stehen sich also ‚Treue' und ‚schöpferische Abweichung', ‚Inhalt' und ‚Form', ‚Interlinearübersetzung, und ‚Nachdichtung' gegenüber. Hölzers eigene Konversionsgeschichte verabschiedete ‚materiell-wörtliche' Prinzipien beim Übersetzen, zugunsten einer „schöpferischen Abweichung" im Zeichen eines „poetischen Gedankens" in „substantielle[r] oder [existentielle[r] Gestimmtheit".[88] Für sie wird Celan als ‚ästhetischer Dissident' in Anspruch

---

[84] „Fernando Pessoa (Sieben Gedichte. Deutsch von Paul Celan)." In: Die Neue Rundschau 67 (1956), H. 2/3, 401–410.
[85] Vgl. zur Entwicklung von Celans vielfältigen Übersetzungen: Jürgen Lehmann u. a.: Übersetzungen, in: Markus May, Peter Goßens, Jürgen Lehmann (Hrsg.): Celan-Handbuch. Leben – Werk – Wirkung, Stuttgart 2003, 180–214.
[86] Hölzer (Anm. 79), 62 f.
[87] Ebd., 62.
[88] Ebd.

genommen. Diesem dezidiert *westlichen* Anspruch auf ‚ästhetische Dissidenz' in der Übersetzung insbesondere avancierter osteuropäischer Literatur war daran gelegen, sich in der Konkurrenz um poetische Übersetzer-Autorschaft von Dedecius' Position abzugrenzen. Wofür aber stand diese?

Karl Dedecius, 1921 in Łódź geboren und 2016 in Frankfurt a. M. verstorben, „gilt als einer der produktivsten deutschen Übersetzer polnischer Literatur und als herausragende Persönlichkeit des deutsch-polnischen Dialogs in der zweiten Hälfte des 20. Jahrhunderts."[89] Der aus sowjetischer Kriegsgefangenschaft frei gelassene Dedecius gelangte 1950 in die DDR, wo er in der Thüringer SED-Zeitung *Das Volk* als Übersetzer zweier Lermontov-Gedichte debütierte. Zeitweilig arbeitete er am Deutschen Theater-Institut in Weimar als Assistent und Übersetzer. 1952 flüchtete Dedecius mit seiner Frau aus politischen Gründen über Westberlin in die Bundesrepublik. Als Angestellter bei einer Versicherung in Frankfurt a. M. blieb ihm offenbar ausreichend Zeit, seinen ambitionierten literarischen Projekten nachzugehen. Dedecius entwickelte dabei eine intensive Korrespondenz mit deutschen Autoren (u. a. Hans Magnus Enzensberger) und Verlagen sowie mit polnischen Schriftstellern, Literaturwissenschaftlern und Zeitschriftenredakteuren sowohl im Exil als auch in Polen. Dieses Netzwerk war Ende der 1950er und Anfang der 1960er Jahre wichtig für Dedecius' Suche nach Autoren und Texten für seine ersten Projekte zur polnischen Gegenwartslyrik. Den Durchbruch als Übersetzer erzielte er 1959 mit der im Hanser Verlag erschienenen Anthologie *Lektion der Stille – Neue polnische Lyrik*. Die Sammlung, in der auch mehrere Exilautoren vertreten waren, brachte Texte u. a. von Zbigniew Herbert, Tadeusz Różewicz, Czesław Miłosz und Wisława Szymborska, von Dichtern also, die in den kommenden Jahrzehnten als wichtigste Vertreter polnischer Gegenwartslyrik berühmt werden sollten. Zwei von ihnen erhielten sogar den Nobelpreis.[90]

In seinem Beitrag für das LCB-Übersetzerkolloquium[91] formulierte Dedecius nun erstmals eine Typologie literarischer Übersetzung, die in den späteren translatologischen Diskurs eingegangen ist:

> *Übersetzung* ist das, was zuverlässig, aber unkünstlerisch ist.
> *Übertragung* ist das, was künstlerisch und zuverlässig ist.
> *Nachdichtung* ist das, was künstlerisch, aber unzuverlässig ist.[92]

Als „Übersetzung" versteht Dedecius „etwas, was sich auf die [...] Synonymik der Wörter stützte", also die Interlinear-Übersetzung. Die „Übertragung" dagegen, „müßte außerdem den Takt und die Tonart des Stückes wiedergeben, sein Tempo und seinen

---

[89] Przemysław Chojnowski: Art. „Karl Dedecius", in: Germersheimer Übersetzerlexikon. Online abgerufen am 2. März 2021 unter http://www.uelex.de/artiklar/Karl_DEDECIUS.
[90] Vgl. ebd.
[91] Karl Dedecius: „Das frag-würdige Geschäft des Übersetzens" (Anm. 35).
[92] Ebd., 33.

Charakter wahren." Bei dieser Variante handelt es sich um Dedecius' translatorisches Ideal einer Übersetzung. Der „Nachdichtung" schließlich stehe „das weite Feld des poetischen Spiels offen – bis zur Verfremdung."[93] Hier darf man vermuten, dass mit dem negativ konnotierten „poetischen Spiel", das sich vom Original mehr oder weniger vollständig emanzipiert habe, unterschwellig die westlich-avantgardistische Nachdichtungen gemeint sind und an dieser Stelle konnte sich Hölzer angegriffen gefühlt haben. Dedecius nahm also im übersetzungspoetologischen Diskurs, der eine spezifisch gebrochene Ost-West-Polarität aufwies, die Mittelposition einer ‚Übertragung' ein, der auch seine eigene Biographie als ein aus Łódź stammender, aus der DDR geflüchteter und nun in der BRD lebender Übersetzer aus dem Polnischen und Russischen entsprach. Diese Mittel- und Vermittlerposition geht auch aus seiner späteren, Anfang der 1980er Jahre formulierten Auffassung von den potenziellen Beziehungen zwischen Original und Übersetzung anhand einer graphischen Darstellung hervor:

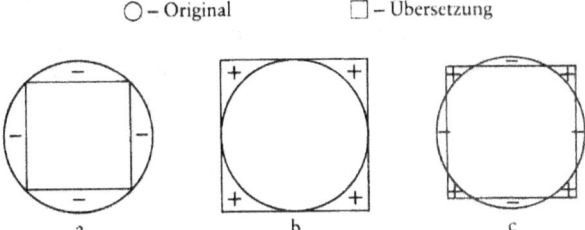

Abb. 1: Karl Dedecius: Quadratur des Kreises[94]

Mit der Abbildung wollte Dedecius seine Auffassung veranschaulichen, dass eine ideale Übersetzung, die sämtliche Eigenschaften eines Originals wiedergibt, zwar theoretisch denkbar, aber praktisch nicht realisierbar sei. Man übersetze immer zu wenig oder zu viel. Das Ideal sei die – leider unmögliche – Deckungsgleichheit der beiden geometrischen Figuren: „Deshalb ist es besser, wenn die Interpretation nicht über den Rahmen des Werks hinausgerät, sondern im Werk noch unterzubringen ist. Unter-Interpretationen sind sinnvoller als Über-Interpretationen".[95] Das Plädoyer für Unter-Interpretationen musste für den selbstbewussten Befürworter der schöpferischen, ‚überinterpretierenden' Nachdichtung provozierend wirken. Die Dreiteilung – Nachdichtung, Interlinearübersetzung und vermittelnde Position der Übertragung – modifizierte Dedecius schließlich, indem er vier exemplarische Übersetzungen des Gedichtes „Осень" / „Herbst" von Sergej Jessenin anführte: Zum ersten eine interlineare, wörtliche Übersetzung von ihm selbst, zum zweiten eine Übersetzung aus

---
93 Ebd.
94 Dedecius: Vom Übersetzen (Anm. 35), 145.
95 Ebd., 147.

der DDR von Adelheid Christoph,[96] drittens eine Übersetzung oder, in seiner Begrifflichkeit: Nachdichtung von Paul Celan,[97] viertens schließlich eine Übertragung von ihm selbst. Ohne an dieser Stelle die verschiedenen Varianten philologisch näher zu betrachten, interessiert hier allein Dedecius' übersetzungspoetologische Klassifikation dieser Varianten:

> Wir sehen eine Ostberliner Fassung, die das Gedicht verfehlt, weil sie die Bildmagie banalisiert und die Wortkraft verwässert, wir sehen das andere Extrem, eine westdeutsche dichterische Variante, die den volkstümlichen Jessenin intellektualisiert, ihn also in seinem Wesen verkennt, vor allem in der Syntax verändert, verfremdet, und eine dritte Form, die durch Disziplin – nicht ohne Kompromisse, leider – dem Dichter wie dem deutschen Gedicht zu gleichen Teilen gerecht zu werden versucht.[98]

Hier wird nochmals deutlich, wie sich der Ost-West-Konflikt in eine übersetzungspoetologische Polarität prismatisch übersetzt: einerseits eine *treue*, wörtliche, aber die ‚Wortmagie' entzaubernde Interlinearübersetzung analog zu einem wörtlich genommenen Realismus und andererseits eine zwar *freie* Nachdichtung, die aber in ihrer intellektuellen Konzeption und ihrer Ästhetik der Form den in der Ausgangssprache verankerten Gehalt des Gedichts nicht erfasse.[99] Schließlich die Mittelposition der Übertragung, die sowohl dem Autor und seinem fremdsprachigen Text als auch der deutschen Literatursprache gerecht zu werden versuche, also einen Kulturaustausch auf Augenhöhe anstrebt.[100] Zugleich zeigt sich in dem Konflikt zwischen Dedecius und Hölzer auch eine Konkurrenz um den legitimen Transfer ästhetisch avancierter Literatur bzw. *ästhetischer Dissidenz* aus dem Osten (hier konkret: der russischen Lyrik)

---

96 Sergej Esenin [Jessenin]: Liebstes Land, das Herz träumt leise. Gedichte, nachgedichtet von Adelheid Christoph und Erwin Johannes Bach, [Ost-]Berlin 1958.
97 Russische Lyrik des 20. Jahrhunderts. Eine Auswahl von Gisela Drohla, Wiesbaden [Insel-Bücherei] 1959 (enthält u. a. 9 von Celan übertragene Gedichte von Mandelstam und Jessenin).
98 Dedecius: Das frag-würdige Geschäft (Anm. 35), 40.
99 In dieser prismatisch gebrochenen Polarität, in der sich ein Echo der Formalismus-Debatte in der DDR der 1950er Jahre vernehmen lässt, sind dem „treu"-wörtlichen Pol nicht per se Übersetzungen aus dem Osten zuzuordnen. Als Beispiel für eine wörtlich-‚unfreie', den poetischen Gehalt nicht erfassende Übersetzung führt Dedecius eine Julian Tuwim-Übersetzung („Jamby Polityczne" / „Politische Jamben", ebd., 41 f.) von der Österreichischen Autorin und Übersetzerin Helene Lahr an, vgl.: Helene Lahr (Hrsg.): Polnische Lyrik. Nachdichtungen, Wien 1953. Ihr Lebensgefährte und Nachlassverwalter war im Übrigen Oskar Jan Tauschinski, der auch am LCB-Kolloquium teilnahm. Sein Beitrag trug den Titel „Gehorsamster Diener, Herr Autor!", vgl. SpritZ 21 (1967), 22–26. Tauschinski tritt hier für die „‚gehobene' Interlinearübersetzung" ein. Ebd., 25.
100 Dass allerdings auch bei Dedecius ein ‚imperialer' Anspruch gegenüber dem Autor zu beobachten war, zeigt Bernhard Hartmann: Der Übersetzer und ‚sein' Dichter? Anmerkungen zum imperialen Übersetzen am Beispiel von Zbigniew Herberts Herr Cogito, in: Ilona Czechowska, Krzysztof A. Kuczyński, Anna Małgorzewicz (Hrsg.): Die Botschaft der Bücher – Leben und Werk von Karl Dedecius, Wrocław/Dresden 2018, 71–84.

in den Westen, wie anhand der stellvertretenden Auseinandersetzung um Celan als „westdeutschen" Jessenin-Übersetzer in Paris deutlich wird: Während Hölzer ihn im Namen der „schöpferischen Abweichung" aufwertet, erfährt er bei Dedecius mit dem Vorwurf einer intellektualistischen Übersetzung, die der Volkssprache Jessenins nicht gerecht werde, eine Abwertung.

Fazit

Das translatorische Feld im Allgemeinen und der übersetzungspoetologische Diskurs im Besonderen bilden ein Prisma, über das sich der Internationalisierungsprozess und die hier wirkenden konkurrierenden Kräfte in einer spezifischen Brechung untersuchen lassen. Allgemein übersetzte sich der Kalte Krieg in den 1950er und 60er Jahren poetologisch u. a. in eine globale Konkurrenz um Schreibformen des Realismus: Während im Osten die Politik einen Sozialistischen Realismus, der die neue gesellschaftliche Realität als Annäherung an das sozialistische Ideal widerspiegeln sollte, vorgab und diese Doktrin die Negativfolie für ästhetische Dissidenz war, zielte man im Westen auf einen neu-avantgardistischen Realismus, der aus dem Bereich der abgeschlossenen Hochkultur ausbrach und in den offenen Horizontal-Bereich der Alltagskultur, der Umgangssprache in Konfrontation mit der technisch-verwalteten Welt und ihrer „Sprache des Kalküls" vordrang. Dieser Opposition entsprach im übersetzungspoetologischen Diskurs, der im LCB-Kolloquium von 1966 zu einem diskursiven Ausdruck kam, die Polarität zwischen einerseits wortgetreuer, aber ‚unfreier' Interlinearübersetzung und andererseits der vom Originaltext selbstbewusst abweichenden, ‚freien' Nachdichtung. Letztere bestand selbst wiederum aus einer spannungsgeladenen Position: einerseits die in ihrer Weltgeltung tendenziell absteigende, aber noch sehr selbstbewusste französische Position, die, in der Traditionslinie der bis auf die *Belles Infidèles* zurückgehenden französische Moderne die Anerkennung der Übersetzung als eigene literarische Gattung und damit eine Form von *Autorschaft* einforderte (Kemp); andererseits die aufsteigende, angloamerikanische Position, die die „Literaturfähigkeit" der Alltagssprache auch im Deutschen forderte (Reichert). Dedecius nahm in diesem translationspoetologischen Kräftefeld die mittlere Position der *Übertragung* ein, die von einer doppelten Abgrenzung sowohl von der Worttreue (= translatorische „Unfreiheit") als auch von der unbegrenzt sich vom Ausgangstext emanzipierenden Nachdichtung (= translatorische ‚Überfreiheit' bzw. schöpferische Autorschaft) gekennzeichnet war. Die vermittelnde Position, die mit dem Übersetzer Dedecius zugleich den Anspruch auf eine neue legitime Vermittlung osteuropäischer, hier insbesondere der avancierten russischen und polnischen Poesiesprache in den Westen stellte, war selbst wiederum nicht ohne Konkurrenz, wie aus Hölzers Polemik unter Berufung auf westlich-avantgardistische Prinzipien im Allgemeinen und auf Paul Celan als Autor einer poetischen ‚Nachdichtung' einer östlichen Stimme im Besonderen deutlich wurde.

Mit dieser Konkurrenz der Übersetzungen verband sich auch eine Konkurrenz um die legitime Weiterführung eines modernen Literatur- und Autorbegriffs im internationalen Maßstab. Die Frage, inwiefern die Entwicklung des Literaturbegriffes beeinflusst wird, wenn Autoren auch professionell übersetzen und professionelle Übersetzer ihrerseits sich zunehmend als Autoren verstehen, ist nicht nur für die Internationalisierungsphase in den 1960er Jahren relevant, sondern auch – und im verstärkten Maße – für die Formation der Gegenwartsliteraturen in der neuen Globalisierungsphase seit den 1980er Jahren und der ‚Wende'. In Höllerers Bestreben, im West-Berlin der 1960er Jahre nochmals die verschiedenen Strömungen auf einen weltpoetischen Nenner zu bringen, lässt sich ein Berührungspunkt zwischen einer weltliterarisch absteigenden europäischen Moderne und ihren west- wie auch osteuropäischen Literatursprachen mit der weltliterarisch aufsteigenden, US-amerikanisch geprägten ‚Postmoderne' erkennen. Der neue Autor-Übersetzer-Diskurs, der in seinem Werkstatt-Charakter eine Nähe zum Aufstieg des US-amerikanischen Kreativen Schreiben aufweist,[101] bahnte einem neuen Schreib-Charakter langfristig den Weg in unsere globalisierte Gegenwart. Das internationalisierte, ‚nomadische' Schreiben, das Höllerer und das LCB verfolgten, erweist sich also als ein symptomatischer Kreuzungspunkt in der weiteren Entwicklung transkultureller Gegenwartsliteraturen und ihrem zunehmenden Stellenwert der Diversität angesichts einer weltweiten Hegemonie der Übersetzungen aus dem Anglo-Amerikanischen. Letztere stellen, wie Venuti und Casanova gezeigt haben,[102] in Form der ‚unsichtbaren', ‚flüssigen' Übersetzung, die jeden sprachästhetischen Abstand verneint und den eigenen Standards anpasst, eine neue, nicht mehr ästhetisch, sondern ökonomisch grundgelegte ethnozentrische Form der *Belles Infidèles* dar.

---

[101] Vgl. Mark McGurl: The Program Era. Postwar Fiction and the Rise of Creative Writing, Cambridge/London 2011.
[102] Vgl. Lawrence Venuti: The Translator's Invisibility. A History of Translation, London/New York 1995; Casanova (Anm. 66), 123–130: „Exitus ou les Belles Infidèles recommencées".

Cornelia Ortlieb
East East and West West: Ein russisch-amerikanisch-deutsches Gespräch im Zeichen Goyas, Berlin, Januar 1967

Wie internationale Literatur im Berliner Winter 1966/67 zum mehrsprachigen Ereignis wird, lässt sich dank der neuen Möglichkeiten digitaler Medien im Nachvollzug ihrer Aufführung und in der einholenden und wiederholenden Lektüre erleben, eine gleichsam instantane Überwindung zeitlicher und räumlicher Distanzen. Eben diese Möglichkeit einer fernwirkenden Kommunikation hat bereits Lawrence Ferlinghettis zeitbetont einsetzendes visionäres Gedicht *After the Cries of the Birds* in eine heute geläufige Metapher gefasst: „to dig a new model / of the universe / with instant communication / a world village".[1] Das ‚Weltdorf' – ansonsten im Zitat der berühmten Formel McLuhans eher redensartlich bekannt als ‚globales Dorf'[2] – ist jedoch in diesem kleinen Ausschnitt des Gedichts noch im Modus des Entwurfs, vielmehr im reduzierten Format des Modells greifbar, wörtlich: noch *zu graben*. Erst ein zweiter Blick auf das gängige, hier aber irritierende Verb aus dem Bereich der Bauarbeiten, das verschiedene Formen des Ausgrabens/-schachtens benennen kann, lässt dessen umgangssprachliche Bedeutung im Horizont einer Protestkultur der 1960er Jahre erkennen: *to dig* lässt sich im Slang namentlich der ‚Beatniks' als Metonymie für *to like* oder *to enjoy* einsetzen; unauflöslich verschränkt ist somit hier die Arbeit an einer neuen Welt – und sei es im Kleinen – mit einer entsprechenden Freude am Werk(en).

Im Folgenden wird es, gestützt auf eine mediale Zeitreise zum Beginn des dann berühmten Jahres 1967, auch darum gehen, wie solche lokalen Redeweisen in einer neuerdings anders global vereinten Welt verortet sind, zumal in ihrer programmatischen Anbindung an neue Formate des ‚Literaturbetriebs', wie sie namentlich Walter Höllerer für die geteilte Stadt Berlin entwickelt hat.[3] Die amerikanisch-russische Lesung in der Westberliner Akademie der Künste am 2. Februar 1967, die in mehrfacher Hinsicht einzigartig und radikal oder auch einzigartig in ihrer Radikalität ist, erweist

---

[1] Lawrence Ferlinghetti: After the Cries of the Birds / Nach den Schreien der Vögel, in: Walter Höllerer (Hrsg.): Ein Gedicht und sein Autor, Berlin 1967, 408–417, hier: 410.
[2] Die suggestive Formel für neue Techniken elektronischer Verbindung und eine entsprechende Überwindung älterer Raum- und Zeit-Grenzen stammt aus den frühen 1960er Jahren und steht in McLuhans letztem Buch programmatisch im Titel, vgl. Herbert Marshall McLuhan: The Gutenberg Galaxy. The Making of Typographic Man, Toronto 1962; ders., Bruce R. Powers: The Global Village. Transformations in World Life and Media in the 21st Century, Oxford 1989.
[3] Jutta Müller-Tamm verdanke ich den Hinweis auf die Fernseh-Aufzeichnung, ihre Übermittlung und Freigabe für den Vortrag im Rahmen der Ring-Vorlesung Berliner Weltliteraturen, hierfür sei ihr vielmals gedankt!

ə Open Access. © 2021 Cornelia Ortlieb, publiziert von De Gruyter. [(cc) BY-NC-ND] Dieses Werk ist lizenziert unter der Creative Commons Attribution-NonCommercial-NoDerivatives 4.0 International Lizenz.
https://doi.org/10.1515/9783110733495-010

sich bei näherem Hinsehen als Ausnahme-Ereignis, das in verschiedene Umgebungen eingebettet ist und je unterschiedliche Implikationen und Wirkungen hat, wenn man sukzessive die durchweg männlichen Akteure der Veranstaltungsreihe *Ein Gedicht und sein Autor* gleichsam in Aktion betrachtet. Denn sowohl die genauere zeitliche Verortung der Lesung als auch die Lektüre der entsprechend historisch indizierten Gedichte führt unweigerlich in eine besondere Situation des Nachkriegs und Zwischenkriegs, die erkennbar die Aufführung der Texte auf der Bühne modelliert. Im Folgenden möchte ich daher in drei Schritten diese Lesung als Ereignis und Text-Präsentation fokussieren, ihr einen entsprechenden Rahmen geben, um dann auch ihre Untiefen und Abgründe auszuloten, namentlich, wenn die Frage der Gemeinschaft in der Zeit oder durch die Zeit verhandelt werden wird. Im Zeichen Goyas wird es dabei auch um Krieg und Gewalt und entsprechend auch um verschiedene manifeste Formen sprachlicher Gewalt gehen müssen, wobei ich aus verschiedenen Gründen auf Abbildungen und allzu explizite Zitate verzichten werde.[4]

I.

Walter Höllerer hatte seine Reihe moderierter Lesungen *Ein Gedicht und sein Autor* für das akademische Wintersemester 1966/67 als Veranstaltung des *Instituts für Sprache im technischen Zeitalter* konzipiert,[5] das nach seiner 1959 erfolgten Berufung als Professor für Literaturwissenschaft an der TU Berlin von ihm gegründet und seitdem geleitet wurde, aber auch im Namen des gleichfalls von ihm 1963 initiierten und geführten Literarischen Colloquium Berlin, kurz LCB, und zudem für die Westberliner Akademie der Künste, in der er seit 1965 Stellvertretender Direktor der Sektion Literatur war – für sich eine bemerkenswerte Konstellation und ein politisch einschlägiger

---

4 Für den Verzicht auf eine Reproduktion der Zeichnungen Goyas mit ihrer kalkulierten Schockwirkung gibt es gute bildethische Gründe; jede Form des Zeigens nimmt deren Einladung zum Voyeurismus an und wiederholt offensichtlich die Ausstellung so in Friedenszeiten unvorstellbarer körperlicher Brutalität. Die explizite und latente Gewalt der diskutierten Gedichte zu untersuchen, ist zugleich Ziel dieses Beitrags und eine gleichermaßen ethisch abzuwägende Gratwanderung zwischen Bedürfnissen des Zitierens und Implikationen des Zitats, zumal angesichts wissenschaftlicher Konventionen, die den Akt des Zitierens selbst als eher affirmativ lesen lassen. Mit neueren Formen der Kritik als Berührung lässt sich dagegen auch dafür argumentieren, dass das eigene ‚entanglement' auch Teil des reflektierten (literaturwissenschaftlichen) Schreibens sein sollte, vgl. Katia Schwerzmann: ‚Coupling Parts that are not Supposed to Touch' oder die Berührung als Kritik, in: Sandra Fluhrer, Alexander Waszynski (Hrsg.): Tangieren. Szenen des Berührens, Freiburg 2020, 283–299.
5 Vgl. die Abbildung des handschriftlich ergänzten Typoskripts mit dem Programmentwurf in: Helmut Böttiger: Elefantenrunden. Walter Höllerer und die Erfindung des Literaturbetriebs. Ausstellungsbuch, Berlin 2005, 154.

Veranstaltungsort.⁶ Diese verschiedenen Positionen dienten (ihm) alle dazu, die Internationalisierung der Literaturförderung und -vermittlung zu ermöglichen und programmatisch voranzutreiben, ein denkbar innovatives Projekt, zumal in Berlin, zumal unter den Bedingungen des Winters 1966/67.

Einen entscheidenden Hinweis zur zeitgenössischen Wahrnehmung der Reihe *Ein Gedicht und sein Autor* gibt zunächst das *Forum* der Berliner Literaturzeitschrift *Neue deutsche Hefte* mit einem Bericht, kurz nach dem Ende der insgesamt zehn Leseabende, der ihre zentrale Frage benennt: „Was ist ein Gedicht heute"?⁷ Mit einer doppelten Antwort heißt es dort, man sei sich bei den einzelnen Lesungen offenbar weitgehend einig gewesen, dass von Lyrik – erstaunlicherweise – zuallererst „Aussage" zu erwarten sei; sie solle, mit einem Dreiklang, „erhellen, treffen, verändern".⁸ Doch das „Erstaunen wächst, wenn wir gewahren, daß Amerikaner, Franzosen, Jugoslawen unabhängig von uns und voneinander beim Schreiben von Lyrik nahezu austauschbare Erfahrungen machen und uns die gleichen, kaum variierten Benennungen aus anderen Sprachen widertönen."⁹

Das Projekt, Ziel und Ergebnis der Lesungen, um die es hier geht, lässt sich so in einen Satz fassen: „Nicht regionale Unterschiede hat eine vom Literarischen Colloquium Berlin veranstaltete internationale Lesereihe ins Blickfeld gerückt, sondern weltweite Überschneidungen."¹⁰ Das ist anspruchsvoll und avanciert, zumal, wie der Artikel auch präzisiert, fast nur solche Autoren eingeladen waren, die als „Vertreter avantgardistischer Schulen gelten", zudem, anders als der Titel suggeriert, jeweils zwei, die ihre Gedichte abwechselnd lesen und zusätzlich in einem Essay, einem frei gestalteten Prosatext, kommentieren.¹¹ Das Buch zur Reihe, das bereits im selben Jahr 1967 erschien, dokumentiert in seiner ästhetisch ansprechenden Reihung

---

6 Folgt man einem Bericht zum 50. Jubiläum, ist bereits der Bau der Akademie 1960 ein politisches Statement: „Nicht nur wegen der Materialität und Form dauerte es nur kurze Zeit, bis die Akademie Düttmanns – gleich der Kongresshalle oder der Freien Universität – zum Symbol für das liberale, freie Westberlin avancierte, mit Geldern aus den USA ermöglicht." Dazu gehört bereits die besondere Lage im „Hansaviertel": „Die Stadt von morgen, die im Rahmen der ‚Interbau' 1957/58 als westliche Antwort auf die Ostberliner Stalinallee (1953) entstand, verkörperte als „geformte Gestalt" die Visionen des Aufbruchs, der Moderne und des International Style." Rolf Lautenschläger: „Die Schöne im Tiergarten", in: taz (12.06.2010), 27. Online abgerufen am 12. April 2021 auf *taz archiv* unter https://taz.de/!420536/.
7 H.R., d.i. Hedwig Rohde: Berliner Forum II, in: Neue deutsche Hefte 114 Jg. 14/2 (1967), 211–216, hier: 211. Der hier zitierte Satzanfang eröffnet eine Reihe möglicher Antworten, die explizit als „deutsche" ausgewiesen sind: „Was ist ein Gedicht heute: Selbstbegegnung (Benn), Daseinserfahrung (Loerke), Verdichtung der Wirklichkeit (Hilde Domin), direkte Existenzmitteilung (Bense) oder Antiware (Enzensberger)? Solche deutschen Auslegungen ließen sich häufen […]."
8 Ebd., 212.
9 Ebd.
10 Ebd.
11 Ebd.

schmal beschnittener Schwarzweißporträts rund um Cover, Buchrücken und hinteren Buchdeckel und in deren Verlängerung auf der jeweiligen Cover-Innenseite diese eindrucksvolle Reihe männlicher Autoren, die nur durch ein einziges weibliches Gesicht, eine Photographie der Lyrikerin Friederike Mayröcker an der linken Außenposition der Rückseite sprechend durchbrochen wird.[12]

Die übliche Paar-Zusammenstellung war auch in der Abfolge der Leseabende so nur ein einziges Mal um eine Frau zur Dreiergruppe ergänzt worden; Mayröcker las zusammen mit Ernst Jandl, ihrem dann jahrzehntelangen Lebens- und Schreibgefährten, und Hans Carl (H. C.) Artmann. Bereits im Inhaltsverzeichnis von *Ein Gedicht und sein Autor* sind zudem, überraschend und doch unmittelbar evident, Autornamen und Länderbezeichnungen miteinander verschränkt, darunter sicher besonders auffällig das nun zu betrachtende Paar USA und UdSSR, oder, wie der Autor und inoffizielle Leiter der Gruppe 47 Hans Werner Richter, der dabei war, lapidar in sein Tagebuch schreibt: „Abend mit Andrej Wosnessenskij und Lawrence Ferlinghetti, Amerika und Russland."[13]

Für die einzelnen Abende wurde bei der Vorbereitung mit je 1000 oder sogar 1200 Gästen gerechnet und auch hierzu findet sich eine nähere Erläuterung im bereits zitierten *Forum:* „Das Publikum dieser Abende war durchweg das beste, was Berlin zu bieten hat. Auswärtige Besucher empfanden die Atmosphäre als einmalig."[14] Man habe sich schon deutlich vor 21 Uhr, dem ungewöhnlich späten Beginn, getroffen, am Ende mischten sich Vortragende und Publikum, konnten sich „kaum trennen", und ohnehin bildete man eine spezielle Gemeinschaft: „In den vorderen Reihen Berliner Prominenz, Presse, die Dichterkollegen, die älteren Literaturkundigen, im hinteren Saal vorwiegend studentische Jugend einschließlich der jungen Bohème [...]."[15]

Vermehrt und vervielfacht wurde diese Menge durch das Fernsehen: Der Sender Freies Berlin, kurz SFB, mit dem Walter Höllerer gleichfalls eng zusammenarbeitete, zeichnete alle Lesungen auf, wobei allerdings nicht zu sehen ist, was der

---

[12] Diese Buchgestaltung wäre eine eigene Untersuchung wert: Wie Lesezeichen geformt, sind die Porträts, allesamt Fotografien von Renate von Mangoldt, wie das Impressum angibt, so arrangiert, dass die Köpfe trotz real unterschiedlicher Körpergrößen immer auf derselben Höhe sind, ausgerichtet an der Linie der Augenpaare und je symmetrisch nach Blickrichtungen arrangiert. Trotz der gleichsam mitgegebenen ‚halben Körper', darunter auch zwei rechte Hände mit brennenden Zigaretten, ziehen somit diese Augen und Gesichter den Blick auf sich, zumal einige Münder wie zum Sprechen geöffnet sind. Eine einmalige Sonderstellung nimmt das Porträt Robert Creeleys auf dem Buchrücken ein: Wie die anderen im Buchinneren als Kapitelauftakt wiederkehrenden ganzseitigen Porträts, ist auch sein Bild stark beschnitten und wirkt so – gewollt oder nicht – geradezu minimalistisch; vgl. Höllerer: Ein Gedicht und sein Autor (Anm. 1), Cover, Vorder- und Rückseite.
[13] Hans Werner Richter: 6.2.[1967], in: ders.: Mittendrin, Die Tagebücher 1966–1972, hrsg. von Dominik Geppert, in Zusammenarbeit mit Nina Schnutz. Mit einem Vorwort von Hans Dieter Zimmermann und einem Nachwort von Dominik Geppert, München 2012, 55.
[14] Rohde: Berliner Forum II (Anm. 7), 216.
[15] Ebd.

Augenzeugenbericht eigens vermerkt: „Die Technik war wie einst in der Kongreßhalle gegenwärtig, man sah die Dichter eingezwängt von Maschinen."[16] In der Westberliner Kongresshalle hatte Höllerer seine erste, überaus erfolgreiche internationale Reihe von Lesungen im November 1961, also kurz nach dem Mauerbau, begonnen, mit je bis zu 1500 Menschen im Publikum und anschließender Fernsehsendung; dass sie so selbstverständlich zitiert wird, macht nochmals deutlich, wie hier Literatur offensichtlich zum internationalen Ereignis geworden war.

II.

Dabei fällt das Unzeitgemäße des ‚amerikanisch-russischen' Abends im Rahmen von *Ein Gedicht und sein Autor* mit etwas Distanz von diesem zeitgenössischen Kommentar ins Auge. Am Jahresanfang 1967 findet die Veranstaltung an einem ungewöhnlichen, so einzigartigen Ort statt: Die Stadt Berlin, geteilt – oder vielmehr in ihrem Westteil umschlossen – von einer Mauer, oft martialisch als Frontstadt oder Bollwerk gegen ‚den Osten' gesetzt, wird häufig als Insel figuriert – eine Metapher, die gleichsam das rote Meer der umgebenden kommunistischen Welt evoziert.[17] *Ostberlin* gibt es nur aus West-Sicht; bereits an den Sektorengrenzen ist dagegen „Berlin, Hauptstadt der DDR" angezeigt, offiziell und pragmatisch ist ab 1961 so im Osten Deutschlands von der „Hauptstadt Berlin" oder auch nur von „Berlin" die Rede. Sein Gegenüber ist *Westberlin*, zusammengeschrieben in einem Wort, und von dort aus nennt man wiederum den anderen Stadtteil offiziell „Berlin (Ost)", ab 1960 allmählich ersetzt durch das Bindestrich-Wort *Ost-Berlin*.[18] Dieses Ost-Berlin ist völkerrechtlich *nicht* Teil der Sowjetischen Besatzungszone oder DDR und Westberlin gehört *nicht* zur Bundesrepublik Deutschland, so dass Berlin, ob Ost oder West, ein je anderer Ort ist als das

---

16 Ebd., 215.
17 Vgl. dazu etwa die Beiträge in: Zeitschrift für Ideengeschichte: Die Insel Westberlin, 11/4 (2008).
18 „West-Berlin war im Lichte der Begriffsgeschichte ein Kind der Blockade und ihrer unmittelbaren Vorgeschichte. Doch selbst der Begriff war umstritten, und so spiegelten sich die kontrastierenden Interpretationen des städtischen Status im Kampf um die korrekte Schreibweise: Während es auf westlicher Seite offiziell *Berlin (West)* und im Alltagsgebrauch *West-Berlin* hieß und dementsprechend von *Ost-Berlin* bzw. *Berlin (Ost)* die Rede war, sprach die DDR nach der mit dem Mauerbau besiegelten Aufgabe ihres gesamtstädtischen Herrschaftsanspruchs von *Westberlin* versus *Berlin, Hauptstadt der DDR*, um ihre Wunschvorstellung einer von der Bundesrepublik getrennten und mit der Osthälfte der Stadt nicht zusammengehörigen Rumpfstadt als selbstständiger politischer Einheit sprachpolitisch zu untermauern." Stefanie Eisenhuth, Martin Sabrow: „West-Berlin". Eine historiographische Herausforderung, in: Zeithistorische Forschungen 2 (2014). Online abgerufen am 17. März 2021 unter https://zeithistorische-forschungen.de/2-2014/id=5090#footnote-6198-22, mit Verweis auf Gerd Langguth, Der Status Berlins aus Sicht der DDR. Eine kritische Bestandsaufnahme, in: Eberhard Diepgen (Hrsg.): Berlinpolitik. Rechtsgrundlagen, Risiken, Chancen, Berlin (West) 1989, 121–161.

Staatsgebilde, das ihn umgibt, und wiederum die beiden Teile des einstigen Groß-Berlins nun strikt voneinander getrennt sind. Der Winter 1966/67 ist für beide Teile der Stadt wiederum besonders: Im Juli 1966 waren Versuche gescheitert, das „Passierscheinabkommen" ein weiteres Mal zu verlängern, was Westberliner Bürgern Besuche bei ihren Verwandten in Ostberlin erlaubt hatte, worauf sie von 1961–63 hatten warten müssen; im Dezember 1966 kam auch das sogenannte Weihnachtsbesuchsabkommen nicht zustande, und es sollte bis 1972 dauern, bis Westberliner wieder die Erlaubnis für private Reisen nach Ostberlin bekommen konnten. Ostberlinern war nach dem Mauerbau bekanntlich ohnehin der Besuch des anderen Stadtteils verboten und verunmöglicht.

Walter Höllerers neue Lesereihe konnte demnach (‚privat') eigentlich nur von Westberlinern besucht werden – und zwar von solchen, für die der Ostteil der Stadt, wiewohl nur wenige S-Bahn-Stationen entfernt, unerreichbar weit weg war. Die mediale Zeitreise führt so dezidiert nach Westberlin und ins Westfernsehen, wobei dieser erklärte Raum der (Dicht-)Kunst zugleich der eines modernen Massenmediums ist, das seine eigenen Effekte produziert. Beim solchermaßen vermittelten Sehen und Hören dessen, was am 2. Februar 1967 vor dem Vorhang-Hintergrund der Akademie aufgeführt wurde, zeigt sich nämlich nicht die heute übliche ‚Wasserglas-Lesung' auf einer Art leeren Theaterbühne oder dicht beim Publikum,[19] sondern geradezu eine Performance mit insgesamt fünf Darstellern, innerhalb deren die Stimmen auch sichtbare Köper in Bewegung bekommen.[20] Die Fernsehsendung bietet – in der leicht verkürzten Archivfassung von hundert Minuten – eine fortlaufend zwischen drei Sprachen wechselnde, je dialogische Lesung mit jeweils kurzen Anmoderationen; die Kamera fokussiert meist in Großaufnahme das Gesicht des Sprechers, manchmal auch Teile seines Körpers, selten einmal die Gesichter der Zuhörenden auf dem Podium. Das Publikum ist nie zu sehen, wohl aber manchmal zu hören; man ahnt eine große Menge, wie sie längst auch außerhalb von organisierten Veranstaltungen in diesem Teil der Stadt präsent war.

---

19 Vgl. zu dieser verbreiteten Bezeichnung etwa die Erläuterung auf der Webseite des NDR: „Die ‚Wasserglas-Lesung' ist eine wunderbare Erfindung. Eine Autorin, einen Moderator, zwei Wassergläser und Publikum: Mehr braucht es nicht zum großen Glück. So nah sind sich Büchermenschen – die, die schreiben, die, die lesen, und die, die Literatur vermitteln – sonst kaum je." [o. A.:] „Sturm im Wasserglas. Die literarische Lesung." Online abgerufen am 12. März 2021 unter https://www.ndr.de/kultur/sendungen/sonntagsstudio/Sonntagsstudio,sendung1025656.html.
20 Als *Performance* bezeichne ich, denkbar allgemein, die hier unspezifische Aufführung des Texts auf der Bühne, vgl. zu neueren Experimenten mit dem Einsatz mehrerer Medien innerhalb von Lese-Aufführungen der Gegenwart und ihrer Vorgeschichte Nora Manz: Lyrik und performativer Epitext. Nora Gomringers Leseroutinen, in: Zeitschrift für Literaturwissenschaft und Linguistik 49 (2019), 477–492; Anna Bers, Peer Trilcke (Hrsg.): Phänomene des Performativen in der Lyrik. Systematische Entwürfe und historische Fallbeispiele, Göttingen 2017. Vgl. zum „Projekt der Re-Performativierung und Re-Musikalisierung" von Lyrik im 20. Jahrhundert, gegen die „monomediale Halbheit" Frieder von Ammon: Fülle des Lauts. Aufführung und Musik in der deutschsprachigen Lyrik des 20. Jahrhunderts. Das Werk Ernst Jandls in seinen Kontexten, Stuttgart 2018, 45.

Denn fast genau ein Jahr zuvor, am 5. Februar 1966, hatte die erste große Studentendemonstration gegen den Vietnamkrieg der USA ganz in der Nähe stattgefunden, mit dem berühmten Eierwurf auf das Amerika-Haus in der Hardenbergstraße, fast am Bahnhof Zoo, und in der Retrospektive zieht sich entsprechend eine direkte Linie zum 2. Juni 1967, an dem wiederum in Berlin-Charlottenburg der Student Benno Ohnesorg bei einer großen Demonstration erschossen wurde – eine Zäsur nicht nur der Berlin-Geschichte. Mitzuhören ist somit quasi bereits, was mit der Chiffre 1968 im (west-) deutschen Kontext bezeichnet werden wird[21] – und spätestens 1967 begonnen hat. Am 27. Januar 1967 hat zudem eine große „Studentendemonstration" stattgefunden, an der sich auch Günter Grass als Redner und Hans Werner Richter als „Mitläufer" [sic] beteiligt hatten.[22] Auf der Bühne zu sehen ist aber auch, wie dessen bereits zitierte Bemerkung deutlich macht, eine buchstäblich globale Konstellation: „Abend mit Andrej Wosnessenskij und Lawrence Ferlinghetti, Amerika und Russland".[23] Beim Wiederlesen fällt die interessante Verkehrung auf: Trotz des halb-italienischen Namens des zweiten, würde man doch den ersten genannten Autor zweifelsfrei als ‚russisch' identifizieren, so dass die beiden Autoren demnach wie selbstverständlich die beiden Großmächte verkörpern, die sich im globalen Geschehen der 1960er Jahre auf jene besondere Weise gegenüberstehen, die metaphorisch als *Kalter Krieg* bezeichnet wird, eine in Berlin namentlich an den ehemaligen Sektorengrenzen und an der Mauer unmittelbar erfahrbare Konstellation.

---

21 Diese Einschränkung ist für Kontexte des Erinnerns und Gedenkens zentral, denn nicht nur für Zeitzeug:innen, sondern auch in bestimmten Formaten der Geschichtsschreibung und der biographischen Literatur hatten die Ereignisse im politischen Osten eine buchstäblich existenzielle Bedeutung für den Verlauf des eigenen Lebens, spätestens, als mit der gewaltsamen Niederschlagung der tschechischen Protestbewegung (‚Prager Frühling') auch eine Reihe politisch motivierter juristischer Maßnahmen in der DDR beschlossen wurde, von der bereits Jugendliche betroffen waren, wie etwa die Söhne des seinerseits vielen restriktiven Maßnahmen unterworfenen Physikers und Oppositionellen Robert Havemann, vgl. dazu umfassend Stefan Wolle: Der Traum von der Revolte. 1968 in der DDR, Berlin 2008; Florian Havemann: Havemann. Eine Behauptung, Frankfurt a. M. 2007.
22 Richter vermerkt im Tagebuch, es sei seine erste Teilnahme an einer solchen Veranstaltung nach zehn Jahren, damals noch als „Präsident, Redner, Anführer, jetzt – gestern – war ich Mitläufer. Eine Studentendemonstration gegen eine Haussuchung der politischen Polizei beim Sozialistischen Deutschen Studentenbund. Der Ruf nach der Gruppe 47 war bei den Studenten laut geworden." Er sei „neben Enzensberger, Roehler, Herburger, und, etwas später, auch Grass" gegangen, dieser sei von den Studenten bei seiner kurzen Rede verspottet worden, überhaupt habe die „seltsame Demonstration mit Sonnenblume und Leierkasten" wohl „mehr der Gaudi" gedient, Richter: Mittendrin (Anm. 13), 54.
23 Ebd., 55. Vgl. zur Konkurrenz von Höllerer und Richter und der auch polemischen Debatte um Höllerers Veranstaltungen die einlässliche Darstellung Michael Kämper-van den Boogaart: „Und einmal muß es gesagt werden ...". Der Autor und Germanist Walter Höllerer im Dienste der Gruppe 47. Ein Vorfall aus dem Jahr 1966, in: Zeitschrift für Germanistik XVII/1 (2007), 108–127.

Abb. 1: Andrej Wosnessenskij und Lawrence Ferlinghetti in Berlin, Februar 1967. Fotografie von Renate von Mangoldt.

In diesem Kontext wäre also deutlich anderes zu erwarten als die bescheidene Ausgangsfrage „Was ist ein Gedicht heute"? – zumal angesichts des wenige Tage zuvor gescheiterten und für die Crewmitglieder tödlichen Raketenflugs der *Apollo 1* – und umso bemerkenswerter ist es tatsächlich, wenn diese Frage am 2. Februar 1967 ausgerechnet im Dialog von ‚Russe' und ‚Amerikaner' beantwortet wird.[24] Beim Versuch, die historische Wahrnehmungssituation im Nach-Sehen der aufgezeichneten Lesung zu rekonstruieren, fällt zunächst die Anordnung der Personen auf der Bühne ins Auge: Man sieht an einem langen Tisch in einer Reihe dicht nebeneinander sitzend fünf Männer in teils konventioneller, teils deutlich lässigerer Kleidung, neben Anzug

---

24 Am 27. Januar 1967 war bei einem Test der erste amerikanische Versuch der bemannten Raumfahrt durch einen Brand der Kapsel beendet worden, bei dem alle drei Astronauten starben; das nachträglich benannte Programm wurde schon in der zeitgenössischen Interpretation als „Wettlauf zwischen den damaligen Großmächten" aufgefasst, als eine „technische Begleiterscheinung des ‚Kalten Krieges'", wie etwa eine Meinungsumfrage belegt, bei der „Amerikaner", „Russen" oder nicht spezifizierte „Andere" als mögliche Kandidaten für eine erste Landung auf dem Mond genannt wurden, vgl. Robert Stockhammer: 1967. Pop, Grammatologie und Politik, Paderborn 2017, 177.

und Krawatte auch Ringelpullover, offene Hemdkragen und Halsketten, allerdings zumeist Sprecher-Gesichter in Großaufnahme. Der Gastgeber und Moderator Walter Höllerer beginnt, wobei die Kamera ihn zunächst geradezu indezent beim Weintrinken zeigt; sein erster Satz besteht nur aus einem Wort und ist zweifellos programmatisch: „Nomadentum".[25] Ergänzt, nicht erläutert wird er durch zwei Folgesätze, die den implikationsreichen Begriff variieren:

> Der nomadische Austausch zwischen den Nationen. Als eine Möglichkeit, Vorurteile abzubauen, war heute schon einmal unser Tischgespräch und diese Idee wird sich aus den Gedichten dieses Abends auch noch einmal abzeichnen. Aus Moskau und aus San Francisco kommen unsere beiden Autoren. Das Literarische Colloquium hat zum ersten Mal einen Schriftsteller aus der UdSSR zu Gast, ich begrüße Andrej Wosnessenskij. Aus der westlichen Richtung, aus Kalifornien, aus der Stadt der *City Light Books,* kam der Verfasser von ‚A Coney Island of the Mind', ich begrüße Lawrence Ferlinghetti.[26]

Das Wort Nomaden, von altgriechisch nomás (νομάς), das „weidend" heißt, aber auch, „herumschweifend", ist gebräuchlich als Bezeichnung für Menschen, die ihre Tier-Herden an verschiedenen Orten weiden lassen, also nicht sesshaft, sondern in ständiger Bewegung leben; „Nomadentum" wäre dann das Wort für diese Lebensweise oder eine entsprechende Haltung gegenüber Orten. Tatsächlich folgt im wiederum nächsten Satz eine doppelte und dreifache Verortung; die Einführung akzentuiert die geopolitische Dimension dieser Begegnung: UdSSR trifft Kalifornien, Moskau, die Hauptstadt der Sowjetunion, trifft die im Zitat von Ferlinghettis legendärem Buchladen und der zugehörigen Buchreihe metonymisch als „Stadt der *City Light Books*" eingeführte Hafenstadt San Francisco im äußersten Westen Nordamerikas. Sie war in den 1960er Jahren ein Ort der Gegenkultur und des politischen Protests, weltberühmt dann später im selben Jahr 1967 für den *summer of love,* der als Hippie-Bewegung schon am 14. Januar 1967 mit einer großen Demonstration gegen das Verbot von LSD begonnen hatte und in diversen Popsongs als Zeit der Freiheit und eines neuen Lebensgefühls besungen wird.[27] Mit dem Titelzitat von Ferlinghettis Gedichtband ist neben der Halb-

---

25 Walter Höllerer: [Einführung], Minute 0.10, SFB-Aufzeichnung *Ein Gedicht und sein Autor,* 02.02.1967. Im Folgenden zitiere ich diese Aufnahme nach meiner eigenen Transkription unter der Sigle SFB-GA mit Angaben zu Sprecher, Titeln und Zeit.
26 Ebd., Minute 0.10–1.40.
27 Stockhammer akzentuiert mit diesem Beispiel die untrennbare Verbindung von Politik und ‚Pop', interessanterweise mit einem Höllerer-Zitat: Die „*Sondierung der Basisstruktur der Sprache* ist Grundlage des Politischen überhaupt. Das gilt für Wortsprachen ebenso wie für die Aussagevorrichtungen von Popmusik, Kunst und Film. Ein vom Jahr 1967 informierter Begriff von Politik schließt daher den kalifornischen *Summer of Love* oder Derridas *De la grammatologie* ebenso ein wie die Zerstörung von Gitarren oder die Einführung des Farbfernsehens in Deutschland." Stockhammer (Anm. 24), 9. Das kursive Zitat ist dem Nachwort zum hier bereits zitierten Band entnommen: Walter Höllerer: Der Autor, die Sprache des Alltags und die Sprache des Kalküls, in: ders. (Hrsg.): Ein Gedicht und sein

insel San Francisco, auf der die gleichnamige Großstadt liegt, jedoch auch die Ostküste Nordamerikas genannt, nämlich die zu New York gehörende Halbinsel Coney Island, bekannt durch ihre Vergnügungsparks, aber auch als Stadtviertel, das besonders von *russischen* Einwanderern geprägt ist.

Ost und West sind so bereits in diesen wenigen Sätzen interessant verschränkt und in der Sitzordnung auf der Bühne wiederum sprechend abgebildet, denn links von Höllerer sitzt der ‚Moskauer', wie es in einer politischen Terminologie auch passend wäre, rechts von ihm der ‚Kalifornier', aber für das Publikum, von vorne betrachtet, sitzen die Autoren europäisch-kartographisch richtig links-rechts. Die buchstäblich randständigen Plätze werden von den beiden Übersetzern eingenommen, die ihrerseits mit Name und Ortsangabe eingeführt werden: „Heiner Bastian aus San Francisco, Alexander Kaempfe aus München",[28] womit der Westen erkennbar die Überzahl von Gästen hat, auch ohne, dass der Gastgeber explizit zugeordnet wird, der ja buchstäblich und symbolisch in der Mitte sitzt. Mit der nochmaligen Nennung von San Francisco ist auch das Format der Veranstaltung als ein zitiertes zu lesen: Das „öffentliche Lesen der Gedichte durch Autoren der San Francisco poets sowie der *beat generation*" war seit den mittleren 1950er Jahren „ein unverzichtbarer Bestandteil der amerikanischen Literaturszene geworden".[29]

Vor der ersten Lesung formuliert Höllerer nach kurzen biographischen Hinweisen zu den Autoren nochmals das Programmatische dieses Ereignisses, mit einem interessanten Versprecher:

> Geographisch gesehen liegen San Francisco und Moskau fast genau antipodisch. Poetisch von unseren beiden Autoren aus beobachtet, kaum. Beide gehören sie überdies zu der eingangs zitierten Gruppe von Poeten, von Artisten und Wissenschaftlern, die gegenwärtig den *monadischen*, den *nomadischen* Austausch zwischen den Nationen befürworten und, soweit es an ihnen selbst liegt, ihn auch zustande bringen. Zugegeben, das ist zunächst nur eine kleine Gruppe.[30]

Das gebildete Publikum lacht hier erkennbar verständnissinnig, denn mit der deutlich hörbaren Betonung hat Höllerer unmissverständlich akzentuiert, was er gerade *nicht* sagen wollte: *Monadisch* wäre die Vereinzelung, das individuell Abgeschlossene, denn nach der 1714 verfassten *Monadologie* des Aufklärungsphilosophen Gottfried Wilhelm Leibniz sind Monaden die kleinstmöglichen Einheiten, aus denen der ganze Kosmos besteht, jede für sich und in sich abgeschlossen, aber in einer Gesamt-Harmonie verbunden.[31] *Nomadisch* soll sich dagegen offenbar eine neue Art von beweglicher

---

Autor (Anm. 1), 503–507, hier: 505; Stockhammer zitiert die Aufsatzfassung Höllerers: Der Autor, die Sprache des Alltags und die Sprache des Kalküls, in: Akzente 14/3 (1967), 211–216, hier: 213.

28 Höllerer: [Einführung], SFB-GA (Anm. 25), Minute 01.20.
29 Agnes C. Mueller: Lyrik „made in USA". Vermittlung und Rezeption in der Bundesrepublik, Amsterdam 1999, 86.
30 Höllerer: [Einführung], SFB-GA (Anm. 25), Minute 06.30–07.08.
31 Gottfried Wilhelm Leibniz: Lehr-Sätze über die Monadologie, ingleichen von Gott und seiner Existentz, seinen Eigenschafften und von der Seele des Menschen etc. wie auch Dessen letzte Verthei-

Gemeinschaft verständigen, die zugleich, denkbar groß, die „Nationen" in Austausch bringt, mit dem politisch unmissverständlichen Nachsatz, „so weit es an ihnen selbst liegt". Er kann ebenso wie die zwei Mal beschworene „Gruppe", der beide Autoren angehören, daran erinnern, dass im Jahr zuvor, 1966, die Gruppe dieses Sprechers, nämlich die *Gruppe 47* in den USA, in der Universitätsstadt Princeton, getagt hat, eine berühmt-berüchtigte Tagung mit Streit und Zerwürfnissen.[32]

Für dieses Treffen waren achtzig durchgehend westdeutsche Teilnehmer und wenige Teilnehmerinnen angereist, eine oft unsichtbare Teilnehmerin ist die Fotografin Renate von Mangoldt, die auch das nachmals berühmte Bild von der Ankunft der Gruppe am Hotel mit dem Willkommensschild „Welcome Gruppe 47" gemacht hat.[33] Gleichfalls unsichtbar sind aber auch neun Schriftsteller aus der DDR, die eingeladen waren und in die USA hätten einreisen dürfen, denen aber allen die Ausreisegenehmigung der DDR verweigert wurde; der einzige osteuropäische Teilnehmer war der polnische Schriftsteller und dann berühmte Theaterwissenschaftler Andrzej Wirth.[34] Und womöglich ist nicht nur aus westdeutscher und österreichischer Perspektive das

---

digung seines Systematis Harmoniae praestabilitae wider die Einwürffe des Herrn Bayle, aus dem Französischen übers. von Heinrich Köhler, Jena/Frankfurt a. M./Leipzig 1720.

32 Vgl. zu den Details Jörg Magenau: Princeton 66. Die abenteuerliche Reise der Gruppe 47, Stuttgart 2016; Helmut Böttiger: Die Gruppe 47. Als die deutsche Literatur Geschichte schrieb, München 2012. Zumindest im Rückblick sind die Gruppe 47 und ‚1968' – oder ‚1967' – systematisch miteinander verbunden: „Das historische Verdienst bleibt: Nach den Jahren des Nazi-Spuks, in denen man sich literaturbetrieblich nur in der Goebbels-Kaste (vulgo Reichsschrifttumskammer) organisieren oder aber in der inneren oder äußeren Emigration isolieren konnte, kommt der Gruppe 47 die informelle Reorganisation literarischer Öffentlichkeit zu, die ab 1968 endgültig von einer anderen, politisch radikalen Öffentlichkeit abgelöst wurde: der sich formierenden Studentenbewegung." Marc Reichwein: „Als Peter Handke kam, verbal foulte und siegte", in: Die Welt (18.02.2016).

33 Renate von Mangoldt: [Foto Welcome Gruppe 47]; vgl. etwa Magenau: Princeton 66 (Anm. 32), Cover.

34 Abseits der westdeutschen Diskussionen, ob eine Reise in die USA mit dem politischen Widerstand gegen ‚Vietnam' zu vereinbaren sei, war auch die Haltung der DDR zur Gruppe 47 seit langem ambivalent und namentlich Richter umstritten oder sogar „unter Generalverdacht" wegen seiner frühen Rückkehr aus amerikanischer Kriegsgefangenschaft im Jahr 1946 und der Mit-Herausgabe der Zeitschrift *Der Ruf*, die wegen ihrer Ähnlichkeit mit der gleichnamigen Zeitschrift amerikanischer Kriegsgefangener verdächtigt wurde, wie diese für die ‚Umerziehung' eingesetzt worden zu sein, mit Richter als entsprechend privilegiertem Agenten. Vgl. zu den Details Manfred Jäger: Die Gruppe 47 und die DDR. Richters Agentur des Imperialismus, in: Aus Politik und Zeitgeschichte 25 (2007). Online abgerufen am 9. März 2021 auf *Bundeszentrale für politische Bildung* unter https://www.bpb.de/apuz/30419/die-gruppe-47-und-die-ddr. Dazu passt laut Jäger eine Erinnerung Fritz J. Raddatz', damals Lektor im Ostberliner Verlag Volk und Welt, an seinen Besuch der Gruppe am Wannsee 1955 (ohne Einladung): „Meine Stasi-Akte vermerkt mit äußerstem Misstrauen, Raddatz habe Kontakt zu der von Hans Werner Richter und dem amerikanischen Geheimdienst gesteuerten Gruppe 47." Fritz J. Raddatz: Unruhestifter. Erinnerungen, Berlin 2005, 364. Jäger kommentiert: „Richter war für die DDR eine lästige Reizfigur, einflussreich, anerkannt, beliebt – und ein entschiedener Antikommunist." Jäger: Die Gruppe 47 und die DDR (s. o.).

entscheidende Ereignis dort der Auftritt des 23-jährigen, noch unbekannten Autors Peter Handke mit einer Wut-Rede gegen die Gruppe, während etwa die Vietnamkritik der deutschen Gäste unterschiedlich diskutiert wurde.[35] Sie war auch das zentrale Thema beim deutsch-amerikanischen Schriftstellertreffen und einer Podiumsdiskussion unter anderem mit Susan Sontag unter dem provokanten Titel *Der Schriftsteller in der Wohlstandsgesellschaft*. ‚Amerika' und ‚Westdeutschland' bezogen dort „entgegengesetzte Positionen", wie *Die ZEIT* unmittelbar nach der Tagung berichtet:

> Susan Sontag, die junge Kritikerin und Romanschriftstellerin, formulierte die eine extreme Position, die es zur Zeit in Deutschland sehr schwer hätte: Sie schreibe, wie ein Maler malt und ein Komponist komponiert, nicht um Botschaften zu übermitteln oder um irgendeiner Wirkung willen, sondern aus Freude an ästhetischen Formen. Peter Weiss bezog die genau entgegengesetzte Position: Einst sei er ein passiver Zuschauer gewesen, versponnen in die unberührte, unberührbare private Domäne seiner Kunst, während um ihn her die Welt in Scherben ging. Heute betrachte er es als seine Pflicht, den Ausgebeuteten und Unterdrückten seine Stimme zu leihen – denn Engagement an nichts als an die Kunst bedeute ein komplizenhaftes Einverständnis mit der Korruption der Gesellschaft und der großen Räuberei allerenden.[36]

Allerdings wäre Peter Weiss ansonsten nicht so umstandslos als Vertreter einer westdeutschen Position einzuführen; als ehemaliger Emigrant aufgrund der Verfolgung europäischer Juden durch das NS-Regime war er 1965 mit der simultanen Ur-Aufführung seines Textes über den Frankfurter Auschwitzprozess mit dem schlichten Titel *Die Ermittlung*, Untertitel: *Oratorium in elf Gesängen*", auf zugleich 14 Theaterbühnen berühmt geworden und gehörte entsprechend zu den Remigrierten, mit denen sich die Gruppe 47 oft schwertat.[37] In Princeton ging es somit 1966 genau um das, was der Versprecher Höllerers offenlegt: den Unterschied zwischen monadisch und nomadisch, entscheidend nicht nur für die Frage, was ein Gedicht ‚heute' sein könne, sondern für die Literatur überhaupt – und für die *Haltung* oder das Ethos ihrer Autoren und Autorinnen.

---

35 Vgl. die reiche „Materialcollage" unter Auswertung der Princetoner Tonaufzeichnungen und zahlreicher anderer Quellen, Nikolaus Wegmann, Cornelius Reiher: Deutsche Literatur. Die Gruppe 47 in Princeton, in: Sprache und Literatur. Schwerpunkt: Poetische Verfahren 43/110 (2012), 50–65.

36 Dieter E. Zimmer: „Gruppe 47 in Princeton", in: Die Zeit (06.05.1966), 17–18. In einem vielzitierten Artikel hat Zimmer die Leistung des LCB gewürdigt, in nur drei Jahren „etwa hundertfünfzig Schriftsteller, Kritiker und Übersetzer der verschiedensten Observanz, alte und junge, aus Ost und West, für kurze oder längere Zeit nach Berlin geholt" zu haben, mit dem Hinweis, „am 2. Februar wird man Gelegenheit haben, den amerikanischen Poeten Lawrence Ferlinghetti und den Sowjetrussen Andrej Wosnessenskij an einem Abend zu hören und in Augenschein zu nehmen", ders.: „Die Literatur-Mafia von Berlin", in: Die Zeit (18.11.1966).

37 Walter Höllerer hatte ihm die erste deutsche Publikationsmöglichkeit im Suhrkamp Verlag vermittelt, wo 1960 sein von ihm illustrierter Text *Der Schatten des Körpers des Kutschers* in einer Auflage von 1000 Stück erschien, vgl. Helena Köhler: Vom Text zum Bild. Die Collagen von Peter Weiss und ihr Verhältnis zum schriftstellerischen Werk, Bielefeld 2018, 81.

III.

Damit zurück zum Lese-Ereignis, das sich auch als eine Fortsetzung dieser Debatte mit anderen Mitteln begreifen lässt, und zu einer neuen Dimension dieser Lesung, nämlich der erstaunlichen amerikanisch-russisch-deutschen Übereinkunft über ihren ersten Gegenstand, zwei Gedichte „über Goya", wie es kurz heißt, also über den spanischen Maler und Zeichner Francisco de Goya.[38] Eine erste Sequenz umfasst so in knapp viereinhalb Minuten Höllerers Einführung und die erste Lesung auf Deutsch, dann auf Englisch; Höllerer gibt eine kurze Orientierung: „Gegensätze werden Sie schon in den ersten beiden Gedichten feststellen, die heute gelesen werden. Aber beide haben sie das selbe Motiv und vergleichbare Intentionen."[39] Nach Heiner Bastians deutscher Fassung, die er stehend vorträgt, wobei die Kamera zumeist sein Gesicht fokussiert, und Ferlinghettis unmittelbar anschließender Wiederholung seines Gedichts *Goya and America* in amerikanischem Englisch sind auch die Übereinstimmungen des Vortragens augenfällig: Auf der Akademiebühne wird zwar vom Blatt gelesen, aber rhythmisch skandiert, mit erhobener Stimme, mal deutlich lauter, mal leiser und durchweg kunstfertig moduliert, und obgleich hier Ferlinghetti quasi Bastian imitiert, kann sicher kein Zweifel daran bestehen, dass bis zum abschließenden lauten Ruf oder Schrei der Übersetzer dem Autor nacheifert und nicht umgekehrt.[40] In der Buchfassung wird nur die deutsche Version des Gedichts zu finden sein, im dort typischen eigenwilligen Satz, worauf noch zurückzukommen ist.

Zuvor bleibt aber noch der Auftritt Wossnessenskijs zu betrachten, der zunächst im Satz-für-Satz-Dialog mit seinem Übersetzer Alexander Kaempfe spricht und dann sein Gedicht *Goya in Russland* vorträgt, insgesamt etwas mehr als 2 Minuten.[41] Dieser Auftritt bildet das Zentrum der Lesung und man sieht und hört, wie speziell nun Wosnessenskijs Umgang mit diesem Format ist: Auch er skandiert eher, als dass er spricht, er wechselt die Tonhöhe und den Druck, moduliert die Worte unterschiedlich laut und leise, vielleicht eher wie ein deklamierender Schauspieler auf einer Theaterbühne – oder auch ein Redner vor Gericht und in der Politik. Während Ferlinghettis letztes Wort „Amerika" war, steht in dieser klangbetonten Aufführung des Texts hier das leise, aber umso nachdrücklichere „Goya" am Schluss; dieses, wie Höllerer sagte, „Motiv" und

---

38 Vgl. die entscheidenden Änderungen in Höllerers Reformulierung seines Moderationstexts: „Aus Moskau und aus San Francisco angereist kamen Andrej Wosnessenskij und Lawrence Ferlinghetti; sie begannen ihren russisch-amerikanischen Disput mit je einem Gedicht gleichen Motivs: Goya. Der nomadische Austausch zwischen den Nationen, nomadische Intelligentsia als eine Möglichkeit, Vorurteile abzubauen, war zuvor das russisch-amerikanisch-deutsche Tischgespräch." [Walter Höllerer:] Ferlinghetti, in: ders.: Ein Gedicht und sein Autor (Anm. 1), 407.
39 Höllerer: [Einführung], SFB-GA (Anm. 25), Minute 07.05.–07.34.
40 Heiner Bastian: Goya in Amerika; Ferlinghetti: Goya in America, ebd., Minute 07.35–10.30.
41 Wosnessenskij, Kaempfe: [Vorrede]; Wosnessenskij: Goya in Russland, ebd., Minute 11.12–13.29.

seine „Intentionen" oder Implikationen lassen sich gleichfalls in der Druckfassung noch genauer beobachten.[42]

Denkbar radikal bleibt jedoch im Medium der Lesung auch deren üblicher Effekt verwehrt, nämlich ein Gedicht nicht nur *hörbar,* sondern auch *verstehbar* zu machen, in der hier programmatischen Verweigerung der Übersetzung, denn die Wechselrede zur Einführung lautet in ihrem deutschen Teil, von Kaempfe für Wosnessensksij gesprochen:

> Ich möchte einige Worte vorausschicken. Ich glaube, im Vers ist die Musik die Hauptsache. Die Musik bringt sowohl das Gefühl wie den Gedanken an den Leser. Deshalb möchte ich hier in diesem Fall keine deutsche Übersetzung vorstellen. Ich möchte, dass Sie diese Gedichte ohne Übersetzung hören. Ich möchte, dass die Musik den Schrei des Krieges, den Schrei der Tragödie zu Ihnen bringt, das Baumeln der Gehenkten.[43]

Somit ist, bei aller freundlichen Intonation, die Verweigerung selbst geradezu brutal, denn sie zwingt denkbar Entgegengesetztes auf engstem Raum zusammen: Wenn „die Musik" das Entscheidende im Vers sein soll, um „Gefühl" und „Gedanken" zu vermitteln, so mag diese Bestimmung geradezu romantisch klingen, auch im Sinn der historischen Bewegung gleichen Namens. Denkbar hart ist dann der folgende Schnitt, wenn das Publikum nicht nur erfährt, dass es keine Übersetzung geben wird, sondern überdies der Autor in diesem Vortragen, die „Schreie des Krieges, den Schrei der Tragödie, das Baumeln der Gehenkten" zum Klingen bringen will – behutsam, geradezu zurückhaltend gesprochen von Kaempfe. Das dann Vorgetragene ist aber offenbar auch kein Lautgedicht, schon gar nicht ein mimetisches oder onomatopoetisches, denn auch ohne Russischkenntnisse lassen sich einzelne Wörter unterscheiden und Satzfügungen ahnen, wie auch die Einschnitte der Versgrenzen.

Aber noch in der konservierten Schwarz-Weiß-Aufzeichnung mit ihrer starken Verengung des Sichtfelds auf den Körper und Kopf des Redners ist doch entscheidend, meine ich, diese Aufführung: Ein Mann steht vor einer großen Zahl von Menschen, er spricht laut und auch leise Russisch – und die wenigsten im Raum werden verstehen können, was er sagt, es bleibt so: ein Mann, der vor einem großen Publikum laut russisch spricht; man weiß nicht, was. Hinzu kommen Ort und Zeit dieser Aufführung in Westberlin und im westdeutschen Fernsehen, nur etwas mehr als zwanzig Jahre nach dem Zweiten Weltkrieg, der mit dem Kampf um eben dieses Berlin endete, genauer: mit

---

[42] Alexander Kaempfe hat in seinem lesenswerten Nachwort zu den Eigenheiten der Gedichte Wosnessenskijs und ihrer Übersetzung die Besonderheit des *Klangs* in einem Ost-West-Vergleich betont: „Während ihn die westliche Lyrik mit der Moderne aufgibt, wird er in der russischen nicht nur beibehalten, sondern geradezu zum Mittel der Formsprengung." Alexander Kaempfe: Andrej Wosnessenskij. Herkunft und Ansatz, in: Andrej Wosnessenskij: Dreieckige Birne. Dreißig lyrische Abschweifungen, aus dem Russischen übertragen von Eckhart Schmidt und Alexander Kaempfe. Mit einem Nachwort von Alexander Kaempfe, Frankfurt a. M. 1963, 75–88, hier: 76.
[43] Wosnessenskij, Kaempfe: [Vorrede], SFB-GA (Anm. 25), Minute 11, 12 ff.

der Schlacht um den Reichstag vom 28. April bis 1. Mai 1945, für die nochmals 10 000 russische Soldaten aus mehreren Eliteeinheiten abkommandiert worden waren, ikonisch verdichtet im – nachträglich inszenierten – Foto vom Hissen der sowjetischen Flagge auf dem Dach des Reichstags.[44]

Auf dem Weg zur Reichskanzlei hat in Berlin-Charlottenburg neben den sowjetischen Armeen die Erste Polnische Armee entscheidende Pionierarbeiten geleistet, und heute erinnert auch eine Gedenkstätte am Beginn der Straße des 17. Juni daran, dass die damalige Technische Hochschule Berlin dort zu den am meisten umkämpften Orten gehörte – eben jene auf mehrere Gebäude verteilte, 1946 neu gegründete Universität, die zusammen mit dem LCB als Gastgeber für diese Lesung fungiert. Mit der physischen Präsenz ‚des Russen', oder auch: ‚des schreienden Russen' auf der Bühne ist somit auch immer schon im Raum, was er unmissverständlich ausgesprochen hat: der *Krieg,* den ja die Mehrheit der im Raum Anwesenden auch noch selbst erlebt haben müsste. Und dass nun auf dieser Bühne der Amerikaner buchstäblich auf der anderen Seite sitzt, erinnert in dieser friedlichen Tischreihe unmissverständlich daran, dass beide noch vor vergleichsweise kurzer Zeit von zwei Seiten mit Panzern auf dieses Berlin zugefahren waren, sich an der Elbe trafen, die Stadt seit zwanzig Jahren gemeinsam verwalten – aber auch, wie bereits erwähnt, in einem neuen Kalten Krieg zwischen West und Ost wieder auf zwei entgegengesetzten Seiten sitzen.

IV.

Umso verständlicher und zugleich umso erstaunlicher ist es, dass sie sich hier an diesem Tisch zunächst im Zeichen Goyas versammeln, so dass nun der Blick von den Autoren und ihrer Performance zu den Gedichten selbst gehen soll, mit der Erinnerung an die Eingangsfrage, was ein Gedicht ‚heute' sein könne. Wosnessenskij hat darauf eine denkbar eindeutige Antwort gegeben, die zugleich kommentiert, was Ferlinghettis Gedichtvortrag zuvor zu hören, aber quasi auch vor dem inneren Auge zu sehen gegeben hatte: die Bilder des Krieges, zunächst in der Fassung, die ihnen Goya gegeben hat. Denn offensichtlich ruft seine Reihung der im Deutschen merkwürdig altertümlich klingenden Kriegsvokabeln die berühmte Serie von Zeichnungen Goyas auf, die genau das zeigen, was ihr Titel ankündigt: *Die Schrecken des Krieges (Los Desastres de la Guerra),* hier in der denkbar brutalen leiblich-körperlichen Präsenz um 1800, als ganz Spanien versucht, gegen die Besetzung durch die französischen Soldaten unter Napoleon überall im Land anzukämpfen. Man sieht bei Goya so nicht

---

[44] Das berühmteste Foto stammt von Jewgeni Chaldej und wurde am 02.05.1945 gemacht; vorher hatten auch andere sowjetische Fotografen unterschiedliche Varianten der Szene fotografiert und die Frage, wer wann zuerst die wichtige symbolische Geste ausgeführt hatte, blieb lange umstritten.

einen Krieg zweier Armeen auf dem Schlachtfeld, sondern Kämpfe zwischen Soldaten und Zivilisten oder auch, wie es bei Ferlinghetti heißt, *Menschen:*

> In Goya's greatest scenes we seem to see
>   the people of the world
> exactly at the moment when
>   they first attained the title of
>   „suffering humanity"[45]

In der Übersetzung von Klaus Berr lautet der Anfang des Gedichts: „In Goyas besten Bildern scheinen wir / die Menschen dieser Welt / in jenem Augenblick zu sehen da / sie den Titel / ‚leidende Menschheit' erhielten."[46] Nicht zu hören, aber unübersehbar stehen hier Anführungszeichen um „leidende Menschheit", die daran erinnern können, dass nach christlicher Vorstellung alle Menschen nach dem Sündenfall und der Vertreibung aus dem Paradies *leidend* sind, bis zur Erlösung, die der christliche Glaube verspricht, hier, paradox, mit einer neuen Datierung in der frühen Moderne: Erst durch Goya sieht man demnach, was es heißt, ein leidender Mensch zu sein.[47] Um die außergewöhnlich brutalen Bilder nicht zu reproduzieren, zitiere ich nach einer kunsthistorischen Zusammenfassung, was sie zu sehen aufgeben: „Folter, Vergewaltigung, Hunger und Tod, dargestellt in einer ungewohnten Drastik und Nahsicht".[48] Goyas Zeichnungen zeigen jedoch eben nicht solche Begriffe, sondern menschliche Körper, die auf eigentlich unvorstellbare Weise verletzt, zerstört, verstümmelt sind. Eben das beschreibt die lange erste Strophe Ferlinghettis, die sich unschwer mit entsprechenden Zeichnungen Goyas verbinden lässt, aber doch den Anspruch macht, *ohne* diese Zeichnungen die „Schrecken des Krieges" quasi vor Augen zu stellen.

Mit einem Zeitsprung in die jüngste Vergangenheit sei darauf verwiesen, dass Ferlinghetti im Oktober 2020 im Alter von 101 Jahren erstmals seine bildkünstlerischen Arbeiten in New York ausgestellt hat – und auf eine Interviewfrage zur Ausstellungseröffnung nach seinen künstlerischen Vorbildern mit „Goya" antwortet, von dem er

---

[45] Ferlinghetti: Goya und Amerika, in: Höllerer: Ein Gedicht und sein Autor (Anm. 1), 423.
[46] Lawrence Ferlinghetti: 1, in: A Coney Island of the Mind. A Far Rockaway of the Heart. Gedichte, übers. von Klaus Berr, München 2005, 11. Die sozusagen doppelt einsprachige Ausgabe, die von den meisten Gedichten nur die deutsche Übersetzung, die *Oral Messages* wiederum – wegen ihrer Komposition zu Jazzbegleitung – nur im amerikanischen Original gibt, versammelt die beiden gleichnamigen Bücher, die in New York 1958 und 1997, mithin mit einem Abstand von fast vierzig Jahren, erschienen waren.
[47] Goyas Szenen präludieren so die zeitgenössischen USA: „The horror of Goya's Universe finds ist conterpart in the technology, consumerism and existential angst tearing apart America." James R. Harrison: Paul and the Ancient Celebrity Circuit. The Cross and Moral Transformation, Tübingen 2019, 110.
[48] Godehard Janzing: Die Geburt des Partisanen aus dem Geist der Graphik. Krieg als Capricho bei Goya, in: Steffen Martus, Marina Münkler, Werner Röcke (Hrsg.): Schlachtfelder. Codierung von Gewalt im medialen Wandel, Berlin 2003, 51–65, hier: 51.

„eine Menge gelernt" habe – und zwar schon im Studium an der Columbia University, also seit 1945.[49] Damit ist aber doch ein für das Gedicht wichtiges Datum genannt. Denn wenn in der zweiten Strophe der entscheidende grammatische und zeitliche Umschwung passiert, an der Versgrenze am Ende der dritten Strophe, bei Heiner Bastian: „Sie sind so blutig wirklich, / es ist als ob sie wirklich noch immer lebten / Und sie leben",[50] bei Klaus Berr: „sie sind so verdammt real / als würden sie noch immer existieren / Und sie tun es",[51] dann sagt schon der übernächste Vers unmissverständlich, dass hier nicht untote Seelen gemeint sind, sondern weiterhin gequälte Körper, genauer gesagt: *Soldaten*. Bei Heiner Bastian heißt es: „Sie marschieren noch immer die Straßen entlang / gequält vom Kommiß / falschen Windmühlen und tollwütigen Hähnen",[52] bei Klaus Berr: „Sie stehen noch immer an den Straßenrändern / gequält von Legionären / falschen Windmühlen und verrückten Gockeln."[53] Gleichfalls nicht zu übersehen ist so der Hinweis des Versendes auf Miguel de Cervantes Ritter *Don Quijote*, der gegen seine eigenen Phantasiegebilde kämpft, eine ikonische Gestalt der spanischen Literatur, so dass die merkwürdig unpassenden, auch anachronistischen deutschen Vokabeln „Kommiß" und „Legionäre" nochmals die *Allgegenwart* des Krieges betonen.

Ausgesprochen am 2. Februar 1967 in Westberlin, öffnen diese Verse das Gedicht so zugleich in die Gegenwart der Anwesenden, wie es in wenigen Augenblicken den historischen Abstand zu den Schrecken des Krieges in der mittelalterlichen Fiktion vom Ritter Don Quijote, zum spanischen Kampf gegen die französische Besatzung um 1800, und schließlich mindestens zum spanischen Bürgerkrieg von 1936–1939 überbrückt.

---

49 „Who are your artistic heroes? Who do you look to for inspiration? / Artistic heroes, well ... Goya is the first that springs to mind, he was very important. I learned a lot from Goya. / Do you remember when you first saw Goya's work? / Probably when I was a graduate student at Columbia University." Wallace Ludel: „,I learned a lot from Goya'. Interview with the poet and artist Lawrence Ferlinghetti", in: The Art Newspaper (07.10.2020). Online abgerufen am 20. März 2021 unter https://www.theartnewspaper.com/interview/i-learned-a-lot-from-goya-an-interview-with-the-poet-and-artist-lawrence-ferlinghetti. Nach seinem Dienst bei der US Navy während des Zweiten Weltkriegs erwarb Ferlinghetti 1947 einen Master in englischer Literatur an der Columbia University mit einer Arbeit über John Ruskin und den britischen Maler JMW Turner. Von Kolumbien ging er nach Paris, um sein Studium fortzusetzen, und wurde in Vergleichender Literaturwissenschaft mit einer Dissertation über die Stadt als Symbol der modernen Poesie promoviert.
50 Ferlinghetti: Goya und Amerika, übers. von Heiner Bastian, in: Höllerer: Ein Gedicht und sein Autor (Anm. 1), 423.
51 Ferlinghetti: 1 (Anm. 46), 11.
52 Ferlinghetti: Goya und Amerika, übers. von Heiner Bastian, in: Höllerer: Ein Gedicht und sein Autor (Anm. 1), 423.
53 Ferlinghetti: 1 (Anm. 46), 11.

V.

Die *Gegenwärtigkeit* des Gedichts und seiner Performance, die unüberhörbar auch an die Gegenwart des Krieges in diesem *Jetzt* des 2. Februar 1967 erinnert, mindestens an die Einsätze der USA im Bürgerkrieg in Vietnam, kann jedoch über ein anderes entscheidendes Zeit-Element hinwegtäuschen, das wieder zu Wosnessenskij zurückführen wird. Denn was die Fernsehaufzeichnung aus dem Archiv nicht zeigt, ist ein photographisch fixierter Moment: Höllerer hält mit einem breiten Lachen seine Anthologie *Junge amerikanische Lyrik* in die Kamera, die schon 1961 von ihm und Gregory Corso herausgegeben wurde und im Titel einen gleichnamigen Aufsatz Höllerers von 1959 zitiert, der auch als Nachwort den Band beschließt. Mit dieser werbenden Zeigegeste ist somit auch der Hinweis verbunden, dass Ferlinghettis Gedicht eigentlich anders datiert ist: Schon 1958 wurde es im Gedichtband *A Coney Island of the Mind* veröffentlicht, nennt also *andere* „noch immer" Marschierende als die der 1960er-Jahre – oder vielmehr: erweist sich als visionär im Hinblick auf diese auch künftige Gegenwart des Krieges, indem es in seine eigene Gegenwart der Nachkriegszeit spricht.[54] Und das ist es in jedem Fall, was man „von Goya lernen" kann und die Rezeptionsgeschichte seiner Zeichnungen belegt, wie der Kunsthistoriker Jörg Träger über Goyas Serie *Die Schrecken des Krieges* schreibt: „Die nächsten Entsprechungen bietet nicht die Kunst, sondern die Wirklichkeit selbst", so dass Interpreten sie je aktuell mit „Fotografien von Gefallenen aus dem Amerikanischen Bürgerkrieg" oder von hingerichteten „italienischen Partisanen des Zweiten Weltkriegs" vergleichen.[55]

Damit ist auch eine Antwort auf die Frage gegeben, was ‚das Gedicht' in solchen Nachkriegs- und Zwischenkriegszeiten sein kann: Eine zeitlich unbestimmte, zur jeweiligen Gegenwart offene Erinnerung daran, dass die „Schrecken des Krieges" so vergänglich und zugleich so überzeitlich andauernd sind wie die zitierte leidende Menschheit einstmals und heute. Indem Ferlinghettis Gedicht nicht aus Bildern, sondern aus Sprache und Schrift geformt ist, war es mit und jenseits der Aufführung durch seinen Autor so immer schon auf Dauer angelegt, auch im dauerhaftesten Medium schlechthin, dem Papier-Buch, das in der Lesung so prominent präsentiert wurde.

---

54 Diesen historischen Gegenwartsbezug betont eine Rundfunkrezension der deutschen Ferlinghetti-Ausgabe: „Mit dem Bezug zu Goyas Bildern der ‚leidenden Menschheit' setzt Ferlinghettis ‚Coney Island des inneren Karussells' nicht umsonst ein: Die apokalyptischen Visionen werden in die amerikanische Gegenwart der 50er Jahre übertragen und erscheinen in dieser noch bedrohlicher. Der Zweite Weltkrieg ist erst wenige Jahre vergangen; die Angst vor der drohenden Vernichtung durch Atomwaffen bestimmt den Alltag; die ideologischen Verhärtungen werden stärker; der amerikanische Traum scheint für die geschlagene Generation weiter entfernt als für jede frühere." Ulrich Rüdenauer: Leidende Menschheit. Lawrence Ferlinghetti: „A Coney Island of the Mind", „A Far Rockaway of the Heart", in: Deutschlandfunk (06.07.2005). Online abgerufen am 17. März 2021 unter https://www.deutschlandfunk.de/leidende-menschheit.700.de.html?dram:article_id=82351.
55 Jörg Träger: Goya. Die Kunst der Freiheit, München 2000, 143.

Ähnliches gilt für Wosnessenskijs Intervention im Namen Goyas als Aufführung von gesprochener Sprache, die man ohne Russischkenntnisse nur als eben solche wahrnehmen konnte; Sinn und Bedeutung blieben mit Ausnahme des wiederholten Goya-Namens weitgehend verschlossen, die Übersetzung verweigert. Auch diese Performance erweitert und vermehrt sich in der Schrift: Wosnessenskijs Goya-Gedicht findet sich im Buch *Ein Gedicht und sein Autor* sogar, spektakulär und anders als bei Ferlinghetti, in einer zweisprachigen und zweischriftigen Fassung, nun auch für diejenigen, die kyrillisch lesen können.

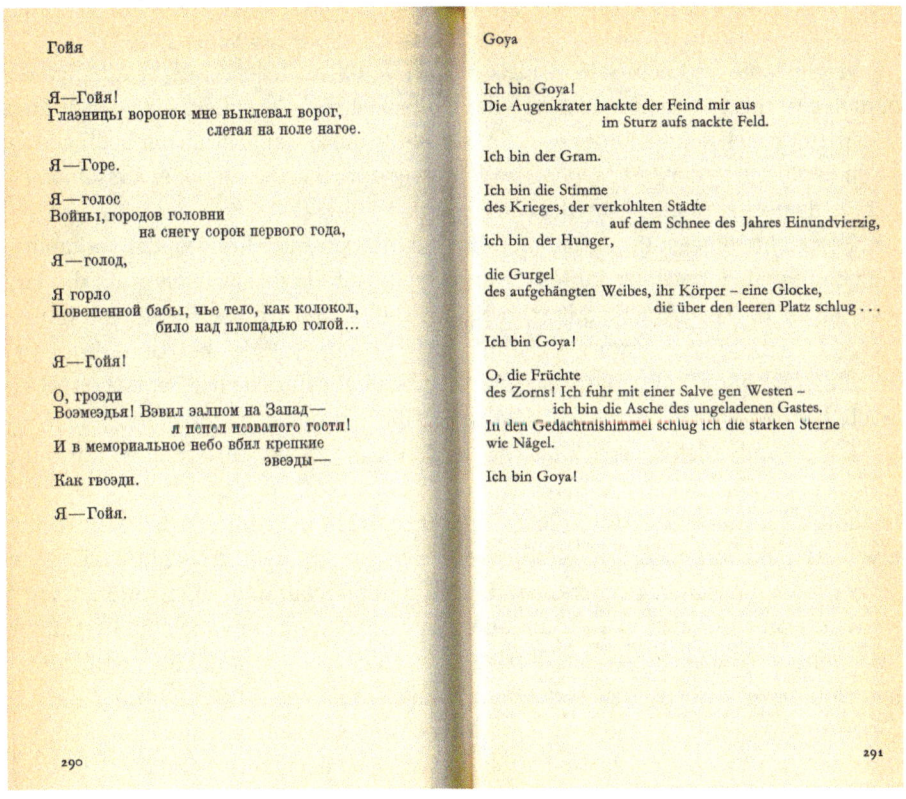

Abb. 2: Andrej Wosnessenskij: Гойя – Goya. Übers. von Maria Bosse-Sporleder und Dietlind Bruhn, in: Walter Höllerer (Hrsg.): Ein Gedicht und sein Autor. Lyrik und Essay, Berlin 1969, 290 f.

Lesend versteht man nun, dass mit der Aneinanderreihung der beiden Gedichte auch der Titel der Lesereihe wieder eingeholt ist: Ferlinghettis *Goya und Amerika* verwandelt die Bildsprache des Malers in ein expressiv mündlich vorgetragenes, vormals geschriebenes und gedrucktes *Gedicht*, Wosnessenskijs *Goya in Russland* verschiebt in derselben Re-Oralisierung das Augenmerk auf den *Autor*, der zumal im mündlichen Vortrag auch nach ältestem rhetorischen Gesetz selbst verkörpern muss, was er spricht. „Ich bin Goya!" ist somit, auf der Bühne gesprochen, ein paradoxer Sprechakt, denn der, der dort Ich sagt, ist ja erkennbar gerade nicht Goya.[56] Die Reihung solcher Ich bin...-Anfänge in der Schriftfassung kann an das erste der berühmten *Spleen*-Gedichte von Charles Baudelaire erinnern, in dem in ähnlicher Weise, quasi skandierend, das Sprecher-Ich sich als altes Möbel, vollgestopft mit Plunder figuriert, aber auch als Friedhof, auf den der Mond scheint und mehr – und auch die Glocke ist ein wiederkehrendes Bild bei Baudelaire, dort für eine aggressive, zur Revolte neigende Melancholie.[57] In der Überblendung der bewegten Glocke am Strang mit dem toten Frauen-Körper ist jedoch hier eine wiederum drastische Körperlichkeit am Werk, die nochmals an ähnliche Szenen in Goyas Kriegszeichnungen denken lässt.

Unmissverständlich ist jedoch der Verweis der ausgeschriebenen Jahreszahl „Einundvierzig", die als historischer Index auf den Deutsch-sowjetischen Krieg verweist, der am 22. Juni 1941 mit dem Überfall der deutschen Wehrmacht auf die Sowjetunion begann und nach dem Ende der Schlacht um Berlin am 2. Mai 1945 mit der bedingungslosen Kapitulation am 8./9. Mai 1945 endete. Angesprochen ist somit der *Russlandfeldzug* der deutschen Wehrmacht, der von Historiker:innen als größter Vernichtungskrieg der Geschichte eingestuft wurde: „Ich bin die Stimme / des Krieges, der verkohlten Städte auf dem Schnee des Jahres Einundvierzig" referiert so zweifellos auf die Verwüstungen, die deutsche Soldaten im eisigen Herbst und Winter 1941 überall hinterlassen haben, oder auch auf die „Politik der verbrannten Erde" bei ihrem Rückzug, die allerdings auch Stalin für die sogenannten Siedlungspunkte der Deutschen Wehrmacht befohlen hatte, um die auf Moskau vorrückende Front zu zerstören.

Die „Stimme des Krieges", als die der Sprecher hier erklärtermaßen auftreten will, erinnert aber nicht an die Wende im Dezember 1941, als die Eroberung Moskaus endgültig verhindert war und die sowjetische Armee begann, die deutsche Wehrmacht zurückzudrängen, sondern an den „Hunger", an dem tatsächlich Millionen sowjetischer Menschen gestorben sind, und in der Gestalt der erhängten Frau auch an die überaus brutalen Morde der deutschen Soldaten an der widerständigen Zivilbevölkerung. Und auch hier wird zugleich mit einem Bibelzitat die überzeitliche Dimension dieser historischen Konstellation angesprochen: Mit der Genitivmetapher „Früchte des Zorns" ist indirekt ein christlicher Schlüsseltext zitiert, nämlich die Offenbarung des Johannes im Neuen Testament, hier aber verkürzt und verdichtet wie in John Steinbecks gleichnamigem Roman von 1939, der wiederum ein während des

---

56 Die Frage des (sprechenden) Subjekts wird in einer slawistischen Debatte zu dieser Goya-Figuration kontrovers diskutiert, deren Details ich mangels Sprachkenntnissen nicht nachvollziehen kann. Vgl. dazu eingehend Gesine Dornblüth: Poststalinizm – Postavangardizm. Das Subjekt und die Welt der Objekte in der postmodernen frühen Lyrik Andrej Voznesenskijs, München 1999, besonders: 34–51.
57 Charles Baudelaire: Spleen, in: ders.: Sämtliche Werke/Briefe, hrsg. von Friedhelm Kemp u. Claude Pichois, München/Wien 1989, I, 73. Vgl. zur bewegten Glocke als Motiv innerhalb eines Konzepts aggressiver Melancholie auch Jean Starobinski: Melancholie im Spiegel. Baudelaire-Lektüren, München/Wien 1992.

Amerikanischen Bürgerkriegs entstandenes Lied zitiert, die „Kriegshymne der Republik".[58] Dies alles hätte man somit verstehen können, wenn man beim Vortrag des Gedichts nicht nur auf das Hören der euphemistisch benannten „Musik" angewiesen gewesen wäre – aber mit der Entscheidung, das Gedicht nicht in deutscher Übersetzung lesen zu lassen, hat Wosnessenskij eine wiederum denkbar radikale Wahl getroffen. Sie macht das eigentlich Unmögliche möglich: An diesem Nicht-Ort Westberlin, umgeben von einer DDR, die unschwer immer noch als sowjetisch besetzte Zone wahrnehmbar war, benennt Wosnessenskij in der Sprache des ehemaligen Feindes und Besatzers die Verbrechen des Krieges – und macht zugleich mit dem unübersetzten Gedicht seinem verständnislos hörenden Publikum ein Friedensangebot.

Hans Werner Richter, nun einflussreicher Mann des Literaturbetriebes, vormals Soldat der deutschen Wehrmacht, im Publikum, hat davon erkennbar nichts verstanden. Sein bereits zitierter Tagebucheintrag zu diesem Abend lautet in der Verlängerung: „Abend mit Andrej Wosnessenskij und Lawrence Ferlinghetti, Amerika und Russland, zwei Lyriker, beide mit dem für uns veralteten Pathos, beide auf mich wirkend wie die zwei Seiten eines Geldstücks, Kopf und Adler, die man austauschen kann, wie man es wirft, hat man den einen oder den anderen."[59] Die Zurückweisung von *Pathos*, wörtlich: Leiden, hier ein *terminus technicus* der Rhetorik, als „veraltet" muss uns daran erinnern, wie verständnislos Richter bei der berühmt-berüchtigten Lesung Paul Celans vor der Gruppe 47 in Niehaus 1952 auf dessen Vortragsart reagiert hatte, und im selben Tagebuch wird Richter auch 1970 Celans Tod mit einer nochmaligen, der Sache nach unveränderten Erinnerung an diese Tagung kommentieren.[60]

Es geht also bei der Frage nach dem Gedicht zugleich immer auch um das große Ganze, die Literatur, hier auch in Gestalt des neuen Literaturbetriebs, an dessen „Entstehung" Walter Höllerer maßgeblich beteiligt war.[61] Auch daran erinnert das Foto mit dem prominent präsentierten Band *Junge amerikanische Lyrik*: Indem Höllerer das Buch hochhält, zeigt er selbstredend auch auf sich selbst, der gleichfalls als Autor von Gedichten bekannt ist, etwa mit dem 1964 erschienenen *edition suhrkamp*-Band

---

58 Der Originaltitel des 1939 erschienenen Romans *The Grapes of Wrath* ist ein Zitat aus dem zweiten Vers von Julia Ward Howes *The Battle Hymn of the Republic*, geschrieben während des Sezessionskriegs/Amerikanischen Bürgerkriegs (1861–1865) und zugleich ein Verweis auf die Apokalypse/Offenbarung des Johannes, vgl. Off 14,19, etwa in: Deutsche Bibelgesellschaft (Hrsg.): Die Bibel. Nach der Übersetzung Martin Luthers, mit Apokryphen. Revidierte Fassung von 1984, Stuttgart 1999, hier NT, 290.
59 Richter: Mittendrin (Anm. 13), 55.
60 Die Eintragung beginnt lakonisch: „Paul Celan hat sich das Leben genommen. Er ist, wie vor zehn Jahren Louis Clappier, in die Seine gegangen. In den Nachrufen wird kaum oder eigentlich nicht erwähnt, daß er durch die Gruppe 47 bekannt wurde. Das war im Mai 1952 in Niendorf" – es folgt eine längere, in mehrfacher Hinsicht fragwürdige Schilderung der Tagungsereignisse, ebd., 158.
61 Achim Geisenhanslüke, Michael Peter Hehl (Hrsg.): Poetik im technischen Zeitalter. Walter Höllerer und die Entstehung des deutschen Literaturbetriebs, Bielefeld 2013.

mit dem Doppeltitel *Gedichte. Wie entsteht ein Gedicht*.[62] In diesem schmalen Band ist bereits das Format der Lesungen und des Buchs *Ein Gedicht und sein Autor* vorweggenommen: An die erste Sektion *Gedichte* schließt sich ein kommentierender Text an, ein Vortragstext, der noch den Charakter mündlicher Rede beibehalten hat, von Juni 1961, somit kurz vor dem Mauerbau.

Für heutige Leserinnen und Leser mag es verblüffend oder auch schockierend sein, welches Beispiel Höllerer damals in München für die Entstehungsgeschichte eines Gedichts gewählt hat. Es war *Ich sah ich hörte*, dessen erste Strophe von dem handelt, was heute als *Verbrechen der Wehrmacht* bekannt ist, hier die allerdings verklausuliert geschilderte Beobachtung einer Erschießung im März 1943 in Griechenland.[63] Die erste Strophe des Langgedichts entwirft in einer zunächst klassisch anmutenden, dann abgebrochenen 5-hebig jambischen Terzine die Situation, die der Titel benennt, indem sie ihn ausschreibt: „Ich sah ich hörte Reih'n, gebückt, Gesichter / und Pfiffe, Rufe – laß vorübergehn / Und flog vorbei"; erst die achte Strophe wird nach anderen, unsortierten Eindrücken von „Laden" und „Berg" präzisieren: „Sah Tote, ein Feld von Toten".[64] Die eingangs gewählte, vermeintlich realistisch vermittelnde Schreibweise im klassischen Metrum von Dantes *Divina Commedia* ist auch hier bereits früh durch ein – denkbar prominentes – Bibelzitat unterbrochen: Am Abend vor der Kreuzigung betet Jesus im Garten Gethsemane „Mein Vater, ist's möglich, so gehe dieser Kelch an mir vorüber".[65] Redensartlich verselbständigt ist die verkürzte Formel zwar längst von diesem Kontext gelöst, hier jedoch auch unabhängig von der gewählten Zuordnung oder Identifikation offensichtlich sprechend unpassend.

Ich kann mich im Rahmen dieses Beitrags nicht adäquat mit diesem in jeder Hinsicht problematischen Gegenstand und Thema befassen, aber ich möchte aus Höllerers *Fußnote* zu diesem Text zitieren, die noch Teil des Haupttexts ist. Dort schreibt er über die Entstehung des Gedichts:

> Dieses Gedicht entstand langsam unter den Augen und Menschenschatten vom Frühjahr 43. Es wird diesen Anlaß, auch wenn ihn niemand erkennen kann, als eine versteckte Mitteilung mit herumtragen. Auf solche sich übertragende Mitteilungen scheint es mir in der Poesie anzukommen; die Alternative poesie pure [sic] und poesie engagée [sic] halte ich für falsch.[66]

---

62 Walter Höllerer: Gedichte. Wie entsteht ein Gedicht, 2. Aufl., Frankfurt a. M. 1968.
63 Das Hamburger Institut für Sozialforschung hatte 1995, zum Jubiläum des Kriegsendes, erstmals die Ausstellung *Vernichtungskrieg. Verbrechen der Wehrmacht 1941 bis 1944* gezeigt, die aus rechtlichen Gründen überarbeitet werden musste und 2001–2004 unter dem vormaligen Untertitel *Verbrechen der Wehrmacht* zu sehen war.
64 Höllerer: Gedichte. Wie entsteht ein Gedicht (Anm. 62), 86–87.
65 Die Bibel, Übersetzung Martin Luthers (Anm. 58), Mt 26,39, hier NT, 38.
66 Höllerer: Gedichte. Wie entsteht ein Gedicht (Anm. 62), 88.

Höllerer bestreitet hier die geläufige Entgegensetzung einer reinen Lyrik, die sich selbst genügt, und einer politischen Lyrik, mit entsprechendem Zitat der zeitgenössischen und älteren Debatte namentlich in Frankreich, aber die zwei Mal vergessenen *Accent aigu* im Wort *poésie* sind zugleich selbst eine solche versteckte, sich übertragende Mitteilung. Denn das zwar ungewohnt kleingeschriebene, aber sonst wohlbekannte deutsche Wort Poesie ist hier gleichsam wieder in seine erste *griechische* Fassung zurückübersetzt, *poesis,* von *poein,* das allgemein „machen" bedeutet, nach Aristoteles: ein zweckgerichtetes Handeln.

Am Ende der Fußnote steht entsprechend, sozusagen deutsch-griechisch, das Wort „Lebenspraxis", allerdings in einem etwas rätselhaften Komparativ und mit Bezug zu einem weiteren, nun deutsch-französischen sprachlichen Hybrid. Denn, so Höllerer, all denjenigen, für die Literatur nicht dekorative Kunst, sondern ein Movens von „Arbeit, Zweifel und Revisionen" sei, mache eben diese Literatur selbst „von Jahr zu Jahr klarer [...] daß das ‚larvatus prodire', das zwangsweise maskierte Vorwärtsschreiten, nicht ein Alibi schafft für Individuen mit Seltenheitswert, sondern ihnen eine härtere Lebenspraxis abfordert als einem Trainsoldaten".[67] Mit dem lateinischen Descartes-Zitat, eigentlich: „larvatus prodeo" (ich schreite maskiert voran), soll mithin Literatur nicht als Medium für das Bestaunen einer gesteigerten Individualität angesprochen sein, sondern deren Gegenteil, die Forderungen einer Gemeinschaft, so ließe sich ergänzen, in Frieden. Doch zugleich maskiert sich der Sprecher im letzten Wort wiederum im Paradox des nicht-beteiligten Soldaten: Im *Train,* französisch für Zug, militärisch benutzt für das organisierte Transportwesen des Nachschubs, wäre der Soldat der Wehrmacht ja wiederum unschuldig an dem, was vorne, im Krieg passiert – eben diese Position hat jedoch der amerikanisch-russische Dialog im Zeichen Goyas eindrucksvoll dekonstruiert.

VI.

Ein Jahr vor Höllerers Gedichtband waren in der selben Aufmachung als *edition suhrkamp*-Band die Gedichte Wosnessenskijs in Kaempfes Übersetzung erschienen.[68] Von dort aus führt der Weg aber – ausschließlich auf Deutsch, in lateinischen Buchstaben – nicht nach Russland oder in die Sowjetunion, sondern einmal mehr nach Amerika, das nun mit einem klassischen griechischen Wort als „Gefunden!" ausgerufen ist, „Heureka!", mit Ausrufezeichen, und mit einer erstaunlichen ersten Pointe zur Entdeckung Amerikas: „EINGANGSGEDICHT / Öffne dich, Amerika! Heureka // Ich kröne den falschen Zaren, / Schnaufend entdecke ich / Amerika in Amerika / In mir – *mich.*"[69]

---

67 Ebd., 89.
68 Wosnessenskij: Dreieckige Birne (Anm. 42).
69 Andrej Wosnessenskij: EINGANGSGEDICHT, ebd., 7.

Damit will ich zum Schluss noch einen kleinen Ausblick versuchen: Wie gezeigt, hat die Internationalisierung Berlins in diesem nomadischen Austausch der Nationen hier buchstäblich Weltliteratur hervorgebracht, mindestens nämlich in Übersetzungen, die in der Buchfassung von *Ein Gedicht und sein Autor* auch als Gespräch dokumentiert sind, wenn nämlich Lawrence Ferlinghetti in seinem Kommentar, wie Heiner Bastian übersetzt, gleichfalls die „Entstehungsgeschichte eines Gedichts" erzählt, aber mit den literarischen Mitteln des Bewusstseinsstroms.[70] In der Akademie der Künste wurde dieser auf Englisch und Deutsch über 40 Minuten lang vorgetragen; er hebt besonders den Neujahrstag 1967 hervor und fügt den namentlich genannten Übersetzer zugleich in die Erzählung ein. Im Januar 1967 hat sich aber auch mindestens mit der Gründung der Kommune I in Westberlin, den zunehmend organisierten studentischen Protesten gegen eine restriktive Politik und gegen den Krieg in Vietnam eine andere Rahmung für ein solches Gesprächs über Gedichte ergeben.[71] Und so antwortet die Veranstaltung in Westberlin auch auf ihre Vorgängerin, die Tagung *Probleme des Realismus in der Lyrik*, veranstaltet von der Evangelischen Akademie in Zusammenarbeit mit dem Sowjetischen Schriftstellerverband, die im Januar 1967 gleichfalls in Westberlin stattfand und die politische Dimension solcher Gespräche über Gedichte – in Übersetzung – akzentuierte.[72] Beteiligt waren laut einem zeitgenössischen Bericht „Rimma Kasakowa, Julia Drunina, Sergej Narowtschatow, Justinas Marcinkevicius, Lew Ginsburg, Michael Kiatkin", deren Texte in der Zeitschrift des Verbands Sowjet-Literatur auch bereits im Dezember 1966 vorgestellt worden waren, zudem „von deutscher Seite u. a. Heinrich Ost, Erich Fried, Alexander Kaempfe, Joachim Seyppel. Es kam so zu russisch-deutschen „Gesprächen", an denen „u. a. Volker von Törne (der eigentliche Initiator der Tagung) und Hans Magnus Enzensberger teilnahmen".[73] Hier war Wosnessenskij auch eingeladen und, obgleich er nicht persönlich teilgenommen

---

[70] Ferlinghetti: [Beginnend in rock and roll], in: Höllerer (Hrsg.): Ein Gedicht und sein Autor (Anm. 1), 418–422.
[71] Diese Anspielung gilt Bertolt Brechts Gedicht *An die Nachgeborenen*, das fragt, „Was sind das für Zeiten, wo / Ein Gespräch über Bäume fast ein Verbrechen ist / Weil es ein Schweigen über so viele Untaten einschließt!" Bertolt Brecht: An die Nachgeborenen, in: ders.: Gesammelte Werke. 20 Bde., hrsg. vom Suhrkamp Verlag in Zusammenarbeit mit Elisabeth Hauptmann. Bd. 9: Gedichte 2. Frankfurt a. M. 1967, 722–725, hier: 722.
[72] Im Einladungsschreiben von Eva Kramm steht, es setze sich allmählich auch „bei uns", also im Westen, „die Erkenntnis durch, daß lyrische Gedichte nicht nur Bekenntnisse des einsamen Ichs sind, sondern – in welcher Form auch immer – Beziehung zur Gesellschaft als ganzer haben. Wenn wir diese Themen mit Schriftstellern aus der Sowjetunion diskutieren wollen, so möchten wir damit zugleich die Gelegenheit der unmittelbaren Begegnung mit ihnen und ihren Gedichten geben. Das setzt voraus, daß wir uns auch die Probleme der Übersetzung vergegenwärtigen müssen, die beim Gedicht im besonderen Maße auftreten." [o. A.]: Bemerkungen. Notizen von der Tagung mit Autoren aus der UdSSR in der Evangelischen Akademie West-Berlin Januar 1967, in: Die Diagonale. Zeitschrift für Literatur und Kritik 2 (1967), 28–30, hier: 28.
[73] Ebd.

hat, ein vieldiskutierter Autor.[74] Bei der Lesung am 2. Februar wurden so keine unbekannten neuen Autoren vorgestellt, sondern die gefeierten *Stars* einer neuen Literatur, die man nicht nur wegen solcher Auftritte und des großen Publikumsinteresses in die Nähe einer neuen Pop-Kultur rücken kann. Auch diese wird 1967 zum Ereignis, spätestens mit der Erfindung des Konzeptalbums *Sergeant Pepper's Lonely Heart Club Band* durch die Beatles, das auf seinem berühmten Cover zugleich eine Neu-Erfindung der Band in Szene setzt.[75]

Gleichfalls 1967 hat aber auch Roland Barthes seine überaus wirkmächtige Formel vom ‚Tod des Autors' veröffentlicht – Michel Foucault wird seinen Kommentar dieses Textes mit der von Beckett zitierten Formel beginnen, die auf Deutsch lautet: Wen kümmert's wer spricht? Dieser unbekümmerte Satz lässt sich mit Blick auf das, was da gesprochen und geschrieben, aber vor allem auch, was zitiert und evoziert wurde, bestätigen, angesichts der Allgegenwärtigkeit des Krieges, der immer neu die Antwort ist und war, auch auf die Frage nach dem Gedicht ‚heute'. Die in der Lesung nichtgehörten deutschen Stimmen wären dann aber auch zu verfolgen – und zumal ihr beredtes Schweigen, wenn es um die eigenen Taten in den Kriegen nicht nur des 20. Jahrhunderts geht, die auch Hans Werner Richter in seinem autobiographischen Erfolgsroman *Die Geschlagenen* in seiner minutiösen Schilderung deutschen Soldatenlebens mit der Fokussierung von Kriegsende und -gefangenschaft ausspart.[76] In einem 1966 erschienenen großen Essay mit dem lakonischen Titel *Unmenschlichkeit beschreiben* hat dagegen Reinhard Baumgart, gleichfalls Mitglied der Gruppe 47, präzise Formulierungen für die Untauglichkeit bestimmter literarischer Mittel in der Darstellung des Krieges seit 1914 gefunden. Am Beispiel der Bühnenbearbeitung des Tagebuchs der Anne Frank erklärt Baumgart das literaturspezifische Angebot zur „Einfühlung" mit Individuen zum Problem:

---

[74] „Andrej Wosnessenski [sic] und auch Jewtuschenko, die nicht anwesend waren, standen häufig im Hintergrund der Diskussionen: als die zwei bedeutendsten Repräsentanten moderner russischer Lyrik." Ebd., 29. Vgl. zur Würdigung der Rolle der Evangelischen Akademien als „Berührungspunkte und Reibungsflächen" namentlich für die Kontakte mit „Ost-Europa" auch M. H. [d. i. Marie Hirsch]: Forum III, in: Neue Deutsche Hefte 14/2 (1967), 218–220, hier: 218, 219. Dort werden allerdings nur in einem Satz anonymisiert „fünf sowjetische Schriftsteller und ein bekannter Übersetzer" als Sprecher genannt, ebd., 219. Für diesen Hinweis danke ich Christin Krüger.
[75] Vgl. zu den Dimensionen und Implikationen dieser künstlerischen Produktion Walter Grasskamp: Das Cover von Sgt. Pepper. Eine Momentaufnahme der Popkultur, Berlin 2004.
[76] Hans Werner Richter: Die Geschlagenen, mit einem neuen Nachwort von Hans Dieter Zimmermann, Berlin 2018. Die Neuausgabe hat die zahlreichen rassistischen Äußerungen, etwa das N-Wort für Schwarze amerikanische Soldaten, unkommentiert belassen wie auch die kaum fiktionalisierte vorgeblich zeithistorisch korrekte Darstellung nicht entsprechend gerahmt ist. Vgl. zur Polemik gegen „deutsche Weltkriegsprosa" auch Maxim Biller: Unschuld mit Grünspan, in: ders.: Wer nichts glaubt, schreibt. Essays über Deutschland und die Literatur, Stuttgart 2020, 67–81.

> Durch Einfühlung konnten sich die Zuschauer mit der Heldin verbünden, so sehr, daß es am Ende nur noch auf diese Heldin, auf Anne Frank anzukommen schien. Dieses Bündnis mit einzelnen hat die bisherige Literatur, soweit ihre Individuen Helden waren und ihre Helden Individuen, immer herausgefordert. Wo Massenmord ihr Gegenstand wird, kann sie sich den Luxus solcher Individuation nicht mehr leisten. Es [das Bündnis, CO] wird ästhetisch zur Lüge, moralisch zur Heuchelei.[77]

Entsprechend wird auch der Soldat als Identifikationsfigur zu einem solchen problematischen Angebot. Der Initiator des Berliner russisch-deutschen Gesprächs im Januar 1967 hat dagegen bereits damals für die Auslassungen und Leerstellen der hier zitierten Texte eine drastische Formulierung gefunden; im Kurzprotokoll des Tagungsberichts ist sein Redebeitrag in einem Satz überliefert: „*Volker von Törne:* In einem Gedicht von Walter Höllerer, das die Erschießung von griechischen Geiseln durch deutsche Soldaten zum Thema hat, aber in dem von den Erschießungen am Ende nicht mehr die Rede ist, wird die Erschießung dieser Geiseln zum zweiten Mal vorgenommen."[78] Auch dieser wenige Tage zuvor gesprochene Befund steht bei der Lesung am 2. Februar 1967 quasi im Raum.

Die Abgründe, die sich auftun, wenn man den Reihentitel *Ein Gedicht und sein Autor* beim Wort nimmt, lassen sich so erahnen, zumal im Hinblick auf das Projekt einer Internationalisierung der deutschen Literatur. Bei diesem Blick in die Vergangenheit – eigentlich im Plural – lässt sich über die Je-Gegenwärtigkeit des Krieges, für die *Goya* als Chiffre einsteht, mindestens mit Ferlinghetti zugleich ein Blick in eine Zukunft werfen, die zugleich immer neu Gegenwart ist. Denn erst 2019, im Alter von 100 Jahren, hat Ferlinghetti seine Autobiographie veröffentlicht mit dem auch auf Deutsch erhaltenen Titel *Little Boy*. Überaus eindrucksvoll schildert er sich dort als herkunft- und heimatlos: Mütterlicherseits einer Familie sephardischer Juden aus Portugal entstammend, väterlicherseits italienisch, wird das amerikanische Kleinkind nach dem Tod des Vaters und der Verarmung der kinderreichen Familie zu einer Tante nach Frankreich gebracht, lernt Französisch, kehrt zurück, durchquert Pflegefamilien und Waisenhäuser und wird mit 25 Jahren 1944 als *Navy*-Mitglied mit der Landung der Alliierten in der Normandie ein zweites Mal in Frankreich ankommen. Entsprechend ist *Little Boy* nicht nur der ‚Kleine Junge', als den der Hundertjährige sich erinnert und figuriert, sondern auch, selbstredend, der Name der Hiroshima-Bombe.

Umso bemerkenswerter ist es, dass Ferlinghetti in seinem großen zweiten Gedicht an jenem 2. Februar 1967 eine Vision des Friedens, der Verständigung und der Gemeinschaft entworfen hat, ausgreifend von der Liebesinsel San Francisco. Sie ist hier ein anderer, utopischer Ort, in dem auch der Gegensatz von West und Ost aufgehoben ist, denn im äußersten Westen der USA blickt man mit Ferlinghetti auch sehnsüchtig in

---

[77] Reinhard Baumgart: Unmenschlichkeit beschreiben, in: ders.: Literatur für Zeitgenossen. Essays, Frankfurt a. M. 1966, 12–36, hier: 28.
[78] [o. A.]: Bemerkungen. Notizen von der Tagung mit Autoren aus der UdSSR (Anm. 72), 29.

den Osten, in die asiatischen Länder auf der anderen Seite des Meeres, und auf dieser runden Erde gibt es nicht Ost und West, sondern der weite Osten, „East East" ist zugleich der äußerste Westen: „West West" – und im verkürzten und amalgamierten Zitat des berühmt-berüchtigten Verses Kiplings ist zugleich dessen imperialistisch-rassistische Sicht auf die beiden Sphären gestrichen.[79] In diesem Sinn ist und war die gesamte Erde immer schon das Welt-Dorf, in dem Kommunikation hier und heute in einem einzigen Moment möglich ist – wie Ferlinghetti zum Zeitpunkt dieser Vorlesung mit der Rückkehr seiner Worte durch das Internet noch am eigenen Leib hätte erfahren können. Und wo, wenn nicht in Berlin 1967, ist eine solche Ost-West-Inselwelt als utopischer Ort denkbar – mindestens als russisch-amerikanisch-deutsche Weltliteratur in Übersetzung und Gespräch.

---

79 Ferlinghetti: After the Cries of the Birds, in: Walter Höllerer (Hrsg.): Ein Gedicht und sein Autor (Anm. 1), 410. Dort ist umgekehrt zunächst die Nicht-Begegnung aufgerufen oder beschworen: „Oh, East is East, and West is West, and never the twain shall meet." Rudyard Kipling: The Ballad of East and West, in: Rudyard Kipling's Verse. Definitive Edition, London 1940, 234–238, hier: 234.

Miltos Pechlivanos
Der griechische Bürgerkrieg und das geteilte Berlin: „Weiße Rosen aus Athen" und *Antigone lebt*

Der griechische „dreißigjährige Krieg" und das deutsch-griechische Dreieck

Die drei Jahrzehnte zwischen 1943, mit dem Anbruch der ersten innergriechischen, bürgerkriegsähnlichen Auseinandersetzungen zwischen links- und rechtsgerichteten Widerstandsorganisationen schon während der Zeit der deutschen Besatzung, und 1973, mit der blutigen Niederschlagung des Studierendenaufstandes von den Panzern im Polytechnikum, der Athener Technischen Universität, hat der Autor und Literaturkritiker Alexandros Kotzias (1924–1992) als den griechischen „dreißigjährigen Krieg" bezeichnet.[1] Die Pointe dieser zugespitzten Formulierung, die die tief spaltende Polarisierung, die gewaltsame und quasi konfessionelle Zerrissenheit der griechischen Nachkriegsgesellschaft zwischen rechts und links, Antikommunismus und kommunistischer Erlösung, unterstreicht, liegt auf dem ungebrochenen Fortwirken des Bürgerkriegserbes.[2]

Eingebettet in den globalen Systemkonflikt, den sich anbahnenden Kalten Krieg, als dessen erster Stellvertreterkrieg der griechisch-griechische angesehen werden kann, warf der offene Bürgerkrieg der Jahre 1946–1949 seinen langen Schatten in die Zukunft bis zu den 1970er Jahren und schöpfte seine Narrative aus den Alltagserfahrungen

---

[1] Maria Nikolopoulou: Ο „Τριακονταετής πόλεμος". Η πεζογραφία με θέμα τον εμφύλιο και η διαχείριση της μνήμης στο πεδίο της αφήγησης (1946–1974) [Der „Dreißigjährige Krieg". Bürgerkriegsprosa und der Umgang mit der Erinnerung im Feld der Erzählung (1946–1974)], in: Giorgos Antoniou, Nikos Marantzidis (Hrsg.): Η εποχή της σύγχυσης. Η δεκαετία του '40 και η ιστοριογραφία [Das Zeitalter der Verwirrung. Die 1940er Jahre und die Historiographie], Athen 2008, 419–493. Zur Thematik der Bürgerkriegsrepräsentationen vgl. den Band: Athanasios Anastasiadis, Ulrich Moennig (Hrsg.): Trauma und Erinnerung. Narrative Versionen zum Bürgerkrieg in Griechenland, Köln/Weimar/Wien 2018. Dass diese Bezeichnung von Kotzias zugleich mit einer selbstreflexiven Geste den Krieg als beendet postuliert, liegt auf der Hand; zu diesem langjährigen Prozess der Literatur und Literaturkritik vgl. Joachim Winkler: Dimitris Raftopoulos und die „Schwarze Literatur". Zum erinnerungskulturellen Widerstands- und Bürgerkriegsdiskurs der griechischen Nachkriegsliteratur, Berlin 2018.
[2] Siehe dazu den Überblick in den Kapiteln „Der Zweite Weltkrieg und seine Folgen (1940–1949)" und „Vom Bürgerkrieg zur Diktatur (1950–1974)" in Ioannis Zelepos: Kleine Geschichte Griechenlands: von der Staatsgründung bis heute, München 2014, 152–209, und vgl. Richard Clogg: Eine kurze Geschichte Griechenlands, übers. von Karin E. Seifert und Diana Siebert, Berlin 2020, Kap. 4 und 5.

 Open Access. © 2021 Miltos Pechlivanos, publiziert von De Gruyter. Dieses Werk ist lizenziert unter der Creative Commons Attribution-NonCommercial-NoDerivatives 4.0 International Lizenz.
https://doi.org/10.1515/9783110733495-011

von Besatzung, Not und Gewalt, von Widerstand und Kollaboration bis zum Abzug der deutschen Truppen aus Griechenland im Oktober 1944; aus den wilden Straßenschlachten im Dezember 1944 in Athen zwischen britischen Streitkräften und Einheiten der Griechischen Volksbefreiungsarmee und dem „weißen Terror" nach der Entwaffnung der Partisanen; aus den Deportationen der Sympathisanten der Linken auf Exilinseln und der Formierung eines rechtsextremen „Schattenstaates" (Parallel-, Neben- oder Parastaates) unter Beteiligung ehemaliger Kollaborateure. Trotz ephemerer Ansätze zur Aussöhnung der Sieger mit den im Land verbliebenen Verlierern ist die brutale Rache tonangebend gewesen: Exekutionen und jahrelange Haft auf den Internierungsinseln, Stigmatisierung der Unterlegenen als Landesverräter und Beschwörung der antikommunistischen „Nationalgesinnung" oder, wie die Obristen es auf den Punkt gebracht haben, des „Hellas hellenischer Christen". Das ausgeprägte Spitzelwesen hat sich auch in Griechenland in den berüchtigten persönlichen „Dossiers sozialer Gesinnung" niedergeschlagen, „die als Entscheidungsgrundlage nicht nur für die Einstellung in den öffentlichen Dienst, sondern auch für Anträge, etwa auf Reisepässe, Führerscheine etc. dienten [...] und bis zum Ende der Militärdiktatur 1974 ein Alltagsphänomen bleiben" sollten.[3] Und *last but not least:* Nach der Niederlage der kommunistischen Armee in den Gebirgen von Grammos und Vitsi im Sommer 1949 zogen sich zwischen 70 000 und 100 000 Männer, Frauen und Kinder über die albanische Grenze zurück und wurden als politische Flüchtlinge auf die UdSSR, Polen, Tschechoslowakei, Rumänien, Ungarn und die DDR verteilt, wo sie bis zu ihrer Repatriierung in den 1970er und 1980er Jahren lebten.[4]

Das so verstandene späte Ende des Bürgerkrieges,[5] unter dem Vorzeichen des sich verschärfenden weltweiten Kalten Krieges, hat ebenfalls nachhaltig die trilateralen

---

[3] Zelepos (Anm. 2), 185. Zu der Vernichtung von 17 500 000 Dossiers im August 1989, kurz vor dem Mauerfall, im Namen einer Versöhnung, die auf dem Vergessen beruhen solle, vgl. Vangelis Karamanolakis: Ανεπιθύμητο παρελθόν. Οι φάκελοι κοινωνικών φρονημάτων στον 20ό αι. και η καταστροφή τους [Unerwünschte Vergangenheit. Die Dossiers sozialer Gesinnung im 20. Jahrhundert und ihre Vernichtung], Athen 2019.
[4] Adamantios Theodor Skordos: Das späte Ende des Bürgerkrieges. Die Diktatur der Obristen und deren Überwindung als politische Zäsur in der griechischen Geschichte des 20. Jahrhunderts, in: Jörg Ganzenmüller (Hrsg.): Europas vergessene Diktaturen? Diktatur und Diktaturüberwindung in Spanien, Portugal und Griechenland, Köln/Weimar/Wien 2018, 155–178, hier: 164. Vgl. dazu die Beiträge von Patrice G. Poutrus: Zwischen Internationalismus und Assimilation. Griechische „polit. Emigranten" in der DDR, und von Maria Panoussi: Die Erziehung und Bildung der heranwachsenden Griechen nach ihrer Aufnahme in den 1950er Jahren in den Einrichtungen der DDR. Die staatlichen Erziehungsvorstellungen und die damit verbundenen Ziele, in: Marco Hillemann, Miltos Pechlivanos (Hrsg.): Deutsch-griechische Beziehungen im ostdeutschen Staatssozialismus (1949–1989). Politische Migration, Realpolitik und interkulturelle Begegnung, Berlin 2017, 61–75 und 77–91.
[5] „An solch einer Perspektive vermag auch die zunehmende Öffnung der griechischen Gesellschaft nichts zu ändern, die mit gehäuft auftretenden Unruhen in den 1960er Jahren einherging. Paradigmatisch lässt sich [...] die weithin bekannte Ermordung des linken Politikers Grigoris Lamprakis im Jahr

deutsch-griechischen Nachkriegsbeziehungen geprägt, die Selbst- und Fremdwahrnehmungen, die Freund- und Feindbilder im geteilten Griechenland und im geteilten Berlin bzw. zwischen Ostberlin und Bonn. Im deutsch-griechischen Dreieck, so Hagen Fleischer, demonstrierte die DDR stolz ihre antifaschistische Unschuld, etwa wenn DDR-Vertreter „als erste Deutsche 1959 in Distomo und Chortiatis vielbeachtete Kränze zum ehrenden Gedenken der 1944 auf brutalste Weise massakrierten Einwohner" niederlegten, jedoch hatte die DDR 1949/50 bei der Aufteilung der Exilierten nach dem Bürgerkrieg 1128 Kinder aus kommunistischen Familien aufgenommen, „nicht aber politische Flüchtlinge im Erwachsenenalter, um unerfreuliche Begegnungen zwischen ehemaligen Besatzern und Partisanen in Fabriken und Gaststätten des ‚Arbeiter- und Bauernstaats' auszuschließen".[6] Bei den Siegern des griechischen Bürgerkriegs war andererseits die privilegierte Stellung der Bundesrepublik unverkennbar. Athen sei folglich „der einzige Ort, an dem es die Vertreter Bonns wagten, ehemalige Partisanen als ‚Banditen' abzuqualifizieren"; die Verschiebung des Feindbildes lässt sich leicht aus den von Fleischer zitierten Archivalien ablesen, etwa in der Formulierung von 1951, dass „die Erinnerungen an die Untaten der SS [!]" jetzt in Griechenland etwas verblasst seien dank der „ebenso verwerflichen Untaten der kommunistischen Banditen", oder, noch eine Steigerung, in der einweisenden These des AA für Theodor Heuss im Rahmen seines Griechenlandbesuches von 1956: „Glücklicherweise sind die *Begebenheiten* zur Zeit der deutschen Besetzung durch die *Grausamkeiten* des griechischen Bürgerkriegs überdeckt worden".[7]

Trotz (aber auch wegen) dieser erinnerungskulturellen Realpolitik des Überdeckens oder Verblassens wurde nach der Stunde Null des Zweiten Weltkriegs der Neuanfang der deutsch-griechischen Beziehungen ermöglicht. Auch vor dem Durchbruch des Anwerbeabkommens zwischen der Bundesrepublik Deutschland und Griechenland am 30. März 1960 und der Einwanderung hunderttausender griechischer Arbeitnehmer:innen, die der wirtschaftlichen Misere jener *Begebenheiten* und *Grausamkeiten* entfliehen wollten, konnten in den 1950er Jahren alle deutschen Kulturinstitutionen in Griechenland den Betrieb wieder aufnehmen. 1952 etwa „eröffnet das Goethe-Institut als Nachfolger der Deutschen Akademie weltweit seine erste [...] Auslandsniederlassung in Athen",[8] wobei z. B. das Deutsche Archäologische Institut Athen 1951 wieder in Betrieb genommen werden konnte und die Grabungstätigkeiten an den

---

1963 anführen, die ihre filmische Aufarbeitung in dem Politthriller *Z* von Costas Gavras fand, und in deren Folge sich mit der Jugendorganisation Lamprakis eine einflussreiche, mehrere Tausend Mitglieder umfassende Bewegung bildete." Janis Nalbadidacis: Geburtshelfer der Demokratie. Die Militärdiktatur in Griechenland, 1967–1974, in: Ganzenmüller (Anm. 4), 91–109, hier: 94–95.
6 Hagen Fleischer: Krieg und Nachkrieg. Das schwierige deutsch-griechische Jahrhundert, Köln/Weimar/Wien 2020, 249 und 278.
7 Ebd., 275–276 (Hervorhebung durch Hagen Fleischer).
8 Hagen Fleischer: Europas Rückkehr nach Griechenland. Kulturpolitik der Großmächte in einem Staat der Peripherie, in: Harald Heppner, Olga Katsiardi-Hering (Hrsg.): Die Griechen und Europa. Außen- und Innenansichten im Wandel der Zeit, Köln/Weimar/Wien 1998, 125–191, hier: 169–170.

traditionellen Stätten sukzessive ihre Fortsetzung fanden.[9] Vom konservativen Athener Regime wurde dem nicht anerkannten zweiten deutschen Staat diese Behauptung der Kontinuität in der bilateralen Kultur- und Kulturerbepolitik vorenthalten. Lediglich eine begrenzte wirtschaftliche Präsenz wurde zugestanden (z. B. in der Internationalen Messe von Thessaloniki) aber die „Propaganda" im weitesten Sinne nach Kräften unterbunden.[10] Obwohl etwa die Brecht-Rezeption schon 1956 ihren Auftakt genommen hat mit einer historischen Aufführung des *Kaukasischen Kreidekreises* im Athener *Kunsttheater* des Regisseurs Karolos Koun (1908–1987), übersetzt aus dem Französischen vom späteren Nobelpreisträger Odysseas Elytis (1911–1996), wurde das didaktische Vorspiel mit den beiden Vertretern der kaukasischen Kolchosen ausgelassen, die über das Nutzungsrecht am fruchtbaren Tal und dem besseren Ertrag zum gesellschaftlichen Wohl nach der Vertreibung der deutschen Wehrmacht aus Georgien diskutieren.[11]

Wie lässt sich, in der Perspektivierung solcher Rekontextualisierungen und der schweren Bürde der jüngsten Vergangenheit, die literarische Mobilität, der Literaturtransfer der neugriechischen Literatur in deutscher Sprache im geteilten Berlin vorstellen, im Rahmen jener kulturpolitischen Aktivitäten in Ost und West, mit denen, so der rote Faden der „Berliner Weltliteraturen", „konkurrierende Communities gestiftet und unterschiedliche Konzepte von Weltliteratur verhandelt" wurden?[12] Welche ins-

---

9 Katja Sporn: Das Deutsche Archäologische Institut Athen – Entwicklung und Bedeutung, in: dies. (Hrsg.) unter Mitarbeit von Themistoklis Bilis: Das Deutsche Archäologische Institut Athen. Architektur und Geschichte, Athen 2018, 8–21, hier: 19.
10 Fleischer (Anm. 8), 171. Vgl. zum deutsch-griechischen Dreieck Dimitrios K. Apostolopoulos: Die griechisch-deutschen Nachkriegsbeziehungen: historische Hypothek und moralischer Kredit. Die bilateralen politischen und ökonomischen Beziehungen unter besonderer Berücksichtigung des Zeitraums 1958–1967, Frankfurt a. M. 2004; Andreas Stergiou: Im Spagat zwischen Solidarität und Realpolitik. Die Beziehungen zwischen der DDR und Griechenland und das Verhältnis der SED zur KKE, Mannheim/Möhnesee 2001; Emilia Rofouzou: Οι πολιτιστικές και επιστημονικές σχέσεις ανάμεσα στην Ελλάδα και τη Γερμανική Λαοκρατική Δημοκρατία την περίοδο 1949–1989 [Kulturelle und wissenschaftliche Beziehungen zwischen Griechenland und der Deutschen Demokratischen Republik im Zeitraum 1949–1989], Athen 2010, sowie deren Beiträge: Die griechische Außenpolitik der ersten Nachkriegsjahrzehnte im Licht der Rivalität zwischen DDR und BRD; Das Dreiecksverhältnis BRD-DDR-Griechenland und die „Bereinigung der Kriegsfolgen" aus der Zeit der Nazi-Okkupation; Einschätzung der auswärtigen Kulturpolitik der DDR im Rahmen ihrer Beziehungen zu Griechenland, in: Hillemann/Pechlivanos (Hrsg.): Deutsch-griechische Beziehungen (Anm. 4), 19–31; 33–44; 113–122.
11 Siehe den Beitrag „Der Brecht der Linken und der Dichtung im Griechenland der 1950er Jahre" von Zafiris Nikitas im *Compendium der deutsch-griechischen Verflechtungen* (https://comdeg.eu/compendium/) und vgl. zur Wirksamkeit des Mythos Brecht in Griechenland den Beitrag von Eleni Varopoulou: Das Theater der DDR aus einer griechischen Perspektive, in: Hillemann/Pechlivanos (Hrsg.): Deutsch-griechische Beziehungen (Anm. 4), 147–154.
12 Mein herzlicher Dank gilt dem Literaturarchiv Sulzbach-Rosenberg, insbesondere dem Archivar Michael Peter Hehl, dem Literaturarchiv der Akademie der Künste und der Archivarin Helga Neu-

titutionalisierten, aber auch nicht gesteuerten Mittler:innen treten auf die Bühne am Fallbespiel der neugriechischen Literatur *als* Berliner Weltliteratur, und zwar in ihren konflikthaften Positionierungen *als* vom Staat der Nationalgesinnung propagierte Nationalkultur, *als* von den politischen Emigranten im Osten im Namen des revolutionären Internationalismus literarisches Exilnetzwerk bzw. *als* dezentrierte literarische Praxis von Akteur:innen des Austausches?

Und nicht zuletzt: wie verflochten sich die Wege der Vermittlung, da das Bilaterale immer schon multilateral und transnational geprägt ist, wie etwa am Beispiel der neugriechischen Lyrik im *Museum der modernen Poesie* von Hans Magnus Enzensberger von 1960 zu spüren ist? In dieser „Chrestomathie" von Enzensberger, dem Lehrbuch einer behaupteten „poetischen Weltsprache", da sich Deutschland literarisch seit 1945 in der Lage eines Nachhilfeschülers befände,[13] ist die neugriechische Lyrik mit Konstantinos Kavafis (1863–1933) und dem künftigen Nobelpreisträger von 1963 Giorgos Seferis (1900–1971) vertreten. Während bei der Übertragung der Gedichte des letzteren durch den Anglisten Christian Enzensberger davon auszugehen ist, dass sich die Wege des Transfers mit der englischen Übertragung der Gedichte von Rex Warner und dem *Foyle Prize* des Jahres 1961 für Seferis in London kreuzen, trägt die Entdeckung des Alexandriners Kavafis durch Helmut von den Steinen, dem seit 1935 ins Exil nach Griechenland geflüchteten deutsch-jüdischen Georgianer, die unauslöschliche Signatur einer Transzendierung des Nationalen und der Nationalliteratur.[14]

Der „Tag der Hellenen" in der XI. Berlinale (1961): „Weiße Rosen aus Athen"

Fragt man sich nach dem quasi offiziellen bundesdeutschen Griechenlandbild, das in der „Frontstadt" Berlin im Jahr des Mauerbaus auch im Namen des Königreichs Griechenland vermittelt wurde, hilft ein Blick in das Programm der XI. Berlinale (23. Juni bis 4. Juli 1961). Es handelt sich nach wie vor um ein bilateral geprägtes Bild,

---

mann, sowie dem Archiv der BBAW, dem Historischen Archiv des Südwestfunks und dem Allgemeinen Staatsarchiv in Athen, die meine Recherchen mit Archivalien und Kenntnissen unterstützt haben.
13 So Enzensberger an Siegfried Unseld (18. November 1958) und an Peter Suhrkamp (4. März 1959), siehe Meike G. Werner: Vom Annex zum Atelier. Hans Magnus Enzensbergers *Museum der modernen Poesie* (1960), in: Internationales Archiv für Sozialgeschichte der deutschen Literatur 44 (2019), 399–409, hier: 404–406.
14 Zu Helmut von den Steinen siehe Chryssoula Kambas: Athen und Ägypten. Helmut von den Steinen, Übersetzer von Kavafis, in: dies., Marilisa Mitsou (Hrsg.): Hellas Verstehen. Deutsch-griechischer Kulturtransfer im 20. Jahrhundert, Köln/Weimar/Wien 2010, 289–328, und vgl. den Beitrag „Zwei Intellektuelle des George-Kreises in Athen der 1930er Jahre" von Miltos Pechlivanos im *Compendium der deutsch-griechischen Verflechtungen* (https://comdeg.eu/compendium/).

das etwa in den Reisebüchern Erhart Kästners (1904–1974), des zeitweiligen Sekretärs von Gerhart Hauptmann und Dolmetschers in Griechenland im Dienste der Wehrmacht, mitgezeichnet wurde.[15] Am sogenannten „Tag der Hellenen" der Berlinale wurde das Berliner und internationale Publikum mit der harten Währung Griechenlands auf einen Schlag konfrontiert: mit der griechischen Antike *und* mit der griechischen Landschaft.

Neben *La Notte* von Michelangelo Antonioni (Goldener Berliner Bär) und Jean-Luc Godards *Une femme est une femme* (1. Sonderpreis, Silberner Berliner Bär), die mit ihrer Kälte die am 13. August 1961 vom Kalten Krieg zu schaffenden brutalen Fakten quasi vorausahnten (so die Berlinale-Chronik),[16] waren im Wettbewerb zwei griechenlandbezogene Filme zu sehen. Einerseits als offizieller Beitrag Griechenlands die sich eng an die antike Vorlage von Sophokles haltende Verfilmung der *Antigone* von Giorgos Tzavellas (1916–1976), mit der Schauspielerin Irene Papas (*1926) in der Titelrolle, andererseits, unter den fünf von Alfred Bauer zum Wettbewerb eingeladenen Filmen, der bundesdeutsche Dokumentarfilm Wolfgang Mueller-Sehns *Traumland der Sehnsucht*, der den Sonderpreis (Silberner Berliner Bär) in dieser Kategorie gewann.[17]

Als langer Dokumentarfilm aus deutscher Touristik-Perspektive wurde *Traumland der Sehnsucht* für die idyllischen Panorama- und Landschaftaufnahmen gepriesen; die *Berliner Morgenpost* etwa urteilte am 29. Juni zum „Tag der Hellenen":

> Wolfgang Müller-Sehn und seine Frau Lilo haben es sich nicht leicht gemacht. Zwei Jahre lang sind sie mit Auto, Schiff und Flugzeug kreuz und quer durch Griechenland gereist, haben einsame Klöster, antike Tempel, lärmende Märkte, elegante Straßen und stille Dörfer besucht, haben arbeitende und feiernde Menschen und sonnenüberflutete Landschaften mit der Farbkamera festgehalten. Das Ergebnis ist nicht etwa ein wahlloses Kunterbunt an Eindrücken geworden, sondern eine in aller Vielfalt harmonisch geordnete Verbindung von Antike und Gegenwart, von Glanz und Armut, Schönheit und Leben. Man wird verzaubert von einer Fremde, die man nicht als fremd empfindet.[18]

Diese Mythisierung von Geschichte und Volkscharakter sticht schon mit den ersten Sätzen des Filmes ins Auge:

---

[15] Zu Erhart Kästner und Griechenland siehe Helga Karrenbrock: Erhart Kästners Griechenland, in: Chryssoula Kambas, Marilisa Mitsou (Hrsg.): Die Okkupation Griechenlands im zweiten Weltkrieg. Griechische und deutsche Erinnerungskultur, Köln/Weimar/Wien 2015, 391–398, und Nafsika Mylona: Delphi und der Mythos des Nationalsozialismus. Politisch-religiöse Implikate in Franz Spundas und Erhart Kästners Ortsbeschreibungen, in: ebd., 399–408.

[16] Online abgerufen am 10. Mai 2021 unter https://www.berlinale.de/de/archiv/jahresarchive/1961/01_jahresblatt_1961/01_jahresblatt_1961.html.

[17] Wolfgang Jacobsen: 50 Jahre Berlinale. Internationale Filmfestspiele Berlin, Berlin 2000, 99 und 106.

[18] „Der Tag der Hellenen", in: Berliner Morgenpost (29.06.1961), zitiert nach http://www.weisse-rosen-aus-athen.de/1961.htm, online abgerufen am 10. Mai 2021.

Griechenland, Sehnsucht der Jahrhunderte, Ziel aller, die träumen vom sonnigen Süden, vom blauen Meer und marmornen Göttersteinen. Auch uns zog diese Sehnsucht nach dem Land der Griechen, wo Europas Herz zu schlagen und ein Geist zu fragen begann. Denn das alte Hellas ist nicht tot. Es lebt weiter in immer neuen Verwandlungen. Es ist ein Land geballt durch die Größe seiner Vergangenheit, geladen mit Armut, und doch immer wieder durchklungen von der Freude des Lebens, die sich durch keine Not unterkriegen lässt.[19]

Die Dreharbeiten, aus denen auch zwei 1964 erschienene Fotobände von Lilo Mueller-Sehn in der Reihe „Europas Ferienstrassen" hervorgingen,[20] wurden auf Anfrage der Botschaft der Bundesrepublik Deutschland in Athen vom griechischen Königshaus unterstützt. „M. Müller-Sehn m'été recommandé par mon Gouvernement, et je suis plein de confiance qu'il réussira à créer un film de première qualité digne d'être projeté dans le monde entier", lautete am 13. Oktober 1959 die Empfehlung, damit im Palais Royal gedreht werden durfte.[21] Die filmische Verzauberung brachte es ja auf den Punkt: der König gehöre zu Hellas wie Hellas zu seinem König.[22]

Auch wenn das Königspaar bei der Berliner Premiere nicht anwesend war, nahmen an der österreichischen in Salzburg Königin Friederike (ursprünglich Prinzessin von Hannover und Herzogin zu Braunschweig-Lüneburg) sowie ihre Tochter, Prinzessin Sophia, und deren Verlobter, Prinz Juan Carlos, teil, wobei der Regisseur Wolfgang Mueller-Sehn, Lilo Mueller-Sehn sowie der Generaldirektor und der Publicity Manager

---

19 Der Film ist unter https://www.youtube.com/watch?v=0Oqt35CgG3o&feature=share zu sehen (online abgerufen am 10. Mai 2021); für das Zitat siehe 0:20–0:58. Im Vorspann des Filmes wird unter beratender Funktion („Kommentar-Mitarbeit") Johannes Gaitanides (1909–1988) erwähnt, der mit seinem Bestseller *Griechenland ohne Säulen* das nationalsozialistische und später das bundesrepublikanische Griechenlandbild der Adenauer-Ära stark mitgeprägt hat; siehe dazu Miltos Pechlivanos: Zum historischen Gedächtnis der Geisteswissenschaften. Die deutsche Neogräzistik und die Okkupation Griechenlands, in: Kambas/Mitsou (Hrsg.): Die Okkupation Griechenlands im zweiten Weltkrieg (Anm. 15), 353–372, und vgl. den Beitrag „Die Geburt des Griechenlandbildes in der Bundesrepublik aus dem Geiste des Nationalsozialismus: Die Griechenland-Bücher von Erhart Kästner und Johannes Gaitanides im Spannungsfeld zwischen Erneuerung und Kontinuität" von Athanasios Anastasiadis im *Compendium der deutsch-griechischen Verflechtungen* (https://comdeg.eu/compendium/).
20 Lilo Mueller-Sehn: Griechische Reise. Von Saloniki bis zur Südspitze des Peloponnes, Wien/München 1964, und dies., Griechische Inseln. Von Korfu bis Rhodos – Von Lesbos bis Kreta, Wien/München 1964. Den Tenor verrät schon die im Vorwort des ersten Fotobandes gestellte Frage: „Wo hört der Mythos auf, wo fängt die Geschichte an? Man weiss es nicht."
21 Γ.Α.Κ. – Κ.Υ., αρχείο Προεδρίας της Δημοκρατίας [Allgemeines Staatsarchiv – Zentraler Bereich, Archiv der Präsidentschaft der Republik], Signatur f. 144.
22 Im Film (41:20–42:00) lautet der Text: „König Paul und Königin Friederike haben die schwere Aufgabe, ihr Land aus den Nachwehen zweier Kriege und eines blutigen Bürgerkrieges herauszuführen. Dies Land, das durch schwere politische Hypotheken belastet ist, durch wirtschaftliche Probleme ohne Ende, ganz zu schweigen von den innerpolitischen Spannungen, die nicht zuletzt aus der krassen Eigenwilligkeit des Griechen hervorgehen. Die Königsfamilie hat mit Überlegenheit und Charme, mit fürsorgender Liebe und politischem Geschick manche Schwierigkeiten ausgleichen können. Das Volk liebt und verehrt sie. Der König gehört zu Hellas wie Hellas zu seinem König."

der Columbia-Filmgesellschaft mit griechischen Orden ausgezeichnet wurden.[23] Den Film erwähnt Königin Friederike auch in ihrer Autobiographie auf den dem Staatsbesuch des griechischen Königspaares in der Bundesrepublik im September 1956 gewidmeten Seiten:

> Wherever we went there were friendly laughing faces. It was as if people wanted to say, forget what happened during the war. We love Greece and the Greek people. The invasion of Greece during the war had been very unpopular with the German public. The German intellectual world is strongly Greek orientated and knowledge and love of our classics have made Greece a true „dreamland of their longing", I quote the name of a German cultural film on Greece. We left, greatly pleased to have re-established happy personal relations with a land traditionally pro-Greek, a land in which I was born, and which, through a freak of history, had brought so much suffering to Greece, the country of my love.[24]

Wie es sich auch verhalten mag mit einer so apostrophierten „Laune der Geschichte", der Dokumentarfilm von Mueller-Sehn erhielt neben dem Sonderpreis der Berlinale die Kulturfilmprämie 1961 des Bundesinnenministeriums, auch wenn bei der Filmbewertungsstelle Wiesbaden eine Meinungsverschiedenheit zu Tage kam: hatte sich der Bewertungsausschuss für das Prädikat „Wertvoll" entschieden, da der Film alle sozialen und politischen Probleme umginge, vor allem die moderne Arbeitswelt in Griechenland, „um sich ganz auf die stilleren Bezirke des seit der Antike fast unveränderten Lebens an den Küsten und auf den Inseln zu konzentrieren", erteilte der Hauptausschuss das höchste Prädikat „Besonders Wertvoll".[25]

Seine langwierige Wirkung als Verflechtung auswärtiger Kulturpolitik, Propaganda und Tourismus-Marketing verdankt das *Traumland der Sehnsucht* jedoch der Musik von Manos Hadjidakis (1925–1994), der 1960 mit „Ein Schiff wird kommen" für den Film „Sonntags ...nie" den Oscar für das beste Lied gewonnen hatte, und der

---

23 Γ.Α.Κ. – Κ.Υ., αρχείο Προεδρίας της Δημοκρατίας [Allgemeines Staatsarchiv – Zentraler Bereich, Archiv der Präsidentschaft der Republik], Signatur f. 202.
24 Frederica Queen of the Hellenes: A Measure of Understanding, London 1971, 202. Zum Staatsbesuch des griechischen Königspaares vgl. Apostolopoulos (Anm. 10), 65–68.
25 Online abgerufen am 10. Mai 2021 über die Datenbank *Dokumentarfilmgeschichte*, unter http://www.db.dokumentarfilmgeschichte.de/detail.php?typ=film&id=13294. Die ostdeutschen Pendants zum „Traumland der Sehnsucht" dürfen hier nicht unerwähnt bleiben, die fünf Kurzfilme („Hellas ohne Götter", „Insel der Rosen", „Bilder aus Athen und Rhodos", „Zwischen Himmel und Erde" und „An der Via Egnatia"), die Karl Gass, Künstlerischer Leiter des DEFA-Studios für Populärwissenschaftliche Filme, in und über Griechenland 1957/58 gedreht hat, vgl. Ines Walk: Art. „Karl Gass", in: Biographien von KünstlerInnen der DEFA, online abgerufen am 10. Mai 2021 auf der Homepage der *DEFA Stiftung* unter https://www.defa-stiftung.de/defa/kuenstlerinnen/kuenstlerin/karl-gass/. Im Rahmen der deutsch-deutschen Konkurrenz sollten in diesen Filmen – so Giorgos Vrazitoulis, der die Vorführung der Filme im Rahmen der Konferenz *Deutsch-griechische Beziehungen im ostdeutschen Staatssozialismus (1949–1989)* des *Centrum Modernes Griechenland* der Freien Universität Berlin (22.–23.04.2015) organisiert hatte – „nicht nur die antiken Stätten und sonstige touristische Attraktionen, sondern insbesondere die Armut, die sozialen Gegensätze in Griechenland sowie seine politische Abhängigkeit von den USA in den Vordergrund treten".

Stimme von Nana Mouskouri (* 1934), die mit dem „Traumland der Sehnsucht" ihre internationale Chance bekommen hatte und am 4. Juli ihre griechischen Chansons zwischen Volksmusik und westlichen Schlagern in einem Berliner Ton-Studio auch in deutscher Sprache auf Schallplatten aufnehmen wird.[26]

Während es sich aber bei der griechischen Version der Melodie der „Weißen Rosen aus Athen" um die Vertonung eines Gedichtes des Lyrikers des neugriechischen Modernismus Nikos Gatsos (1911–1992) mit dem Titel „Wenn du drei Mal pfeifst" handelte, eines Lyrikers, der Songtexte für mehrere Projekte von Hadjidakis geschrieben hatte, trug die touristische Rekontextualisierung in deutscher Sprache mit dem neuen Text der Sehnsucht nach Urlaub, nach Sonne und nach Meer, und dem Fernweh des Nachkriegseskapismus der deutschen Schlager Rechnung. Die Autobiographie der Sängerin und später auch Europa-Abgeordnete für die Konservativen Nana Mouskouri trägt nach wie vor den Titel *Stimme der Sehnsucht*.

Ostberlin: Johannes Irmscher, Melpo Axioti und Dimitris Hadzis

Es waren nicht die 1128 Jugendlichen aus kommunistischen Familien, 1949/50 bei der Aufteilung der Exilierten nach dem Bürgerkrieg in der damaligen Sowjetischen Besatzungszone und späteren DDR aufgenommen und in Radebeul bei Dresden untergebracht, die Ostberlin zu einem Zentrum der neugriechischen Exilliteratur während des Kalten Krieges machten. Die Ausnahme, die die Regel bestätigt, ist der Schriftsteller, Übersetzer und Kulturmittler Thomas Nicolaou (1937–2008), der mit seinem deutschsprachigen Debüt-Roman *Nachts kamen die Barbaren* (1968) einen historischen Bogen zwischen dem griechischen Bürgerkrieg und der Obristendiktatur spannte, in literatursoziologisch überaus interessanten Milieus stand[27] und, wie wir seit 1992 wissen, als Mitarbeiter der Staatssicherheit mit dem Namen „Anton" nicht nur seine griechischen Landsleute, sondern auch zahlreiche Künstler:innen und Schriftsteller:innen der DDR, u. a. Stefan Heym, Rainer Kunze, Volker Braun und Wolf Biermann, wie auch das befreundete Ehepaar Gerhard und Christa Wolf bespitzelt hatte.[28] Letztere, die in ihrer Erzählung *Sommerstück* (1989) die gemeinsamen Sommer

---

26 Der Tagesspiegel (28.06.1961), zitiert nach zitiert nach http://www.weisse-rosen-aus-athen.de/soundtrack.htm, online abgerufen am 10. Mai 2021.
27 Denis Püllmann: Thomas Nicolaous Roman *Nachts kamen die Barbaren* im literarischen Feld der DDR, in: Hillemann/Pechlivanos (Hrsg.): Deutsch-griechische Beziehungen (Anm. 4), 135–145, nennt die Künstlerkolonie Drispeth oder das Chemische Kombinat Buna (hier: 135).
28 Siehe Stratos N. Dordanas, Vaios Kalogrias: Die Stasi und ihre Griechen, in: Hillemann/Pechlivanos (Hrsg.): Deutsch-griechische Beziehungen (Anm. 4), 93–109, hier: 107–108, und vgl. ders.: Οι ζωές των άλλων. Η Στάζι και οι Έλληνες πολιτικοί πρόσφυγες στην Ανατολική Γερμανία (1949–1989)

im mecklenburgischen Drispeth verarbeitet hat, begleitete Nicolaou 1982 auf der Griechenland-Reise, die den Anstoß zu der Erzählung *Kassandra* gab, welche wiederum 1983 von Nicolaou ins Griechische übersetzt wurde.[29]

Es war das Verdienst von Johannes Irmscher (1920–2000), führendem Fachvertreter der Klassischen Philologie, der Patristik und der Byzantinistik in der DDR und seit 1966 jahrelangem Vizevorsitzenden des „Komitees DDR-Griechenland",[30] die Chance in den späten 1950er Jahren ergriffen zu haben, die Neogräzistik an der *Deutschen Akademie der Wissenschaften zu Berlin* zu begründen und, vor dem Hintergrund der transnationalen Funktion des sowjetischen Weltliteraturprojekts für die anderen Staaten des Ostblocks, den Literaturtransfer zu intensivieren. Der wissenschaftspolitische Vernetzungswille Irmschers ging Hand in Hand mit der externalisierenden Gedächtnispolitik der DDR, mit der die fortwährende Schuld für den Zweiten Weltkrieg systembedingt der Bundesrepublik überlassen wurde. Die enge Zusammenarbeit Irmschers mit den griechischen Kommunisten in der Emigration hatte einen ersten Höhepunkt in der 1957 in Berlin veranstalteten Konferenz „Probleme der neugriechischen Literatur", deren Protokoll in vier Bänden der „Berliner Byzantinischen Arbeiten" 1959 und 1960 beim Akademie Verlag vorgelegt wurde. Auf die Frage des Vertreters der Kammer für Außenhandel der DDR in Griechenland nach den Zielen einer Konferenz, die in Zeiten des Kalten Krieges das Lager der Forscher:innen von Ost und West zusammenzuführen beanspruchte, hat Irmscher am 29. Januar 1957 folgendermaßen geantwortet:

> Die Konferenz ist meines Wissens die erste Tagung, welche außerhalb Griechenlands über Fragen der neugriechischen Literatur abgehalten wird. Ich glaube, diese Tatsache ist ein nicht zu unterschätzendes Politikum und wird ohne Zweifel in Griechenland gewürdigt werden (wobei man auch vielleicht nicht übersehen wird, dass es gerade ein sozialistischer Staat ist, der diese Initiative ergreift). Durch die Konferenz wird weiter die Stellung unserer Akademie als eine Stätte des wissenschaftlichen Austausches zwischen Ost und West gefestigt werden; da zu erwarten ist, dass auch die ersten Vertreter des Fachgebietes zu unserer Konferenz kommen werden, oder sie zumindest ihr tätiges Interesse erklärt haben, besteht zu hoffen, dass die Zusammenkunft Gelegenheit geben wird, wissenschaftliche Verbindungen zu erneuern oder neue anzuknüpfen. Speziell für Griechenland erhoffe ich von der Konferenz eine persönlich Fühlungnahme mit den führenden Fachvertretern – was für Saloniki bereits als gesichert gelten kann –, von daher eine ständige Zusammenarbeit, wie sie zwischen Berlin und Athen in den zwanziger Jahren bereits sehr rege war, und zwar eine solche wissenschaftliche Zusammenarbeit, die zugleich eine Verstärkung des Einflusses unseres Staates in Griechenland bedeutet (den man ja dort wegen des vielen Reiseverkehrs weithin überhaupt nicht kennt).[31]

[Die Leben der Anderen. Stasi und die griechischen politischen Emigranten in Ostdeutschland (1949–1989)], Thessaloniki 2020, 198–209.
29 Siehe den Artikel „Thomas Nicolaou" von Marco Hillemann im *Compendium der deutsch-griechischen Verflechtungen* (https://comdeg.eu/compendium/).
30 Ich folge hier meinen Ausführungen in Pechlivanos (Anm. 19), 354–362.
31 Berlin-Brandenburgische Akademie der Wissenschaften, Akademiearchiv, Signatur ZIAGA, A 3940/1.

Auch wenn mehr als 350 Wissenschaftler:innen und Schriftsteller:innen in Europa und in den Staaten zwischen 1956 und 1957 den Aufruf mit der Unterschrift des Präsidenten der Akademie Max Volmer erhielten – unter diesen einige der wichtigsten Vertreter:innen der Literatur in Griechenland[32]– zur Konferenz versammelten sich nur die wichtigsten Vertreter:innen der griechischen linken Intelligenz im Ostblock, Autorinnen wie Elli Alexiou (1894–1988), Foula Hadzidaki (1906–1984), und Melpo Axioti (1903–1973), und Autoren wie Thodosis Pieridis (1908–1968) und Dimitris Hadzis (1913–1981) bzw. Stratis Tsirkas (1911–1980) aus der griechischen Diaspora in Ägypten. Die Entscheidung der griechischen Regierung, den eingeladenen griechischen Autor:innen oder Wissenschaftler:innen kein Visum zu erteilen, übertraf alle pessimistischen Erwartungen und zeigte, dass wissenschaftlicher Austausch gegenseitigen Willen braucht. Die einzige Stimme Griechenlands, die im Frühjahr 1957 in Ostberlin zu hören war, war somit auf Tonband, die Stimme des Architekten und Volkskundlers Kostas Biris (1899–1980).[33]

Diese unzeitgemäße (und zu ambitionierte) Initiative bot jedoch eine wichtige (wenn auch wiederum verpasste) Gelegenheit für die Positionierung der neugriechischen Literatur im Netzwerk der (Ost)Berliner Weltliteraturen. Zwei der bedeutendsten griechischen Autor:innen des 20. Jahrhunderts, Melpo Axioti und Dimitris Hadzis, hatten sich in Ostberlin niedergelassen, Axioti als Gastlektorin ab dem Wintersemester 1958/59 bis 1964 am Institut für Altertumswissenschaften der Humboldt Universität und Hadzis zwischen 1957 und 1963 als wissenschaftlicher Mitarbeiter und Doktorand von Irmscher am Institut für Altertumskunde der Deutschen Akademie der Wissenschaften zu Berlin.

Während Axioti mit ihrem ersten Roman *Δύσκολες νύχτες* [Schwierige Nächte] von 1938 sich dem inneren Monolog der literarischen Moderne zuwandte („ich schrieb […] ohne einen theoretischen Ansatz, nur mit dem Herzen, nach meinem eigenen Geschmack und meinem Instinkt", notierte sie später), wurde die Literatur für die Widerstandskämpferin während der deutschen Besatzung „Waffe und Werkzeug" zur Unterstützung des Kampfes; die *grande dame* der griechischen engagierten Literatur, die 1946 mit ihrem Widerstandsroman *Εικοστός αιώνας* [Das zwanzigste Jahrhundert] in Übersetzungen ins Französische und Deutsche – 1949 unter dem Titel *Tränen und*

---

[32] Unter anderen waren etwa Nikos Kazantzakis (1883–1957), Galateia Kazantzaki (1881–1962), Tasos Livaditis (1922–1988), Stratis Myrivilis (1890–1969), Lilika Nakou (1904–1989), Kosmas Politis (1888–1974), Jannis Ritsos (1909–1990), Vassilis Rotas (1889–1977), Kostas Varnalis (1884–1974), Ilias Venesis (1904–1973) und Nikiforos Vrettakos (1912–1991) eingeladen.

[33] Johannes Irmscher: Die Konferenz über Fragen der neugriechischen Literatur in Berlin April 1957, in: Asterios Argyriou, Konstantinos A. Dimadis, Anastasia Danai Lazaridou (Hrsg.): Ο ελληνικός κόσμος ανάμεσα στην Ανατολή και τη Δύση 1453–1981 [Die griechische Welt zwischen Orient und Okzident 1453–1981], Athen 1999, 285–292, hier: 288 f.: „möglicherweise suchte man auch zu verhindern, dass griechische Intellektuelle, die als politische Flüchtlinge im Ausland lebten, mit ihren Landsleuten in persönlichen Kontakt traten."

Marmor, mit einem Vorwort von Anna Seghers – und dann auf Italienisch, Russisch, Bulgarisch und Polnisch den internationalen Durchbruch erlebte, floh 1947 nach Paris, wurde dort 1949 ehrenvoll in den Vorstand des 1. Weltkongresses des Weltfriedenrates berufen, aber im September 1950 ausgewiesen und in die DDR abgeschoben, wo sie sich schließlich in den Jahren 1957–1964 niederließ, nach einer Zeit des Umherirrens zwischen 1952 und 1957 in Warschau und kurzfristig in Sofia.[34]

Mit der Ausnahme weniger deutscher Schriftsteller:innen mit Französischkenntnissen, etwa Paul Wiens, der aus dem Französischen 1961 ihre Dichtung *Konterbande* ins Deutsche übertragen hat, bzw. dem Übersetzer von *Tränen und Marmor* Kurt Stern,[35] blieb das Leben in Berlin für Axioti bloß „Transit und Provisorium" im Hotel Johannishof, Gästehaus des DDR-Ministerrates, wo sie auch von ihren Student:innen zum Unterricht besucht wurde.[36] Es war die Zeit der Entstehung eines der wichtigsten Prosatexte der griechischen Nachkriegsliteratur, *Το σπίτι μου* [Mein Zuhause], eines metafiktionalen Textes, mit dem Axioti zum Modernismus der Zwischenkriegszeit zurückkehrt; auf der letzten Seite des Buches, das direkt nach ihrer Repatriierung 1965 in Athen veröffentlicht wurde, schreibt sie über sich in dritter Person vom Zustand des Exils: „Es ist ein Glücksfall, dass sie während ihrer Abwesenheit alle Wörter ihrer Sprache bewahrte und sicher noch die Namen aller Winde kennt."[37]

Der jüngere Hadzis, seit 1935 und bis 1952 Mitglied der KP, zweimal 1936 und 1947 auf den Internierungsinseln, nach dem Bürgerkrieg im Exil in Bukarest, Budapest und Ostberlin bis zu seiner Repatriierung in Griechenland nach der Militärdiktatur, wo er 1952 in Abwesenheit zum Tode verurteilt worden war – sein Bruder wurde 1948 exekutiert –, war als Journalist tätig, bis er den Versuch unternahm, so schrieb er in einem Brief an seine Schwester Litsa in Griechenland am 26.06.1957, als Neogräzist in Budapest und in Ostberlin „einen Teil der verlorenen Zeit wiederzugewinnen".[38] Für

---

34 Vgl. Maria Kakavoulia: Melpo Axioti (1903–1973), Leben und Werk, in: Melpo Axioti: Kadmo, übers. von Maria Zafón, Berlin 2017, 79–113; die Zitate hier: 82. Vgl. Dennis Püllmann: Melpo Axioti und Dimitris Chatzis. Zwei griechische Schriftsteller im Ostberliner Exil, in: Margrid Bircken, Andreas Degen (Hrsg.): Reizland DDR. Deutungen und Selbstdeutungen literarischer West-Ost-Migration, Göttingen 2015, 213–230, und Anastasia Antonopoulou: Liebe Freundin Melpo ... Η σχέση της Μέλπως Αξιώτη με την Anna Seghers: αδημοσίευτες επιστολές [Zum Verhältnis von Melpo Axioti und Anna Seghers: unveröffentlichte Briefe], in: Σύγκριση / Comparaison / Comparison 28 (2019), 1–12.
35 Zur Freundschaft Axiotis mit Kurt und Jeanne Stern siehe Antonopoulou, ebd., sowie Anm. 13 und 31.
36 Püllmann, ebd., 223.
37 Zitiert nach Kakavoulia (Anm. 34), 92.
38 Siehe Nikos Goulandris: 491 δελτία (1930–1975) για τον Δημήτρη Χατζή [491 Karteikarten (1930–1975) zu Dimitris Hadzis], Athen 2001, 170. Dimitris Hadzis und seinem Beitrag zur neugriechischen Kulturgeschichte war der erste Workshop der Reihe „Konstruktionen der neugriechischen Kultur" (19.–20.12.2008) im Institut für Griechische und Lateinische Philologie an der Freien Universität Berlin gewidmet; online abgerufen am 10. Mai 2021 auf der Webseite der Freien Universität Berlin, unter https://www.geisteswissenschaften.fu-berlin.de/we02/institut/termine/termine_archiv/ngr_veranstaltung_hadzis.html.

die Berliner Zeit ist seine Akte im Akademiearchiv der BBAW aufklärend, als etwa im November 1958 die Abteilung Außenpolitik und Internationale Verbindungen der SED von der Abteilung Kader und Arbeit erfahren wollte, wie es um die Parteimitgliedschaft und um die fachliche und politische Betätigung des politisch Verfolgten stehe, aber auch wieso „der an der Akademie tätige Grieche Chatzis in Westberlin gesehen wurde".[39]

Obwohl Hadzis auf Befragung hin angab, „am Bahnhof Zoo gewesen zu sein, um dort seine für 3 Tage aus Athen nach Berlin kommende Schwester vom Bahnhof abzuholen" und erklärte, „dass er sonst nie nach Westberlin ginge", spricht die Antwort der Leiterin an das Zentralkomitee Bände: Hadzis sei allgemein als intellektueller Einzelgänger bekannt, mit einer pazifistischen Grundeinstellung und unklarer Einstellung zur volksdemokratischen Ordnung; er halte sich möglichst fern vom gesellschaftlichen Leben der Akademie und von der Gemeinschaft der griechischen Emigranten in Berlin und lege dem politischen Geschehen gegenüber ein ungewöhnliches Desinteresse an den Tag. Auch wenn die Berichterstatterin nicht klarstellen konnte, warum er selbst kein Mitglied der KPG sei, „da die Verständigung mit ihm in deutsch äußerst schwierig ist", mutmaßte Irmscher, die Gründe „mögen in den mannigfachen Auseinandersetzungen zu suchen sein, welche innerhalb der Kommunistischen Partei Griechenlands nach der militärischen Niederlage geführt wurden".[40]

Wäre man damals in der Lage gewesen, die titelgebende Erzählung von Hadzis' Sammlung Ανυπεράσπιστοι [Die Ungeschützten] zu lesen, neben Axiotis Roman, das zweite der bedeutendsten Werke der erzählenden griechischen Nachkriegsliteratur, die in der DDR entstanden, hätte man vielleicht einen trefflichen Grund. Es handelt sich in dieser Sammlung um den ersten literarischen Versuch „(nicht nur der politischen Flüchtlinge, sondern der gesamten Literatur über den Bürgerkrieg), das Trauma als ein geteiltes darzustellen, als ein Trauma, das die beiden kriegführenden Lager gleichermaßen betrifft";[41] im Exil sei somit eine „Anerkennung des Traumas des Anderen"[42] vollzogen worden.

Während ihrer Berliner Jahre waren Melpo Axioti und Dimitris Hadzis sehr engagiert in der Vermittlung der neugriechischen Literatur in deutscher Sprache gewesen. Behauptete Irmscher noch 1957, dass die nach 1945 in der DDR erschienenen Bücher der politischen Emigranten daran kranken, „dass sie nicht direkt aus dem

---

39 Giorgos Vrazitoulis: Στα ίχνη του Δημήτρη Χατζή στο (ανατολικό) Βερολίνο (1957–1963) [Auf den Spuren von Dimitris Hadzis in (Ost)Berlin (1957–1963)], in: Exantas. Eine griechisch-deutsche Kulturzeitschrift 11 (Dezember 2009), 62–75, hier: 69–70.
40 Ebd. – Für die Planung eines Wiedersehens der Geschwister nach zwanzig Jahren vgl. Goulandris (Anm. 38), 164–165.
41 Venetia Apostolidou: Τραύμα και μνήμη. Η πεζογραφία των πολιτικών προσφύγων [Trauma und Erinnerung. Die Prosa der politischen Emigranten], Athen 2010, 24, zitiert nach Püllmann (Anm. 34), 228.
42 Ebd.

Griechischen vorgenommen wurden, sondern sich auf die französischen Ausgaben stützten",[43] ermöglichte die neue Konstellation um 1960 eine Rezeption der neugriechischen Literatur unter dem doppelten Vorzeichen des sowjetisch inspirierten Ostberliner Weltliteraturprojektes und der externalisierenden Gedächtnispolitik der DDR.

Mit der 1960 beim Verlag Volk und Welt erschienenen Anthologie neugriechischer Erzählungen *Antigone lebt,* dessen Titel die klassische Antike und den antifaschistischen Widerstand zusammenknüpft,[44] haben Axioti und Hadzis u. a. etliche Autor:innen ausgewählt, die sich mit der Thematik der deutsch-griechischen Verflechtungsgeschichte auseinandersetzten und eine literaturgeschichtliche sowie gattungshistorische Einführung geliefert. Den Spuren der offiziellen DDR-Rezeption lässt sich im Bundesarchiv und im Archiv der Akademie der Künste nachgehen, bei den Druckgenehmigungsvorgängen zu Verlagspublikationen, sowohl für *Antigone lebt* als auch für die weiteren ins Deutsche übersetzten und in den frühen 1960er Jahren veröffentlichten Werke griechischer Nachkriegsliteratur, z. B. die Romane von Menelaos Ludemis *Ein Kind zählt die Sterne* (1960), von Andreas Frangias *Menschen und Häuser* (1961) oder der im Exil lebenden Autorin Elli Alexiou *Die dritte christliche Mädchenschule* (1963) bzw. die Erzählungen *Das zerstörte Idyll* (1965) von Dimitris Hadzis und die autobiographische Schilderung des Athener Geisellagers Haidari im *Leben auf Widerruf* (1964) von Themos Kornaros (1906–1970).[45]

Die bundesrepublikanische Öffentlichkeit wurde erst in der zweiten Hälfte der 1960er Jahre auf die im Osten übersetzte und herausgegebene neugriechische Literatur aufmerksam. Knapp drei Monate nach dem Militärputsch vom 21. April Juli 1967 konnten die *Zeit*-Leser:innen den Beitrag des Germanisten Helmut Salzinger lesen:

---

43 Siehe oben, Anm. 31.
44 Der Titel der Anthologie nimmt den Anlass von der Erzählung „Antigoni" von Ilias Venesis, in der in Anlehnung an den antiken Stoff geschildert wird, wie trotz des Verbots eine Schwester ihren von deutschen Soldaten erhängten Bruder begräbt.
45 Aus dem Kreis dieser Autor:innen wurden auch um 1960 die offiziellen Einladungen für Reisen in die DDR vom Deutschen Schriftstellerverband ausgesprochen. 1958 wurde Ludemis nach Ostberlin eingeladen und 1961 Kornaros. 1962 kam Ritsos nach Ostberlin, dessen deutschsprachige Rezeption sich vor 1967 auf Stephan Hermlins Übersetzung eines Auszuges aus „Brief an Joliot Curie" (1951) in der Berliner Zeitschrift *Aufbau* und auf die 1957 und 1960 in *Sinn und Form* erschienenen „Die Mondscheinsonate" und „Das Fenster" (siehe unten Anm. 65, 137) beschränkte, und 1966 kam Iakovos Kambanellis (1930–2010), dessen Chronik *Mauthausen,* ein Bericht seiner Erlebnisse im Konzentrationslager, 1961 in Athen erschien und dessen Mauthausenlieder in der Vertonung von Mikis Theodorakis 1966 uraufgeführt wurden, gesungen von Maria Farantouri, die somit ihren internationalen Durchbruch schaffte. – Mein herzlicher Dank gilt Jutta Müller-Tamm, die mir die im Rahmen des Projekts „Writing Berlin" gesammelten Daten der einreisenden Schriftsteller:innen in die DDR zur Verfügung gestellt hat.

Die große Zahl der politisch engagierten und zum Sozialismus tendierenden Dichter Griechenlands wird dem literarischen Bewusstsein der Bundesrepublik vorenthalten. Ob das bloßer Zufall ist? Wer sich über diesen Teil der neugriechischen Literatur orientieren will, sieht sich – es muss leider gesagt werden – auf die Buchproduktion der DDR verwiesen, obschon auch dort nicht gerade viel übersetzt wurde. Immerhin erschien dort die Prosaanthologie *Antigone lebt*, in der viele der bei uns verheimlichten Autoren vertreten sind, wenn auch nicht immer mit ihren besten Werken. Weiterhin erschienen in der DDR einige Romane, die es durch ihre Darstellung des griechischen Alltags begreiflich machen, warum so viele Griechen ihre Hoffnungen auf den Sozialismus setzen. [...] Gewiss, die ungeschminkte Darstellung der sozialen Verhältnisse des Landes verrät diese Autoren sämtlich als Sozialisten oder Kommunisten, und damit schon könnte einem Bundesrepublikaner ihre Verfolgung und Unterdrückung gerechtfertigt erscheinen. Als ob es keine Menschen wären, die sich da gegen die himmelschreienden Zustände im wirtschaftlich und sozial rückständigsten Land Europas empören. Diese Empörung, die beinahe schon eine Sache des persönlichen Anstandes ist, braucht nicht immer mit einer parteipolitischen Bindung gekoppelt zu sein.[46]

Westberlin: Das Berliner Künstlerprogramm und die Mittler:innen

In dieser Konstellation des griechischen „dreißigjährigen Krieges" im Inneren, der mit der Obristendiktatur die letzten sieben Jahren abschloss, und der neugriechischen engagierten (Exil-)Literatur als einer in den Debatten des Realismus, Sozialismus oder kritischen Realismus wie im sowjetisch inspirierten Ostberliner Weltliteraturprojekt verstrickten Literatur, welcher konnte der Ort Griechenlands in der Westberliner Kulturoffensive der frühen 1960er Jahre sein? Geht man davon aus, dass erst ab 1967 die jüngere Generation um Mikis Theodorakis und die Jungendbewegung der 1960er Jahre, wie etwa Vassilis Vassilikos (*1934) mit seinem Roman *Z*, die internationale Bühne als von der Junta Vertriebene betreten würde, bliebe dann noch die Vorreiterfunktion jener griechischen Diaspora, die nach dem Zweiten Weltkrieg das Land verlassen und sich für eine der westeuropäischen Metropolen entschieden hatte bzw. entscheiden musste.

Um vom älteren Nikos Kazantzakis ganz zu schweigen, der das letzte produktive Jahrzehnt seines Lebens im Südosten Frankreichs, in Antibes, verbracht hatte und in der Universitätsklinik Freiburg gestorben war, soll hier eine Initiative des Athener Französischen Institutes und dessen Direktoren Octave Merlier und Roger Milliex nicht unerwähnt bleiben. Ende 1945 schickten sie mit einer außergewöhnlich hohen Anzahl von Stipendien mehr als 150 Wissenschaftler:innen und Künstler:innen aus Griechenland nach Frankreich, damit diese ihre Studien fernab des schädlichen Klimas des

---

[46] Helmut Salzinger: „Die Austreibung des Geistes. Zur Verfolgung der Schriftsteller in Griechenland", in: Die Zeit (14.06.1967).

Bürgerkriegs fortzusetzen konnten.⁴⁷ Einige von den Stipendiat:innen wurden dauerhaft Teil der intellektuellen und künstlerischen Elite der Nachkriegszeit in Frankreich, wie die Philosoph:innen Mimika Kranaki (1920–2008),⁴⁸ Kostas Papaioannou (1925–1981), Kostas Axelos (1924–2010) und Cornelius Castoriadis (1922–1997), oder auch der Architekt und Stadtplaner Georges Candilis (1913–1995), der 1963 zusammen mit dem Architektenbüro Team-X den internationalen Architektenwettbewerb zur Bebauung des „Rostlaube" der Freien Universität gewann als „clusterartiges Raumgefüge mit einem vernetzten System von allgemein zugänglichen Straßen und Wegen, das die Einrichtungen und unterschiedlichen Institute verbinden sollte".⁴⁹

Zu den Stipendiaten des französischen Staates gehörte ebenfalls der Ingenieur und Komponist Iannis Xenakis (1922–2001), der als Assistent bei Le Corbusier arbeitete und 1955 mit der Uraufführung seiner ersten Komposition *Metastaseis* an den Donaueschinger Musiktagen an die Spitze der internationalen Szene der Neuen Musik gelangte. Xenakis nahm 1962 an der Vortragsreihe „Musik im technischen Zeitalter" in der Berliner Kongresshalle teil, dem Pendant zu Walter Höllerers Reihe „Literatur im technischen Zeitalter", geleitet vom Musikwissenschaftler der Technischen Universität Hans Heinz Stuckenschmidt, und kam 1963/1964 zum „Rendezvous der musikalischen Weltkulturen in Berlin" auf Einladung der Ford Foundation. *Die Welt* vom 12.03.64 berichtete von Xenakis, der in Berlin zufrieden war, da „die Herren von IBM [ihm] freundlicherweise die Arbeit mit dem Elektronengehirn der Firma" ermöglicht haben und der unter anderem an der Bühnenmusik für die Aufführung der *Hiketiden* des Aischylos im Antiken Theater von Epidaurus arbeitete.⁵⁰ Der Komponist durfte

---

47 Lucile Arnoux-Farnoux: Relations intellectuels et artistiques entre la France et la Grèce au xxe siècle : l'action de deux philhellènes, Octave Merlier (1897–1976) et Roger Milliex (1913–2006), in: Rives méditerranéennes 50 (2015), 53–64, hier: 57; vgl. dazu Nikolas Manitakis, Servanne Jollivet (Hrsg.): Ματαρόα, 1945. Από τον μύθο στην ιστορία [Mataroa, 1945. Vom Mythos zur Geschichte], Athen 2018.
48 Ihr autobiographischer Roman *Nationalität: Philhellene. Eine Odyssee in vierundzwanzig Briefen* ist in deutscher Übersetzung bei der Edition Romiosini erschienen (übers. von Birgit Hildebrand, Berlin 2016); vgl. das Vorwort von Angela Kastrinaki, ebd., 11–27.
49 Vgl. Michael Kraus: „Kurzer Abriß der Planungsgeschichte der Rostlaube", online abgerufen am 10. Mai 2021 auf der Webseite der Freien Universität Berlin, unter https://www.fu-berlin.de/sites/abt-3/campus/bauprojekte/projektarchiv/seite_geschichte.html. In diesem Kontext ist ebenfalls der Architekt Ioannis Despotopoulos, auch Jan Despo (1903–1992), zu erwähnen, der nach seiner Entlassung 1946 von der Nationalen Technischen Universität Athen nach Schweden flüchtete und ab 1964 Außerordentliches Mitglied (ab 1979 Mitglied) der Akademie der Künste Berlin (West), Sektion Baukunst gewesen ist; vgl. dazu die Beiträge „Architektur und Politik: die Rolle des Architekten Ioannis Despotopoulos bei der Intensivierung der deutsch-griechischen Beziehungen in den 1960er Jahren" von Loukas Bartatilas und „Deutsch-griechische Verflechtungen von Architekten und Stadtplanern während des Wiederaufbaus der Nachkriegszeit" von Lina Dima im *Compendium der deutsch-griechischen Verflechtungen* (https://comdeg.eu/compendium/).
50 Zitiert nach Stefanie Endlich, Rainer Höynck (Hrsg.): Blickwechsel. 25 Jahre Berliner Künstlerprogramm, Berlin 1988, 40. Vgl. auch den Beitrag von Wolfgang Burde: Rendezvous der musikalischen Weltkulturen in Berlin, in: ebd., 80–83.

übrigens nicht nach Griechenland weder für die Proben noch für die Aufführung der Tragödie; dem Exilanten wurde kein Visum erteilt und sowohl der Regisseur als auch die Chorleiterin haben ihn während der Zusammenarbeit im Ausland besuchen müssen.[51]

In den 25 Jahren des Berliner Künstlerprogramms, die im Band von Stefanie Endlich und Rainer Höynck dokumentiert werden, kamen die ersten Einladungen nach Griechenland direkt nach dem Militärputsch vom April 1967; der Blickwechsel zeugt sowohl vom Bemühen, dem politischen Anlass Rechnung zu tragen, als auch von der schnellen Inkubationsphase des Kulturaustausches, der von Mittlerinstitutionen wie dem Goethe-Institut in Athen in Gang gesetzt wurde, dessen Rolle in der Zeit nicht genug zu betonen ist,[52] wie auch von individuellen Mittler:innen in Berlin und Athen. Nicht zu unterschätzen ist die Funktion des überwiegend als Kurator in Deutschland tätigen und seit 1958 in Berlin lebenden griechischen Kunsthistorikers Christos M. Joachimides (1932–2017), dessen Ruf als Ausstellungsmacher die Joseph-Beuys-Retrospektive von 1977 oder die großen Ausstellungen im Martin-Gropius-Bau begründeten („Zeitgeist"; „Metropolis"; „Amerikanische Kunst im 20. Jahrhundert"; „Die Epoche der Moderne").[53] Auch auf seine enge Freundschaft mit Peter Nestler, Leiter des Künstlerprogramms des DAAD in den 1960er Jahren, ist das Insiderwissen des Programms über die Entwicklungen in der Athener Kulturszene zurückzuführen, eine Vermittlung, die eine Reihe von Künstlereinladungen in den späten 1960er und frühen 1970er Jahren mitverursachte.[54] In dieser Zeit wurden in chronologischer Reihenfolge folgende Künstler:innen bzw. Autor:innen eingeladen:

---

51 Siehe dazu http://www.nt-archive.gr/playMaterial.aspx?playID=198#programs (online abgerufen am 10. Mai 2021). Der Exilant durfte erst 1975 durch ein Sondergesetz, im Rahmen des ersten „Festival Xenakis", nach Griechenland zurückkehren.

52 Wie Eberhard Rondholz, in seinen Erinnerungen an den damaligen Programmdirektor des Athener Goethe-Instituts Johannes Weissert (1930–2006) im Heft vom 21.04.2006 der Athener Zeitschrift *Anti*, es treffend auf den Punkt gebracht hat, sowohl Klaus Schulz, Leiter des Instituts, als auch Johannes Weissert hatten den deutschen Kulturexport als „Export demokratischen Geistes" verstanden. Vgl. dazu die Dokumentation von Nikoletta Dimitrouka in ihrer Masterarbeit (Neogräzistik, Freie Universität Berlin) sowie ihren Beitrag „Die deutsch-griechischen Kulturbeziehungen während der Militärdiktatur in Griechenland (1967–1974)" im *Compendium der deutsch-griechischen Verflechtungen* (https://comdeg.eu/compendium/).

53 Vgl. Franziska Leuthäußer im Gespräch mit Christos M. Joachimides. Interview vom 07. März 2016, online abgerufen am 10. Mai 2021 auf der Webseite des Städel Museums unter https://cafedeutschland.staedelmuseum.de/gespraeche/christos-m-joachimides.

54 Siehe das Gespräch zwischen Christos M. Joachimides und Eleana Stoikou über die vom Goethe Institut in Athen unterstützte Ausstellung „Avantgarde Griechenland" mit überwiegend in Paris arbeitenden Künstler:innen im Haus am Lützowplatz (Herbst 1968), anschließend gezeigt in Frankfurt und in Stuttgart, in der die künftigen DAAD-Stipendiaten Konstantin Xenakis (1931–2020), Costas Tsoclis (*1930) und Stathis Logothetis (1925–1997) vertreten waren, online abgerufen am 10. Mai 2021 über die Webseite der Freien Universität Berlin unter https://www.cemog.fu-berlin.de/newsletter/newslet-

Musik
- Iannis Xenakis (10.1963–09.1964)
- Theodore Antoniou (11.1967–11.1968)
- Nikos Mamangakis (01.1970–12.1970)

Bildende Künste
- Alexis Akrithakis (11.1968–12.1970)
- Konstantin Xenakis (05.1970–09.1971)
- Costas Tsoclis (02.1971–07.1972)
- Stathis Logothetis (01.1972–04.1973)
- Vlassis Caniaris (05.1973–04.1974)
- Jannis Psychopedis (05.1977–02.1978)

Literatur
- Mando Aravantinou (02.1969–05.1970)
- Alexander Skinas (04.1969–09.1970)
- Vassilis Vassilikos (08.1970–07.1971)
- Menis Koumandareas (02.1972–07.1972)
- Thanassis Valtinos (04.1974–03.1975)
- Demosthenes Davvetas (06.1985–08.1985)
- Theophilos Frangopoulos (01.1985–12.1985)

Im zweisprachigen Begleitkatalog der unter der künstlerischen Leitung von Joachimides 1986 in Athen stattgefundenen Veranstaltungsreihe „Athen in Berlin" unterstrich der damalige Direktor des DAAD in Berlin und Leiter der Künstlerprogramms, dass die meisten der griechischen Gäste während der Militärdiktatur nach Berlin gekommen waren: „Dies gehört mit zum Selbstverständnis des Berliner Künstlerprogramms: jederzeit auch jenen Künstlern Gastfreundschaft zu gewähren, die in ihren Heimatländern der Verfolgung ausgesetzt sind", zugleich betonend, dass „auch in ‚guten Jahren' [...] griechische Maler, Bildhauer, Komponisten und Schriftsteller gerngesehene Gäste in Berlin" seien.[55] Es ist jedoch zu konstatieren, dass diese geballte Präsenz griechischer Kultur im Berliner Künstlerprogramm sich seitdem nicht wiederholt hat.

---

ter-archiv/cemog-newsletter-11/wissenswert.html. Vgl. auch die Erinnerungen von Eberhard Roters an Alexis Akrithakis (1939–1994) und den „Standortnachteil" der Künstler:innen „mit einer ungünstigen europäischen Randlage", in: Endlich/Höynck (Hrsg.): Blickwechsel (Anm. 50), 17.

55 Wieland Schmied: Das Berliner Künstlerprogramm des DAAD, in: Christos M. Joachimides (Hrsg.): Athen in Berlin. Das Berliner Künstlerprogramm des DAAD uns seine Gäste, Athen 1986, 9–11, hier: 11. Vgl. auch Endlich/Höynck (Hrsg.): Blickwechsel (Anm. 50), 318: „‚Athen in Berlin' hieß die vom DAAD und Athener Goethe Institut organisierte Veranstaltungsreihe, die in Athen über die Arbeit von insgesamt 16 ehemaligen griechischen Gästen des Künstlerprogramms informierte. Zum Programm gehörten Lesungen, Konzerte und eine von Christos Joachimides ausgerichtete Ausstellung mit Werken von Akrithakis, Xenakis und Psychopedis sowie eigens hierfür geschaffenen Environments von Caniaris, Logothetis und Tsoclis. Die Reihe knüpfte an frühere Präsentationen dieser Art in London und Paris an"; im Kontext dieser Retrospektive, aber auch als Hervorhebung des deutsch-griechischen Kulturtransfers, dürfen auch

Kurz vor dem Militärputsch am 21. April 1967 wurde ebenfalls Berlin nach Athen ‚eingeladen' mit der von Joachimides kuratierten Ausstellung „Berlin Berlin. Junge Berliner Maler und Bildhauer". Diese Ausstellung, so Joachimides,

> hatte das Schicksaal, die letzte demokratische Kulturveranstaltung in Athen vor dem Beginn der Militärdiktatur zu sein. Denn kaum hatten wir die Bilder auf den Weg nach Berlin gebracht, kamen die Obristen an die Macht, die jedes geistige Leben im Lande erstickten. Kurz darauf, im Juli 1967, verließ ich mit Konstantin Tsoukalas und seiner Frau Machi Griechenland. Johannes Weissert – damals die Seele des Goethe Instituts in Athen – bracht uns mit seinem Wagen über einen kleinen Grenzübergang in der Nähe der Prespa-Seen in Westmazedonien nach Jugoslawien. Tsoukalas ging nach Paris, wo sich das Zentrum der griechischen Emigration zu formieren begann, und ich kam nach Berlin zurück; auf dem Höhepunkt der Studentenbewegung.[56]

Als Motto der Ausstellung der jungen Berliner Maler und Bildhauer[57] haben die Organisatoren Michel Butors Huldigung der geteilten Stadt ausgewählt. Das Athener Publikum wurde somit konfrontiert mit Berlin als „nicht mehr nur eine ganze Stadt unter anderen, mit ihren Stadien, ihren Theatern, ihren Gerichten, ihren Museen, ihren Schaufenstern, ihren Laboratorien und ihren lärmenden Manövergeländern, Schauspielern, Sängern, Stars, Sportlern, Spezialisten, Strategen, sondern ein Horchposten, eine Versuchsbank für alle anderen Städte, sie selbst voll und ganz Theater, Zirkus, Oper, mit Kulissen und Orchesterraum, Schwelle, Schaufenster, Laboratorium".[58] In diesem Erwartungshorizont sind somit zum ersten Mal die Arbeiten u. a. von Baselitz, Hödicke, Koberling und Lüpertz in Griechenland rezipiert worden, sowie auch die Arbeiten eines nach Berlin migrierten griechischen Künstlers, Vagelis Tsakiridis (1936–?), der als Bindeglied zwischen der Gruppe 47 und der neugriechischen Literatur in den kommenden Jahren in Berlin eine wichtige Mittlerfunktion als Übersetzer und Herausgeber übernehmen würde.

Der Bildhauer, dem wegen Wehrdienstverweigerung die griechische Staatsbürgerschaft entzogen wurde und der seit 1963 ohne gültigen Reisepass als Staatenloser in Westberlin lebte, schrieb seit 1965 Prosa und Lyrik in deutscher Sprache.[59] Er wurde zum

---

die Einladungen von 1985 verstanden werden, des in Paris lebenden Autors, Essayisten, Kulturkritikers und Malers Demosthenes Davvetas (*1955), der in Joseph Beuys seinen Mentor sieht, und des Generalsekretärs des griechischen PEN-Clubs, Übersetzers deutscher Literatur ins Griechische und im Antidiktaturkampf engagierten (s. unten Anm. 69) Schriftstellers Theophilos Frangopoulos (1923–1998).

56 Christos M. Joachimides: Athen und Berlin 1967–74, in: ders. (Hrsg.): ebd., 13.

57 Diese Ausstellung der *Deutschen Gesellschaft für Bildende Kunst* (Kunstverein Berlin) in Zusammenarbeit mit dem Goethe-Instituts Athen wurde im Zapeion in Athen gezeigt (24. Februar bis 19. März 1967) und mit einem schlichten Katalog dokumentiert; sie, so Joachimides, in seinem Geleitwort, „ist kein Programm, zieht keine Bilanz, propagiert keine neue ‚Richtung'. Sie ist lediglich das Zeugnis einer Generation, die sich selbst im Erlebnis einer neu gewonnenen Freiheit darstellt." Berlin Berlin. Junge Berliner Maler und Bildhauer, Berlin 1967, [9].

58 Ebd., [7].

59 Ein Porträt des Autors bietet das Nachwort von Klaus Roehler in Vagelis Tsakiridis: Hallelujah!

letzten Treffen der Gruppe 47 in der „Pulvermühle" eingeladen, erhielt für seine Lesung einen Anerkennungspreis, wurde von Hans Werner Richter „nach vorn" geschoben, „ganz nach vorn, bis an den Preis der Gruppe 47" als eine „politische Demonstration [...] für ein freies Griechenland".[60] Nach dem Militärputsch engagierte sich Tsakiridis in der Übersetzung und Vermittlung der neugriechischen Literatur in den späten 1960er Jahren; dem Tsak verdankt Vassilis Vassilikos die Übersetzung und deutsch-deutsche Zirkulation seines Romans *Z – Anatomie eines politischen Mordes*, erschienen auf beiden Seiten der Mauer: 1968 im Westen bei Blanvalet Berlin in der damals konzipierten Reihe „Die Griechen" und 1970 als Lizenzausgabe im Osten beim Verlag Neues Leben Berlin.[61]

Mit dem Namen von Tsakiridis sind viele weiteren Initiativen des (literarischen) Transfers zwischen Griechenland und Deutschland unter dem Vorzeichen des antidiktatorischen Kampfes verbunden.[62] Für die achte Lieferung von Luchterhands *Lose-*

---

71 Protokolle, Neuwied/Berlin, 1968, 49–51. Mit der Ausnahme einer Athener Gedichtsammlung von 1956 (Ανατολικές συνοικίες [Orientalische Stadtviertel]) war die Literatur von Tsak deutschsprachig (siehe etwa u. a.: Gedichte für die Jungfrau am Brunnen und Prosa, Berlin/Neuwied 1967; Tsak's Zacke, Darmstadt 1973); 1969 hat er in Düsseldorf die Anthologie *Super Garde. Prosa der Beat- und Pop-Generation* herausgegeben. Als Alexis Pappas hat er ferner beim Verlag Blanvalet in Berlin die Romane *Nachtcafé* (1969) und *Schaltjahre* (1970) veröffentlicht. Ob Tsakiridis 2001 noch lebte, konnte Vassilis Vassilikos in seiner Rede in Frankfurt, als Griechenland Gastland der 53. Frankfurter Buchmesse gewesen ist, nicht bestätigen; vgl. Iraklis Papaleksis: Η Ελλάδα στη Φρανκφούρτη [Griechenland in Frankfurt], in: Διαβάζω [Lesen] 420 (Juli–August 2001), 28–37, hier: 32.

60 Hans Werner Richter: Mittendrin. Die Tagebücher 1966–1972, hrsg. von Dominik Geppert in Zusammenarbeit mit Nina Schnutz, München 2012, 90, Eintrag vom 25.10.1967.

61 Der Druckgenehmigungsvorgang für die ostdeutsche Lizenzausgabe des *Z* (Verlag Neues Leben, Bundesarchiv, Signatur DR 1/3543a) verrät ambivalente Bedenken bezüglich das Werks eines Autors, der „kein Marxist" sei und deswegen die „Frage nach dem Ausweg [...] offen, zu offen [...]" im Roman bliebe, den ein „deutlich zu vernehmender Ton der Resignation beherrscht" (320). Obwohl der Gutachter die Veröffentlichung empfiehlt, erwägt er zudem die Option eines Vorwortes, das „den notwendigen Zugang zu Vassilikos und das richtige Verständnis" seines politisch-historischen Standortes verschaffen sollte (321). Im Gegensatz dazu ist die zweite Gutachterin der Ansicht, „dass ein erklärendes Nachwort nicht notwendig" sei, da das Buch „keine falschen Akzente" setzte (324), wobei ein dritter Gutachter empfiehlt, den Roman in einem anderen Verlag erscheinen zu lassen, „der einen größeren Leserkreis anspricht" (331). *Z* blieb beim Verlag Neues Leben, jedoch ohne Vor- bzw. Nachwort.

62 Siehe z. B. das Vorwort Aris Fakinos u. a. (Hrsg.): Schwarzbuch der Diktatur in Griechenland. Eine Dokumentation, Reinbek bei Hamburg 1970, 7–9, hier: 7, in der aus dem Französischen übersetzten Dokumentation über Griechenland der Wochenzeitschrift *Athènes-Presse Libre* von Aris Fakinos, Clément Lépidis und Richard Soméritis; unverkennbar ist die Perspektive des ‚dreißigjährigen Krieges': „Es ist in der Tat erstaunlich, dass dieses Volk noch nicht kapituliert hat, denn das griechische Volk kämpft nicht erst seit drei Jahren, sondern seit dreißig für seine Freiheit. Dieser Kampf wurde in Europa völlig ignoriert. Was in Griechenland während der letzten Jahrzehnte geschah, interessierte kaum jemanden im Lager der sogenannten ‚freien Welt', allenfalls Nato-Strategen, alternde Archäologen und sonnensüchtige Touristen. Während man mit ausländischer ‚Hilfe' Raketenbasen baute, Museen restaurierte und Küsten mit Hotels besetzte, musste das kleine, auch ‚stolz' genannte Volk die Schlinge um seinen Hals spüren."

blatt Lyrik hat er etwa sieben Gedichte aus dem Griechischen gegen die Militärdiktatur übersetzt,[63] für die *Akzente* das der neugriechischen Literatur gewidmete Heft 2 (1968) herausgegeben,[64] am Projekt von Paul Dessau „Für Mikis Theodorakis" teilgenommen, bei dem der Wortlaut des Verbots von den Obristen der Musik von Theodorakis vertont wurde. Und nicht zuletzt, Tsakiridis hat mit der Übertragung von Jannis Ritsos' Gedichten in der Reihe Quarthefte des Verlags Klaus Wagenbach in Berlin die bundesrepublikanische Rezeption des auf Leros verbannten Dichters initiiert.[65] Der Übersetzer und der Verleger hatten folgende Notiz vorangestellt:

> Der Außenminister der griechischen Putschisten, Pipinelis, wird diese erste deutsche Ausgabe einer der großen Lyriker seines Landes wahrscheinlich auch für „einen Missbrauch des freiheitlich-demokratischen Bodens der Bundesrepublik für eine nicht objektive Berichterstattung über die Situation in Griechenland" halten; ein solcher Missbrauch „erweckte schmerzliche Gefühle" in ihm, am 2. August 1968.
> Die Bundestagsabgeordneten Huys, Toussaint, Stecker (CDU) und Ertl, Kubitza, Zoglmann (FDP) erklärten am gleichen Tag, nach ihrem Aufenthalt in Griechenland, man habe den Besuch von Straflagerinseln nicht für nötig gehalten, da „genügend Berichte über eine zufriedenstellende Behandlung der Gefangenen" vorlägen. Zu diesen Berichten gehört jedenfalls nicht der von Amnesty International über die angewandten „Techniken der Folter" gegenüber den (mindestens) 2800 Gefangenen. Wir fordern die Bundestagsabgeordneten auf, bei ihrer nächsten vom griechischen Informationsministerium bezahlten Reise nach Jannis Ritsos, inhaftiert auf Leros, zu fragen.
> Bis heute hat Ritsos nicht einmal die Erlaubnis zu schreiben.

Mit diesem Rezeptionsvorgang wurde es allmählich möglich, den Namen Jannis Ritsos, wie auch die Namen weiterer griechischen Autor:innen genau auszusprechen, was am 9. Dezember 1967 noch nicht der Fall war. An jenem Abend hatte Hans Werner Richter zu einem Treffen der Gruppe 47 in der Erdener Str. 8 mit griechischen Autor:innen in der Emigration eingeladen, aufgenommen für das III. Programm des Südwestfunks unter dem Titel *Die Gruppe 47 und die exilierte griechische Literatur. Bericht über ein Treffen*:[66]

---

63 Es handelt sich um Texte von Manolis Anagnostakis (1925–2005), Giorgos Gavalas (1922–2018), Michalis Katsaros (1919–1998), Titos Patrikios (*1928), Jannis Ritsos, Vassilis Vassilikos und Vassilis Ziogas (1937–2001).
64 Mit der Ausnahme zweier Gedichte von Kavafis sind im Heft eine damals in Athen lebende Dichterin (Eleni Vakalo, 1921–2001) sowie zehn Dichter vertreten, davon vier in Athen (Giorgos Seferis, Odysseas Elytis, Aris Diktaios, 1919–1983 und Jannis Dallas, 1924–2020), zwei in Verbannung (Jannis Ritsos und Giorgos Gavalas) und vier im Exil (Dimitris Christodoulou, 1924–1991; Titos Patrikios; Michalis Katsaros; Vassilis Vassilikos).
65 Vgl. zu den Wegen der Rezeption von Ritsos im deutschsprachigen Raum die Dissertation von Maria Biza: Deutsch-griechischer Lyriktransfer im 20. Jahrhundert. K. Kavafis, G. Seferis und J. Ritsos in deutschen Übersetzungen, Bearbeitungen und Anthologien, München 2017, Kap. 3.2.2 und 3.3.
66 Hauptabteilung Information, Dokumentation und Archive des SWR und SR, SWR-BAD 67622, Erstausstrahlung am 06. Juni 1968. Die Regie führte Dieter Ehlers.

[*Stimme off*] 9. Dezember 1967. In der Erdener Str. 8 in Berlin treffen sich Schriftsteller der Gruppe 47 mit griechischen Kollegen, Verlegern, Regisseuren, Journalisten, Malern, die das Regime verfolgt. Sie kommen aus Paris, London, München, Berlin. Eingeladen hat Hans Werner Richter.
[*Hans Werner Richter*] Wir haben ein bisschen später anfangen müssen, weil ... weil Tsakiridis vergesslich die griechischen Texte vergessen hat, was ja nicht unwichtig ist bei literarischen Lesungen. Außerdem habe ich Häutung, wenn ich heute den ganzen Abend damit spiele. [*Er zeigt ein Komboloi.*] Titos Patrikios, Rechtanwalt und Lyriker, das gibt's, Rechtsanwalt und Lyriker, aus Athen, hat mir heute diese Kette aus Paris mitgebracht. Ich habe in Athen und Saloniki gesehen, dass alle Männer mit diesen Ketten spielen in Griechenland. Und ich habe von da ab, das ist etwa sechs Jahre her, immer mit meinem Autoschlüssel gespielt, und habe immer so eine Kette haben wollen. [...] Ich bin der Meinung, dass wir etwas mehr für die emigrierte oder vertriebene oder exilierte griechische Literatur tun sollten als wir bisher getan haben. Denn ich habe den Eindruck, wir gewöhnen uns immer sehr schnell daran, dass irgendwo eine Diktatur existiert, und so weiter. Dazu habe ich Sie also eingeladen. Es werden einige griechische Schriftsteller lesen, griechisch, und dann werden deutsche Schriftsteller die deutschen Texte lesen. Zuerst liest Lila Maraka, und zwar liest sie ein Gedicht eines, des berühmtesten, wie man mir sagt, ich weiß nicht gut Bescheid, griechischen Lyrikers, Jannis Ristos.
[Lila Maraka] Ritsos
[Hans Werner Richter] Ristos
[Lila Maraka] Ritsos
[Hans Werner Richter] Jannis Ristos
[viele Stimmen] Jannis Ritsos
[Hans Werner Richter] Frau Maraka, bitte. Also, es liest Jannis Ristos.
[Lila Maraka] Ritsos
[Hans Werner Richter] Ritsos. Wenn ich nicht alle griechischen Namen genau ausspreche, nehmen Sie es mir nicht übel. Ich kenne mich nicht gut aus.

In seinem Tagebuch hat Hans Werner Richter seinen unmittelbaren Eindruck von jenem Abend dokumentiert; unverkennbar bleibt auch hier der leicht orientalisierende Ton:

Am Sonnabend hier in Berlin ein Abend für ein freies Griechenland, an dem etwa ein Dutzend griechische Schriftsteller teilnahmen. Sie kamen fast alle aus Paris. Begabt, emotionell, ideologisch. Es nahmen etwa hundert Leute hier in der Wohnung daran teil: Günter Eich, Renate Rasp, Jürgen Becker, Reinhard Baumgart, Günter Herburger, Tankred Dorst, Peter Wapnewski. Es lasen zwei griechische Schriftsteller: Patrikios und Vassilikos. Bei allen eine seltsame Mischung: Nationalismus und Kommunismus, die griechische Erde und die Weltrevolution. Die Diskussion ergab nichts, nur Ausrufe, Proteste, Reden, Reden. Nach kurzer Zeit waren alle miteinander zerstritten, alle Griechen, ein merkwürdiger Eindruck, ein Caféhaus aus Athen in meiner Wohnung.[67]

---

67 Richter (Anm. 60), 94. Mein herzlicher Dank gilt Helga Neumann (Literaturarchiv der Akademie der Künste, Berlin) für den Hinweis auf diese Tagebuchstelle. Die starke Disharmonie in der griechischen Emigration wird auch im Brief von Tsakiridis an Hans Bender bestätigt: „Viele Griechen waren gestern in Berlin – wenig hatten sie zu sagen. Veraltete Revolutionär[e] der alte[n] Schule, die mich an Väter erinnerten, die für ihre Söhne ständig eine Tracht Prügel bereit haben, [V]erbesserer einer Welt derer innere[n] Krankheiten sie nicht ahnen und sie nur zu kämmen versuchen. Ich bin für sie natürlich ein Faschist, ‚du versuchst mit de[n] griech. Gefangene[n] einen Namen zu machen' sagte

Der Stichtag 1967 und Walter Höllerer

Damit die bundesrepublikanische (literarische) Öffentlichkeit einen angemessenen Eindruck vom zeitgenössischen Griechenland und dessen intellektueller Produktion bekommen konnte, waren mehrere Initiativen des Kulturtransfers in den 1967 sich anschließenden Jahren notwendig, deren detaillierte Schilderung die „Berliner Weltliteraturen" ausklammern und den Rahmen sprengen würde. Der Neustart des intellektuellen Widerstandes in Griechenland nach der Aufhebung der Präventivzensur im Herbst 1969 hat sich in einer Reihe von Publikationen niedergeschlagen, beginnend mit der emblematischen Anthologie *18 Κείμενα* [18 Texte] von 1970 und den darauffolgenden *Νέα Κείμενα* [Neue Texte] und *Νέα Κείμενα 2* [Neue Texte 2] von 1971; im Vorzeichen einer demokratischen Einheit jenseits der Fronten des „dreißigjährigen Krieges" bot hiermit der linksgerichtete Verlag Kedros ein Dach für Autor:innen und Intellektuelle aus dem gesamten antidiktatorischen Spektrum, von Seferis bis Ritsos, ohne die Ideologie zum Dreh- und Angelpunkt zu machen.[68]

Diese neue Konstellation ermöglichte auch das für die deutsch-griechischen literarischen Verflechtungen zentrale Heft 2/1971 der *Akzente*, das zweite der neugriechischen Literatur gewidmeten Heft der Zeitschrift; dessen Konzeption begann mit der Einladung, die Hans Bender 1968 vom Goethe Institut erhielt, einen Vortrag über politische Dichtung in Athen und in Thessaloniki zu halten. In enger Zusammenarbeit mit Johannes Weissert und den damals ihm in Griechenland vertraut gewordenen Schriftsteller:innen, mit allen jenen „die mich über die Situation unterrichtet, die mir Gedichte der Verbannten in die Tasche gesteckt, die mich auf diese Texte aufmerksam gemacht oder sie übersetzt haben",[69] hat Bender zum Ziel des Heftes erklärt, „die

---

mir sogar einer. Es ist traurig, nicht wahr? Die Welt wird nicht durch Bomben, sondern durch 100 % Idiotie zu Grunde gehen – aber darüber sind wir, glaube ich, einig." Sammlung Akzente Korrespondenz, Literaturarchiv Sulzbach-Rosenberg, Signatur 01AK/22750.
68 Als zentraler Moment des deutsch-griechischen antidiktatorischen Kulturtransfers gilt die Anthologie mit Beiträgen aus diesen drei Publikationen und weiteren Essays gegen die Militärdiktatur, die, herausgegeben von Danae Coulmas (*1934), Redakteurin damals beim Griechischen Programm der Deutschen Welle in Köln, auf Deutsch bei Fischer Verlag erschienen ist: Die Exekution des Mythos fand am frühen Morgen statt, übers. von Danae Coulmas, Nonna Nielsen-Stokkeby und Georg Walther Heyer, Frankfurt a. M. 1973 (siehe die Neuausgabe bei der Edition Romiosini: Die Exekution des Mythos, Berlin 2017). Vgl. zur Rolle der Deutschen Welle die Dokumentation der Veranstaltung des Centrum Modernes Griechenland der Freien Universität Berlin „Gemeinsamer Widerstand: die Obristendiktatur in Griechenland und die deutsche Öffentlichkeit" (20. Juni 2014), online abgerufen am 10. Mai 2021 auf der Webseite der Freien Universität Berlin unter https://www.cemog.fu-berlin.de/aktivitaeten/mediathek/gemeinsamer-widerstand-1974/index.html.
69 Hans Bender: Zu diesem Heft, in: Akzente 11 (1971), 97–98. Neben zwei Aufsätzen von Wolfgang Rieger und Anselm Haverkamp sind im Heft zwei Autorinnen (Kay Cicellis, 1926–2001, und Maria Kyrtzaki, 1948–2016) und dreizehn Autoren (Theophilos Frangopoulos, Giorgos Seferis, Jannis Ritsos, Manolis Anagnostakis, Rodis Roufos, 1924–1972, Andreas Lentakis, 1935–1997, Titos Patrikios, Nikos

Literatur und ihr Verhalten innerhalb Griechenlands" zu zeigen und, ohne die eine Gruppe gegen die andere auszuspielen, die Autor:innen im Exil auszuklammern, sowie zugleich die Frage zu beantworten, warum die „deutsche Interpretation griechischer Literatur veraltet oder verlogen"[70] ist.

Nahm der einleitende Essay von Theophilos Frangopoulos „Die Militärregierung und die Literatur" zum ersten Schwerpunkt Stellung, versuchte der Aufsatz des Konstanzer Literaturwissenschaftlers und damaligen DAAD-Lektoren in Irland, Anselm Haverkamp, die zweite Frage zu beantworten.[71] Anknüpfend an die hier schon zitierte Polemik Helmut Salzingers gegen die institutionalisierte Selektion der neugriechischen Literatur in der BRD, etwa die „nichtssagenden Scheininformationen" von Isidora Rosenthal-Kamarinea (1918–2004), die das Fach der byzantinischen und neugriechischen Philologie an der Universität Bochum vertrat, die die Redaktion der Zeitschrift *hellenika* der Vereinigung der Deutsch-Griechischen Gesellschaften innehatte und somit als Kontrollinstanz des Transfers fungierte,[72] bzw. die politischen „Affinitäten zwischen dem konservativen Griechenland und dem bundesrepublikanischen Deutschland der Adenauer-Ära" im

---

Eggonopoulos, 1907–1985, Markos Avgeris, 1884–1973, Thanassis Valtinos, Stratis Tsirkas, Pavlos Papassiopis, 1906–1977, Giorgos Ioannou, 1927–1985) vertreten. Im Literaturarchiv Sulzbach-Rosenberg lässt sich aus dem dort bewahrten Briefwechsel die Geschichte dieses Heftes minutiös rekonstruieren, auch im Kontext des erbitterten Streits, der ausgebrach „zwischen der äußeren Emigration, vertreten durch Herrn Skinas, und der inneren, zu deren Sprecher in diesem Fall sich anscheinend unser Freund Frangopoulos gemacht hat". Siehe den Brief von Weissert an Bender vom 08. August 1970, Sammlung Akzente Korrespondenz, Literaturarchiv Sulzbach-Rosenberg, Signatur 01AK/24112; vgl. dazu Endlich/Höynck (Hrsg.): Blickwechsel (Anm. 50), 98. Im Brief von Frangopoulos an Bender vom 31. Juli 1970 wird Weissert „als Träger unserer Idee und Pläne" und „Bevollmächtigter" dargestellt: „Und wie gesagt, ist unserer ‚Spokesman' Herr Weissert allein." Ebd., Signatur: 01AK/13906; die Tatsache, jedoch, dass Johannes Weissert auf die Nennung seines Namens als Co-Editor des Heftes vorerst verzichtet hat, zeigt, dass er nur zu gut wusste, „wie sehr seine Arbeit im Goethe-Institut der Deutschen Botschaft ohnehin missfiel, sein Engagement für linke bzw. verbotene Literatur, so fürchtete er nicht zu Unrecht, hätte seine Position zusätzlich gefährden können." Eberhard Rondholz: Die Junta und die Deutschen. Zwischen Realpolitik und Solidarität – Eine Bilanz 50 Jahre nach dem Putsch, in: Hellenika NF 12 (2017), 20–46, hier: 30.

70 Bender, ebd., 97 und 98.

71 Anselm Haverkamp: Griechische Literatur in Deutschland. Bemerkungen zu den Bedingungen der Rezeption neugriechischer Literatur in Deutschland, in: ebd., 173–189. Der Aufsatz, versehen mit einem Motto aus Horkheimers und Adornos *Dialektik der Aufklärung*: „Nicht um die Konservierung der Vergangenheit, sondern um die Erlösung der vergangenen Hoffnung ist es zu tun", erschien ursprünglich 1970 in der in Zürich herausgegebenen antidiktatorischen Zeitschrift *Propyläa* von Argyris Sfountouris, der für das *Akzente*-Fassung ebenfalls die Übersetzungen der Gedichte von Seferis, Ritsos und Anagnostakis lieferte; Bender druckte 1971 eine erweiterte Fassung. Sammlung Akzente Korrespondenz, Literaturarchiv Sulzbach-Rosenberg, Signaturen 01AK/15262 und 01AK/15263.

72 Isidora Rosenthal-Kamarinea, die für das *Akzente*-Heft die Übersetzungen von Kyrtzaki und Avgeris geliefert hatte, konterte mit ihrem Beitrag im Heft 4 (1971): Der wahre Sachverhalt. Zu Anselm Haverkamps Aufsatz „Griechische Literatur in Deutschland" in Akzente 2/71, in: Akzente 18 (1971), 379–383. Zur Vermittlerin Isidora Rosenthal-Kamarinea vgl. Pechlivanos (Anm. 19), 362–368.

reaktionären Griechenlandbild der Reiseliteratur des Publizisten Johannes Gaitanides,[73] gab sich Haverkamp nicht zufrieden mit einer Kritik der Abwesenheit politischer wie sozialer Thematik, sondern sah in der kritischen Aufhellung der Bedingungen der Rezeption und der Bestimmung der Grundzüge des deutschen Griechenlandbildes die Chance, nach dem Stichtag 1967, Griechisches aus einer neuen Perspektive zu lesen.

Die ideologiekritische Pointe, gerichtet sowohl an die deutsche als auch an die griechische Literatur und Literaturgeschichte, betraf das Abbauen des Vorurteils über eine Besonderheit Griechenlands, die mit der Seele zu suchen und zu finden ist in der Mythisierung von Geschichte und Volkscharakter und im Primat einer Landschaft, die Zeit und Geschichte negiert. Im Gegensatz zu einem vom starken Licht geblendeten Griechenland sei eine Kritik nötig, wie sie etwa früh der Marxist Kostas Varnalis in seinem Essay „Die fremden Einflüsse in unserer Literatur" betrieben hatte, die Autarkie griechischer Literatur als Fiktion entlarvend und Roland Barthes' Ausführungen zum Mythos als entpolitisierte Aussage vorwegnehmend.[74] Das Plädoyer, da auch nach 1967 das Griechenlandbild keine Veränderungen im Sinne einer Revision erkennen ließ, war „zugunsten einer realen Einschätzung [Griechenlands] politischen, wirtschaftlichen und geistigen Existenz", jenseits jener in Haverkamps Augen ärgerlichen Wiederkehr des Mythos eines universalen Griechentums in esoterischer Abmachung, etwa in den 1968 und 1969 von Günter Dietz (1930–2017) herausgegebenen Übersetzungen der *Sechzehn Haikus* von Seferis und der gefeierten Griechenlandhymnik des künftigen Nobelpreisträgers Odysseas Elytis von 1979 *To Axion Esti – Gepriesen sei*.[75]

Ob dieser Aufsatz nicht nur Hans Bender sondern ebenfalls Walter Höllerer „sehr angesprochen hat",[76] lässt sich aus den vorhandenen Archivalien nicht rekonstruieren. Die höfliche Absage, die 1964 Günter Dietz auf seine Anfrage bekommen hat, Übersetzungen von Seferis und Elytis in den *Akzenten* zu veröffentlichen, ist ein Indiz, auch weil damit der Wille der Zeitschrift und analog des LCB offenkundig wird, „den anderen zwei Schritte voraus" zu sein:

> Herr Professor Höllerer und ich haben Ihre Übersetzungen hin und her gereicht und jetzt erst darüber entschieden. Die Texte von Elytis und von Sepheris sind eine Veröffentlichung wert – jedoch nicht unbedingt in einer Zeitschrift, die am liebsten den anderen zwei Schritte voraus sein möchte. Sepheris – Sie können es sich vorstellen – wurde nach dem Bekanntwerden des Nobelpreises in

---

73 Haverkamp (Anm. 71), 175 und 180–181. Vgl. dazu oben, Anm. 19.
74 Den Aufsatz von Varnalis hatte Danae Coulmas ins Deutsche übersetzt und literarhistorisch kontextualisiert, vgl. Danau Coulmas: Ein marxistisches Plaidoyer für die Idee der Weltliteratur, in: Poetica 2 (1968), 88–91 und 92–99.
75 Haverkamp (Anm. 71), 189 und 185. Zum Mittler Günter Dietz vgl. Andrea Schellinger: Bemerkungen zum übersetzerischen Werk von Günter Dietz (1930–2017), in: Exantas. Eine griechisch-deutsche Kulturzeitschrift 31 (Juli 2020), 38–43.
76 Brief von Bender an Haverkamp vom 16. Februar 1971, Sammlung Akzente Korrespondenz, Literaturarchiv Sulzbach-Rosenberg, Signatur 01AK/15262.

allen Zeitungen und Zeitschriften gedruckt; Elytis fand, zumindest bei den Lyrikkennern Aufmerksamkeit, als Hilty seinen Band herausbrachte. Hinzu kommt, dass wir tatsächlich für die nächsten vier AKZENTE-Hefte eine feste Planung haben.[77]

Für eine Auseinandersetzung Höllerers mit der neugriechischen Literatur aus seiner polykontextural ansprechbaren und mehrfachinkludierten ‚Adresse', dem kommunikativen Knoten eines Modernisierers in der institutionellen und medialen Konfiguration der 1950er und 1960er Jahre,[78] gibt es vor den DAAD-Einladungen der späten 1960er Jahre spärliche Zeugnisse. Ein früher Aufsatz über Konstantinos Kavafis zeigt auf jeden Fall, dass er in der neugriechischen Literaturgeschichte und der Kavafisphilologie bewandt gewesen ist und Kavafis' Leistung vor der „Entstehung einer modernen und relativistischen Einstellung zur Zeit und zur Vergangenheit in der Gegenwart" zu würdigen trachte.[79] Seine Buchbesprechung der Erzählungen *Flut und Ebbe* von Kay Cicellis – der in Marseille geborenen und damals noch nur auf Englisch schreibenden griechischen Autorin, deren Romane in den 1950er Jahren u. a. Annemarie und Heinrich Böll ins Deutsche übersetzten – verrät zugleich sein Interesse, die Erzählungen in diesem ungewöhnlichen Buch, als Antwort auf die Fragestellungen, „die sich in der Kunst wie in der Dichtung unserer Tage zugleich anbieten: die Frage nach der Entgegensetzung und der Verbindung von Abstraktion und Gegenständlichkeit", Ontologie und Psychologie in einer Weltentdeckung, „wie sie nur auf den Klippeninseln in Flut und Ebbe des südlichen Meeres in solcher Art konzipiert werden konnte".[80]

Dieser Wille, jene Autor:innen auch in Griechenland zu entdecken, die wie Kay Cicellis vieles von dem ansprechen, „was heute die junge Dichtung beschäftigt", und somit eine, wie Haverkamp über das *Z* von Vassilis Vassilikos schrieb, „neue Einstellung zum gegenwärtigen Griechenland, vermittelt [...] durch Solidarität"[81] zu gewinnen, informiert m. E. die Einladungen aus Griechenland im Berliner Künstlerprogramm der späten 1960er und 1970er Jahre. Weder Elytis noch, nach 1974, Ritsos wurden eingeladen, sondern Autor:innen der extrovertierten Nachkriegsgeneration, wie die Joyce-Übersetzerin, Dichterin und Mitarbeiterin der neoavantgardistischen Zeitschrift *Πάλι* [Wieder] Mando Aravantinou (1926–1998); der Mitarbeiter des Griechischen Programms der Deutschen Welle in Köln Alexander Skinas (1924–2012), dessen „gewagtes Buch" *Αναφορά περιπτώσεων* [Bericht über Fälle] „einen neuen Meilenstein

---

[77] Brief von Bender an Dietz vom 13. März 1964, ebd., Signatur 01AK/12205.
[78] Michael Peter Hehl: Berliner Netzwerke. Walter Höllerer, die Gruppe 47 und die Gründung des Literarischen Colloquiums Berlin, in: ders., Achim Geisenhanslüke (Hrsg.): Poetik im technischen Zeitalter: Walter Höllerer und die Entstehung des modernen Literaturbetriebs, Bielefeld 2013, 155–189, hier: 158 und 172.
[79] Das Typoskript mit dem Titel „Über Konstantinos Kavafis" ist verfügbar im Vorlass Walter Höllerer im Literaturarchiv Sulzbach-Rosenberg, Signatur 02WH/154/1.
[80] Walter Höllerer: Kay Cicellis. Flut und Ebbe, in: Weltstimmen 6 (1953), 269–272, hier: 269 und 270.
[81] Haverkamp (Anm. 71), 189.

in der Literatur Griechenlands" gesetzt habe;[82] der ‚Neorealist' Menis Koumandareas (1931–2014), vorgeschlagen für das Künstlerprogramm von Vassilis Vassilikos, u. a. während der 1960er Jahre Übersetzer von Hermann Hesse, Carson McCullers und William Faulkner; und nicht zuletzt Thanassis Valtinos (*1932), der in der dialogischen und polyphonen Erzählung *Der Marsch der Neun*, einziger neugriechische Text in der Reihe der LCB-Editionen des Literarischen Colloquiums in der Übersetzung von Johannes Weissert, mit der Herstellung einer fiktiven Zeugenschaft über den Bürgerkrieg das Narrativ des griechischen „dreißigjährigen Krieges" als Zusammenprall von Heiligen und Dämonen hinterfragt.[83]

*

Ob Walter Höllerer nach Griechenland gereist ist und in Athen, wie Hans Bender, die Bekanntschaft der Literaturszene nach dem Militärputsch 1967 oder 1968 gemacht hat, ist nach dem jetzigen Stand meiner Forschungen nicht zu konstatieren. Die Einladung nach Athen wurde vom Leiter der Athener Zweigstelle des Goethe Instituts schon im März 1966 ausgesprochen und nach der Zusage Höllerers im August 1966 wurden seine Vorträge mit der vom Börsenverein des Deutschen Buchhandels geplanten Ausstellung avantgardistischer moderner deutscher Literatur für den Herbst 1967 zusammengelegt:

> Wir versuchen hier in Griechenland etwas systematisch das vorhandene Interesse an unserer Literatur weiter zu wecken und zu kultivieren. Im Oktober d. J. wird Marcel Reich-Ranicki kommen, im Frühjahr dann Professor Jens. Ich hoffe auch, dass wir im März noch die Kafka-Ausstellung

---

[82] So der erste Eindruck von Mando Aravantinou in ihrer Buchbesprechung der griechischen Erstausgabe von 1966 in: Books Abroad 42/2 (1968), 319–320, hier: 320. Der an der deutschen Teilübersetzung des Bandes bei Suhrkamp beteiligte Schriftsteller Wolfgang Maier, der bei Walter Höllerer studiert hat und Mitarbeiter bei den Zeitschriften *Akzente* und *Sprache im technischen Zeitalter* sowie Mitglied der *Gruppe 47* war, schrieb in seinem Nachwort: „Skinas, mit fremden Sprachen und Literaturen vertraut, während er immer noch der eigenen Sprache nachspürt, hat einen Ausbruch gewagt, ohne seine Basis, Geschichte und Herkunft, zu verlassen. Die ungewöhnliche Form des Zerbrechens, Zusammenfügens, Zerbrechens bedeutet gleichzeitig Abwehr und Annahme der Tradition, eine Beziehungssucht, jedes mit jedem in Verbindung zu bringen, die sich durch das ausgeklügelte Schema seiner Texte hindurchzieht, ohne dass es zum herkömmlichen, harmonisierenden Bezug kommt, deutet auf ein ‚gestörtes' Verhältnis zur polychromen Masse der griechischen Kultur, einen zur Eruption bereiten Solipsismus, in Kunst umgemünzt, der in der modernen Literatur nicht vereinzelt dasteht." Wolfgang Maier: Statt eines Nachworts, in: Alexander Skinas: Fälle. Prosa, übers. von Richard Kruse, Frankfurt a. M. 1969, 147–148, hier: 148.
[83] Walter Höllerer (Hrsg.): Autoren im Haus. Zwanzig Jahre Literarisches Colloquium Berlin, Berlin 1982, 276. Vgl. zu den Kontroversen, die das späte Werk von Valtinos über den griechischen Bürgerkrieg in der literarischen Öffentlichkeit verursacht hat: Joachim Winkler: Dimitris Raftopoulos und die „Schwarze Literatur". Zum erinnerungskulturellen Widerstands- und Bürgerkriegsdiskurs der griechischen Nachkriegsliteratur, Berlin 2018, Kap. 5.1–5.6. In der Bibliothek *Edition Romiosini* siehe auch: Thanassis Valtinos: Abstieg, Flussaufwärts. Ausgewählte Prosa, übers. von Ulf-Dieter Klemm, Hans Eideneier, Danae Coulmas und Andrea Schellinger, Berlin 2017 und ders.: Brief an Christa Wolf, übers. von Ulf-Dieter Klemm, Berlin 2017, sowie: Hommage à Thanassis Valtinos, Berlin 2017.

von Herrn Dr. Wagenbach zeigen können, nachdem wir im November letzten Jahres die Thomas-Mann-Ausstellung mit gutem Erfolg zeigten. [...] Die Ausstellung avantgardistischer moderner deutscher Literatur, die ich mit Herrn Taubert plane, soll in erster Linie das Ziel verfolgen, dass die hier interessierten literarischen Kreise auch mit der jüngsten Produktion vertraut gemacht werden, um dann hoffentlich im Rahmen Ihres Besuches ein Kolloquium zwischen einigen deutschen und griechischen Schriftstellern für das Jahr 1968 vorzubereiten. [...] Als Termin für Vortrag und Ausstellung würde von uns aus gesehen der November 1967 besser passen als der Oktober.[84]

Auch wenn im September 1967 das Projekt vom Auswärtigen Amt nach Schulz „scheinbar genehmigt ist", die Einladung sogar für den Februar 1968 wiederholt wurde,[85] ist „gleich im ersten Jahr der Diktatur eine Ausstellung avantgardistischer Literatur ‚einstweilen' verschoben, da es der Botschaft ‚untunlich erschien, amtliche Stellen durch provokatorische Themen zu irritieren'".[86] Wie dem auch mit der Frage sei, ob Höllerer schon in Athen oder erst in Berlin die erste „artist in residence" aus Griechenland, die Dichterin Mando Aravantinou kennenlernte – die 1969 in Westberlin mit dem Typoskript der französischen Übersetzung ihrer 1962 und 1964 herausgegebenen Bände *Γραφή Α* [Schrift A] und *Γραφή Β* [Schrift B] ankam in der Gewissheit, dass ein Rückflug von Berlin nach Athen das Unwahrscheinlichste wäre[87] – sowohl in Höllerers Nachlass als auch im Aravantinous Berliner Tagebuch, verfasst nach dem Vorbild von Witold Gombrowicz und veröffentlicht 1975 nach der Rückkehr in Griechenland mit dem Titel *Μετα-γραφή*

---

84 Brief von Klaus Schulz an Walter Höllerer vom 31. August 1966, Nachlass Walter Höllerer, Literaturarchiv Sulzbach-Rosenberg, Signatur 03WH/AB/12,37; vgl. dazu den Brief von Schulz vom 29. März 1966 (ebd., Signatur 03WH/AB/12,14) und den Brief von Sigfred Taubert an Höllerer vom 16. August 1966 (ebd., Signatur 03WH/AB/12,35).
85 Brief von Schulz an Höllerer vom 07. September 1967; ebd., Signatur 03WH/AB/13,5; vgl. auch die von Taubert an Höllerer weitergeleiteten alternativen Kostenanschläge für die Ausstellung.
86 Fleischer (Anm. 6), 263 mit Hinweis auf das Politische Archiv des Auswärtigen Amtes, Signatur B97/365, Kulturpolitischer Jahresbericht 1967, S. 12.
87 Die dritte Sammlung, *Γραφή Γ* [Schrift C], wurde tatsächlich 1971 in Paris veröffentlicht; man kann so davon ausgehen, dass Aravantinou während der Zeit des Künstlerprogramms an diesem Buch feilte. Einen Teil ihrer Berliner Zeit widmete sie jedoch der Untersuchung der Lage griechischer Gastarbeiter:innen und ihrer Stimmungen, der „Parias der Bahnhöfe" als „Bewohner des Vereinigten Europas von morgen", wie sie schrieb in: Mando Aravantinou: Die Europäer von morgen, in: François Bondy (Hrsg.): So sehen sie Deutschland. Staatsmänner, Schriftsteller und Publizisten aus Ost und West nehmen Stellung, Stuttgart 1970, 165–180, hier: 180. – Die Thematik der griechischen Migration bei der griechischsprachigen Berliner Weltliteratur wäre eine komplementäre Untersuchung wert; vgl. etwa neben den Erinnerungen von Aravantinou und Koumantareas die Erzählung von Vassilis Vassilikos „Die Arbeiter und die Sendung um 20 Uhr 20", in deutscher Übersetzung in: Joachimides (Hrsg.): Athen in Berlin (Anm. 55), 74–75; und die Environments „Gastarbeiter – Fremdarbeiter" von Vlassis Caniaris, siehe Endlich/Höynck (Hrsg.): Blickwechsel (Anm. 50), 164 und 386; sowie den Beitrag „Die Arbeitsmigration der 1960er und -70er Jahre im Spiegel griechischer Künstler in der Bundesrepublik Deutschland" von Eleana Stoikou im *Compendium der deutsch-griechischen Verflechtungen* (https://comdeg.eu/compendium/).

ἡ εμπειρία συνόρων [Nach-schrift oder Grenzerfahrung], ist eine prägende Erinnerung nicht zu übersehen, die augenblicklich die beiden zusammengebracht hatte.

Die Rede ist von einer Massenerschießung griechischer Zivilisten im März 1943 im besetzten Athen, deren Zeuge unerwartet sowohl Mando Aravantinou wurde als auch Walter Höllerer, dort eingesetzt als Funker in Kifissia.[88] Beide, die griechische Dichterin und der „junge Dichter als Soldat", haben dieser Erfahrung jeweils ein Gedicht gewidmet, Aravantinou den sechsten Teil ihrer Γραφή B [Schrift B], Höllerer das Gedicht „Ich sah ich hörte", anhand dessen er in seinem poetologischen Vortrag „Wie entsteht ein Gedicht" das Programm und die Notwendigkeit des metamorphischen Gedichtes jenseits der Alternative *poesie pure* und *poesie engagée* exemplifiziert hatte.

In einer nicht datierten Karte an Höllerer, die die Typoskripte ihrer ins Französische übersetzten Sammlungen „Écriture A et B" begleitete, verwies Aravantinou auf die diesbezügliche Stelle in ihrem Gedicht und erklärte die Transposition des gemeinsamen Erlebnisses in den Mai anstatt wie bei Höllerer im Monat März:

> À l'occasion je vous envoie les deux manuscrits de l'Écriture A et B. La sixième partie de l'Écriture B concerne le problème que nous avions abordé hier.
> La partie inclue outre les pages 36 jusqu'à 41, est la partie des mémoires de ce matin de Mars – Mai – 1943.
> M. A.
> PS. Le mot Mai en grec a beaucoup plus de poids que Mars. C'est pour cela que j'ai employé le mot Mai.[89]

In ihrem Aufsatz „Die Europäer von morgen" hat Aravantinou die Stelle aus Höllerers Essay „Wie entsteht ein Gedicht" mit der überkreuzten Erinnerung an jenen Märzmorgen zitiert und die Verflechtung nicht als „Zufall" sondern als „seltene, unschätzbare Begegnung mit Büchern" apostrophiert:

> Die Erinnerung überspannt ein Vierteljahrhundert, sie schreitet unaufhaltsam rückwärts, ein Tag im März, Schatten und Blicke, ein bestimmtes Datum im Frühling, doch lasse ich besser jemand anderen erzählen:
> „Ich spreche von einem Märzmorgen des Jahres 1943 zwischen 6 und 7 Uhr in Griechenland. Von einem LKW aus, der Ersatzteile holen sollte, beobachtete ich zufällig die Erschießung von ungefähr zwanzig griechischen Zivil-Geiseln auf einem Truppenübungsplatz unmittelbar vor dem Berg Hymettos bei Athen. Es war eine unheimliche Mechanik und maschinelle Lapidarität in diesem Ereignis. Es war wie ein marionettenhaftes Schattentheater, ein Bild, das sich, wie ich inzwischen gemerkt habe, jeder Metapher, jeder Beschreibung und jeder Tonart entzieht. [...]
> Sah Pelztier sich ein Nest baun im Wurzelwerk,
> Männer Papier verbrennen morgens,

---

[88] Vgl. dazu Cryssoula Kambas: Junger Dichter als Soldat. Die Besatzung Griechenlands bei Walter Höllerer und Michael Guttenbrunner, in: Kambas/Mitsou (Hrsg.): Die Okkupation Griechenlands im zweiten Weltkrieg (Anm. 15), 421–451.
[89] Nachlass Walter Höllerer, Literaturarchiv Sulzbach-Rosenberg, Signatur 03WH/CA/7,6.

Sah Tote, ein Feld von Toten."⁹⁰

In ihrem Berliner Tagebuch hat Aravantinou, quasi um das poetologische Gespräch weiterzuführen, eine frühere Fassung aus „Ich sah ich hörte" ins Griechische übersetzt, eine von jenen, die Höllerer als unlyrisch empfand, wo „das Motiv immer wieder auch als *Motiv* laut werden" wollte, „und nicht nur als Anstoßkraft, als Motor für das Gedicht" wirkte; es ist als ob sie mit Höllerers poetologischer Kritik an folgende Verse als „epische Erlebnisberichte in Versform" nicht einverstanden wäre und jenes „Selbstmitleid" nicht so wie Höllerer als „störend"⁹¹ empfand:

> ‚Sah Tote, ein Feld von Toten
> Unter Stein und Asseln Ohrwurm Rollasseln Tausendfuß
> Von Geiseln auf Schießplätzen, und ich
> Blieb stumm.'

Die Erinnerung wurde konkret, bekam eine Umgebung, eine Chronologie, wurde enthüllt, erzählte das Geschehen. Die Zeugenaussage wurde von zwei Personen, Höllerer und mir, an zwei verschiedenen Punkten der Stadt erlebt. Wir, stumme Randfiguren, lebten den gleichen Akt des Dramas, das ohne unsere Teilnahme gespielt wurde, jeder von uns von verschiedenen Seiten der Barrikade. Aber nein, die Zeugenaussage wurde von derselben Barrikade geschrieben, wo Augenblicke, Erinnerungen und Traumata unseren Affekt und unsere Gedanken besiegelten, diese, die das Zivil-Ich zu vergessen versucht. Die Worte passten damals und heute nicht, aber es gibt diese unerbittliche Erinnerung, die blutet, wo immer ich sie berühre. ⁹²

*

Wir haben uns die Frage gestellt, wie in der Perspektivierung der schweren Bürde der jüngsten bilateralen Vergangenheit die literarische Mobilität, der Literaturtransfer der neugriechischen Literatur in deutscher Sprache im geteilten Berlin, vorzustellen ist im Rahmen der kulturpolitischen Aktivitäten, die die Berliner 1960er Jahre in Ost und West geprägt haben. Unser Fazit: Seit den späten 1950er bis zu den späten 1960er

---

90 Aravantinou (Anm. 87), 170–171. Das Höllerer-Zitat, in: Walter Höllerer: Gedichte. Wie entsteht ein Gedicht, Frankfurt a. M. 1964, 72 und 65. Aravantinou zitiert lieber die achte Strophe des Gedichts im Gegensatz zu Höllerer, der nach dem Wort „entzieht" schrieb: „Es ist versteckt im Auftakt des Gedichts: Ich sah ich hörte Reih'n, gebückt, Gesichter, / Und Pfiffe, Rufe – lass vorübergehn / und flog vorbei" (ebd. 72–73).
91 Ebd. 73 und 74.
92 „Η μνήμη συγκεκριμενοποιήθηκε, απόκτησε περιβάλλον, χρονολογία, αποκαλύφθηκε, ιστόρησε το γεγονός. Μαρτυρία που ζήσανε δύο πρόσωπα, ο Höllerer κι εγώ, σε δυο διαφορετικά σημεία της πολιτείας. Πρόσωπα εμείς του περιθωρίου βουβά, ζήσαμε την ίδια πράξη του δράματος που παίζονταν ερήμην μας, ο καθένας μας, μέσα σ' ένα άλλο οδόφραγμα. Όμως όχι, η μαρτυρία γράφτηκε στο ίδιο οδόφραγμα, εκεί που στιγμές, μνήμες και τραύματα, σφράγισαν το θυμικό και τις σκέψεις μας, αυτές που το κοινωνικό εγώ προσπαθεί να ξεχάσει. Οι λέξεις δεν ταίριαξαν και τότε και τώρα, όπως υπάρχει αυτή η αδυσώπητη μνήμη, που όπου κι αν την αγγίξω ματώνει." Manto Aravantinou: *Μετα-γραφή ή εμπειρία συνόρων* [Nach-schrift oder Grenzerfahrung], Athen 1975, 82–83.

Jahren überkreuzten sich in Berlin, in unterschiedlichen Konstellationen der Ost- und Westberliner Kulturpolitik und Kulturoffensive, die Wege griechischer Künstler:innen und Autor:innen, die aus Griechenland und den Realitäten des „dreißigjährigen Krieges" geflohen waren – ob Iannis Xenakis, Stipendiat des französischen Staates, mit den Wunden der Straßenschlachten vom Dezember 1944, ob Melpo Axioti, 1950 aus Paris ausgewiesen, und Dimitris Hadzis, 1952 in Griechenland in Abwesenheit zum Tode verurteilt, ob der staatenlose Bildhauer, Autor und Übersetzer Vagelis Tsakiridis, Vassilis Vassilikos, der von einer Reise 1967 nach Griechenland nicht zurückkehrte, oder Mando Aravantinou, die die Einladung als „artist in residence" im Berliner Künstlerprogramm zum Anlass ihrer politischen Emigration machte. Als Teil der Berliner „Weltliteraturen" hat die griechische Exilliteratur der Nachkriegszeit im deutsch-griechischen Dreieck Wege der bilateralen Erinnerungskultur erprobt, Spielformen der Solidarität und der gegenseitigen Wahrnehmung ausgehandelt, und mit den in Berlin entstandenen Werken *Die Ungeschützten*, *Mein Zuhause* und *Nach-Schrift oder Grenzerfahrung* oder den in Berlin übersetzten Romanen *Z* und *Der Marsch der Neun* sich auf die Suche nach einer neuen Tonlage für die zukünftige Literatur begeben.

Die geteilte Stadt des Kalten Krieges hat auch in diesem Fall als Horchposten, Versuchsbank oder Laboratorium gedient, wie es Michel Butor auf den Punkt gebracht hatte; Walter Höllerer hat es, bezogen auf den am 13. August 1961 begonnenen Mauerbau, so formuliert: „Dieses Datum hat die Verrenkungen, die an der Sprache in der Gegenwart vorgenommen werden, die Verdrehungen und Maskierungen von Begriffen und von Tonlagen noch einmal deutlich zusammengefasst."[93]

---

93 Zitiert nach Michael Peter Hehl: Poetik der Institution. Walter Höllerers institutionelles Engagement und die Literatur der Moderne, in: kultuRRevolution 63 (2012), 45–53, hier: 47.

Susi K. Frank

‚Multinationale Sowjetliteratur' und ihre Agenten auf dem Buchmarkt zwischen Ost und West: Der Fall Ajtmatov

Der folgende Beitrag ist den deutsch-sowjetischen Literaturbeziehungen in Ost- und Westberlin bzw. -deutschland gewidmet sowie deren Konkurrenz und Verflechtungen im jeweiligen kulturpolitischen Kontext.[1] Dabei geht es insbesondere um Ostberlin als Bühne sowjetischer Literaturpolitik und darum, was davon wie im Westen rezipiert und aus der westlichen Perspektive modifiziert wurde. Die generelle Frage ist die nach den spezifischen Modellierungen und Kanonisierungen der russischsprachigen Gegenwartsliteratur durch die jeweilige Publikations- und Verlagspolitik: Wie unterschied sich die russisch-sowjetische Literatur des Westens von der russisch-sowjetischen Literatur des Ostens? Da gibt es natürlich viel Erwartbares, wie den Fokus des Westens auf die Moderne im Gegensatz zur Ausrichtung des Ostens auf Traditionen des (politisch engagierten) Realismus, oder den Umstand, dass Autoren im Exil – wie Nabokov und später auch Solženicyn – zunächst nur im Westen publiziert wurden. Aber es werden auch viele Parallelen erkennbar und manchmal unerwartet enge Verbindungen z. B. in Hinblick auf Übersetzungen und Verlagslizenzen. Die Entwicklung und Festigung der jeweiligen literaturpolitischen Positionen war nach dem Mauerbau in Zeiten des sich zuspitzenden Kalten Krieges in vollem Gang und beförderte die literarische und öffentliche Aufmerksamkeit aufeinander, insbesondere das Interesse des Westens für russisch-sowjetische Literatur, die im Osten sowieso als Maßstab galt. Eine andere wichtige Frage ist, welche ästhetisch-stilistischen Wege von jungen Autor:innen selbst eingeschlagen und welche Strategien der Selbstpositionierung in einem sowjetischen/ multinationalen Kanon genutzt wurden. Womit konnte Interesse geweckt, womit Anerkennung gewonnen werden?

In Hinblick auf neue ästhetische Tendenzen in den 1960er Jahren und auf die Verflechtungen und Entzweiungen in der Rezeption der russisch-sowjetischen Literatur zwischen Ost und West und die Konkurrenz bei Übersetzung und Kanonisierung in DDR und BRD ist der Fall des kirgisisch-sowjetischen Prosaautors Čingiz Ajtmatov besonders interessant. Sein Rezeptionsschicksal, dem dieser Aufsatz nachgeht, kann trotz der Sonderstellung, die der besonders erfolgreiche Autor einnahm, als exemplarisch angesehen werden in Hinblick auf die Spezifik der Rezeption der sowjetischen

---

[1] Ich bedanke mich herzlich bei Sabine Wolf vom Archiv der Akademie der Künste Berlin für die unkomplizierte Unterstützung in Zeiten der COVID-Pandemie; sowie bei Gulzat Egemberdieva für Hilfe beim Finden von Publikationen in Kyrgystan und bei Andreas Tretner für wichtige Hinweise auf Übersetzerbiographien und die Community der sowjetischen Gäste in Ostberlin.

Open Access. © 2021 Susi K. Frank, publiziert von De Gruyter. Dieses Werk ist lizenziert unter der Creative Commons Attribution-NonCommercial-NoDerivatives 4.0 International Lizenz.
https://doi.org/10.1515/9783110733495-012

Literatur in Ost und West, die Programmatik der Promotion von Seiten der sowjetischen Literaturpolitik und die literarischen Strategien der Selbstpositionierung eines Autors, der 1960 als Vertreter der multinationalen Sowjetliteratur im Osten auf den Plan trat und etwas später im Westen als neue Stimme der Weltliteratur aus der hintersten eurasischen Peripherie gefeiert wurde.

Čingiz Ajtmatov war in den 1960er Jahren nur einmal in Berlin, und zwar 1968 in Ostberlin. Westberlin besuchte er erst 1983, bei seinem zweiten Besuch in Deutschland. Aber da er bereits vor seinem ersten Besuch schon in Westdeutschland verlegt worden war, ist auch der Blick auf den ersten Aufenthalt und überhaupt auf die Anfänge der deutschen Ajtmatov-Rezeption seit 1960 und ihre jeweiligen kulturellen Kontexte aufschlussreich.

Multinationale Sowjetliteratur: Literaturpolitische Doktrin und Rahmen der Rezeption russisch-sowjetischer Literatur in der DDR

Sowjetliteratur war seit dem *1. Allunionskongress der Sowjetschriftsteller* 1934 in Moskau, der mit vierzig namhaften Autoren aus dreizehn westlichen Ländern auch eine internationale Großveranstaltung (582 Delegierte insgesamt) war, das zentrale literaturpolitische Projekt der Sowjetunion. Damals hatte Gor'kij in seiner programmatischen Eröffnungsrede verkündet:

> [...] die sowjetische Literatur [ist] nicht nur eine Literatur der russischen Sprache, sondern eine Allunionsliteratur. [...] [Wir haben kein Recht,] das literarische Schaffen der nationalen Minderheiten nur deshalb zu ignorieren, weil wir in der Mehrzahl sind. Der Wert der Kunst wird nicht an der Quantität, sondern an der Qualität gemessen. Wenn es bei uns in der Vergangenheit den Giganten Puškin gab, so darf man daraus nicht schlussfolgern, die Armenier, Grusinier, Tataren, Ukrainer und anderen Völker seien nicht fähig, große Meister der Literatur, der Musik, der Malerei und der Baukunst hervorzubringen.[2]

---

[2] Maksim Gor'kij: Über sowjetische Literatur. Übersetzt von Ingeborg Schröder, in: Hans-Jürgen Schmitt, Godehard Schramm (Hrsg.): Sozialistische Realismuskonzeptionen. Dokumente zum 1. Allunionskongress der Sowjetschriftsteller, Frankfurt a. M. 1974, 51–84, hier: 76. Russisch: „Далее, я считаю необходимым указать, что советская литература не является только литературой русского языка, это – всесоюзная литература. Так как литераторы братских нам республик, отличаясь от нас только языком, живут и работают при свете и под благотворным влиянием той же идеи, объединяющей весь раздробленный капитализмом мир трудящихся, – ясно, что мы не имеем права игнорировать литературное творчество нацменьшинств только потому, что нас больше. Ценность искусства измеряется не количеством, а качеством. Если у нас в прошлом – гигант Пушкин, отсюда еще не значит, что армяне, грузины, татары, украинцы и прочие племена не способны дать величайших мастеров литературы, музыки, живописи,

Nationale Vielfalt wurde hier in doppeltem Sinn in einem weltliterarischen Horizont gedacht: erstens, weil die Multinationalität der Sowjetliteratur im Prinzip integrativ und expansiv, also unbegrenzt bzw. global erweiterbar gesehen wurde, da es darum ging, die vom Kapitalismus in nationale Einzelinteressen zerstückelte Welt im Zeichen des Sozialismus zu einen; und zweitens, weil es darum ging, Sowjetliteratur in einer weltliterarischen historischen Entwicklung zur verstehen: als Speerspitze auf dem Weg zum sozialistischen Realismus und als Erbin der gesamten vorgängigen Weltliteratur, in deren Feld die sowjetischen Autoren sich literarisch und mit dem ethischen Anspruch eines universell gültigen Humanismus etablieren sollten. Aber die ‚Speerspitze' implizierte ihrerseits eine Asymmetrie. In seiner programmatischen Rede versuchte Gor'kij, der Vision der Vielstimmigkeit mit allen Mitteln der Rhetorik gerecht zu werden. Dennoch wird bereits in dem hier angeführten Zitat deutlich, dass dieser Programmatik eine Hierarchie eingeschrieben war zwischen der russischen Literatur als ‚älterem Bruder', als ‚Vorbild' und als einer der bereits seit langem etablierten ‚Weltliteraturen' einerseits und andererseits den Literaturen der nationalen Minderheiten, denen bislang vor allem das Potential zu ähnlichen Entwicklungen zugebilligt werden sollte. Mit der Politik eines „affirmative action empire", wie Terry Martin die sowjetisch-stalinistische Politik der Multinationalität 2001 genannt hat,[3] wurden zugleich nationale (und internationalistische) kulturelle und literarische Tendenzen in den Republiken gewaltsam ausgelöscht und als sowjetische brachial (wieder)errichtet. Dabei wurden die Literaturen als zum großen Teil künstlich geschaffene nationalliterarische Einheiten nach sozialistischen Maßgaben neu etabliert. Damals, auf dem Kongress 1934 wie auch in den späteren umfassenden institutionellen Umsetzungen des Programms, manifestierte sich die Hierarchie z. B. darin, dass auch institutionell stets unterschieden wurde zwischen russischer Literatur und den ‚Literaturen der Völker der Sowjetunion'. Die russische Kultur bzw. Literatur wurde in diesem Zusammenhang nie als eine unter den anderen ‚nationalen' gewertet. Schon auf dem Kongress 1934 traten Repräsentanten aller alten und neuen Nationalliteraturen auf, aber die russischen Sprecher vertraten die Literatur an sich bzw. die sowjetische Literatur allgemein.

Dass Gor'kij damals im selben Referat Literatur und Mythos auch in einem anthropologischen Zusammenhang verstand, war demgegenüber eine Strategie der Egalisierung und ermöglichte auch den neugeschaffenen Nationalliteraturen, für die

---

зодчества. Не следует забывать, что на всем пространстве Союза Социалистических Республик быстро развивается процесс возрождения всей массы трудового народа ‚к жизни честной – человеческой', к свободному творчеству новой истории, к творчеству социалистической культуры." Maksim Gor'kii: Doklad A. M. Gor'kogo o sovetskoj literature, in: Pervyj vsesojuznyj s'ezd sovetskich pisatelej 1934. Stenografičeskij otčet, Moskau 1934, 5–19, hier: 15. Auch abgedruckt in: Maksim Gor'kij: Sobranie sočinenij v devjati tomach, Moskau 1953, Bd. 27.

3 Terry Martin: The Affirmative Action Empire. Nations and Nationalism in the Soviet Union, 1923–1939, Ithaca/London 2001.

zum Teil erst jetzt Literatursprachen geschaffen wurden, ein nationales Erbe zu definieren, das ebenfalls als Teil der Weltliteratur sichtbar wurde und als ‚Schatz', auf den ‚kritisch aneignend' und gestalterisch zurückgegriffen werden konnte:

> Die Mythe ist eine Schöpfung dichterischer Phantasie. Etwas erdichten heißt, aus der Gesamtheit der realen Gegebenheiten den Hauptsinn extrahieren und ihn in einer Gestalt verkörpern – so entsteht der Realismus. Wenn man aber zu dem extrahierten Sinn der realen Gegebenheiten das Gewünschte und Mögliche hinzufügt, d. h. nach der Logik einer Hypothese zu Ende denkt und dadurch die Gestalt ergänzt, erhält man jene Romantik, die der Mythe zugrunde liegt und äußerst nützlich ist, weil sie die Entfaltung eines revolutionären Verhältnisses zur Wirklichkeit fördert, das die Welt praktisch verändert.[4]

Nationale Vielfalt, die Konstruktion eines nationalen Erbes und der ‚kritisch'-schöpferische Umgang damit waren also seit den 1930er Jahren neben der Doktrin des sozialistischen Realismus weitere wichtige Normen sowjetischer Literaturpolitik.

Zeitschriften-, Verlags- und Übersetzungspolitik fungierten als zentrale Instrumente der nationalen und internationalen Umsetzung des Projekts ‚Sowjetliteratur'. Und eines der effektivsten Formate in diesem Zusammenhang waren Anthologien: nationale Anthologien, und – seit Beginn der Nachkriegszeit – zunehmend auch Anthologien der ‚Sowjetliteratur'. In der Komposition solcher Anthologien lässt sich ablesen, dass für ‚nationale Autoren' die Aufnahme einen transnationalen Kanonisierungsschritt bedeutete.

Multinationale Sowjetliteratur auf der Berliner Bühne

Auf der Berliner Bühne der 1960er Jahre manifestierte sich die verordnete Multinationalität der Sowjetliteratur darin, dass im Rahmen des festgelegten Prozentsatzes von 40 % an sowjetischen Autoren unter den ausländischen Gästen stets Autoren aus den nicht-russischen Sowjetrepubliken vertreten waren:[5] So nahm an dem Internationalen Colloquium zum Thema *Die Existenz zweier deutscher Staaten und die Lage der Literatur* 1964 der vollkommen unbekannte, aber als nationaler Literaturfunktionär

---

4 Gor'kij: Über sowjetische Literatur (Anm. 2), 64. Russisch: „Миф — это вымысел. Вымыслить — значит извлечь из суммы реально данного основной его смысл и воплотить в образ — так мы получили реализм. Но если к смыслу извлечений из реально данного добавить — домыслить, по логике гипотезы — желаемое, возможное и этим еще дополнить образ, — получим тот романтизм, который лежит в основе мифа и высоко полезен тем, что способствует возбуждению революционного отношения к действительности, отношения, практически изменяющего мир." Gor'kij: O sovetskoj literature (Anm. 2), 10.
5 Ich habe die folgenden Angaben der Einreisestatistik des Deutschen Schriftstellerverbands entnommen und bedanke mich bei Lukas Regeler für die Unterstützung bei der Datenermittlung.

wichtige tadschikische Autor Fateh Nijasi (*1914) teil.⁶ Dieser wurde auch zum *Internationalen Schriftstellertreffen* 1965 in Berlin und Weimar eingeladen, dessen Teilnehmer fast zur Hälfte aus nichtrussischen Sowjetrepubliken kamen. Darunter: der kirgisische Dichter Temirkul Umetaliev (*1908), der georgische Dichter Irakli Abashidze (*1909), einer der ganz wenigen Repräsentanten einer sowjetischen Nationalliteratur, der schon auf dem Sowjetischen Kongress 1934 aufgetreten war und der die Stalinistischen Säuberungen überlebt hatte, der ukrainische Prosaiker Oles Hontschar (*1918), der vergleichsweise junge ukrainische Dichter Ivan Drač (*1934) sowie der litauische Dichter Justinas Marcinkievicius (*1930). Alle diese Autoren galten als ideologisch linientreu und waren neben ihrer literarischen Tätigkeit immer zugleich als Literaturfunktionäre tätig. Einige von ihnen, so zeigen die Archivdokumente, wurden immer wieder nach Berlin entsandt, insbesondere die russischen Autoren: so z. B. Konstantin Fedin, Vorsitzender des Sowjetischen Schriftstellerverbands und langjähriger Vorsitzender der Deutsch-Sowjetischen Freundschaftsgesellschaft (seit 1958), Georgij Markov, der beim Colloquium 1964 dabei war und über Jahre als Auslandsberichterstatter des sowjetischen Schriftstellerverbands fungierte, Daniil Granin (*1919), Vorstandsmitglied des Schriftstellerverbands der UdSSR, der 1969 für den Ausschluss von Aleksandr Solženicyn aus demselben stimmte, Vadim Koževnikov (*1909), Herausgeber der Zeitschrift *Znamja*, dem man später nachsagte, er hätte das Manuskript von Vasilij Grossmans *Leben und Schicksal* dem KGB weitergereicht, Lev Ginzburg (*1921), der deutsche Literatur von *Des Knaben Wunderhorn* bis Peter Weiss übersetzte und bei zahlreichen internationalen Schriftstellertreffen Gast in Ostberlin war, oder auch Vladimir Steženskij, Germanist und Übersetzer aus dem Deutschen, der unter anderem über Wolfgang Koeppen arbeitete, seine Werke übersetzte und seine russische Ausgabe mit einer Einleitung versah. Da Steženskij beim sowjetischen Schriftstellerverband für die Auslandskontakte mit Autor:innen in Ost und West und insbesondere für die deutschen zuständig war, war er unten allen genannten derjenige, der sehr regelmäßig und wohl am häufigsten in Berlin war.⁷ Der Titel seines 1978 in Moskau in Ko-Autorschaft mit Lidija Černaja erschienenen Buches *Literaturnaja bor'ba v FRG* (dt. Literaturkampf in der BRD)⁸, welches einen politisch orientierten Überblick über die Entwicklung der westdeutschen Literatur in der Nachkriegszeit gibt, macht die Ostberliner Perspektive

---

6 Vgl. dazu Elke Scherstjanoj (Hrsg.): Zwei Staaten, zwei Literaturen? Das internationale Kolloquium des Schriftstellerverbandes in der DDR, Dezember 1964. Eine Dokumentation, München 2008, 199.
7 In Russland ist Steženskij heute noch als Autor des immer wieder aufgelegten *Soldatskij denvnik. Voennye stranicy* (Soldatentagebuch. Aufzeichnungen aus dem Krieg) über seine Zeit als Übersetzer und Aufklärer/Spion an der Front bekannt, dessen jüngste Neuauflage 2005 herauskam. Ich danke Andreas Tretner für den Hinweis, dass Vladimir Steženskij sich bei den Berliner Kolleg:innen großer Beliebtheit erfreute und auch jenseits der Begegnungen vor Ort etwa mit Christa Wolf im Briefwechsel stand.
8 Vladimir Steženskij, Ljudmila Černaja: Literaturnaja bor'ba v FRG. Poiski. Protivorečija. Problemy, Moskau 1978.

vollends explizit: Aus sowjetischer Perspektive wurde Berlin als Front der sowjetischen Literaturpolitik im Kalten Krieg verstanden.

Auf Čingiz Ajtmatov, der 1968 nicht als quoten-nationaler Teilnehmer eines Autorentreffens nach Berlin kam, sondern als Einzelgast des Verlages Volk und Welt Teile des Augusts und den September 1968 in Berlin verbrachte, trifft das Gesagte auch zu: Ajtmatov war ebenfalls nicht nur Schriftsteller, sondern auch Literatur- bzw. Parteifunktionär. In der Sowjetunion war er damals bereits durch Staatspreise dekoriert und hatte hohe Ämter inne. Unter den oben genannten nicht-russischen, sogenannten ‚nationalen' Autoren ist Ajtmatov der einzige, der transnational und international rezipiert und kanonisiert wurde.

Um mich der Kanonisierung Ajmatovs in Ost- und Westdeutschland vor und nach seinem ersten Auftreten auf der Ost-Berliner Bühne und in Deutschland überhaupt anzunähern, möchte ich zunächst über den Status der Sowjetliteratur im Verlag Volk und Welt und dessen literarische Programmatik als Verlag für Weltliteratur sprechen. Anschließend werde ich den Werdegang Ajtmatovs als Hauptvertreter der kirgisischen Sowjetliteratur beleuchten und auch auf die vor 1968 liegende Etappe seiner deutschdeutschen und internationalen Rezeption eingehen. All das steht, erstens, im Zeichen der Frage danach, wie in den späten 1950er und 1960er Jahren ein Autor aus Kirgisien nationale, sowjetische und internationale Anerkennung finden konnte, und betrifft, zweitens, den Vergleich der Rezeption von Ajmatov als Autor im Kontext des sowjetischen multinationalen Weltliteraturprojekts mit seiner Rezeption im Westen.

Der Verlag Volk und Welt

Der Verlag Volk und Welt wurde 1947 gegründet als ‚Leitverlag' für Internationale Gegenwartsliteratur mit Schwerpunkt Sowjetunion, aber zuständig für die ‚gesamte Weltliteratur'. Im selben Jahr wurde als eigener Verlag der Gesellschaft für Deutsch-Sowjetische Freundschaft der Verlag Kultur und Fortschritt gegründet, der ausschließlich sowjetische Gegenwartsliteratur publizierte und 1964 in den viel größeren Volk und Welt Verlag eingegliedert wurde.[9] Neben dem schon 1945 gegründeten Aufbau-Verlag war Volk und Welt der zweite große Literaturverlag der DDR. Während Aufbau auf anspruchsvolle deutsche Literatur und Klassiker der Weltliteratur ausgerichtet war und in den ersten zwei Jahrzehnten neben Brecht, Döblin, Feuchtwanger und Seghers auch Proust, Hemingway, Sartre und auch Kafka publizierte, lag der Schwerpunkt von Volk und Welt auf der internationalen Gegenwartsliteratur. Russische Literatur

---

9 Da dies offensichtlich zum Politikum hätte werden können, weil es den gesellschaftlichen Einfluss der Deutsch-Sowjetischen Freundschaftsgesellschaft zu beeinträchtigen drohte, erhielt diese fortan eine Million Mark pro Jahr Entschädigung. Vgl. Simone Barck, Siegfried Lokatis (Hrsg.): Fenster zur Welt. Eine Geschichte des DDR-Verlags Volk und Welt, Berlin 2003, 35 ff.

wurde in beiden Verlagen publiziert, bei Aufbau zunächst Gor'kij, Tolstoj, Puškin, aber auch Anton Makarenko (*Der Weg ins Leben*, ru. 1927, dt. 1950) und Leonid Solov'ev mit dem orientalistischen Schelmenroman *Chodža Nasreddin* (Teil 1 1942). Bei Volk und Welt war der Fokus noch zeitgenössischer und internationaler bzw. ‚Welt'-offener. Volk und Welt hatte über Jahrzehnte mehr als zwanzig Lektorate und publizierte insgesamt über 5000 Titel mit einer durchschnittlichen Auflagenhöhe von 17 000 Exemplaren. Die multinationale Programmatik in ihrer sowjetischen Definition lässt sich 1:1 in den Programmen von Volk und Welt (und Kultur und Fortschritt) wiederfinden. Das über die Praxis der Autorenentsendung und die ‚Quoten-Nationalen' Gesagte trifft – und dies ist nicht als Vorurteil gemeint – auch auf die Publikationspraxis von Volk und Welt zu. Nicht-russische Autoren mussten berücksichtigt werden, und sie wurden berücksichtigt. Unter der Leitung von Leonhard Kossuth, der rund dreißig Jahre, von 1959–1989, für das Ressort für Sowjetliteratur verantwortlich war,[10] und Ralph Schröder, Slavist von der Uni Leipzig, der nach einer Zurücksetzung und Zuchthausstrafe 1966 als Lektor in den Verlag kam und seine Programmtätigkeit da als ‚angewandte Literaturgeschichtsschreibung' auffasste, wurde die multinationale Sowjetliteratur programmatisch als zentraler Bestandteil eines weltliterarischen Programms berücksichtigt. Insbesondere mithilfe von Reihen und Anthologien wurde diese multinationale Ausrichtung in globalem Horizont zelebriert und auch die von Gor'kij proklamierte Auf- und Gleichwertung von Folklore. Letztere manifestierte sich z. B. in den gattungsspezifischen Regionalanthologien von Lyrik über Prosa bis zum Märchen und zur Volksepik.

Zunehmend versuchte man, Lektoren mit Expertise für einzelne Nationalliteraturen zu finden. In einigen Fällen gelang dies – wie z. B. im Fall von Kristiane Lichtenfeld, Übersetzerin aus dem Russischen und Polnischen, die zusätzlich das Georgische erlernte und praktisch alle im Verlag erschienen georgischen Werke ins Deutsche übersetzte[11] – in vielen Fällen sah die Praxis des Übersetzens aber genauso aus wie in der Sowjetunion: Die Übersetzer:innen ‚konnten' aus allen Sprachen übersetzen, weil sie mit Interlinearübersetzungen als Vermittlung zum Original arbeiteten. Schon 1962 hatte Efim Etkind diesbezüglich ironisch vom ‚universalen Übersetzer' gesprochen, der auf der Basis von Interlinearübersetzungen aus jeder beliebigen Sprache der Welt, die er nicht kennt und nicht lesen kann, Texte aus Kulturen übersetzen kann, von denen

---

10 Vgl. Leonhard Kossuth: Sowjetliteratur und ihre Multinationalität, in: ebd., 57–61. Sowie Leonhard Kossuth: Volk und Welt. Autobiographisches Zeugnis von einem legendären Verlag, Berlin 2002.
11 Als Überblick über ihre Übersetzungen aus dem Georgischen erschien 2020 im Nora-Verlag Christiane Lichtenfeld: Georgien zu Wort kommen lassen. Erfahrungen und Erfolge einer Literaturübersetzerin, Berlin 2020. Direkte Übersetzerinnen aus nichtrussischen Nationalliteraturen waren zudem aus dem Litauischen Irene Brewing und aus dem Lettischen Welta Ehlert. Vgl. zu dieser Problematik auch Leonhard Kossuth: Sowjetliteratur und ihre Multinationalität, in: Barck/Lokatis (Hrsg.): Fenster zur Welt (Anm. 9), 57–61, hier: 60.

er keine Ahnung hat.¹² Die Rolle des Übersetzers barg in diesem spezifischen Kontext ein höchst komplexes strategisches Potential: einerseits in Hinblick auf gewisse Lizenzen, die sich Übersetzer gelegentlich erlauben konnten, andererseits hinsichtlich der Möglichkeit für (latent) repressierte Autoren als Übersetzer doch im Bereich der Literatur Anstellung und Broterwerb zu finden.¹³ Beachtenswert ist dabei auch, dass bestimmte Teile der zu übersetzenden Corpora, wie z. B. das protoliterarische Erbe der Nationalliteraturen, fast nie von Vertretern dieser Nationalliteraturen, sondern zumeist von russischen und oft von jüdischen russischsprachigen Autoren übersetzt wurden.¹⁴ Die meisten bei Volk und Welt publizierten Texte von nicht-russischen Autoren wurden aus dem Russischen übersetzt. Wobei hinzuzufügen ist, dass viele der zu übersetzenden Texte der nicht-russischen Autoren auch auf Russisch geschrieben waren, da Russisch nicht nur als *lingua franca* in der Sowjetunion und im politischen Einflussbereich derselben fungierte, sondern auch als einzige Sprache, in der Autoren auf transnationale Anerkennung und internationale Rezeption hoffen konnten.

Auch die Übersetzungen der kirgisischen Nationalliteratur sind ein treffendes Beispiel für diese Übersetzungspolitik: Semen Lipkin, jüdischer russischsprachiger Dichter, der seine Lyrik in sowjetischer Zeit kaum publizieren konnte, spezialisierte sich als Übersetzer zentralasiatischer Epik. Von dem kirgisischen Nationalepos *Manas*, zu dem er auch forschte, fertigte er mehrere Übersetzungsversionen, darunter eine populär nacherzählte an.¹⁵ Čingiz Ajtmatov, der sich seinerseits in praktisch allen Texten auf das kirgisische Nationalepos bezieht, übersetzte das Epos selbst nicht und auch kein anderer kirgisischer Autor.¹⁶ Ajtmatov begann seine Karriere als kirgisischsprachiger

---

12 Vgl. Efim G. Ėtkind: O poetičeskoi vernosti, in: Givi R. Gačečiladze u. a. (Hrsg.): Masterstvo perevoda 1962, Moskau 1963, 97–150, hier: 133, und Harriet Murav: Music from a Speeding Train. Jewish Literature in Post-Revolution Russia, Standford 2011, 301.
13 Vgl. dazu Susanna Witt: Between the Lines. Totalitarianism and Translation in the USSR, in: Brian Baer (Hrsg.): Contexts, Subtexts, and Pretexts. Literary Translation in Eastern Europe and Russia, Amsterdam 2011, 149–70.
14 Vgl. dazu Murav: Music from a Speeding Train (Anm. 12).
15 Manas, übers. von Semjon Lipkin und Mark Tarlovskij, Moskau 1941, ist eine Übersetzung mit Vollständigkeitsanspruch. Manas Velikodušnyj, das in Moskau zuerst 1948 erschien, ist eine populäre Nachdichtung, die später mehrfach wiederaufgelegt wurde, auch postsowjetisch (Riga 1995). Diese Nachdichtung in der zweiten Auflage (Moskau 1958) liegt auch der von Hans Baltzer farbig illustrierten Ausgabe des Verlags Volk und Welt zugrunde, die 1974 in Ostberlin unter dem Titel *Manas der Hochherzige. Kirgisisches Heldenepos* erschien. Der Autoren- und Übersetzerverweis liest sich dort so: „Nacherzählt von Semjon Lipkin. Die Prosa übersetzte Leo Hornung. Die Nachdichtungen schuf Erich Millstatt. Mit einem Essay des Nachdichters".
16 Neben Semen Lipkin hat sich der Dichter Vjačeslav Šapovalov als Übersetzer aus dem Kirgisischen einen Namen gemacht. Im Unterschied zu Lipkin und den meisten anderen ist der in Frunze (= Biškek) geborene und lebende Šapovalov (*1947) als Philologe Spezialist für Turksprachen und hat große Teile des kirgisischen nationalen Corpus ins Russische übersetzt. Zu einer Werkausgabe Šapovalovs haben Lipkin und Ajtmatov gemeinsam ein Vorwort verfasst: Čingiz Ajtmatov, Semen Lipkin: Poėzija v čelovečeskom prostranstve, in: Vjačeslav Šapovalov: Izbrannoye, Bd. 1: V azijskom kruge. Lirika. Poėmy, Biškek 2003.

Autor, wechselte aber in den 1970er Jahren zum Russisch. Berühmt wurde er mit einem laut Publikationsangabe ins Russische übersetzten Text, auf den ich im Folgenden eingehen werde.

Vorgeschichte: Anfänge der kirgisischen Literatur und ihre sowjetische Modellierung

Ajtmatov betrat die literarische Bühne des sowjetischen Zentrums mit Beginn des sogenannten ‚Tauwetters'. Sein Auftritt und die rasch erfolgende kanonisierende Rezeption seiner ersten Werke markieren zugleich einen zweiten Anfang der kirgisischen Literatur. Im Zuge des sowjetischen *Nation-building* zu dessen wichtigsten Instrumenten das Schmieden von Nationalliteraturen gehörte, war es in den Jahren des Stalinismus zunächst um die Kanonisierung des Heldenepos Manas durch Verschriftlichung[17] und Übersetzung ins Russische gegangen. Daneben wurden wie auch in allen anderen als nationale definierten Regionen Versuche der Schaffung einer neuen sowjetischen Literatur unternommen, die jedoch zunächst nicht allzu erfolgreich verliefen.

Noch Anfang des 20. Jahrhunderts war ‚Kirgise' in Zentralasien ein Schimpfwort für verarmte Menschen, Tagelöhner.[18] Als Ethnonym ist ‚Kirgise' erst nach 1920 nachgewiesen – davor ordnete man diese nomadisierende, Vieh züchtende Bevölkerungsgruppe in der an die Steppe angrenzenden Bergregion den ‚Nogaj'-Tataren zu. Obwohl es erste Bestrebungen zur Kodifizierung einer Schriftsprache und Schaffung einer kirgisischen Literatur bereits in vorrevolutionärer Zeit Anfang des 20. Jahrhunderts gegeben hatte[19] – z. B. Kasym Tynystanov der auf der Basis der arabischen Schrift das erste kirgisische Alphabet schuf und auch die erste kommunistische Zeitung *Erkin Too* in Kyrgyzstan herausgab, oder Osmonaaly Sydykov's *Kurzer Überblick über die kirgisische Geschichte* (erschienen 1913 in der baschkirischen Hauptstadt Ufa, südwestlich des Urals und viele tausend Kilometer von Kyrgystan entfernt)[20] – wurde die Alphabetisierung des Landes und die Implementierung einer Literatur im

---

17 Zuvor wurde das die Gründungsgeschichte des islamisierten turksprachlichen Volks der Kirgisen erzählende Epos, in dem es um die Abwehr gegen die nichtmuslimischen südöstlichen Nachbarn, die Chinesen, Mandschu und Kalmyken geht, mündlich, durch sogenannte Manasči überliefert. Die wissenschaftliche Erforschung und Verschriftlichung begann mit den Arbeiten Wilhelm Radloffs gegen Ende des 19. Jahrhunderts.
18 Obwohl schon Čokan Valichanov, ein kasachischer Gelehrter des 19. Jahrhunderts, die Kirgisen von den Kasachen unterschieden hatte.
19 Vgl. Gulzat Egemberdieva: Can the Subaltern Read? From Literacy to Kyrgyz Literature, Manuskript 2019, die sich auf Osmonaaly Sydykov (1875–1942), Sydyk Karachev (1900–1937), und Kasym Tynystanov (1901–1938) bezieht.
20 Vgl. Osmonaaly Sydykov: Muchtasar tarych Kyrgyzija, Ufa 1913.

europäisch-modernen Sinn mithilfe von Übersetzungen aus dem Russischen erst im Rahmen des sowjetischen Projekts realisiert. Ein typischer Fall in diesem Zusammenhang ist z. B. Sydyk Karačev, der Puškins *Postmeister Erzählungen* und den prototypisch sozrealistischen Roman von Ostrovskij *Wie der Stahl gehärtet wurde* ins Kirgisische übersetzte und dadurch Voraussetzungen auch für sein eigenes literarisches Schaffen (Erzählungen[21]) in kirgisischer Sprache schuf. Karačev und Tynystanov fielen den Stalinistischen Säuberungen zum Opfer. Sydykov floh noch vor der Revolution (1916) nach China.

Als Kirgisien 1926 Autonome Sowjetrepublik wurde,[22] zog dies sämtliche kulturpolitische Maßnahmen des sowjetischen *Nation-building* bzw. der damals sogenannten ‚korenizacija', der ‚Einwurzelung', nach sich: die Kodifizierung der Sprache, flächendeckende Alphabetisierung und Schulbildung; die Sammlung und Erweiterung der modernen Literatur; die Eröffnung von höheren Bildungseinrichtungen wie einer Pädagogischen Hochschule (1932), eines regionalen Sitzes der Akademie der Wissenschaften, einer Staatlichen Bibliothek etc., des Weiteren von Publikationsorganen wie Verlagen und Zeitschriften sowie von Kulturstätten wie einer Oper, eines Theaters, einer Philharmonie und eines staatlichen Museums. Die ersten Akteure dieser Kombination aus Bildungskampagne und *Nation-building* wurden aus den kirgisischen Dörfern zum Studium nach Taschkent geschickt und, wenn sie von dort zurückkehrten, sofort mit verantwortungsvollen Aufgaben betraut. Aaly Tokombaev, der zweite Literaturgründer Kasymaly Bajalinov und der Vater von Čingiz Ajtmatov, Törökul[23] waren drei von ihnen. Zurück aus Taschkent wurde Tokombaev sofort Chefredakteur der Zeitung *Rotes Kirgistan*, Törökul Ajmatov übernahm Parteiämter. Dann wurden beide nach Moskau geschickt, wo Tokombaev Verlagsredakteur von *Centrizdat* wurde, um dann später zum Leiter des Kirgisischen Staatsverlags und 1934 zum Vorsitzenden des kirgisischen Schriftstellerverbands aufzusteigen, als der er dann als Repräsentant von Kirgisien eine Rede beim *1. Allunionskongress der Sowjetschriftsteller* 1934 hielt. Törökul Ajtmatov studierte in Moskau an der *Kommunistischen Hochschule der Arbeiter des Ostens* und kehrte dann zunächst auch nach Kirgisien zurück, wo er 1926 bis

---

21 Diesen erhielten Titel wie Der Heirat entkommen oder *Die getäuschte Schöne*. Vgl. Egemberdieva: Can the Subaltern Read? (Anm. 19), 19.
22 Nachdem die politische Elite bis 1924 die Einheit von Kirgisen und Kasachen behauptet hatte. Vgl. z. B. Zeitung in kirgis-kasachischer Sprache (Almaty). Vgl. Moritz Florin: Kirgistan und die sowjetische Moderne. 1941–1991, Göttingen 2015.
23 Ajtmatovs Vater Törökul (*1903), gebürtig aus dem Dorf Šeker wie auch Ajtmatov selbst, war eines von fünf Kindern eines innovationsbegabten Technikers: sein Vater Ajtmat wurde im Dorf ‚mašinist' genannt, weil er als erster eine Nähmaschine angeschleppt hatte und für das ganze Dorf darauf nähte. Dann gab er sie an seine Schwestern ab und konstruierte mit einem Freund eine Mühle, die aber nach einem Jahr abbrannte. Danach arbeitete er beim Bau der Turkestan-Sibirischen Eisenbahn – dort lernte Törökul russisch, aber als sein Vater 1920 vor Fertigstellung der Bahn verstarb, kehrte Törökul zunächst in sein Heimatdorf zurück.

1935 eine steile Parteikarriere in verschiedenen Städten als Parteivorsitzender und verschiedentlich auch als Stadtoberhaupt hinlegte und 1929 das Amt des Kommissars für das Handelswesen der Kirgisischen SSR übernahm.²⁴ 1935, da ist sein Sohn Chingiz sieben Jahre alt, wird er neuerlich nach Moskau entsandt: jetzt an die höchst elitäre Kaderschmiede, die Parteihochschule der *Roten Professur*.

Aber dann ergeht es Törökul Ajtmatov wie vielen aus der ersten sowjetischen Gründergeneration der sowjetischen Nationen: er fällt dem stalinistischen Terror zum Opfer. 1937 wird Törökul verhaftet und 1938 erschossen. Von seinem Tod erfuhr die Familie, die er vor seiner Verhaftung zurück in die Heimat geschickt hatte, erst 1958. 1981 wurde der Vater zusammen mit 137 anderen Erschossenen gefunden und bestattet und ein Denkmal für die Terroropfer errichtet. Ajtmatov ist heute nach seinem Wunsch neben seinem Vater begraben.

Obwohl Aaly Tokombaev und Kasymaly Bajalinov den stalinistischen Terror überlebten – vermutlich, weil sie Weggefährten denunzierten²⁵ – waren sie allenfalls institutionell für die transnationale, sowjetische Etablierung der kirgisischen Literatur von Bedeutung. Keiner von ihnen schaffte es in den russischsprachigen sowjetischen Kanon. Auf der Suche nach Vorbildern für einen effektiven Weg, die kirgisische Literatur als moderne sowjetische Nationalliteratur zu etablieren und dadurch transregionale literarische Anerkennung zu erlangen, boten die kirgisischen Vorläufer kein Vorbild. Čingiz Ajtmatov musste sich an Beispielen aus anderen Nationalliteraturen orientieren.

Aber nach den Jugendjahren während des Krieges auf dem kirgisischen Dorf hatte er als Sohn eines ,Repressierten' zunächst den Bildungsumweg über ein Studium als Landwirtschaftstechniker in Kirgisien einzuschlagen. Erst im Alter von 28 Jahren wurde er 1956 nach Moskau entsandt und konnte dort ein zweijähriges Externenstudium (die sogenannten ,höheren Kurse') an dem nach Gor'kij benannten Literaturinstitut – *der* sowjetischen Autorenschmiede und Herz des sowjetischen Literaturprojekts – absolvieren. Im Jahr des XX. Parteitags, auf dem Nikita Chruščev (partiell) die Verbrechen Stalins zur Sprache gebracht und dem Führerkult eine Absage erteilt hatte, kam Ajtmatov damit in eine hauptstädtische Atmosphäre einer fast explosionsartigen Weltöffnung. 1956 fand in Moskau eine große Picasso-Ausstellung statt, auf der die meisten jüngeren sowjetischen Besucher erstmals kubistische Kunstwerke zu Gesicht bekamen. 1957 wurde Ajtmatov dann Zeuge der 6. *Weltfestspiele der Jugend und der Studenten*, dem größten derartigen Festival,²⁶ das es bis dahin gegeben hatte, mit

---

24 Zur Törökul Ajtmatovs Karriere im historischen Kontext vgl. Florin: Kirgistan (Anm. 22), 36 ff.
25 Vgl. ebd., 39.
26 Seit 1947 wurden vom *Weltbund der Demokratischen Jugend* alle zwei Jahre solche Festspiele in den Hauptstädten des sich formierenden sogenannten Ostblocks bzw. der Sowjetunion nahestehender Länder ausgerichtet. Vor Moskau waren die Austragungsorte Prag, Budapest, Ostberlin, Bukarest und Warschau. 1959 und 1962 fanden die Weltjugendspiele in den Hauptstädten der ,neutralen' Staaten Österreich und Finnland statt. Zur Geschichte der Weltjugendspiele vgl. Klemens Vogel: Die

34 000 Teilnehmer:innen aus 131 Ländern, in dessen Rahmen eine große Ausstellung zeitgenössischer Kunst aus westlichen Ländern und Sowjetunion gezeigt wurde, auf welcher alle Stilrichtungen der Moderne zu besichtigen waren, auch solche, die seit zwei Jahrzehnten in der Sowjetunion als ‚bourgeois' und ‚formalistisch' verunglimpft worden waren, wie abstrakte Kunst und Expressionismus. 1957 wurde auch das *1. International Geophysical Year*[27] ausgerufen, das den Beginn einer kontinuierlichen blockübergreifenden Wissenschaftskooperation, den internationalen Datenaustausch, aber auch den Anfang der internationalen wissenschaftlichen Bestrebungen für Umweltschutz markierte und den Abschluss des internationalen Vertrages zur Erforschung, zum Schutz und zur friedlichen Nutzung der Antarktis vorbereitete. Umgekehrt wurde in diesen Jahren auch die junge sowjetische Kunst, die nun entstand, mit großem Interesse und Begeisterung im Westen aufgenommen. So wurde z. B. Michail Kalatozovs Film *Wenn die Kraniche ziehen* 1958 als erster sowjetischer Film in Cannes mit der Goldenen Palme ausgezeichnet: Ein Film, dessen unerschrockener Individualismus, dessen Mut zu komplexen und widersprüchlichen Charakteren und dessen lyrische Emotionalität in ganz klarer ästhetischer Nachbarschaft zu Ajtmatovs Erfolgsnovelle stehen.

Ajtmatov – Student des Gor'kij-Instituts: Moskau 1956–1958

Als Ajtmatov 1956 sein Studium als Externer am Gor'kij-Institut aufnahm, studierten dort auch schon etwas jüngere Zeitgenossen wie Evgenij Evtušenko und die tatarischstämmige Moskauer Dichterin Bela Achmadulina und der tschuwaschische Dichter Gennadij Ajgi. Sie alle standen in einem positiven Verhältnis zu Boris Pasternak und wurden – im Zusammenhang der Nobelpreisverleihung an Pasternak 1958 – vom Studium ausgeschlossen. Ajgi, der auf Empfehlung Pasternaks zum Russischen als erste Schreibsprache wechselte, bekam Schwierigkeiten mit seinen Gedichten, die dem sozialistischen Realismus nicht entsprachen, und durfte nur den Studiengang für Übersetzer abschließen. Bis 1991 wurde kein einziges seiner russischsprachigen Gedichte offiziell publiziert, während er bereits seit den 1970er Jahren im westlichen Ausland als Exot eines global anerkannten Modernismus Berühmtheit erlangt hatte und in den 1980ern für den Nobelpreis vorgeschlagen wurde.[28] Ajtmatov konnte als

---

Weltfestspiele damals und heute (2003). Online abgerufen am 17.04.2021 auf *Bundeszentrale für politische Bildung*, unter: http://www.bpb.de/geschichte/deutsche-geschichte/weltfestspiele-73/65342/die-weltfestspieledamals-und-heute.

27 Vgl. Marcel Nicolet: The International Geophysical Year 1957–1958. Great Achievements and Minor Obstacles, in: GeoJournal 4 (1984), 303–320.

28 1971 erschien ein erstes Bändchen mit Ajgis Gedichten in der *edition suhrkamp*. Karl Dedecius, der sie übersetzt hatte, schrieb dazu ein gewichtiges Nachwort. Zu Ajgi vgl. Karl Dedecius: Nachwort, in:

Externer das Gor'kij-Institut passieren. Nach eigener Aussage lernte er in diesen ungeheuer dynamischen Jahren 1956–1958, die er in Moskau erlebte, nicht besonders viele Kolleginnen und Kollegen kennen.

Aber auch er beschritt in der Literatur ganz neue Wege. Dafür, wie sehr sich das spätere Studium und die Jahre in der in internationaler Kommunikation erblühenden Hauptstadt für Ajtmatov lohnten und wieviel Inspiration ihm diese Atmosphäre gab, ist Ajtmatovs Abschlussarbeit am Gor'kij-Institut, mit der er zuerst einen sowjetischen und dann auch einen Welterfolg landete, das beste Zeugnis. Die Erzählung *Džamilja* wurde 1958 nicht etwa in der für multinationale Sowjetliteratur bestimmten Zeitschrift *Družba narodov* (dt. Völkerfreundschaft) gedruckt, sondern in *Novyj mir* (dt. Neue Welt), jener Zeitschrift, die unter dem Chefredakteur Aleksandr Tvardovskij das literarische Gesicht der Epoche des Tauwetters maßgeblich geprägt hat.[29] Charakteristisch für diese neuen literarischen Tendenzen waren andere Perspektiven auf den Krieg, die der stalinistischen Heroisierung entgegenstanden (z. B. in der sogenannten Leutnantsprosa mit ihrer Schützengrabenperspektive), die Autoren wie Viktor Nekrasov[30] oder Vasilij Grossman in einer auf ‚Aufrichtigkeit'[31] abzielenden Erzählhaltung[32] entwickelten, die Thematisierung bislang tabuisierter Themen wie z. B. Gulag[33], eine Tendenz zu größerer psychologischer Komplexität und Individualität in der Charakterzeichnung und ein allgemeiner lyrischer Trend in der Literatur, dessen Anfänge auf die Dichtung der Jahre des Kriegsendes zurückgingen (z. B. Konstantin Simonov). Ajtmatovs Debut trifft den Zeitgeist des Tauwetters genau, und es gelingt ihm, den multinationalen Akzent im Zentrum des Interesses dieser Jahre zu platzieren.

Džamilja ist in der Erstpublikation als Übersetzung ausgewiesen.[34] Obwohl Ajtmatov bilingual aufgewachsen war, schrieb er damals noch zuerst auf Kirgisisch.

Gennadij Ajgi. Beginn der Lichtung, Frankfurt a. M. 1971. 1972 erhielt Gennadij Ajgi den Lyrik-Preis der *Académie Française*. Später folgten zahlreiche internationale Auszeichnungen wie z. B. der Petrarca-Preis 1993 und der Boris Pasternak Preis 2000. Zu Ajgi im Kontext der multinationalen Sowjetliteratur vgl. Susi K. Frank: Multinational Soviet Literature. The Project and Its Post-Soviet Legacy in Iurii Rytkheu and Gennadii Aigi, in: Klavdia Smola, Dirk Uffelmann (Hrsg.): Postcolonial Slavic Literatures after Communism, München 2016, 191–218.

29 Vgl. Marietta Čudakova: Proza Ottepeli, in: Ottepel'. Gosudarstvennaja Tret'jakovskaja galereja, Moskau 2017, 56–105.
30 Nekrasovs erster Kurzroman *V rodnom gorode* (In der Heimatstadt) erschien 1954 in *Novyj mir*, 10/11.
31 Vgl. den programmatischen epochemachenden Artikel von Igor' Pomerancev: Ob iskrennosti v literature [Über Aufrichtigkeit in der Literatur], in: Novyj mir 12 (1953), 218–245.
32 Vasilij Grossmans *Za pravoe delo*, der erste Teil seines Romans *Leben und Schicksal* erschien bereits 1952 in *Novyj mir*. Zum Ansturm der Leser:innen auf diese Publikation vgl. Semen Lipkin: Žizn' i sud'ba Vasilija Grossmana, Moskau 1990, 138.
33 Zuerst durch den Roman von Vladimir Dudincev *Ne chlebom edinym* (Nicht von Brot allein), erschienen zuerst 1956 in *Novyj mir*.
34 Čingiz Ajtmaov: Džamilja. Povest'. Perevela s kirkizskogo A. Dmitrieva. In: Novyj mir 8 (1958), 3–31.

Es ist schwer nachzuweisen, ob Ajtmatov seinen Text selbst übersetzt hat. Die Angabe in der Publikation suggeriert jedenfalls, dass Anna Dmitrieva (eigentl. Anna Dmitrievna Mel'man, 1916–1984), die danach auch für die meisten seiner anderen Texte aus den 1960er Jahren als Übersetzerin angegeben wird, einen wichtigen Anteil daran hatte. Ajtmatov hat später in Dankbarkeit auf sie als strenge Kritikerin und Stilistin verwiesen. Die Tatsache dieser Erstpublikation in Übersetzung ist jedenfalls in doppelter Hinsicht symptomatisch für die sowjetische Situation: Erstens zeigt sie, dass es kein Problem darstellte, nicht mit einem Originaltext, sondern mit einer Übersetzung berühmt zu werden. Auch der internationalen Rezeption schadete das offensichtlich nicht. Zum anderen war diese Publikation nach Ajtmatovs Aussage auch der literaturpolitischen Taktik von Aleksandr Tvardovskij geschuldet. Tvardovskij, so berichtet Ajtmatov in seiner Autobiographie, hatte vorhergesehen, was wenig später tatsächlich eintraf: dass die kirgisische Rezeption der Erzählung wegen der mehrfachen Tabubrüche in der Gestaltung der Protagonistin und ihres Handelns ziemlich kritisch verlaufen würde; er hatte Ajtmatov deshalb zu einer Vorpublikation in der Moskauer Zeitschrift des Sowjetischen Schriftstellerverbands geraten, die ihm gegenüber den kirgisischen Kritikern Autorität verschaffen würde.[35] Im Einklang mit dieser Publikationssituation, aber auch entsprechend der Tatsache, dass Literaturübersetzungen im sowjetischen Kontext vollkommen unproblematisch und praktisch Originalen entsprechend gehandhabt wurden, entstanden auch sämtliche späteren Übersetzungen der Erzählung aus dem Russischen, die erste schon ein Jahr später ins Französische. Später folgten Übersetzungen in weitere 24 Sprachen. Wie lässt sich dieser Erfolg erklären?

Džamilja

Was für ein Text ist nun *Džamilja*, mit dem Ajtmatov zugleich die poststalinistische sowjetisch-kirgisische Literatur neu begründete und in den Kanon der Weltliteratur einging? Wie konnte er, der aus der hintersten sowjetischen Peripherie kam und in der Sowjetunion einen literaturpolitischen Auftrag zu erfüllen hatte, sich mit ein und demselben Text auch jenseits der sowjetischen Einflusszone im internationalen Literaturraum soviel Gehör verschaffen?

Kurz zum Inhalt und zur Erzählstrategie: Ajmatovs Erzählung ist zugleich die *Coming of age*-Geschichte eines jungen Künstlers und die Geschichte einer die gesellschaftlichen Konventionen und Erwartungen der kirgisischen Dorfgemeinschaft sprengenden Liebe in Zeiten des ‚Großen Vaterländischen Krieges', deren Sujet, deren

---

[35] Vgl. Čingiz Ajtmatov: Detstvo. Avtobiografičeskie vospominanija, Biškek 2011, 94–97. Die erste Publikation in kirgisischer Originalsprache erschien aber doch noch im selben Jahr: Čingiz Ajtmatov: Obon [Melodie], Frunze: Kyrgyz Basmasy, 1958.

individualisierende Figurenzeichnung und deren lyrische Stimmlage als geradezu paradigmatisch für die Geburtsstunde des sogenannten ‚Tauwetters' gelten können.[36] Aus der vom Erzähler erinnerten Perspektive des heranwachsenden Jungen, der er einmal war,[37] wird die Geschichte der Liebe einer verheirateten jungen Frau, deren Mann im Krieg ist, zu einem verwundet heimgekehrten Sonderling erzählt, mit dem sie schließlich das Dorf verlässt. Der Junge, der dies beobachtet, ist Held der zweiten, rahmenden Erzählung, die (mit)gefühlte Liebe inspiriert in ihm den Künstler, zu dem er nachfolgend wird. Wie die Ekphrasis des von ihm aus der Erinnerung gemalten Bildes am Anfang der Erzählung andeutet, hat der Erzähler-Protagonist das Dorf ebenfalls verlassen und wurde im fernen Zentrum des Landes Maler:

> Wieder einmal stehe ich vor dem kleinen Bild mit dem schlichten, schmalen Rahmen. Morgen in aller Frühe muß ich in den Aul (Dorf) fahren, und ich betrachte das Bild lange und aufmerksam, als könnte es mir gute Wünsche auf den Weg mitgeben. Ich habe dieses Bild noch nie auf eine Ausstellung geschickt, und wenn meine Verwandten aus dem Aul mich besuchen kommen, verstecke ich es sogar. Nicht daß ich mich seiner zu schämen brauchte, aber es ist alles andere denn ein Kunstwerk. Es ist ganz schlicht, so schlicht wie die Landschaft, die ich darauf dargestellt habe. Im Hintergrund sieht man den Rand des fahlen Herbsthimmels und scheckige, vom Wind gejagte Wolken über einer fernen Bergkette, im Vordergrund Wermutsträucher in der rötlichbraunen Steppe und einen Weg, fast schwarz, noch naß vom Regen, am Wegrain stehen dicht gedrängt Büschel von dürrem, geknicktem Pfriemengras. Der ausgewaschenen Fahrrinne entlang ziehen sich die Spuren zweier Fußgänger hin. Je weiter sich die Spuren entfernen, um so undeutlicher werden sie, und die beiden Wanderer selbst scheinen beim nächsten Schritt hinter dem Rahmen zu verschwinden. Der eine von ihnen ... Aber ich will nicht vorauseilen.[38]

---

[36] Vgl. Gulzat Egemberdieva: Silent Voices. Kyrgyz Women and „the Great Patriotic War" in Chingiz Aitmatov's early work, in: Kumi Tateoka, Valerij Gretchko, Yuika Kitamura (Hrsg.): Found in Translation. Transformation, Adaptation and Cross-Cultural Transfer, Belgrad/Kobe 2016, 122–128. Egemberdieva schreibt: „The novella violates two taboos at the same time: that of traditional Kyrgyz society, where a wife is forever the property of her husband and his family, and Soviet morality. Jamila betrays a husband who is a hero of the Great Patriotic War for a man whose demobilization had good chances of being interpreted as an escape from the war. There is no doubt that the novella is the product of the Thaw." Ebd., 125.

[37] Zum Verfahren der erinnerten Kinderperspektive vgl. Mechthild Barth: Mit den Augen des Kindes. Narrative Inszenierungen des kindlichen Blicks im 20. Jahrhundert, Heidelberg 2009; Olga Bazileviča: Als das Ich Kind war. Literatur, Kindheit und historisches Erinnern in Deutschland, Russland und Lettland, Würzburg 2020.

[38] Tschingis Aitmatow: Dzhamilja. Erzählung, mit einem Vorwort von Louis Aragon, übers. von Gisela Drohla, Frankfurt a. M. 1972, 10. Russisch: „Вот опять стою я перед этой небольшой картиной в простенькой рамке. Завтра с утра мне надо ехать в аил, и я смотрю на картину долго и пристально, словно она может дать мне доброе напутствие. Эту картину я еще никогда не выставлял на выставках. Больше того, когда приезжают ко мне из аила родственники, я стараюсь запрятать ее подальше. В ней нет ничего стыдного, но это далеко не образец искусства. Она проста, как проста земля, изображенная на ней. В глубине картины — край осеннего поблекшего неба. Ветер гонит над далекой горной грядой быстрые пегие тучки. На первом плане — красно-бурая полынная степь. И дорога черная, еще не просохшая после

Dem Geist dieser ersten nachstalinistischen Jahre folgend, greift Ajtmatov in dieser künstlerisch beeindruckenden Miniatur sämtliche von Gor'kij und Stalin postulierten Maximen sowjetischer Weltliteratur auf und transformiert sie zugleich in radikal innovativer Weise. Zweifelsohne basiert dieser Text auf dem Verständnis des ‚Schriftstellers als Ingenieur der menschlichen Seelen', sein menschen- und seelenbildendes Anliegen ist offensichtlich, aber ganz und gar nicht in jener martialisch autoritären Weise, wie es für den Sozialistischen Realismus der 1930er und 1940er Jahre typisch gewesen war. Zweifelsohne setzt dieser Text die stalinsche Forderung, ‚national in der Form, sozialistisch im Inhalt' zu schreiben, um, aber er tut es auf neue Weise, indem ‚sozialistisch' nie in Frage gestellt, aber mit ‚humanistisch' gleichgesetzt wird, einem klar auf Gor'kij zurückgehenden ideologischen Kodewort, das im Tauwetter und insbesondere im Kontext eines neuen, eine globale Perspektive auf die Menschheit eröffnenden Internationalismus ganz neue Brisanz erhielt. Und zweifelsohne wird hier auch die Devise des Sozialistischen Realismus, „wahrhaftige, historisch-konkrete Darstellung der Wirklichkeit in ihrer revolutionären Entwicklung"[39] umgesetzt. Aber auch sie in einer spezifischen Weise, bei der Zukunftszugewandtheit und Zukunftshoffnung in der Richtung vom traditionalen Dorf hin zu einer Moderne stark akzentuiert sind, ohne plakativ das Narrativ der ‚Bildungsreise' ins Zentrum auszubuchstabieren. Ohne Reflexion führen Handlung und Darstellung vor Augen, dass die Hoffnung auf eine ‚lichte Zukunft' mit Werten wie Freiheit und verantwortungsvoller Selbstbestimmung starker Individuen verbunden werden und damit Hauptwerten des stalinistischen Sozrealismus wie Selbstaufopferung und bedingungslosem Verzicht widersprechen. Ebenfalls in diametralem Gegensatz zu stalinistischen Narrativen steht die Nichtentgegensetzung von Zukunft und Vergangenheit, von Herkunft und Aufbruch. Durch die komplexe Perspektivierung kann radikale Abgrenzung durch bewahrende Erinnerung ersetzt werden, Erinnerung, die wie ein Heimatmuseum der Vergangenheit als Herkunft Identität stiftende Funktion beimisst, ohne sie deswegen zu perpetuieren. Auch dieses Verfahren kann als geradezu idealtypische – und doch innovative – Umsetzung der Forderung nach einer kritisch-produktiven, schöpferischen ‚Aneignung des kulturellen Erbes' gesehen werden, wie es in Zeiten Stalins propagiert wurde. Aber auch diese Devise wird hier ganz neu interpretiert, z. B. auf intertextueller Ebene, wo Ajtmatov sich auf das kirgisische Nationalepos *Manas* als lebendiges Instrument der Gemeinschaft stiftenden Identifikation bezieht. Mit dieser Strategie, die musealisierende Gedächtnisbildung mit Zukunftszugewandtheit in Einklang bringt, trifft Ajtmatovs Text

---

недавних дождей. Теснятся у обочины сухие, обломанные кусты чия. Вдоль размытой колеи тянутся следы двух путников. Чем дальше, тем слабее проступают они на дороге, а сами путники, кажется, сделают еще шаг — и уйдут за рамку. Один из них ... Впрочем, я забегаю немного вперед." Čingiz Ajtmatov: Džamilja, in: Novyj mir 8 (1958), 3–31, hier: 3.
39 Statuten des Sowjetischen Schriftstellerverbands *(Ustav Sojuza Sovetskich Pisatelej SSSR)*, publiziert im Band Pervyj vsesojuznyj s'ezd (Anm. 2), 712–714.

ins Herz der sich 1958 abzeichnenden neuen literarischen Entwicklungen und positioniert sich hier auch ganz eigenständig im Kontext, aber in gewisser Opposition zu der damals noch im Entstehen begriffenen und für die sowjetische Literatur der 1960er und 1970er Jahre wichtigen Tendenz der sogenannten Dorfprosa, deren russisch nationaler Tendenz und deren neo-patriarchalem Konservatismus Ajtmatov eine zwischen Archaik und Moderne vermittelnde Position entgegensetzt.[40]

Zur ersten russisch-sowjetische Rezeption von *Džamilja* 1958

Im Zusammenhang des ausführlichen Berichts über eine „Dekade der kirgisischen Kunst und Literatur" in Moskau[41] veröffentlichte die *Literaturnaja gazeta*, das Hauptorgan der populären sowjetischen Literaturkritik, am 23.10.1958, dem Tag, an dem die Verleihung des Nobelpreises an Boris Pasternak bekanntgegeben und umgehend von der Sowjetunion verurteilt wurde, eine Rezension zu *Džamilja*. Nicht ein namhafter russischer Autor hatte sie geschrieben, aber auch nicht irgendein Kritiker, sondern der noch unter Stalin hochdekorierte kasachische Sowjetschriftsteller Muchtar Auėzov (1897–1961). Auėzov war für seinen historisch-biographischen Roman *Put' Abaja* (dt. Abajs Weg)[42] über die Formierung der kasachischen Nation im späten 19. Jahrhundert, in dessen Zentrum der vorrevolutionäre Dichter Abaj Kunanbaev stand, den der Roman als Gründervater der modernen kasachischen Literatur modellierte,[43] 1949 mit dem Stalinpreis ausgezeichnet worden und galt seinerseits als Begründer der sowjetischen kasachischen Nationalliteratur. Mit diesem literaturgenealogischen nationalen Sujet wurde Auėzov der Forderung Stalins (und Gor'kijs) nach nationaler Kanonisierung perfekt gerecht. Wie deutet Auėzov die anscheinend so andere – nämlich mit einem Sujet von viel weniger nationalem Gewicht arbeitende – Erzählung von Ajtmatov?

---

40 Zur Tendenz der sogenannten ‚Dorfprosa' vgl. jüngst Anna Razuvalova: Pisateli ‚derevenščiki'. Literatura i konservatvinaja ideologija 1970-ch godov, Moskau 2015.
41 Solcherart Festivals fanden als eine Art nationale ‚Leistungsschau' regelmäßig in der Metropole der Sowjetunion statt.
42 Auėzovs Roman erschien zwischen 1942 und 1956 in vier Bänden (1942 erschien der erste Band auf Kasachisch in Almaty, 1947 der zweite ebenda. 1948 erschienen die beiden ersten Bände in russischer Übersetzung in Moskau. 1954 vollendete Auėzov die Tetralogie. Bis zur vollständigen Publikation derselben dauerte es allerdings noch bis 1957, als sowohl eine kasachische als auch eine russische Ausgabe erschienen). Der erste Band wurde übersetzt von Anna Nikol'skaja: Moskau 1945.
43 Abaj selbst hatte gegen Ende des 19. Jahrhunderts bereits ein nationales Literaturprojekt gehabt, war dabei auch an Russland als Tor zur europäischen Aufklärung orientiert und hatte vieles aus dem Russischen ins Kasachische übersetzt.

Auėzov sieht in *Džamilja* das Werk, in dem Ajtmatov seine künstlerische Individualität und Originalität voll entwickelt hat. Für ihn ist der Text zugleich gattungsbegründend im Kontext der mittelasiatischen Literaturen, die bislang nur den Roman kannten und anstrebten. Damit erkennt Auėzov Ajtmatovs Werk als Gegenentwurf an zu dem von ihm selbst gewählten Gattungsformat des großen, mehrbändigen Romans und als eine neue kleine Prosaform: die lyrische Erzählung. Diese Zuordnung ermöglicht es Auėzov zugleich, nicht umfänglich auf den Inhalt einzugehen, sondern vor allem diese lyrische Dimension zu erläutern. Er betont zum einen die Darstellung aus der subjektiven Innenperspektive, dank der das reiche Seelenleben der Figuren – insbesondere des jugendlichen Erzählers Seït[44] – dargestellt werden könne, sowie zum anderen den lyrischen Stil, der vieles ‚unausgesprochen' lässt[45] und dadurch Sehnsucht evoziert. Exemplarisch dafür sieht Auėzov das Lied des Protagonisten Danijar – auf welches auch der kirgisische Originaltitel *Melodie (Owon)* verwies –, das er nicht nur als Symbol der Gleichung von Liebe und künstlerischer Inspiration verstanden wissen möchte, die den semantischen Kern der Erzählung bildet, sondern auch als Metapher der tiefen Seelen der kirgisischen Protagonisten, als ‚Seelenmelodie'.

Mit dieser Deutung, die die regionale Dimension akzentuiert und den Stil geopsychologisch auffasst, ordnet Auėzov Ajtmatovs Erzählung in Hinblick auf ihre literarische und kulturelle Leistung als Äquivalent und – ästhetisch gesehen – als komplementären Gegentext zu seinem eigenen Roman ein: regional Identifikation stiftend und regionales Wissen an ein überregionales Publikum vermittelnd und damit auf transregionale Kanonisierung abzielend. Der Hinweis auf die andeutende Manier, die ‚Unausgesprochenheit' ermöglicht es Auėzov, auf eine Kommentierung der subtilen Auseinandersetzung Ajtmatovs mit politisch durchaus heiklen Motiven zu verzichten und zugleich auf eine auch in Zeiten des Tauwetters noch höchst aktuelle Strategie literarischen Schreibens unter den schwierigen sowjetischen Bedingungen hinzuweisen.

Im selben Jahr, in dem Boris Pasternak mit seinem Roman *Doktor Živago* der von ihm explizit kritisierten ‚Unausgesprochenheit' *(nedoskazannost)* als Merkmal der die Zensur stets mitbedenkenden und sich selbst zensierenden zeitgenössischen Literatur entgegentrat – in *Doktor Živago*, so Pasternaks Programm, sollte alles präzise beim Namen genannt werden –, veröffentlichte Ajtmatov eine Erzählung, deren Verfahren geradezu als Muster einer Poetik der ‚Unausgesprochenheit' angesehen werden kann, bei der es aber dennoch auch um ein neues ästhetisches Programm ging. Die Inszenierung des naiven (noch) kindlichen Blicks des Jungen, der der Ich-Erzähler

---

[44] Die Übersetzung von Hartmut Herboth übernimmt die Schreibweise des Namens aus dem russischen Text. In der Übersetzung von Gisela Drohla wird er „Said" genannt.

[45] „За пределами повести лежит много недосказанного, зовущего сердце читателя. Так и должно быть в настоящей лирической повести" (Hinter dem expliziten Text der Erzählung liegt viel Unausgesprochenes, das das Herz des Lesers berührt. So muss eine echte lyrische Erzählung verfasst sein), heißt es in Auėzovs Rezension in der *Literaturnaja Gazeta* vom 23.10.1958.

einmal war, motiviert zum einen die Reduktion auf eine Perspektive der Identität und der Selbstverständlichkeit – des Dorfes wie der Zugehörigkeit zur Sowjetunion, der Vermischung von alten Traditionen und Arbeitspraktiken sowie Resten muslimischen Glaubens mit sowjetischen Strukturen und Ansätzen von Modernisierung –, eine Perspektive, der alles vertraut ist, was da geschieht, wie die Menschen sehen, fühlen und handeln, aber zum anderen auch auf eine Perspektive der Unvoreingenommenheit, aus der das soziale Verhalten der Menschen auf dem Dorf, Ab- und Ausgrenzungen sowie Konventionen und Erwartungen beobachtet werden, aber abweichendes Verhalten nicht voreingenommen verurteilt wird. Das fiktionale Spiel mit der erinnerten Kinderperspektive dient hier nicht einer satirischen Verfremdung und Abgrenzung, sondern der empathischen Erinnerung an eine Situation, in der Neues direkt im und aus dem Alten entstanden ist. So kann die Figurenkonstellation aus drei starken, von der Dorfgemeinschaft nicht voll akzeptierten Individuen, die frei und selbstbestimmt handeln und damit gesellschaftliche Schranken überschreiten, ohne sich um die Meinung des Kollektivs zu kümmern, durchweg positiv konnotiert werden, können heikle Themenkomplexe nebenbei, allusiv angesprochen und dann nicht durch verbale Reflexion, sondern durch das Handeln der Figuren und seine implizite Bewertung durch den Erzähler abgehandelt werden: die kulturelle Differenz zwischen Kirgisen und Kasachen und der Umgang mit im Krieg Verwundeten oder in Gefangenschaft Geratenen im Gegensatz zu ruhmreich Heimgekehrten.[46] Und so können zugleich Lehren erteilt werden, die eine Gegenüberstellung von unaufgeklärter Dorfgemeinschaft und Moderne implizieren – wie das als emanzipatorisch zu wertende Handeln der Protagonistin[47] –, ohne diese Opposition und die Entscheidung für die Moderne plakativ explizit machen zu müssen. Derselben äsopischen Strategie ist auch die Ekphrasis des Bildes, das der Erzähler gemalt hat, am Anfang und dann wieder am Ende der Erzählung zuzuordnen. Sie, die Ekphrasis, markiert dreierlei: die naive Idealisierung der Geborgenheitssituation der Kindheit (das Bild als Realisierung der ‚Idylle'), die absolute Vergangenheit des Erinnerten (was im Sinne des sowjetischen Aufbruchs gedeutet werden kann), und die Bewahrung des Angedenkens an die Herkunft im Gedächtnis mithilfe der Kunst. Letzteres ist für Ajtmatovs Poetik, für sein gesamtes

---

46 Aus der Perspektive des kirgisischen Dorfes haftet Danijar der Makel der Entwurzelung und des Grenzgängertums nach Kasachstan an. Er selbst – und der Erzähler Seït – haben damit kein Problem, Kasachen und Kirgisen gehören eng zusammen, was im Sinne einer sowjetischen Kritik am engstirnigen Nationalismus gedeutet werden kann. Kritischer ist das Motiv des verwundeten (oder in Gefangenschaft geratenen) Kriegsheimkehrers in Relation zum erfolgreichen Kriegshelden: Džamilja entscheidet sich aus tiefem Gefühl für den ‚unehrenhaften' Heimkehrer und dieser, und nicht der Kriegsheld, steht im Zentrum der Handlung.
47 Ajtmatov hatte den Plot der Liebesgeschichte in einer Erzählung seines Landsmanns Kasymaly Bajalinov von 1947, *Na beregach Issyk-Kulja* (An den Ufern des Issyk-Kul) gefunden, und wertete deren Figurenkonstellation um: Während Bajalinov das Verhalten einer jungen Frau im Kolchos, deren Mann im Krieg war, als Untreue verurteilt hatte, suchte Ajtmatov eine andere Interpretation.

literarisches Programm, wie er es auch in allen späteren Erzählungen und Romanen verfolgt hat, der wohl wichtigste Aspekt: Erinnerung als stärkste Kraft und Bedingung einer positiven Zukunft.

Die Anfänge der Rezeption in Ost- und Westdeutschland

Den Weg nach Deutschland, auch nach Ostdeutschland, bahnte *Džamilja* aber nicht die sowjetische Aufnahme, sondern ein internationaler Zwischenschritt über Frankreich: Louis Aragon, seit den 1930er Jahren aktives Mitglied der sozialistischen Internationale und seit dem Schriftstellerkongress 1934 aufs Engste dem sowjetischen multinationalen Weltliteraturprojekt verbunden, lernte Ajtmatovs Erzählung über Auėzov kennen, für den er sich bereits zuvor engagiert hatte. Wie zuvor Auėzovs Roman übersetzte Aragon Ajtmatovs Erzählung und ließ sie schon 1959 ebenfalls bei Gallimard publizieren. Es war der Titel des von Aragon hinzugefügten Vorworts, der wesentlich zum Welterfolg beitrug: *Die schönste Liebesgeschichte der Welt*. Ich komme weiter unten darauf zurück.

Mit dem Erscheinen der als *Djamila* von Hartmut Herboth für die ‚bunte Reihe' des Verlags Kultur und Fortschritt übersetzten Erzählung begann 1960 Čingiz Ajtmatovs deutsche Rezeption, die sich bis zum Ende der 1980er Jahre durchgängig als doppelte entwickelte.[48] Das begann schon 1962 mit einer Konkurrenzübersetzung – betitelt *Dzhamilja* – im Insel-Verlag.

---

48 Vgl. Tschingis Aitmatow: Djamila. Novelle, übers. von Hartmut Herboth, Berlin 1960; und in Oppositon dazu: Tschingis Aitmatow: Dshamilja. Erzählung, mit einem Vorwort von Louis Aragon, übers. von Gisela Drohla, Frankfurt a. M. 1972. Bis hin zu Ajtmatovs letztem Roman *Placha* (Richtstatt) wurden praktisch alle seine Texte parallel in verschiedenen Übersetzungen und unter unterschiedlichen Titeln in Ost- und Westdeutschland publiziert, letzteres auch sogar dann, wenn es sich um dieselbe Übersetzung handelte, die in Lizenz genutzt wurde. Vgl. z. B. Tschingis Aitmatow: Ein Tag länger als ein Leben. Roman, übers. von Charlotte Kossuth, München 1981; und in Opposition dazu: Ders.: Der Tag zieht den Jahrhundertweg, übers. von Charlotte Kossuth, Ostberlin 1982; oder: Ders.: Der Richtplatz, übers. von Friedrich Hitzer, Zürich 1987; und dagegen: Ders.: Die Richtstatt, übers. von Charlotte Kossuth, Ostberlin 1987. Zur deutsch-deutschen Übersetzungsgeschichte in der Nachkriegszeit vgl. den Überblick von Friedrich Hübner: Russische Literatur des 20. Jahrhunderts in deutschen Übersetzungen, Köln 2012. Was für die Publikationsgeschichte zutrifft, stimmt ein Stück weit auch für die Forschungsrezeption, wobei hier die ostdeutsche Seite überwiegt: Vgl. Irmtraud Gutschke: Menschheitsfragen, Märchen, Mythen. Zum Schaffen Tschingis Aitmatows, Halle (Saale)/Leipzig 1986; und: Irmtraud Gutschke: Das Versprechen der Kraniche. Reisen in Aitmatows Welt, Halle (Saale) 2018. Oder die ausführliche Darstellung bei Willi Beitz (Hrsg.): Vom Tauwetter zur Perestrojka. Russische Literatur zwischen den Fünfziger und den Neunziger Jahren (zu Tschinigs Aitmatov, 245–252), Berlin/Frankfurt/Wien 1994, die der einzigen westdeutschen – und auch bereits postsowjetischen Buch-

Aufgrund der Archivlage⁴⁹ beschränke ich mich hier zunächst auf die westdeutsche Publikationsgeschichte. Sie zeigt erstens, dass Aragons Vorwort hier eine wichtige Promotionsfunktion hatte, zweitens, was für ein verlegerisch umkämpftes Objekt russisch-sowjetische Literatur um 1960 auch im Westen war, drittens, dass die Verlegung russischer-sowjetischer Bücher (das gilt für Bücher aus dem sogenannten Ostblock allgemein) weniger durch ein eigenes, westliches (Welt)Literaturprogramm bestimmt war, als durch Reaktion auf sowjetische (Verlags-)Politik, und viertens, dass Publikationen ziemlich stark von der Initiative einzelner Lektor:innen und Übersetzer:innen abhingen.

Die Geschichte der Übersetzerin von *Džamilja*, Gisela Drohla, in deren Übersetzung die Erzählung 1962 im Insel-Verlag erschien, liest sich teilweise wie ein Verlagskrimi. Gisela Drohla, Slavistin, Byzantinistin und schließlich auch Kartvelistin (in den 1970er Jahren arbeitete sie an einer Dissertation über georgische Literatur), war von 1959 bis 1965 als externe Lektorin, Übersetzerin und Redakteurin im Insel-Verlag tätig und mit der Konzeption des russischen Programms sowie Editionen und Übertragungen russischer Werke betraut. Im Anschluss arbeitete sie noch bis in die 1970er Jahre in derselben Funktion bei Suhrkamp. Im Insel-Verlag verband Drohla ein enges produktives Verhältnis mit Fritz Arnold, dem Leiter des Verlags, woraus zunächst die Anthologie *Russische Lyrik des XX. Jahrhunderts* (1959) entstand, die in bereits vorhandenen Übertragungen die wichtigsten Autoren des russischen ‚Silbernen Zeitalters' vorstellte: Fëdor Sologub, Aleksandr Blok, Sergej Esenin, Vladimir Majakovskij, Boris Pasternak, Osip Mandel'štam.

Dass die Publikation russischer Literatur der Moderne Ende der 1950er Jahre ein verlegerisch heißes Thema war, zeigen die darauffolgenden Übersetzungen Drohlas, die alle in hektischer Konkurrenz mit anderen Verlagen entstanden: zunächst die erste deutsche Publikation von Andrej Belyjs Jahrhundertroman *Peterburg* – Drohla übersetzte ihn in nur zwei Monaten, womit sie sich die Kritik einiger Slavisten (Tschižewskij), aber das Lob der namhaften Presse einhandelte.⁵⁰ Ähnlich kompetitiv ging es

---

publikation im Westen gegenübersteht: Boris Chlebnikov, Norbert Franz: Čingiz Ajtmatov, München 1993. Transatlantisch wurde Ajtmatov zunächst als typischer Vertreter des Sozialistischen Realismus rezipiert. Vgl. Katerina Clark: The Mutability of the Canon. Socialist Realism and Chingiz Aitmatov's *I dol'she veka dlitsia den'*, in: Slavic Review 43/4 (Winter 1984), 573–587.

49 Das Archiv des Verlags Volk und Welt enthält eine Pressemappe mit Rezensionen ab 1968.

50 Vgl. das Portrait von Gisela Drohla im *Germersheimer Übersetzerlexikon* von Natalia Kemper-Bakshi: Art. „Gisela Drohla" (2016), in: Germersheimer Übersetzerlexikon, hrsg. von Andreas F. Kelletat, Alexey Tashinskiy, online abgerufen abgerufen am 17.04.2021 unter: http://www.uelex.de/artiklar/Gisela_DROHLA#_en6 „Der Heidelberger Slavist Dmitrij Tschiževskij, der die Übersetzung selber betreuen wollte, kritisierte die Qualität von Drohlas Übersetzung […], doch überwog das Lob in den Besprechungen der *Frankfurter Allgemeinen Zeitung* und der *Zeit*. Horst Bienek schrieb in der *FAZ* (5.12.1959): ‚Gisela Drohla versuchte, den Intentionen Belyjs zu folgen, seinen Staccato-Sätzen nachzujagen und seine lyrischen Impressionen nachzuempfinden. Das mag mitunter sehr schwierig gewesen sein, denn Belyjs Sprache ist moderner und raffinierter als etwa die Pasternaks. Ihrer

1960 bei der Übersetzung von *Zavist'* (dt. Neid) des bis dahin völlig unbekannten sowjetischen Autors der 1920er Jahre, Jurij Oleša, für den Insel-Verlag zu, der im selben Jahr auch bei *Goldmann* in der Übersetzung von Valerian P. Lebedew erschien.[51]

Auch im Fall von Ajtmatovs *Džamilja* setzte sich Arnold gegen die ebenfalls interessierte Konkurrenz durch: Arnold berichtete Drohla, daß Louis Aragon die italienische Übersetzung gelesen habe und das Buch für den „schönste[n] Liebesroman der Welt" halte: „Romeo und Julia und Paolo und Francesca verblassen neben Danijar und Dshamilja."[52] Als er erfuhr, dass Drohla ihre Übersetzung bereits dem Piper-Verlag versprochen hatte, versicherte er ihr telegraphisch, dass sein Verlag ihr dasselbe, ungewöhnlich hohe Honorar zahlen würde. Drohla willigte ein.[53] Der Roman wurde zum Bestseller und wird bei Insel/Suhrkamp bis heute in unzähligen Auflagen und Ausgaben nachgedruckt, die jüngste 2016 in der *Insel-Bücherei* (Nr. 2009).

Ajtmatovs Besuch 1968 in Ostberlin und seine Rezeption in der Presse

Als Ajtmatov im August 1968 nach Berlin und Leipzig kam, war er in der Sowjetunion als Schriftsteller und Literaturfunktionär auf dem ersten Gipfel seiner Karriere angelangt: Seine beiden Bücher, der Erzählband *Erzählungen der Steppen und Berge* und der Roman *Proščaj, Gul'sary!* (dt. Leb wohl, Gulsary!) waren mit Staatspreisen (1963 Leninpreis, 1968 Staatspreis für Literatur) ausgezeichnet worden, und seit 1966 war Ajtmatov Mitglied des Obersten Sowjets der UdSSR. In diesen Jahren war er auch ehrenamtliches Mitglied im Redaktionskomitee der wichtigen Literaturzeitschriften *Družba narodov* (dt.Völkerfreundschaft) und von *Novyj mir* (dt. Neue Welt). 1968 wurde er schließlich auch zum Volksschriftsteller Kirgisiens ernannt.

Auch im geteilten Deutschland war Ajtmatov kein Unbekannter mehr. Nach *Džamilja* war gerade auch sein erster Roman, erschienen, und zwar sowohl in der

---

Übersetzerarbeit sollte man das Lob nicht versagen.' In der *Neuen Zürcher Zeitung* (4.12.1959) hieß es: ‚Es ist erstaunlich, wie weit der Übersetzerin, Gisela Drohla, die Wahrung der sprachlichen Atmosphäre gelungen ist.' Einzelne Kritiker behaupteten, Belyjs Roman sei eine literarische Sensation, sprachlich sehr modern im Sinne von James Joyce oder Alain Robbe-Grillet. Die Übersetzung wurde 1976 von Suhrkamp, zu dem seit 1963 der Insel-Verlag gehörte, ins Hauptprogramm übernommen."
2001 erschien Belyjs Roman dann bei Insel in einer neuen Übersetzung von Gabriele Leupold.
51 Für Insel war auch die zweite Publikation eines Romans von Andrej Belyj, nämlich *Serebrjanyj golub'* (Die silberne Taube), ein Erfolg und brachte Drohla einen langfristigen Vertrag ein.
52 Brief von Arnold an Drohla vom 30.03.1962. Zitiert nach: Kemper-Bakshi (Anm. 50).
53 Vgl. Die Darstellung auf der Seite des *Germersheimer Übersetzerlexikons:* Kemper-Bakshi (Anm. 50).

DDR als auch (sogar ein wenig früher) in der BRD.[54] Sein Besuch 1968 in Ostberlin und Leipzig brachte Ajtmatov – dank einer großen Aufmerksamkeit der Presse – einen sprunghaften Anstieg seines Bekanntheitsgrads in Ostdeutschland. Nach Westberlin kam er damals nicht. Und dem westdeutschen Publikum war er, obwohl bereits zwei Werke in wichtigen Verlagen verlegt worden waren, dank mangelnder Presse – die erste Rezension in der *FAZ* erschien 1972 – noch wenig bekannt.

Während seines Aufenthalts reiste er zur Präsentation seines gerade im Verlag Kultur und Fortschritt (der jetzt schon Teil des Verlags Volk und Welt war) in der Übersetzung von Leo Hornung erschienen Kurzromans *Abschied von Gulsary* zur Buchmesse nach Leipzig.

Die zahlreichen Rezensionen zum Buch und zu Ajtmatovs Lesungen (ca. 15) weisen auf die beiden zuvor – ebenfalls bei *Kultur und Fortschritt* erschienenen – Ajtmatov-Bände hin. Aber die vorhergehende Resonanz in der Presse scheint nicht üppig gewesen zu sein. Jedenfalls wurde aus der Zeit vor 1967 nichts archiviert.

Die Rezensionen zu *Abschied von Gulsary!* dokumentieren eine umfassende Rezeption in der Hauptstadt- wie in der Kreisstadtpresse, von Seiten der akademischen Slavistik wie von Seiten der Partei. Während etwa eine Rezension in der Parteizeitung *Neues Deutschland* (16.08.1968) den ausgeprägten Individualismus, die Nichtrelativierung der subjektiven Erzählerperspektive und die karikaturistische Darstellung der Parteifunktionäre kritisiert, würdigt die slavistische Rezension von Nyota Thun im *Sonntag* (28.07.1968) das weltliterarische Niveau der Erzählung in der Analyse der intertextuellen Auseinandersetzung Ajtmatovs mit Tolstojs *Leinwandmesser* und Hemingways *Der alte Mann und das Meer*.

Aus Anlass von Ajtmatovs Aufenthalt in Berlin veröffentlicht die in der DDR für Weltliteratur zuständige Zeitschrift *Sinn und Form* auch einen Essay Ajtmatovs *Verantwortung gegenüber der Zukunft*, der 1967 im russischen Original in der wichtigsten literaturwissenschaftlichen Zeitschrift *Voprosy literatury* erschienen war und programmatisch Ajtmatovs Literaturverständnis zusammenfasst: „Seit jeher erzählt der Mensch vom Menschen."[55] – So lautet der erste Satz. Literatur (Kunst allgemein) als *humanum* schlechthin, als das, was den Menschen ausmacht. Literatur als Instrument der Erziehung und zugleich der Erkenntnisstiftung, auch für den Autor selbst. Die Geschichte seiner Karriere als Autor mit der jüngsten sowjetischen Literaturgeschichte verflechtend, benennt Ajtmatov seinen Kanon aus russischen und sowjetischen Autoren, inklusive solcher, die erst in der Tauwetterzeit wieder publiziert werden konnten (wie z. B. Bunin). Er kritisiert die Fehlentwicklungen des Stalinismus, ordnet sich selbst ein in die dynamische Entwicklung der jungen Nationalliteraturen (er bezieht sich dabei

---

54 Die westdeutsche Ausgabe trug in der Übersetzung von Peter Braun den Titel *Wirf die Fesseln ab, Gulsary. Erzählung aus einer kirgisischen Kolchose* und erschien bei Diederichs (Düsseldorf/Köln 1967). Die ostdeutsche Ausgabe nannte sich *Abschied von Gulsary* (übers. von Leo Hornung, Berlin 1968).
55 Tschingis Aitmatow: Verantwortung gegenüber der Zukunft, in: Sinn und Form 5 (1968), 1223–1232.

auf R. Gamzatov, Karim, Kuliev, Kugultinov, nennt den Ukrainer Ivan Drač und den Litauer Justinas Marcinkievicius, die beide schon 1965 in Berlin gewesen waren) und dankt dem kasachischen Mentor Auėzov. Er betont, wie wichtig es ist, nationale Themen und Traditionen mit neuen Entwicklungen der sowjetischen und der Weltliteratur insgesamt zu verbinden, um damit die Internationalisierung der Literatur und die internationale Bedeutung der Literatur als Werkzeug des Humanismus zu fördern. Explizit wird hier, was Ajtmatovs fiktionale Texte sowohl in der Modellierung der Charaktere und ihres Handelns als auch auf der Ebene der intertextuellen Bezüge vorführen: sein Anspruch an die Literatur als Instrument eines universalistischen Humanismus, der die Maximen eines sehr allgemein verstandenen Sozialistischen Realismus hochhält, aber keine Länder- oder Blockgrenzen kennt. Vielleicht ist es kein Zufall, dass im selben Heft von *Sinn und Form* auch ein Essay über Gor'kij von Leonid Leonov abgedruckt wurde, denn Ajtmatovs Vision von Literatur war zweifelsohne stark von Gor'kij inspiriert, wobei er auf den Gor'kij der Revolutionsjahre und des Verlagsprojekts ‚Weltliteratur' zurückgriff und damit den von Stalin überzeichneten Gor'kij ausstrich.

Dies lässt sich auch sehr gut in einem Interview erkennen, das Nyota Thun am 21.08.1968 mit ihm in Berlin geführt hat:[56] Zu seiner Beziehung zu Kirgisien befragt, nennt Ajtmatov – Gor'kij zitierend – das Epos *Manas* das ‚Schatzkästchen' der kirgisischen Literatur, und zu den Themen seiner Texte befragt, unterstreicht er die auf dem persönlichen Wissen gegründete strikt regionale Ausrichtung, die jedoch stets einherginge mit einem universellen humanistischen Aussageanspruch, der wiederum von nationaler Seite oft kritisch gesehen würde.

AITMATOW: *(Seine Antwort fiel knapp aus und wurde von mir höchst unvollständig mitgeschrieben, da diese letzte Frage uns in ein Gespräch verwickelte. Im Zeitungsartikel habe ich sie erst gar nicht erwähnt. Im folgenden wird der Text daher mehr noch aus der Erinnerung, gestützt auf einige Stichpunkte, frei wiedergegeben.)* Manas ist tatsächlich eine Schatzkammer unserer Nationalkultur, aus der unsere Schriftsteller schöpfen. Die *moderne* kirgisische Literatur ist ein Teil der allgemeinen Sowjetliteratur. Sie ist von der russischen Literatur wie von der Weltliteratur stark beeinflußt, vor allem die Prosa. Das führt innerhalb unserer Schriftstellervereinigung zu Konflikten. So wollen mich einige der älteren Autoren nicht als *kirgisischen* Autor anerkennen, da ich meine literarischen Texte seit *Goldspur der Garben* gleich in russischer Sprache verfasse. Die Spannungen vertieften sich nicht nur durch den Bruch mit rein künstlerischen Traditionen, insbesondere auf dem Gebiet des Sprachstils, sondern nicht minder durch den offenen Bruch mit jahrhundertealten Bräuchen und Sitten in einigen meiner Erzählungen wie *Djamila* und *Du meine Pappel im roten Kopftuch*. Vor allem der von mir als Befreiung geschilderte Ausbruch der Frau aus den traditionellen Bindungen im Familienverband stieß auf harten Widerstand, bis heute. [...]
AITMATOW: Jeder Künstler ist – obwohl wir sagen, daß er besonders veranlagt ist und auf seine Weise etwas ausdrückt – eine Stimme seiner Umwelt. Wie originell und selbständig er auch immer sein will, er ist die Stimme der Umwelt, in der er aufgewachsen und geistig herangereift ist und in der er seine Lebenserfahrungen gesammelt hat. Jeder ernsthafte Künstler schreibt nur über das,

---

[56] Mein großer Dank geht an Franziska Thun-Hohenstein, die mir die von Nyota Thun aufgezeichneten und transkribierten Interviews zur Verfügung gestellt hat.

was er sehr gut kennt und was ihn bewegt, nur das, wozu er zu schreiben fähig ist. Ein Beispiel. Ich bin nach Berlin gekommen. Hier ist alles interessant. Ich habe viele Eindrücke, Aber ich hätte nicht den Mut, auch nur eine kleine Erzählung über Ihr Leben zu schreiben. Vielleicht einen Artikel. Aber das ist schon etwas anderes. Wenn wir jedoch von der Beziehung eines Autors zu seinem Werk sprechen, zum Konflikt, den er gestalten und lösen will, so ist es nicht zufällig nicht nur der subjektive Wille des Autors, daß er darüber schreibt. Hierfür gibt es auch einige objektive Gründe. Ich als Autor verstehe die große Verantwortung für das, was ich darstellen wollte.

Die Ajtmatov-Rezeption im Westen

Im Westen wurde *Lebwohl, Gulsary!* ebenfalls 1968, hier unter dem Titel *Wirf die Fesseln ab, Gulsary,* beim Diederichs Verlag in einer eigenen Übersetzung und noch vor der Publikation in der DDR publiziert.[57] Aber nach Westdeutschland wurde Ajtmatov, der bereits in den frühen 1960er Jahren, nach der französischen Publikation von *Džamilja,* auf Einladung von Aragon Paris besucht hatte, damals noch nicht eingeladen. Auch die westdeutsche Presse kannte Ajtmatov noch nicht. Dazu brauchte es noch einen weiteren Schritt: nämlich den über das Vorwort von Louis Aragon zu *Džamilja,* das ja bereits 1962 die Motivation für die westdeutsche Publikation bei Insel verstärkt hatte. Aber publiziert war es in deutscher Übersetzung ebenso wenig wie auf Russisch. Erst als 1972 der Suhrkamp Verlag beschloss, *Džamilja* in die *Bibliothek Suhrkamp* aufzunehmen und bei dieser Gelegenheit auch das Vorwort publizierte, wurde auch die westdeutsche Presse auf Ajtmatov aufmerksam. Und schon die erste Rezension von Kay Borowski,[58] die 1972 in der *FAZ* erschien, ordnete Ajtmatovs Erzählung durch einen Vergleich mit Goethe direkt in den Kanon der großen Klassiker der Weltliteratur ein:

> „Wem die Natur ihr offenbares Geheimnis zu enthüllen anfängt, der empfindet eine unwiderstehliche Sehnsucht nach ihrer würdigsten Auslegerin, der Kunst." – sagt Goethe, und Aitmatow: „Selbst heute noch stelle ich mir oft die Frage, ob die Liebe nicht eine Inspiration ist wie die Inspiration des Malers, des Dichters." [...] Das unauffällig kunstvolle kleine Werk ist nie effektvolle *Manier,* sondern reiner *Stil,* der nach Goethe „auf den tiefsten Grundfesten der Erkenntnis, auf dem Wesen der Dinge ruht."[59]

---

[57] Tschingis Ajtmatow: Wirf die Fesseln ab, Gulsary. Erzählung aus einer kirgisischen Kolchose, übers. von Peter Braun, Düsseldorf/Köln: 1967.
[58] Der Slavist promovierte damals gerade noch in Tübingen über Pasternak.
[59] Kay Borowski: Dshamilja. Eine kirgisische Liebesgeschichte, in: Frankfurter Allgemeine Zeitung (29.06.1972).

Aragons Vorwort zu *Džamilja* – Misreading mit starkem Effekt

Abschließend möchte ich noch einen Blick auf Louis Aragons Vorwort zu *Džamilja* werfen, das ebenfalls eine weltliterarische Einordnung vorgenommen und damit die nationale und internationale Rezeption von Ajtmatov so stark beeinflusst hat.

Aragon eröffnet seinen Text mit einem interessanten Vergleich. Rudyard Kiplings Erzählung *The Finest Story in the World* (1891)[60] hätte ihn auf die Idee des Titels gebracht.[61] Es sei ein negativer Vergleich, denn der Selbstempfehlung Kiplings hätte er, Aragon, nie über den Weg getraut. Was Aragon nicht erklärt, ist viel interessanter: Bei Kipling und bei Ajtmatov geht es um die Beziehung von Liebe und künstlerischem Schaffen. Bei Kipling sind künstlerische Kreativität und Liebe einander – im Sinne der Psychoanalyse – entgegengesetzt. Bei dem Protagonisten, einem indischen jungen Mann, der an Reinkarnation glaubt, resultiert der Drang, Erzählungen zu schreiben, aus einer unheimlichen Besessenheit von der Vergangenheit. Diese kann und wird schließlich durch die Liebe zu einer Frau ‚geheilt'. In Ajtmatovs Erzählung dagegen ist die Relation genau umgekehrt: Die Liebe ist die Initiation und der Quell des künstlerischen Schaffens. Und dessen wichtigstes Thema und wichtigste Aufgabe ist das Bewahren der Grundwerte des Menschen – genannt: Humanismus – durch Erinnerung und Bewahren der eigenen Wurzeln und Erfahrungen.

Aragons stellt mit seinem Vergleich indirekt die ‚sowjetisch-orientalische' Erzählung des kirgisischen Newcomers über die orientalistische Erzählung des britischen Klassikers. Nachfolgend jedoch schlägt Aragon eine andere Richtung ein: Er vergleicht die Liebesgeschichte aus dem unbekannten Land im unbekannten Zentralasien mit sämtlichen berühmten Liebesgeschichten der europäischen Weltliteratur und bewertet sie als „noch schöner" als letzt, was er – wiederum indirekt – mit ihrer Naivität begründet. Und damit exotisiert er selbst im Grunde Ajtmatovs Erzählung: Die „außerordentliche Leichtigkeit ihres Erzählflusses" stehe im Gegensatz zu der „an der Reportagekrankheit leidenden Literatur" der Moderne. Einerseits ist diese Gegenüberstellung unschwer als Anspielung auf György Lukács zu erkennen, der im sowjetischen Exil zum Propagator des Sozialistischen Realismus geworden war und unter dem Stichwort ‚Reportage' nicht nur den Naturalismus, sondern die erzählerische Moderne insgesamt kritisierte, der er den historischen Realismus und dessen Wiederbelebung im Zeichen des Sozialismus gegenüberstellte.[62]

---

[60] Rudyard Kipling: The Finest Story in the World, in: Contemporary Review (July 1891), 9–31.

[61] Louis Aragon: Die schönste Liebesgeschichte der Welt, in: Tschingis Aitmatov: Dshamilja, Frankfurt a. M. 1972, 7–20.

[62] Vgl. Georg Lukács: Reportage oder Gestaltung? Kritische Bemerkungen anlässlich des Romans von Ottwalt, in: Die Linkskurve, 4/7 (1932), 23 ff. und 4/8 (1932), 27 f., zitiert nach: Georg Lukács: Werke, Bd. 4: Essays über Realismus, Neuwied/Berlin 1971, 35–68.

Andererseits wird Ajtmatov von Aragon dadurch aber nicht so sehr in den Kontext des Sozialistischen Realismus gerückt, sondern vielmehr in den der in die europäische Moderne eingegliederten ‚Naiven':

> Das Kind Said, das hier spricht, steigt nicht aufs Katheder, um einen ethnologischen Vortrag oder eine politische Vorlesung zu halten. Es ist hier geboren, alles ist ihm natürlich, die Nomadenzeit hat es nicht mehr erlebt, zwei oder drei Jahre vor seiner Geburt muß sie aufgehört haben, aber die Mutter stellt noch jedes Frühjahr die Nomadenjurte im Hof auf, die der Vater als junger Mann gebaut hatte, und räuchert sie mit Wacholder aus.[63]

Die Unschuld und Unbefangenheit dieses Erzählens fürchtend, das dem ‚erschöpften Westen' wie ein ‚verlorenes Paradies' erscheint, vergleicht Aragon Ajtmatov mit dem Zöllner Rousseau und zieht eine Verbindung zwischen dem Maler, der als naiver Amateur einen Platz im Kanon der Moderne gefunden hat, und dem traditionellen kirgisischen Epos *Manas* – von dem Aragon zu diesem Zeitpunkt nur aus den Hinweisen in der Erzählung selbst wissen konnte. Ohne zu bedenken, dass Ajtmatov keineswegs Amateur war, sondern ein Literaturstudium am Gor'kij-Institut absolviert hatte und in vollem Bewusstsein des Literaturraums schrieb, in dem er agierte und sich positionieren wollte, fürchtet Aragon um die ‚Unschuld' des naiven Chef d'oeuvre:

> Ich habe Angst, daß die Schule und die Malakademie sein Talent verderben, ihn jene erzählerische Tugend in der Zeichnung und in den Farben verlieren lassen, die sowohl etwas vom Zöllner Rousseau als vom Epos des Manasa haben mußten, jene Unbefangenheit, die die Maler der erschöpften alten Kulturen des Westens wiederzufinden versuchen wie den Weg zu einem verlorenen Paradies.[64]

Schließlich mündet Aragons Charakterisierung in einen an Pathos kaum zu übertreffenden Hymnus, der wieder unschwer als Invektive gegen Moderne, künstlerische Selbstreflexivität und abstrakte Kunst erkannt werden kann:

> Mein Gott, wie ist die Welt noch jung und schön! Wie ist noch nichts ausgeschöpft, wie kann alles noch das Herz der Menschen höher schlagen lassen! Es gibt Leute, die sich dafür, daß sie leben, entschuldigen wollen mit einer gelehrten Musik, aus der alle wirkliche Musik verbannt ist, damit das Wesen der Musik umso deutlicher würde. Es gibt Leute, die einen Punkt des Wissens erreichen, wo Wissen nur noch Spiel ist. Es gibt Leute, die sich damit erschöpfen, sich im Spiegel nicht ähnlich zu sehen ... Und dann gibt es am Ufer des Kukureu zwischen China und Tadshikistan einen Jungen, der vor dreißig Jahren ein Dschigit wie die anderen geworden wäre und der seine Augen zu uns wendet und spricht, und man will nur noch schweigen und ihm zuhören.
> Ich danke Gott, an den ich nicht glaube, für diese Augustnacht, an die ich glaube mit meinem ganzen Glauben an die Liebe.
> Paris, 30. März 1959 *Louis Aragon*[65]

---

63 Aragon: Liebesgeschichte (Anm. 61), 12.
64 Ebd., 16.
65 Ebd., 20.

In der Sowjetunion ist Aragons Einleitung nie erschienen. Nur Aragons knalliger Titel wurde 1961 auf einer Themenseite der *Literaturnaja gazeta* – „*Džamilja* und die internationale Presse" – verwendet. Dort erschien ein Auszug aus einem anderen, ursprünglich in den *Lèttres françaises* publizierten Artikel von Aragon, in dem er *Džamilja* als „Zeugnis dafür [anführt], dass nur der Realismus über die Liebe erzählen kann".[66] Obwohl es also (in der BRD) spät und in der DDR wie in der Sowjetunion gar nicht gedruckt wurde, hatte Aragons Vorwort *de facto* größten Einfluss auf die sowjetische und die westliche Rezeption und erzielte einen Rückkopplungseffekt zwischen beiden, der so lange anhielt, wie die Sowjetunion bestand, und im Fall von *Džamilja* sogar darüber hinausging. Nach 1991 gingen die Rechte an Ajtmatovs in der DDR übersetzten Texten an den Schweizer Unionsverlag, der schon seit 1987 Texte von Ajtmatov in Übersetzungen von Friedrich Hitzer[67] publizierte, wo sie bis heute erfolgreich in Neuauflagen erscheinen.[68] Auch *Džamilja* erscheint dort in regelmäßigen Neuauflagen in der DDR-Übersetzung von Hartmut Herboth, während die Erzählung in ebenso ungezählten Neuauflagen bei Suhrkamp weiterhin in der Übersetzung von Gisela Drohla und stets mit Aragons Vorwort gedruckt wird.

---

66 Vgl. wörtlich: „[...] чтобы маленькая книжка Айтматова стала свидетельством того, что лишь реализм способен рассказать историю любви. [...] Ибо любовь [...] должна быть реальной, как и реалистическим должно быть искусство [...] Есть опасность, что мне скажут: Ваши реалисты – это прежде всего люди Востока [...] Да, именно сказки тысячи и одной ночи возвращаются к нам под звездным знаменем социализма, а ведь это и есть Восток!" Louis Aragon, übers. aus: Lèttres françaises 768 (1959), Literaturnaja gazeta 23.03.1961.
67 Hitzer avancierte ab den 1980ern zu Ajtmatovs Leibübersetzer und Dolmetscher, der auch den Diplomaten Ajtmatov durch die Welt begleitete.
68 Eine gute Übersicht über die verschiedenen Ausgaben bietet Friedrich Hübners nützliche kommentierte Zusammenstellung *Russische Literatur des 20. Jahrhunderts in deutschen Übersetzungen*, Köln 2012.

Autor:innen

Ute Berns, Professorin für britische Literatur und Kultur am Institut für Anglistik und Amerikanistik der Universität Hamburg, Präsidentin der *German Society of Contemporary Theatre and Drama in English* (CDE); Mitherausgeberin des *Journal of Contemporary Drama in English* (seit 2013); Forschungsschwerpunkte (u. a.): Britische Literatur und Kultur des 19. und 20. Jahrhunderts, Performance/Performativität sowie Wissenschafts-, Politik- und Genderdiskurse in Literatur und Kultur. Publikationen (u. a.): Das Klassische in der Prosa T. S. Eliots: Opfer und Performanz, in: Thorsten Valk (Hrsg.): Die Rede vom Klassischen, Göttingen 2020, 59–79; Terror, Tiere und Publikum: Das Lachen in Martin McDonaghs The Lieutenant of Inishmore, in: Johann N. Schmidt, Felix C. H. Sprang, Roland Weidle (Hrsg.): Wer lacht, zeigt Zähne. Spielarten des Komischen, Trier 2014, 187–196; The Concept of Performativity in Narratology: Mapping a Field of Investigation. In: The European Journal of English Studies 1 (2009), 93–109; Mikropolitik im englischen Gegenwartsdrama. Studien zur Dramatisierung gesellschaftlicher Macht- und Ausschließungsmechanismen bei Pinter, Keeffe und Churchill, Trier 1997.

Nicole Colin, Professorin für Germanistik an der Université d'Aix-Marseille (AMU), Direktorin des deutsch-französischen Graduiertenkollegs „Conflits de culture / Cultures de conflit" (AMU / Universität Tübingen) und Honorarprofessorin an der Universiteit van Amsterdam (UvA); Forschungsschwerpunkte: Kulturgeschichte Deutschlands (mit einem Fokus auf Literatur und Theater), Theorien kultureller Transferbewegungen und Austausch zwischen Frankreich und Deutschland, kulturelles Erbe und die Soziologie des kulturellen Feldes. Publikationen (u. a.): Franco-German Relations Seen from Abroad. Post-war Reconciliation in International Perspectives, Cham 2020 (Mithrsg.); Im Schatten der Versöhnung. Deutsch-französische Kulturmittler im Kontext der europäischen Integration, Göttingen 2018 (Mithrsg.); Lexikon der deutsch-französischen Kulturbeziehungen nach 1945, 2. Aufl., Tübingen 2015 (Mithrsg.); Deutsche Dramatik im französischen Theater nach 1945. Künstlerisches Selbstverständnis und Kulturtransfer, Bielefeld 2011.

Valentina Di Rosa, Professorin für Neuere und Neueste Deutsche Literatur sowie Theorie und Praxis der literarischen Übersetzung an der Universität L'Orientale Neapel; Initiatorin und Leiterin der Forschungskollegs „scrittura*lettura*tedesche / Im Dialog mit deutschsprachigen Autor:innen der Gegenwart" in Kooperation mit dem Goethe-Institut, dem Istituto Italiano per gli Studi Filosofici, dem Literarischem Colloquium Berlin; Literaturübersetzerin. Forschungsschwerpunkte: Deutschsprachiges Judentum und Exilliteratur; Literaturen im geteilten Deutschland; Post-DDR-Literatur; Prosa und Lyrik seit 2000; Deutsch-italienische interkulturelle Beziehungen seit 1945; zeitgenössische Poetiken des Übersetzens. Publikationen (u. a.): Im Gegenwind, in: Judith Kasper, Andrea Renker, Fabien Vitali (Hrsg.): Dante vielstimmig übersetzt. Dreißig Mal *Guido i' vorrei,* Berlin/Wien 2021 [im Druck]; Im Hier und Jetzt. Konstellationen der Gegenwart in der deutschsprachigen Literatur seit 2000, Köln/Weimar/Wien 2019 (Mithrsg.); „zu gast in der rinde". Lutz Seilers Gratwanderungen zwischen Natur- und Dinggedicht, in: Sprache im technischen Zeitalter 55/3 (2017), 269–281; Archäologie des Verschwindens. Wenden und Wunden der wiedervereinigten Landschaft Ostdeutschlands, in: Ulrich Fröschle, Giusi Zanasi (Hrsg.): Grenzrisiken? Europäische ‚Grenzzonen' als dynamische Semiosphären, Dresden 2016, 243–270; Ein deutscher Mensch. Goethes Profil aus Walter Benjamins Exilperspektive, in: Cultura tedesca 47/48 (2015), 93–109.

Susanne Frank, Professorin am Institut für Slawistik der Humboldt Universität zu Berlin, Leiterin des Fachgebiets „Ostslawische Literaturen und Kulturen"; Principal Investigator im EXC 2020 „Temporal Communities: Doing Literature in a Global Perspective" (FU Berlin) und im GK 2190 „Literatur- und Wissensgeschichte kleiner Formen" (HU Berlin); Vorstandsmitglied der Friedrich Schlegel

Graduiertenschule für Literaturwissenschaftliche Studien; Mitherausgeberin der Reihe *Weltliteraturen* bei *deGruyter;* Mitherausgeberin der Zeitschrift *Welt der Slaven.* Forschungsschwerpunkte: Literaturen in (post-)imperialen Kontexten (Russland/Sowjetunion), das sowjetische Weltliteraturprojekt, seine Vorgeschichte und sein Nachleben; multi-/translinguale Poetiken und Übersetzungspolitik; (trans-)nationale (Re-)Kanonisierung; Aneignung und Erbe als literatur-/kulturpolitische Konzepte und Strategie; Gedächtnispoetiken; Geopoetik und Geopolitik. Publikationen (u. a.): Körper, Gedächtnis, Literatur in (post-)totalitären Kulturen, Berlin 2020 (Mithrsg.); Arctic archives. Ice, memory, and entropy, Bielefeld 2019 (Mithrsg.); Bildformeln. Visuelle Erinnerungskulturen in Osteuropa, Bielefeld 2018 (Hrsg.); „Multinational Soviet Literature". The Project and Its Post-Soviet Legacy in Iurii Rytkheu and Gennadii Aigi, in: Klavdia Smola, Dirk Uffelmann (Hrsg.): Postcolonial Slavic Literatures after Communism, München 2016, 191–218.

Bernadette Grubner, Wissenschaftliche Mitarbeiterin am Institut für Deutsche und Niederländische Philologie der Freien Universität Berlin; Forschungsschwerpunkte: Literatur und Philosophie der deutschen Aufklärung, DDR-Literatur, Literatur und Psychoanalyse. Publikationen (u. a.): Aufklärung und Exzess. Epistemologie und Ästhetik des Übermäßigen im 18. Jahrhundert, Berlin 2021 (Mithrsg., in Vorbereitung); „Es gibt eine Art des moralischen Handelns, bei der die Moral in die Binsen geht!" Zur Axiologie in Günter de Bruyns *Buridans Esel* (1968), in: Matthias Aumüller, Tom Kindt (Hrsg.): Der deutschsprachige Nachkriegsroman und die Tradition des unzuverlässigen Erzählens, Stuttgart 2021, 187–204; Analogiespiele. Klassik und Romantik in den Dramen von Peter Hacks, Bielefeld 2016; „Es gärte und arbeitete". Schuldabwehr im Umgang mit dem Nationalsozialismus in der Kinder- und Jugendliteratur der DDR am Beispiel von Horst Beselers *Käuzchenkuhle* (1965), in: Katrin Max (Hrsg.): Tendenzen und Perspektiven der gegenwärtigen DDR-Literatur-Forschung, Würzburg 2016, 213–228.

Susanne Klengel, Professorin für Literaturen und Kulturen Lateinamerikas am ZI Lateinamerika-Institut der Freien Universität Berlin. Mitglied des EXC 2020 „Temporal Communities"; Kodirektorin des Maria Sibylla Merian Centre Conviviality-Inequality (MECILA); Mitherausgeberin der Zeitschrift *Iberoromania.* Forschungsschwerpunkte: Literaturen des 20. und 21. Jahrhunderts in Hispanoamerika und Brasilien, Literarische und kulturelle Süd-Süd-Beziehungen, Berlin als Ort lateinamerikanischen Schreibens. Publikationen (u. a.): Pandemic Avant-Garde. Urban Coexistence in Mário de Andrade's Pauliceia Desvairada (1922) after the Spanish Flu. Mecila Working Paper Series, No. 30, São Paulo 2020; Jünger Bolaño. Die erschreckende Schönheit des Ornaments, Würzburg 2019; Sur/South. Poetics and Politics of Thinking Latin America/India, Madrid/Frankfurt a. M. 2016 (Mithrsg.); Die Rückeroberung der Kultur. Lateinamerikanische Intellektuelle und das Europa der Nachkriegsjahre (1945–1952), Würzburg 2011.

Olaf Kühl, 1996 – 2021 Osteuropareferent des Regierenden Bürgermeisters von Berlin. Freier Autor und literarischer Übersetzer aus dem Polnischen und Russischen. Forschungsschwerpunkte: Zeitgenössische polnische Literatur. Theorie der Übersetzung. Auszeichnungen (u. a.): Deutscher Jugendliteraturpreis (mit Dorota Masłowska, 2005), August-Wilhelm-von-Schlegel-Gastprofessor für Poetik der Übersetzung am Peter-Szondi-Institut der Freien Universität Berlin (2011/12), Polonicum-Preis der Universität Warschau (2015), Helmut-M.-Braem-Übersetzerpreis (2018) und Barthold-Heinrich-Brockes-Stipendium des Deutschen Übersetzerfonds (2021). Publikationen (u. a.): Letztes Spiel Berlin. Roman, Berlin 2019; Translating the Secret, in: Silvia G. Dapía (Hrsg.): Gombrowicz in Transnational Context. Translation, Affect, and Politics, New York/London 2019, 82–94; „Keiner Witwe der Welt wünsche ich eine solche Hinterlassenschaft". Nachwort, in: Witold Gombrowicz: Kronos. Intimes Tagebuch, übers. von Olaf Kühl, München 2015, 322–333; „Schreibst du noch oder übersetzt du schon?" Über Sätze und ihre Lebenswelten. Antrittsvorlesung zur Augst-Wilhelm-von-Schlegel-Gastprofessur, in: Marie Luise Knott, Georg Witte (Hrsg.): Mit anderen Worten. Zur Poetik der Übersetzung, Berlin 2014, 113–133.

Jutta Müller-Tamm, Professorin für Neuere Deutsche Literatur am Institut für Deutsche und Niederländische Philologie der Freien Universität Berlin; Direktorin der Friedrich-Schlegel-Graduiertenschule für literaturwissenschaftliche Studien; Vorstandsmitglied im Exzellenzcluster 2020 „Temporal Communities. Doing Literature in a Global Perspective"; Mitherausgeberin der Reihe „WeltLiteraturen" bei de Gruyter. Forschungsschwerpunkte: Gegenwartsliteratur, Literatur- und Wissenschaftsgeschichte, Geschichte der Geisteswissenschaften. Publikationen (u. a.): Poetic Critique. Encounters with Art and Literature, Berlin/Boston 2021 (Mithrsg.); Vermeintliche Gemeinplätze. Das literarische Jahr 1968, in: Knut Nevermann (Hrsg.): Die 68er. Von der Selbst-Politisierung der Studentenbewegung zum Wandel der Öffentlichkeit, Hamburg 2018, 96–114; Schreiben als Ereignis. Künste und Kulturen der Schrift, Paderborn 2018 (Mithrsg.); Die Farben der Klassik. Wissenschaft – Ästhetik – Literatur, Göttingen 2016 (Mithrsg.).

Cornelia Ortlieb, Professorin für Neuere Deutsche Literatur mit einem Schwerpunkt in der Klassischen Moderne am Institut für Deutsche und Niederländische Philologie der Freien Universität Berlin; Participating Researcher am EXC 2020 „Temporal Communities. Doing Literature in a Global Perspective"; Forschungsschwerpunkte: Europäische Literaturgeschichte (18.–21. Jh.), Materialität von Schrift und Schreiben, Artefakte der Avantgarden (um 1900), Literarische Mehrsprachigkeit und Übersetzung. Publikationen (u. a.): Weiße Pfauen, Flügelschrift. Stéphane Mallarmés poetische Papierkunst und die *Vers de circonstance – Verse unter Umständen*, Dresden 2020; Popmusikliteratur, Hannover 2018; „Verstrickt, verloren". Celans Versuch über dem Grund nach Rimbauds *Le Bateau ivre*, in: Celan-Perspektiven (2020), 69–87; Fortgesetzte Übergriffe. Objekte des Vergessens und die Aporien einer DDR-Geschichte ‚zum Anfassen', in: Sandra Fluhrer, Alexander Waszynski (Hrsg.): Tangieren – Szenen des Berührens, Freiburg 2020, 85–105.

Miltos Pechlivanos, Professor für Neogräzistik am Institut für Griechische und Lateinische Philologie der Freien Universität Berlin; Direktor des Centrum Modernes Griechenland; Vorstandsmitglied im Exzellenzcluster 2020 „Temporal Communities. Doing Literature in a Global Perspective"; Vorstandsmitglied im SFB 980 „Episteme in Bewegung. Wissenstransfer von der Alten Welt bis in die Frühe Neuzeit". Forschungsschwerpunkte: Wissensgeschichte in der griechischen Frühen Neuzeit und Aufklärung, deutsch-griechischer Kultur- und Wissenstransfer, politisches Engagement im neugriechischen Modernismus. Publikationen (u. a.): Adamantios Korais (Smyrna 1748–Paris 1833), philhellène à sa manière, in: Martin Vöhler, Stella Alekou, Miltos Pechlivanos (Hrsg.): Concepts and Functions of Philhellenism. Aspects of a Transcultural Movement, Berlin/Boston 2021, 177–193; Bibliothoiconomy. Greek homines novi in the Ottoman Tulip Era, in: Nora Schmidt, Nikolas Pissis, Gyburg Uhlmann (Hrsg.): Wissensoikonomien. Ordnung und Transgression vormoderner Kulturen, Wiesbaden 2021, 161–177; Confessionalization and/as Knowledge Transfer in the Greek Orthodox Church, Wiesbaden 2021 (Mithrsg.); Compendium der deutsch-griechischen Verflechtungen, online seit 2020/2021 unter https://comdeg.eu/compendium/ (Mithrsg.).

Douglas Pompeu, promovierter Literaturwissenschaftler; Literaturübersetzer, Redakteur und Mitherausgeber des Literaturmagazins alba.lateinamerika lesen; Fellow am Exzellenzcluster 2020 „Temporal Communities. Doing Literature in a Global Perspective" der Freien Universität Berlin (2019). Forschungsschwerpunkte: Literaturen des 20. und 21. Jahrhunderts in Deutschland und Lateinamerika, Übersetzung, Literaturzirkulation und Verlagsarchivforschung. Publikationen: Uma ilha brasileira no campo literário alemão. Dinâmicas de circulação literária pela editora Suhrkamp e a recepção da literatura do Brasil (1970–1990), (erscheint 2021); Übersetzungen im Archiv. Potenziale und Perspektiven, Göttingen 2021 (Mithrsg.); Für eine intellektuelle Biografie des Übersetzers von Sertão, in: Ottmar Ette, Paulo Astor Soethe (Hrsg.): Guimarães Rosa und Meyer-Clason. Literatur, Demokratie, ZusammenLebenswissen, Berlin/Boston 2020, 213–245; Bernardo Carvalho: Berliner Tagebuch – Diário de Berlim. Übers. von Rita Gravert und Christiane Quandt, Berlin 2020 (Hrsg.).

Ulrike Schneider, Professorin für französische und italienische Literaturwissenschaft am Institut für Romanische Philologie der Freien Universität Berlin; Leitung des Frankreichzentrums an der Freien Universität Berlin; Mitherausgeberin der *Zeitschrift für französische Sprache und Literatur*; Principal Investigator am EXC 2020 „Temporal Communities. Doing Literature in a Global Perspective" (FU Berlin). Forschungsschwerpunkte: Gegenwartsliteratur, Wissen und Ästhetik in der Frühen Neuzeit, Schwellenphänomene der Literatur, Literarische Kurzformen. Publikationen (u. a.): „Quand je suis le narrateur de mes livres". Les enjeux de l'intrusion de l'auteur-narrateur dans *Made in China*, in: Jean-Michel Devésa (Hrsg.): Lire, voir, penser l'œuvre de Jean-Philippe Toussaint, Brüssel 2020, 181–193; Poesie vice versa. Georges Perecs ,grand palindrome' zwischen Sprachexperiment und Erinnerungsarbeit, in: Mona Körte (Hrsg.): Rückwärtsvorgänge. Retrogrades Erzählen in Literatur, Kunst und Wissenschaft. Zeitschrift für deutsche Philologie 138 (Sonderheft), 2019, 157–183; „Il n'y a pas de liberté sans une dose de provocation possible". Michel Houellebecqs *Soumission* oder Die Widerständigkeit der Fiktion, in: Romanistisches Jahrbuch 67 (2016), 148–178; Gratia. Mediale und diskursive Konzeptualisierungen ästhetischer Erfahrung in der Vormoderne, Wiesbaden 2018 (Mithrsg.).

Heribert Tommek, Privatdozent an der Universität Regensburg und ,eigene Stelle' der DFG an der Friedrich-Schlegel-Graduiertenschule der Freien Universität Berlin; Forschungsschwerpunkte: Literatur des 18. Jahrhunderts, Gegenwartsliteratur, literarische Feldanalyse, Übersetzungssoziologie. Publikationen (u. a.): Transnationale Akzente. Zur vermittelnden Funktion von Literatur- und Kulturzeitschriften im Europa des 20. Jahrhunderts, Berlin 2021 (Mithrsg.); Die internationale Ökonomie der „besten Romane des Jahres". Der Deutsche Buchpreis im Beziehungsgeflecht mit dem Prix Goncourt und dem Booker Prize, in: Christoph Jürgensen, Antonius Weixler (Hrsg.): Literaturpreise. Geschichte und Kontexte, Stuttgart 2021, 157–182; Der lange Weg in die Gegenwartsliteratur. Studien zur Geschichte des literarischen Feldes in Deutschland von 1960 bis 2000, Berlin/Boston 2015.

www.ingramcontent.com/pod-product-compliance
Lightning Source LLC
Chambersburg PA
CBHW060257240426

43661CB00060B/2818